高等政法院校法学系列教材

行政法与行政诉讼法教程

（第二版）

主　编：王周户

副主编：姬亚平

撰稿人：（以撰写章节先后为序）

王周户　李大勇　彭　涛

安子明　杜国强　贺乐民

张　艳　贡世康　胡晓玲

王玉楼　姬亚平　李瑰华

王丹红　周　敏

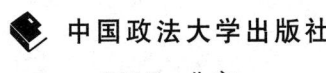

中国政法大学出版社

2017·北京

第二版说明

　　出于教学需要，2013 年我们编写了《行政法与行政诉讼法教程》，该教材在使用中获得了同学们的好评。2014 年，全国人大常委会在《行政诉讼法》实施了 25 年后对该法进行了大幅度修改，最高人民法院也出台了相应的司法解释，为此，我们组织相关教师根据修订后的法律和新的司法解释对各自编写的章节进行了修改。此外，初版教材将相关的法律条文附在后面，尽管同学们反映便于查阅和学习，但是由于增加了稿件字数和书籍价格，我们还是忍痛将它删除。

　　由于我们水平有限，书中难免会有差错，敬请读者批评指正。

全体编写人员

2017 年 5 月

编写说明

根据西北政法大学的教学方案，法学本科专业的"行政法学"与"行政诉讼法学"是两门独立的课程，而法学高职和行政管理学、公安学等本科专业的"行政法学"与"行政诉讼法学"则是合二为一的。为此，我们曾于 2003 年编写过一本《行政法与行政诉讼法学》教材，由西安出版社出版。随着我国法治建设进程的不断深入，行政法的理论与实践也在健步向前，上述教材严重陈旧。为了适应教学工作的需要，我们组织行政法学院的部分骨干教师编写了本书。在写作中，我们要求达到以下目标：

第一，为了适应我校法学专业高职生与非法学专业本科生的学习，教材内容应当知识准确、理论完整，避免出现学术界尚未公认的个人观点。

第二，紧密联系依法治国的实践，将依法行政的精神贯穿始终，体现最新的法律、法规与司法解释。

第三，语言质朴流畅，通俗易懂，层次分明，详略得当。

第四，根据我们的教学经验，为了便于学生全面学习有关法律，将重要的行政法律规范附于书后。

本书的写作分工如下（以撰写章节先后为序）：

第一章　行政法概述　　　　　　　　　　　　　　　　王周户
第二章　基本原则　　　　　　　　　　　　　　　　　李大勇
第三章　行政主体与公务员制度　　　　　　　彭涛　李大勇
第四章　行政行为概述　　　　　　　　　　　　　　　安子明
第五章　抽象行政行为　　　　　　　　　　　　　　　彭涛
第六章　具体行政行为（上）　　　　　　　　　　　　杜国强
第七章　具体行政行为（下）　　　　　　　　　　　　安子明
第八章　行政合同与行政指导　　　　　　　　　　　　贺乐民
第九章　行政程序　　　　　　　　　　　　　　　　　张艳
第十章　监督行政制度　　　　　　　　　　　　　　　贡世康
第十一章　行政违法与行政责任　　　　　　　　　　　杜国强
第十二章　行政复议　　　　　　　　　　　　　　　　胡晓玲

　　我们曾经编写过多部教材，每次都追求尽善尽美，但在教学中每每会发现一些瑕疵，甚至错误，本书恐怕也难例外，因此，我们真诚地希望大家能够提出宝贵的意见和建议，以便使本教材不断完善。

全体编写人员

2013 年仲夏

| 目 录 |

第一章　行政法概述

第一节　行政法的概念

一、公共行政

（一）公共行政的含义

就"行政"一词的一般含义来看，无论是国内还是国外，都有多种意思。如在汉语中，对"行政"的释义是：行使国家权力的活动或机构；机关、企业、团体等内部的管理工作。如在英文中"行政"一词的表达是 Administration，可翻译为"管理""经营""执行""施行""行政机关"等。但总的来看，在这些不同意思中，就行政的一般含义而言，是指一定组织机构基于特定目的对一定范围内的事务进行组织与管理的活动。就行政的性质及其表现领域来看，具体可以概括为两大类：一类是指国家行政或公共行政（也称"公行政"）；另一类是指社会组织内部行政或"私行政"。前者是指国家行政机关及法律规范授权组织对公共行政事务的组织、管理与处理；后者是社会团体、企业单位、事业单位等对其内部事务的组织、管理与处理。

行政法意义上的行政，是从法律规定的一种国家职能活动的角度去理解的，是指国家基于公共利益目的而设立一定组织机构或者授权某些组织采取特定法定手段与方式对公共行政事务进行组织与管理的活动。也就是说，行政法意义上的行政仅限于公共行政而非一般含义的行政。因而，行政法及行政法学理论中的"行政"一词，与公共行政同语。另外，尽管行政法及行政法学所重点关注的是行政职权的行使与行政职责的履行，即行政权的作用，因而，一般情况下多将行政理解为一种活动。但是，从行政法内容体系构成方面来看，应当说，行政包含着动态与静态两方面。动态行政是指行政活动，而静态行政是指行政组织机构及其人员。

行政法上的公共行政与一般社会组织的内部行政之间存在着许多不同特征：

在性质方面，公共行政实质上是一种国家职能活动，具有国家意志性和国家强制性及行政优益性，而一般社会组织的内部行政属于一般性质的社会行为，只是在一定组织内具有一定的支配力，但不具有法律上的国家强制性。

在组织机构方面，公共行政主要由国家设立的国家组织机构及其国家公务员去实施，或者依法授权具有公共事务职能的组织机构实施，而一般社会组织的内部行政由各种不同性质的社会组织及其所属机构实施。

在目的方面，公共行政的目的在于实现公共秩序和公共利益，都是以保障公共利益实现为前提的，与实施公共行政的组织机构及其人员的利益和请求实施公共行政的人的利益没有必然的、直接的法律联系，而一般社会组织的内部行政都是以该组织利益为主要目的，以保障该组织秩序和利益的实现为基本出发点。

在对象领域方面，公共行政以公共社会事务为范围，包括政治、经济、文化、教育、环保、治安、交通、资源、税赋等事项，而一般社会组织的内部行政是以其内部成员和一般性服务、勤杂、人事等事务为范围的。

在手段与方式方面，公共行政表现为公共权力，所采用的是法律所赋予的具有公共强制、命令、决定等能力的管理手段与方式，如制定准法性规范文件，采取许可、强制、制裁等手段，而一般社会组织实施的内部行政，只能采取法律所许可的内部组织纪律性管理手段，但不具有对人身权、财产权等内容的强制决定与命令能力。

（二）公共行政范围之界定

自行政法产生以来，有关行政法上的公共行政内涵与范围的界定，有过许多不同的认识和学术观点。归纳起来，比较有影响与代表性的学说主要有：

1. 除外说。除外说也称扣除说、控除说或消极说。该学说是建立在分权思想基础上的学术认识与观点，是将国家职能分为立法、司法和行政三种作用，而行政是指除立法、司法职能以外的国家作用与活动。后又有学者在排除了立法、司法职能的基础上，又将"统治行为"（即国家行为或政府行为）排除于行政概念之外。该种学说对行政的范围从形式上作了界定，但未就行政的内涵与本质进行说明，无法使人在实质上把握行政的内容和范围。

2. 目的说。目的说又称积极说、本质说。该学说针对"除外说"无法直接说明行政的本质和内容的缺陷，力图从正面给行政下一个积极定义。该学说认为，行政是在法之下，以具体、积极实现国家利益以及公益目的为目标，所实施的整体上具有统一性的持续性的国家活动。"目的说"意在于通过对行政的功能与目的进行概括来说明行政，但由于行政的复杂性以及行政与立法、司法同属于国家职能的某些共性、交叉性，还是未能说明行政与立法、司法的根本性区别及行政的内容与范围。

3. 执行说。持该观点的学者认为："在所有的政府体制中都存在着两种主要的或基本的政府功能，即国家意志的表达功能和国家意志的执行功能。……这两种功能分别就是：政治与行政。"[1]该观点将行政与政治放在一起进行比较研究，并认为行政是对法律和政策的执行，有其一定道理，但将行政与法律的执行画等号，并将行政与决策、制定规范行为对立起来，既难免绝对化，也不能说明行政

---

[1]　[美] F. J. 古德诺：《政治与行政》，王元译，华夏出版社1987年版，第6页。

的内容与范围。

除上述学说外，还有"综合说""特征描述说"等学说。纵观各种学说与观点，其主要用意之一就在于试图明确公共行政的内容与特征，界定公共行政的领域与范围，以确定行政法调整与适用的界限。

近现代意义行政法上的公共行政是一定历史阶段的特定产物和范畴，即它不是指自有了国家就有了国家性质的那些行政，而是指有了国家职能分工以后的行政，公共行政职能仅是国家职能的一部分。因此，公共行政与其他国家职能就有了一定的区别：在机构性质方面，公共行政是由国家行政组织或者被依法授权的承担着公共事务职能的组织实施的，而立法、司法、军事等其他国有职能由国家立法机关、司法机关、军事机关等分别实施；在对象方面，公共行政所作用的是公共行政事务及对这些事务的组织与管理活动，而立法所面临的是应当被制定成法律予以规范的事务，司法所面临的是适用法律规范进行司法监督与裁判的法律事务；在权力方式与手段方面，公共行政是行使行政权力对社会公共行政事务的组织与管理，具有主动性、经常性、效率性以及手段方式多样性，而立法活动主要是以定期的会议形式制定和通过法律规范及有关决议，司法活动主要是消极地以产生法律事务方面的争执为前提和被动地适用法律裁决争议。

另外，行政机关和其他承担着公共事务职能的组织的活动也并非都是公共行政活动。由于行政机关和公共事务职能组织既能以行政主体身份实施公共行政管理活动，也可能以法人或其他组织身份实施一般社会活动而成为民事主体或行政相对人。行政法只适用于行政机关和其他公共事务职能组织以行政主体地位行使行政权力的活动，而不适用于其所实施的非公共行政活动。因此，结合公共行政的特征，对行政法上的公共行政，应参照下列标准予以界定：

1. 主体界限。该界限可以称之为形式标准，即根据国家职能及其机关的不同来区分和界定公共行政活动。公共行政只能由国家设立的行政组织机构和公共事务职能组织所实施，而其他国家组织机构和社会组织是不能实施公共行政的。可以说，行政法的调整与适用范围首先是以形式意义的公共行政为基点的，对于非行政机关和公共事务职能组织所实施的所谓管理活动，即使其在外形和内容等方面酷似公共行政，也不属于行政法所适用之公共行政领域。

2. 权力界限。该界限可以称之为实质标准，即根据国家职能权力的性质和内容来界定公共行政活动。公共行政是以国家行政权力为其标志的，即指行政主体在履行公共事务管理职能时所拥有和实施的一种国家强制支配权力。一方面，强调以行政权力为标准，目的在于能够界定行政组织机构和公共事务职能组织的公共行政活动与非公共行政活动的差异；另一方面，强调行政权力标准，有利于将行政权力的性质与内容同行政权力行使的方式区别开来，即行政权力是对公共行政事务所行使的一种组织与管理权，尽管有制定规范、裁决纠纷和行政处理等多种方式，但都属于公共行政活动而被行政法所调整和适用。应当注意的是，在法律上，这种行政权力表现为职权与职责两个方面，既包含着职权的行使，也包含着职责的履行或者不履行。

3. 授权与委托界限。该界限可以称之为公共行政的延伸标准。由于公共行政在客观上并非都是由行政机关直接去实施，在某些领域或者某种情况下会将某项公共行政事务授权或者委托给某个其他组织和个人去实施。因此，对于行政机关通过授权或者委托方式给其他组织和个人所实施的公共行政，也属于行政法调整与适用的范围。

就此可以看出，界定公共行政范围的标准并非是唯一的，既要以行政法含义为基础，又要从公共行政活动的主体、权力及其实施关系等为出发点，从不同的角度去分析和判定现实社会活动的性质和归属，确定哪些组织机构的活动具有公共行政性质，属于行政权力作用的结果，从而明确行政法的适用范围。

二、行政法

（一）行政法的概念

什么是行政法，行政法适用哪些领域，行政法用来干什么，这些应当都是行政法含义所包括的内容。其中，行政法的概念，就成为说明行政法含义的核心方法或工具。

也许正因为行政法概念是说明行政法含义的核心方法与手段，因而行政法研究从开始就将行政法在范围上简单概括为是有关行政的法，发展到后来从内容、功能、调整对象等不同方面，力图更为准确地说明行政法含义。故此目前国内对有关行政法的概念尚未取得完全一致的看法。例如，有人认为，行政法是调整行政关系以及在此基础上产生的监督行政关系的法律规范和原则的总称，或者说是调整因行政主体行使职权而发生的各种社会关系的法律规范和原则的总称；有人认为，行政法是关于行政权力的组织分工和行使、运作，以及对行政权力监督并进行行政救济的法律规范的总称；有人认为，行政法是以一定层次的公共利益和个人利益间的关系为基础和调整对象的法律规范的总和；有人认为，行政法是指有关国家行政管理的各种法律规范的总和，是以行政关系为调整对象的一个仅次于宪法的独立法律部门，其目的在于保障国家行政权运行的合法性和合理性；有人认为，行政法是规定国家行政机关的组织、职责权限、活动原则、管理制度和工作程序的，用以调整各种国家行政机关之间，以及国家行政机关同其他国家机关、企业事业单位、社会团体和公民之间行政法律关系的各种法律规范的总和。

纵观有关行政法概念的各种表述，虽因其所基于的角度或思路的不同而对行政法的定义有了差别，但就行政法应当规范并适用于什么领域范围，在思路和方法上是相同的。也就是说，在确定行政法概念时，至少应该从方法上说明行政法是一个有关什么领域范围的法律规范，这也是行政法含义的基本要求之一。因为，这将直接影响人们对行政法的认识和理解，影响人们对行政法适用范围所应有的观念界限，或者使人们是否能够将行政法的适用领域与其他法的适用领域相区别，如误将国家技术监督管理中的产品质量要求与当事人民事合同中约定的产品质量要求相混淆；或者使人们将某些不属于行政法领域的事项误认为是行政法应适用的范围，如企事业单位内部行政管理关系。其实，像在法国行政法发展过程中所形成的几种不同基本观念，就是对行政法应当调整和适用于的公共行政领域的一个认识过程，通过这种方式以力求更加准确地说明什么是行政法。因此，无论基于哪个角度，如果行政法的概念不能包含或者说明行政法到底适用于什么领域范围，则这一行政法概念是有明显不足的，至少在方法上是有缺陷的。当然，明确行政法概念应当说明行政法的适用范围，只是解决了如何说明什么是行政法的方法问题，这显然是不够的。按照行政法含义的要求，最终还要说明行政法究竟是适用于哪些领域和范围，这才是行政法的内涵问题。对此，不同的行政法概念有着不同视角点和逻辑起点，如有的以"行政关系以及在此基础上产生的监督行政关系"为范围，有的以"行政权力的组织分工和行使、运作以及对行政权力监督并进行行政救济"为范围，有的以"一定层次的公共利益和个人利益间的关系"为范围，有的以"国家行政管理活动"为范围，还有的以"国家行政机关"为范围，甚至有的学者将其概括为"行政机关说、行政权说、行政活动说和行政法的功能说"。

谈到行政法的适用范围，就不能不涉及近现代行政法的形成基础。虽然影响近现代意义行政法产生的基础有许多因素，包括政治的、经济的、思想的、制度的等诸多方面，但其最直接的因素，应当说是宪政以及法治原则的形成。行政法是具体贯彻与实现宪政和法治原则及其要求的结果。宪政发端于近代社会市场经济，形成于经济与政治的分离，其核心在于实现对政治行为和政府活动的有效控制以保障人们的权利与自由，进而主要关涉两种关系：一方面是政府与公民之间的关系，即权力与权利的关系，另一方面是政府职能与其他国家职能之间的关系，即各种不同性质的权力及其运用之间的关系，并将其定位于法治的内容与要求，包括权力来源的法律依据、权力享有的法律限制和权力行使要符合法律要求等。宪政是法治的灵魂，法治是宪政的形式。有限政府作为现代行政法形成的核心基础和要求，一方面表现为行政法对行政机关与公民及社会组织、行政职权职责与权利义务之间关系的规定，这其中既包含着管理与被管理层面的关系要求，也包含着监督与被监督、保护与救济层面的关系要求；另一方面表现为行政法对行政机关与其他国家机关、行政权力与其他国家权力之间关系的规定，这其中既包含职能分工与权限划分层面的关系要求，也包含监督与制约层面的关系要求。而且上述两方面的关系，在现代行政法律制度中相互渗透、相互依赖并紧密结合。

正是由于行政法的宪政与法治的基础及其要求，使得行政法较之于刑法、民法等法律部门，对法治原则的含义及其精神显示得更为直接和突出，在实现法治国家的过程中也更为关键，具有核心地位与作用。因而宪法与行政法的关系也表现得更为紧密，以至于有称二者之间为大宪法与小宪法、静态宪法与动态宪法的关系。因此，在其概念表述中要体现宪政和法治层面要求的行政法含义，是对行政法性质及其价值取向的必要诠释。然而，行政法毕竟是宪法之下的应用法律部门之一，仅仅停留在体现宪政和法治层面含义的行政法概念的表述，还是无法表明行政法作为应用法律部门的适用内容和范围。行政法的概念应以宪政与法治要求为基础，直接表明行政法的适用内容与范围，以体现行政法作为应用法的含义，增强行政法在国家及社会法治化活动过程中的直接调整与作用能力。

宪政与法治意义上的行政法与应用法律部门意义上的行政法的结合，使得行政法概念在表述行政法的含义时，既要表达行政法是对行政权力进行限制与监控的法，又要表达行政法是对一定行政主体在实施行政活动行为的过程中形成的相应关系进行调整与规范的法律部门。因此，行政法概念应定义为：调整与规定行政主体享有并行使行政权力和实施行政活动过程所产生的关系，以及调整在对行政权力和行政活动进行监督与救济过程所产生的关系的法律规范的总称。

该行政法定义的首要含义就是要表明，行政法是有关行政主体实施公共行政活动的法。不同性质的社会主体实施着不同性质的活动，比如企业法人实施着市场经营活动，工商管理机关实施市场管理与监督活动；而同一社会主体也可能以不同身份进入不同领域进行活动，如国家行政机关以相应职能机关身份即行政主体身份实施行政活动，也可能以机关法人身份实施一定（当然也是非常有限）的民事行为。但行政主体只有以行政主体身份实施的公共行政活动，才可能由行政法规定；反之，也只有规定行政主体实施行政活动的法律规范，才能属于行政法。

行政法定义的第二层含义就是要表明，行政法的核心是对行政权力的规范。从逻辑关系上讲，行政法是以行政主体的公共行政活动为范围进行调整规定的。但无论是基于宪政与法治原则形成的事实基础，还是依据公共行政的实然状况，公共行政活动都是以一定的行政权力表现出来的，包括行政权力的内容、方式及其作用过程和效果等方面。强调行政法的核心是对行政权力的规范，一方面是由于行政权力基于公共秩序和公共利益的需要所具有的公权力性质和地位，使得行政法在对其规范时也必须承认这种属性并赋予其必要的法律地位及效力，从而使得行政法具有不同于其他法律部门的公法属性而成为一个独立部门法；另一方面是由于行政权力不仅有权也有责，是职权与职责的结合体，不仅会因行使权力时违反法律规范规定而侵犯他人合法权益，而且也会因不行使权力时违反法律规范规定而构成不履行职责，同样也会侵犯他人合法权益。因此，行政法对公共行政活动的规范，核心是规范行政权力的内容、范围、方式及行政权力的行使主体、行使过程和作用对象、作用条件、作用效果等。行政法基本原则也是以行政权力为核心确立的，包括行政合法性原则、行政合理性原则以及行政公开原则等，这些原则都是针对行政权力的存在及其行使提出的要求。

行政法定义的第三层含义就是要表明，行政法是指对行政权力在作用及其活动过程中所构成的一定系列关系的调整。行政法不仅仅是对行政权力的规范，同时还对其所形成的关系进行调整。这些关系不仅包括在对行政权力的组成与分工中所形成的关系，也包括行政权力在行使与运作中所形成的关系，还包括对行政权力进行监督和救济中所形成的关系。既然是对一定关系的调整，那就必不可少地要规定这些关系的各方主体及其权利、义务和责任，规定关系形成、变更与消灭的法律因素，规定解决关系争议的标准与途径。这些都是行政法所包含的内容。但由于行政权力存在及其作用的领域、阶段的不同，因而其表现出来的关系也就不同，特别是当关系主体及其地位不同时，其所拥有的权利义务性质和内容也就不同。行政法对此分别制定了不同的法律规则制度予以调整和规范。

行政法定义的第四层含义就是要表明，行政法是对行政权力的控制、监督和救济。这一点似乎同第二层含义有重复之嫌。但按严格意义来讲，这是与第二个含义有密切联系但视角不同的另一层含义。前面所说的行政法的核心是对行政权力的规范，主要是从行政法的调整范围和内容特点的角度讲的，而这里主要是从行政法的功能角度讲的。尽管有关行政法的理论基础有"管理论""控权论""平衡论""公共利益论"等不同学说，但不能忘记也不能否认的就是近现代行政法是宪法与法治形成与发展的结果，控制政府行政权力以保护公民权利和对在公民权利遭到政府权力侵害时实施救济，是近现代行政法产生的目的和基础。只要行政权力继续存在和行使（包括了积极作为情形下的行使职权行为和消极不作为情形下的怠于履行职责行为），并且行政权力的性质不变，行政法的功能也就不会改变。只是随着行政职能的转变及其扩张，行政权力的内容有了很大发展，其职责性要求也有了增加。但这些都不足以从根本上改变行政法的控权与监督救济功能。因为，控制与监督救济不仅仅只是适用于对行政权力的行使（作为）侵权方面，同时也适用于对行政权力的职责履行（不作为）侵权方面。

行政法定义的第五层含义就是要表明，行政法是相关行政法律规范体系的总和。由于行政事项具有专业、复杂、广泛的特点，使得有关规定行政事项管理活动的法律规范及其制度表现出了在内容上的专业性和在组织机构上的部门性，因而行政法律规范制度也就表现为种类复杂、数量繁多、体系庞大的特点，既有专业性及部门性较强的法律制度，如土地管理法律制度、道路交通安全法律制度，也有关于行政权力行使的某方面共性的法律制度，如行政处罚法律制度、行政许可法律制度；既有规定行政权力行使的行政法律制度，也有规定对行政权力行使的过程及其结果进行监督和救济的行政法律制度；既有具有立法权的权力机关制定的行政法律制度，也有具有行政立法权的行政机关制定的行政法律制度；既有在国家层面制定的行政法律制度，也有在地方层面制定的行政法律制度。因此，在无法制定统一法典的情况下，对于行政法来说，行政法是指相关行政法律规范体系的总和，更具有特别的重要性。

（二）行政法的基本内容

行政法的核心是对行政权力的规范。然而，由于行政领域的宽广、行政事务的复杂与多变、行政组织系统的庞大及行政权内容与方式的多样，使得行政法对行政权力的规范难以制定和形成统一的法典。但这些都不能影响行政法作为一个独立法律部门的存在，也不能影响行政法在内容构成上所形成的有机统一体系。

行政法的基本内容体系主要表现在三大方面：

1. 有关行政权力的设定、配置及行政组织系统方面的行政法律规范。这是以"静态行政"为中心的行政法律规范，围绕着行政权的设定与配置，包含了有关行政机关及其机构的设置、编制和行政机关之间纵向与横向关系、公务员法律制度等内容，主要表现为行政机关组织法、公务员法等一系列法律规范和法律制度。

2. 有关行政权力作用方面的行政法律规范。这是以"动态行政"为中心的行政法律规范，围绕着行政权的行使与行政活动，包含了有关行政行为、行政指导、行政计划等行政决策与行政执行内容，既有实体性规范，也有程序性规范，主要表现为众多部门性、行业性、专业性法律规范以及行政处罚法、行政许可法、行政强制法、行政程序法等法律规范与法律制度。

3. 有关对行政权力与行政活动进行监督与救济的行政法律规范。当我们把行政法理解为是对行政权力进行规范的法律制度时，由于行政权的特殊性质、地位和表现出来的特点，如果缺少了对行政权力进行监督和救济的法律规范，就如同"木桶理论"中因某块木板的断裂或残缺不全而导致整个木桶盛水能力和容量会大打折扣或下降一样，整个行政法对行政权的规范功能与作用也会受到严重影响甚至导致行政法"名存实亡"。因此，就世界范围来看，在实施"行政法治"的国家中，有关对行政权进行监督与救济的法律规范，一直是其行政法的重要组成内容。在我们国家，其主要表现为行政复议、行政诉讼、行政赔偿及行政监察等方面的法律规范与法律制度。

三、行政法的特点

行政法作为一个独立的法律部门，与其他法律部门相比较，也有自己的一些特点：

1. 行政法无统一、完整的法典。行政法无统一法典，是因为行政法所调整的公共行政活动具有广泛性、复杂性、专业性及多变性，使得立法者很难制定统一法典。世界各国都是如此。

行政法无统一法典是一大特点，但不见得就是优点。由于行政法主要以大量的不同层次和范围的散件法律文件形式来表现，因而容易在立法上带来名称、用语、内容的不一致或矛盾的问题，在执法以及司法上造成依据的不统一和行为前后不统一的后果；在理论上带来体系庞杂和不完整的缺陷。当然，各国为解决这些弊端，都试图在某一方面制定一些统一性的法律文件形式，如美国的《联邦行政程序法》、日本《行政不服审查法》，以及我国的《行政处罚法》《行政复议法》《行政强制法》《行政复议法》和《行政诉讼法》等，或者对分散的法律文件进行有效的编纂。

2. 行政法律规范赖以表现的法律文件数量特别多。可以说，在整个国家法律规范文件体系中，其大多数都是行政法律规范或者与行政有关的行政法律规范文件。这是因为行政法律规范规定的内容和范围广泛，包括经济、政治、文化教育、环境保护、科技、卫生、国防等各个方面，并且有权进行立法的机关特别多，有权力机关也有行政机关，有中央机关也有地方机关。

3. 行政法富于变动而缺乏相对稳定性。这是因为行政事务的发展和多变，如在经济、科技等方面，使得行政管理活动具有易变性，相应地，作为调整行政关系的法律规范也需经常立、改、废，而且这种易变性随着其位阶的降低，表现得更为明显。当然，行政法规范毕竟不是政策，作为法律规范只是相对于其他法律规范稳定性较差，但其还有法律规范的必要的稳定性。

4. 程序法与实体法交织在一起，没有明确界限，而程序法占有很重要的地位。由于行政活动的广泛性和专业性，使得不同行政主体的行政行为内容具有很大差异性，而立法者通常是将在某一方面的职能行为的实体内容和程序要求规定在同一法律文件之中，并且使实体规范和程序规范相互交织而难以区分，如我国《治安管理处罚法》《专利法》等，均反映了这一特点。当然，包括我国在内，世界各国都在程序方面试图制定一些统一性的专门程序法，但还是难以全部改变这种情况，而且即便是已有的专门程序法，在其规范内容上也并非纯属行政程序性规范，只能说以程序性规范为主。同时，由于行政活动复杂、多变，行政法规范也很难在实体上规定得过于详尽，但又要加强对行政行为的法律控制和监督，这就只有在程序规范上多作规定，加之针对属于公权力的行政权力进行程序规范和约束本身就是现代法治原理的重要体现，因而使得程序性规范占有很重要的地位，甚至有些国家的行政法主要就是程序法，如美国、西班牙等。

5. 反映行政法律规范的法律条文具有一定的概括性和伸缩性。具体表现就是有关自由裁量权的行政行为的大量规定。其主要原因还是行政事务的复杂、多变，但也有立法技术和法律制度不完善的因素。这就给执法者和法律研究者提出了一个问题，就是不仅要依法行政，而且要恰当、合理地适用法律，以反映行政法治原则的精神和内在性的要求。

第二节　行政法的渊源

一、行政法渊源的含义

行政法的渊源，也有的称为行政法的法源，在行政法学理论上有过不同的认识与观点。有的认为行政法的渊源就是指有关行政法的法律规范的存在形式，有的认为既指行政法律规范表现的形式，也指构成行政法律规范的来源，前者称为形式渊源，后者称为实质渊源，甚至有人认为还应当包括行政法律规范的法律效力来源。

有关行政法渊源的各种理论观点，都有其合理之处，而且对于全面、准确把握行政法律规范的立法本意及其内容，正确适用法律规范于具体的行政活动乃至行政案件，均具有积极意义。但就法律渊源理论的功能与作用而言，主要是将作为执行与适用依据的众多法律规范纳入一定的秩序之中，使得特定法律部门中的法律规范体系形成一个有机而又协调的整体，以发挥该部门法的调整与规范效果。"法律渊源是众多法律规范之中的秩序因素，因此是法律规范得以产生和存在的表现形式。"据此，本书按照法律渊源的一般理论，采用"存在形式"观点，即行政法渊源是指行政法律规范产生与存在的外在形式。

从行政法律规范的外在表现形式来看，一般可以将行政法的渊源分为成文法渊源和不成文法渊源。成文法渊源主要是指以制定法的方式表现出来的成文法律规范文件，通常包括宪法、法律、法规、规章及成文形式的法律解释、国际条约或协定。不成文法渊源主要是指以非成文规范文件表现出来的判例、习惯或惯例、一般法律原则与法理等。但一国行政法渊源是否全部包括上述法源形式，取决于该国的历史传统、经济及政治制度、法学理论观念与认识等因素，因而并非完全相同。就现行法律制度与体制模式来看，我国属于成文法国家，行政法渊源一般只限于成文法形式。

二、行政法的渊源

（一）宪法

宪法是国家根本大法，具有最高法律地位和法律效力，也是各项立法的依据。宪法对行政法规范的确认主要表现为两方面，一方面是对有关行政活动进行一般原则性的规定，表现为统率性的规范，成为其他所有具体的行政法律规范的依据和根源；另一方面是对行政活动所进行的规定，直接成为行政主体进行行政活动的具体依据，如我国《宪法》第89条有关国务院职权的规定。

（二）法律

法律包括全国人民代表大会制定的基本法律和全国人民代表大会常务委员会制定的基本法律之外的法律，如《行政诉讼法》《国务院组织法》《治安管理处罚法》《消防法》等。应当注意，法律作为行政法规范的表现形式，是指法律文件中有关行政活动的法律规范才属行政法，而不是指所有的法律文件都属于行政法。这就会出现，可能某一项法律文件中的规范内容全都属于行政法，如《国务院组织法》《治安管理处罚法》，也可能某一项法律文件中的规范内容包含有行政法规范，还包含有其他部门法的规范，如《土地管理法》《婚姻法》等。所以，某项法律规范文件与行政法律规范不属同一问题。

（三）行政法规

行政法规是国务院制定的法规范性文件的总称。一般而言，其具体名称多为条例、规定、办法及实施细则等，如《民用爆炸物品安全管理条例》《国务院关于劳动教养的补充规定》（现已失效）《邮政法实施细则》等。行政法规的具体制定与发布形式有：国务院制定并发布，如《民用爆炸物品安全管理条例》；国务院批准并由各部委发布，如《枪支管理办法》（现已失效）；国务院批准并由国务院办公厅发布，如《行政法规制定程序条例》等。从法律地位、规范的具体内容和数量上看，行政法规在行政法表现形式中占有重要地位。当然，每项行政法规文件的规范内容不一定全是行政法律规范，还可能包含其他法律规范，但主要是行政法律规范。

（四）地方性法规和自治条例、单行条例

地方性法规是指省、自治区、直辖市的人民代表大会及其常务委员会，省、自治区人民政府所在地的市和国务院批准的较大的市的人民代表大会及其常务委员会根据本行政区域的具体情况和实际需要，在不同宪法、法律、行政法规相抵触的前提下，所制定的规范性法律文件的总称。

自治条例和单行条例是指民族自治地方的人民代表大会，依照法定权限并结合当地民族的政治、经济、文化的特点，所制定的规范性法律文件。地方性法规要报全国人大常委会及国务院备案，自治条例和单行条例要报上一级人大常委会批准后生效，并报全国人大常委会和国务院备案。

地方性法规、自治条例及单行条例中的多数法律规范属于行政法律规范。它们只在相应的地域内有效。

（五）部门规章和地方政府规章

部门规章是指国务院各部门根据法律和国务院的行政法规、决定、命令在本部门的权限内按照规定程序所制定的规定、办法、实施细则、规则等法规范性文件的总称。其具体制定与发布形式有：某部门在其权限内单独制定并发布某项规章，如《公共场所卫生管理条例实施细则》；两个以上部门在其职权内联合制定并发布某项规章，如物资部、冶金工业部、国家工商行政管理局发布的《关于对四种短缺钢材实行专营的实施办法》（现已失效）。地方政府规章是指由省、自治区、直辖市以及省、自治区人民政府所在地的市和国务院批准的较大的市的人民政府根据法律和行政法规，按照规定程序所制定的普遍适用于本地区行政管理工作的规定、办法、实施细则、规则等法规范性文件的总称。从内容上看，行政规章主要调整行政关系，包含的主要是行政法规范，因而是行政法的主要渊源。当然，其中也包含着其他部门法律规范，也可以是其他部门法的渊源。

（六）法律解释

法律解释包括立法解释、司法解释、行政解释和地方解释。立法解释，是指全国人大常委会关于法律、法令条文本身要明确界限的解释。司法解释，指最高人民法院在审判工作中对具体应用法律、法令等问题所作的解释和最高人民检察院在检察工作中对具体应用法律、法令等问题所作的解释。行政解释，是指国务院及其主管部门对不属于审判和检察工作的其他法律、法令及行政法规、部门规章如何具体应用的问题所作的解释。地方解释，是指有权地方权力机关对其制定的地方性法规条文本身需要进一步明确界限所作的解释和有权地方人民政府对地方性法规如何具体应用的问题及其制定的地方政府规章所作的解释。法律解释中许多是有关行政法律规范的解释，所以也是行政法的渊源。

（七）国际条约与协定

国际条约与协定，是指我国所签订、加入或承认的国际条约或双边性、多边性协定，除声明保留条款外，也在我国境内具有法律效力，而且我国《行政诉讼法》对此也有明确规定，所以也是行政法的渊源。

三、行政法渊源的效力关系

概括起来说，除宪法外，法律、法规和规章构成了我国行政法基本渊源体系。但由于立法体制的多层次性，使得这些法律形式分别是由不同性质和地位的机关依据不同的职权范围而制定，因此这些法律形式在行政法渊源体系中具有不同等级或者位阶的法律地位和法律效力。这些不同的法律形式按照一定的效力关系构成一个完整的法律体系，才使行政法成为一个独立的法律部门。

决定行政法渊源体系中各种法律形式之间效力关系的因素很多，但最直接也是最有效的依据，莫过于法律规范的明确规定。

根据宪法及其他有关法律的规定，在行政法基本渊源体系中，法律具有最高地位，法规和规章必须符合法律，而不得与其相抵触或违背，否则无效。法规包含着行政法规和地方性法规，而地方性法规和行政规章不得与行政法规相违背或抵触，否则无效。

规章包括部门规章和地方政府规章。部门规章是由法律地位平等的国务院各部门分别制定和发布的，而部门规章相对地方性规章而言，是以一定业务管理需要制定并发布的，地方政府规章是基于一定区域范围需要制定并发布的。所以，对于部门规章之间以及部门规章与地方政府规章之间相互矛盾的，根据《行政诉讼法》《立法法》《规章制定程序条例》和《法规规章备案条例》之规定，由国务院决定其效力关系。

对于地方性法规与部门规章相矛盾的，根据《立法法》和《法规规章备案条例》之规定，由国务院拿出处理意见提请全国人大常委会决定。但是，《行政诉讼法》规定人民法院审理行政案件以法律、行政法规、地方性法规为依据，参照部门规章和地方政府规章，则表明了规章的法律效力及其地位要弱于地方性法规。由于《行政诉讼法》属于全国人大制定并发布的基本法律，而《法规规章备案条例》属于国务院制定、发布的行政法规，同时《行政处罚法》赋予地方性法规设定行政处罚的权限和能力较之规章要强，因此，地方性法规的实际地位和效力原则上强于部门规章。

第三节　行政法律关系

一、行政法中的法律关系

行政法作为一个独立的法律部门，依其概念和基本内容体系来看，行政法的调整对象，既包括行政权在作用与活动过程中产生的社会关系，也包括在对行政权进行监督与救济过程中产生的社会关系。前者之中，既有在行政管理活动中产生的关系，如行政许可关系、行政处罚关系等，也有行政组织系统中的关系，如行政机关之间的关系、行政机关与公务员之间的关系。后者之中，既有行政系统中的关系，如行政复议关系，也有行政系统外的关系，如行政诉讼关系。对于行政法所调整的社会关系，如何进行概括并形成一个统一的名词或概念，还颇费心思。无论从逻辑关系的角度讲，还是从法律部门之间划分的角度讲，凡是被行政法调整的社会关系，似乎都应被称为行政关系和行政法律关系。但是，在传统行政法学中，行政关系是指行政机关在实施行政管理活动中形成的社会关系，行政法律关系是指该行政关系被行政法调整后而上升为法律上的权利与义务关系。同时，由于行政权的公益性目的和公权力属性，使得行政权在行政管理关系中占主导与支配地位。也正是由于行政权在行政管理关系中所具有的这种优势，才决定按照权力制约原理建立了对行政权的监督与制约机制。就此角度而言，是行政管理关系的性质与特点决定了监督与救济关系的存在，而且在监督与救济关系中是监督权力占有主导与支配优势。因此，要将这样两种不同性质的关系，归纳并概括为同一个概念或名词，有一定的困难。有的学者为了解决这一困难，曾用行政法关系来概括行政法中的法律关系，然后又将行政法关系分为行政法律关系和监督行政法律关系。

本书中暂不对行政法中的法律关系进行名词或概念的归纳和概括，而行政法律关系沿用传统行政法学的概念，即仅指行政法所调整的行政职权与职责占主导地位的行政管理关系。

二、行政法律关系的概念

行政法律关系是行政关系被行政法规范调整与规定的结果。行政关系本身并不等于行政法律关系，在相应行政法律规范未被制定出来之前，行政关系依然是一种客观存在的社会关系。经过行政法规范调整之后的行政关系与未被调整之前的行政关系的最大差异，就在于被调整后的行政关系以法律上的权利与义务构成其内容。所以说，行政法律关系是指以行政法上的权利与义务所表现出来的关系。

对行政关系进行法律调整，是近现代宪政与法治发展的结果，也是公民、法人或其他组织的权利应受法律保护的必然。若单就行政权本身的作用与活动来看，有无行政法规范，并不妨碍其所代表的意志与利益的实现。但就宪政与法治发展的要求而言，"依法行政"已经成为行政权作用时所应遵循的基本原则。同时，对公民、法人及其他组织的合法权益在法律上进行保护，也向行政权提出其应在法律范围内活动的要求。其结果就是，在行政权作用过程中所形成的关系，应受法律规范的调整与约束。

对行政关系进行法律调整的重要性，并不等于所有行政关系都能上升为行政法律关系。其一，行政关系能否转化为行政法律关系，取决于行政法律制度的发展状况，即"依法行政"的前提是"有法可依"，若对某一领域内的行政关系，根本就没有相应的行政法律规范去调整，则是无法"循规蹈矩"的。当然，这里应注意区别的是"无法可依"与"有法不依"。其二，现代国家行政职能的发展，对政府职能所提出的更多要求是服务和职责，因而不见得其每项职权都带有强制性和命令性，也不一定都能影响被管理相对人的权益。所以，对那些没有实质法律意义的职能活动所形成的行政关系，也没有必要都以行政法律规范转化为权利义务关系。

三、行政法律关系的构成

（一）行政法律关系的主体

行政法律关系的主体，也称行政法律关系的当事人，是行政法律关系中权利的享受者和义务的承担者。同其他法律关系一样，行政法律关系的主体由双方当事人来承担。不过有一点不同，就是在行政法律关系主体中，有一方必须是行政主体，而另一方当事人可以是行政主体，也可以是公民、法人或者其他组织，或者是公务员。只是最受理论界和社会重视的是以行政主体为一方当事人与以公民、法人或者其他组织为另一方当事人之间所形成的行政法律关系。

作为行政法律关系主体的行政主体，可以是行政机关，也可以是法律、法规授权的行政机构或其他承担公共事务职能的组织。公务员可以基于公务身份和行政职务关系代表行政主体参与行政法律关系，而某些组织和公民个人也可以在一定的法定条件和情形下受行政主体委托参与行政法律关系，但他们都不具有行政主体资格，不是行政主体，因而他们不是也不能成为行政法律关系中与公民、法人、其他组织相对应的另一方当事人。行政主体成为行政法律关系主体的最根本性标志，就是其以行政职权职责主体的身份出现。当然，在行政主体参与的具体行政法律关系中，因其内容的不同，也有一些具体身份上的差异，如在行政处罚关系中的决定者身份与行政复议关系中的裁决者身份还是有些区别的。

作为被管理相对人的公民、法人或者其他组织比较广泛。其中公民包括中国人、外国人和无国籍人，法人包括企业法人、事业法人、社团法人和机关法人，其他组织包括那些依法成立的不具有法人资格的组织。他们是以在行政主体对外作出行政行为时的相对一方的当事人身份参加到行政法律关系中来的。

（二）行政法律关系的客体

行政法律关系的客体是指行政法律关系主体的权利与义务所指向的对象或目标。

归纳起来，不外乎物、精神财富和行为三大类。物是指一定的有形物品或物质财富，它在行政法范围内是广泛存在的，如土地、森林、草原及工农业产品等，都可成为行政法律关系客体。精神财富是指一定形式的智力成果，如版权局对著作的管理、专利局对专利的受理和审查等。行为是指行政法律关系主体为一定目的所作出的有意识的活动，包括作为和不作为，如交通管理中的违章行为以及对违章行为的处理行为等。

（三）行政法律关系的内容

行政法律关系的内容是指行政法律关系主体所能享有的权利和所应承担的义务。它也是行政法律关系的核心。行政法律关系主体的权利与义务，是指被行政法所确认并加以保护的一类权利与义务，属于公法上的权利与义务。由于行政法律关系主体身份的不同以及所处的层级、范围、内容等的不同，使得行政法上的权利、义务表现得极为复杂、广泛，在不同的具体法律规范中有不同的规定，要将其如数列举出来，实属不易，从行政法学角度来看，一般将其归纳为几个不同的方面。

关于行政主体的主要权利有哪些，由于学者们的理解不同，归纳出来的种类也就不尽相同，如有的概括为命令权、制裁权、形成权、公务权和经营权；有的概括为形成权、命令权、制裁权和管理权；有的概括为组织与管理的权利、强制与处罚的权利以及委托与监督的权利；等等。根据现代行政法的基本原理和我国法律的规定以及行政部门行使行政权力的实际情况，一般认为行政主体的权利是：制定行政规范权、行政处理决定权、行政强制权、行政监督权、行政制裁权、行政奖励权、行政裁决权、行政法上物权与经营权等。

关于行政主体的义务，也就是行政主体的职责，具体包括依法行政，要做到不越权、不失职，遵循法定程序，裁量合理，符合行政目的，接受监督等。

作为行政法律关系主体，公民、法人和其他社会组织所享有的行政法上的权利有自由权、平等权、参加国家管理的权利、请求权、受益权、了解权、建议权、举报权、控告权及申诉权、诉讼权和取得赔偿权等。公民、法人和其他组织的义务主要有遵守法律、法规和规章，服从行政管理，执行行政决定等。

（四）行政法律关系的产生、变更和消灭

行政法律关系的产生、变更与消灭，是指在行政法律关系主体之间基于一定的法律事实形成具体权利义务关系或者变更原有的权利义务内容或者消灭原有的权利义务关系的情形。

法律事实的出现是行政法律关系产生、变更与消灭的直接原因和根据。所谓法律事实是指行政法律规范所规定的能够引起法律关系产生、变更和消灭的客观情况。由此可以看出，行政法律规范对某种客观情况的预先抽象性规定是行政法律关系产生、变更和消灭的前提条件。若没有具体法律事实的出现，行政法律关系还只能是抽象性关系而无法转变成现实的具体法律关系。所以，行政法律关系的产生、变更和消灭，是行政法律关系由抽象向具体实际的转化过程。而这个转化媒介就是法律

第一章

事实。

　　法律事实包括事件和行为两大类。事件是指不以人的意志为转移的客观情况，如出生、死亡、自然灾害等。行为是指受主体或当事人意志支配的行为活动，如处罚决定、申请许可证等。在事件和行为中，行为在引起行政法律关系变动方面占有突出地位。而对于行政法律关系来说，行政主体的行为是引起行政法律关系变动的普遍因素和主要因素。

四、行政法律关系的特征

　　由于行政关系产生于行政权作用与活动过程中，其主体与内容及关系变动都具有不同于其他社会关系的地方，行政关系在转化为行政法律关系后，并不因法律规范的出现而改变其本身的固有属性。因而，行政法律关系也具有下列不同于其他法律关系的特性：

　　1. 行政主体是必不可少的一方当事人，而且在一般情况下，总是行政机关。行政法的核心在于对行政权的确认与规定，因此，在当事人的要求下，必须有一方主体为行政权主体，故行政主体是必不可少的一方当事人。由于行政主体主要是由行政机关来担当，因此行政法律关系的一方当事人在多数情况下也就表现为行政机关。但应注意的是，以行政机关为一方当事人的法律关系不一定就是行政法律关系，而没有行政机关参加的法律关系不一定不是行政法律关系。

　　2. 行政法律关系具有不平等性。其主要是指双方主体地位和意思表示的不平等，行政主体占有主导地位。其一，行政主体代表国家实施行政职能并以国家强制力为直接保障，其行为具有先定力、确定力、约束力及执行力，甚至在必要时可以直接强制相对一方当事人。而作为相对人的公民、法人或者其他组织是没有这种能力和地位的。其二，行政主体单方意思即可决定行政法律关系的产生、变更和消灭，而不需取得相对一方当事人的同意，例如行政处罚决定的作出，对纳税人税赋的减少或免除等。应注意的是，这种不平等性不是绝对的，如在行政复议法律关系中，双方主体地位又是平等的。

　　3. 行政法律关系具有不对等性。其主要是指双方主体权利与义务的不对等。其一，双方主体权利与义务的内容不对等。行政主体享有行政职权，具体内容有规范制定权、决定权、强制权等，这是作为相对人的公民、法人或者组织所不能享有的；相反，公民、法人及其他组织所享有的某些权利，如提起复议权、请求赔偿权及对赔偿的放弃处置权等，行政主体却不得享有。而在义务方面，行政主体必须履行义务、不得越权、要遵守法定程序等，而相对人由于不享有行政职权，也不承担这些义务。其二，双方主体权利与义务的范围不对等。在行政实体法律关系中，行政主体享有较广泛的权力（实体性职权），而相对人一方具有较多的义务，特别表现在行政强制性权力与对方当事人相对应的义务中；在行政程序法律关系及行政监督性法律关系中，行政主体承担较多的义务和职责，而相对人一方相应享有较多的权利。

其三，双方主体权利与义务的来源不对等。行政主体的行政职权与职责，全部来源于行政法律规范，其职权和职责的内容、范围等均以行政法律规范为依据，而相对人的权利虽然也来源于行政法律规范，但有些权利只是在行政法律规范的形式上加以确认或转化，其权利的实质内容来源于其他法律规范，像人身权、财产权中的许多权利就是如此。

可以看出，行政法律关系的不对等性并不等同于不平等性。不平等性是指主体法律地位的不平等，行政主体占主导地位，在任何情况下相对人都不可能占主导地位；而不对等性是指权利、义务的内容、范围以及来源的不对等，而且不对等性是相互的；双方权利、义务的不对等，并不必然意味着双方主体法律地位不平等，反过来说，双方主体法律地位平等，并不指权利、义务也应对等，像行政复议法律关系就是如此。

4. 行政法律关系具有预先规定性与不可选择性。其主要包含两方面：其一，行政法律规范对行政法律关系主体有了预先规定，特别是对行政主体的规定，当事人没有自由选择的余地，如某公民想取得个体营业执照，则只能向工商机关提出，而不能选择其他机关；其二，行政法律规范对权利、义务的内容预先有了明确规定，当事人没有自由选择余地，如有关税法就纳税标准作了明确规定，税收机关与纳税人之间依法产生税收关系，关于税收的比例和数额，应当是没有选择余地的。

5. 行政法律关系主体的权利与义务具有统一性（或称相对性）。这是指主体权利与义务的同一性，既是权利也是义务。主要表现在行政主体方面，行政职权与职责的统一，使得行政主体在很多情况下，对某一事务的管理，既是职权也是职责，不得自由放弃或处置，否则就是行政失职。当然，相对人在某种情况下，也有权利与义务的同一性，如接受文化教育，既是权利也是义务。但相比行政主体，相对人权利与义务的同一性要少得多。

6. 行政法律关系产生的纠纷，一般通过法定行政程序或准司法性行政程序予以解决。在这一点上，世界各个国家和地区的行政法律制度基本上都是如此。如法国行政法院、英国行政裁判所、美国行政法官制度、日本《行政不服审查法》等。我们国家法定行政程序解决行政争议的制度主要表现为《行政复议法》和其他行政申诉制度。这里反映出一个问题，就是行政主体是行政纠纷的裁决人或准法官。这是行政法律关系与其他法律关系的又一区别。

第四节　行政法的地位与作用

一、行政法的地位

从世界各国的法律制度来看，行政法与民法、刑法等共同被称为传统的几大法律部门。在我国现行法律体系中，行政法是仅次于宪法的几大重要法律部门之一。

1. 从行政法与宪法的关系来看，行政法是宪法的重要实施法。宪法是根本法，在法律体系中的法律地位最高。宪法对国家政治、经济、文化等方面作出了全面性的基本规定。但宪法的基本规定，主要依赖于其他部门法的进一步的具体规定来实施。由于行政职能的广泛性，使得宪法中的绝大部分原则性的规定，主要依赖于行政法进行具体规定而得到实施。甚至有人将行政法与宪法的关系比喻为"小宪法"与"大宪法"的关系。所以，从某种程度上讲，一个国家的宪法能否全部得到实施，关键在于行政法是否发达和健全。

2. 从行政法与其他部门法的关系来看，行政法的影响及地位越来越突出。行政法与民法、刑法、经济法等几大法律部门相比较，由于各自调整的社会关系的性质和社会活动的范围不同，在目的、功能、内容和手段等方面都有着区别。但是，随着行政职能的增加与行政权的扩张，行政关系越来越广泛，已逐渐"渗透"到社会各方面，行政权与公民、法人与其他社会组织的权利间的关系越来越密切，公民、法人及社会组织在社会生活中的许多权利的取得与失去、义务的增加与减免，都与行政权紧密相关，这使得调整行政关系的行政法越来越突出和重要。甚至可以说，在民事、刑事等方面的立法取得一定规模后，行政法就成为一国法治化程度的标志，乃至法律体系和法律制度是否健全的核心。同时，由于行政权的扩张，使得行政法对其他部门的影响也越发突出，如我国行政法中对涉嫌构成违法犯罪行为的行政处罚程序就与刑事司法问题有着密切关系，再如在行政司法中的行政仲裁、行政调解或对某些民事争议的裁决处理等行为就与民事问题有着密切的关系，甚至公民、法人及其他组织在民事范围内所享有的许多权益，往往都以行政法中的一些规定和相应行政行为为前提，如房产、知识产权等。这些都说明了行政法在法律体系中的重要地位。

二、行政法的作用

行政法对政治、经济、文化、教育等社会活动以及对行政管理活动的进行，均有其作用。但是，就行政法产生的历史原因和社会基础而言，行政法的基本观念和精神实质，在于维护国家和社会的公共利益和保护公民及社会组织的合法权益。

1. 行政法具有维护和保障符合国家和社会公共利益的行政权的作用。就行政法规范的客观功能来说，它确有维护和保障行政权的作用，包括行政权独立存在并被行使，行政权具有单方面的决定能力和先行有效力，行政权具有不停止作用和直接强制能力等。当然，就行政权产生与发展的历史过程看，行政权作为一种国家权力，在任何时候都具有强制与命令力量。但作为现代行政法，对行政权性质、内容的进一步明确规定，是以行政权代表并应符合国家和社会公共利益为前提和实质条件的。所以，行政法不是以单纯维护权力为目的而去保障行政权的。

2. 行政法具有监督与控制行政权的作用。监督与控制行政权，这是行政法规范的必然作用。在现代行政法产生前的行政权力是没有边际和界限的。而现代行政法产生的结果，一方面是要求行政权必须符合公共利益，其必然反映就是控制行政权以防止违背这种利益要求，另一方面就是将行政权的范围、内容、方式、作用过程等均通过法律规范规定出来，要求其符合这些规范而不得违背这些规范，否则，其行为无效，甚至还要被追究法律责任。也就是说，行政法将行政权限制在一定范围内，而不是像过去那样毫无约束地去触及一切。即使在法定权限范围内，也应按一定程序和形式去作为。

3. 行政法具有保护公民、法人及其他社会组织权益的作用。随着法治与民主的发展，公民、法人及其他组织在社会领域内从法律上取得或被肯定的权益越来越广泛。相应地，在同一社会领域内，对行政权的范围和行使的法律要求也逐渐增多。事实上，是在公民、法人及其他组织的权益不断受到行政权的侵犯而需要广泛保护的情况下，行政法才应运而生并得到不断发展的。虽然就客观上来看，行政法对行政权、行政职责、公民权利及义务和法律责任均作了规定，但就法律对公民权利及义务规定的本意来看，是想要求行政主体依法去行使权力，去决定公民的权利和义务，而不是随意性地处理。这实质上还是一种对行政权的控制。

第一章

第二章

基本原则

第一节　行政法基本原则概述

一、行政法基本原则的含义

所谓行政法的基本原则，是指贯穿于行政法规范之中，指导行政法的制定和实施活动的基本准则，是人们对行政法现象的抽象和概括，反映着行政法的基本价值观念。

从新中国的第一本行政法学教材开始，可以说关于行政法基本原则的表述一直是层出不穷。根据有的学者的统计，迄今为止我国学者所提出的行政法的基本原则就多达三十多种。[1]关于行政法基本原则的学说更是众说纷纭。随着学者对行政法基本原则的研究逐渐深入，不断明确，行政法基本原则的发展大体经历了三个阶段：第一阶段，怀疑行政法存在独立的基本原则，或虽承认存在行政法的基本原则，但将宪法原则、行政管理原则误认为行政法原则；第二阶段，探索独立的不同于宪法学和行政管理的基本原则；第三阶段，进一步区分行政法的基本原则与行政法的具体原则，开始对行政法进行分层级的研究。[2]

在行政法学研究的初期，行政法学者大多将行政法基本原则与行政管理的基本原则等同起来。我国第一本行政学教材《行政法概要》将行政法基本原则称为国家行政管理的指导思想和基本原则，并概括为七条：①在党的统一领导下实行党政分工和党企分工；②广泛吸收人民群众参加国家行政管理；③贯彻民主集中制；④实行精简；⑤坚持各民族一律平等；⑥按照客观规律办事，实行有效的行政管理；⑦维持社会主义法制的统一和尊严，坚持依法办事。[3]在随后的教材中，行政法基本原则被归纳为以下三项：①贯彻党的方针政策原则；②社会主义民主原则；③社会主义法制原则。[4]这三项原则相对而言已经比较接近于法律原则了，但仍然具有

---

〔1〕　参见杨海坤、章志远：《中国行政法基本理论研究》，北京大学出版社 2004 年版，第 92 页。

〔2〕　朱维究："简论行政法的基本原则"，载《法学研究》1989 年第 1 期。

〔3〕　参见王珉灿主编：《行政法概要》，法律出版社 1983 年版，第 43~60 页。

〔4〕　应松年、朱维究编著：《行政法学总论》，工人出版社 1985 年版，第 112 页。

较浓厚的政治管理色彩，这也反映了当时行政法学还处于初级阶段的实际情况。

随着行政法学研究的进一步深化，行政法学基本原则的研究也得到了较大的突破。应松年教授将行政法基本原则归纳为行政合法性原则和行政合理性原则，[1]尽管有学者在此基础上又提出其他原则，但他们也正逐步达成共识，行政合法性原则和行政合理性原则已成为理论界的主流观点。

二、行政法基本原则的确立标准

1. 普遍性。即行政法的基本原则适用于行政法的所有方面，行政立法、行政执法、行政裁判甚至于司法审查都应遵守行政法的基本原则。如行政立法应当依法立法，遵循法律保留和法律优位的基本要求，行政执法应全面、准确地依据法律行使职权，行政裁判不仅应考虑行政职权行使的合法性，也要考虑其适当性，等等。这一特点是行政法的基本原则与行政法规范中的具体原则的重要区别，行政法规范中的具体原则只是在行政法的某一领域、行政职权存在与运用的某一方面所应遵循的准则，如行政立法中的依法立法原则、行政处罚中的处罚与教育相结合原则、司法审查中的对具体行政行为合法性审查原则等，都不具有行政法现象中的普遍适用性。行政法基本原则又不同于具体的行政法律规范。前者在效力层次上比后者高。行政法律规范是行政法的最小法律细胞，它的制定必须与行政法基本原则相一致，其内容必须体现行政法基本原则的精神，如果两者不一致，必须修订行政法律规范。

2. 特殊性。即行政法的基本原则只是人们对行政法现象的抽象和概括，是为行政法所独有的原则。由于行政法是规范行政权的法，因此，行政法的基本原则主要是关于行政权的存在、行使的准则，其基本内容是关于行政主体行政职权与职责，行政相对人权利与义务实现的法理要求：其一，行政法基本原则是人们对行政法现象的认识和反映；其二，行政法基本原则的内容通过具体的行政法律关系而实现；其三，行政法基本原则只适用于行政法领域。可以说，正是由于行政法基本原则的特殊性，使其与其他法律原则区别开来。如法律面前人人平等原则是宪法原则，而诚实信用原则是民法原则，行政法的基本原则既不同于宪法原则，也不同于其他部门法原则，是为行政法所独有的，体现行政法特定价值的原则。

3. 法律性。即行政法基本原则是一种法律原则，包含着概括的、法律上的权利义务内容，是客观地存在于行政法之中的。行政法基本原则的法律性表明任何行政职权的存在和运用都应依据行政法的基本原则，行政相对人的义务承担和权利主张也不得违反行政法基本原则，任何违反行政法基本原则的行政法律关系中的行为都会产生不利的行政法律后果。行政法基本原则的法律性还表明其不同于其他非法律原则，即其不是道德规范准则，也不是民主集中制这样的行政学原则，它是被抽象和概括了的国家意志的法律化形式。

---

〔1〕　应松年主编：《行政法学教程》，中国政法大学出版社 1988 年版，第 39 页。

第
二
章

4. 概括性。行政法基本原则是科学的理论概括，尽管行政法基本原则不能等同于行政法的具体原则和行政法律规范，但却是对具体原则和行政法律规范进行高度抽象加工后的产物。行政法基本原则不预先规定任何确定的、具体的事实状态，也没有赋予确定的、具体的法律后果，因而也没有确定具体的权利和义务。它们是行政法律权利和法律义务赖以存在并从其中展开的精神价值内核，集中表达了行政法的价值诉求，因而具有高度的概括性。

5. 适用性。行政法基本原则是适用于行政法实践的基础性规范，它不仅指导行政法规范的制定和实施，而且也是行政法规范制定和实施的依据。[1]当代行政法上的基本原则均蕴涵于有关公共行政管理的立法、执法、守法、司法的实践之中。行政法基本原则的适用性表明其一方面是对行政法现象的一种抽象，另一方面是为了行政管理的实际运用，抽象和概括既源自于行政法实践，又指导和运用于行政法实践，其能够解决在行政法实践中产生的问题，如违反自然正义是英国司法审查中判断行政机关是否越权的标准之一，比例原则是大陆法系国家判断行政权行使是否合理的标准，甚至行政法基本原则还决定着行政职能和司法职能在管辖上的范围，如法国的公务原则。当然在我国合法性原则既是司法审查的标准，也是行政法的基本原则。应该说，行政法基本原则的适用性在一定程度上决定了行政法的部门法地位，也决定了行政法学是一门应用性学科。

三、行政法基本原则的功能

行政法的基本原则被认为是行政法的基础性规范，[2]因而，它有其他原则不可代替的作用：

1. 行政法的基本原则是指导行政法制定、修改、废止的准则。行政法律规范的制定者无论是权力机关，还是行政机关，其在本质上都是运用国家立法权对行政管理事项、规则法律化，我国《立法法》明确将依法立法作为立法的基本原则，因此，行政法的制定、修改、废止都必须是符合法律而又合乎情理的，即应遵守行政法的基本原则并受其指导。

2. 行政法的基本原则可以指导行政法的实施，防止行政执法的错误或偏差。行政法的实施是国家行政权的具体运用，针对某一特定事项，行政主体运用行政权应当在法定的条件、范围内体现制定法的立法目的和法治的基本理念，离开了行政法基本原则的指导，行政法的实施就可能会无法全面、准确地适用法律，也可能会导致执法的不公正。

---

[1] 参见姜明安主编：《行政法与行政诉讼法》，北京大学出版社、高等教育出版社 1999 年版，第38 页。

[2] 参见姜明安主编：《行政法与行政诉讼法》，北京大学出版社、高等教育出版社 1999 年版，第38 页。

3. 行政法的基本原则可以弥补行政法规范的不足，直接作为理念上的行政法规范而适用。由于行政法规范所涉事项的广泛性和富于变动性，体现为成文法的行政法规范有时无法做到每时对每事均予以充分、准确的规定，百密一疏在所难免，而行政法的基本原则具有普遍性和稳定性的特点，因而可以弥补行政法规范的疏漏，使行政权的存在和运用、任何行政权所指向的行政事务都能在统一的法律规则下得到符合法律价值的规范和调整。

4. 行政法的基本原则有助于人们对行政法的学习、研究和阐释。由于行政法的基本原则是对行政法现象的抽象和概括，因而学习、研究行政法就不得不从行政法的观念上谈起，即行政法是什么，它的基本价值观又如何，这些问题的最集中的答案存在于行政法的基本原则当中，只有明确了行政法的基本原则，才能准确地阐释行政法的具体制度及其内容。

第二节　行政合法性原则

一、行政合法性原则概述

行政合法性原则，是指政府的行为都必须遵守法律，不得与法律的规定相违背。"因为，政府所有的权力，既然只是为社会谋幸福，因而不应该是专断的和凭一时高兴的，而是应该根据既定的和公布的法律来行使；这样，一方面使人民可以知道他们的责任并在法律范围内得到安全和保障，另一方面，也使统治者被限制在他们的适当范围内，不致为他们所拥有的权力所诱惑，利用他们本来不熟悉的或不愿承认的手段来行使权力，以达到上述目的。"[1]政府行为应当合法，这是任何一种法治状态国家的共同要求，我国更不例外。行政合法性可以从两层意义上来加以理解：

1. 从形式意义和外延上来看，行政合法性中的"法"最早仅指议会制定的法律对政府行政权存在和行使的约束性要求，这就是通常意义上的对"法"的狭义解释。换言之，行政合法性原则要求政府只能严格地遵守议会制定的彻底而全面规范其行为的法律，不得越矩。随着社会的发展，当法的制定权通过法定方式被赋予政府时，合法性中的"法"既指议会制定的法律，也包括政府制定的法规和规章，即通常意义上所谓的广义的"法"。此时，政府不再仅仅是议会法律的执行者，也是立法者，并享有一定的行政争议的裁决权。该原则要求政府行为的所有方面和环节都应符合法治的要求，特别是政府制定的法规、规章及政府为实施法律、法规、规章的有权解释不得与法律本身的内容相抵触。我们这里所指的行政合法性原则中的"法"是广义的"法"，即政府的行为必须符合法律基本或具体规定。

---

[1]　[英] 洛克：《政府论》（下篇），叶启芳、瞿菊农译，商务印书馆1964年版，第86页。

2. 从实质意义和内涵上来看，合法性本身有着更为深刻的内涵，它意味着某种事物或价值本身包含着正确和正义的特质，因而为人们所认可和自觉自愿地服从。对于政治而言，任何一种政体必须依靠它自身的合法性支撑，政府的运行才会得到社会成员的自觉认同与服从。政治的合法性意味着政治统治或国家治理者有充分的理由去为一定的行为。同时，基于社会成员的认同，政治统治或国家治理者有义务去为一定的行为。那么，对于法律而言，它是对于"合法性"的权威认定。[1]这是"合法性"的深层内涵和实质所在。因此，判断一种事物或价值是否具有"合法性"，在于看它是否包含正确和正义的特质，是否赢得人们的认可并值得人们自觉自愿地服从。客观和理性是"合法性"的基础和首要前提。行政法的基本原则正是要解决这个问题，从而，行政合法才能达到形式合法与实质合法的统一。

尽管行政法本身是程序性规范与实体性规范交织在一起，但毕竟程序与实体存在着一定的差异，其价值目标、功能及表现形式都有所不同。我们认为行政合法性原则在实体和程序上的体现是不同的。具体来说，行政合法性原则在实体上主要表现为职权法定原则、法律优先原则、法律保留原则三个原则，而在程序上则表现为程序法定原则。

二、职权法定原则

（一）政府行政权的取得必须依据法律

"在法治国家里，行政权力是法律赋予的，在通常情况下，行政主体必须遵循'无法定依据即无权力'的原则。"[2]政府在性质上是法律的执行机关，在地位上是权力机关的执行机关，设立政府是为了更好地实现作为全体人民意志的法律，因而政府从来就没有所谓的"天生的权力"。政府及其权力的存在只不过是人民利益实现的法律需要，也就是说，政府的权力是人民以法律形式授予的，而被授予的权力是有限度的，这种限度决定了政府权力存在和行使的有限性和目的的公益性。对公民而言，凡法律未明确禁止即可为，对政府而言，凡未经法律允许，即意味着禁止而不可为。政府要依法办事，首要在于政府有法律授予可以办事的权力，否则，就是违法。

法律在授予政府权力时，通常规定了政府权力的界限，如我国《立法法》第9条规定，凡涉及对公民人身自由进行限制的强制措施和行政处罚权的设定，只能由全国人民代表大会及其常务委员会实施，同时，法律在授予政府权力时也对政府某项权力的行使方式、内容、程序、职责等作了具体的规定，政府的各项活动都应在此范围内实施。特别需要指出的是，未经法律的特许，政府不得处置法律授予的权

---

〔1〕　孙笑侠：《法律对行政的控制：现代行政法的法理解释》，山东人民出版社1999年版，第72页。

〔2〕　张文显主编：《法理学》，法律出版社1997年版，第248页。

力，在行政委托中，权力运用方式的转移也应符合法律规定的条件，如我国《行政处罚法》第18条和第19条的规定。

（二）政府行政权的行使必须合乎法律

如果说政府行政权的取得必须合乎法律表明政府能干什么的话，政府行政权的行使也必须合乎法律表明政府应该怎么干。也就是说，政府权力的运用必须全面、准确地符合法律的要求。

1. 政府行政权的行使必须以事实为根据。任何行政权的运用都基于特定事实要件，这类事实要件一般是为法律所预先规定的，政府依法律授予的职权作出决定时，必须要以充分的事实和确凿的证据为前提，即应当事实清楚，证据确凿。清楚者，是指每一事实要件均应客观存在并在法律上为必要；确凿者，是指每一事实均有证据予以证明，并且有完整的逻辑体系和只能得出唯一的结论，违背客观事实的真相和证据的不确凿都会导致行政权运用因失去前提和基础而不合法。

2. 政府行政权的行使应符合法定范围。只有享有法定权力的政府才可以实施行政权，同样，也只有符合法定权力范围的行政权的运用，才能符合法律的要求。权力范围就是所谓的权限，即政府权力的运用不得超过法定权限。法律在授予政府权力时，往往设定了对权力行使的各种限制，如地域上的限制，即只能在本行政区域范围内行使权力；职能上的限制，即只能在本行业内行使；事项上的限制，即只能针对特定事务行使；时间上的限制，即只能在一定时期内行使；手段上的限制，只能依法定方式行使；等等。违背这些限制就是越权或无权限，从而导致行政权行使无效的后果。行政职权来源于法，受制于法，否则即为违法的权力，构成一种越权行为。职权法定原则还要求行政主体不得越权，如果越权则不具有法律效力。"这是因为，法律效力必须由法律授予，如不在法律授权范围内，它就在法律上站不住脚。"[1]

（三）违法行政应承担相应的法律责任

政府法治不仅要求政府权力的存在、行使合乎法律的规定，而且为确保法律规定的真正合法实施，违法行政应承担相应的法律责任。因此，政府实际上也是责任政府。政府必须对自己的行为负责，这是法律公理，即有权利必有义务，有权利必有责任。只有政府是法律上的责任政府时，其才会成为真正的法律关系主体。"法律一经制定，任何人也不能凭他自己的权威逃避法律的制裁；也不能以地位优越为借口，放任自己或任何下属胡作非为，而要求免受法律的制裁。公民社会中的任何人都是不能免受它的法律的制裁的。"[2]实际上，现代法治国家对政府法律责任的规定主要是为监督行政权的合法行使，为保障相对人的法律权益不受非法侵害，即对政府而言，违法必究是法律面前一律平等的体现，政府承担法律责任的方式可以是以

---

〔1〕 ［英］威廉·韦德：《行政法》，徐炳等译，中国大百科全书出版社1997年版，第44页。

〔2〕 ［英］洛克：《政府论》（下篇），叶启芳、瞿菊农译，商务印书馆1964年版，第59页。

法定方式使其行为无效，也可以是赔偿等。

三、法律优先原则

英国是资产阶级革命最早发生的国家，甚至在资产阶级革命以前，某些宪政思想和相应的法律文件就产生了，英国宪法、行政法上最重要的原则之一是"议会至上"，其实这一原则对行政机关及其活动而言，就是法律优先。法律优先的前提是在一个国家的整个法律体系中，除了议会制定的法律之外，还有别的层次的立法。在我国，除了全国人大及其常委会制定的宪法和法律之外，还有别的层次的立法，比如国务院制定的行政法规，地方人大制定的地方性法规，国务院部委制定的部门规章，地方政府制定的地方规章，等等。在各种层次的规范性文件都同时并存的情况下，要掌握一个基本的要求就是法律优先（位）。法律优先的目的在于解决不同行政法规范之间的效力等级问题，防止行政机关置立法机关的法律于不顾，单纯依照其内部系统所出台的规范行使行政权力。这一子原则对于我国行政法治的推行大有裨益，其原因就在于，我国的行政立法与法律相抵触的现象极为严重，而行政机关往往都乐于依据这些"违法"的行政规范性文件作出相应的行政行为，造成了事实上的行政权由行政权自我规定。而法律优位则体现了行政立法应在法律之下的精神，对于厘清立法权与行政权的关系、维系国家法制的统一有着重要的意义。

在学说上明确提出法律优先（位）原则的，最早是德国行政法学的开山鼻祖奥托迈耶。他认为，"以法律形式出现的国家意志依法优先于所有以其他形式表达的国家意志；法律只能以法律的形式才能废止，而法律却能废止所有与之相冲突的意志表达，或使之根本不起作用"。[1]在我国，有学者认为，法律优先可以有狭义和广义两种理解。[2]从狭义上说，法律在效力上高于任何其他法律规范。从广义上说，法律优先是指一上层次的法律规范效力高于下一层次的法律规范效力。也就是说，各层次的法律规范必须保持其内部的统一与和谐，这样，国家的法制才能保持统一，而法制统一是国家统一的基本条件。

我们认为，法律优先或法律优位原则（supremacy of law），是指在行政法规范体系以及适用过程中，法律对于行政立法即行政法规和规章的优越地位。法律优先原则的功能在于防止行政活动违背法律，为了实现这一功能，必须满足两项前提条件：一是确认法律规范的位阶性。行政机关制定的任何行政法规范均不得与法律相抵触。二是法律必须具有具体而明确的内容，一旦违反就将有制裁的效果出现。如果法律

---

〔1〕〔德〕奥托·迈耶：《德国行政法》，刘飞译，商务印书馆2002年版，第70页。
〔2〕应松年主编：《行政法学新论》，中国方正出版社1998年版，第45～46页。

的规定空泛而无实质内容，也没有制裁的效果，则所谓法律优先原则将没有任何意义。[1]

对拥有行政立法权的行政机关而言，法律优先包含下列含义：

1. 行政立法必须有明确而具体的法律依据。

2. 在已有法律规定的情况下，行政法规、规章不得与法律相抵触，凡有抵触的，都以法律为准。法律优于行政法规、规章。同样，凡是上一位阶的法律规范已经对某一事项有了规定，下一位阶的法律规范不得与之相抵触。

3. 在对某一事项法律尚无规定，行政法规、规章在各自范围内作了规定时，一旦法律就此事项作出规定，法律优先，其他法律规范的规定都必须服从法律。同样，在上位阶法律尚无规定时，下位阶规范可以作出规定，一旦上位阶规范就此事项有了规定，下位阶规范就必须服从。

4. 存在是否违反法律优位原则的审查机制。如果没有相应的审查机制，行政超越法律，不同位阶的法律规范相互抵触的现象难以纠正，法律优位原则就难以落实。[2]

我国的宪法以及法律从实定法上都已经承认了该原则。《中华人民共和国宪法》（以下简称《宪法》）第5条第3、4款规定："一切法律、行政法规和地方性法规都不得同宪法相抵触。一切国家机关和武装力量、各政党和各社会团体、各企业事业组织都必须遵守宪法和法律。一切违反宪法和法律的行为，必须予以追究。"《中华人民共和国立法法》（以下简称《立法法》）第87条规定宪法具有最高的法律效力。第88条规定："法律的效力高于行政法规、地方性法规、规章。行政法规的效力高于地方性法规、规章。"

四、法律保留

法律保留有两层含义：一是宪法意义上的法律保留，指宪法、法律规定只能由法律规定的事项，不能由其他国家机关，特别是行政机关代为规定；二是行政法意义上的法律保留，指必须在有法律明确授权的情况下，行政机关才有权对某些事项制定行政规范。法律保留的目的主要在于约束行政机关创制行政法规范的活动。法律保留一般适用于干涉行政领域或者对公民权益影响重大的领域。这厘清了立法机关与行政机关在创制规范方面的权限秩序，保障了法律规范位阶的有序性，防止行政权自我膨胀，有利于民众权益的保护。[3]

---

[1] 参见吴庚：《行政法之理论与实用》，中国人民大学出版社2005年版，第53页；姜明安主编：《行政执法研究》，北京大学出版社2004年版，第77页。

[2] 参见应松年主编：《当代中国行政法》，中国方正出版社2005年版，第87页；应松年："依法行政论纲"，载《中国法学》1997年第1期。

[3] 范忠信、范沁芳："论对授权立法中授权行为的监控"，载《法律科学》2000年第1期。

我国《立法法》第 8 条和第 9 条已经就此作出了初步规定。从类型划分上法律保留可以分为绝对保留和相对保留：

绝对保留是指某些事项只能由法律设定，不得授权行政机关或者其他机关作出规定。例如，对公民政治权利的剥夺和限制人身自由的强制措施和处罚就只能由法律来规定，即使法律尚未制定，行政机关也不可能得到立法机关的任何授权而率先就此作出规定。

相对保留是指某些事项原属于最高立法机关通过制定法律予以设定，但在某些情况下可以授权行政机关或其他国家机关作出规定。根据《立法法》的规定，对于尚未制定法律的相对保留事项，全国人民代表大会及其常务委员会有权作出决定，授权国务院可以根据实际需要对其中部分事项制定行政法规。

此外，我国《行政处罚法》关于行政处罚的设定、《行政许可法》也表达了法律保留的要求。在行政处罚的设定当中剥夺和限制公民人身权和财产权的设定权明确规定只有法律才能行使。其中属于人身自由罚的设定权，只能由法律行使，不得授权。而对于罚款和其他财产罚的设定，则可以由法律进行授权。

五、程序法定

所谓行政程序，就是行政机关必须遵守的一系列前后相连的工作步骤。行政机关作用于行政管理对象，必须通过一定的方式与途径，这是行政机关运用行政职权实现社会管理的必由之路。现代行政法的民主性，突出体现了行政权力运作过程的法律控制。通过立法与授权制度所确立的行政机关行使职权的方式，如告知、听证、要式裁决等，行政机关必须遵循，并且必须依照法律规定的方式来行使职权。

建设法治国家不仅要求行政机关行使权力的实体合法，而且也要求其程序合法。程序合法是实体合法的保障。随着越来越多的国家制定行政程序法或建立行政程序制度，依程序行政已经成为规范和监督行政权力的普遍规则。

1. 行政权的行使应符合法定程序。政府权力行使的程序是其公正的保障，违反法定程序的权力行使，必然导致专断而具有不公正性。因而法律一般都对政府权力行使的程序作了明确而具体的规定，如处罚中的告知、听证、陈述申辩等程序的规定。行政机关及其工作人员在实施职权过程中必须按照法律规定的程序，并且优先实施程序性规范，既不能简略程序，也不能添置程序。行政权的行使只有符合这些必要的法定程序，才是具有合法性的。

2. 程序的设定要法定。由于行政管理领域具有广泛性、复杂性、易变性等特点，因而很难想象所有领域、层次和范围的程序都由法律明确规定，法律只能择其精要规定行使行政权力的步骤、方式、形式、期限、顺序等一般原则，更为详细具体的程序要求则由行政机关自己规定。依程序行政不仅指依照行政程序法行使权力，而且还包括依照不同层次和领域的部门程序规则行事。关于规定程序的法律规范文件有很多，即使对同一事项的规定，也有可能规定不一致。这样就给行政执法带来了很多的困难。因此，必须要明确程序的设定要有明确的法律依据。

第三节　行政合理性原则

一、行政合理性原则概述

行政合理性原则是指政府的行为应当符合法律的意图或精神，符合公平正义等法律理性。这里的"理"不是指"社会道德""伦理"，而是指法的精神和本意，即法理。

行政合理性原则能否作为行政法的一个基本原则，目前在我国行政法学理论界有不同认识，但行政应当合理是毋庸置疑的。客观地讲，该原则存在于行政法中并作为一个基本原则，有其法律基础和社会客观基础。

1. 就法律基础而言，合理性原则缘起于 19 世纪以来行政权的扩张，即在法律上行政权仅限于羁束性行政权既无必要，也不可能，政府应拥有广泛的处置社会事务的权力，可以便宜行事。这样，现代政府就享有了广泛的自由裁量行政权。而法律对政府行为合法性的要求是全面的，自由裁量权的不适当行使，侵犯的是相对人的合法权益，如果这类权力不受到法律约束，相对人的法律权益就得不到有效保障，这实际上就是违法的。由此，自由裁量权行使的适当性在本质上也是合法性的问题，因而对行政权行使的适当性的规范、监督和救济是法律的必然要求，也是合理性原则作为行政法基本原则存在于行政法中的法律基础。

2. 就社会客观基础而言，法律规范的有限性也决定了合理性原则是行政法的基本原则。我们知道，任何法律规范无法详尽规定政府的全部行政活动，因为政府权力所涉内容和事项具有广泛性、复杂性和变动性，作为相对稳定的法律规范只能规定政府行为的基本问题，而大量复杂多变的事务必须依靠政府的判断而依法自由裁量作出决定，这种自由裁量权是政府必要的权力，但政府对自由裁量权行使的前提是依法。同时，任何一部行政法律规范也无法对所涉事项所有方面都作出详细、具体的规定，这就要求政府依据该法律规定的原则酌定灵活地处置未列举之事项，运用适当的措施，作出适当的决定。

正是由于上述原因，行政合理性原则是不同于行政合法性原则的行政法上的另一个基本原则。

行政合理性原则的主要内容有：

1. 政府的行政行为应符合法律的立法目的。法律都是为调整特定的社会关系，满足特定的社会需要，实现特定的社会目的而制定的。因而，所有的法律规范均是围绕这一特定目的，只有在行政权的运用中考虑并实现了法律的立法目的，行政行为才具有法律上的合理性，如行政处罚中不予处罚、减轻或从轻处罚的适用情节都是惩罚与教育相结合这一立法目的的体现，行政机关在作出一项处罚决定时，当然应考虑到这一目的的实现，不可以"不教而诛"。

2. 政府的行政行为应有正当的动机。概括地讲，政府行政权运用的动机只能是为实现社会公共利益，但由于事项的不同特质，每一个行政决定都是针对不同行为的法律要求而作出，在作出决定的动机上可以有不同的正当考虑，但不可以将公务人员个人的好恶等因素作为作出行政决定的动机和出发点。

3. 政府的行政行为应考虑相关因素。相关因素包括法律规定作出行政决定的条件和法律立法目的所要求的应该考虑的因素，如废旧金属回收站的特种行业许可证的颁发应考虑在本区域内是否有必要，而不应考虑申请人的政治面貌。一般情况下，不合理相关因素的考虑主要有两种情形：一是考虑了不相关因素，二是忽略了相关的因素，如处罚打架致人伤害的人时，只考虑了伤害结果而未考虑打架的起因等。相关因素的考虑是为了在作出行政决定时有更合理、充分的依据。

4. 政府的行政行为应符合客观规律。客观规律有社会发展规律、经济规律、自然规律等，是不以人们的意志为转移的。行政行为的实施也应符合这些规律的要求，如签订行政合同不得违背经济规律、发布行政命令不得违背社会客观规律和自然规律。只有符合规律的行政行为才能真正实现行政管理的效益。

5. 政府的行政行为应符合公正法则。公正即公平、正直，是人类社会的普遍规则，行政法上的公正是指政府行政权的行使应符合法律上所要求的客观标准：同等情况同等待遇，不同情况不得同等待遇；行为前后应当一致，不一致应有法律上的特别事由；行政相对人所受处理与行政决定之间应成比例；行政行为不得无充分理由违背既有的惯例；作出行政行为时应当听取当事人的意见，不得武断专横。只有公正的行政决定才能够做到"以理服人"，公正法则是行政合理性原则的重要内容，也体现着行政执法的水平。

传统观念上对行政合理性原则的理解存在着种种缺陷，已经不能解决目前的实际问题。我们认为必须对行政合理性的内核进行重新定位，进行类型化划分。从实体上来看，行政合理性原则表现为平等对待原则、比例原则、信赖保护原则和正当程序原则。

二、平等对待原则

"个人应能自由且平等地决定他们自己生存的条件；也就是说，他们应当在创造和限定他们可资利用之机会的业经详细阐明的框架内享有平等权利（和因此而负有的平等义务），只要他们不利用这一框架去取消他人的权利。"[1]因为"自由是做法律所许可的一切事情的权利；如果一个公民能够做法律所禁止的事情，他就不再有

---

〔1〕 ［英］大卫·赫尔德："民主：一种双向进程"，载邓正来、［英］J. C. 亚历山大编：《国家与市民社会》，中央编译出版社 2002 年版，第 321 页。

自由了，因为其他的人也同样会有这个权利"[1]。法律面前人人平等的原则是宪法确定的原则。我国《宪法》第33条第2款规定："中华人民共和国公民在法律面前一律平等。"第5条第5款也规定："任何组织或者个人都不得有超越宪法和法律的特权。"行政面前人人平等原则实质就是宪法确定的平等原则的行政化。该原则要求，行政机关实施行政行为无论是抽象行为还是具体行为，无论是授予权益的行为还是课以义务的行为，无论是赋予某种资格的行为还是进行某种处罚的行为，都必须依法平等地对待任何相对人，不能因相对人的身份、民族、性别、宗教信仰的不同而给予不平等的待遇。

平等对待原则的基本内涵是"相同案件相同处理，不同案件不同处理"。德国行政法学对于"行政权的恣意"，也是认为其违反平等权，并在没有"正当理由"的情况下，给予相同案件者不同的对待。所谓的正当理由，便是遵照法律确定的判断标准，并以合理的方式适用之。因此平等原则对行政主体的要求主要是"禁止恣意"。如果行政主体在制定行政法律规范、作出具体行政行为、行使自由裁量权时，以当事人的种族信仰、社会地位、经济状况或者性别不平等等不相关因素，而为不同对待，即属欠缺正当理由的"行政恣意"。[2]

《国务院全面推进依法行政实施纲要》在对依法行政的要求作出规定时就指出："行政机关实施行政管理，应当遵循公平、公正的原则。要平等对待行政管理相对人，不偏私、不歧视。"在理解平等原则时应当注意如下几个方面的内容：其一，平等对待具有相对性，即任何平等对待都是相对而言的，绝对的平等对待不仅不应当存在，而且它只能导致不平等的状态出现。其二，对弱者的合理的倾斜保护，本质上是为了实现平等对待。如适当减免经济困难的行政相对人应交纳的规费。[3]

三、比例原则

现代意义上的行政法的使命之一就是如何将国家权力的行使控制在适度、必要的范围之内，由于行政活动的广泛性、主动性，法律不得不给予行政主体相当大的自由裁量空间。正是在控制行政自由裁量权的基础上，比例原则应运而生。比例原则是指在行政活动当中行政主体行使自由裁量权时，应在其所追求的目的和为所追求该目的所采取的手段给行政相对人的权益所造成的损害之间进行适当的利益衡量。比例原则现在是大陆法系国家以及欧共体法中一项重要的一般行政法原则，被誉为行政法中的"帝王条款""皇冠原则"。

比例原则源于德国19世纪的警察法学，认为警察权力只有在必要时才可以限制人们的基本权利，其实质在于要求行政的方法和目的之间保持平衡，后扩充到行政

---

〔1〕　[法]孟德斯鸠：《论法的精神》（上册），张雁深译，商务印书馆1961年版，第154页。
〔2〕　参见陈新民：《中国行政法学原理》，中国政法大学出版社2002年版，第40~41页。
〔3〕　参见章剑生：《行政程序法基本理论》，法律出版社2003年版，第75页。

法领域，现在已经被认为具有宪法的位阶。日本学者将其表述为："其一是必要性的原则，即必须是为了排除违反警察上的状态所必要的情况；其二，即使是必要的，目的和手段也必须是成比例的。也就是说，禁止过度规制。"[1]实际上，行政法意义上的比例原则主要是强调，在行政权力侵犯行政相对人合法权益时，必须有法律依据，而且必须选择在侵害行政相对人权益最小的范围内行使。因为行政权力与个人权利相比，具有优先性、强制性等特点，在行使过程中极易给行政相对人造成不可弥补的损失。因此行政法意义的比例原则自始就注重在实施公权力行为的"手段"与行政"目的"之间应存有一定的"比例"关系，不可以为达到目的而不择手段。"其着眼点是目的——手段——关系"[2]理论界通说认为比例原则包括三个下位阶的子原则，即适当性原则、必要性原则以及狭义比例原则（均衡原则）。[3]

1. 适当性（妥当性）原则。适当性原则是指行政行为对于实现行政目的、目标是适当的。也有人对此作进一步的详细解释，认为"适当性原则又称妥当性原则，是指行政主体行使行政权的手段及其目的间应具有'可连接'的关系存在，所使用的手段必须能达到其所追求的目的"[4]。妥当性原则是从行政目的上来规范行政权力与行政主体所采取的措施之间的比例关系。如果行政权力的行使不是为了达到法定目的，或者达不到法定目的，则违反了妥当性原则，也就违反了比例原则。

2. 必要性（最小侵害）原则。必要性原则是指行政行为的实施应以达到行政目的、目标为限，不能给相对人权益造成过度的不利影响，即行政权的行使只能限于必要的度，以尽可能使相对人权益遭受最小损害。必要性原则是从法律结果上来规范行政权力与其所采取的措施之间的比例关系。所以，必要性原则的运用必须满足一个前提和一个条件。前提是妥当性原则应首先运用。条件是存在着多个能达成目的的手段。在行政目的与行政手段符合比例的情况下，在符合比例的手段中必须选择对人民权利最小损害的方法。也可以说，已经没有任何其他方法能给人民造成更小侵害的措施来取代该项措施了。正如魏玛时代著名行政法学者弗莱纳的名言"警察不可用大炮打麻雀"。中国人也常说"杀鸡焉用宰牛刀"。

3. 狭义比例原则。这是指行政行为的实施应衡量其目的达到的利益与侵及相对人的权益两者孰轻孰重，只有前者重于后者，其行为才具合理性，行政行为在任何时候均不应给予相对人权益以超过行政目的、目标本身价值的损害。比例性原则是从价值上规范行政权力与采取行政措施之间的比例关系。在行政执法中，行政机关

---

〔1〕　[日] 盐野宏：《行政法》，杨建顺译，法律出版社 1999 年版，第 59 页。

〔2〕　[德] 哈特穆特·毛雷尔：《行政法学总论》，高家伟译，法律出版社 2000 年版，第 238 页。

〔3〕　陈新民：《行政法总论》，三民书局 1995 年版，第 62 页。联邦德国宪法法院 1957 年在有关职业自由的药房案中引入了三分法，自此成为主流观点。

〔4〕　蔡宗珍："公法上之比例原则初论——以德国法的发展为中心"，载《政大法学评论》第 62 期。

即使采取了适合且最小侵害手段以试图完成其追求的目的，但是若是该手段所侵害的人民的利益，与所追求之目的下所保护的公共利益相比，受侵害的人民的权利所彰显的法益显然大于行政机关所欲加以保护的公共利益时，行政机关的该项措施则仍因违反比例原则构成违法。

四、信赖保护原则

行政法上的信赖保护原则是指当行政相对人及利害关系人对行政过程中的某些因素的变化形成合理的信赖且这种信赖值得被保护时，行政主体不得变动这些因素，或者变动这些因素时必须合理补偿信赖人的信赖损失。

《行政许可法》第 8 条规定："公民、法人或者其他组织依法取得的行政许可受法律保护，行政机关不得擅自改变已经生效的行政许可。行政许可所依据的法律、法规、规章修改或者废止，或者准予行政许可所依据的客观情况发生重大变化的，为了公共利益的需要，行政主体可以依法变更或者撤回已经生效的行政许可。由此给公民、法人或者其他组织造成财产损失的，行政主体应当依法给予补偿。"本条规定，被学者们称为信赖保护原则。

一般认为，行政法上的信赖保护原则萌芽于第一次世界大战前后的德国，当时德国各邦行政法院在裁判有关撤销、废止行政处分的案件时，开始引用此项原则的内容；第二次世界大战结束之后，有关信赖保护的学说与论争不断出现、演进，行政信赖保护开始被人们提升为行政法基本原则来加以认识，并在行政法制实践中得到某些运用；1973 年 10 月召开的德国法学者大会将"行政上之信赖保护"定为会议第二主题，信赖保护作为一项公法原则的地位终告奠定。[1] 1976 年德国《行政程序法》的颁布，标志着行政信赖保护作为行政法上的一项基本原则在法典中得到正式确认，并为此后的多数大陆法国家所仿效。

信赖保护原则的运用并非无条件，通说认为构成信赖保护原则应当具备三个要件[2]：

1. 存在信赖保护的基础。构成信赖保护原则的基础是行政行为的现实存在，为充分保障行政相对人及利害关系人的合理信赖，作为信赖保护基础的行政行为应当贯穿于行政权力运行的始终，即存在于抽象行政行为中、具体行政行为的变动中和行政事实行为之中等。通说认为信赖保护的基础只包括具体行政行为的撤销和废止，但随着理论研究的深入，许多学者认为信赖保护问题不仅存在于传统

---

〔1〕 吴坤城："公法上信赖保护原则初探"，载城仲模主编：《行政法之一般法律原则》（二），三民书局 1997 年版，第 238 页。

〔2〕 也有学者认为信赖保护原则的要件为受益人之信赖和信赖值得保护两个要件。参见洪家殷："信赖保护及诚信原则"，载台湾行政法学会主编：《行政法争议问题研究》（上），五南图书出版股份有限公司 2000 年版，第 123～126 页。

的具体行政行为的撤销和废止中，在行政立法行为、行政指导行为和运用得越来越广泛的行政合同中信赖保护更值得关注，因为这些行政行为在损害公民利益时，有时很难找到具体法律依据来保障其利益。就行政指导而言，行政指导与具有法律效力的行政行为的最大的区别在于，行政指导只产生事实效果而不发生法律效果，不产生法律效果并不意味着行政主体在行政指导行为中就可以出尔反尔、言而无信，行政指导不同于具有法律效力的行政行为的特性凸显了信赖保护原则在此行政行为中的重要性。因此，信赖保护的范围应当涉及与行政相对人利益相关的所有行政行为。

2. 存在信赖表现。信赖表现是行政相对人及利害关系人根据法律秩序的安定性，基于相信信赖基础的稳定不变而采取的对自己生活作出安排和对财产进行处分的行为从而使其在法律上的地位产生重大转变，包括作为和不作为。信赖保护的基础和信赖保护表现之间存在着因果关系，只有当信赖基础现实存在，行政相对人及利害关系人依该行政行为的效力作出的行为才有依据，如果他根本就不了解行政行为是否存在，只是主观臆断地对自己的权益作出了处理，那么事后发生的行政行为变动与其利益损害之间就没有必然联系，信赖保护也就没有可能。行政相对人及利害关系人的信赖表现行为主要体现在他对授益性行政行为所赋予的某种物质利益进行了处分，如对作为物质利益载体的特定物、不可分物等进行了处分；或者依授益性行政行为赋予他的某种资格从事了某种行为；在有些情况下，信赖表现还存在于负担性行政行为中。

3. 信赖利益值得保护。信赖利益是否值得保护是根据行政相对人及利害关系人主观上是否有过错以及该行政行为是否有可预测性来判断的，尤其是在对违法授益行政行为进行撤销时，受益人若获得适当的补偿，必须满足对该行政行为的信赖是正当的的条件，也就是说，受益人的信赖应当有值得保护的理由。由于行政相对人及利害关系人的过错造成行政行为的作出，或者一行政相对人及利害关系人应知其权益处于不稳定状态，能够预测到该行政行为的最后结果而没有预测到，则其利益不被保护。判断其有无过错应当从其知识结构、所处境遇等方面考虑。信赖不值得保护的情形从各国的规定来看主要有以下几种：一是以诈欺、胁迫或者贿赂方法促使行政主体作出行政行为；二是对重要事项提供不正确数据或者进行不完全陈述，使行政主体依该资料或者陈述而作出行政行为的；三是明知行政行为违法或者因重大过失而不知者。

五、正当程序原则

正当程序原则起源于英国古老的自然正义原则，它包含两条基本规则：①任何人不应成为自己案件的法官。根据这一原则，行政机关实施任何行政行为，参与行为的官员如果与该行为有利害关系，或被认为有成见或偏见，即应回避，否则，该行为无效。②任何人在受到惩罚或其他不利处分前，应为之提供公正的听证或其他听取其意见的机会。[1]

程序正当观念发轫于英国，英国 1215 年的《大宪章》（第 39 条）规定："自由民非依国法（1aw of the land）而受其同辈之合法审判者，不得逮捕、禁锢、剥夺其财产、逐出于国外，或加以任何伤害。"1354 年的《自由律》亦规定："任何人，不论其财产或身份如何，不得未经正当法律程序，加以逮捕、禁锢、剥夺继承权或处以死刑。"此后，程序正当便作为一项法治原则得以确立。这项在英国作为最为重要的司法审查的原则，是一项普通法上的原则，也即说除非制定法另有规定，否则任何行政行为均应遵守这一原则。所以它是英国行政法上最基本的程序原则。在英国它被称作"自然公正"，为美国法所继承，并因《美国宪法》第 5、第 14 修正案被冠以"正当程序"条款而名扬天下。《美国宪法》第 5、第 14 修正案分别针对美国联邦政府、州政府以同样的用语规定："非经正当法律程序，不得剥夺任何人的生命、自由或财产。"

英国的自然公正与美国的正当法律程序，均以控制行政行为的正当性、妥当性为目的，但不同之处在于，自然公正的适用对象范围超过正当法律程序，而概念自身含义范围小于正当法律程序：自然公正原则的适用是不区分国家行为与私人行为的，而正当法律程序仅适用于国家行为；正当法律程序的核心是通知、听证和要求行政机关说明理由，自然公正原则的程序要求主要是通知、听证。

制定统一的行政程序法，是西方当代法治国行政法治实践中最重要的事件之一。行政程序法制化，在很大程度上保证了依法行政原则的落实。随着时间的推移，其重要性正在为世界各国越来越多的人所认识。从 1889 年西班牙制定行政程序法开始，迄今已有数十个国家制定了行政程序法。我国周边国家和地区，如日本、韩国、澳门地区都已制定了行政程序法。行政程序法的普遍制定，说明了行政程序法在依法行政中的重要性。

我国对行政程序法的重视，始于 20 世纪 80 年代。1982 年宪法对行政程序中的公开、参与制度等作了原则规定。1989 年颁布的《行政诉讼法》将行政机关的具体行政行为是否符合法定程序作为衡量其是否合法的重要标准之一，违反法定程序的具体行政行为将被撤销。这就大大提高了人们对行政程序重要性的认识。1996 年颁布的《行政处罚法》是迄今我国法律对某一领域行政行为应遵循的行政程序所作出的最完整的规定。为提高行政效率，《行政处罚法》第一次规定了行政程序中的简易程序；为保护公民的权益，《行政处罚法》第一次规定了听证程序。《行政处罚法》规定的执行程序，即彻底实行收支两条线，也将对我国的行政管理产生深远影响。2000 年 4 月通过的《立法法》又对行政立法的程序作了原则规定……但这些程序规定毕竟都限于单个领域，是零散的、不系统的。按照各国的立法经验，虽然这种单个领域的程序立法能解决某些领域对程序的需要，但没有满足依法行政对程序

[1] 姜明安主编：《外国行政法教程》，法律出版社 1993 年，第 160 页。

的普遍需要。因此，制定一个全面的行政程序法典应该说是必要的。[1]

《国务院全面推进依法行政实施纲要》在对"依法行政的要求"作出规定时就指出"程序正当——行政机关实施行政管理，除涉及国家秘密和依法受到保护的商业秘密、个人隐私的外，应当公开，注意听取公民、法人和其他组织的意见；要严格遵循法定程序，依法保障行政管理相对人、利害关系人的知情权、参与权和救济权，行政机关工作人员履行职责，与行政管理相对人存在利害关系时，应当回避"。

第二章

[1]　参见应松年主编：《当代中国行政法》，中国方正出版社 2005 年版，第 108～114 页。

第三章
行政主体与公务员制度

第一节　行政主体

一、行政主体概述

（一）行政主体的概念

行政主体的概念并不是我国的发明，也不是在我国行政法学发展之初就有的。它的产生有以下几方面因素：其一，20世纪80年代我国行政法学初创时，学者们往往从行政管理学的角度研究行政组织，或对行政组织法作事实的描述，或者从行政效率的目标出发对行政组织提出应然性的构想。这种方法并不是从法学的角度入手，于是，有的学者另辟蹊径，寻找行政法学的角度，研究行政组织的法律地位，旨在实现行政组织的法制化。其二，到20世纪80年代末期，介绍法国、日本的行政主体理论的书籍、资料已被翻译过来，中国学者们接触到行政主体这一在行政管理学中没有的概念，得到极大的启发，不少人尝试将其引入我国的行政法学中。其三，1989年我国《行政诉讼法》的颁布，促使司法界思考如何确定诉讼关系中的被告，如何审查判断行政行为主体的合法性。当时行政诉讼法面临的一个实际问题：大量存在的临时组织、授权组织和受委托组织能否作为行政诉讼的被告。虽然《行政诉讼法》对此作了规定，但还要从理论上予以论证。于是，有学者从行政主体的角度解释我国的行政诉讼被告制度，并逐步获得学术界的认同。[1]

行政主体的概念有三层含义：

1. 行政主体资格的获得必须有法律依据。获得行政主体资格有两种法律途径。第一种是依照宪法和行政组织法的有关规定取得行政主体资格，这类主体叫作职权性主体，如宪法和行政组织法中有关国务院及其职能部门和地方各级人民政府及县级以上地方人民政府职能部门的规定。宪法和行政机关组织法赋予这些国家机关承担国家行政职能并拥有相应的国家行政职权与职责，从而使这些国家机关具有行政主体资格。

---

[1]　应松年主编：《行政法学新论》，中国方正出版社2004年版，第58页。

第二种是依照宪法和行政组织法以外的单行法律、法规的授权取得行政主体资格，这类主体叫作授权性主体。如《中华人民共和国学位条例》第8条规定："学士学位，由国务院授权的高等学校授予；硕士学位、博士学位，由国务院授权的高等学校和科学研究机构授予。授予学位的高等学校和科学研究机构（以下简称学位授予单位）及其可以授予学位的学科名单，由国务院学位委员会提出，经国务院批准公布。"

2. 行政主体是依法承担着行政管理职能的主体，而行政主体的行政管理职能又体现为其所承担的行政职权与职责。行政主体的资格是依法取得的，法律、法规在赋予其行政权力的同时也对其课以一定的行政法律上的义务，即行政主体所拥有的职权与职责。因此，执行法律、法规和人民政府的决定、命令既是国家行政机关的行政权力，也是国家行政机关的法定职责。

3. 行政主体是具备行政法上人格主体的组织。首先行政主体应当是组织而不是个人。同时，行政主体是一个行政法律人格化的组织，要以自己的名义实施行政管理活动，并独立承担因该活动而产生的相应的法律责任，从而成为行政法律关系中的权利义务与责任主体。

（二）行政主体资格的构成要件

行政主体资格的构成要件是指一定的组织取得行政主体资格所应具备的必要条件。该构成要件，主要包括以下几项：

1. 依法成立的组织。行政主体是一定的组织，但该组织必须由有权机关依法批准而成立。能够取得行政主体资格的有行政组织和社会组织，其中行政组织又包括行政机关和行政机关内设的行政机构，社会组织又包括社会团体、事业、企业单位。行政机关及其行政机构的成立，应当按照行政组织法的要求，通过法定程序由有权机关批准而设立，即或者由权力机关批准，或者由上级行政机关批准，或者由法定的其他机关批准或决定。社会团体、事业、企业单位的成立，应当按照法律制度的规定，由主管机关依法批准而设立。未经依法批准而成立的组织，是不能取得行政主体资格的。

2. 应当具备一定的组织机构、职位和人员编制。由于行政主体是具有独立法律地位的组织，如果不具备一定的组织机构，行政主体的意志决定无法表达，也无法具体实现。相应地，行政主体也将无法独立享有行政职权与履行行政职责，更无法承担法律责任。具备一定的组织机构，也就应当设置相应的职位和配备人员编制，拥有办公场所。没有职位设置与人员编制，行政主体就无法从事行政管理活动，而只有职位设置与人员编制而无组织机构，将使行政主体拥有的行政权力实际上成为个人权力，导致权力滥用和"人治"行政。既无组织机构又无职位设置和人员编制，就无法实现行政主体的独立法律地位，行政主体也就无法成为一个拥有行政职权与职责并承担法律责任的法律实体。

3. 拥有法定的独立职权与职责。行政主体是具有法律地位的行政管理主体，因而必须在法律上拥有独立的行政职权与职责。行政机关的行政职权与职责由宪法和有关组织法以概括性和原则性规定的方式来确定，如《宪法》第 89 条、第 90 条和《国务院组织法》所确定的国务院及其各部委的行政职权。同时，其他单行法律、法规还对行政机关拥有的行政职权与职责作了进一步的具体规定。如《消防法》规定，县级以上公安机关设立的消防监督机关对消防工作实施监督和采取行政处罚，以及具有采取其他法定强制措施的职权与职责。

4. 能以自己的名义实施行政活动和承担法律责任。法律、法规在确定行政主体拥有行政职权与职责的前提下，还明确规定其以自己的名义具体实施行政活动和承担法律责任的能力。行政主体实施行政活动的名义能力，法律、法规在赋予其职权与职责时，一般也就同时予以确定。

（三）行政主体的法律意义

行政主体是行政法学理论对实施行政管理活动的行政机关和法律法规授权组织的归纳与概括而形成的一个学理概念。虽然我国的法律法规中尚未直接使用过该概念，但行政主体并不是一个纯理论化的概念，该概念有着重要的法律应用意义。

1. 行政主体可以区别行政法律关系中行政权力主体与非行政权力主体的身份性质。在一个行政法律关系中只有行政主体才享有行政权力，作为管理一方身份出现。对于同一行政机关而言，当其以行政主体身份出现在某一行政法律关系中时，它拥有的是行政职权职责；当其以机关法人身份出现于行政法律关系中时，它作为行政相对人或第三人，享有人身权、财产权等民事权利。如公安局在治安管理行政法律关系中是行政主体，但在土地行政管理法律关系中，则会因使用土地权而成为土地行政机关的被管理一方。

2. 行政主体可以确定公务员及受托组织实施的行政活动行为的效力与责任归属。行政主体作为一个组织，它的活动主要由公务员和其他受托人来具体实施和完成，故公务员与其他受托人所实施的公务行为效果不属于其自身，而应归属于行政主体。

3. 行政主体是判定行政诉讼被告、行政复议被申请人和行政赔偿义务机关的前提和基础。只有具有行政主体资格的组织，才可能成为行政法律关系主体中的一方当事人，也才有可能成为行政救济法律制度中的参加者。《行政处罚法》第 15 ~ 17条、《行政复议法》第 6 条、《行政诉讼法》第 25 条、《国家赔偿法》第 7 条正是按照这一原理规定了行政救济法律关系双方。

二、职权性主体——行政机关

（一）行政机关的概念

行政机关，是指按照宪法和有关组织法的规定而设立的依法行使国家行政权力，对国家各项行政事务进行组织和管理的国家机关。

如前所述，行政主体分为职权性主体和授权性主体，职权性主体表现为国家行政机关，但不能反过来讲行政机关都是职权性主体，有些行政机关，由于没有独立的职权，也就没有行政主体资格，如国务院办公厅等。

行政机关的特点表现为：其一，行政机关是为完成一定行政职能而专门设立的国家机关。这一点是行政机关区别于其他国家机关的根本特征。根据国家权力分立制衡的原理，宪法中规定的各项国家权力应由不同国家机关来完成。各国家机关因具有不同的职能而有不同的国家权力，行政管理职能是划分给国家行政机关的基础。另外，从现代行政的发展来看，行政机关并不是包揽了国家的所有行政职能。现代社会中有许多的行政事务是由被授权或被委托的社会组织来完成的。因此行政机关只是承担一部分的国家行政职能。其二，行政机关在成立之时即取得行政主体资格。这是在与其他行政主体取得行政主体资格之时比较而言的。行政机关是国家设立的专门执行行政职能的组织，故国家在设立之时就赋予了其相应的职权，并规定了其行政职责。所以行政机关在依法成立之时就有完备的行政主体资格构成要件，取得了独立的法律地位，而其他行政主体资格的取得与其组织机构的设置或成立时间并非一致。其三，行政机关具有一定的行政机构及公务员编制。这是行政机关与其他行政主体在形式上相比较而言的。行政机关的运行要花费国家的财政预算，因而从成本考虑，对行政机构及公务员要列入编制，按编制划拨行政经费。具备一定编制的公务员、行政机构以及行政经费是行政机关取得独立法律资格和进行行政活动的物质基础。

（二）行政机关的分类

按不同的标准可以对行政机关作不同种类的划分，以达到对行政机关加深认识的目的。

1. 中央行政机关和地方行政机关。这是以行政管理活动的地域范围为标准划分的。中央行政机关的管理活动范围及于全国，而地方行政机关的管理活动范围仅限于其所辖的行政区划内。这一划分的法律意义是，不同级别的行政机关的行为的效力范围不同。中央行政机关制定的行政法规、规章、发布的决定或命令在全国范围内有约束力，而地方行政机关的行为只在本行政区域内有约束力。

2. 外部行政机关和内部行政机关。这是按照行政机关职能活动的系统范围划分的。外部行政机关是指依法对社会公共事务实施管理的行政机关，其对象是公民、法人和其他组织。而内部行政机关是依法对行政组织系统内部事务实施管理或领导的行政机关，其对象是行政机关、行政机构和公务员，没有对外的职权，因而没有行政主体资格。该划分的法律意义是，外部行政机关与公民、法人、其他组织形成的外部行政法律关系可以进入行政诉讼。而内部行政机关与行政机关、行政机构以及公务员形成的内部行政法律关系不能进入行政诉讼。

3. 综合行政机关与专门行政机关。这是依拥有多种行政职能及事项领域，还是只拥有单一行政职能及事项领域为标准划分的。综合行政机关是指一个行政机关拥有两种以上行政职能及事项领域。专门行政机关是指一个行政机关只拥有一种行政职能及事项领域。

4. 行政决策机关与行政执行机关。这是依照行政机关在行政程序中所起的作用而进行的划分。行政决策机关是在行政事务中有决策权并起决策作用的机关。而行政执行机关是在行政管理中负责监督检查、行政处罚执行的机关。

三、授权性行政主体

（一）含义及特点

授权性行政主体，是指行政机关以外的依照法律、法规的授权规定而取得行政主体资格的组织。授权性行政主体具有以下特点：

1. 授权性行政主体是指除行政机关外获得行政主体资格的组织。这些组织既包括行政组织系统外的社会组织，如某些社会团体、事业与企业组织以及基层群众性自治组织，也包括行政组织系统内的组织机构，如公安机关设立的公安派出所。

2. 授权性行政主体是依照宪法和组织法以外的法律、法规取得行政主体资格的，即其资格的获得有法律依据。例如，作为国家商检局的派出机构商检机构通过《中华人民共和国进出口商品检验法实施条例》这一法规的授权获得了行政主体资格，有了独立的职权。

3. 授权性行政主体获得法律、法规授权行使的是特定行政职能而非一般行政职能。行政机关从宪法或组织法处获得的行政职权比较原则化，但授权性行政主体获得法律、法规的授权比较狭窄，也较为具体、明确。

4. 授权性行政主体资格的取得与其组织机构的设立可能是同步的，也可能是分开的，即组织机构设立在前，行政主体资格取得在后。与此相比，行政机关的行政主体资格的取得与其组织机构的设立是同步的。

（二）授权性行政主体的范围

1. 行政机构。行政机构是行政机关根据行政工作的需要，在行政机关内设立的若干工作机构，以协助或按照内部分工办理该机关委托的各项行政事务。行政机关设立的工作机构一般都不拥有独立的职权与职责，不具有行政主体资格。但由于专业性、技术性和行政事务复杂等因素，为提高行政效率和维护公共利益、社会秩序，行政机构在获得法律、法规的明确授权之下，可以具有行政主体资格。如《治安管理处罚法》第91条规定："治安管理处罚由县级以上人民政府公安机关决定；其中警告、500元以下的罚款可以由公安派出所决定。"因此，经过法律、法规或者规章授权的行政机构，具有行政主体资格。行政机构是否具有行政主体资格，关键在于其是否通过行政授权而取得了独立的行政职权和职责。我国目前取得行政主体资格的行政机构主要有以下几种：

（1）内部机构。行政机关的内部机构既包括各级人民政府所属的内部机构及临时设置机构，也包括政府职能部门的内部机构。如《水污染防治法》第4条规定的各级交通部门的航政机构，《内河交通安全管理条例》第3条规定的各级交通管理部门设置的港航监督机构等，都是依法获得授权而取得行政主体资格的内部行政机构。

（2）派出机构。派出机构是由政府职能部门根据行政工作的需要，在一定区域内设置的代表该职能部门管理某项或某方面行政事务的工作机构，如公安派出所、税务所、财政所等。例如，《工商行政管理所条例》以概括方式直接赋予工商局的派出机构工商行政管理所拥有行政主体资格。

（3）行政机关中依行政授权专门设立的行政机构。对某些专业性、技术性强的行政事务，法律、法规往往直接明确规定行政机关内应当设立一定的专门管理机构，并授予其相应独立的职权与职责，负责该项行政事务的管理职能，从而使该专门机构直接获得了行政主体资格。如《专利法》中规定国务院专利行政部门设立专利复审委员会，由该委员会负责专利的复审工作，因而该委员会具有行政主体资格。

2. 公务组织。公务组织是国家依法设立的专门从事某项管理公共事务职能的组织。国家为了更方便和更有效地管理某些具有经营性、技术性或者社会性的行政事务，往往由行政机关设立一些具有管理公共事务职能的公务组织，如中华全国体育总会、中华全国律师协会等。这些公务组织通过法律、法规授权享有一定的职权并履行职责，以完成自己的公共事务管理职能，并能独立承担法律责任，成为行政法上的行政主体。

3. 社会组织。经过法律、法规特别授权规定，某些事业单位、企业单位、社会团体、基层群众性自治组织等社会组织，也可获得某项或某方面授权而成为行政主体。如全国烟草总公司经《烟草专卖法》第14条的授权而获得行政主体资格。

四、行政授权与行政委托

（一）行政授权

行政授权，是指法律、法规将某项或某方面行政职权授予除行政机关以外的组织，被授权者以自己的名义实施行政管理活动和行使行政职权，并由自己对外承担行政活动的法律责任。行政授权的特征有：

1. 被授权的行政权来源于法律、法规。被授权者所获得的行政权的内容、范围等，均被法律、法规明确规定。

2. 以行政权为授权客体。行政授权的目的就是要所授予的行政权能有一个合适的组织主体去行使，以达到维护公益，促进人民福祉之目的。

3. 被授权组织是指除行政机关外的组织，包括行政机构、公务组织以及社会组织。行政授权的法律意义在于对行政主体资格的认定。而行政机关已具有行政主体资格，故就授权使得被授权主体具有行政主体资格的意义上来讲，对行政机关无法律意义。行政授权对行政机关以外的组织却具有决定性的法律意义。

4. 授权的结果为创设新的行政主体或使原有的行政主体拥有新的行政职权。行政授权的法律意义是使被授权主体能独立承担一种行政法律责任。它必然使无行政主体资格的组织成为行政主体，而已有行政主体资格的组织则具有了新的行政职权。

（二）行政委托

行政委托，是行政机关在其职权范围内依法将其行政职权或行政事项委托给有关行政机关、社会组织或者个人，受委托者以委托机关的名义实施管理行为和行使职权，并由委托机关承担法律责任。行政委托具有下列特征：

1. 行政委托的职权来源是行政机关的委托行为。被委托组织所行使的职权是由委托机关委托行使的。被委托机关获得了对被委托的行政权力的"行使权"。当然，这一委托行为应当有法律、法规或规章的依据。

2. 行政委托不发生职权、职责、法律后果及行政主体资格的转移。受委托者只负责对其受委托的事务的完成，而其行为的法律后果则由委托机关承担。委托行为仅改变了对一项行政事务的处理主体，但对产生该行政事务的行政法律关系本身没有改变。即委托行为改变了行为主体而非行政主体。

3. 受委托组织必须以委托机关的名义实施行政行为。行政委托不是行政权力的转移而是行政事项的转移。委托机关对于被委托的行政事项负行政法律责任。因而受委托组织在实施行政行为时应以委托机关的名义作出。

4. 行政委托对象是符合法定条件的有关主体。如《行政处罚法》第19条明确规定了受委托行使行政处罚权的组织应当具备一定条件。由于行政处罚是严重影响相对人权益的行政行为，因而《行政处罚法》对被委托主体作了十分严格的限制。但是有些法律法规对受委托组织的法定条件并未作如同《行政处罚法》那样严格的限制。

（三）行政授权与行政委托的关系

1. 行政授权与行政委托的原则。行政授权与行政委托都是为了使公共利益得到更好的实现而实施的法律行为，因而有着共同的一般性法律原则：

（1）授权与委托法定原则。即授权与委托应有明确的法律依据。行政职权对公共利益有重大影响，既是行政主体的权力也是行政主体的职责，不得随便进行授权或委托。要求授权与委托有明确的法律依据，一方面解决该行为的合法性问题，另一方面使得授权与委托行为更为谨慎、合理。

（2）授权与委托公开原则。公开是行政法的一项基本原则，它也体现在行政授权与委托中。这一原则要求在授权与委托时应将被授权被委托的主体，以及授权与委托的内容等采用法定的公示方法向社会大众公布，使人们广泛了解，以利于行政主体顺利实施行政管理以及行政相对人便于配合。

（3）不得再授权与再委托原则。行政职权是国家行政权力的一部分，该权力是一种公共权力。作为被授权与委托的主体对该权力只有"行使权"，并不像立法者那样具有"处分权"。因此，不允许被授权组织或者被委托组织再次进行授权或委托。

2. 行政授权与行政委托的区别。

（1）结果不同。授权使得被授权者有了行政职权与职责，可以独立承担行政法上的责任，授权的结果是产生了一个新的行政主体。而委托只不过是改变了行为的主体，对法律责任的主体却没有任何改变。

（2）作出行政授权与委托的主体不同。前者是由于立法行为而产生的，其行为主体是立法者；而后者是因具体行政行为而产生的，其行为的主体是有权的行政机关。

（3）作用的对象不同。行政授权只发生于原来没有取得行政主体资格的一定组织机构身上，而行政委托可以发生于没有取得行政主体资格的社会组织身上，也可以发生在已取得行政主体资格的行政机关身上，还可以发生在个人身上。

五、行政组织法

（一）行政组织法概念

行政组织法是指规定行政组织的性质与地位、设置与权限、相互关系及基本工作制度的法律规范的总称。它的核心是对行政组织的设置及其权限的规定。狭义上的组织法是指以组织法命名的法律，如《国务院组织法》；广义上的组织法还包括其他法律中有关行政组织的规定，如《道路交通安全法》第5条规定："国务院公安部门负责全国道路交通安全管理工作。县级以上地方各级人民政府公安机关交通管理部门负责本行政区域内的道路交通安全管理工作。县级以上各级人民政府交通、建设管理部门依据各自职责，负责有关的道路交通工作。"

需要指出的是，行政组织法对行政组织的权限规定是在对其权力"限定"的意义上来说的，即规定了行政组织所拥有的概括性的职权。也就是说组织法并不等于行为法，作为行政主体的行政组织的行政职权及行政事项尚需立法者另外以足够精确的法律加以规定。因为组织法是对任务、组织的规定，原则上难以与专门行政部门法律中的行政行为授权的精度与密度相比。在我国出于节约立法成本的需要，有很多组织法与行为法合而为一，如《海关法》中对海关的组织设置、权限及其职权职责同时作了规定。

另外，作为行政法体系的一部分，行政组织法深受宪法、宪政原理的影响。对行政组织法有重要影响的宪政原则一般有：民主原则、权力制衡原则、行政一体原则等。[1]

（二）行政组织法的内容

行政组织法的内容指的是一部完备的组织法所应具有的基本内容。这些基本内容有：

1. 行政组织的性质与地位。性质与地位指的是行政组织在整个国家机关中或整个行政组织系统中所具有的性质和职权职责。这些是行政组织法对一定的行政组织的法律评价与定性。如《行政监察法》中第2条规定国务院监察机关的性质是依照

---

〔1〕　参见翁岳生编：《行政法》，中国法制出版社2001年版，第328页。现在一些城市试点搞的行政处罚相对集中就是符合该原则的含义的。

该法实施监察职能的机关，第 7 条规定了国务院监察机关的地位是主管全国的监察工作。

2. 行政组织的设置及权限。组织法的主要作用是对行政组织的组成起建构作用，故该内容在所有的行政组织法中都有表现。如《地方各级人民代表大会和地方各级人民政府组织法》（以下简称《地方组织法》）第 64 条第 2 款规定："县级以上的地方各级人民政府设立审计机关。地方各级审计机关依照法律规定独立行使审计署监督权，对本级人民政府和上一级审计机关负责。"该款对审计机关的设立及权限都作了规定。对该条中的审计监督权应理解为一种"限定"，即审计机关不得拥有除了审计以外的其他职权，而对审计机关具体有什么审计职权应当通过专门的授权法如《审计法》来授予。

3. 行政机关之间的关系。行政机关之间的关系实质上是各机关所有的行政职权的效力之间的关系。该关系可分为两类：

（1）隶属性关系。隶属性关系是指在行政组织系统中基于隶属性所形成的上下级行政组织之间的关系，包括领导和指导关系。如《地方组织法》第 66 条第 1 款规定："省、自治区、直辖市的人民政府的各工作部门受人民政府统一领导，并且依照法律或者行政法规的规定受国务院主管部门的业务指导或者领导。"《民族区域自治法》中规定："各民族自治区地方的人民政府都是国务院统一领导下的国家行政机关，都服从国务院。"

（2）公务协助关系。公务协助关系是指无隶属性关系的行政组织之间在行政活动实施过程中相互协助而形成的关系。公务协助关系可以发生在同级行政机关之间。例如，《防震减灾法》第 5 条第 1 款规定："在国务院的领导下，国务院地震行政主管部门和国务院经济综合宏观调控、建设、民政、卫生、公安以及其他有关部门，按照职责分工，各负其责，密切配合，共同做好防震减灾工作。"公务协助关系也可以发生在不同级别的行政主体之间，具体包括同一职能性质的不同级别的行政机关之间和不同职能性质的不同级别的行政机关之间。

4. 基本工作制度。基本工作制度指行政机关在办理业务，开展内部活动时的一些满足行政职能发挥的基本制度。如《国务院组织法》第 4 条规定："国务院会议分为国务院全体会议和国务院常务会议。国务院全体会议由国务院全体成员组成。国务院常务会议由总理、副总理、国务委员、秘书长组成。……"该规定是对国务院会议制度的基本规定，而会议是国务院十分重要的一种工作方式。

第二节　公务员制度

一、公务员的范围与分类

公务员，又被称作文官，是从英文 Civil Servant 意译过来的。它与法国的"公务员"（Functionary）、美国的"政府雇员"（Government Employee）是同义词。这几个词在他们的书上可以互换使用。[1]公务员代表国家行使公权力，作为一个法人的国家，并没有一个固定的形体，只有依靠公务员组成国家机关，以及由公务员所执行的公务，才能体现出国家的意志，以彰显国家的存在。

这里所指的公务员的范围，是指称谓上的公务员，不是指公务员法所适用的人员。[2]由于政治、历史等原因，在不同的国家，甚至在同一国家的不同历史时期，公务员的内涵和范围都有所不同。

在我国，尽管行政公务人员不以国家公务员为限，但国家公务员却是构成行政公务人员最主要的部分。根据《中华人民共和国公务员法》（以下简称《公务员法》）第2条的规定，公务员是指依法履行公职、纳入国家行政编制、由国家财政负担工资福利的工作人员。

（一）公务员的范围

根据《公务员法》的规定，从整体上，看实施国家公务员制度的范围包括：①中国共产党机关的工作人员，包括中央和地方各级党委、纪委的专职领导成员；中央和地方各级党委工作部门和纪检机关的工作人员；街道、乡镇党委机关的工作人员。②人大机关的工作人员，包括全国人大常委会委员长、专职副委员长、秘书长、专职常委，地方各级人大常委会主任、专职副主任、秘书长、专职常委，乡镇人大专职主席、副主席；各级人大常委会机关工作人员；各级人大专门委员会专职组成人员及其办事机构工作人员。③行政机关的工作人员，包括各级人民政府的组成人员及其工作人员和派出机关的工作人员，各级人民政府工作部门及其派出机构的工作人员。④政协机关的工作人员，包括政协各级委员会主席、专职副主席、秘书长，政协各级委员会工作机构的工作人员，政协专门委员会办事机构的工作人员。⑤审判机关的工作人员，包括最高人民法院、地方各级人民法院的法官、审判辅助人员和行政管理人员。⑥检察机关的工作人员，包括最高人民检察院、地方各级人民检察院的检察官、检察辅助人员和行政管理人员。⑦民主党派机关的工作人员，包括8个民主党派中央和地方各级委员会主席（主委）、专职（驻会）副主席（副主委）、秘书长，中央和地方各级委员会职能部门和办事机构的工作人员。以上所列举的工作人员都不包含机关中的工勤人员。

另外，法律、法规授权的具有公共事务管理职能的事业单位中除工勤人员以外的工作人员经批准参照公务员法进行管理。[3]

根据《公务员法》《国家公务员制度实施方案》和《国务院所属部门、单位实施国家公务员制度的范围》的规定，可以看出划分公务员法适用范围的标准有两个：

---

[1]　龚祥瑞：《比较宪法与行政法》，法律出版社2003年版，第373页。
[2]　张正钊、韩大元主编：《比较行政法》，中国人民大学出版社1998年版，第237页。
[3]　参见《公务员法》第106条。

1. 形式标准即机关标准。判断一个机关是否实施公务员制度，就要看它是否是国家机关。但如果只采用机关标准，那么必然会把一些实际实施公务员制度而又非国家机关的单位排除在外。这说明只采用机关标准有一定局限性，须采用其他标准作补充才能明确界定公务员制度的实施范围。

2. 实质标准即职能标准和职权标准。如果一个单位行使公共事务管理职能，其工作人员行使公共权力，执行国家公务，那么该单位及其工作人员都应纳入实施公务员制度的范围，并成为公务员法的规范对象。

（二）公务员的分类

1. 综合管理类公务员、专业技术类公务员和行政执法类公务员。此分类是按照公务员职位的性质、特点和管理需要进行划分的。综合管理类公务员是指在国家机关中更多地担负着政治方向、政治原则的领导责任和重大决策任务的公务员；专业技术类公务员是指在国家机关中更多地担负着专业技术业务管理的公务员，其工作属于技术性、程序性的具体事务，因此，他们必须具有比较合理的知识结构、行政能力和管理技能。如公安部门中的法医，外交部门中的翻译等；行政执法类公务员是指直接履行行政监管、行政处罚、行政强制、行政稽查等现场执法职责的人员。设立行政执法类公务员职位是《公务员法》区别于《国家公务员暂行条例》的重要内容。

2. 领导职务公务员和非领导职务公务员。此分类是以公务员是否担任领导职务为依据的。领导职务公务员是在中央和地方各级国家机关中具有组织、管理、决策、指挥职能的公务员；非领导职务公务员是指在本机关同级首长领导下负责某一方面的工作，或者协助同级领导开展工作的公务员，并不具有组织、管理、决策、指挥职能。该分类有利于明确领导职责，使担负领导职务的公务员能认识到自己在工作中所处的地位和应负的主要责任，也有利于调动公务员的积极性。我国《公务员法》业已采用了这一分类。

3. 选任制、委任制、聘任制和考任制公务员。此分类是以公务员的产生方式为依据的。选任制公务员是指根据民意选举的方式而产生的公务员。国外许多政府首脑和内阁成员都是选任制公务员，我国由各级人民代表大会及其常务委员会选举产生的公务员也属于选任制公务员。我国《公务员法》规定，选任制公务员在选举结果生效时即任当选职务；任期届满不再连任的，或者任期内辞职、被罢免、被撤职的，其所任职务即终止。

委任制公务员是指由任免机关在其任免权限范围内直接确定并委派某人担任一定职务而产生的公务员。我国公务员中的非政府组成人员主要是委任制公务员。

聘任制公务员是指以合同方式聘用而产生的公务员。我国《公务员法》规定，国家机关根据工作需要，经省级以上公务员主管部门批准，可以对专业性较强的职位和辅助性职位实行聘任制。如果所列职位涉及国家秘密的，不实行聘任制。聘任公务员可以参照公务员考试录用的程序进行公开招聘，也可以从符合条件的人员中直接选聘。聘任公务员应当在规定的编制限额和工资经费限额内进行。聘任公务员，应当按照平等自愿、协商一致的原则，签订书面的聘任合同，确定机关与所聘公务员双方的权利、义务。聘任合同经双方协商一致可以变更或者解除。聘任合同的签订、变更或者解除，应当报同级公务员主管部门备案。

考任制公务员是指有任免权的机关通过公开考试和考核的方式而产生的公务员。我国《公务员法》规定，录用担任主任科员以下及其他相当职务层次的非领导职务公务员，采取公开考试、严格考察、平等竞争、择优录取的办法。新录用的公务员试用期为1年。试用期满合格的，予以任职；不合格的，取消录用。

二、公务员法律关系

国家公务员法律关系是指公务员依法定的方式和程序任职于国家机关后，因其所担任的国家公职而与国家机关之间所产生的权利义务关系，是公务员法调整的结果和产物。公务员法律关系与行政职务关系存在着一定范围的重叠、交叉，但行政职务关系并不等同于公务员法律关系。行政职务关系指行政公务人员基于一定的行政职务而在任职期间与国家（直接相对主体为行政主体）之间形成的权利义务关系。行政公务人员以国家公务员为主，但又不局限于国家公务员，还包括其他行政公务人员。故行政职务关系由行政机关与行政机关公务员之间的行政职务关系和行政主体与其他行政公务人员之间的行政职务关系两种类型的职务关系组成。行政机关里的公务员法律关系是一种行政职务关系，而且是一种最主要的行政职务关系。

我国传统的干部人事管理制度中曾长期缺乏竞争机制，存在着能进不能出、能上不能下的问题，从而出现了"坐铁交椅，当太平官"和"端铁饭碗，吃大锅饭"等不良现象。邓小平曾就此指出："干部缺少正常的录用、奖惩、退休、退职、淘汰办法，反正工作好坏都是铁饭碗，能进不能出，能上不能下。这些情况必然造成机构臃肿，层次多，副职多，闲职多，而机构臃肿又必然促成官僚主义的发展。因此，必须从根本上改变这些制度。"[1]反映到公务员制度上，就涉及如何确立公务员法律关系的产生、变更和消灭。

（一）公务员法律关系的产生

公务员法律关系的产生是指公民经过法定的程序和方式开始担任国家公职。这是公务员依法行使职权、履行职责，作出行政公务行为的前提和法律基础。

公务员法律关系产生的主要方式如下：

1. 选任。即以选举产生的方式来确定任用对象的任用方式。选任制有利于发扬民主，充分体现少数服从多数的原则，因此适用于需要根据民意产生的人员的任用。我国公务员中的各级政府组成人员，也实行选任制，即由各级人民代表大会及其常

---

〔1〕《邓小平文选》第2卷，人民出版社1994年版，第328页。

委会选举产生或决定任命。

2. 委任。即由任免机关在其任免权限范围内，直接确定任用人选，委派其担任一定职务的任用方式。委任制的实质是由上级领导直接决定任用人选。

3. 聘任。即用人单位通过契约任用工作人员的任用方式。通常的做法是，由用人单位采取招聘或竞聘的方法确定聘任人选，然后与应聘人员签订契约，明确双方的权利义务关系和合同有效期，被聘任人员按合同条款履行职责，并享受相应待遇和报酬，聘期满后即自行解聘，需要时，双方再协商是否续聘。

4. 考任。即通过考试来选拔任用对象的任用方式。考试应在一定范围内公开进行，允许符合条件者自愿报考。考试结果一经公开，根据考试成绩择优决定任用人选。就使用范围而言，"录用担任主任科员以下及其他相当职务层次的非领导职务公务员，采取公开考试、严格考察、平等竞争、择优录取的办法"。[1]

（二）公务员法律关系的变更

公务员法律关系的变更是指公务员在任职期间，因某种法律事实的出现使公务员法律关系的内容部分地发生变化，但其公务员身份并没有改变。

公务员法律关系变更的主要原因有：

1. 升职。升职是指公务员管理机关，按照国家有关法律、法规的规定，根据政府工作的需要和公务员本人的德、才情况，提高公务员职务与级别的活动。具体地讲，就是指公务员由原来职务调任另一职位更高职务的活动。这意味着公务员在行政部门地位的上升、职权的加重和责任的增大，同时也伴随着工资、福利等方面待遇的提高。

2. 降职。降职是指公务员管理机关按照国家有关法律、法规的规定，根据工作需要和量才适用原则，将由于各种原因不能胜任现职的公务员，改任较低职务的一种活动，这意味着公务员所处地位的降低、职权和责任范围的缩小，以及工资、福利等方面待遇的相应减少。降职不同于撤职，并非行政处分，而是任免机关根据工作需要，对公务员所任职务的一种调整。公务员被降职以后，根据工作能力、业务水平的提高情况和工作需要，还可以再晋升职务。

3. 调任。调任是指将国家机关以外的工作人员调入国家机关担任领导职务或者助理调研员以上的非领导职务，以及将国家公务员调出国家机关任职。调入和调出两种方式是国家机关之间以及国家机关与企事业单位之间进行的外部交流方式。

4. 转任。转任是指国家公务员因工作需要或其他正当理由在国家机关系统内部的平级调动，它可以跨地区、跨部门进行，也可以在同一部门的不同职位之间进行。转任是公务员在国家机关内部的流动方式，是实现公务员合理流动的有效途径。

5. 轮换。轮换又称轮岗，是指在同一国家机关工作部门内对担任领导职务和某些工作性质特殊的非领导职务的国家公务员有计划地调换职位任职。

---

[1]　参见《公务员法》第21条。

6. 挂职锻炼。挂职锻炼是指国家机关有计划地选派在职公务员在一定时间内到基层或者企业、事业单位担任一定职务。挂职锻炼是培养公务员，促进公务员成长的有效途径，也是一种比较特殊的交流形式。

（三）公务员法律关系的消灭

公务员法律关系的消灭是指公务员身份的丧失或者公务员法律关系内容的全部终止。

公务员法律关系消灭的主要原因有：

1. 辞职。辞职是指国家公务员依照法律、法规的规定，申请终止其与国家机关的任用关系。辞职申请一旦获得任免机关的批准，则公务员必须离开国家机关，丧失公务员的身份。另外，担任领导职务的公务员辞职可以分为：因公辞职、自愿辞职、引咎辞职和责令辞职。[1]

2. 辞退。辞退是指国家机关依照法律、法规规定的条件和程序，在法定的管理权限内作出的解除其同国家公务员之间职务关系的活动。

3. 离退休。离退休是指国家公务员达到一定的年龄和工龄，或因丧失工作能力而根据国家规定办理手续，离开工作岗位，享受一定数额的退休金和其他待遇，安度晚年的行为。而公务员的退休制度，则是指规定公务员退休方式、条件、程序、待遇和退休安置管理的法律规范的总和。

4. 罢免。公务员因某种原因而被有权机关免去国家公职。

5. 调离。公务员因某种原因不适宜继续保留公务员身份，而被有关机关调离国家机关系统。

6. 开除。公务员因严重违反政纪而受到的最严厉的处分，因此而丧失公务员身份。

7. 判处刑罚。公务员被判刑，表明其失去了担任公务员的资格条件，因而应被除名，消灭其国家公职关系。

8. 丧失国籍。国家公职只能由具有本国公民资格者担任，丧失国籍就丧失了做公务员的资格，因而职务关系因国籍而自动消灭。

9. 死亡。公务员的生命终结，导致其职务关系必然消灭。公务员之事实上死亡不论因公或非因公，因病或意外事件，自杀或他杀，皆不影响该法律关系之消灭。

---

[1] 《公务员法》第82条规定："担任领导职务的公务员，因工作变动依照法律规定需要辞去现任职务的，应当履行辞职手续。担任领导职务的公务员，因个人或者其他原因，可以自愿提出辞去领导职务。领导成员因工作严重失误、失职造成重大损失或者恶劣社会影响的，或者对重大事故负有领导责任的，应当引咎辞去领导职务。领导成员应引咎辞职或者因其他原因不再适合担任现任领导职务，本人不提出辞职的，应当责令其辞去领导职务。"

三、公务员的权利和义务

（一）公务员的权利

担任公务员是公民的权利，也是为国家与人民服务的荣誉工作。但公务员对国家负有特别的公法服勤义务及忠诚义务。在金字塔形的行政组织体系中，还有遵守纪律及服从长官及达成任务之义务。故公务员的基本权利应当受到比一般人较多的限制。但这些限制必须在考量三个重心，即法治国家之原则（合理原则与法律保留原则）、为达成国家目的所必需的行政纪律与效率，以及尊重公务员之人权尊严等，才能用法律来加以限制。[1]

根据《公务员法》的规定，国家公务员享有下列权利：

1. 身份保障权。身份保障权，亦称职位保障权、职业保障权。其基本含义是公务员一经任用，不得被任意免职或开除，除非在法律规定的要件下方得为之。这是公务员权利中最重要的一种，欧美国家都将此原则视为常任公务员制度的"灵魂条款"。各国公务员法均规定公务员非因法定事由和非经法定程序，不受免职、停职处分，不受降职、撤职及其他不利于执行职务的处分。我国《公务员法》第 13 条第 2 项也规定了此权利，即"非因法定事由、非经法定程序，不被免职、降职、辞退或者处分"。[2]

2. 执行公务权。这项权利对于公务员正常执行公务来说是最基本的。公务员执行国家公务、推行政令，国家有权要求他们尽职尽责，同时国家也要为公务员履行职责提供应有的权力和法律保障。这是执行公务本身的客观需要，也是公务员履行职责所必需的。只有以国家权力为后盾，以法律强制为保障，公务员才能进行正常执法。故《公务员法》第 13 条第 1 项规定，国家公务员享有"获得履行职责应当具有的工作条件"的权利。

3. 工资福利权。这是公务员在经济方面的重要权利，是公务员因担任职务所产生的对国家的公法财产请求权。公务员的工资是公务员的劳动所得，是公务员得以维持生活的必要条件；公务员的保险福利待遇是指公务员在生、老、病、死、伤残等特殊情况出现时，从国家和社会得到的物资帮助，维持一定的生活水准，以保证国家机器的正常运转和社会的稳定。因此公务员有权要求国家提供与其地位和作用相称的经济保障。国家应根据社会进步和经济发展状况来不断改善公务员的工资和保险、福利待遇，并以法律的形式固定下来。[3]公民领取与职位相应的报酬是法定

---

[1]　陈新民：《中国行政法学原理》，中国政法大学出版社 2002 年版，第 103 页。

[2]　《公务员法》第 84 条规定，对有下列情形之一的公务员，不得辞退：①因公致残，被确认丧失或者部分丧失工作能力的；②患病或者负伤，在规定的医疗期内的；③女性公务员在孕期、产假、哺乳期内的；④法律、行政法规规定的其他不得辞退的情形。

[3]　《公务员法》第 75 条第 1 款规定："公务员的工资水平应当与国民经济发展相协调、与社会进步相适应。"

的权利，其增减都必须有法律依据。这是《公务员法》第 13 条第 3 项所明确规定的，公务员的工资福利应列入财政预算，任何组织或个人都无权扣发、挪用或减少。[1]

4. 参加培训权。《公务员法》第 13 条第 4 项规定，公务员有"参加培训"的权利。公务员通过参加党和国家的路线、方针、政策和国家的法律以及与业务相关的技术、技能和基础科学理论、文化知识等的培训，以提高自己的政治素质和业务素质。这不仅是公务员的一项重要权利，也是为适应现代公共管理的需要而对公务员提出的必然要求。"对于大量决策均含同种要素的情形来说……培训可向受训者提供制定这类决策所需的事实要素；培训可向受训者提供一个思考框架；培训可使受训者学会'公认的'工作方法；培训还可让受训者掌握制定决策所依据的价值要素。"[2]因此，公务员参加培训的权利要得到保障，国家要为公务员的培训学习提供必要的时间、经费、场所、设施等条件。

5. 批评建议权。公务员作为国家的公民，有权行使宪法规定的对国家机关及领导人提出批评和建议的权利，目的是激发公务员自身工作的积极性，促使国家机关及领导人改进工作作风。《公务员法》第 13 条第 5 项规定，公务员有权"对机关工作人员及其领导人员提出批评和建议"。各级机关应保障公务员的这一监督权利，任何机关和个人都不得压制公务员的批评建议，更不能乘机或变相打击报复。否则，必须追究打击报复者的行政责任或其他法律责任。

6. 申诉、控告权。我国宪法规定，公民对于任何国家机关和国家工作人员的违法失职行为，有向有关国家机关提出申诉、控告或者检举的权利。对于公民的申诉、控告或者检举，有关国家机关必须查清事实，负责处理，任何人不得压制和打击报复。《公务员法》第 13 条第 6 项规定，公务员有"提出申诉和控告"的权利。正是这一宪法精神的具体化，是国家为维护公务员的合法权益而规定的法律保障，是纠正人事管理工作中的失误和不当，防止国家机关及公务员出现违法失职行为，监督其依法办事的有效方式，是保证国家管理活动优质、廉洁、公正的可靠手段。

7. 辞职权。辞职权是指公务员由于主观或客观原因不愿意继续担任公职，要求重新选择职业的权利。《公务员法》第 13 条第 7 项规定，公务员有权"申请辞职"。但是，由于公务员所处地位和所担任的职务一般都比较重要，因而其辞职权的行使必须按照法定程序进行，公务员在申请辞职时首先应向任免机关提出书面申请，任免机关应当自接到申请之日起 30 日内予以审批，其中对领导成员辞去公职的申请，

---

[1]《公务员法》第 78 条规定："任何机关不得违反国家规定自行更改公务员工资、福利、保险政策，擅自提高或者降低公务员工资、福利、保险待遇。任何机关不得扣减或者拖欠公务员的工资。"《公务员法》第 79 条规定："公务员工资、福利、保险、退休金以及录用、培训、奖励、辞退等所需经费，应当列入财政预算，予以保障。"

[2] ［美］赫伯特·西蒙：《管理行为——管理组织决策过程的研究》，杨砾、韩春立、徐立译，北京经济学院出版社 1988 年版，第 164 页。

应当自接到申请之日起 90 日内予以审批。[1]对某些特殊岗位和专门职务的公务员的辞职，还须给予一定限制。[2]

8. 宪法和法律规定的其他权利。我国公务员除享有以上权利外，还享有宪法和法律规定的其他各项权利，主要包括两部分内容：一部分是宪法和法律规定的一般公民的权利，一部分是宪法和法律所特别指出的国家机关工作人员应享有的权利。这两类权利，公务员毫无疑问都可以享有。明确规定公务员可以享受宪法和法律规定的其他权利，这既使公务员的权利内容更加完整，同时又避免在《公务员法》中对宪法和法律规定的权利进行重复规定。

（二）公务员的义务

公务员的义务是相对于公务员的权利而言的，公务员为国家执行公务，且多半是行使公权力，故公务员除了享有上述权利外，还须负担相对应的义务。

依据《公务员法》的规定，公务员承担下列义务：

1. 守法义务。遵守宪法、法律和法规为全社会所必需，是公民的基本义务，当然也是公务员首要的、第一位的义务。公务员作为国家具体的执法者，较之普通公民，应具有更强的法律意识和守法觉悟，更应带头遵守宪法、法律和法规。只有这样，才能保障广大人民群众的根本利益。

2. 履行职责、提高效率义务。"行政机器效率的前提是公务人员只为公共福祉工作，在代表国家和人民实施活动时遵循依法行政原则。"[3]依法履行职责，是法治国家的基本原则之一，公务员在执行公务时是代表国家的，必须体现国家的意志和利益，必须按照国家的法律、法规和政策办事。严禁滥用职权，严禁为谋求本部门或小团体利益而侵犯群众利益及损害政府和人民群众的利益。

3. 联系群众义务。全心全意为人民服务，既是党的根本宗旨，又是社会主义民主政治的内在要求；既是公务员进行行政管理活动的根本出发点和最终归宿，也是衡量公务员工作态度、工作责任心的根本标准。密切联系群众、倾听群众意见、接受群众监督，是党的群众路线的组成部分，是党和政府的一贯方针，是社会主义民主的具体体现。

4. 维护国家安全、荣誉和利益义务。我国《宪法》第 54 条规定："中华人民共和国公民有维护祖国的安全、荣誉和利益的义务，不得有危害祖国的安全、荣誉和利益的行为。"《公务员法》第 12 条第 4 项所规定的则是这一义务的具体化。在国家

---

[1]《公务员法》第 80 条。

[2]《公务员法》第 81 条规定，公务员有下列情形之一的，不得辞去公职：①未满国家规定的最低服务年限的；②在涉及国家秘密等特殊职位任职或者离开上述职位不满国家规定的脱密期限的；③重要公务尚未处理完毕，且须由本人继续处理的；④正在接受审计、纪律审查或者涉嫌犯罪，司法程序尚未终结的；⑤法律、行政法规规定的其他不得辞去公职的情形。

[3]［德］汉斯·J. 沃尔夫·奥托·巴霍夫·罗尔夫·施托贝尔：《行政法》（第 1 卷），高家伟译，商务印书馆 2002 年版，第 45 页。

管理活动中，公务员代表国家执行公务。公务员的特殊身份和职责决定了其言行必须始终保持与其所代表的国家意志的一致，维护国家的安全、荣誉和利益。

5. 忠于职守、[1]服从命令义务。忠于职守要求公务员在完成本职工作任务的过程中，必须尽职尽责，严格遵守组织纪律，坚守工作岗位，认真做好本职工作。"作为职务关系基础的忠诚和服从义务是所谓的公务员制度的核心要素。"[2]

公务员服从命令的义务可以从以下方面理解：①公务员在执行公务时，必须服从领导，执行命令，不能各行其是，随意行事；②对公务员下达指示和命令，一般应逐级进行；③公务员必须服从的命令应是领导人在其职权范围内发出的命令，如果领导人超出自己的职权范围发布命令，则下级公务员无服从义务；④若命令是违反法律、法规、党和国家方针与政策的，下级公务员也没有服从义务。[3]

《公务员法》第54条规定："公务员执行公务时，认为上级的决定或者命令有错误的，可以向上级提出改正或者撤销该决定或者命令的意见；上级不改变决定或者命令，或者要求立即执行的，公务员应当执行该决定或者命令，执行的后果由上级负责，公务员不承担责任；但是，公务员执行明显违法的决定或者命令的，应当依法承担相应的责任。"这是一个兼顾行政效率、公务员纪律以及法律尊严的妥善规定。[4]

6. 保密义务。保守国家秘密和工作秘密，是维护国家的安全、荣誉和利益的重要内容之一。在任何情况下，任何公务员都不得有意或无意泄露国家秘密和工作秘

---

[1] 有学者认为忠诚并非指公务员单方面对国家的忠诚，而是一种双方的忠诚关系。具体是指不仅公务员对其上级以至于国家负有忠诚义务，例如职务上的保密义务，不得参加罢工等。而且上级及国家对公务员亦有忠诚义务，即对公务员的照顾和保护义务。参见朱武献、周世珍："公务人员勤务关系与身份保障"，载台湾行政法学会主编：《行政法争议问题研究》，五南图书出版公司2000年版，第1253页。亦参见陈新民：《德国公法学基础理论》，山东人民出版社2001年版，第215~252页。

[2] [德] 汉斯·J. 沃尔夫、奥托·巴霍夫、罗尔夫·施托贝尔：《行政法》（第1卷），高家伟译，商务印书馆2002年版，第45页。

[3] 对命令的服从在学理上主要有三种学说：①绝对服从说：凡长官在其监督范围内发布的命令，无论是否合法，下级都有服从的义务。②相对服从说：下级服从上级仅限于上级合法的命令，若命令违法，下级可以拒绝服从。③陈述意见说：下级对于上级的命令，如果认为违法须随时向上级陈述意见。三种学说各有缺陷，绝对服从说没有尊重公务员人格的独立自主，易造成盲从并且违反法治原则；相对服从说等于承认下级对上级的命令是否违法有权予以审查，妨害了行政上下级领导隶属关系，影响行政效率，不利于公共行政的推行；陈述意见说仅允许下级陈述不同意见，至于能否接受仍然取决于上级，如果上级拒绝接受仍须服从，实际上偏向于绝对服从说。参见吴庚：《行政法理论与适用》，三民书局2001年版，第242页。

[4] 这里为了公务员的权利采取了违法性的确知原则，也就是处罚故意犯。至于重大过失者仍不能课以责任。这也是法国在1996年制定的《公务员权利义务修正案》（第393号法律），所采取的立法例，认为公务员只要以其任务、职务或职权的性质，并且考量其权力，其所掌握的资源，只要已经善尽"正常的注意义务"，而无法发现行为违法，就不能视为重大过失，而可免除责任。参见陈新民：《中国行政法学原理》，中国政法大学出版社2002年版，第110页下注。

密，违反者须承担行政责任或被追究其他法律责任。为确保秘密不被泄露，涉及在国家安全、重要机密等特殊职位上任职的公务员，不得辞职。国家公务员辞职后，2 年内到与原机关有隶属关系的企业或者营利性事业单位任职的，须经原任免机关批准。

7. 公正廉洁、克己奉公义务。公正廉洁、克己奉公，是国家公务员的基本守则，是党对干部队伍建设的基本要求。公务员必须正确运用人民赋予的权力，为人民谋利益，真正做到秉公尽责，不得贪污、盗窃、行贿、受贿或者利用职权为自己和他人谋取利益。不得挥霍公款、浪费国家资源，不得经商、办企业及参与其他营利性的经营活动。

8. 宪法和法律规定的其他义务。公务员作为国家公民，除上述义务外，还必须履行宪法和法律规定的公民的各项义务。如维护国家的统一和民族团结，爱护公共财产，遵守公共秩序，尊重社会公德；保卫祖国、抵抗侵略，依法纳税的义务等。这一规定，一方面使公务员义务的内容更完整；另一方面，也表明公务员应像普通公民一样必须在宪法和法律允许的范围内活动。

四、公务员的法律责任

当公务员不依法履行或不能履行其法定义务时，须承担一定的法律后果，称为公务员的法律责任。公务员的法律责任是基于国家职务而产生的职务责任。"职务责任产生于某人（任何人）执行公务时的行为，职务责任的根据——准确地说——不是国家针对公民（外部关系）的法律义务，而是公务人员针对国家作为其所属行政主体（内部关系）承担的职务。因此公务人员违反产生于职务关系的对国家的义务（职务），即构成违反职务的行为。"[1]公务员的法律责任可分为纪律责任、刑事责任以及民事责任三项。

（一）纪律责任

公务员的义务与纪律是对公务员的强制性要求，为了保证公务员遵守法定义务和纪律，国家对违法乱纪的公务员规定了一定的法律后果，这种后果就是"处分"。不论其是否在执行职务，只要违反纪律就可给予处分。纪律责任的产生前提是公务员有违法与失职的行为，而且是要用处分的方式来制裁。公务员有法定的违纪行为，尚未构成犯罪，或者虽然构成犯罪但依法不追究刑事责任的，应当给予处分；违纪行为情节轻微，经过批评教育后改正的，也可免予处分。

处分分为：警告、记过、记大过、降级、撤职和开除六种。[2]处分国家公务员，必须依照法定程序，在规定的时限内作出处理决定。对国家公务员的行政处分，应

---

〔1〕　［德］哈特穆特·毛雷尔：《行政法学总论》，高家伟译，法律出版社 2000 年版，第 623～626 页。
〔2〕　《公务员法》第 56 条。

当事实清楚、证据确凿、定性准确、处理恰当、程序合法、手续完备。[1]对于公务员的违法乱纪行为，除了《公务员法》规定的处分外，还可能被人大或其常委会采取罢免或撤职的措施。[2]

（二）刑事责任

公务员违法行使公权力致使人民遭到损害的，《刑法》第九章针对公务员的犯罪有"渎职罪"的专门规定。另外《刑法》第八章的"贪污贿赂罪"也特别对违法贪污的国家公务员予以严惩。由于国家公务员在严重违法行使职权时不仅违反了自己职权职责的要求，同时还侵犯了刑法所保护的社会关系，理当承担刑事责任。

（三）民事责任

《宪法》第41条第3款规定："由于国家机关和国家工作人员侵犯公民权利而受到损失的人，有依照法律规定取得赔偿的权利。"其规定了国家或公务员违法侵害人民权利时，应负起赔偿责任。也是基于同样法理，《民法通则》第121条规定："国家机关或者国家机关工作人员在执行职务中，侵犯公民、法人的合法权益并造成损害者，应当承担民事责任。"但在《国家赔偿法》实施后，公务员的侵权行为都由国家承担赔偿责任，而公务员所承担的民事责任，只是国家机关行使追偿权时应承担的责任（若国家机关行使追偿权也只能经过民事诉讼途径）。为统一起见，应由《国家赔偿法》规定公务员的赔偿责任。

五、公务员法

公务员制度的建立，乃是近代国家成立之后的事。在近代国家建立之前，作为君主帝王的左右手或奴仆，承其命令辅佐其统治国家的官吏，其与君主之间的关系乃是一种与权利义务毫无关系的全人格服从关系，官吏必须服从君主的个人目的，承担无定量的义务，公私生活无法划分。近代国家以来，以国家与公务员间权利义务关系为主的近代公务员制度逐步建立。近代公务员制度具有如下三种特征：[3]①公务员效忠的对象为国民，服从国家或地方自治团体之公的目的，而不再为私人目的效力；②公务员关系既然是权利义务关系，则公务员的公私生活亦应分离；

---

[1]《公务员法》第57条。

[2]《地方组织法》第10条规定："地方各级人民代表大会有权罢免本级人民政府的组成人员。县级以上地方各级人民代表大会有权罢免本级人民代表大会常务委员会的组成人员和由它选出的人民法院院长、人民检察院检察长。罢免人民检察院检察长，须报经上一级人民检察院检察长提请该级人民代表大会常务委员会批准。"第44条规定，县级以上地方各级人大常委会在本级人民代表大会闭会期间，决定撤销个别副省长、自治区副主席、副市长、副州长、副县长、副区长的职务；决定撤销由它任免的本级人民政府其他组成人员和人民法院副院长、庭长、副庭长、审判委员会委员、审判员，人民检察院检察长、检察委员会委员、检察员，中级人民法院院长，人民检察院分院检察长的职务。

[3] 翁岳生编：《行政法》（上），台湾翰芦图书出版有限公司1998年版，第350页。

③公务员的身份须以后天方式取得，而非如封建时代单凭身份即可获得任官。

公务员与国家形成一定的行政法上的权利义务关系，公务员法就是对这种权利义务关系进行调整的行政法律规范。狭义的公务员法是指公务员法典，广义的公务员法是指所有调整公务员的行政职务关系的法律、法规、规章的集合。

就国家机关公务员法典化的立法例来看，美国于 1883 年制定了《联邦文官法》（亦称《彭德尔顿法》），瑞士于 1927 年制定了《联邦公务员章程法》，法国于 1946 年制定了《国家公务员法》，日本分别于 1947 年和 1950 年制定了《国家公务员法》和《地方公务员法》，德国于 1953 年制定了《联邦官员法》，等等。公务员法典的出现是基于人们对公务员制度的深刻认识，而另一方面公务员法典的出现又会加深人们对公务员法的研究。

建立国家公务员制度是我国干部人事制度改革的历史性进步，也是中国改革开放与社会主义市场经济建设的必然选择，对于经济社会的发展具有巨大的推动作用。毛泽东曾经指出："政治路线确定之后，干部就是决定的因素。"[1]目前，我国基本上形成了一个完备的公务员法律体系，在该体系中，《公务员法》覆盖面最广也最重要。同时还包括一系列相互配套实施的法规、规章，具体有《公务员录用规定（试行）》《公务员回避规定（试行）》《公务员职务任免与职务升降规定（试行）》《公务员奖励规定（试行）》《关于国家公务员纪律惩戒有关问题的通知》《公务员辞退规定（试行）》《国家公务员职位轮换（轮岗）暂行办法》《公务员培训规定（试行）》《公务员申诉规定（试行）》等。

国家公务员制度的建立，体现了现代民主政治的基本精神，适应了现代市场经济发展的现实需要，也符合现代国家管理的客观规律。

---

[1] 《毛泽东选集》第 2 卷，人民出版社 1991 年版，第 526 页。

第三章

第四章
行政行为概述

第一节　行政行为的含义与特征

在 1983 年我国大陆第一部行政法学教材《行政法概要》中，王名扬先生撰写了该书的第七章（该章标题为"行政行为"），并于该章中具体论述了行政行为的概念、特征、分类、具体的表现形态及其撤销、变更、废止和消灭，文本虽然简约，但基本上奠定了大陆范围内高校行政法学教材关于行政行为部分的论述结构。从此，行政行为成为我国行政法学的一个基础性概念，在 1989 年《行政诉讼法》出台后，该概念成为我国的法律概念。从世界范围看，行政行为概念最初发端于 19 世纪的法国，后经过改造，又先后被德国、日本等国的行政法学所接受和使用。

一、行政行为的概念与特征

行政行为是指行政主体运用行政权在实施行政管理活动中所作出的具有法律意义和法律效果的行为。

行政行为与民事行为和其他国家机关的行为相比，主要具有下述特征：

1. 行政行为是行政主体所作出的行为。这是行政行为的主体要素，行政行为只能由行政主体作出，而不能由司法机关、立法机关、普通公民或无委托的社会组织作出，至于是行政主体直接作出，还是通过公务员或委托社会组织作出，并不影响行政行为的性质。

2. 行政行为是行政主体行使行政职权与履行行政职责的行为。这是行政行为的权力性质要素，行政主体的任务是为了实现国家行政管理的职能，才从事一定的活动，组成行政主体的行政机关，或委托的社会组织以及公务员、工作人员都具有双重身份，一方面是公务身份，另一方面是民事活动中的法人身份、个人身份。只有在行政主体行使行政职权履行行政职责而处于行政职能活动身份时作出的行为才是行政行为。

3. 行政行为是具有法律意义和法律效果的行为。这是行政行为的法律要素。此处的法律要素是指行政行为具有行政法上的法律意义和法律效果，而非刑法、民法上的法律性质。行政行为产生法律效果有多种情况，有的产生实体法效果，如行政主体以行政强制执行的方式限制公民的人身权;有的产生程序法效果如行政主体的受理行为则实现了相对人的请求权。有的并不能产生法律后果,如勘验现场行为。行政行为的法律要素,是在于强调行政行为对其相对人的权益所产生的影响。

4. 行政行为是一种意思表示。行政行为是行政主体运用行政职权,对公共资源进行维护、分配的一种意思表示,无论是何种行政行为,都体现了行政主体一定的决定意思及决定意见,而行政行为的法律效力则是这种决定意思所表示出来的要求结果,当对行政行为进行监督和救济时,就是审查某一行政行为的决定意志在法律上能否成立,判定该决定意志能否产生效力,从而作出维持或撤销、变更这种已成立的决定意志,或作出新的意志决定,再进一步处理其责任和后果。

二、行政行为的构成要素与成立要件

(一) 行政行为的构成要素

行政行为的构成要素是指一个行为被判定为行政行为所应具备的条件要素,是区分一个行为是行政行为还是民事行为、刑事行为或者事实行为的标准,也是将其纳入行政法调整范围并进行法律适用的根据。行政行为的构成要素要解决的是行政行为性质的问题,即针对一个客观存在的行为是否属于行政行为性质的判定问题。如公安局所实施的拘留行为,是属于刑事拘留,还是应当属于行政拘留,这就需要用行政行为的构成要素来进行判定,符合行政行为的构成要素的拘留,就是行政拘留,属于行政行为,否则,就属于刑事拘留或者其他行为。

行政行为的构成要素主要有三项:

1. 行政主体资格的存在。行为主体资格是指一定主体运用行政权力实施行政管理并能够作出行政行为的一种权利能力即资格。一方面,具有一定权能资格,能够行使行政权力、实施行政管理活动并作出一定行政行为的主体是比较广泛的,既包括了行政机关、法律规范授权组织等行政主体,也包括了代表行政主体的有关组织机构、工作人员及其他委托对象。正是基于此点,我国《行政诉讼法》中才规定了"公民、法人或者其他组织认为行政机关和行政机关工作人员的具体行政行为侵犯其合法权益,有权依照本法向人民法院提起诉讼"。另一方面,也只有具备上述行政权能资格的组织或个人,才有可能实施行政行为,即对其在一定条件下所作出的行为才具有判定属于行政行为的可能性。而对于那些不具有行政权能资格的组织或者个人所实施的行为,由于其缺乏实施行政行为的权能资格的前提和基础,就不存在将其判定属于行政行为的可能性。

2. 行政权的存在。行政行为必须是行使行政权的行为。一方面,只有行使行政权实施行政管理才使行政行为具有单方性和强制性的特点,它既不同于行使立法权的立法行为和行使司法权的司法行为,亦不同于公民、法人、其他组织所行使的权利。即使有些权利如公民在行政程序中所享有的请求权、参与权等权利可以带来行政法律效果,但也并非是行使行政权的结果,也不能称为行政行为。另一方面,只有具有行为主体资格的组织或个人对行政权的实际运行才能作出行政行为。某个组织或个人即使有行为主体资格存在，但却没有行使行政权，此种行为仍不能称为行政行为。例如，行政机关为了提高办事效率而购买电脑及现代化交通通信工具，尽管这是为了行政工作，但由于购买行为本身不是行使行政权力，因而此类行为就不是行政行为。正是基于行政权的行使，才确立了行政行为主体双重身份划分的标准。

3. 行政法律效果的存在。行政行为是一种具有法律意义和法律效果的行为。首先，这种法律意义和法律效果表现在行为主体旨在通过行为内容给行政相对人带来一定的权利义务影响，既包括设立、变更或消灭权利义务关系，也包括确认某种法律关系或法律事实。如果某个行为在内容中不具有上述权利义务方面的法律影响，则就不可能是行政行为。其次，这是一种行政法意义上的法律效果。也就是说，行政行为所带来的是行政法上权利义务关系的影响或变化效果。尽管行政行为有时在带来行政法效果的同时，也会带来民事法律或其他法律效果，但这种民事法律或其他法律效果是以行政法效果为基础和前提的。如某房地产登记机关基于某个房屋买卖关系及事实对房屋产权进行了变更登记，会产生房屋买卖关系及当事人之间房屋产权转移的民事法律效果，但这种民事法律效果是以房屋产权登记这种行政法律效果和行政法律关系为前提的。如果某个行为所产生或者带来的仅是民事法律效果或者其他法律效果，则该行为也不可能是行政行为。

（二）行政行为的成立要件

行政行为的成立要件是指行政主体在实施行政管理活动中就其所实施的行政行为形成或存在所应具备的条件。行政行为的生效是以其成立为前提的，行政行为尚未成立，效力的开始便无从谈起。另外，对行政行为的事后监督与救济法律制度的活动与适用等法律问题，也都是以行政行为的成立为前提的。因此，行政行为的成立也就是评判行政行为合法有效的前提。

行政行为的构成要素与行政行为的成立要件关系非常紧密，两者是互为前提、互为基础、相互体现的。行政行为的构成要素是针对一个客观存在的、已经形成的行为，加以判定其性质是否属于行政行为。而行政行为的成立，必然是在已经具备构成要素的基础上，并且以某些外在的形式表现出来。例如，以会议讨论决定或以某一个行政行为所必备的法定程序的最后完成来标志着行政行为的形成。两者在某些要件之间存在着交叉和重合，而且都与行政行为合法性之间无必然联系。但行政行为的构成要素与成立要件之间亦有所区别，侧重点略有不同，构成要素是将一个行为"固定"后对其实质意义进行判定，而成立要件则注重行为主体准备、酝酿、实施行政行为的动态过程，更强调外在表现形式。

行政行为的成立，仅标志着行政行为是否已经形成或存在，并不等同于行政行为的合法有效。一个合法有效的行政行为必然是一个已成立的行政行为，必然包含所有的构成要素。且从效力角度来看，行政行为未成立，则意味着行政行为根本不存在，一个不存在的行政行为在客观上是不可能对当事人产生任何法律上的约束力的，也是不可能启动事后监督与救济法律制度的。

通常认为行政行为的成立要件有：①行为主体是行政主体，即行使行政职权或履行行政职责的行政机关或被授权组织、被委托组织或工作人员。这是行政行为成立的主体要件。②行政主体有影响某种行政法律关系产生、变更或消灭、确认的意图，这是行政行为成立的主观要件。③行政主体在客观上有行使职权、履行职责的行为，这是行政行为成立的客观要件。④行政主体的行为能影响某种行政法律关系，这是行政行为成立的效果要件。⑤行政行为具备客观的外在表现形式，通常表现为行政行为按照法定程序的实施过程，这是行政行为成立的形式要件。

第二节　行政行为的分类

从学科建构的逻辑角度看，行政行为概念本身不是一个原概念，它自身内部还有众多不同层次、不同地位、不同功能的子概念。因此，对行政行为进行分类，历来成为行政法学研究行政行为的重要内容之一，不仅是理论研究的需要，而且也是了解各类行政行为的具体特点，分析行政行为是否合法、有效、确定行政监督与救济的现实需要，以下就几种最常见的分类作一介绍和简单分析。

一、抽象行政行为与具体行政行为

这是以行政行为的对象是否特定为标准所作的分类。根据此标准，抽象行政行为是指行政主体以不特定的人或事项为行为对象，制定或发布能反复适用的、具有普遍约束力的规范性文件的行为。如制定行政法规、地方规章、部门规章的行为。抽象行政行为最核心的特征就在于行为对象的不特定性或普遍性。抽象行政行为主要分为两类：一类是行政立法行为，即有权行政机关制定行政法规或行政规章的行为；另一类是制定其他规范性文件的行为，即有权行政机关制定或规定除行政法规或规章以外的具有普遍约束力的一般性规范文件。

具体行政行为是指行政主体针对特定人或事项采取具体措施，且对特定人的权益产生影响的行为。其最突出的特征在于行为对象的特定化和具体化。具体行政行为包括的种类繁多，如行政许可、行政处罚、行政强制等。

抽象行政行为与具体行政行为的区别是：其一，行为对象是否特定，抽象行政行为针对不特定的人或不特定的事项，而具体行政行为的对象是特定人或特定事项；其二，抽象行政行为针对将来要发生的事项，具体行政行为针对已发生的事项；其三，抽象行政行为是一种规范，具有假设推定及普遍适用性，而具体行政行为是一种处理决定，具有现实性、确定性及具体适用性等；其四，抽象行政行为可反复适用，而具体行政行为只适用一次，不具有反复适用的效力。

在我国，抽象行政行为与具体行政行为不仅是行政法学理论上的一种分类，而且也是一种法律上的划分方法，具有重要的理论意义与法律意义。从法律上看，这一分类首先对确定和判断行政复议和行政诉讼受案范围具有重要作用。其次，有关抽象行政行为与具体行政行为的主体、内容及效力的法律规定也是有所区别的，一般来说，抽象行政行为的主体要件比较严格，行为内容较广泛、概括，法律效力具有普遍性和相对稳定性，而具体行政行为的主体具有一定普遍性，即所有行政主体均可为之，内容较具体和具有专门针对性。最后，划分抽象行政行为和具体行政行为，也是行政法学理论上对行政行为体系构成进行考察与研究的基本方法之一。

二、外部行政行为与内部行政行为

这是以行政行为的适用对象范围为标准所作的分类。外部行政行为是指行政主体在对社会实施行政管理活动过程中针对公民、法人或其他组织所做出的行政行为，如行政处罚行为、行政许可行为等。内部行政行为是指行政主体在内部行政组织管理过程中所作出的只对行政组织内部产生法律效力的行政行为，如对公务人员的开除、警告等。

对于两者的区别，一般认为应从以下几点去把握：其一，从主体角度去把握，外部行政行为的主体是具有行政主体资格的组织，行为对象人是公民、法人或其他组织；而内部行政行为的主体只能是行政机关或行政机构，行政对象人只能是公务人员或另一行政机关、行政机构及其他行政主体。其二，从行政行为所针对的事项性质和法律依据角度去把握，外部行政行为所针对的是社会事项，属于一般社会职能，法律依据为涉及某一具体事务的法律、法规；而内部行政行为所针对的是单纯的内部事项，依据是内部章程或纪律。其三，从行政行为的内容与法律效果的性质角度去把握，外部行政行为的内容是有关社会某一行业管理方面的关系，法律效果是影响行政相对人的权益；而内部行政行为的内容是有关内部组织关系、隶属关系、人事关系等方面，法律效果是影响行为对象的职务关系。

划分外部行政行为与内部行政行为的意义在于：外部行政行为与内部行政行为的适用对象、采用方式、手段并不相同，因而采取的救济途径也是不同的，内部行政行为只能通过申诉等途径予以救济，而外部行政行为在符合法定条件下，可适用行政复议和行政诉讼程序。内部行政行为的主体资格，法律没有严格要求。所以，某些具有内部行政行为主体资格的组织，不一定具有外部行政行为主体资格。

三、羁束行政行为与自由裁量行政行为

这是以行政行为受法律拘束和限制的程度为标准所进行的分类。羁束行政行为指严格受法律的具体规定的约束，行政主体没有自己选择余地的行为，如税务机关严格按法律规定的税种、税率征税，不能有任何变动。自由裁量行政行为指法律仅规定原则或一定的幅度或范围，行政主体根据原则或在法定幅度内，根据具体需要和实际情况，可以自主作出的行为。

划分羁束行政行为与自由裁量行政行为具有一定的理论和法律意义：其一，有助于把握司法权和行政权的关系以及完善行政诉讼法律制度。在行政诉讼制度中，

司法审判对行政监督与审查的有限因素之一，就是自由裁量行政权的存在及其本身的特殊性。其二，可以使我们认识到行政行为划分的相对性，自由裁量行政行为是广泛存在的，但仅是职权行使某一方面的自由裁量，这对确认行政行为的有效性、合法性并完善行政责任的追究，具有一定的作用。其三，有利于对行政合法性原则和行政合理性原则的产生与发展及其精神和要求的理解、掌握。

四、依申请的行政行为与依职权的行政行为

这是以行政行为是否主动采取和作出为标准所作的划分。所谓依申请的行政行为是仅在行政相对人提出申请后，行政主体依照法律规定作出的行政行为，如行政许可行为、行政复议行为。所谓依职权的行政行为是无须行政相对人的申请，行政主体依照法定职权即可主动作出的行政行为，如行政处罚行为、税务行政行为。

划分依职权的行政行为与依申请的行政行为的意义有两点：其一，行政行为作出时的前提条件不同。依申请的行政行为作出的前提条件，是行政相对人的申请，在此基础上行政主体才可作出相应行为，而不能主动为之。而依职权的行政行为作出的前提条件是只要有一定法律事实的产生，行政主体便可主动作出。其二，监督与审查的标准、范围不同，依申请的行政行为，在行政相对人提出申请后，无论行政主体是否作出相应行为，都可能提起诉讼。而对依职权的行政行为则视情况而定，当其应当作出而未作出时，构成行政不作为而违法，当其作出行为时，也可能因行为违法而被撤销，但对行政相对人而言，一般只能向法院提起对已作出的行政行为的撤销之诉。

五、单方行政行为与双方行政行为

这是以行政行为成立时参与各方意志的方向性为标准所进行的分类。所谓单方行政行为，是指以行政主体单方面的意思表示，无须取得相对人同意而成立的行政行为，如行政处罚行为、行政强制执行行为等。所谓双方行政行为，是指以行政主体与行政相对人之间为达到不同目的而相互意思表示一致所成立的行政行为，这主要是指行政合同行为。至于两个以上的行政主体为达到同一目的而联合作出某一行政行为，其实质亦是单方行政行为，是单方行政行为的特殊形式而已。

划分单方、双方行政行为的意义在于：其一，它们所表现出来的不同特征，使其各自在成立时所应遵守的行为规则不同。单方行为有行政主体单方意思表示即可成立。其二，有利于确认行政复议的被申请人和行政诉讼的被告，并有利于认定和追究行政责任。在双方行政行为中，虽然是双方意思表示一致而成立，但由于行政行为的特征，其被告只能是行政主体一方。

除上述划分方法外，还有以行政权作用方式和实施行政行为所形成的法律关系为标准划分的行政立法行为、行政执法行为与行政司法行为。以行政行为是否应当具备一定的法定形式为标准可划分为要式行政行为与非要式行政行为。以行政行为

是否需要其他条件作为补充为标准，可将行政行为分为独立性行政行为和补充性行政行为。以行政行为是否必须由相对人受领为标准，可将行政行为分为受领行政行为和非受领行政行为。

第三节　行政行为的内容与效力

一、行政行为的内容

行政行为的内容，是行政行为如何对一定的权利义务或法律事实进行处理以及由此产生的影响，故行政行为内容包含着两部分：其一，针对的权利义务是什么；其二，会对这些权利义务产生怎样的影响。一般来说，行政行为的内容主要有：

（一）设定权利义务

行政行为内容表现得非常重要的一个方面，就是通过给行为对象设定一定的权利义务，实际上创设新的法律地位，使得行政主体与行为对象之间以及行为对象与他人之间形成一种新的法律关系。

设定一定的权利，不仅表现为给行为对象设立了一种法律上的权能、权利，还表现为由此带来的某种利益。所谓权能是指赋予行为对象从未具有的权利能力和行为能力，使其具有从事某种活动或行为的资格，如给予律师资格，发给驾驶执照、营业执照等。而此处的权利是指赋予相对人新的从未享受过的权利，如赋予相对人自主经营权。此处的利益是指基于某种权利所得到的利益，往往表现为一次性即告结束，如依法发给奖金的行为。

设定一定的义务，指行政主体依法要求相对人为一定的行为或不为一定的行为，不仅有单纯行为上的义务，如接受审计检查，拆除违章建筑等作为义务和禁止相对人排放污物等不作为义务，也有财产义务，如命令相对人缴纳税款的义务。

（二）变更权利义务

这是行政行为改变行为对象原来的法律地位以及权利义务关系，具体表现为对原来所享有权利或所负担义务范围的扩大或缩小，如扩大经营范围，减少纳税数额等。抽象行政行为的修改，具体行政行为的变更都将导致相对人权利义务的变更。

（三）消灭权利义务

这是消灭既存法律地位，废除已经存在的法律关系。消灭权能是行政主体依法消灭相对人既有的权利能力和行为能力，如扣留执照、撤销商标、注销户口等。消灭权利，此处指行政主体依法消灭相对人的现有权利，如具体行政行为的撤销，能消灭特定相对人依该行为所享有的特定权利。消灭义务即免除义务，指行政主体依法免除相对人原来所负有的作为义务或不作为义务，不再要求其继续履行原义务，如免除纳税人的纳税义务。

（四）确认权利义务和法律事实

确认权利义务是指行政主体通过行政行为对某种法律关系是否存在及存在范围的认定，如公证机关对收养关系、合同关系的公证，土地管理部门或人民政府对土地所有权或使用权的确认等。

确认法律事实，是指行政主体通过行政行为对某种法律关系有重大影响的事实是否存在，依法加以确认。如道路交通事故鉴定结论，就是对交通事故的责任加以确认，其结果将影响肇事者与受害者之间的民事法律关系。

确认法律事实与确认权利义务既有联系也有区别，确认法律事实必然影响法律关系，但确认法律事实并不等于确认法律关系。当事人之间是否存在某种法律关系，在事实的认定之中并不能完全确认。如对医疗事故中伤残等级的确认，并不能确认责任关系如何，确认法律关系是以法律事实确认为前提的，在有些法律关系确认之中，也同时包含着对法律事实的确认，如土地确权行为，但对有些法律关系的确认和法律事实的确认，法律要求是分开的，不能相互取代或交错在一起。

对于某一行政行为来说，上述各项内容并非互相排斥，有时可能同时产生多种效果，如罚款行为就包含着剥夺财产权利和增加财产给付义务。

二、行政行为的效力

行政行为的效力，是指行政行为一经作出，就具有以国家强制力为保障的约束力，这种约束力主要表现为以下几个方面：

（一）行政行为的公定力

所谓公定力，是指行政行为一经成立，在法律上推定其合法有效，任何个人和组织都应当予以承认和尊重，而不得否认与拒绝。公定力是一种推定的法律效力，与行政行为是否真正合法没有必然联系。除非重大、明显违法，由法定机关经法定程序对之进行撤销、变更或宣布无效之前，都应承认其合法性。公定力是一种对世权，不但对行政主体与相对人具有相应法律效力，而且对其他机关、组织或个人同样有效，均应予以遵守或服从。

（二）行政行为的确定力

所谓确定力，是指有效成立的行政行为，具有不可随意变更力和不可争执力。确定力是一种对行政主体和行政相对人双方而言的法律效力。对行政主体而言，确定力是指不可随意变更力，即实质确定力，要求行政主体非经法定程序、非基于法定事由不得任意改变自己所作的行政行为，或就同一事项重新作出行政行为。对行政相对人而言，确定力表现为不可争执力，即形式确定力，指超过法定救济时效，行政相对人不得任意请求改变行政行为，如行政许可行为，行政机关在发给公民许可证或执照后，就不得任意改变许可范围，行政相对人也不得从事许可范围以外的活动。一般认为，行政行为的确定力，也包含着对世的效力。就其他国家机关而言，未经法律规定或授权，或者具有法律授权，但非经法定程序，也不得任意改变已经成立的行政行为，如在民事审判过程中人民法院即使发现或者认为与其所审理民事案件有关的行政行为违法，也不能对该行政行为任意变更或撤销。相对人之外的利害关系人也只能在法定期限内向行为作出机关的上级机关或人民法院提出救济，超过法定救济时效，同样不得任意请求改变行政行为，至于利害关系人之外的非利害关系人则更无权否认或拒绝行政行为所确认的事实和法律关系。

（三）行政行为的拘束力

所谓拘束力，是指行政行为对行政主体和行为相对人所具有的服从、遵守的约束效力，具体表现为两方面：一方面，是对行为主体自身的约束力，行政主体对其所作的行政行为不仅要承认，而且还要遵守和执行，如工商机关对已经注册的商标，就要履行保护职责；另一方面，是对行政相对人的拘束力，即行政相对人必须服从和遵守行政行为，不得违反和拒绝，否则要承担相应法律后果，如罚款处罚的受罚人，应当依法按期如数交纳罚款，否则，将导致执行罚等强制执行行为的产生。

（四）行政行为的执行力

所谓执行力，是指行政行为合法有效成立后，行政主体依法有权采取一定手段，使行政行为得到实现的效力。需实现的是行政行为所设定的权利义务。其表现形式主要有两种，即自行履行和强制履行。自行履行既可能为行政相对人按照行政行为内容的约束而自觉履行，也可以为行政主体依照行政职责主动实施的行为，如行政奖励、行政确认。强制履行主要表现为在行政相对人不履行情况下由行政机关依法强制执行（或者申请人民法院强制执行）。

三、行政行为的生效规则

行政行为的生效是指行政行为向行为所针对的相对人开始发生法律效力。行政行为的生效与行政行为的成立是两个紧密相连，但又不相同的行政法问题。行政行为的成立是指某种行政行为的客观存在，但不一定指该项行政行为就必然是合法有效的行为。行政行为的生效是以行政行为的成立为前提的，尚未成立的行政行为不可能开始发生法律效力，而行政行为成立的目的是要发生法律效力的，但行政行为成立并不等于已经开始生效。行政行为成立后，只有符合一定的生效规则，才能发生法律效力，就行政行为的生效规则来看，有下列几种情形：

1. 即时生效，是指行政行为一经作出即具有法律效力。一般是当场针对行政相对人，所作出的行政行为和法律另有特别规定的紧急情况下所作出的行政行为，如公安机关对醉酒人进行强制约束的行为等，此种情形下的行政行为成立与生效同时形成。

2. 受领生效，是指行政行为依法送达给所针对的具体行政相对人，从其知道行为内容时开始生效。主要适用于具体行政行为，行政相对人对行为的内容仅是了解、知悉，而非对行为的同意。

3. 公告生效，即行政行为采取公告或宣告的方式开始生效。主要是针对那些难以通过受领送达方式生效的情形所采用，如行政相对人为不特定的多数，或者难以找到具体相对人的下落。

4. 附条件生效，是指对行政行为的生效附一定的期限或其他条件，在所附期限内或条件不存在的情况下，行政行为不发生法律效力，而当期限届满或条件具备，行政行为才开始生效，如行政机关发布的法规规章的生效，往往附有一定的期限。

通观行政行为的生效规则，行政行为的生效是以告知行政相对人为其基点的，即行政行为对行为对象人发生法律效力是以相对人知悉为前提条件的。当然，这种知悉是以法律规定的方式进行确认的。

四、行政行为的合法有效要件

行政行为的合法有效要件，是指行政行为成立生效时所应具备的基本法律要素，或者说应当符合的法律要件。

（一）行政行为主体合法

这是行政行为合法有效的主体要件。主体是否合法主要需判断作出行政行为的组织是否具有行政主体资格，是否能以其名义独立承担法律责任以及行政执法人员是否符合法定资格条件。行政行为一般是由公议通过，行政首长签发或公务员实施的。行政行为主体是代表行政机关行使职权的，而非以个人名义作出行政行为，行政行为主体也应符合一定的法定资格条件和特定身份条件，否则就会导致主体不合法。

（二）行政行为权限合法

这是行政行为合法有效的权限要件。由于行政职能不同，故职责权限也不同，行政主体只能在自己的事务管辖权、区域管辖权、级别管辖权和处理方式权限内作出行政行为，被授权组织必须在授权范围内，被委托组织须在委托范围内作出行政行为，而不能超越职权，行使职权范围以外的权力。

（三）行政行为依据合法

这是行政行为合法有效的依据条件。行政行为同样应以事实为依据，以法律为准绳。故依据要件包括事实依据和法律依据。前者指行政行为所依赖的事实理由和相关的证据要清楚、充分。后者指行政行为作出时应符合明确的法律、法规、规章并且做到适用法律规范正确。事实不清或适用法律不当，都会导致行为无效或撤销。

（四）行政行为内容合法

这是行政行为合法有效的内容要件。所谓内容合法，是指行为所包含的权利义务及对这些权利义务的影响处理，均应符合法律规定。同时行政行为的目的应符合立法本意，而不能曲解法律意图或远离法律的宗旨和原则，如公安机关对卖淫行为只罚款而不作其他处理，均应属于无效行政行为。

（五）行政行为程序合法

这是行政行为合法有效的程序要件。所谓程序，是指行政行为所要经过的过程和步骤，行政行为既要符合行政程序的基本原则（如先取证、查明事实，后裁决、作出处理决定的顺序原则等），也受不同行政行为所特有的程序制度的规范，如行政法规制定程序为规划、起草、审定、发布，违反法定程序，也会导致无效或撤销。

（六）行政行为形式合法

这是行政行为合法有效的形式要件。若法律规定行政行为须以一定的形式或方式作出时，行政行为须符合法定形式或方式，其行为才能有效成立，如书面形式、注明时间、署名盖章、佩戴标志或出示标志等。

第四节　行政行为的无效与撤销

一、行政行为的无效

行政行为的无效，是指行政行为自开始就完全不具备法律效力，被视为在法律上不存在。属于绝对无效，既不具有确定力，也不具有执行力。行政主体可能会运用行政权力使无效行政行为产生一定事实上的约束力，但由于不具有法律效力，故对当事人无任何形式上和程序上的约束力，当事人有权予以拒绝。

由于我国尚未制定《行政程序法》，因此对行政行为无效、撤销、终止的条件及法律后果并无统一规定。根据近几年我国理论与实践的发展，以及对西方行政法理论及实务的借鉴，行政行为无效的原因可概括为行政行为未具备合法有效要件且重大明显违法的，对此行政相对人可判定为无效，有权国家机关可宣布该行为无效。

1. 行政行为具有重大明显违法情形。如下一级行政机关制定的行政决定，明显与法律、法规的规定有抵触，则此行政决定应视为无效。

2. 行政行为的实施将导致犯罪。如行政机关为了实施行政管理而挪用用于救灾、抢险、防汛等款物，因挪用此类款物的行为属犯罪行为。故实施此类管理行为是无效行为。

3. 不可能实现的行政行为。如北方某县政府为了发展林果业，而鼓励大量种植热带水果，而当地气候根本不适宜种植。故此行政行为是根本不可行的，从而属无效行政行为。

4. 行政主体受相对人胁迫或欺骗作出的行政行为。例如，行政相对人提供虚假证明或伪造证明文件而获得许可证、执照的。此类行为均是无效行政行为，自始无效。

5. 行政主体不明确或明显超越相应行政主体职权的行政行为。如文化行政机关检查卫生和处理违反卫生法规的行为，教育行政机关吊销烟酒公司的执照的行为，这些行为都是明显越权行为，因而属于无效行政行为，自始不具有法律效力。

6. 法律法规明确规定无效的行政行为。如《行政处罚法》第 3 条第 2 款规定："没有法定依据或者不遵守法定程序的，行政处罚无效。"

行政行为无效的法律后果，主要体现在以下几个方面：①有权国家机关（行为作出机关及其上级机关、权力机关、人民法院），可在任何时候宣布相应行政行为无效。②行政相对人可不受该行为约束，有权予以拒绝，且对此不承担法律责任。③行政相对人可请求有权国家机关宣布该行为无效，且不受时效限制。④行政行为被宣布无效后，应尽量恢复到行为前的原始状态。

二、行政行为的撤销

行政行为的撤销是指由法定有权机关基于法定理由或法定情形作出撤销行政行为的法律决定或判决，并使被撤销行政行为自始无效。撤销方式对行政行为效力的否定，原则上具有溯及既往的作用。

《行政诉讼法》第 70 条规定，具体行政行为有下列情形之一的，判决撤销或者部分撤销，并可以判决被告重新作出具体行政行为：①主要证据不足的；②适用法律、法规错误的；③违反法定程序的；④超越职权的；⑤滥用职权的；⑥明显不当的。

证据和适用法律、法规属于依据问题；超越职权属于权限问题；而滥用职权则属于自由裁量问题，自由裁量在行政法上属于合理性问题，不在合法性审查范围内，但自由裁量严重违法则应纳入合法性审查范围内，故引起行政行为撤销的原因主要有两类：①行政行为因违法即不符合法定要件而被撤销的，具有溯及力。②行政行为因自由裁量严重违法，即滥用职权，特别是畸轻畸重，也会被撤销而具有溯及力。

从法律后果上看，行政行为的撤销与行政行为的无效是一样的，都是指行政行为自始无效。但两者之间又存在着重大区别，无效行政行为没有存在过形式效力，而被撤销行政行为在撤销前还一直有形式效力，因而当事人所受到的法律约束力是不同的；无效行政行为所提起的是确认之诉及其后果要求，行政相对人可在任何时候请求有权机关予以宣告无效，而撤销的行政行为所提起的是撤销之诉及其后果要求，而且诉讼时效的计算是以告知或者送达为依据的。另外，行政行为的撤销还会发生于行政行为的作出机关及其上级机关，即在行政管理活动中行政机关自我发现行为违法，或者通过监督检查发现行为违法的，应依法撤销该行政行为。

应当指出的是，囿于当时理论与实务发展状况，对行政行为无效这一法律问题及其处理在《行政诉讼法》中尚未规定。随着近几年理论与实践的推动以及外国行政法理论与制度的印证，加深了对行政行为无效的同时，我国的个别法律制度也对行政行为无效进行了相应规定，如《行政处罚法》《土地管理法》等都有类似规定。故最高人民法院在 2000 年 3 月 8 日发布的《关于执行〈行政诉讼法〉若干问题的解释》中明确规定了确认无效的判决。

三、行政行为的终止

行政行为的终止，是指行政行为的效力因某些法定因素而不再继续发生法律效力，但对以前的效力不予否定。

行政行为终止的原因主要是：①行政行为所确定的行政事务任务已经完成，从而没有继续存在的必要。②行政行为中附条件的该条件已消失，附期限的该期限届满。③时代的发展，使原行政行为的继续存在将有碍社会政治、经济、文化的发展，甚至给国家和社会利益造成重大损失。

行政行为终止的法律后果，主要是效力自终止之日起失效，但对以前的效力不予否定，如行政主体在行为终止之前作出的行政奖励给行政相对人带来的利益不再收回。

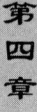

第五章

抽象行政行为

第一节　行政立法行为

　　上一章中，我们已经介绍了抽象行政行为的概念及其与具体行政行为的区别。根据不同的标准，我们可以进一步对抽象行政行为进行分类，最常见的分类是以抽象行政行为的效力等级为标准所作的划分，即行政立法行为与除行政立法行为以外的其他抽象行政行为。本章按照这种分类分别介绍。

一、行政立法行为

（一）行政立法行为的概念及特征

　　行政立法行为，简称为行政立法，是指行政主体制定行政法规和行政规章的活动。

　　从实质上看行政立法行为是行政主体的一种行政行为，但这一行为又是具有立法的各种属性的行为，是一种"准立法行为"，与其他行政行为相比有以下特征：

　　1. 行政立法行为是国家立法权的具体体现，只不过在这里立法权经宪法和法律规定或立法机关的授权而由国家行政机关行使。

　　2. 行政立法所制定的行政法规和行政规章属于法的范畴，是法源性规范文件，可以作为人民法院审理行政案件时的依据或参照，即行政法规和行政规章具有司法适用性。

　　3. 从内容上看，行政法规和行政规章并不像法律一样涉及国家社会生活的各个方面，仅仅是国家在行政管理方面的立法，而且其效力低于宪法和法律，不得与宪法和法律相抵触。

　　4. 行政立法必须经过立项、起草、征求意见、审议、公布等立法程序。

　　5. 行政立法具有不受司法审查的特性，具有不可诉性。

（二）行政立法与权力机关立法的区别

　　行政立法虽然具有立法性质，但是它不同于权力机关的立法，其所立之"法"处于权力机关所制定的法律之下的地位，不得与法律相抵触，属从属性立法。两者的区别主要表现在：

1. 立法主体不同。行政立法主体是有权行政机关；而权力机关立法主体是权力机关即各级人民代表大会及其常委会。

2. 立法权来源不同。行政立法权一部分来源于宪法规定，另一部分来自权力机关或上级行政机关的授权；而后者直接来源于人民的权力，由宪法规定相应权力机关享有相应立法权。

3. 立法的内容不同。行政立法通常是有关国家政治、经济、文化事务中的具体管理问题，而权力机关立法所涉及的内容通常是有关国家政治、经济、文化的基本制度和重大问题。

4. 所立之法的等级效力不同。权力机关所立之法的效力高于行政机关所立之法的效力。

5. 立法的程序不同。权力机关立法程序相对来说要正式、严格得多。

6. 所立之法的表现形式有所不同。

7. 立法效果不同。权力机关所立之法较行政机关所立之法其时间效力要长，稳定性要强；而行政立法灵敏度高，适应性强。

（三）行政立法的主要表现形式。

行政立法的权力按其来源不同可分为三种：一是宪法和组织法规定的固有职权；二是宪法和组织法以外的其他法律的授权；三是国家最高权力机关通过专门的"决定"等方式的特别授权。与上述三种权力来源相适应，行政立法在形式上表现为职权立法、授权立法和特别授权立法。

1. 职权立法。职权立法是指行政立法主体根据宪法和组织法规定的职权，就管辖范围内的行政事项进行的立法。我国《宪法》第 89 条规定，国务院"根据宪法和法律，规定行政措施，制定行政法规，发布决定和命令"；第 90 条规定，国务院各部、各委员会可以"根据法律和国务院的行政法规、决议、命令，在本部门的权限内，发布命令、指示和规章"。《地方组织法》第 60 条规定：省、自治区、直辖市的人民政府以及设区的市的人民政府，可以根据法律和国务院的行政法规，制定规章。根据上述规定所进行的立法活动就是职权立法。职权立法是行政主体基于宪法和有关组织法赋予的固有职权而进行的立法活动，这种行为是行政主体本身职权范围内的事情，是可以为且应该为的事情。因此，职权立法是行政主体为了履行法律赋予的职权，就法律未规定的事项确定管理对象的一定行为规则，是在自己的职权范围内进行的主动的立法活动。

2. 授权立法。授权立法是指行政机关依照法律、法规授权进行的立法活动。例如，《矿产资源法》第 52 条规定："本法实施细则由国务院制定。"

3. 特别授权立法。特别授权立法是指国家最高权力机关将本来应由其制定的某一方面法律的立法权，特别授予国家最高行政机关——国务院行使。

二、行政法规

（一）行政法规的概念

行政法规是国务院根据宪法和法律以及全国人大及其常委会的授权决定，按照法定程序制定的有关履行行政职责、行使行政权力的规范性文件，效力及于全国。行政法规是国务院实施抽象行政行为的主要形式。这一概念包含以下几方面的内容：

1. 国务院是制定行政法规的唯一主体，其他任何行政机关制定的规范性文件都不是行政法规。

2. 国务院必须在其法定职权范围内制定行政法规，必须有明确的法律依据或授权。

3. 国务院必须依法定程序制定行政法规。

4. 行政法规是法的渊源，具有法的效力，是人民法院审理行政案件的法律依据。

（二）行政法规的制定原则

行政法规既不同于法律，也不同于部门或地方规章，更不同于其他行政规范性文件。制定行政法规应遵循立法法确定的立法原则，即立法应当遵循宪法的基本原则，以经济建设为中心，坚持社会主义道路、坚持人民民主专政、坚持中国共产党的领导、坚持马克思列宁主义毛泽东思想邓小平理论，坚持改革开放；立法应当依照法定的权限和程序，从国家整体利益出发，维护社会主义法制的统一和尊严；立法应当体现人民的意志，发扬社会主义民主，保障人民通过多种途径参与立法活动。立法应当从实际出发，科学合理地规定公民、法人和其他组织的权利与义务、国家机关的权力与责任。同时行政法规还应当符合宪法和法律的规定。

起草行政法规，除应当遵循立法法确定的立法原则，并符合宪法和法律的规定外，还应当符合下列要求：体现改革精神，科学规范行政行为，促进政府职能向经济调节、社会管理、公共服务转变；符合精简、统一、效能的原则，相同或者相近的职能规定由一个行政机关承担，简化行政管理手续；切实保障公民、法人和其他组织的合法权益，在规定其应当履行的义务的同时，应当规定其相应的权利和保障权利实现的途径；体现行政机关的职权与责任相统一的原则，在赋予有关行政机关必要的职权的同时，应当规定其行使职权的条件、程序和应承担的责任。

（三）行政法规的立法权限

行政法规是国务院为实施宪法和法律而制定的行政管理法规。行政法规的立法权限是国务院制定的行政法规在内容和形式上的权限范围，即行政法规可以就哪些事项作出规定。行政法规的立法权限实际上是解决权力机关与行政机关的分工问题。我国《立法法》明确规定了法律与行政法规的立法权限。《立法法》第8条规定了有10条事项只能制定法律。《立法法》第65条规定行政法规可以行使的立法权限包括以下三个方面：

1. 国务院根据宪法和法律，制定行政法规。《宪法》中关于行政法规权限范围的规定，即全国人大及其常委会行使国家立法权；国务院根据宪法和法律，制定行政法规，用"根据"原则对行政机关的立法权限作了基本的界定。该划分在出台后的一定时期内对行政法规的制定起到了推动作用，如其划分标准相对简单、易于掌握等，虽然其看似简单，但在实践中对"根据"的相关原则却出现了不少的争议。

宪法和有关法律规定的"根据"原则，有两种不同意见。一种意见是"职权说"。即行政机关除了根据宪法和法律制定行政法规外，在宪法和法律赋予的职权范围内，根据实际需要，也可以制定行政法规。这种观点的实质是将制定行政法规的权力与行政机关行使行政管理职权的权力视为同一种权力。因此基于该观点，行政机关在其职权范围内，凡法律未曾禁止的，或者不属于法律明确列举的调整事项，可以通过制定行政法规来履行职权。另一种意见是"依据说"。即行政机关制定行政法规，应遵守宪法和有关法律的要求，即应有直接的"根据"、具体的授权。该观点的实质是将制定行政法规的权力与行政机关行使行政管理的权力相互区分，认为制定行政法规不是行政机关固有的权力，也不是行政机关行使职权的形式。基于依据说的观点来看，"职权说"存在许多矛盾和问题：一是与行政机关的性质不符，行政机关是执行机关，不是立法机关，只有立法机关才能制定普遍性的规范；二是与职权的性质不符，行政机关的职权是指在哪些事项上享有管理权，而不是指享有创制规范的权力；三是与国家体制不相符，行政机关依职权立法，必然影响或者甚至取代国家权力机关立法，同时也会形成多头立法、立法无序的状况，不利于各国家机关按照各司其职、分工合作的原则开展工作，不利于保证法制的统一。

《立法法》针对实践中提出的问题，以宪法为根据，对行政法规的立法权限作了进一步的明确和界定。这种划分既没有完全按照"职权说"，也没有完全按照"依据说"的观点。因为"职权说"的观点失之过宽，把行政机关的管理职权当成行政法规的权限范围，混淆了行政权和立法权的性质。而"依据说"又失之过窄，难以适应改革开放形势的客观需要，不利于调动行政立法的积极性和充分发挥行政立法的优势。行政立法的优势之一就是行政机关比立法机关更能及时应对社会生活中出现的新情况和新问题，制定出适用于全国的新规范。如果过于强调必须有授权或者法律依据才能制定行政法规，就有可能贻误立法时机。因此，立法法将"根据"原则作了较宽的界定。根据《立法法》，行政法规可以就下列事项作出规定：

为执行法律的规定需要制定行政法规的事项。国务院是我国的最高行政机关，即在本质上它是最高国家权力机关的执行机关，贯彻实施国家权力机关的法律是它的一项重要职责。国家最高行政机关贯彻执行法律，将法律规定的权利义务关系落实到具体的个人和组织，但是由于我国地域辽阔、人口众多、经济文化发展不平衡，由立法机关制定的统一的规范可能无法适应于不同的地方。因此为适应各地不同的情况，立法机关制定的法律条文一般来说比较原则，这些都需要国务院根据各种实际情况，制定具体的实施规定。从行政法规制定的实际情况来看，这方面的行政法规主要有三类：①综合性的实施细则、实施条例和实施办法。它是在法律颁布之后，对法律实施中的各种问题作出的比较全面的、具体的规定，主要内容包括：专有名词术语的解释、处罚奖励幅度的具体化、行政执法机关职责的具体化、行政执法程序的具体化、实施法律的具体措施和办法等。全国人大及其常委会通过的很多法律中，都在附则中明确规定国务院可以根据法律制定实施细则，如个人所得税法、税收征管法、森林法、收养法、档案法等。有些法律虽未明确规定国务院可以制定实施细则或办法，但为实施该法，制定相应的办法或规定也是可以的。②为实施法律中的某一项规定和制度而制定的专门规定。有些法律在整体上具有较强的操作性，但某一项制度或是比较复杂，或是缺少经验，或者发展变化较快，法律只好作原则规定，由实施机关作进一步具体的规定。如《行政处罚法》第16条规定国务院或者经国务院授权的省、自治区、直辖市人民政府可以决定一个行政机关行使有关行政机关的行政处罚权，但限制人身自由的行政处罚权只能由公安机关行使。据此，国务院法制办在全国推行了城管综合执法，目前该制度在全国得到了最大程度的发展。③对法律实施的过渡、衔接问题和相关问题作出的规定。法律的颁布实施，往往标志着一项新制度的产生和执行，这就需要同现存的制度相衔接，做好过渡性安排，保持社会秩序的稳定性和连续性。还有一种情况是，对实施法律的相关问题作出规定。如执业医师法的调整对象是执业医师，不包括乡村医生，但乡村医生是和执业医师法有关的问题，因此，《执业医师法》第45条规定，乡村医生的管理办法，由国务院另行规定。

2. 基于国务院行政管理职权上的行政法规制定。行政是指国家行政机关从事的执行、管理活动。国务院的行政管理活动实际上就是执行国家最高权力机关的决策（包括立法和各种决议、决定），并为实施决策而进行的计划、领导、组织、协调和监督。国务院的行政管理职权就是由宪法根据执行和管理的实际需要而赋予的。从《宪法》第89条的规定来看，国务院的行政管理职权实际上是四个方面：一是全国性行政工作的领导权。这主要体现在该条的第3～5、15～16项；二是部门性行政工作的领导和管理权，主要体现在该条的第6～12项；三是行政机关的编制审定权和行政人员的任免、奖惩权，主要体现在第17项；四是行政监督权，主要体现在第13、14项。

该条第1、2项关于国务院规定行政措施，制定行政法规，发布决定和命令以及向全国人大及其常委会提出议案的规定，和其他各项职权的性质有很大不同，服务于其他各项职权，是实现其他各项行政管理职权的方式、途径和重要手段。因为在其他各项行政管理职权中，都可以通过制定行政法规来实现管理目标；通过向国家权力机关提出议案，由国家权力机关作出决策，促成行政管理目标的实现。它总是和具体的事权结合起来而实现其功能的。当然，这并不妨碍国务院就此可以制定有关的行政法规。如国务院制定了《行政法规制定程序条例》。

在国务院的行政管理职权范围内，国务院可以制定和颁布行政法规。从理论上说，国务院的职权和全国人大及其常委会的职权，就效力范围而言，都是覆盖全国的。但区分两者的一个重要界限在于，前者是行政管理权，后者是重大事项的创制权。《立法法》在配置各立法主体的立法权限时，首先规定了全国人大及其常委会的十项专属立法权，这些都属于重大事项的创制权，其中有些与国务院的行政管理职权有关，比如国家主权的事项，对公民政治权利剥夺、限制人身自由的强制措施和处罚，对非国有财产的征收，基本经济制度以及财政、税收、海关、金融和外贸的基本制度等。虽然这些事项与国务院的行政管理职权有关，但非经专门授权或法律规定，国务院不能就这些事项制定行政法规。比如，国务院有权决定省、自治区、直辖市的范围内部分地区的戒严，但这并不等于可以以行政法规创立戒严制度，因为戒严涉及在一个地区和一定的时间内暂时中止公民的某些权利和自由。所以，并不是《宪法》第89条所规定的事项，都能制定行政法规，它必须以不僭越全国人大及其常委会的国家立法权为前提。另外，对于全国人大及其常委会专属立法权以外的事项，国务院也只能从行政管理的角度制定行政法规；有法律的要根据法律制定行政法规。

3. 全国人大及其常委会授权的行政法规制定。对于全国人大及其常委会专属立法权范围内的事项，国务院不能制定行政法规。如果要对其中的事项进行规定，就需取得授权。原因在于：其一，目前，我国的经济体制正处于从计划经济向市场经济过渡的阶段，建设社会主义市场经济，没有现成的经验和模式，必须在实践中不断探索。其二，当今社会，科学技术迅猛发展，社会关系复杂多变，不断出现新情况、新问题。其三，全国人大每年开一次会，会期约在一至两星期，全国人大常委会每两个月召开一次会议，会期约一个星期。工作方式是集体行使职权，集体决定问题。这些因素决定了全国人大及其常委会对其专属立法权领域的事项难以完全做到及时立法或修改。因此，为了及时应对复杂多变的情况，积极进行探索，发挥行政法规的灵活、迅速的优势，建立授权制度是必要的。根据实际需要，全国人大及其常委会可以将其专属立法权领域的部分事项授权国务院制定行政法规。《立法法》第9条规定："本法第8条规定的事项尚未制定法律的，全国人民代表大会及其常务委员会有权作出决定，授权国务院可以根据实际需要，对其中的部分事项先制定行政法规，但是有关犯罪和刑罚、对公民政治权利的剥夺和限制人身自由的强制措施和处罚、司法制度等事项除外。"

国务院根据全国人大及其常委会的授权决定先制定的行政法规，经过实践检验，制定法律的条件成熟时，国务院应当及时提请全国人大及其常委会制定法律。"制定法律的条件成熟"的标准有：其一，行政法规所规范的社会关系已经比较稳定，不是在急速的变化调整中。如我国的金融管理体制，经过改革开放以来的实践和探索，逐步明确了中国人民银行的职能，即作为国家的中央银行，在国务院的领导下独立执行货币政策，调控货币供应量，保持币值稳定；对金融机构实施严格的监管，维护金融秩序，保证金融体系安全、有效地运行。因而在《中华人民共和国银行管理暂行条例》的基础上，全国人大制定了《中华人民共和国中国人民银行法》。其二，行政法规所规定的措施和制度，经实践检验是可行的、必需的，如1990年2月，国务院颁布了《行政监察条例》，多年的实施表明，条例规定的监察体制和监察措施是可行的。因此，在此基础上，制定了《行政监察法》。其三，改革的方向比较明确具体。如我国的经济体制改革，经过长时间的探索，最终把建立社会主义市场经济体制作为改革目标，具体到国有企业改革，就是要建立现代企业制度。《公司法》正是根据经济体制改革所确立的方向，在国务院有关部门颁布的《有限责任公司规范意见》《股份有限公司规范意见》的基础上而制定的。其四，各方面的意见比较一致。一般来说，争论比较大的问题，往往是不太成熟的事项，如《企业破产法》的颁行，第六届全国人大常委会在审议时，争议很大，特别是在产权不清、社会保障制度还不健全的情况，国有企业如何实施破产，确实有很多问题需要研究，因而《企业破产法》只能通过试行，直至2006年才正式颁行。

（四）行政法规的制定程序

行政法规的制定程序，是指国务院制定行政法规的步骤、方式、顺序和时限等规则的总和。根据《立法法》《行政法规制定程序条例》的规定，其制定程序可分为立项、起草、审查、决定与公布以及解释五个步骤。

1. 立项。国务院每年年初编制本年度的立法工作计划。国务院有关部门认为需要制定行政法规的，应提前向国务院申请立项，并说明申请立项的依据，该项目要解决的主要问题和拟确立的主要制度。立法工作计划由国务院法制机构编制，并报国务院审批。

2. 起草。行政法规由国务院组织起草。由国务院的一个或者几个部门负责具体起草工作，也可由国务院法制机构起草或者组织起草，起草行政法规除应遵循《立法法》确定的原则，符合宪法、法律的规定外，还应体现改革精神，科学规范行政行为，促进政府职能向经济调节、社会管理、公共服务转变；符合精简、统一、效能的原则；切实保障公民、法人、其他组织的合法权益；体现行政机关权责统一原则。起草时必须深入调查研究，总结实践经验，采取座谈会、论证会、听证会等多种形式，广泛听取意见，负责起草的部门还应就涉及其他部门职责或与其他部门关系紧密的规定，与相关部门充分协商，取得一致。起草完毕，起草部门应将草案送审稿，连同各种不同意见的情况说明，涉及有关管理体制和政策方针需要国务院决策的重大问题的解决方案以及其他相关材料，一并报送国务院审查决定。

3. 审查。行政法规的送审稿先由国务院的法制机构免责审查。审查中如发现制定行政法规的基本条件不成熟或者对规定的制度争议较大，或者送审手续不完备的，国务院法制机构可以缓办或者退回起草部门。对准备送审的送审稿，国务院法制机构应将其（或者其涉及的主要问题）发送国务院有关部门、地方人民政府、有关组织和专家征求意见；重要的行政法规送审稿，经报国务院同意还可向社会公布，征求意见。对行政法规送审稿涉及的主要问题，国务院法制机构应深入基层，调查研究，听取方方面面的意见；对其所涉及的重大疑难问题，应当召集有关单位和专家参加座谈会、论证会，听取意见，研究论证；对直接涉及公民、法人或者其他组织切身利益的，可举行听证会，广泛听取意见；对送审稿涉及的主要制度、方针政策、管理体制、权限分工等有不同意见的，国务院法制机构应进行协调，力求达成一致，不能一致的，法制机构应将争议的主要问题、有关部门的意见和法制机构的意见，报国务院决定。国务院法制机构经认真调查研究，并与起草部门协商后，应对送审稿进行修改，形成行政法规草案和对草案的说明，由法制机构主要负责人提请国务院常务会议审批，对其中调整范围单一，各方意见一致或者依据法律制定的配套法规草案，可以采取传批方式由国务院法制机构直接提请国务院审批。

4. 决定与公布。经国务院常务会议审议或国务院审批的行政法规草案由国务院法制机构根据审议意见进行修改，形成修改稿后报请总理签署国务院令公布实施。签署公布后应及时在国务院公报及在全国发行的报纸上刊登。行政法规一般在公布之日起的 30 日后施行。有些涉及国家安全、货币政策、外汇汇率的确定，以及其他公布之日起施行的行政法规，也可自公布之日起施行。

5. 解释。行政法规条文本身需要进一步明确界限或者作出补充规定的，由国务院解释。由国务院法制机构研究拟订行政法规解释草案，报国务院同意后，由国务院公布或者由国务院授权国务院有关部门公布。行政法规的解释与行政法规具有同等效力。国务院各部门和省、自治区、直辖市人民政府可以向国务院提出行政法规解释要求。对属于行政工作中具体应用行政法规的问题，省、自治区、直辖市人民政府法制机构以及国务院有关部门法制机构请求国务院法制机构解释的，国务院法制机构可以研究答复；其中涉及重大问题的，由国务院法制机构提出意见，报国务院同意后答复。

（五）行政法规的制定技术

行政法规的制定技术，是指国务院制定行政法规应当遵循的有关文件结构、形式和语言等方面的技巧、规则和方法的总称。

1. 行政法规的名称。行政法规的名称一般称"条例"，也可以称"规定""办法"等。国务院根据全国人民代表大会及其常务委员会的授权决定制定的行政法规，称"暂行条例"或者"暂行规定"。国务院各部门和地方人民政府制定的规章不得称"条例"。

2. 行政法规的结构。行政法规的外部结构一般采用章、节、条的形式。条又可分为款、项、目。款不冠数字，项和目冠数字。行政法规的内部结构是指法律规范各个组成部分之间具有一定逻辑的排列与配置。和法律一样，行政法规的规范性内容是关于主体行为的法定模式以及主体行为的法律后果的规定。行政法规由三部分组成，即假定部分（法规适用的条件和范围）、处理部分（法规要求的作为和不作为）、后果部分（违反法规导致的后果或责任）。

3. 行政法规的必要条款。这些必要的条款主要包括：制定法规的目的和根据；行政法规的适用范围；行政法规的适用主体和解释机构；具体规范；奖惩办法或法律责任；执行日期；授权规定；废止有关行政法规的规定。

三、行政规章

（一）行政规章概述

1. 行政规章的概念和性质。行政规章是指国务院各部委以及设区的市的人民政府根据宪法、法律和行政法规等制定和发布的规范性文件。国务院各部委制定的称为部门规章，其余的称为地方政府规章。规章是特定行政机关依照法定程序根据法律、行政法规制定的具有普遍约束力的规范性文件的总称。

制定行政规章的行为是抽象行政行为，规章是由行政机关制定的，具有确立、变更或消灭行政机关与相对人权利义务的特点。同时，制定规章须依据法律、行政法规，在法定权限范围内进行，具有执行法律、行政法规实施行政管理职能的性质。

制定有效规章是由行政机关实施的，具有立法性质的准立法行为，即行政立法行为。

进入 21 世纪以来，行政机关制定行政规章的活动十分频繁。与立法机关所制定的法律相比，由行政机关制定的行政规章显得内容庞杂。从某种意义上说，现代行政机关的主要任务是制定和执行行政规章。

行政规章在我国属于法的渊源之一是毋庸置疑的，主要理由有：①行政规章对于一般行政相对人来说，是具有法律意义上的约束力的规范。它不同于一般的行政指导、行政建议、行政号召等，对后者行政相对人只是可以接受其影响，而并不是必须服从。②行政规章靠国家权力的强制力保证其实施。如对于违反行政规章所规定的行政法义务的当事人，有关的行政主体有权依法实行行政强制执行措施。③行政规章虽不是由国家权力机关直接制定的，但是，制定行政规章的主体，都是经过我国宪法、组织法明文授权的准立法机关。行政规章在当今各国已被公认为委任立法的产物。④按照我国《行政诉讼法》的规定，人民法院审理行政案件，既须依据法律法规，同时又要参照行政规章。将行政规章法定为行政审判的参考遵照依据，这也意味着，在我国行政规章实际上具有"参照法"的性质。因此从这个意义上来说行政规章又不是严格意义上的法律。它只属于"准法"的范畴。

行政规章与法律及具有法律性质的地方性法规和行政法规有一系列重要的区别。

行政规章与法律的区别：①法律的制定源自国家主权，是国家最高意志的体现。法律对行政和司法行为均具有约束力，行政和司法活动有义务忠实地贯彻执行法律；行政规章的制定则源自主权的执行权，是国家在行政管理方面的意志的体现。行政规章对一般的行政相对人和行政主体自身产生约束力，但对司法机关不具有绝对的约束力。相反，本着权力制约的原则，须受司法权的审查监督。②法律所调整的主要是社会经济、政治、文化生活的基本方面和基本的社会关系。行政规章所调整的，则主要是国家与一般公民在日常行政管理领域的关系，以及行政体系内部诸如行政上下级或平级之间的关系。③法律可以直接创设人们的权利和义务，行政规章只能使法律所创设的权利义务具体化，而不能创设超越法律范围之外的权利义务。④在实行民主制的国家中，依照法定程序制定的法律本身直接体现了民意。而行政规章，即使是合乎法律的，也只能被认为符合民意。

行政规章与地方性法规的区别：①地方性法规属于法律的范畴。因为我国宪法规定，地方人大是享有地方立法权的权力机关。我国宪法和组织法又进一步规定，地方人大及其常委会在不同宪法、法律、行政法规相抵触的前提下，可以制定地方性法规。"不相抵触"的含义显然不同于《宪法》第90条中所使用的"根据"。这种语义差度表明，地方性法规实质上就是国家的地方法律或地方的国家法律。②行政规章仅是对法律、法规的详细化和具体化，而地方性法规不仅是国家宪法、法律的详细化和具体化，而且，更主要的是可以在不违背宪法、法律基本精神原则的前提下，进行"律外立法"，创设新的权利和义务，并对法律予以必要的补充和变通。③行政规章中地方政府规章的制定，不仅要根据法律，同时亦应遵照地方性法规。而地方性法规在我国法的体系中的地位，原则上高于一切行政规章。如果部、委规章与地方性法规在内容上发生冲突的话，依据《立法法》第95条的规定，应由国务院提出意见：认为应适用地方性法规的则适用地方性法规；认为应适用部、委规章的则报全国人大常委会裁决。

行政规章与行政法规的区别：行政规章与行政法规同属于行政机关制定的规范性文件。但是：①行政法规调整的对象一般是行政管理领域带有普遍性、全局性、原则性以及意义重大的问题。行政规章的调整对象则限定在行政管理领域中某些特殊的、局部的、具体的问题。②行政法规的制定主体是我国的中央政府，而行政规章的制定主体或是中央政府的组成部分，或是地方政府。因而，行政法规的效力高于行政规章。③行政法规可以直接依据宪法、全国人大及其常委会制定的法律（尤其是其中的行政法律），对一般公民、法人或其他组织在行政管理领域的权利义务作出具体规定；对于各种行政违法行为的处罚，可以在符合宪法、法律的前提下，作出带有创制性的规定；并且可以在不违背宪法、法律的情况下，对某些尚未受到法律调整的社会生活作出行政法调整。行政规章中，对一般公民、法人或其他组织在行政管理领域的权利义务所作的规定，则不仅要符合宪法法律的精神原则，同时，还必须以某个具体的行政法规、地方性法规为直接依据，或者有其通过条文内容的明确授权。而对于有关罚则条款的规定，则只能严格围于行政法规、地方性法规所规定的种类、方式、幅度，不可以作出创设性规定。④依我国《行政诉讼法》的规定，行政法规是人民法院进行行政审判的重要依据，这肯定了行政法规对于行政审判活动的绝对约束力。行政规章对于行政审判活动则不具有绝对的约束力，只是人民法院在行政审判活动中的一种参照。

2. 行政规章的制定主体。

（1）部门规章的制定主体。按照《立法法》的规定，国务院各部、委员会、中国人民银行、审计署和具有行政管理职能的直属机构可以制定规章。赋予具有行政管理职能的直属机构规章制定权，这是《立法法》新增加的内容。

直属机构是国务院设置的主管各项专门业务的机构。国务院负责的各项工作在工作量上是不一样的，有的工作，例如计划、农业等，工作量大，需要设置规模较大的部委机构承担；有的工作属于专门业务性质，工作量相对较小，不必要也不应当设置部、委机构来承担，例如国家民用航空局，以体现精简高效的原则。为适应这类工作量较小、相对独立、专业性比较强的部门管理工作的需要，国务院组织法规定国务院除设置部委外，还可以设置直属机构，主管各项专门业务。需要指出的是国务院直属机构与国务院的办事机构是职能不同的两类机构，直属机构承担着行政管理的任务，既对国务院负责，也面向社会实施行政管理，而国务院的办事机构不具有行政管理的职能，不面向社会实施行政管理，只协助总理工作，实际上属于总理的决策班子。

根据宪法和有关法律规定，国务院各部门的下属厅局无权制定规章是明确的。在现实生活中，这些无权制定规章的机构却制定了大量的规定。它们制定的规定有些在内容上与部门规章或地方规章没有多大区别，有些规定由国务院的部门批准或批转，因此，许多在实务部门工作的同志把这些规定与规章相混淆了。按照宪法和有关法律规定，规章的制定必须严格按照权限进行，没有规章制定权的国务院各部门的下属机构不能制定规章。

（2）地方政府规章的制定主体。省、自治区、直辖市和设区的市的人民政府有规章制定权。《立法法》将地方政府规章的制定主体作了适当扩大，将经济特区所在地的深圳、厦门、珠海、汕头纳入设区的市的范围，享有规章制定权。

省、自治区、直辖市是我国第一级行政区单位。它的区域范围较大，人口较多，面对的情况也比较复杂。因此，要在国家法律、法规和政策的统一规定指导下，充分调动它们的积极性和主动性，因地制宜地开展工作。随着我国经济体制改革的深化和社会主义市场经济的建立，省会市、设区的市和特区所在地的市规模不断扩大，作用越来越重要。作为一个地区的政治中心和经济中心，同时也有许多特殊问题需要通过制定规章来调整，它们一般都具有较大的规模，社会经济发展中的问题较为复杂，因此立法法和有关法律规定设区的市的人民政府也有地方政府规章的制定权，使他们能够根据当地的实际情况和特点来贯彻实施法律、行政法规和地方性法规。经济特区所在地的市，在改革开放中担负着试验、探索的任务，需要规范的事务很多，因此，在立法权上区别对待，给予设区的市规章制定权是有必要的。

（二）行政规章的立法权限

规章的立法权限表现为部门规章的立法权限以及地方规章的立法权限。

1. 部门规章的立法权限。按照制定依据不同，部门规章可以分为两类：

（1）根据法律和行政法规制定规章。法律和行政法规适用于全国各地区、各部门和各行各业，是各部门制定规章的依据。从我国多年的立法实践看，法律、行政法规的规定有的比较原则、概括，而把一些具体解释性、专业性的规定，授权国务院各部门制定，这样一是可以避免法律、法规过于冗长繁琐；二是可以保持法律、行政法规的稳定性，减少过多的修改和调整。

（2）根据国务院的决定或命令制定规章。决定和命令一般都是就某一专门事项或具体问题所作的决定。决定通过后长期适用，而命令基本是针对某个具体问题作出的，一次有效，如局部地区戒严问题等。

国务院在领导和管理国家的经济、文化等建设事业和各项行政工作中，经常需要根据实际情况，采取行政措施，发布决定、命令以及通知等文件。国务院常务会议、总理办公会议也经常讨论国家管理工作中的重要事项或问题，并作出相应的决定或命令。这些决定和命令，也是国务院有关部门制定规章的依据。《立法法》规定，"部门规章规定的事项应当属于执行法律或者国务院的行政法规、决定、命令的事项"，将部门规章限定在与执法有关的事项，实际上是对上述争论作了一个结论。

2. 地方政府规章的立法权限。《立法法》规定了地方人民政府规章的权限范围，即地方政府规章规定的事项应当是为执行法律、行政法规、地方性法规的规定，需要制定规章的事项和属于本行政区域的具体行政管理的事项。

（1）为执行法律、行政法规、地方性法规的规定需要制定规章的事项。这里有两种情况：一种是法律、行政法规和地方性法规明确规定由地方人民政府制定规章的事项。据此，地方人民政府可以根据授权，结合本地区的实际情况，就如何执行法律、行政法规、地方性法规的规定制定有关规章。另一种是虽然法律、行政法规和地方性法规没有规定地方人民政府可以制定规章，但为执行法律、行政法规、地方性法规，需要制定一些配套措施和具体规定，在这种情况下，如果本地区的改革和建设确有需要，地方人民政府也可以根据法律、行政法规和地方性法规的规定以及本地区的实际情况制定有关规章。

（2）属于本行政区域的具体行政管理事项。关于县级以上地方各级人民政府的职权，宪法规定，县级以上地方人民政府依照法律规定的权限，管理本行政区域内的经济、教育、科学、文化、卫生、体育事业、城乡建设事业和财政、民政、公安、民族事务、司法行政、监察、计划生育等行政工作。《地方组织法》根据《宪法》作了进一步具体规定。在《宪法》和《地方组织法》规定的职权范围内，属于具体行政管理的事项，省、自治区、直辖市和设区的市的人民政府可以制定规章。不属于具体行政管理的事项，而是属于应当制定地方性法规的事项，则地方政府不能制定规章，而应当向本级人大及其常委会提出地方性法规案，由本级人大及其常委会依法制定地方性法规。具体行政管理的事项大体可以包括以下几个方面：一是有关行政程序方面的事项，包括办事流程、工作规范等；二是有关行政机关自身建设的事项，包括公务员行为操守、工作纪律、廉政建设等；三是不涉及创设公民权利义务的有关社会公共秩序、公共事务或事业的具体管理制度，如公共场所（如公园、电影院等）的管理规定、市场（如早市、夜市、超市等）的管理秩序、学校秩序管理规定等。

（三）规章的制定程序

1. 立项。规章的立项主体主要有中央与地方两部分，在中央由国务院部门内设机构或者其他机构认为需要制定部门规章的，应当向该部门报请立项，而在地方则是这样规定的：省、自治区、直辖市和设区的市的人民政府所属工作部门或者下级人民政府认为需要制定地方政府规章的，应当向该省、自治区、直辖市或者设区的市的人民政府报请立项。

在这两类主体中中央应当由国务院部门法制机构，地方则应当由省、自治区、直辖市和设区的市的人民政府法制机构（以下简称法制机构），对制定规章的立项申请进行汇总研究，拟订本部门、本级人民政府年度规章制定工作计划，报本部门、本级人民政府批准后执行。报送制定规章的立项申请，应当对制定规章的必要性、所要解决的主要问题、拟确立的主要制度等作出说明。

2. 起草。中央一级部门规章由国务院部门组织起草，国务院部门可以确定规章由其一个或者几个内设机构或者其他机构具体负责起草工作，也可以确定由其法制机构起草或者组织起草。在地方一级则由省、自治区、直辖市和设区的市的人民政府组织起草地方政府规章。省、自治区、直辖市和设区的市的人民政府可以确定规章由其一个部门或者几个部门具体负责起草工作，也可以确定由其法制机构起草或者组织起草。起草规章可以邀请有关专家、组织参加，也可以委托有关专家、组织起草。

起草部门规章，涉及国务院其他部门的职责或者与国务院其他部门关系紧密的，起草单位应当充分征求国务院其他部门的意见。起草地方政府规章，涉及本级人民政府其他部门的职责或者与其他部门关系紧密的，起草单位应当充分征求其他部门的意见。起草单位与其他部门有不同意见的，应当充分协商；经过充分协商不能取得一致意见的，起草单位应当在上报规章草案送审稿（以下简称规章送审稿）时说明情况和理由。

3. 审查。规章送审稿由法制机构负责统一审查。法制机构主要从以下方面对送审稿进行审查：是否符合《规章制定程序条例》第3～5条的规定；是否与有关规章协调、衔接；是否正确处理有关机关、组织和公民对规章送审稿主要问题的意见；是否符合立法技术要求；需要审查的其他内容。

规章送审稿有下列情形之一的，法制机构可以缓办或者退回起草单位：制定规章的基本条件尚不成熟的；有关机构或者部门对规章送审稿规定的主要制度存在较大争议，起草单位未与有关机构或者部门协商的；上报送审稿不符合《规章制定程序条例》第17条规定的。

4. 决定和公布。部门规章应当经部务会议或者委员会会议决定。地方政府规章应当经政府常务会议或者全体会议决定。

第五章

法制机构应当根据有关会议审议意见对规章草案进行修改，形成草案修改稿，报请本部门首长或者省长、自治区主席、市长签署命令予以公布。

公布规章的命令应当载明该规章的制定机关、序号、规章名称、通过日期、施行日期、部门首长或者省长、自治区主席、市长署名以及公布日期。部门联合规章由联合制定的部门首长共同署名公布，使用主办机关的命令序号。

5. 解释。规章解释权属于规章制定机关。规章有下列情况之一的，由制定机关解释：①规章的规定需要进一步明确具体含义的；②规章制定后出现新的情况，需要明确适用规章依据的。

6. 备案。规章应当自公布之日起 30 日内，由法制机构依照《立法法》和《法规规章备案条例》的规定向有关机关备案。

第二节　其他规范性文件

一、其他规范性文件的概念

抽象行政行为除了行政立法行为，还有行政机关制定其他规范性文件的行为，包括行政机关规定行政措施、发布决定、命令等针对非特定主体的行为。这类行为，从动态的角度看，属于抽象行政行为；从静态角度看，叫作其他规范性文件。为了与行政实践接轨，这里我们也采用其他规范性文件这一称谓，这一称谓还可以简称为规范性文件。

（一）其他规范性文件的范围

根据《宪法》和《地方组织法》的规定，除行政法规、规章以外的其他规范性文件包括四类：

1. 国务院规定的行政措施、发布的决定、命令。

2. 县级以上地方各级人民政府规定的行政措施、发布的决定、命令。

3. 乡、民族乡、镇的人民政府发布的决定、命令。

4. 国务院各部门和县级以上地方各级人民政府工作部门针对非特定主体制定的具有普遍约束力的规范性文件，这些规范性文件是国务院各部门和地方人民政府职能部门实施抽象行政行为的主要形式。

（二）其他规范性文件的性质和特点

制定其他规范性文件的行为在性质上属于抽象行政行为，但不同于制定行政法规、规章的抽象行政行为。

二、其他规范性文件的种类

分类是法学研究和法律实务的根本任务之一。只有对其他行政规范性文件进行分类，才能确定其法律性质，采取不同的审查方法，适用不同的法律效果。根据分类标准的不同，可以对其他行政规范性文件进行不同的分类。例如，以调整对象为分类标准，可以分为内部其他行政规范性文件和外部其他行政规范性文件；以其他行政规范性文件的内容为分类标准，可以分为创制性其他规范性文件、解释性其他规范性文件、指导性其他行政规范性文件。

还可以根据其他行政规范性文件的具体形式进行分类。国务院《党政机关公文处理工作条例》第二章就划分了15个类别，即决议、决定、命令（令）、公报、公告、通告、意见、通知、通报、报告、请示、批复、议案、函、纪要，并且对这些类别公文的适用范围、格式做了详尽规定。

创制性文件是指行政机关或被授权组织为不特定公众创设新的权利义务的其他行政规范性文件，包括依职权的创制性文件和依授权的创制性文件两类。依职权的创制性文件是指行政机关为了行政管理的实际需要，根据宪法和有关组织法规定的固有职权而制定的，对不特定公众创制新的权利义务的其他行政规范性文件。依授权的创制性文件是指行政机关为了补充行政法规范或变通上级其他行政规范性文件的规定，依据宪法和组织法以外的法律、法规、规章或上级其他行政规范性文件的专门授权而制定的，为不特定公众创制新的权利义务的其他行政规范性文件。

解释性文件是指行政机关为了实施法律、法规和规章，统一各个行政机关及其公务员对法律、法规和规章的理解及执行活动，对法律、法规和规章进行解释而形成的规范性文件，包括法定解释性文件和自主解释性文件两类。法定解释性文件是指有法定解释权的行政机关对法律、法规和规章进行解释而形成的其他规范性文件。自主解释性文件是指行政机关为了统一所属行政主体及其工作人员对法律、法规和规章及特定其他行政规范性文件的认识，对法律、法规和规章及特定其他行政规范性文件进行解释而形成的其他行政规范性文件。

指导性文件是指行政机关对不特定公众事先实施书面行政指导时所形成的一种其他行政规范性文件。

在司法实践中还存在最高人民法院的分类，即最高人民法院在《关于审理行政案件适用法律规范问题的座谈会纪要》中的分类。行政机关为指导法律执行而作出的具体应用解释，包括国务院部门以及省、自治区、直辖市和较大的市的人民政府或其主管部门对于具体应用法律、法规或规章作出的解释；行政机关为实施行政措施而制定的其他规范性文件，包括县级以上人民政府及其主管部门制定发布的具有普遍约束力的决定、命令或其他规范性文件。

三、其他规范性文件的法律地位

在行政管理中行政主体可依据其他规范性文件作出具体行政行为。《行政复议法》第7条、《行政诉讼法》第34条明确规定其他规范性文件可以作为具体行政行为的依据。这是因为其他规范性文件的制定主体是享有规范性文件制定权的主体，制定规范性文件是其法定权限内的活动，其目的是实施法律、执行政策，更有效地进行行政管理。其通过的决定、命令和采取的行政措施不是针对特定的人，而是具有普遍约束力，因此，这些规范性文件可以作为具体行政行为的依据。

《行政复议法》第7条同时规定，行政复议机关可以受理公民、法人或其他组织同具体行政行为一并提出的对国务院各部门的规定、县级以上地方各级人民政府及其工作部门的规定，乡、镇人民政府的规定的合法性进行审查的申请，以便于对上述规范性文件进行复议监督。

根据《行政诉讼法》第34、52、53条的规定，具体行政行为所依据的其他规范性文件在行政诉讼中不属于审查其合法性的"依据"或"参照"，而具有类似于证据的地位。但是，其证明对象不是案件事实而是具体行政行为的合法性，若人民法院经审查对之不予采用，在撤销判决中的理由是"适用法律、法规错误"，而非"主要证据不足"。这说明合法有效的其他行政规范性文件虽非审查具体行政行为合法性的"依据"或"参照"，但可作为司法裁判引用以说明具体行政行为的合法性的理由，《最高人民法院关于执行〈中华人民共和国行政诉讼法〉若干问题的解释》第62条第2款规定，"人民法院审理行政案件，可以在裁判文书中引用合法有效的规章及其他规范性文件"。

最高人民法院在《关于审理行政案件适用法律规范问题的座谈会纪要》中指出："行政机关往往将这些具体应用解释和其他规范性文件作为具体行政行为的直接依据。这些具体应用解释和规范性文件不是正式的法律渊源，对人民法院不具有法律规范意义上的约束力。但是，人民法院经审查认为被诉具体行政行为依据的具体应用解释和其他规范性文件合法、有效并合理、适当的，在认定被诉具体行政行为合法性时应承认其效力；人民法院可以在裁判理由中对具体应用解释和其他规范性文件是否合法、有效、合理或适当进行评述。"

该司法文件和《最高人民法院关于执行〈中华人民共和国行政诉讼法〉若干问题的解释》一样，在规定人民法院对其他行政规范性文件拥有审查、适用权的同时，回避了《行政诉讼法》中"依据"和"参照"的概念，而使用了模糊化的"引用"一词。

结合《行政诉讼法》及司法解释所采用的"依据""参照"和"引用"三个词组，其他规范性文件对人民法院的效力主要应当有以下几个类型的效力：

1. 依据。《行政法规制定程序条例》第31条规定："行政法规条文本身需要进一步明确界限或者作出补充规定的，由国务院解释。国务院法制机构研究拟订行政法规解释草案，报国务院同意后，由国务院公布或者由国务院授权国务院有关部门公布。行政法规的解释与行政法规具有同等效力。"

由此可见，国务院或者国务院授权的部门公布的行政法规解释，具有法源地位。"依据"代表了人民法院必须对行政法规的解释持有一种超强的尊重态度。在现行的宪政体制下，人民法院对行政法规的解释没有审查权。

当然，《立法法》第 99 条规定，最高人民法院认为行政法规同宪法或者法律相抵触的，可以向全国人民代表大会常务委员会书面提出进行审查的要求。该条暗示性地规定了，人民法院还是可以对行政法规及其解释进行审查，但是不具有审查决定权。

2. 参照。《规章制定程序条例》第 33 条第 1 款规定："规章的解释权属于规章制定机关。"第 4 款规定："规章的解释同规章具有同等效力。"

我国的"参照"相当于美国法院的强尊重态度，即只审查规章解释的合法性，而不审查规章解释的合理性。

《最高人民法院关于执行〈中华人民共和国行政诉讼法〉若干问题的解释》第 62 条第 2 款规定："人民法院审理行政案件，可以在裁判文书中引用合法有效的规章及其他规范性文件。"《关于审理行政案件适用法律规范问题的座谈会纪要》指出："在参照规章时，应当对规章的规定是否合法有效进行判断，对于合法有效的规章应当适用"，"规章制定机关作出的与规章具有同等效力的规章解释，人民法院审理行政案件时参照适用"。以上都肯定了人民法院有权对规章解释的合法有效性进行审查，但没有提到可以对规章解释的合理性或者适当性进行审查。

《立法法》没有规定规章违反法律、行政法规的处理办法，其实质是授权人民法院对违法无效的规章及其解释享有不适用权。在现实生活中，法院已经开始在行政案件的裁判中，对规章合法性作出较为明确的阐释。

3. 引用。严格来说，"引用"不代表其他行政规范性文件对人民法院的效力，不适合与"依据"、"参照"并列。

最高人民法院在《关于审理行政案件适用法律规范问题的座谈会纪要》提到的行政机关为指导法律执行而作出的具体应用解释；和行政机关为实施行政措施而制定的其他规范性文件，对应于行政法学界的通说，包括自主性解释、依授权的创制性和依职权的创制性其他规范性文件。

对于上述其他行政规范性文件，人民法院的基本立场相当于美国的弱尊重态度。弱尊重态度包括两个方面：其一，人民法院对其他行政规范性文件享有审查权，不仅可以进行合法有效性审查，还可以进行合理适当性审查；其二，人民法院对合法有效的其他行政规范性文件应当适用，并作为行政审判的依据。

第五章

第六章
具体行政行为(上)

第一节　行政处罚

一、行政处罚的概念

行政处罚是指行政主体依法对公民、法人和其他组织违反了行政法律规范的行为所给予的法律制裁或者惩戒。日本的学者习惯于称作行政罚。

作为一类常见的具体行政行为，行政处罚具有如下特征：

1. 行政处罚由行政主体依法作出。行政处罚属于行政主体的一种行政行为，但是并不是任何一个行政主体，都可以作出任何一种行政处罚。只有经过法律、法规明文规定拥有行政处罚权的行政主体才能够在其权限范围内作出行政处罚。也就是说，行政主体是否享有行政处罚权、在多大范围内享有行政处罚权，必须以法律、法规的明文规定为依据。行政主体必须严格依据法定权限行使行政处罚权，超越法定权限的处罚无效。具体而言，行政机关、被授权组织是行政处罚的主体，这是我国行政处罚的特色。

2. 行政处罚的对象是作为外部相对方的公民、法人和其他组织，是行政机关对外实施管理的一种手段。这使得行政处罚不同于行政机关基于行政隶属关系或监察机关依职权对其公务员所做的行政处分。

3. 行政处罚是针对违反行政法律规范的行为所实施的制裁。行政处罚是一种追究法律责任的行为，违法行为和法律责任之间具有因果关系，没有违法行为就不得追究法律责任，反过来，实施了违法行为就应当承担法律责任，违反的法律性质不同，承担的责任也不同，违反了民事法律就得承担民事责任，违反了行政法律规范就得承担行政责任，如果违法行为的危害性达到了刑法规定的犯罪程度时，就应当被追究刑事责任。行政处罚就是追究行政法律责任的主要方式。

4. 行政处罚的目的是对违法者的惩戒和教育，进而维护行政管理秩序。为确保社会秩序的安定性，行政主体在行政执法中必须拥有一定量的制裁权，这种制裁对违反行政法律规范的公民、法人、其他组织而言，是权利和自由的限制。行政处罚正是凭借蕴含否定和负面评价的惩戒来实现对违法者和普通公民的教育。

第六章

二、行政处罚的种类与形式

行政法学理论上，根据行政处罚涉及相对人权利的内容，一般将其划分为人身罚、财产罚、申诫罚和行为罚，每一类处罚中又各有一些具体的处罚形式。

（一）申诫罚

申诫罚又叫作精神罚、荣誉罚，是指行政主体向违法者发出某种告诫或者谴责，申明其违法行为，引起其精神上的警惕，以示制裁避免其再次违法的处罚形式。

1. 警告。警告是指行政主体对情节较轻微或者未构成实际危害后果的违法行为的行为人予以谴责和告诫的处罚形式。它既可单处也可并处。

2. 通报批评。通报批评是指行政主体将对违法者的批评以书面形式进行公开、公布，指出其违法行为，并予以公开谴责和告诫的处罚形式。通报批评常见于组织违法或者经济管理领域，往往单独使用。

（二）财产罚

财产罚是指行政主体剥夺违法当事人某些财产所有权的行政处罚形式，其目的在于使违法者缴纳一定数额的金钱或者没收违法者一定的财物，对违法者进行经济制裁。这种特点决定了财产罚适用范围的广泛性和普遍性。

1. 罚款。罚款是指行政主体强制违法当事人交纳一定数额金钱的处罚。这是实践中最为广泛的一种处罚方式。罚款是财产罚中的最主要形式，一般是针对违法行为人的合法财产收入，对于非法收入一般用没收违法所得、没收非法财物等形式。罚款必须全部上缴国库。

立法中关于罚款额度的设定方式主要有：①规定上限及下限；②只规定上限而不规定下限；③以某一特定基数为罚款下限，按照一定的倍数计算，具体数额由行政机关确定；④规定固定的数额；⑤根据违法所得计算。这说明，多数情形下，行政机关在是否罚款、如何罚款上有极大的裁量空间，因此建立行政处罚裁量基准，约束行政机关的裁量权显得尤为重要。

2. 没收。没收是指行政主体将违法行为人的违法所得和非法财物收归国有的处罚形式。违法所得是指违法行为人从事非法经营所获得的利益，非法财物是指用于从事违法活动的违法工具、物品和违禁品。没收可以视情节轻重而决定部分或全部没收。

没收的物品，除应予以销毁以及存档备查的以外，均应上缴国库或交由法定专门机关处理。处罚机关不得私分、截留、随意毁损，或通过非法途径低价处理，或随意使用。没收违法所得或者没收非法财物拍卖所得的款项，必须全部上缴国库。

（三）行为罚

行为罚又叫能力罚、资格罚，是指行政主体限制和剥夺违法当事人某些特定行为能力和资格的处罚。

1. 责令停产停业。这是指行政机关责令违法者暂时停止从事某种生产活动或者工作的处罚方式。与财产罚不同，责令停产停业并不直接限制或者剥夺违法当事人的财产权，如果违法者在特定期限内及时纠正了违法行为，仍可以继续从事被停止的生产经营活动，不需要重新申请许可证和执照。

2. 暂扣或者吊销许可证和执照。这是指限制和剥夺违法者从事某项活动的权利和资格的处罚形式。暂扣是指当事人在短时期内没有从事某种活动的资格，即暂时中止持证人从事某种活动的资格，待其改正违法行为和经过一定期限后，再发还证件，恢复资格，允许其重新享有该权利和资格。吊销是使当事人不再享有对于原先向行政机关所申请的许可证、执照上规定的权利的处罚，除非当事人在法律规定的期限以后，再次向行政机关提出申请获得新的许可证、执照，否则当事人不得从事这种活动或工作。

（四）人身罚

人身罚又称为自由罚，是指行政主体在一定期限内限制违法当事人的人身自由的行政处罚。人身罚使相对人的人身自由受到了限制，是行政处罚中最为严厉的一种，但只对自然人适用。目前，法律、法规规定的人身罚主要有两种形式，即行政拘留以及驱逐出境、禁止进境或出境、限期出境。

1. 行政拘留。是指公安机关依法对违反行政法律规范的相对人，在短期内限制其人身自由的一种处罚形式。因为行政拘留的严厉性，其一般仅适用于严重违反治安管理规范的相对人，并且只有在使用警告、罚款等处罚形式不足以惩戒时才适用。行政拘留期限一般是 1 日以上 15 日以下，《治安管理处罚法》规定，有两种以上违反治安管理行为的，分别决定，合并执行。行政拘留处罚合并执行的，最长不超过 20 日。

2. 驱逐出境、禁止进境或出境、限期出境。这是公安边防安全机关对违反我国行政法律规范的外国人、无国籍人采取的强令其离开或禁止其进入中国国境的处罚形式。《外国人入境出境管理条例》《国家安全法》和《出境入境边防检查条例》对此分别作出了规定。

三、行政处罚的设定

行政处罚的设定是指有关国家机关创设行政处罚的活动，它既包括对处罚设定权的划分，又包括有关法律规范对应予处罚的行为范围、处罚种类、幅度等问题的设定。依照《行政处罚法》第 9～14 条的规定，我国行政处罚的设定规则如下：

（一）法律的设定权

全国人大及其常委会制定的法律可以设定所有的行政处罚种类，而且限制人身自由的行政处罚只能由法律设定。

凡是法律对违法行为已经作出行政处罚设定的，法规和规章必须在法律设定的范围内具体规定，也就是说，在法律设定与法规规章设定之间是排斥的，在此前提下，法规规章可以对法律规定的行政处罚具体化。

（二）行政法规的设定权

行政法规可以设定除限制人身自由以外的各种行政处罚行为、种类和幅度，也就是说，行政法规可以创制绝大部分新的行政处罚种类。在行政处罚的创设上，行政法规的效力位阶仅次于法律，范围相当宽泛。但是，行政法规设定行政处罚要受法律的限制。如果法律已经在某一领域行使了设定权，即法律对违法行为已经作出了行政处罚规定，行政法规只能作出具体规定，且必须是在法律规定的给予行政处罚的行为、种类和幅度范围内。

（三）地方性法规的设定权

地方性法规可以设定除限制人身自由、吊销企业营业执照以外的行政处罚。地方性法规不得创制新的行政处罚种类。法律、行政法规对违法行为已经作出行政处罚规定，地方性法规需要作出具体规定的，必须在法律、行政法规规定的给予行政处罚的行为、种类和幅度的范围内规定。

（四）部门规章的设定权

部门规章可以在法律、行政法规规定的给予行政处罚的行为、种类和幅度的范围内作出具体规定。部门规章，在尚未制定法律、行政法规时，可以设定警告或者一定数量罚款的行政处罚，不得设定其他种类的处罚。罚款的限额由国务院规定。

（五）地方政府规章的设定权

省、自治区、直辖市人民政府和较大的市人民政府制定的规章可以在法律、法规规定的给予行政处罚的行为、种类和幅度的范围内作出具体规定。尚未制定法律、法规的，地方政府规章对违反行政管理秩序的行为，可以设定警告或者一定数量罚款的行政处罚。罚款的限额由省、自治区、直辖市人民代表大会常务委员会规定。

（六）法律、行政法规、地方性法规和规章以外的规范性文件不得设定行政处罚

四、行政处罚的主体与管辖

（一）行政处罚主体

行政处罚主体，是指有权实施或者适用行政处罚的机关或者组织。根据行政处罚法的规定，我国有权实施行政处罚的主体共有三类：拥有行政处罚权的行政机关；法律、法规授权的组织；行政机关委托的组织。

行政处罚主要由行政机关实施，但并非所有的行政机关都有行政处罚权，只有法律、法规做了特别的规定，行政机关才可以实施行政处罚，而且，具有行政处罚权的行政机关也必须在自己的法定职权范围内针对某些人和事作出行政处罚，否则该行政处罚不具有法律效力。

另外值得注意的是，《行政处罚法》第16条规定："国务院或者经国务院授权的省、自治区、直辖市人民政府可以决定一个行政机关行使有关行政机关的行政处罚权……"这意味着除了法律、法规以外，国务院和省级政府可以对法律、法规赋予特定职能机关的行政处罚权进行"调配"，这是相对集中行政处罚权的法律依据。

第六章

在某些特定情况下，法律、法规授权的组织也可能成为行政主体，和行政机关一起共同承担行政管理任务。在一定的条件下，非国家行政机关的企事业组织也能够行使行政处罚权。《行政处罚法》第 17 条规定："法律、法规授权的具有管理公共事务职能的组织可以在法定授权范围内实施行政处罚。"

行政处罚法规定，除了拥有行政处罚权的行政机关和法律、法规授权的组织可以实施行政处罚以外，行政机关委托的组织也可以实施行政处罚。《行政处罚法》第 18 条第 1 款规定："行政机关依照法律、法规或者规章的规定，可以在其法定权限内委托符合本法第 19 条规定条件的组织实施行政处罚。……"

受委托组织必须符合以下条件：①依法成立的管理公共事务的事业组织，而不能是个人和企业组织；②具有熟悉有关法律、法规、规章和业务的工作人员；③对违法行为需要进行技术检查或者技术鉴定的，应当有条件组织进行相应的技术检查或者技术鉴定。

（二）行政处罚的管辖

行政处罚的管辖是指拥有行政处罚权的行政机关之间对行政违法行为在处理上的权限和分工，是确定一个行政违法案件由哪一个行政机关受理和实施处罚的法律制度。这里面包含三个问题：①由哪一个地方的行政机关管辖；②由哪一级的行政机关管辖；③由哪一个具体的行政机关管辖。《行政处罚法》第 20 条确定了行政处罚管辖的四个规则：

1. 地域管辖规则。即由违法行为发生地的行政机关管辖。不论违反行政管理秩序的当事人的户籍在何处，其违法行为发生在哪一地，即由该地的行政机关管辖。

2. 级别管辖规则。即由县级以上政府具有行政处罚权的行政机关管辖。并不是违法行为发生地的所有行政机关都有权处理行政处罚案件，县级以下地方各级人民政府的行政机关（乡镇人民政府）得到法律的明确授权时，才能处理行政处罚案件。

3. 职能管辖原则。即由具有行政处罚权的行政机关管辖。对行政处罚实施管辖的行政机关，必须是违法行为发生地的县级以上行政机关，而且必须是具有行政处罚职能的行政机关。职能管辖指行政机关和刑事司法机关之间对于违法案件的权限划分。许多违反行政管理秩序的案件，按照其情节的严重程度，可以同时构成行政违法和刑事犯罪。当违法行为构成犯罪时，除依法给予行政处罚外，行政机关还必须将案件移送司法机关追究刑事责任。

4. 指定管辖规则。即在两个以上的行政机关因为行政处罚管辖权发生争议，或者因为特殊原因有管辖权的行政机关不能、无法行使管辖权时，由上级行政机关指定特定的行政机关管辖本案。其中有两种情形：一是发生争议不能自行解决；二是虽然没有争议但是出现了客观上影响管辖的因素导致不能管辖。一经上级行政机关指定，被指定者即取得了处罚管辖权。

五、行政处罚的适用

（一）行政处罚的适用条件

行政处罚的适用是指行政主体在认定相对人违法的基础上，对违法者具体运用行政法律规范，进行行政处罚的活动。

根据《行政处罚法》的规定，行政处罚的适用有四个条件：

1. 前提条件。即必须有相对人行政违法行为的客观存在。如果相对人没有实施违法行为，或所指控的违法行为根本不存在，又或相对人的行为是否违反行政法律规范没有规定的，就不应给予行政处罚。

2. 主体条件。即必须由法定拥有处罚权的行政主体实施处罚。

3. 对象条件。即应受行政处罚的违法主体应是实施违法行为的公民、法人或其他社会组织，其中公民还须具有一定的责任能力。

和刑事责任能力一样，行政责任能力可以根据辨认和控制程度分为完全、无、部分，判断辨认和控制从以下因素出发：①年龄。《行政处罚法》第25条规定，以14周岁为界，14周岁以下尚处幼年，心智没有成熟，不负有行政处罚的责任，对其行为的法律性质和后果缺乏认识，即便认识往往缺乏控制能力，不具备承担责任的能力。14周岁到18周岁的人生理和心理处于发育阶段，其责任能力尚未达到成年人的水准，易受不良影响，也容易改正，所以《行政处罚法》的规定是"从轻或者减轻"，18周岁以上则是完全责任能力者，他们身体发育成熟，已经接受基本教育，应该能够辨别是非和控制自身。②精神状况。有些人即便达到法定年龄，但是因为精神障碍，辨认能力和控制能力可能减弱甚至消失，从而影响责任能力的大小和有无。《行政处罚法》第26条规定："精神病人在不能辨认或者不能控制自己行为时有违法行为的，不予行政处罚……"当然精神正常时期的"间歇性精神病人"、行为与精神病理没有关系的仍然要承担自身行为的法律后果，因为精神病使得辨认与控制能力减弱却未完全丧失之时，可以从轻减轻处罚，例如一些处于早发或者缓解期的精神病患者。③生理缺陷。《行政处罚法》没有规定，但是聋哑人或者盲人因为其生理缺陷而违法不应承担法律后果。

另有注意的是，一般情况下，违法行为的实施者与违法主体是同一的，但是有时二者并不一致，例如个人与单位、分支机构与法人、分公司与总公司等。

4. 时效条件。即超过法定期限，一律不得再对相对人追究责任，已追究的应撤销行政处罚，这是行政处罚的时效条件。根据《行政处罚法》第29条第1款规定："违法行为在2年内未被发现的，不再给予行政处罚。法律另有规定的除外。"这可以被理解为行政处罚的一般时效。

追诉时效的计算从违法行为发生之日起，这对一次行为或者一个违法行为当然适用。对于持续性行为应以行为终了之日计算。行为人存在多个违法行为，此时应该分别计算。

（二）行政处罚的适用方法

行政主体在行政处罚的适用中，应区别各种不同的情况，采用不同的处罚方法，常用的方法有：

1. 从轻、减轻与从重处罚。从轻处罚是指行政主体在法定的处罚方式和幅度范围内，对违法行为选择较轻的方式和较低的幅度进行处罚。减轻处罚是指行政主体对违法行为在法定的最低限度以下适用行政处罚。例如，《行政处罚法》第27条规定，当事人有下列情形之一的，应当依法从轻或减轻处罚：①主动消除或者减轻违法行为的危害后果的；②受他人胁迫有违法行为的；③配合行政机关查处违法行为有立功表现的；④其他依法从轻或减轻行政处罚的。

违法行为轻微并及时纠正，没有造成损害后果的，不予行政处罚。

从重处罚是从轻处罚的相对面，指行政主体在法定的处罚方式和幅度范围内，选择适用较重的方式进行处罚。《行政处罚法》本身并无从重处罚的规定，但是个别的单行法律、法规中有此规定。

2. 应当处罚与可以处罚。应当处罚是指有关法律要求行政主体必须对违法行为适用处罚，行政主体没有罚或不罚的自由裁量权；可以处罚是指有关法律授权行政主体根据具体情况决定是否适用处罚，也就是说，法律授予行政机关以自由裁量的权力。

3. 行政处罚与刑罚的竞合适用。行政处罚与刑罚的竞合适用，是指某一违法行为同时违反了行政法和刑法，从而构成行政违法行为与犯罪行为的竞合，导致行政处罚和刑罚的同时适用。

一般情况下，一个违法行为，如果没有达到犯罪程度，就应当适用行政处罚，构成犯罪，就应当由司法机关追究刑事责任，这两种责任不会同时追究。但是，也有例外的情况，如偷税漏税、走私、制假售假等违法行为达到犯罪程度时，首先应当追究刑事责任，同时行政机关还可追究行政责任，这是由于刑罚和行政处罚的种类和功能不同，行政处罚的适用可以弥补刑罚的不足，刑罚不能挽回犯罪行为给国家造成的损失，也不能限制行为人的行为能力，因此，对上述犯罪行为人，税务机关还应当责令其补缴税款，工商机关应当吊销其营业执照，例如《刑法》第212条规定，犯有逃税、骗税、暴力抗税罪，被判处罚金、没收财产的，在执行前应当先由税务机关追缴税款和所骗取的出口退税款。

（三）行政处罚的适用原则：一事不再罚

一事不再罚是行政处罚适用中的一项重要原则，对违法当事人的同一个违法行为，不得以同一事实和同一理由给予两次以上的行政处罚。其中，同一事实即同一个违法行为，即当事人在客观上仅有一个独立完整的违法事实，同一理由是指同一法律依据。正确理解这一原则，需注意以下几点：①同一违法行为已经受到行政处罚，行政机关不能根据同一法律规定再次处罚，但是如果行政机关作出处罚决定后，发现当事人还有其他违法行为遗漏处罚，仍然有权作出新的处罚；②不同的行政机关不得以同一事实和同一理由，再给予同一违法行为行政处罚，例如，某企业制造伪劣产品违反了产品质量法，由工商局或技术监督局实施行政处罚，如果其中一个行政机关已经实施了处罚，另一个行政机关就不得再次处罚；③同一个违法行为违反了两个法律规范，并依法应由两个行政机关实施行政处罚，一个行政机关实施了行政处罚，另一个行政机关仍然可以进行行政处罚。

《行政处罚法》第 24 条规定："对当事人的同一个违法行为，不得给予两次以上罚款的行政处罚。"一般认为，该条款在立法上首次确立了一事不再罚原则。但若仅就法条而言，仅指对同一违法行为，不得处以两次以上的罚款，即"一事不再罚"。显然，在这个意义上，我国《行政处罚法》对一事不再罚的贯彻并不彻底。这一原则对于行政执法领域存在的多头处罚和重复处罚现象具有重要的遏制意义，但囿于法条规定的保守性，有"只解决个别，不解决一般"之短。[1]

当然，如果法律规范对同一违法行为作出几种不同种类的处罚措施，如对制造假冒伪劣产品者同时处以罚款、没收违法所得、吊销营业执照，这种情形属于行政处罚适用中的并处，是为法律、法规、规章所允许的。如果一个违法行为违反了数个法律规范，可以由一个或数个行政机关处罚，但不得处以两个以上的罚款。

六、行政处罚的程序

行政处罚程序是指享有行政处罚决定权和执行权的主体对构成行政违法的相对人实施行政处罚的方式、方法、步骤、时限。

行政处罚的程序由行政处罚决定程序和行政处罚执行程序两部分组成的。《行政处罚法》第 3 条规定，违反法定程序所实施的行政处罚无效。

（一）行政处罚的决定程序

行政处罚决定程序，是整个行政处罚程序的关键环节，是保证正确实施行政处罚的基础，包括简易程序、一般程序和听证程序。

1. 简易程序。简易程序也叫作当场处罚程序，是指行政处罚主体对于事实清楚、情节简单、后果轻微的违反行政管理秩序的行为，当场给予处罚的程序。

（1）简易程序的适用条件。《行政处罚法》第 33 条规定："违法事实确凿并有法定依据，对公民处以 50 元以下、对法人和其他组织处以 1000 元以下罚款或者警告的行政处罚的，可以当场作出行政处罚决定。……"这表明，可以适用简易程序的行政处罚案件，必须同时符合三个条件：①违法事实确凿；②有法定依据；③较小数额罚款或者警告。

（2）简易程序不是没有程序，其法定要求是：①执法人员表明身份；②确认违法事实，告知处罚理由和依据并允许当事人陈述和申辩；③填写预定格式、编有号

---

[1]　胡建淼：《行政法学》，法律出版社 2003 年版，第 307 页。

码的行政处罚决定书；④向当事人当场交付行政处罚决定书；⑤将当场处罚决定书报所属行政机关备案。

2. 一般程序。一般程序也叫作普通程序，是指除法律特别规定应当适用简易程序和听证程序以外，行政处罚通常所适用的程序。

一般程序具有适用范围广、步骤环节严格复杂等特点，主要由下列步骤组成：

（1）立案。行政机关对属于本机关管辖范围并在追究时效内的行政违法行为和重大违法嫌疑情况，认为有调查处理必要的应当正式立案。立案的目的是对违法行为进行追究，通过调查取证工作，证明违法嫌疑人是否实施了违法行为，从而决定是否对其实施处罚。

（2）调查取证。《行政处罚法》第36条规定："除本法第33条规定的可以当场作出行政处罚外，行政机关发现公民、法人或者其他组织有依法应当给予行政处罚的行为的，必须全面、客观、公正地调查，收集有关证据；必要时，依照法律、法规的规定，可以进行检查。"

行政机关在立案后，应当对案件进行全面调查，对主要事实、情节和证据进行查对核实，取得必要证据，并查证有关行政法律规范依据。"先取证，后裁决"是行政处罚程序的基本准则。从事调查收集证据或者勘验的行政执法人员，不得少于两人，并应当向被调查人出示证件，有利害关系的应按回避制度回避。

（3）说明理由并告知权利。行政机关在作出行政处罚决定之前，应当告知当事人作出行政处罚决定的事实、理由及依据，并告知当事人依法享有的权利。根据《行政处罚法》第41条的规定，不告知事实、理由和依据或拒绝听取当事人的陈述、申辩，行政处罚决定不能成立。

（4）当事人陈述和申辩。《行政处罚法》第32条规定："当事人有权进行陈述和申辩。行政机关必须充分听取当事人的意见，对当事人提出的事实、理由和证据，应当进行复核；当事人提出的事实、理由或者证据成立的，行政机关应当采纳。行政机关不得因当事人申辩而加重处罚。"这是当事人在行政处罚程序中最重要、最基本的权利。

（5）决定。根据《行政处罚法》第38条的规定，调查终结，行政机关负责人应当对调查结果进行审查，根据不同情况，分别作出如下决定：①确有应受到行政处罚的违法行为的，根据情节轻重及具体情况，作出行政处罚决定；②违法行为轻微，依法可以不予行政处罚的，不予行政处罚；③违法事实不能成立的，不得给予行政处罚；④违法已构成犯罪的，移送司法机关。对情节复杂或者重大违法行为给予较重的行政处罚，行政机关的负责人应当集体讨论决定。

（6）制作行政处罚决定书。行政机关负责人经过对调查结果的审查，作出给予行政处罚决定的，应作出盖有机关印章的行政处罚决定书，决定书中载明法定的事项有当事人（被处罚人）的姓名、地址；违反法律的事实和证据；行政处罚的种类和依据；行政处罚的履行期限和履行方式；向被处罚人以及利害关系人交代诉权；

行政机关的名称和作出决定的日期等。

（7）行政处罚决定书的送达。《行政处罚法》第40条规定："行政处罚决定书应当在宣告后当场交付当事人；当事人不在场的，行政机关应当在7日内依照民事诉讼法的有关规定，将行政处罚决定书送达当事人。"行政处罚决定书的送达方式包括直接送达、留置送达、邮寄送达、转交送达和公告送达等。

3. 听证程序。所谓听证，是指行政机关在作出处罚决定前，在非本案调查人员的主持下举行的、由本案调查人员和处罚当事人参加并进行陈述、举证、辩论以查明案件真实情况、正确适用法律的活动，其目的在于广泛听取各方面的意见，保障行政处罚的合法性与适当性。我国《行政处罚法》第42条规定，行政机关有义务应当事人要求，在作出责令停产停业、吊销许可证或者执照和较大数额罚款这三类行政处罚决定之前适用听证程序。

我国行政处罚中的听证程序有如下特征：

（1）过程的公开性。听证程序不仅有行政机关和利害关系人参加，而且社会各界都可以旁听。质证和辩论程序的公开，有利于控制权力滥用。

（2）启动的被动性。听证程序以当事人申请为前提，无申请则无听证。但是如果相关行政处罚决定作出之前，当事人要求听证，行政机关必须组织听证，这是行政机关的法定义务。

（3）适用的有限性。《行政处罚法》规定的是"责令停产停业、吊销许可证或者执照、较大数额的罚款等"，根据一般做法，并非所有的行政处罚都能申请听证，法律上限定为前述三种。

听证程序可以按下列步骤组织：

（1）听证的申请与决定。行政机关在作出应该举行听证的行政处罚决定之前应当履行告知义务，告诉当事人对于符合法定听证条件的行政处罚案件，有权向行政机关提出听证申请。当事人要求听证的，应当在接到行政机关告知之日起后3日内书面提出申请，逾期视为放弃。行政机关接到申请后，经过形式审查，认为符合法律规定的条件，应当予以受理，并决定举行听证的时间和地点。

（2）听证通知。行政机关受理听证申请后，应当在举行听证的7日前，通知当事人举行听证的时间、地点和相关事项。

（3）听证的主持人和参加人。听证会由行政机关指定的非本案调查人员主持，当事人认为主持人与本案有直接利害关系的，有权申请回避。当事人可以亲自参加听证，也可以委托1~2人代理。举行听证会时，首先由主持人宣布听证会开始、听证事项及其他有关事项，然后由调查人员提出当事人违法的事实、证据和行政处罚建议。针对指控的事实及相关问题，当事人进行申辩和质证。经过调查取证人员与当事人相互辩论，由主持人宣布辩论结束后，当事人有最后陈述的权利。最后由主持人宣布听证会结束。

（4）听证笔录。对在听证会中出示的材料、当事人的陈述以及辩论等的过程，应当制作笔录，交付当事人、证人等有关参加人阅读或向他们宣读，有遗漏或者差错的应该补正或改正。审核无误后，由主持人、书记员和当事人及其他参加人分别签字或者盖章，并作为处罚的依据入档封卷后上交行政机关首长。

（5）听证费用。行政机关组织听证的费用，当事人不承担。

（二）行政处罚的执行程序

行政处罚的执行程序是行政处罚的实现阶段，是指有关国家机关采取强制性措施保证行政处罚决定所确定的当事人的义务得以履行的程序。

1. 行政处罚执行的原则。

（1）主动履行原则。《行政处罚法》第44条规定："行政处罚决定依法作出后，当事人应当在行政处罚决定的期限内，予以履行。"行政处罚决定体现了国家意志，具有国家强制力，对行政处罚决定书中所要求承担的义务，当事人应该在规定期限内自觉履行，避免国家机关进一步的强制措施。但是，当事人如果按期履行行政罚款决定确有困难，可以向作出罚款决定的行政机关申请延期或者分期履行，经行政机关同意后，当事人可以延期或者分期履行。

（2）行政复议和行政诉讼不停止执行原则。《行政处罚法》第45条规定："当事人对行政处罚决定不服申请行政复议或者提起行政诉讼的，行政处罚不停止执行，法律另有规定的除外。"同时，《行政复议法》《行政诉讼法》对此原则也都作了详细规定。也就是说，行政处罚决定一旦生效就具有公定力，在有关国家机关依照法律程序撤销之前，应该推定为合法，赋予其及时实现的效力，以维护行政管理秩序和法律的安定性。

（3）罚缴分离原则。《行政处罚法》第46条第2、3款规定："……作出行政处罚决定的行政机关及其执法人员不得自行收缴罚款。当事人应当自收到行政处罚决定书之日起15日内，到指定的银行缴纳罚款。银行应当收受罚款，并将罚款直接上缴国库。"少数特殊情况下（20元以下罚款、不当场缴纳事后难以执行或者交通不便地区被处罚人向指定的银行缴纳确有困难）可当场处罚、当场收缴。依照规定，收缴罚款的专门机构为金融机构或专业银行，收缴程序大致为：①当事人应自收到行政处罚罚款决定书之日起15日内到指定的银行缴纳罚款。②银行应依法收缴罚款并直接上缴国库，不得以任何形式或理由将罚款返还作出处罚决定的行政机关或者截留、私分。③当事人无正当理由拒不缴纳罚款的，则由有关机关依法强制执行。④暂缓或分期缴纳罚款。对于当事人确有经济困难，不能按期缴纳罚款而需要延期或者分期缴纳罚款的经当事人申请和行政机关或其他有权机关批准，可以暂缓缴纳罚款或者分期缴纳罚款。

2. 行政处罚执行的程序。行政处罚的执行是一种行政强制执行行为，根据我国的行政强制执行模式，只有少数行政机关享有强制执行权，大多数行政机关在当事人拒不执行时，不得自行执行，而应申请人民法院执行，因此，我们将行政处罚的执行方式分为以下两种：

（1）行政机关自行执行。依法享有执行权的行政机关可以自行执行行政处罚，自行执行的措施又有间接强制执行和直接强制执行之分，前者如执行罚，《行政处罚法》第51条第1项规定："到期不缴纳罚款的，每日按罚款数额的3%加处罚款。"后者如查封、扣押、划拨等，《行政处罚法》第51条第2项规定："根据法律规定，将查封、扣押的财产拍卖或者将冻结的存款划拨抵缴罚款。"

（2）申请人民法院强制执行。没有强制执行权的行政机关，在受处罚人拒不履行处罚决定时，应当申请人民法院强制执行。

第二节　行政许可

一、行政许可的概念和特征

按照《行政许可法》的规定，行政许可是指行政机关根据公民、法人或者其他组织的申请，经依法审查，准予其从事特定活动的行为。

理解行政许可的含义需要掌握以下几点，也可以将其视为行政许可的特征：

1. 行政许可是行政主体实施的管理行为。行政许可是国家行政权的表现形式之一，只有对特定事项依法拥有审核批准权限的行政机关或者法律、法规授权组织才是行政许可的主体，向行政许可机关申请许可的公民、法人和其他组织只是行政许可的申请人。至于一般的社会团体、自治协会向其成员颁发的许可性文件以及民事主体之间的允诺都不是行政许可。

2. 行政许可是依申请行政行为。与司法行为不同，一般而言，行政权的运用具有主动性和积极性的特征。但在行政许可行为中，行政主体行政许可权的运用必须以自然人、法人或者其他组织提出申请为前提。自然人、法人或者其他组织没有提出申请，不提交相应材料，行政机关就无从知悉自然人、法人或者其他组织有无从事某种活动的打算、是否具备从事某项活动的条件，因而不可能去审查并作出行政许可决定。

3. 行政许可是外部行政行为。行政许可针对的是提出申请的公民、法人、其他组织，不包括行政机关对其他机关或者对其直接管理的事业单位的人事、财务、外事等事项的审批，后者基于内部行政权限实施，与行政许可在功能、程序、性质等方面差别较大，而且主要受行政组织法和公务员法的调整。

4. 行政许可是一种受益性行政行为。行政许可的法律后果是行政主体准予申请人从事某种活动，并因此获得相关法律保护的利益。当然，行政许可的受益性并非绝对排除在许可的同时附加法定范围内的义务。而且，一项行政许可对申请人而言有利，但对利害关系人而言则完全可能体现为负担。

5. 行政许可是一种要式行政行为。行政许可应该遵循法定的程序，并且以正规的文书、格式、日期、印章等形式予以批准。行政机关作出准予行政许可的决定，需要颁发行政许可证件的，应当向申请人颁发加盖印章的许可证、执照或者其他许可证书，资格证、资质证或者其他合格证书，批准文件或者证明文件等。

6. 行政许可是准予从事特定活动的一项法律制度。行政许可作为行政机关依法管理社会、政治、经济、文化等公共事务的一种事前控制措施，其基本特点是准予、容许某种活动。但这种行为不是政府的施舍或者恩惠，它更多地体现为一种法律制度下的责任。行政许可机关对许可的申请、审查、批准以及监督等环节均应履行法律所确定的各项义务。

二、行政许可的范围

行政许可制度能够有效地限制特殊行业和特殊行为，将其纳入国家宏观调控范围，起到规范、制约公民、法人和其他组织的作用。[1]但是，亦应注意到，过多、过密、过度的行政许可可能产生抑制竞争的消极影响，或者限制公民、法人和其他组织的权利与自由。从我国目前的实际情况来看，自从计划经济转向市场经济以来，随着政府职能的转变，原有控制手段失灵，能起宏观调控作用的行政许可出现了几乎泛滥成灾的现象。[2]因此，在公共政策层面，必须对行政许可的范围问题作出科学、合理的明确规定。

行政许可的范围即能够设定行政许可的事项领域，从世界各国实行行政许可制度的范围来看，许可事项主要集中在少数容易产生外部不良影响且损害后果难以有效补救的自然垄断、外部不经济、公共物品、非价格物品、信息偏在行业或者活动等事项，而对可能发生的随机性、偶然性问题，则往往采取事后监督管理方式解决，不设定行政许可。[3]这一标准同样可以适用于我国。

1. 可以设定行政许可的事项范围。

（1）直接涉及国家安全、公共安全、经济宏观调控、生态环境保护以及直接关系人身健康、生命财产安全等特定活动，需要按照法定条件予以批准的事项。

（2）有限自然资源开发利用、公共资源配置以及直接关系公共利益的特定行业的市场准入等需要赋予特定权利的事项。

（3）提供公众服务并且直接关系公共利益的职业、行业，需要确定具有特殊信誉、特殊条件或者特殊技能等资格、资质的事项。

（4）直接关系公共安全、人身健康、生命财产安全的重要设备、设施、产品、物品，需要按照技术标准、技术规范，通过检验、检测、检疫等方式进行审定的事项。

第六章

---

〔1〕 马怀德：《行政许可》，中国政法大学出版社 1994 年版，第 23~30 页。

〔2〕 应松年、袁曙宏主编：《走向法治政府：依法行政理论研究与实政调查》，法律出版社 2001 年版，第 259~260 页。

〔3〕 汪永清主编：《中华人民共和国行政许可法教程》，中国法制出版社 2003 年版，第 48 页。

（5）企业或者其他组织的设立等需要确定主体资格的事项。

（6）法律、行政法规规定的其他事项。

一般认为，上述行政许可事项实际上涵盖了五类性质不同的事项，包括安全事项、特许事项、认可事项、核准事项以及登记事项。其他事项则包括在最后的开放性规定中。

2. 可以不设定行政许可的事项范围。《行政许可法》规定，在可以设定许可的事项中通过下列方式能够予以规范的，可以不设行政许可：

（1）关于公民、法人或者其他组织能够自主决定的事项。

（2）市场竞争机制能够有效调节的事项。

（3）行业组织或者中介机构能够自行管理的事项。

（4）行政机关采用事后监督等其他行政管理方式能够解决的事项。

三、行政许可的设定

一般而言，行政许可的存在意味着对公民和组织行动自由的限制，应当由国家机关通过立法的形式进行设定。过去我国的行政许可制度不规范在很大程度上在于行政许可设定主体不明确、设定权分配不合理。一些行政许可的设定并非出于公益之需，只是单纯出于行政管理需要，甚至是为了谋求部门利益。大量的行政许可缺乏明确的上位法依据，有的甚至没有任何依据。

行政许可的设定是指依法创设行政许可的活动，其中最重要的是许可设定权的配置。行政许可设定权是指行政许可法规定的创设行政许可的权力。根据《行政许可法》第 14 ~ 17 条的规定，我国行政许可的设定权分配格局如下：

（一）全国人大及其常委会的行政许可设定权

全国人大及其常委会是我国的最高国家机关，是国家法律的制定者，行政许可一般情况下是由法律设定的，所以，它是行政许可的当然设定主体，并具有完全的设定权。不仅可以设定《行政许可法》已经明确的五类许可事项，而且还可以根据社会、政治、经济、文化等形势变化而自主设定行政许可的其他事项。

（二）国务院的行政许可设定权

《行政许可法》第 14 条规定："本法第 12 条所列事项，法律可以设定行政许可。尚未制定法律的，行政法规可以设定行政许可。必要时，国务院可以采用发布决定的方式设定行政许可。实施后，除临时性行政许可事项外，国务院应当及时提请全国人民代表大会及其常务委员会制定法律，或者自行制定行政法规。"作为国家最高权力机关的执行机关，国务院统管全国的行政工作，因此，为适应日益复杂的行政管理需要，特别是基于防范社会危险的考量，国务院有权设定事先预防性的许可，以及时保障公共利益和维护社会秩序。不过，国务院在设定行政许可事项时，应当首选行政法规形式。行政法规既可以针对《行政许可法》第 12 条规定的五类事项中尚未制定法律的事项来设定许可，也可以根据行政管理的现实需要来设定行政许可的其他事项，但这种自主设定须受到《立法法》第 8 条和第 9 条的约束，不得违反法律保留原则。除此之外，国务院在紧急情况下还可以采用发布决定的方式设定必要的行政许可事项，以应对现实迫切需要许可但又难以及时制定法律、行政法规的难题。当然，国务院以发布决定的方式设定的行政许可只是权宜之策，因此，国务院在实施该行政许可后，除临时性的行政许可事项外，应当及时提请全国人大及其常委会制定法律，或者自行制定行政法规。

（三）省级和较大的市级权力机关的行政许可设定权

《行政许可法》第 15 条规定："本法第 12 条所列事项，尚未制定法律、行政法规的，地方性法规可以设定行政许可；尚未制定法律、行政法规和地方性法规的，因行政管理的需要，确需立即实施行政许可的，省、自治区、直辖市人民政府规章可以设定临时性的行政许可。临时性的行政许可实施满 1 年需要继续实施的，应当提请本级人民代表大会及其常务委员会制定地方性法规。地方性法规和省、自治区、直辖市人民政府规章，不得设定应当由国家统一确定的公民、法人或者其他组织的资格、资质的行政许可；不得设定企业或者其他组织的设立登记及其前置性行政许可。其设定的行政许可，不得限制其他地区的个人或者企业到本地区从事生产经营和提供服务，不得限制其他地区的商品进入本地区市场。"由于有些行政许可事项是根据特定区域的经济、社会事务等来加以设定的，与区域的经济和社会发展密切相关，因此，赋予地方性法规制定主体通过地方性法规的形式来设定行政许可是必要的。根据《立法法》的规定，在我国有权设定行政许可的地方权力机关是省、自治区和直辖市的人大及其常委会，省、自治区人民政府所在地的市的人大及其常委会，经济特区所在地的市人大及其常委会以及经国务院批准的较大的市人大及其常委会。这些权力机关在法律、行政法规尚未设定行政许可时，可以通过制定地方性法规的形式来设定行政许可事项，但只能在《行政许可法》第 12 条所规定的五类事项中设定而不得有任何突破。

（四）省级政府的行政许可设定权

《行政许可法》第 21 条规定："省、自治区、直辖市人民政府对行政法规设定的有关经济事务的行政许可，根据本行政区域经济和社会发展情况，认为通过本法第 13 条所列方式能够解决的，报国务院批准后，可以在本行政区域内停止实施该行政许可。"根据该条的规定，省级政府有权在特定情况下设定行政许可。在行政管理需要立即实施行政许可，而法律、行政法规和地方性法规对《行政许可法》规定可以设定行政许可的事项均未作设定的时候，省级政府就可以通过制定地方政府规章的形式，在《行政许可法》规定的设定范围内设定行政许可。但是，这种以地方政府规章形式设定的行政许可只能是临时性的，一般在 1 年内有效；如果该临时性行政许可实施满 1 年仍然需要继续实施的，则该省级政府就应当提请本级人民代表大会及其常务委员会及时制定地方性法规，正式设定该项行政许可。

须注意的是，就上述主体的行政许可设定形式来看，只有分别以法律、行政法规、地方性法规、省级政府规章才能设定行政许可，它们各自的其他规范性文件一律不得设定行政许可（国务院在必要时可以发布决定设定许可是例外），即使部门规章也不得设定任何许可事项。

为保证设定行政许可的合理性，防止设定机关利用立法挟带私货，减少有关行政许可立法的部门保护主义、地方保护主义倾向，提高行政许可的制度质量，确保行政许可法律制度真正成为便民、为民的"公器"，除了要从立法权、立法事项上规范行政许可的设定行为，对设定行政许可遵循的原则和程序也提出了要求。

设定行政许可，应当遵循经济和社会发展规律，有利于发挥公民、法人或者其他组织的积极性、主动性，维护公共利益和社会秩序，促进经济、社会和生态环境协调发展。

起草法律草案、法规草案和省、自治区、直辖市人民政府规章草案，拟设定行政许可的，起草单位应当采取听证会、论证会等形式听取意见，并向制定机关说明设定该行政许可的必要性、对经济和社会可能产生的影响以及听取和采纳意见的情况。

行政许可的设定机关应当定期对其设定的行政许可进行评价；对已设定的行政许可，认为通过《行政许可法》第13条所列方式能够解决的，应当对设定该行政许可的规定及时予以修改或者废止。

行政许可的实施机关可以对已设定的行政许可的实施情况及存在的必要性适时进行评价，并将意见报告该行政许可的设定机关。

公民、法人或者其他组织可以向行政许可的设定机关和实施机关就行政许可的设定和实施提出意见和建议。

省、自治区、直辖市人民政府对行政法规设定的有关经济事务的行政许可，根据本行政区域经济和社会发展情况，认为通过《行政许可法》第13条所列方式能够解决的，报国务院批准后，可以在本行政区域内停止实施该行政许可。

四、行政许可的实施主体

行政许可的实施主体是指其法定职权范围内，基于相对人的申请，对相对人的申请进行审查从而决定是否准许相对人所申请的活动或资格的行政机关和法律法规授权的组织。它是行政主体概念在行政许可活动领域中的具体表现形式。

行政许可由具有行政许可权的行政机关在其法定职权范围内实施。

法律、法规授权的具有管理公共事务职能的组织，在法定授权范围内，以自己的名义实施行政许可。

行政机关在其法定职权范围内，依照法律、法规、规章的规定，可以委托其他行政机关实施行政许可。委托机关应当将受委托行政机关和受委托实施行政许可的内容予以公告。委托行政机关对受委托行政机关实施行政许可的行为应当负责监督，并对该行为的后果承担法律责任。受委托行政机关在委托范围内，以委托行政机关名义实施行政许可；不得再委托其他组织或者个人实施行政许可。

经国务院批准，省、自治区、直辖市人民政府根据精简、统一、效能的原则，可以决定一个行政机关行使有关行政机关的行政许可权。行政许可需要行政机关内设的多个机构办理的，该行政机关应当确定一个机构统一受理行政许可申请，统一送达行政许可决定。行政许可依法由地方人民政府两个以上部门分别实施的，本级人民政府可以确定一个部门受理行政许可申请并转告有关部门分别提出意见后统一办理，或者组织有关部门联合办理、集中办理。

五、行政许可的实施程序

行政许可的实施程序是行政机关受理并作出许可决定时遵循的法定程序，具体来说，就是指行政许可的实施机关从受理行政许可申请到作出准予、拒绝、中止、收回、撤销行政许可等决定的步骤、方式和时限的总称。行政许可的实施程序是规范行政许可行为，防止滥用权力、保证正确行使权力的重要环节。

《行政许可法》对行政许可实施程序进行了专章规定，是目前我国对行政程序规定最为完备的一部法律，它代表了我国现阶段行政程序发展的最高水平。我国行政许可实施程序具体如下：

（一）申请与受理

1. 相对人的申请。为便于申请人了解申请的具体问题，行政机关应当将法律、法规、规章规定的有关行政许可的事项、依据、条件、数量、程序、期限以及需要提交的全部材料的目录和申请书示范文本等在办公场所公示。申请人要求行政机关对公示内容予以说明、解释的，行政机关应当说明、解释，提供准确、可靠的信息。

公民、法人或者其他组织从事特定活动，依法需要取得行政许可的，应当向行政机关提出申请。申请书需要采用格式文本的，行政机关应当向申请人提供行政许可申请书格式文本，申请书格式文本中不得包含与申请行政许可事项没有直接关系的内容。申请人可以委托代理人提出行政许可申请。但是，依法应当由申请人到行政机关办公场所提出行政许可申请的除外。行政许可申请可以通过信函、电报、电传、传真、电子数据交换和电子邮件等方式提出。申请人申请行政许可，应当如实向行政机关提交有关材料和反映真实情况，并对其申请材料实质内容的真实性负责。行政机关不得要求申请人提交与其申请的行政许可事项无关的技术资料和其他材料。

2. 行政许可实施机关对申请的处理。根据我国《行政许可法》的规定，行政机关应当建立和完善有关制度，推行电子政务，在行政机关的网站上公布行政许可事项，方便申请人采取数据电文等方式提出行政许可申请；应当与其他行政机关共享有关行政许可信息，提高办事效率。对申请人的行政许可申请，行政许可实施机关应当根据下列情况分别作出处理：

（1）申请事项依法不需要取得行政许可的，应当即时告知申请人不受理。

（2）申请事项依法不属于本行政机关职权范围的，应当即时作出不予受理的决定，并告知申请人向有关行政机关申请。

（3）申请材料存在可以当场更正的错误的，应当允许申请人当场更正。

（4）申请材料不齐全或者不符合法定形式的，应当当场或者在5日内一次告知申请人需要补正的全部内容，逾期不告知的，自收到申请材料之日起即为受理。

（5）申请事项属于本行政机关职权范围，申请材料齐全、符合法定形式，或者申请人按照本行政机关的要求提交全部补正申请材料的，应当受理行政许可申请。

行政机关受理或者不予受理行政许可申请，应当出具加盖本行政机关专用印章和注明日期的书面凭证。

（二）审查与决定

1. 审查。行政机关应当对申请人提交的申请材料进行审查。根据审查情况的不同，行政机关可作如下处理：

（1）当场审查并作出决定的情况。申请人提交的申请材料齐全、符合法定形式，行政机关能够当场作出决定的，应当当场作出书面的行政许可决定。根据法定条件和程序，需要对申请材料的实质内容进行核实的，行政机关应当指派两名以上工作人员进行核查。

（2）下级审查，上级机关决定的情况。依法应当先经下级行政机关审查后报上级行政机关决定的行政许可，下级行政机关应当在法定期限内将初步审查意见和全部申请材料直接报送上级行政机关。上级行政机关不得要求申请人重复提供申请材料。

（3）涉及第三人的审查。行政机关对行政许可申请进行审查时，发现行政许可事项直接关系他人重大利益的，应当告知该利害关系人。申请人、利害关系人有权进行陈述和申辩。行政机关应当听取申请人、利害关系人的陈述和申辩。

2. 决定。

（1）许可决定。行政机关对行政许可申请进行审查后，除当场作出行政许可决定的外，应当在法定期限内按照规定程序作出行政许可决定。申请人的申请符合法定条件、标准的，行政机关应当依法作出准予行政许可的书面决定。

行政机关作出准予行政许可的决定，需要颁发行政许可证件的，应当向申请人颁发加盖本行政机关印章的下列行政许可证件：①许可证、执照或者其他许可证书；②资格证、资质证或者其他合格证书；③行政机关的批准文件或者证明文件；④法律、法规规定的其他行政许可证件。

行政机关实施检验、检测、检疫的，可以在检验、检测、检疫合格的设备、设施、产品、物品上加贴标签或者加盖检验、检测、检疫印章。

行政机关作出的准予行政许可决定，应当予以公开，公众有权查阅。

第六章

法律、行政法规设定的行政许可，其适用范围没有地域限制的，申请人取得的行政许可在全国范围内有效。

（2）不许可决定。行政机关依法作出不予行政许可的书面决定的，应当说明理由，并告知申请人享有依法申请行政复议或者提起行政诉讼的权利。

（三）期限

除可以当场作出行政许可决定的外，行政机关应当自受理行政许可申请之日起20日内作出行政许可决定。20日内不能作出决定的，经本行政机关负责人批准，可以延长10日，并应当将延长期限的理由告知申请人。但是，法律、法规另有规定的，依照其规定。

依照《行政许可法》第42条的规定，行政许可采取统一办理或者联合办理、集中办理的，办理的时间不得超过45日；45日内不能办结的，经本级人民政府负责人批准，可以延长15日，并应当将延长期限的理由告知申请人。

依法应当先经下级行政机关审查后报上级行政机关决定的行政许可，下级行政机关应当自其受理行政许可申请之日起20日内审查完毕。但是法律、法规另有规定的，依照其规定。

行政机关作出准予行政许可的决定，应当自作出决定之日起10日内向申请人颁发、送达行政许可证件，或者加贴标签、加盖检验、检测、检疫印章。

行政机关作出行政许可决定，依法需要听证、招标、拍卖、检验、检测、检疫、鉴定和专家评审的，所需时间不计算在本节规定的期限内。行政机关应当将所需时间书面告知申请人。

（四）听证程序

1. 听证的范围。

（1）法律、法规、规章规定实施行政许可应当听证的事项。

（2）行政机关认为需要听证的其他涉及公共利益的重大行政许可事项，行政机关应当向社会公告，并举行听证。

（3）行政许可直接涉及申请人与他人之间重大利益关系的，行政机关在作出行政许可决定前，应当告知申请人、利害关系人享有要求听证的权利；申请人、利害关系人在被告知听证权利之日起5日内提出听证申请的，行政机关应当在20日内组织听证。申请人、利害关系人不承担行政机关组织听证的费用。

2. 听证的程序。

（1）行政机关应当于举行听证的7日前将举行听证的时间、地点通知申请人、利害关系人，必要时予以公告。

（2）听证应当公开举行。

（3）行政机关应当指定审查该行政许可申请的工作人员以外的人员为听证主持人，申请人、利害关系人认为主持人与该行政许可事项有直接利害关系的，有权申请回避。

（4）举行听证时，审查该行政许可申请的工作人员应当提供支持审查意见的证据、理由，申请人、利害关系人可以提供证据，并进行申辩和质证。

（5）听证应当制作笔录，听证笔录应当交听证参加人确认无误后签字或者盖章。

3. 听证的效力（案卷排他原则）。行政机关应当根据听证笔录，作出行政许可决定。

（五）变更与延续

被许可人要求变更行政许可事项的，应当向作出行政许可决定的行政机关提出申请，符合法定条件、标准的，行政机关应当依法办理变更手续。被许可人需要延续依法取得的行政许可的有效期的，应当在该行政许可有效期届满 30 日前向作出行政许可决定的行政机关提出申请。但是法律、法规、规章另有规定的，依照其规定。行政机关应当根据被许可人的申请，在该行政许可有效期届满前作出是否准予延续的决定；逾期未作决定的，视为准予延续。

（六）实施程序中的特别要求

1. 通过招标、拍卖等公平竞争的方式作出的行政许可。有限自然资源开发利用、公共资源配置以及直接关系公共利益的特定行业的市场准入等，需要赋予特定权利的行政许可，行政机关应当通过招标、拍卖等公平竞争的方式作出决定。但是，法律、行政法规另有规定的，依照其规定。行政机关通过招标、拍卖等方式作出行政许可决定的具体程序，依照有关法律、行政法规的规定。行政机关按照招标、拍卖程序确定中标人、买受人后，应当作出准予行政许可的决定，并依法向中标人、买受人颁发行政许可证件。行政机关违反规定，不采用招标、拍卖方式，或者违反招标、拍卖程序，损害申请人合法权益的，申请人可以依法申请行政复议或者提起行政诉讼。

2. 资格、资质的行政许可。提供公众服务并且直接关系公共利益的职业、行业，需要确定具备特殊信誉、特殊条件或者特殊技能等资格、资质的行政许可，赋予公民特定资格，依法应当举行国家考试的，行政机关根据考试成绩和其他法定条件作出行政许可决定；赋予法人或者其他组织特定的资格、资质的，行政机关根据申请人的专业人员构成、技术条件、经营业绩和管理水平等的考核结果作出行政许可决定。但是，法律、行政法规另有规定的，依照其规定。

公民特定资格的考试依法由行政机关或者行业组织实施，公开举行。行政机关或者行业组织应当事先公布资格考试的报名条件、报考办法、考试科目以及考试大纲。但是，不得组织强制性的资格考试的考前培训，不得指定教材或者其他助考材料。

3. 应当按照技术标准、技术规范依法进行检验、检测、检疫，行政机关根据检验、检测、检疫的结果作出行政许可。直接关系公共安全、人身健康、生命财产安全的重要设备、设施、产品、物品，需要按照技术标准、技术规范，通过检验、检测、检疫等方式进行审定的行政许可，应当按照技术标准、技术规范依法进行检验、检测、检疫，行政机关根据检验、检测、检疫的结果作出行政许可决定。

行政机关实施检验、检测、检疫，应当自受理申请之日起 5 日内指派两名以上工作人员按照技术标准、技术规范进行检验、检测、检疫。不需要对检验、检测、检疫结果作进一步技术分析即可认定设备、设施、产品、物品是否符合技术标准、技术规范的，行政机关应当当场作出行政许可决定。

行政机关根据检验、检测、检疫结果，作出不予行政许可决定的，应当书面说明不予行政许可所依据的技术标准、技术规范。

4. 企业或者其他组织的设立需要确定主体资格的行政许可。企业或者其他组织的设立等需要确定主体资格的事项的行政许可，申请人提交的申请材料齐全、符合法定形式的，行政机关应当当场予以登记。需要对申请材料的实质内容进行核实的，行政机关应当指派两名以上工作人员进行核查。

5. 有数量限制的行政许可。有数量限制的行政许可，2 个或者 2 个以上申请人的申请均符合法定条件、标准的，行政机关应当根据受理行政许可申请的先后顺序作出准予行政许可的决定。但是，法律、行政法规另有规定的，依照其规定。

第三节　行政强制

一、行政强制的概念和特征

在《行政强制法》出台之前，立法上只有"行政强制措施"的表述，行政强制是一个从内涵到外延都颇有争议的学理概念。《行政强制法》对其作出了明确的定义。行政强制是指行政机关在行政管理过程中，为制止违法行为、防止证据损毁、避免危害发生、控制危险扩大等情形，依法对公民的人身自由实施暂时性限制，或者对公民、法人或者其他组织的财物实施暂时性控制的行为；行政机关或者行政机关申请人民法院，对不履行行政决定的公民、法人或者其他组织，依法强制履行义务的行为。因此，行政强制是对行政强制措施和行政强制执行的总称。

行政强制有如下特征：

1. 行政强制的主体是依法享有强制权的行政机关和人民法院。考虑到行政强制的侵益性，行政机关实施行政强制必须有法律的专门授权，相比而言法院的强制执行行为无须法律的特别授权。只要没有明确的行政授权，强制执行权就归属法院，但法院的强制执行必须以行政机关的申请为前提。

2. 行政强制的前提是存在制止违法行为、防止证据损毁、避免危害发生、控制危险扩大的必要，或者相对方不履行行政决定确定的行政法义务，这些情形发生时才符合行政强制的适用条件。

3. 行政强制的目的是保障正常的社会秩序，保护公民、法人和其他组织的合法权益免受侵害，保证行政相对人履行法定的义务，这种义务既有行政法律规范确定的义务，也有行政决定确定的义务。

4. 行政强制的后果具有不利性。无论是行政机关自行实施的行政强制，还是人民法院依申请而实施的行政强制，都是一种"暴力"，都会对相对方产生强制和压迫的力量，构成对其权利的限制和约束。所以应该严格遵守法律保留原则和比例原则，并为当事人提供救济途径。

5. 行政强制的概念构成具有复合性。行政强制在总体上分为行政强制措施和行政强制执行两大类，二者虽然都属于执行性活动，但在实施主体、适用程序及法律救济途径上存在一定的差异。

二、行政强制的内容和方式

从行政强制的概念就可以看出，它由行政强制措施和行政强制执行两方面的内容构成，二者的方式也不相同。下面，我们在介绍这两种行政强制的内容时，一并介绍各自的实施方式。

（一）行政强制措施

行政强制措施是指行政机关在行政管理过程中，为制止违法行为、防止证据损毁、避免危害发生、控制危险扩大等情形，依法对公民的人身自由实施暂时性限制，或者对公民、法人或者其他组织的财物实施暂时性控制的行为。

行政强制措施的特点在于，它是对相对方权利进行的暂时性限制，而非终局性处理。例如，对财产的查封、扣押、冻结等措施，并不发生财产所有权的转移，相对方当然不能够随意使用被查封、扣押、冻结的财产，但行政机关也有义务确保财产形态的完整性，不得擅自使用；造成损失的，应承担赔偿责任。行政机关查明案件事实后，应当及时解除对财产权的限制，或者由后续的行政决定对财产进行处理。

行政强制措施在学理上可以分为对公民人身自由的行政强制措施和对公民、法人或者其他组织的财产的行政强制措施，预防性强制措施、制止性强制措施、保全性强制措施。《行政强制法》在第 9 条进行了明确列举：

1. 限制公民人身自由。即行政机关为实现行政目标，依职权采取的限制公民人身自由的权利的强制措施。现行法律之中，限制人身自由的强制措施有，强制戒毒、扣留、强制检疫、强制隔离治疗、强制带离现场等。

2. 查封场所、设施或者财物。即行政机关对相对方经营的场所或者其所有、使用的设施贴上封条或者通过登记机关对有权属登记的不动产或者动产进行权属限定的措施。现行法律、法规中，"封存""封闭""关闭或者限制使用场所""限制使用设备、设施"在性质、作用上与查封相同。

3. 扣押财物。即行政机关为了取证或者其他行政目标，对财产所有权人的财产进行限制，使其不能行使占有、使用和处分的权利。与查封不同，扣押主要针对可移动的财物，而且由行政机关保管。与扣押相同效果的还有"暂扣"

第
六
章

"扣留"等。

查封、扣押限于涉案的场所、设施或者财物，不得查封、扣押与违法行为无关的场所、设施或者财物；不得查封、扣押公民个人及其所扶养家属的生活必需品。当事人的场所、设施或者财物已被其他国家机关依法查封的，不得重复查封。

4. 冻结存款、汇款。即金融机构或者邮政局根据行政机关的请求，对相对方的存款或者有价证券等进行暂停支付，未经允许不准提取或转让的行为。冻结存款、汇款应当由法律规定的行政机关实施，不得委托给其他行政机关或者组织。其他任何行政机关或者组织不得冻结存款、汇款。冻结存款、汇款的数额应当与违法行为涉及的金额相当；已被其他国家机关依法冻结的，不得重复冻结。

5. 其他行政强制措施。考虑到现行立法中，行政强制措施的形式多样性与名称差异性，《行政强制法》对前述四种措施以外的其他措施进行了概括式规定。

（二）行政强制执行

行政强制执行是指行政机关或者行政机关申请人民法院，对不履行行政决定的公民、法人或者其他组织，依法强制履行义务的行为。采取行政强制执行的前提是：①相对方依行政决定负有某种特定义务；②相对方有履行该义务的能力；③相对方故意不履行其义务。

以采取强制执行的方法为准，行政强制执行的方式可分为直接强制执行和间接强制执行两种。

1. 直接强制执行。直接强制执行是指行政主体对相对方的人身或者财产直接施加物理上的强制力，以实现行政法上预期的义务履行状态。按照强制针对的对象，直接强制执行又可分为对财产的强制和对人身的强制。

对财产的强制即负有财产或金钱给付义务的人拒不履行给付义务的，行政主体依法对其财产采取强制措施，迫使其履行给付义务，常见的方式有划拨、扣缴、抵缴、强制拆除、强制兑换、强制检定、强制拆除、强制销毁等。《行政强制法》中涉及的对财产的强制有：

（1）划拨存款、汇款。行政机关、人民法院对相对方拒不履行生效行政决定所确定的义务，通过有关金融机构、邮政机构将其账户上的存款或者邮寄给其的汇款，直接划入权利人的账户的执行方式。

（2）拍卖或者依法处理查封、扣押的场所、设施或者财物。拍卖即行政机关、人民法院根据已经生效的行政决定确定的义务，将特定场所、设施或者财物委托拍卖人进行的拍卖，以抵交罚款、欠税款、欠费款等或者上缴国库的活动。依法处理查封、扣押的场所、设施或者财物是指行政机关对依法查封、扣押的场所、设施或者财物，根据法律、法规及规章的规定，所作出的处理，主要的方式有变卖、销毁、返还被侵害人或者善意第三人。

（3）排除妨碍、恢复原状。排除妨碍，即行政相对人的违法行为，妨碍了公共活动或者他人合法权益，行政机关或者人民法院依法要求相对方排除妨碍，以保障权利正常行使。恢复原状，即行政相对方的违法行为损害到国家、集体的财物或者他人的财物，行政机关或者人民法院要求侵权人采取修复的方式恢复原状。

对人身的强制即相对方依法负有为或不为某种行为的义务而拒不履行其义务时，行政主体可依法采取措施迫使其履行义务，对人身的强制方式有强制拘留、强制收容、驱逐出境、强制遣返、强制服兵役、强制带离现场等。

2. 间接强制执行。间接强制执行是指行政主体对相对方使用间接的手段达到与履行义务相同状态的强制执行方式。间接强制执行又可分为代履行和执行罚两种。

（1）代履行。代履行是指行政机关依法作出要求当事人履行排除妨碍、恢复原状等义务的行政决定，当事人逾期不履行，经催告仍不履行，其后果已经或者将危害交通安全、造成环境污染或者破坏自然资源的，行政机关可以自行或者委托没有利害关系的第三人代为履行行政法义务。

此外，《行政强制法》还规定了即时代履行制度。需要立即清除道路、河道、航道或者公共场所的遗洒物、障碍物或者污染物，当事人不能清除的，行政机关可以决定立即实施代履行；当事人不在场的，行政机关应当在事后立即通知当事人，并依法作出处理。

代履行应当遵守下列规定：代履行前送达决定书，代履行决定书应当载明当事人的姓名或者名称、地址，代履行的理由和依据、方式和时间、标的、费用预算以及代履行人；代履行3日前，催告当事人履行，当事人履行的，停止代履行；代履行时，作出决定的行政机关应当派员到场监督；代履行完毕，行政机关到场监督的工作人员、代履行人和当事人或者见证人应当在执行文书上签名或者盖章。代履行的费用按照成本合理确定，由当事人承担。但是，法律另有规定的除外。代履行不得采用暴力、胁迫以及其他非法方式。

并非所有的情况都可以采用代履行的方法，是否采用首先要看履行义务的行为是否具有可代替性，有些义务具有人身性，如接受行政拘留的义务，就不能由他人代为履行。而有些义务属于不作为义务，同样不具有可替代性。代履行能够有效避免执行机关直接凭借国家强制力迫使对方履行义务，缓解执法过程的官民对立，在当前形势下，具有较高的实用价值。

（2）执行罚。执行罚即行政机关依法作出金钱给付义务的行政决定，当事人逾期不履行的，行政机关可以依法加处罚款或者滞纳金，迫使其履行义务的执行方式。如，税务机关对拖延纳税的义务人征收滞纳金的行为。相对方在被科处罚款后仍不履行，可以再次科处，直到他履行义务为止。执行罚的数额或者标准应当告知当事人，从其应履行行政法义务之日起，按天数计算，并可反复适用。但是，加处罚款或者滞纳金的数额不得超出金钱给付义务的数额。

除了《行政强制法》明确规定的加处罚款或者滞纳金，划拨存款、汇款，拍卖或者依法处理查封、扣押的场所、设施或者财物，排除妨碍，恢复原状，代履行以外，还存在其他由单行法律规定的强制执行方式，例如强制许可、强制停产、强制消除安全隐患等。

三、行政强制的设定

在《行政强制法》出台之前，行政强制的设定相当混乱，理论界关于行政强制的设定争议也很大。行政强制是直接干预公民、法人和其他组织权益的具有强制性的行政行为，因此，在《行政强制法》中，行政强制的设定权体现出高度集中的特点。

（一）行政强制措施的设定

《行政强制法》规定，行政强制措施由法律设定。法律对行政强制措施的对象、条件、种类作了规定的，行政法规、地方性法规不得作出扩大规定。尚未制定法律，且属于国务院行政管理职权事项的，行政法规可以设定除限制公民人身自由、冻结存款、汇款和应当由法律规定的行政强制措施以外的其他行政强制措施。尚未制定法律、行政法规，且属于地方性事务的，地方性法规可以设定查封场所、设施或者财物、扣押财物的行政强制措施。法律、法规以外的其他规范性文件不得设定行政强制措施。因此，可以将我国行政强制措施的设定做以下概括：

1. 法律可以设定各种行政强制措施，并享有设定限制公民人身自由、冻结存款、汇款的行政强制措施专有权限。但是，法律的设定权仍然要受到适当原则（非强制手段可以达到行政管理目的的，不得设定和实施行政强制）与法定程序（听证会、论证会等听取意见机制）的限制。

2. 行政法规在尚未制定法律，且属于国务院行政管理职权的事项上，有权设定行政强制措施，但是限制公民人身自由、冻结存款、汇款的行政强制措施的除外。这体现了行政法学理论中的法律保留与法律优先原则，国务院的行政管理职权由《宪法》第89条明确规定。

3. 地方性法规对在尚未制定法律、行政法规，且属于地方性事务的事项上，有权设定行政强制措施，但被严格限定为查封场所、设施或者财产和扣押财产的行政强制措施。所谓地方性事务，即不需要或者在可预见的时期内不需要由全国制定法律、行政法规作出统一规定的事项，以及最高权力机关专属立法权以外、国家尚未立法、地方性法规先行规范的事项。

4. 法律、法规以外的其他规范性文件不得设定行政强制措施。这里的其他规范性文件范围较广，包括部门规章、地方政府规章以及各级各类行政机关颁布的规范性文件。

（二）行政强制执行的设定

《行政强制法》第13条规定："行政强制执行由法律设定。法律没有规定行政机关强制执行的，作出行政决定的行政机关应当申请人民法院强制执行。"因此，《行政强制法》维持了该法出台之前，由《行政诉讼法》确定的行政机关执行与申请法院执行并行的强制执行体制。

第六章

行政强制执行虽然直接影响行政效率，但是其与公民的基本权利密切相关，设定不当将会对公民、法人或者其他组织的合法权益构成严重威胁，后果甚至无法弥补。从依法行政的要求看，应当对行政强制执行的设定作出最为严格的规定，只有法律明确规定行政机关强制执行的，行政机关的强制执行行为方属合法。值得注意的是，代履行与执行罚因为对相对方的权益影响较为轻微，《行政强制法》对这两种行政强制执行方法进行了概括式授权，无须单行法律另行规定。

四、行政强制的程序

（一）行政强制措施的程序

行政强制措施大多是在紧急状态中采取的，运用得当能够有效维护公共安全和社会秩序，反之则会对公民的权利和自由构成严重威胁，因而紧急性并非行政强制措施免受程序规范的借口。

1. 行政强制措施应遵循的一般程序。

（1）除当场采取行政强制措施外，实施前需向行政机关负责人报告并经批准。这是对行政强制措施的事前控制手段，行政机关负责人对具体经办人的报告进行审查，符合条件的予以批准。

（2）行政强制措施权不得委托，需由行政机关两名以上行政执法人员实施。

（3）出示执法身份证件。表明身份是行政公开原则在行政强制执法中的首要体现，这不仅有利于当事人的配合，也能够避免可能存在的诈骗与假冒风险。

（4）当场告知当事人采取行政强制措施的依据、理由及当事人依法享有的权利、救济途径。告知的形式主要是书面方式，紧急情况下也可以口头告知。依据包括事实依据与法律依据，理由即为何采取行政强制措施及为何选择特定强度的行政强制措施，权利包括陈述权、申辩权等，救济途径即法定期限内提起行政复议和行政诉讼的权利。

（5）通知当事人到场。

（6）听取当事人的陈述和申辩。这是行政机关的法定义务，确保行政强制措施的采取能够审慎。

（7）制作现场笔录。现场笔录即行政机关及其工作人员在执行职务过程中，对某些事项当场作出的能够证明案件事实的纪录。对于避免争议、保存必要证据都相当必要。

（8）现场笔录和清单由当事人或者见证人和行政执法人员签名或者盖章，当事人或者见证人拒绝签名或者盖章的，应当在笔录中予以注明。

（9）当事人不到场的，邀请见证人到场，由见证人和行政执法人员在现场笔录上签名或者盖章。

（10）法律、法规规定的其他程序。

2. 查封、扣押的程序。

（1）查封、扣押决定书和清单的制作与交付。行政机关决定实施查封、扣押的，除应当履行一般程序外，应制作并当场交付查封、扣押决定书和清单。查封、扣押决定书应当载明下列事项：①当事人的姓名或者名称、地址；②查封、扣押的理由、依据和期限；③查封、扣押场所、设施或者财物的名称、数量等；④申请行政复议或者提起行政诉讼的途径和期限；⑤行政机关的名称、印章和日期。查封、扣押清单一式两份，由当事人和行政机关分别保存。

（2）遵守法定时限，履行告知义务。查封、扣押的期限不得超过30日；情况复杂的，经行政机关负责人批准，可以延长，但是延长期限不得超过30日。法律、行政法规另有规定的除外。延长查封、扣押的决定应当及时书面告知当事人，并说明理由。

对物品需要进行检测、检验、检疫或者技术鉴定的，查封、扣押的期间不包括检测、检验、检疫或者技术鉴定的期间。检测、检验、检疫或者技术鉴定的期间应当明确，并书面告知当事人。检测、检验、检疫或者技术鉴定的费用由行政机关承担。

（3）履行妥善保管义务，承担损毁赔偿责任。对查封、扣押的场所、设施或者财物，行政机关应当妥善保管，不得使用或者损毁；造成损失的，应当承担赔偿责任。对查封的场所、设施或者财物，行政机关可以委托第三人保管，第三人不得损毁或者擅自转移、处置。因第三人的原因造成的损失，行政机关先行赔付后，有权向第三人追偿。因查封、扣押发生的保管费用由行政机关承担。

（4）依法作出处理。行政机关采取查封、扣押措施后，应当及时查清事实，在法定期限内作出处理决定。对违法事实清楚，依法应当没收的非法财物予以没收；法律、行政法规规定应当销毁的，依法销毁；应当解除查封、扣押的，作出解除查封、扣押的决定。

有下列情形之一的，行政机关应当及时作出解除查封、扣押决定：①当事人没有违法行为；②查封、扣押的场所、设施或者财物与违法行为无关；③行政机关对违法行为已经作出处理决定，不再需要查封、扣押；④查封、扣押期限已经届满；⑤其他不再需要采取查封、扣押措施的情形。解除查封、扣押应当立即退还财物；已将鲜活物品或者其他不易保管的财物拍卖或者变卖的，退还拍卖或者变卖所得款项。变卖价格明显低于市场价格，给当事人造成损失的，应当给予补偿。

3. 冻结的程序。

（1）行政机关的通知义务与金融机构的保密义务。行政机关依照法律规定决定实施冻结存款、汇款的，除应履行报批程序、由两名以上行政执法人员实施、出示执法身份证件、制作现场笔录外，还应向金融机构交付冻结通知书。金融机构接到行政机关依法作出的冻结通知书后，应当立即予以冻结，不得拖延，不得在冻结前向当事人泄露信息。法律规定以外的行政机关或者组织要求冻结当事人存款、汇款的，金融机构应当拒绝。

（2）冻结决定书的交付。依照法律规定冻结存款、汇款的，作出决定的行政机关应当在 3 日内向当事人交付冻结决定书。冻结决定书应当载明下列事项：当事人的姓名或者名称、地址；冻结的理由、依据和期限；冻结的账号和数额；申请行政复议或者提起行政诉讼的途径和期限；行政机关的名称、印章和日期。

（3）法定期限内作出处理决定。自冻结存款、汇款之日起 30 日内，行政机关应当作出处理决定或者作出解除冻结决定；情况复杂的，经行政机关负责人批准，可以延长，但是延长期限不得超过 30 日。法律另有规定的除外。延长冻结的决定应当及时书面告知当事人，并说明理由。

（4）解除冻结决定的情形及其执行。有下列情形之一的，行政机关应当及时作出解除冻结决定：①当事人没有违法行为；②冻结的存款、汇款与违法行为无关；③行政机关对违法行为已经作出处理决定，不再需要冻结；④冻结期限已经届满；⑤其他不再需要采取冻结措施的情形。行政机关作出解除冻结决定的，应当及时通知金融机构和当事人。金融机构接到通知后，应当立即解除冻结。行政机关逾期未作出处理决定或者解除冻结决定的，金融机构应当自冻结期满之日起解除冻结。

（二）行政强制执行的程序

从我国《行政强制法》确立的行政强制模式可以归结为，以申请法院强制执行为主，以行政机关自行强制执行为辅，二者的程序并不相同。

1. 行政机关自行执行的程序。目前，依法享有强制执行权的机关只有少数行政机关，其执行程序包括以下步骤：

（1）义务不履行的确认与义务履行的催告。行政机关在强制执行之前，应当对相对方不履行义务的事实予以确认，并事先催告当事人履行义务。催告应当以书面方式作出，并载明下列事项：履行义务的期限；履行义务的方式；涉及金钱给付的，应当有明确的金额和给付方式；当事人依法享有的陈述权和申辩权。经过催告仍不履行，且无正当理由的，行政机关可以作出强制执行决定。催告期间，对有证据证明有转移或者隐匿财物迹象的，行政机关可以作出立即强制执行的决定。

（2）听取当事人的陈述和申辩。相对方收到催告书后有权利进行陈述申辩。行政机关应当充分听取当事人的意见，对当事人提出的事实、理由和证据，应当进行记录、复核。当事人提出的事实、理由或者证据成立的，行政机关应当采纳。采用非强制手段可以达到行政管理目的的，不得实施行政强制。实施行政强制执行，行政机关可以在不损害公共利益和他人合法权益的情况下，与当事人达成执行协议。执行协议可以约定分阶段履行；当事人采取补救措施的，可以减免加处的罚款或者滞纳金。当事人逾期仍不履行行政决定，且无正当理由的，以及当事人不履行执行协议的，行政机关应当实施强制执行。

（3）行政强制执行决定书的制作与交付。强制执行决定应当以书面形式作出，并载明下列事项：当事人的姓名或者名称、地址；强制执行的理由和依据；强制执行的方式和时间；申请行政复议或者提起行政诉讼的途径和期限；行政机关的名称、印章和日期。催告书、行政强制执行决定书应当直接送达当事人。当事人拒绝接收或者无法直接送达当事人的，应当依照《民事诉讼法》的有关规定送达。

（4）行政强制执行的中止执行和终结执行。有下列情形之一的，中止执行：①当事人履行行政决定确有困难或者暂无履行能力的；②第三人对执行标的主张权利，确有理由的；③执行可能造成难以弥补的损失，且中止执行不损害公共利益的；④行政机关认为需要中止执行的其他情形。中止执行的情形消失后，行政机关应当恢复执行。对没有明显社会危害，当事人确无能力履行，中止执行满 3 年未恢复执行的，行政机关不再执行。有下列情形之一的，终结执行：①公民死亡，无遗产可供执行，又无义务承受人的；②法人或者其他组织终止，无财产可供执行，又无义务承受人的；③执行标的灭失的；④据以执行的行政决定被撤销的；⑤行政机关认为需要终结执行的其他情形。

（5）遵守时段、时间限制，采用正当的强制执行方式。行政机关不得在夜间或者法定节假日实施行政强制执行。但是，情况紧急的除外。行政机关不得对居民生活采取停止供水、供电、供热、供燃气等方式迫使当事人履行相关行政决定。

（6）承担相应的责任。在执行中或者执行完毕后，据以执行的行政决定被撤销、变更，或者执行错误的，应当恢复原状或者退还财物；不能恢复原状或者退还财物的，依法给予赔偿。

2. 申请法院执行的程序。

（1）提出申请。当事人于法定期限内不申请行政复议或者提出行政诉讼，又不履行行政决定的，行政机关应当催告当事人履行义务，催告没有效果的，行政机关以书面方式向所在地有管辖权的人民法院或者不动产所在地有管辖权的人民院提出申请，同时提交执行的所需的书面材料，包括：强制执行申请书；行政决定书及作出决定的事实、理由和依据；当事人的意见及行政机关催告情况；申请强制执行标的情况；法律、行政法规规定的其他材料。强制执行申请书应当由行政机关负责人签名，加盖行政机关的印章，并注明日期。

（2）受理审查。人民法院收到申请书后，应当在 5 日内受理，不属于本院管辖的，不予受理。行政机关对人民法院不予受理的裁定有异议的，可以在 15 日内向上一级人民法院申请复议，上一级人民法院应当自收到复议申请之日起 15 日内作出是否受理的裁定。

人民法院应当对申请事项进行书面审查：对符合相关法律规范，且行政决定具有法定执行效力的，应当在 7 日内作出执行裁定。对于明显缺乏事实依据，明显缺乏法律、法规依据，其他明显违法并损害当事人合法权益的，应当在受理之日起 30 日内作出不予执行的裁定。

裁定不予执行的，应当说明理由，并在 5 日内将不予执行的裁定送达行政机关。行政机关对人民法院不予执行的裁定有异议的，可以自收到裁定之日起 15 日内向上一级人民法院申请复议，上一级人民法院应当自收到复议申请之日起 30 日内作出是否执行的裁定。

（3）紧急情况下的简易程序。因情况紧急，为保障公共安全，行政机关可以申请人民法院立即执行。经人民法院院长批准，人民法院应当自作出执行裁定之日起5日内执行。

（4）人民法院强制执行裁定的执行。行政机关申请人民法院强制执行，不缴纳申请费。强制执行的费用由被执行人承担。

人民法院以划拨、拍卖方式强制执行的，可以在划拨、拍卖后将强制执行的费用扣除。依法拍卖财物，由人民法院委托拍卖机构依照《拍卖法》的规定办理。

划拨的存款、汇款以及拍卖和依法处理所得的款项应当上缴国库或者划入财政专户，不得以任何形式截留、私分或者变相私分。

第七章

具体行政行为(下)

第一节　行政征收

一、行政征收的概念和特征

行政征收是行政主体基于国家和社会公共利益的需要，按照法定的标准和程序向行政相对人强制地、无偿或给予一定补偿地征收一定数量的金钱、财产以及劳务的具体行政行为。

行政征收具有以下特征：

1. 行政征收的目的具有公益性。也就是说，行政征收是为了满足国家和社会公共利益的需要。首先，行政征收是国家凭借其权力参与国民收入的分配与再分配，实现社会经济公正的方式。国民财富的分配分为两个步骤：第一步是通过市场机制来实现。市场分配的特点是优胜劣汰，提高了效率，但会导致贫富分化。第二步是为了实现社会经济公正，国家凭借其权力强行参与国民财富的分配过程。国家的分配又分为征收与再分配两个方面，为什么说征收本身也是一种分配？因为征收不是搞平均主义，而是要遵循公正公平的原则，例如，向高收入者多征，向低收入者少征或不征。"再分配"是针对市场的初次分配而言，国家将征收的财富重新向全社会分配，如向弱势群体提供救济。这样的两次分配，就把效率与公平原则有机地结合起来，实现了国家和社会的双重目的。其次，行政征收有利于国家对经济的宏观调控，具有管理经济、促进经济发展的功能。最后，行政征收是聚集国家建设资金和国家机器运转资金的主要手段。

2. 行政征收的根据具有法定性。行政征收是国家直接处分相对人财产权的一种行为，对相对人的切身权益有着深刻的影响。因此，为了保证征收的公正性和严肃性，征收的各个环节必须以法律予以规定，征收的行政主体、对象、标准和程序都必须有明确的法律依据，任何没有法律依据的征收，都是侵害行政相对人合法权益的行为，属于无效行政行为，还要承担法律责任，这是依法行政的基本要求。

3. 行政征收具有单方性、强制性。行政征收行为的作出，由行政主体依法单方作出，无须征得相对人的同意，也不能进行磋商；行政征收决定一经作出就发生法律效力，相对人应当无条件地遵守，拒不执行的，行政主体有权依法采取强制措施。

4. 行政征收一般是无偿的，在法定情形下也会给予一定补偿。行政征收是国家凭借其行政权无偿征收的，一经征收，财产权就转归国家所有，由国家支配和使用，国家不向被征收者支付对价，这是行政征收与行政征购的根本区别。但在法律明确规定的情况下，有些征收政府会给予被征收者一定补偿，如集体土地征收。补偿并非被征收财物的对价，而是根据法定标准进行的补偿。

5. 行政征收具有羁束性。行政征收行为是一种羁束行政行为，也就是说，行政征收的主体要严格依照法律的规定实施征收行为，它不享有自由裁量权，它不能自己决定征与不征、征多征少。

6. 行政征收是一种要式行政行为。行政征收必须以法定的方式作出，才能产生法律效力，例如，《税收征收管理法》第 34 条规定："税务机关征收税款时，必须给纳税人开具完税凭证。扣缴义务人代扣、代收税款时，纳税人要求扣缴义务人开具代扣、代收税款凭证的，扣缴义务人应当开具。"

二、行政征收的内容与形式

行政征收是行政机关在行政管理中广泛使用的一种行政行为，我们可以将它大体分为行政征税和行政收费两大类。

（一）行政征税

行政征税是指税务行政机关依照税法强制无偿地为国家取得财政收入的行为。根据征税客体的性质，税收可分为流转税、收益税、财产税、资源税和行为税五类；以税收的管理权限为标准，可将税收分为中央税、地方税、中央地方共享税；征税行为只能由法定的机关作出，即税务机关和海关，税收一经征收入库就为国家所有，由国家支配。

在行政征收制度中，税收方面的法律规范最为完善，无论在实体法方面还是在程序法方面，都有法可依，统一规范征税行为的法律就是《税收征收管理法》，根据该法的规定，税收征收制度大致包括以下几个方面：

1. 税务登记，即纳税单位和个人在开业、歇业前，以及经营期间发生较大变动时，向当地税务机关办理法定书面登记的制度。

2. 纳税鉴定，即税务机关为了明确纳税人的纳税义务和纳税范围，依照税法的规定，对纳税人的有关纳税事项作出的书面鉴别与认定。

3. 纳税申报，即纳税人在发生纳税义务后，按照税务机关规定的内容和期限向税务机关提交的书面申报，它是税务机关核定应征税额、办理征收业务的主要依据。

4. 税款征收，即税务机关依照法定的方式将纳税人的应纳税额征收入库的行为。

5. 税务检查与处罚。

　　上述五个方面属于广义上的税收征收行为，细致分析可以看出，它实际上包括多种行政行为，如税务登记与纳税鉴定是行政确认行为，纳税申报则属于相对人的行为，而不是行政行为，税务检查与处罚则分别属于行政检查与行政处罚，税款征收才真正属于行政征收的范畴。按照《税收征收管理法》的规定，税款的征收方式包括查账征收、查定征收、查验征收、定期定额征收以及代扣代缴等方式。在实际征收中，具体采用哪种征收方式，由税务机关根据法律法规的规定以及纳税人的具体生产经营情况而定。

　　（二）行政收费

　　行政收费是指行政主体为相对人提供特定的服务，或授予国有资源使用权而依法向其收取费用的行为。

　　这里的"费用"既包括各种"费"，也包括各种行政集资、摊派和基金项目，还包括了劳务。无论征收何种费用，都应当由特定的行政主体依法进行，不得自立名目，擅自制定征收标准。各种社会公益性收费要做到专款专用、列收列支、收支平衡，以提供专门公益服务为前提的收费，应当将收取的费用用于特定的公益事业，不得挪作他用。

　　行政收费的原因和具体内容可以分为以下几个方面：

　　1. 为特定的人提供服务而向获得服务者收费，如认证费、考试费、制作证件的工本费等。

　　2. 为公益事业筹集经费，如住房公积金、社会保障基金、农民负担中的各项统筹和提留等。

　　3. 因相对人使用特定的公共设施而收费，如养路费、机场、码头建设费等。

　　4. 因行政机关实施管理而收费，如市场管理费、暂住人口管理费、各种注册费等。

　　5. 因出让国有资源使用权而收费，如土地出让费、水费、矿产资源补偿费等。

　　6. 为了使损害公共利益的人补偿其损害而收费，如排污费、社会抚养费等。

　　7. 具有税收性质的收费，如教育附加费、车辆购置附加费等。

　　8. 为了农村地方性公益事业而向农民征收的劳务，如修缮校舍、修建公路和防汛设施、植树造林等。

　　（三）集体土地征收

　　集体土地征收，简称土地征收，是指国家为了公共利益需要，依照法律规定的程序和权限将农民集体所有的土地转化为国有土地，并依法给予被征地的农村集体经济组织和被征地农民合理补偿和妥善安置的法律行为。土地征收是 2004 年《宪法》修正后正式确定的法律词汇，即第 10 条第 3 款规定的："国家为了公共利益的需要，可以依照法律规定对土地实行征收或者征用并给予补偿。"从根本大法的高度对土地征收制度进行了确立。相应地，《土地管理法》及《土地管理法实施条例》《物权法》均对相关制度进行了细节性和可操作性的规定，构建起了我国土地征收法律制度。

其基本特征是：①国家建设征收土地的主体必须是国家，具体来讲就是国家授权县级以上人民政府行使征收权，土地征收本身就是政府的一种具体行政行为，具有明显的行政强制性。②土地征收的目的和前提是为了国家公共利益的需要，并以土地补偿为必备条件。③征收标的只能是农民集体所有的土地。④土地征收具有法定性，根据行政合法性原则，必须符合法律和行政法规的规定，并遵循一定的法律程序。

三、相关概念区别

行政征收与以下几个概念较为接近，要注意区分：

（一）行政没收

行政没收是指行政主体依法将违反行政法律规范的相对人的财产强制收归国有的处罚措施。它与行政征收在表面上有相同之处，都是强制取得相对人的财产所有权，但二者的实质截然不同，行政没收作为一种行政处罚措施，是对相对人违法行为的制裁，而行政征收是行政主体以相对人负有法律上的缴纳义务为前提，获得其财产权的行为。

（二）行政征用

行政征用是行政主体为了实现特定的行政目的依法强制使用相对人的财产或劳务的行政行为。例如，《防洪法》第45条规定："在紧急防汛期，防汛指挥机构根据防汛抗洪的需要，有权在其管辖范围内调用物资、设备、交通运输工具和人力，决定采取取土占地、砍伐林木、清除阻水障碍物和其他必要的紧急措施；必要时，公安、交通等有关部门按照防汛指挥机构的决定，依法实施陆地和水面交通管制。依照前款规定调用的物资、设备、交通运输工具等，在汛期结束后应当及时归还；造成损坏或者无法归还的，按照国务院有关规定给予适当补偿或者作其他处理。取土占地、砍伐林木的，在汛期结束后依法向有关部门补办手续；有关地方人民政府对取土后的土地组织复垦，对砍伐的林木组织补种。"行政征用的对象是一定的财产和劳务，通过征用，国家获得其使用权，但不是所有权，行政征用一般是有偿的；而行政征收则是国家无偿取得相对人财产的所有权的行为。

（三）行政采购

行政采购也就是政府采购，是行政机关以合同的方式购买一定的物品的行为。行政采购与行政征购易于混淆。二者的共同点是：都是以合同的方式有偿获得一定的财产，都是由行政机关作为一方当事人。二者的区别是：行政征购具有单方性、强制性，属行政行为的范畴，"征"就具有强制的意思，而行政采购是双方当事人在平等的基础上当事人经过意思表示一致作出的行为，属民事行为的范畴。

第七章

第二节　行政奖励

一、行政奖励的概念与特征

行政奖励是行政主体依照法定的条件与程序对作出突出贡献的和模范遵纪守法的公民、法人和其他组织予以物质的和精神的鼓励的具体行政行为。

行政奖励具有以下特征:

1. 行政奖励的主体限于行政主体,也就是说,企事业单位和社会团体所实施的奖励不属于行政奖励的范畴。

2. 行政奖励应当按照法定的条件和程序作出。我国的许多法律规范都规定了奖励的条件,如《文物保护法》《森林法》《科学技术进步奖励条例》《发明奖励条例》《优质产品奖励条例》等,奖励的条件可以概括为有突出贡献和模范遵纪守法,但是,现有法律关于奖励的程序总的来看较为笼统。

3. 行政奖励的目的是表彰和激励先进,鞭策后进,调动相对人积极向上、争作贡献。

4. 行政奖励是不具有强制力的行政行为,因为行政奖励是一种授益性的行政行为,根据利益人有权放弃利益的原则,奖励主体不能强制相对人接受奖励,相对人可以拒绝或放弃奖励权益。

二、行政奖励的原则

1. 奖励法定原则。奖励法定原则是指行政奖励的范围、标准和程序应当由有关法律设定,行政主体应当按照法律的规定实施奖励行为,不得对不符合奖励条件的人给以奖励,也不得超越职权范围奖励。

2. 奖励与授奖行为相适应原则。这一原则通俗地说就是论功行赏,因为奖励的对象贡献不同,表现不同,所以奖励也应当区别对待:贡献大者大奖,贡献小者小奖,无贡献者不奖,只有如此,才能达到奖励的目的。实践中,有些奖励活动搞平均主义、吃大锅饭,就违背了这一原则,起不到奖励应有的作用。

3. 实事求是、注重调查原则。和其他一切行政行为一样,行政奖励应当在查明事实的基础上作出。之所以确立这一原则是由于实践中的许多奖励存在"水分",行政奖励往往是行政领导事先确定奖励对象,再由本人整理材料,这些材料反过来又构成奖励的依据,导致有些表现平庸者、甚至有严重劣迹者受到奖励,这样不仅达不到奖励的目的,还会损害行政机关的形象。由于大多数奖励并不是以明确的重大贡献为标准,只是做一些原则上的要求如政治立场坚定、工作认真负责、任劳任怨、勇于创新等,难以确定具体的标准,这种标准上的不确定性就为掺入"水分"提供了可能性。因此,为了保证奖励的严肃性和有效性,行政机关应当实事求是,

第七章

注重调查，必要时还要收集证据，举行听证，在此基础上作出奖励决定。

4. 程序平等、公开原则。行政奖励应当在程序上平等对待相对人，凡符合条件的人都应当在考察范围之内，或者都有机会申请，行政机关不应当事先划定范围；同时，应当公开确定授奖对象，不得搞暗箱操作。为了体现这一原则，行政主体实施行政奖励行为应当遵循以下程序：①通过自行申报、群众评选、单位推荐的办法确定奖励的提名人；②由行政机关调查核实，公布调查结果，听取群众意见；③集体讨论决定并公布奖励对象；④授奖。认为自己应当受到奖励而没有得到的人，有权提出行政复议和行政诉讼。

5. 物质奖励与精神奖励相结合原则。物质奖励是指给受奖者颁发一定的奖金或物品，精神奖励则是给受奖者颁发奖章、奖状，授予荣誉称号等，这两种方式都是奖励的重要形式，它们之间具有不同的作用，不可偏废。

三、行政奖励的内容与形式

（一）行政奖励的内容

行政奖励的内容是指奖励行为授予相对人哪些的权益。根据不同法律的规定，行政奖励的内容可以概括为以下三方面：

1. 物质方面的权益，如颁发一定的奖金和奖品。

2. 精神方面的权益，如授予某种荣誉称号，颁发奖章或奖状。

3. 职务或职称方面的权益，如给受奖者晋升一定的职务、职级或职称。

（二）行政奖励的形式

行政奖励的形式多种多样，法定的方式有：

1. 颁发奖品、奖金。

2. 授予荣誉称号，如劳动模范、先进工作者等。

3. 晋级，即提高受奖者的工资等级。

4. 通报表扬，即通过新闻媒体或政府文件公布受奖者的名单。

5. 记功，按照法定的等级给受奖者记载功勋。

6. 晋职，即给受奖者晋升一定的职务或职称。

行政悬赏与行政奖励不同。行政悬赏是行政机关为了特定的目的而发出要约，并对接受和履行要约的人给予物质奖励的行为。例如，公安机关为了侦破重大案件而向提供线索的人悬赏，税务机关为了杜绝逃税漏税现象而向举报人提供悬赏。现在，行政悬赏作为一种行政手段被越来越多的使用，而且效果良好，但是也引发了一些纠纷，并提出了理论上的问题。例如，行政机关没有履行悬赏义务的案件，是行政诉讼案件还是民事案件，是否属于行政诉讼的受案范围等。它是一种行政行为，但不属于行政奖励行为，它不具备行政奖励的前提，也不能适用奖励的原则。它应当是一种特殊的行政合同行为，它发生在行政法律关系之中，为的是履行行政职能，因此它是一种行政行为，同时，它适用了要约与承诺的方式，双方当事人是在自愿基础上意思表示一致，确立了彼此之间的义务，它又具备了合同的特征，因此，它是行政合同行为。

第三节　行政司法

一、行政司法的概念与特征

行政司法是国家行政机关在行政活动中，以公断人的身份按照准司法程序处理特定的行政争议和民事争议的活动。行政司法不是某一种具体行政行为，而是一个类概念，由行政复议、行政申诉、行政裁决、行政仲裁和行政调解等多种具体行政行为构成。行政司法具有以下特征：

1. 行政司法是一种三方法律关系，即行政机关以公断人的身份裁决双方当事人之间的纠纷，与法院的司法活动相似，而不同于行政执法的双方关系，故名行政司法。

2. 行政司法的主体是特定的行政机关，即有关法律法规授予行政司法职能的行政机关。

3. 行政司法的客体是特定的行政争议和民事争议，解决行政争议的行政司法活动为行政申诉和行政复议；解决民事争议的行政司法有行政裁决、行政仲裁和行政调解，这些民事争议的范围也是由法律法规规定的，行政机关对民事争议并没有普遍的管辖权。

4. 行政司法的程序既不同于一般的行政程序，又不同于司法机关的诉讼程序，它介于二者之间，比一般行政程序要正规、严格，比诉讼程序简便灵活、费用低廉。

5. 行政司法的结果一般不具有最终法律效力，当事人不服的，还可依法向人民法院起诉，由法院最终裁决，因此，行政司法具有前置性的特点。

6. 行政司法是个分散的体系，从机构上看，不存在独立完整的组织体系，行政司法机关是行政机关本身或下设的专门机构；从法律上看，也不存在独立的完整的实体法和程序法体系，而要分别适用相关的法律。

二、行政司法的内容与形式

（一）行政司法的内容

行政司法的内容是指行政机关应用司法手段解决争议的内容，也就是说行政司法可以解决哪些争议，不能解决哪些争议。无论在民事活动中还是在行政管理中，争议的范围和种类非常广泛，然而，并非所有的争议都可通过行政司法来解决，行政司法的内容由单行法律法规明确规定，行政机关只能管辖法定的争议。

1. 行政争议。行政机关解决行政争议的方式为行政申诉和行政复议，行政申诉是指行政机关工作人员不服行政机关所作的行政处分而向上级行政机关或行政监察机关提出的申诉，它解决的是内部行政争议，这一制度参见本书公务员制度的有关内容。行政复议解决的是外部行政争议，对于行政复议本书将作专章阐述，故这里

第七章

不作赘述。

2. 民事争议。根据《民事诉讼法》的规定，法院对民事争议享有普遍的管辖权。行政机关对民事争议也有一定的管辖权，但这种管辖不具有普遍性，具体的管辖范围由单行的法律法规规定。

可以说，行政机关解决行政争议本来就属于它的职权范围，国家既然赋予行政管理的职能，那么，它在进行行政管理活动中，因其行为引起争议致使行政管理遇到阻碍时，它就有权去解决和处理，特别是上级行政机关对下级行政机关具有领导和监督权，更有责任去处理因下级行政机关的行政行为引起的争议。而行政机关解决民事争议则不同，解决民事争议本不是行政机关固有的职权，民事争议应由法院来解决。但由于现代科学技术的迅速发展和生产力水平的迅速提高，导致产生多种多样的复杂的社会关系，使行政机关碰到大量的与行政管理交织在一起的民事争议，诸如土地纠纷、知识产权纠纷、环境污染纠纷、交通纠纷、治安侵权纠纷、医疗事故纠纷等，这些纠纷发生于行政机关的主管范围，与行政管理密切相关，有的是由于违反行政法律规范，侵犯了另一方当事人的民事权利，有的是因具体行政行为使平等主体之间产生纠纷。对行政机关而言，一方面，行政机关熟悉相关法律法规和业务，有能力解决这些纠纷，另一方面，这些纠纷的解决会促进行政管理的顺利进行；对纠纷当事人而言，行政程序要比司法程序简便灵活、费用低廉，能有效保护当事人的权利，他们乐意由行政机关解决其纠纷；同时，对法院而言，把这些纠纷全部交给法院会加重法院的负担，由行政机关先行处理，会有效降低法院的压力，因此，行政司法应运而生。但是，我国现行法律没有统一规定行政司法的受案范围，而是由一系列的单行法规分散规定，从理论上讲，行政司法的范围应当是发生在行政管理领域的、与行政管理相关联的民事纠纷。

（二）行政司法的形式

行政司法的内容不同决定了行政司法的形式也不同，如前所述，解决行政争议的行政司法形式有行政申诉和行政复议，由于本书另有介绍，这里我们就不作论述。在此，我们只介绍解决民事争议的几种形式。

1. 行政裁决。行政裁决是指行政主体根据当事人的申请，在其职权范围内依法裁决与行政管理活动有关的民事纠纷的具体行政行为。行政裁决是行政主体行使行政权的活动，其裁决具有法律效力，能够产生确定力、约束力和执行力，当事人不服行政裁决的，应当以裁决机关为被告提起行政诉讼，而不能以对方当事人为被告提起民事诉讼。根据裁决的客体不同，可将行政裁决分为以下几种：

（1）权属纠纷裁决。这种裁决的客体为权属纠纷。权属即权利的归属，权属纠纷，是指平等主体之间产生的关于财产的所有权或使用权发生的纠纷，如《土地管理法》第16条规定："土地所有权和使用权争议，由当事人协商解决；协商不成的由人民政府处理。"这里的"处理"就是一种行政裁决行为。

（2）侵权纠纷裁决。这种裁决的客体为侵权纠纷，即一方当事人的行为是否侵犯了另一方的合法权益而产生的纠纷，如是否构成假冒他人的商标、厂名厂址的纠纷。

（3）损害赔偿纠纷裁决。损害赔偿纠纷是指一方当事人的权益受到损害后要求侵权人承担赔偿责任而产生的纠纷，主要的争议是赔多赔少问题，这种纠纷广泛存在于治安管理、食品卫生、环境保护、医疗卫生、产品质量等领域。

2. 行政调解。行政调解是指行政主体根据平等自愿的原则，促使争议双方当事人互谅互让达成协议的纠纷解决方式。行政调解和行政裁决的区别是明显的：①调解以当事人自愿为前提，行政主体只是作劝解说服工作，只有获得相对人的同意，调解才能成立；但行政裁决不以当事人的同意为前提，属于单方性行政行为。②法律效力不同，在行政调解中，行政机关的意志不具有强制性，不得强制性调解；但行政裁决具有法律效力，一经作出就产生确定力、拘束力和执行力。③救济途径不同，调解不成或一方反悔的，当事人应当通过民事诉讼途径解决其纠纷；当事人不服行政裁决的，应当提起行政诉讼，由法院审查行政裁决的合法性，同时可把当事人之间的民事纠纷作为行政附带民事诉讼案件，一并审理。

3. 行政仲裁。行政仲裁是指法定的行政组织作为公断人解决特定的民事纠纷的活动，它与行政裁决近似，甚至可以把它看作一种特殊的行政裁决。自《仲裁法》颁布以后，我国的仲裁制度摆脱了苏联模式，已与国际惯例接轨，即把仲裁由行政化恢复为民间化，恢复了仲裁的本来面目。但是，根据《仲裁法》和有关条例的规定，劳动争议的仲裁仍然保留为行政仲裁。行政仲裁不同于普通的仲裁，行政仲裁的主体是隶属于行政机关的仲裁机构，普通仲裁的主体为独立的民间机构；行政仲裁有级别和地域管辖的规定，当事人应当向有管辖权的仲裁提出申请，而普通仲裁的机构可以由当事人在合同中约定或者在发生纠纷后协商确定；当事人不服行政仲裁的，还可向法院起诉，法院享有最终裁决权，而普通仲裁一经裁决就发生法律效力，当事人应当执行，拒不执行的，权利人可直接申请法院强制执行。

4. 行政复议（参见本书"行政复议"一章）。

三、行政司法的程序

在我国，各种形式的行政司法都有自己的程序，但是，由于它们都具有司法性，其程序也应当有共同的规律可循：

1. 行政司法的程序应当由法律法规明确规定。由于行政司法是密切影响公民、法人和其他组织权益的行政活动，而程序又对行政司法的客观性和公正性有重大影响，因此，应当通过立法确立科学完善的行政司法程序。目前，行政复议和劳动争议仲裁已有统一的程序，但行政裁决和行政调解的程序还处于分散不完备的状态。

2. 行政司法程序应当充分保护当事人的权利。无论是解决行政争议还是民事争议，法律都应保障双方当事人的地位平等，尤其是在行政申诉和行政复议中，应当保障申诉人和申请人的当事人地位和程序性权利，这些权利包括申请或申诉权、提供证据权、申辩权、要求公正处理的权利、获知司法处理的事实依据和法律依据的权利、获知救济途径的权利等。

3. 行政司法的程序要体现自身的特点，行政司法不同于法院的诉讼活动，诉讼的公正性强，但程序较为严格，效率较低，还要收取诉讼费，但行政司法作为一种行政管理活动，程序应当相对简便灵活，注重效率，原则上不得收费。同时，行政司法又不同于行政执法，行政执法是行政主体与相对人双方之间的关系，而行政司法是三方关系，行政机关作为解决争议的中间人，应当保持中立，平等对待争议的双方当事人。

下面主要介绍一下行政裁决的程序。我国法律尚未制定统一的行政裁决程序，根据分散的规定和理论上的要求，我们把行政裁决程序概括为以下几个步骤：

1. 申请。争议发生后，当事人应当在法定的期限内向主管行政机关提出裁决申请，申请原则上应当使用书面的形式。

2. 受理。行政机关收到申请后，依法审查申请是否符合法定条件。符合条件的，应当立案受理，并将申请书副本送达另一方当事人，通知其在一定的期限内答辩。

3. 调查取证。行政机关受理后，应当审查当事人的申请书和答辩状，调查案件事实，提取相关证据，必要时可以组织勘查和鉴定。也可以公开举行听证，听取当事人的陈述和辩论，以求查明案件真实情况，为正确裁决打下基础。

4. 作出裁决。行政机关查明案件事实后，依据有关法律、法规、规章和规范性文件，作出裁决。裁决要用书面的方式，载明当事人的基本情况、争议的内容、认定的事实、作出的裁决及其依据，告知当事人不服裁决可提起行政复议、行政诉讼，以及复议和诉讼的期限和机关。

行政调解的程序基本同于行政裁决程序。

第四节　行政确认

一、行政确认的概念和特征

行政确认是指行政主体依法对相对方的法律地位、法律关系和法律事实进行甄别，给予确定、认可、证明并予以宣告的具体行政行为。行政确认的概念包括三层含义：①行政确认的主体是特定的国家行政机关和法律、法规授权的组织；②行政确认的内容是确定或否定相对方的法律地位和权利义务；③行政确认的性质是行政主体所为的具体行政行为，其确认权属于国家行政权的组成部分。与其他行政行为相比，行政确认具有以下特征：

1. 行政确认是要式的行政行为。行政主体在作出确认行为时，必须以书面的形式，并按照一定的技术规范要求作出。其中，参加确认的有关人员还应签署自己的姓名并由须进行确认的行政主体加盖印鉴。

2. 行政确认是羁束的行政行为。行政主体在确认时，只能严格地按照法律规定和技术规范进行操作，并尊重客观存在的事实，做到以事实为根据，以法律为准绳，不能自由裁量。

3. 行政确认的外在表现形式，往往以技术鉴定书等形式出现，在较大程度上受到技术规范的制约，并由此决定管理相对方的法律地位和权利义务。

4. 行政确认行为的内容或者目的，是对行政相对人的法律地位和权利义务的确定或否定。

5. 行政确认权是国家行政权的组成部分，行政确认行为是行政主体的行政行为。

二、行政确认的表现形式和分类

（一）主要形式

根据法律规范和行政活动的实际情况，行政确认的形式主要有以下几种：

1. 确定，即对个人、组织法律地位与权利义务的确定。

2. 认可，又称认证，是行政主体对个人、组织已有法律地位和权利义务，以及确认事项是否符合法律要求的承认和肯定。

3. 证明，即行政主体向其他人明确肯定被证明对象的法律地位、权利义务或某种情况。

4. 登记，即行政主体应申请人申请，在政府有关登记簿册中记载相对方的某种情况或事实，并依法予以正式确认的行为。

5. 批准，即行政主体对相对方申请事项或某种法律行为，经审查后对符合法定条件者予以认可或同意的行为。

6. 鉴证，即对某种法律关系的合法性予以审查后确认或证明其效力的行为。如工商管理机关对经济合同的鉴证。

7. 行政鉴定，即行政主体对特定的法律事实或客体的性质、状态、质量等进行的客观评价。

（二）基本分类

行政确认的种类多、范围广，依据不同的标准可以作出不同的分类。

按行为的动因不同可以分为依申请的行政确认和依职权的行政确认。前者是指必须由相对方提出申请，行政主体才能进行的确认；后者是指行政主体依据法定职权，不待相对方请求而主动实施的行政确认，又称主动的行政确认。它不必以相对方的申请为必要条件。

按行政确认对他种行为的关系，可以分为独立的行政确认与附属性的行政确认。独立的行政确认，是指不依赖他种行政行为而独立存在的行政确认行为；附属性的行政确认，是指他种行政行为依赖于该行为而存在，该行为的完成是他种行为成立的必要前提，是他种行政行为的补充，该行为的法律效果归属于他种行政行为。

按照行政确认的对象不同，可以分为对身份、能力（或资格）、事实、法律关系和权利归属的行政确认，这是最重要的分类。对身份的行政确认，是指行政主体对相对方在法律关系中的地位的确认；对能力或资格的行政确认，是指行政主体对相对方是否具有从事某种行为的能力或者资格的证明；对事实的行政确认，是指行政主体对某项事实的性质、状态、真伪、等级、数量、质量、规格等的确认；对法律关系的行政确认，是指行政主体对某种权利义务关系是否存在或者是否合法有效的确认；对权利归属的行政确认，是指行政主体对相对方享有某项民事权利的确认，也可称之为行政确权。

三、行政确认的内容

行政确认是对特定对象的法律地位、法律关系和法律事实的确认，具体表现为：

1. 对法律上主体资格、身份及法律地位的确认。如通过企业、公司登记对企业、公司经营主体资格的确认。

2. 对权属的确认。如对土地所有权、使用权的确认，对房屋所有权的确认。

3. 对法律关系的确认。如婚姻登记就是对合法有效的婚姻关系的确认。

4. 对法律事实的确认。如出租车出城登记就是对出租车驾驶出城这一法律事实的确认。

5. 对法律责任的确认。如医疗事故鉴定、交通事故的认定便是对法律责任的确认。

6. 对能力的确认。如技术鉴定即是对个人是否具有从事某种行为的能力的确认。

7. 对行为的法律效力的确认。如复议机关撤销被提起复议的行政处罚就是对该行政处罚违法性的确认。

第五节　行政物质帮助

一、行政物质帮助的概念和特征

行政物质帮助，又称行政给付，是指行政机关对公民在年老、疾病或丧失劳动能力等情况或其他特殊情况下，依照有关法律、法规、规章或政策等规定，赋予其一定的物质权益（如金钱或实物）或与物质有关的权益的具体行政行为。行政物质帮助属应申请的行政行为。行政机关实施行政给付以相对人申请为前提。因为获得行政给付，对于符合给付条件的相对人来讲是法律上的一项权利，行使还是放弃这一权利，由相对人自己决定，如果相对人要求获得给付，应向行政机关申请。

1. 行政物质帮助行为的主体是有法定职责的行政机关和法律、法规授权的组织。目前，我国的行政物质帮助主要由民政和劳动保障部门实施。

2. 行政物质帮助的对象是处于特殊情况下的公民。如因失业、年老、疾病等导致丧失生活能力，因贫困、受灾而使生活无着落，因工伤、致残、牺牲而依法符合优待条件等。

3. 行政物质帮助是一种职责性的具体行政行为。在符合法定条件的情况下，应实施而不实施，能实施而不实施，构成行政不作为违法。

4. 行政物质帮助所依之"法"，应作较宽泛的理解，它既包括法律、法规、规章，也包括有关配套的政策。

5. 行政物质帮助在帮助内容上主要是物质上的权益或与物质上的权益相关联的权益。前者如为相对人提供一定数量的金钱或实物，后者如提供免费受教育的机会，享受免费或减费医疗等。

6. 行政物质帮助是授益行政行为，除必须依法定条件和程序进行外，还必须尊重相对人的权利和自由。

二、行政物质帮助的种类

我国的行政物质帮助与行政保障，和社会保障联系紧密，并不由政府独揽。给付行政的观念是相对于干涉行政而言的，针对政府对公民生存权的保障而实施的。它在我国已经不同程度地存在，但规范化、制度化、法律化的程度还不高。行政物质帮助的制度多样，有供给行政、社会保障行政、资助行政等。行政物质帮助的种类有很多，主要包括物质、资金帮助和公用机构。目前在我国物质、资金帮助主要有以下几种形式：

1. 抚恤金。这是最为常见的一种行政物质帮助形式，一般包括对特定牺牲、病故人员的家属的抚恤金、残疾抚恤金以及军烈属、复员退伍军人生活补助费、退伍军人安置费等。

2. 特定人员离退休金。这是指由民政部门管理的军队离休、退休干部的离休金或退休金和有关补贴。

3. 社会救济、福利金。它包括农村社会救济，城镇社会救济，精简退职老弱病残职工救济以及对社会福利院、敬老院、儿童福利院等社会福利机构的经费资助。

4. 自然灾害救济金及救济物资。它包括生活救济费和救济物资、安置抢救转移费及物资援助等。

5. 社会养老保险金等。公用机构的设立和运行，是政府履行行政给付义务的方式之一，主要用于履行面向社会的普遍和持续的公共服务职能。例如：政府设立的学校、医院、养老院、图书馆、博物馆、电视台、出版社、报社、政策性金融机构等。

三、行政物质帮助的实施程序

我国目前尚没有统一的行政物质帮助的法律规定，但在不同的法律、法规和政策中，分别对不同的行政物质帮助形式作了一些简单的程序规定，并且将这些规定作为行政物质帮助的法律或政策标准对待。

从现行做法看，行政物质帮助的一般程序是：

1. 申请，即由行政相对人提出要求救助的申请，从而启动行政物质帮助程序。也存在行政主体依职权主动实施行政物质帮助的情况。

2. 审查，即由实施行政物质帮助的主体对相对人的申请及相对人的实际境况和条件进行审查核对，以判明是否符合行政物质帮助的条件。

3. 批准，即由实施行政物质帮助的主体或其上级主管部门对符合条件的物质帮助予以同意。

4. 实施，即由实施行政物质帮助的主体具体交付相对人钱、物，或办理相应的手续。

第七章

第八章
行政合同与行政指导

第一节　行政合同

一、行政合同的概念与特征

（一）行政合同的概念

行政合同，又称行政契约，是指行政主体为了行使行政职能、实现特定的行政管理目标，而与公民、法人和其他组织，经过协商，相互意思表示一致所达成的协议。例如，《行政强制法》第42条第1款规定："实施行政强制执行，行政机关可以在不损害公共利益和他人合法权益的情况下，与当事人达成执行协议。……"这里的执行协议就是典型的行政合同。

从形式上看，行政合同是行政主体和其他行政主体或行政相对人之间达成的合意，是一种公法合同。行政合同的实质是在行政法领域形成的具有行政法律效力的双方合意，这种合意当然也可以在行政主体之间存在，这一点为西方国家行政法理论与实践所肯定。另外，在法律有特别规定时，非行政主体间也可能缔结行政合同，这时，对合同性质的衡量标准是采取实质标准而非形式标准。比如，根据有关国内重要生产资料国家订货管理的规定，供需双方必须根据国家订货计划签订订货合同。这里的供需双方可能都是以企业形式出现的，但并不妨碍该合同性质为行政合同。这是因为这种合同是在公共管理的基础上为实现特定行政目的而缔结的且缔结合同的权限直接来源于法律，合同的内容适用特别的法律规范。

从实质上看，行政合同所追求的目的是实现行政目的，这是确定行政合同调整范围的根本依据，也是区分行政合同和民事合同的基本标准。

（二）行政合同的特征

行政合同是以契约的形式规范行政主体之间或行政主体和行政相对人双方之间权利义务的一种协议。与一般民事合同相比，行政合同具有如下特征：

1. 行政合同的一方当事人必定是行政主体。行政合同是行政主体行使行政权的一种方式，因此，行政合同只能在行政机关之间或行政主体与相对人之间签订，而不能在公民之间签订。即使公民之间签订的合同的内容是为了执行公务，也不能被认为是行政合同。需要注意的是，当行政机关仅仅是为了实现一定的民事目的而进行民事行为时所签订的合同属于民事合同。

2. 行政合同签订的目的是行使行政职能，实现特定的国家行政管理目标。例如，行政机关为了国防、抢险救灾等紧急需要而订购特别物资，为了公共建设的需要征用土地等。行政合同的最终目的是实现国家的利益，因而行政合同的内容必须符合法律、法规的规定，双方都无完全的自由处分权。而民事合同不同，虽然某些企业（特别是国有企业）订立民事合同的结果也可能是有利于公共利益，但就其本身来讲，其签订民事合同的目的是实现其自身的经济利益。

3. 签订行政合同的双方当事人地位不同。民事法律关系主体在确立、变更、终止民事法律关系时，相互之间是平等的。而行政合同则不同，它在成立之前，双方处于管理与被管理地位，合同的成立一般基于管理与被管理的关系。双方当事人地位不平等的特点在行政合同的其他特征中也有明显反映。

4. 行政合同以双方意思表示一致为前提。行政合同属于双方行政行为，单方行政行为仅有行政主体的意思表示即可成立，而双方行政行为则必须以双方意思表示一致为前提。当然，在履行行政合同的过程中，行政机关具有某些单方面的特权，如监督权、指挥权、合同变更权、解除权等。在某些国家，合同双方可以将这些特权通过协商的方式签订于合同中。而在行政合同法律理论比较发达的国家（如法国），行政机关则无须合同规定而自然具有上述权力。相对人只要签订的是行政合同，即使在具体的合同中未规定行政特权条款，也应视为其已就上述内容与行政机关协商一致。当然，双方意思表示一致并不等于双方的目的相同，行政主体签订行政合同是为了执行公务，行政相对人则是为了营利。

5. 在行政合同的履行、变更或解除中，行政机关享有行政优益权。行政合同中双方当事人不具有完全平等的法律地位，行政机关可以根据国家行政管理的需要，单方依法变更或解除合同，而作为另一方当事人的公民、法人或其他组织则不享有此种权利。行政机关之所以享有行政优益权，主要是因为行政合同的最终目的是为了国家的、公共的利益，国家为了保障行政机关有效地行使职权，履行职责，通过法律赋予行政机关以种种职务上的优益条件，以保证行政合同的正确执行。当然，行政主体单方面解除合同的权利的行使是有条件的，要受公平、合理、合法原则的支配。所谓"有条件"，是指合同缔结后出现了妨碍合同目的实现的客观条件。此外，行政机关要单方面解除合同，必须要有职权上和法律上的合理根据，并受公平、合理、合法原则的支配。行政机关非因相对人的过错而解除合同，导致相对人财产上受到损失的，应予以合理的补偿。

6. 行政合同纠纷通常通过行政法的救济途径解决。在我国，民事合同发生纠纷，由法院民事审判庭处理。在行政合同方面，由于尚未建立完善的法律制度，其纠纷处理途径尚未明确，但根据行政法原理，行政合同发生争议，应通过行政法的救济解决，法院行政审判庭应具有最终处理权。

（三）行政合同的作用

行政合同是一种富有弹性和灵活性的管理形式，它既不像行政命令行为那样僵硬，以免窒息相对人的主动性和创造性，也不像民事合同行为那样自由随便。行政合同虽有双方当事人的自由协商，但又以保留行政机关必要的行政优先权为其条件。它是行政命令、行政处罚、行政强制等管理手段的重要补充形式。因此，在各国行政管理实践中得到了广泛的应用。行政合同的作用主要表现在：

1. 从行政机关方面来说，订立行政合同既可以更好地行使行政职能，保证国家行政目标的实现，又可以因合同双方权利义务关系的明确性而避免相互扯皮、推诿，杜绝不负责任的官僚主义作风。

行政合同不同于一般的民事合同，行政机关作为实施国家政权的机关，在行政合同的订立或履行过程中起主导作用，它可以将国家要达到的行政目标通过行政合同的形式依法予以落实。在行政合同履行过程中，行政机关可以根据实际情况的变化单方修改、中止甚至撤销已经订立的行政合同，以保障行政目标的实现，而作为合同相对方的当事人则没有此项权利。但行政机关在行使这种特权时必须十分慎重，以尽量避免损害合同对方当事人的利益。

订立行政合同能使行政机关与行政相对人的权利义务关系相对确定和明晰。合同内容对于双方均是一种限制和制约。虽然行政机关在行政合同的签订和履行中享有行政优先权，但它也不能无视合同的规定而任意行为。即使由于种种原因需要改变或中止合同时，也要给相对人以相应的补偿。这样，既保证了国家行政目标的实现，也便于恰当合理地处理双方的责、权、利关系，以避免相互扯皮、相互推诿和不负责任的现象出现。

2. 从相对人来说，订立行政合同既可以使他们更好地发挥积极性和创造性，又可以使合同争议发生后控告有门、解决有据。在行政管理领域内正确运用行政合同这一法律形式，既可以保证行政权的正确运用，也可以充分发挥行政相对人的积极性和创造性。尤其在文化、科研、教育、资源开发等方面，用简单、强硬的行政命令手段往往难以奏效，因而在这些行政管理部门采用行政合同的管理方式就显得更为必要。

此外，订立行政合同可以使当事人双方一旦发生争议时控诉有门、解决有据。因此，通过签订行政合同，使二者的地位明确，各自的权利义务得以明晰，如果在履行合同中发生争议，当事人可以据此向法院提起诉讼，寻求法律保护或救济。

（四）行政合同与相关概念的联系与区别

1. 行政合同与民事合同的联系与区别。行政合同与民事合同的共同之处在于二者的合意性，即合同的成立以双方当事人意思表示一致为前提。但行政合同毕竟主要是居于优势地位的行政主体与行政相对人之间签订的合同，它有着与民事合同不同的特点。

行政主体在行政管理活动中，依照法律的明确规定，通过合同方式完成行政事务的，当然属于行政合同，其认定不会发生困难。如《行政处罚法》中规定的委托、《税法》中规定的担保合同等。但是，如果尚无《行政法》的明确规定，或者合同的内容不是行政事务的，就会发生争议。对这类合同性质的认定，可以以"合同标的"（或合同内容）作为区分标准。所谓"合同标的"，是指合同所设定的法律效果或当事人用以与该合同相结合的法律效果。以行政法法律效果为标的的合同为行政合同，以私法法律效果为标的的合同为私法合同。

另外，在行政合同中起主导作用的一方是行政主体，因而其意志自由就要受到比对方当事人更多的法律约束，包括权限约束、法律目的和基本原则约束，以及其他实体和程序的约束。也就是说，行政合同应与依法行政保持一致。这一点不同于民事合同中的意思自治，行政合同中的自由意志受到了更大程度的限制与约束。

2. 行政合同与一般行政行为的联系与区别。行政合同与一般行政行为（主要是具体行政行为），都是实现行政职能的手段、方式，它们都是针对特定事件所为的具有对外效果的行为。与具体行政行为相比，行政合同的特点在于它是行政机关与行政相对人的双方合意行为；具体行政行为则是由行政机关单方面作出的行为。由于这一基本差异，使二者在合法要件、法律效果、违法后果、效力变化以及强制执行的可能性上，也有一定的区别。行政合同属于具有法律效果的法律行为，因此与事实行为不同。行政合同也不同于依申请的行政行为，依申请的行政行为仍然是单方行政行为，而行政合同是双方行政行为，相对人的同意是行政合同成立的要件，如无行政相对人的同意则根本不能成立行政合同。

二、行政合同的范围与分类

（一）行政合同的范围

行政机关缔结行政合同不需要法律的专门特别授权，只要不存在禁止性法律规定。如果违反禁止性法律规定，那么该合同就是无效合同。在行政行为和行政合同的选择上，法律没有对行政机关提出强制性要求。法律允许行政机关优先以采取行政行为的方式处理行政事务。行政合同是在特别典型情况下对行政行为的替代，而不是一般意义上作为与行政行为同等价值的替代。对于不适于采取行政合同方式的行政事务，法律将对行政合同作出排除的规定，如德国对税务方面的行政管理，法律禁止使用行政合同。可见，不能随心所欲地把任何行政管理事项都纳入行政合同的范围。一般认为，以下几类行政管理事项可以纳入行政合同的范围，行政机关可以就这些事项与行政相对人缔结行政合同：①关系国计民生的事项。凡国计民生事项，必是行政机关履行职责的重点。行政合同的运用，保证了国计民生事项得以实现。②与人民群众自身生存相关的创造财富的事项。例如，粮食和农副产品的生产和供应对农民来说，既是在创造财富对社会做贡献，又与自己的切身利益息息相关。对于行政机关来说，保证供应是义务，保护关心农民的切身利益也是责任。行政合同可以解决这两方面的问题。③能够用具体指标量化的政府直接投资创建的基础设施。如交通、原材料、通信以及电力、自来水、热力、燃气供应等能源项目。④社会公共物品。提供社会公共物品是政府的义务，如建设市政设施、消防设施和公共文化休闲设施等。

（二）行政合同的分类

1. 根据合同双方当事人的地位，行政合同分为对等合同和不对等合同。这里作为划分标准的"地位"，是指合同当事人在自然状态下所处的事实上或法律上的地位，而不是缔约时所拥有的法律或形式上的地位，因为后种地位完全可以通过法律规定而拟制平等。

对等合同是由地位平等的当事人之间缔结的合同。在行政合同中属于对等合同的主要是由不具有隶属关系的行政主体之间签订的合同，如政府间就毗邻行政区域界线的争议所达成的协议（《行政区域边界争议处理条例》第3、14条）。在例外情况下，非行政主体之间亦有可能缔结对等合同，比如，两个企业为完成国家订货任务而签订的合同［《关于对部分生产资料实行国家订货的暂行管理办法（草案)》第4条］。

不对等合同是处于隶属关系的行政主体与其所属部门、人员或者行政相对人之间签订的行政合同。现实生活中政府签订的大部分合同都属于这一类。

2. 根据合同所基于的行政关系的范围，行政合同分为内部合同和外部合同。前者指行政机关相互之间或行政机关与其公务员之间签订的合同；后者指行政机关与公民、法人或其他组织之间签订的合同。

3. 根据合同事项所涉及的行政管理领域，行政合同分为工业、交通、农业、科教、卫生、教育等不同领域的专业合同。

目前，我国行政管理实践中的行政合同类型主要有：行政协作合同、行政招聘合同、公务执行合同、行政委托合同、特许经营合同、给付合同、科研与技术开发合同、行政捐赠合同、和解合同、损失补偿与损害赔偿合同。

三、行政合同的缔结

（一）行政合同的缔结原则

由于行政合同的行政性和合意性的双重性，使其在整个缔结过程中都区别于民事合同的成立过程而带有自身特征。行政机关缔结行政合同应遵循以下原则：

1. 适应行政需要的原则。行政机关缔结行政合同不能随心所欲，而必须出于行政需要，符合行政目标。这种需要并非由法律、法规明确规定，而是行政机关根据法律、法规的原则精神结合具体情况具体分析而决定的。订立行政合同既要符合公共利益的要求，又要照顾到相对人的合法利益；既要严密谨慎，又要大胆创新。

2. 不超越行政权限的原则。行政机关缔结行政合同，不能超出自己管辖的事务范围和权限范围，否则属于无效合同。

3. 合同内容合法的原则。行政合同对于国家法律和政策明令禁止的事项不得加以规定，行政机关不得就这些事项与管理相对人缔结行政合同。例如，国家已明令压缩的基本建设项目，行政机关不得与相对人就重建这些项目缔结行政合同。

（二）行政合同的缔结方式

行政合同的缔结方式主要有招标、拍卖、邀请发价、直接磋商等。

1. 招标。招标是指行政机关通过一定方式，公布一定的条件，向公众发出的以订立合同为目的的意思表示。招标人在发出招标公告前或公告后需要制定标底，标底不能公开。相对人按照招标人公布的资格和条件进行投标。行政机关经过评议后与提出最优条件的投标人签订合同。在行政合同相对发达的法国，招标是最常用的订立行政合同的方式。我国政府在国有土地有偿转让和公路工程建设过程中，也经常采用招标方式订立行政合同。以招标方式订立行政合同对行政相对一方来说拥有较大的自由选择权，但行政机关也可通过设立资格来限制行政相对一方参加招标。对行政机关来说，确定行政合同的缔约人只能是中标人，不能是中标人之外的其他行政相对人，以保护中标的行政相对人的合法权益。招标这种缔结行政合同的方式，可以防止营私舞弊和财政经费的浪费。《国务院科学技术拨款管理的暂行规定》《城镇国有土地使用权出让和转让暂行条例》等法律法规中均规定了这种缔约形式。

2. 拍卖。拍卖是指由行政机关通过预设的拍卖程序，由竞拍人参与竞拍，最后与出价最高者订立行政合同的一种方式。拍卖与招标形式不同，但其性质基本一致。两者的区别在于相互竞争的竞拍人彼此知道其他竞拍人的条件，可以随时改变自己要约的内容，最后由条件最优的竞拍人与拍卖人订立合同。从我国行政合同的实施来看，招标与拍卖适用的法律程序是不同的，选择订立行政合同的行政相对方也是有差别的，拍卖通常仅适用于国有资产的出让。

3. 邀请发价。行政机关基于政治、经济、技术等方面的原因，在招标时不一定与要价最低的相对方缔结合同，而是邀请他认为适当的人发价，而行政机关在参加投标的企业中有选择合同当事人的自由。这种程序一般也是采取公开的方式。

4. 直接磋商。在某些特定情况下，行政机关可以直接与其他组织或公民进行协商，签订合同。这种方式在民事合同中较为常见，而在行政合同的签订过程中则必须受到法律、法规的限制。例如，法国有关法律就直接规定，直接磋商方式主要用于下列事项：研究、试验和实验合同；招标和邀请发价没有取得结果的合同；情况紧急的合同；需要保密的合同；只能在某一地方履行的合同；需要利用专利权和其他专有权利的合同；需要利用特殊的高度专门技术的合同。

四、行政合同法律关系的内容

行政合同法律关系的内容，就是行政合同法律关系双方当事人所享有的权利和所承担的义务。应当说明的是，这里的权利义务不仅仅是指行政合同所设定的权利

第八章

义务，还包括缔约过程中双方当事人所享有的权利和所承担的义务。

（一）行政机关的权利和义务

1. 行政机关的权利。

（1）选择合同相对方的权利。行政机关在订立行政合同时，可以根据实际情况和要求选择适当的合同相对方，对于某些行政合同，作为行政相对人的组织和个人如没有法律规定的理由和依据，一般不能拒绝行政机关选择其为相应行政合同的当事人。

（2）对合同履行的监督权和指挥权。行政机关在行政合同中具有双重身份，既是合同的一方，受合同的约束，同时它又代表国家行使行政管理权。在执行合同的过程中，行政机关对合同的履行不仅有监督和控制的权力，而且在某些情况下对合同的具体执行有指挥权。

（3）单方面变更和解除合同的权利。在行政合同的履行过程中，行政机关根据国家法律、政策或计划的变更，以及公共利益的需要，有权变更或解除合同，不必取得相对人的同意。但是，这种权利的行使不是没有限制的，其限制主要表现在：①这种权力只能在公共利益需要的限度以内行使；②不能变更或解除与公共利益无关的条款；③对相对人因变更或解除合同所造成的损失应予以补偿；④行政机关单方面的变更超过一定的限度或接近一个全新的义务时，相对方可以请求另订合同。

（4）对不履行或不适当履行合同义务的相对人的制裁权。如果相对人违反合同，行政机关具有制裁的权力。行政机关行使这一权力的目的，不仅是处罚违反合同的当事人，更主要的是保证公务的实施。因此，制裁权是行政机关保障行政合同履行的一种特权。行政机关的制裁权是一种当然的权力，不论合同中有无规定，它都可以依照职权行使。

2. 行政机关的义务。

（1）依法履行合同的义务。行政机关作为行政合同的主要一方当事人，本身具有优越的地位。这种优越的地位不意味着行政机关可以不依法履行义务。在行政合同的履行中强调行政机关依法履行合同义务具有重要意义。

（2）保证兑现其应给予合同相对方的优惠或照顾的义务。在行政合同中规定的优惠或照顾条件，对于相对方履行合同义务极其重要，也是行政主体吸引相对方的有利条件。因此，一旦以合同形式将其确定下来，行政机关就有义务保证其兑现，不允许随意更改或打折扣。

（3）给予相对方物质损害赔偿或补偿的义务。在履行行政合同过程中，凡是因行政机关的原因引起合同的变更、解除，从而使相对方受到物质损害的，行政机关有义务根据有关规定和实际损害情况进行赔偿或补偿。

（4）按照合同规定给付价金的义务。

第八章

（二）相对方的权利和义务

1. 相对方的权利。

（1）取得报酬权。相对方的报酬通常是在合同中规定的，也可能直接由法律、法规规定。行政合同中的报酬，通常为对相对方提供的服务或产品的价金。此外，行政合同也可能给予相对方以其他形式的利益。例如，可以在合同中规定允许相对方利用行政机关的公产、设备或资料，在相对方需要大量投资而本身力所不及时，行政机关可协助其解决。行政合同还可规定给予相对方价金以外的其他经济利益，如贷款、津贴、提供担保、减轻或免除赋税等。行政合同的报酬条款与其他关于公务的组织和执行的条款不同，不能由行政机关单方面变更。

（2）损害赔偿请求权和特权行为损害的补偿权。损害赔偿请求权是类似民事合同的一项权利。相对方由于行政机关的过失受到损害时，可以请求法院判决行政机关赔偿损失。所谓特权行为损害的补偿权，是指行政机关在签订合同以后，由于公共利益的需要，单方面变更或终止合同的特权行为造成相对方的损害时，相对方以其损害为由提出要求行政机关予以补偿的权利。相对方由于行政机关的特权行为而造成或增加的全部负担（损害），不论具体合同中有无规定，都可以请求行政机关予以补偿。享有这种补偿的请求权是行政合同制度的一个重要原则。它既是维护当事人经济利益平衡的需要，也是公共利益的需要。当然，相对方补偿权的范围只能以实际损失为限，不能期求过高的利益。为了避免计算实际损失困难起见，也可以在合同中预先规定一个补偿数额。

（3）不可预见的困难或情况的补偿权。行政合同在履行的过程中，有时可能出现当事人订约时所不能预见的情况或困难，从而使合同的履行虽然不是不可能，但已使相对方遭受极大的损失，使履行合同极端困难，这种情况或困难称为不可预见的情况或困难。例如，在公共工程进行中遇到当初所不可预见的地质结构变化；在农产品订购合同的履行中，遇到当初所不可预见的特大洪涝灾害等。相对人在履行行政合同中遇到不可预见的情况或困难时，有权请求行政机关共同承担损失，或请求行政机关予以补偿。

2. 相对方的义务。

（1）按照合同规定的要求和期限认真履行合同的义务。

（2）接受行政机关管理监督和指挥的义务。

五、行政合同的履行

（一）行政合同履行的原则

行政合同依法成立后，在当事人之间产生了法律约束的效力，双方当事人必须全面、正确、及时地履行合同。行政合同的履行，必须遵循如下原则：

1. 实际履行。行政合同所确立的内容必须获得实现，否则行政职能的实现就会受到影响。实际履行要求缔约双方当事人按照合同的约定履行，而不能任意变更或者使用其他方法（如违约金或赔偿损失）取代合同的履行。只要公共利益需要，而当事人又有能力履行并且没有法定理由免除的，就必须实际履行。

2. 自己履行。行政合同缔结后，原则上应由当事人自己履行，不能由他人代替履行或分包。只要没有取得行政主体的同意，当事人就不得自行更换，也不得委托给其他人代为履行。

3. 全面、适当、及时履行。行政合同应获得全面、适当、及时地履行，在任何条款上都不得违反合同的规定，不能只履行其中的一部分条款，对其他部分条款置之不理，也不能对合同的标的、履行时间、履行地点、履行方式等进行任意变更。

（二）行政合同的变更

行政合同的变更是指现存行政合同基于行政机关的裁量或其他法律事实，在不改变现存合同性质的基础上，对涉及合同主体、客体、内容的条款作相应的修改、补充或限制。

行政合同的变更要基于以下两种理由：

1. 行政机关为满足公共利益的需要行使裁量权，单方面变更合同。

2. 因一定的法律事实的出现而导致行政合同的变更，如不可抗力等。

行政合同变更后，原合同不再履行，双方当事人按变更后的权利义务关系行使权利，履行义务。因行政机关单方面变更行政合同的，行政机关应对相对方因此受到的损失进行补偿。

（三）行政合同的解除

行政合同的解除是指行政合同当事人一方尚未履行或尚未全面履行时，双方当事人提前结束约定的权利义务关系。

行政合同的解除方式有两种：

1. 单方解除，即行政机关基于自己单方的意思表示即可产生解除效力的解除方式。

2. 协议解除，即相对方提出解除合同的意思表示，在征得行政机关同意后提前终止行政合同的效力。

行政合同解除后，双方当事人之间合同关系终止，彼此不再享有原合同规定的权利和承担相应的义务。因行政机关单方面解除行政合同的，行政机关应对相对方因此受到的损失进行补偿。

行政合同的终止主要有下述情形：

1. 合同履行完毕或者合同期限届满。

2. 双方当事人同意解除。

3. 行政机关依法律或政策规定以及出于公共利益的需要，单方面解除合同。

4. 因不可抗力导致合同履行不能。

5. 行政机关因相对方的过错而宣布解除合同。

6. 因行政机关有严重过错，法院可根据相对方的申请依法判决解除合同。

第
八
章

六、行政合同的法律控制

（一）立法控制

对行政合同问题进行立法控制，主要有三种模式：①制定单行的《行政合同法》，这种模式很少见，主要是我国一些学者所主张的一种模式；②在《行政程序法》中列专门章节规定行政合同的问题，主要为德国、日本、韩国所采用；③分散于各种单行法中，即我国现在的做法。

我国现在所采用的这种分散模式，远远不能满足实践发展的需要，我们认为，在《行政程序法》中列专章对行政合同的问题加以规定的立法模式是适应我国现在的国情的：①有较成熟的国际经验可兹借鉴；②在对行政合同的实体内容没有充分把握的情况下，先对基本程序问题进行规定，会推动行政合同制度的发展；③我国大量分散的单行法已对行政合同问题进行了规定，并且已有一定的实践经验；④行政程序法的制定已被提上了立法日程，错过了这次机会，就只有等待制定行政合同法典的那一天，而行政合同法典的制定所需要的实践和理论积淀绝不是短期可完成的。

（二）程序控制

由于我国程序法不发达，对行政合同的相关规定又散见于各单行法中，对行政合同的程序性规定几乎可以忽略。在国外，对行政合同进行程序控制的规则主要包括：告知制度、咨询公开制度、缔约方式选择制度、听证制度、书面合同制度和时效制度。虽然这些制度目前在我国还不是可以实际操作的规则，但在我国正在讨论制定行政程序法的形势下，对它们的研究还是可以起到借鉴的作用。

（三）行政合同的法律救济

在我国，由于对行政合同这种管理手段的运用起步较晚，在理论和实践性上的探索也较为肤浅，因而还没有形成一整套较为完备的制度和程序。

根据我国目前解决行政争议的体制，行政合同纠纷解决的途径主要有两种：①由行政机关处理的途径。在我国，对内部行政合同纠纷的处理，主要是通过行政调解、行政复议或者行政裁决三种具体方法来解决。②由司法机关处理的途径。在我国，此种处理途径多适用于外部行政合同纠纷的解决。行政合同纠纷属于行政纠纷，理应通过行政救济途径解决。但我国《行政诉讼法》关于行政诉讼受案范围的规定使行政合同纠纷无法纳入法院的司法审查范围（行政诉讼的标的是具体行政行为），因此需要修改《行政诉讼法》的规定。行政合同纠纷可以适用调解，这是与一般行政纠纷解决的不同之处。另外，行政合同纠纷承担的责任形式主要是赔偿责任。在处理行政合同纠纷确定赔偿责任时，可以适用民事法律的有关规定；如果涉及强制履行合同等法律责任，应当适用行政法律的有关规定。

第二节　行政指导

一、行政指导的概念与特征

（一）行政指导的概念

行政指导是指行政主体在其职责任务或其所管辖的事务范围内，为适应复杂多变的经济和社会生活的需要，基于国家的法律原则和政策，适时灵活地采用非强制手段，在行政相对人的同意或协助下，以有效地实现一定的行政目的，不直接产生法律效果的行为。行政指导概念的含义有：

1. 行政主体实施行政指导是根据其职责和承担的具体任务的要求进行的，只要属于其管辖范围内的事务，行政主体均可实施行政指导。

2. 实施行政指导的原因和目的是适应现代市场经济条件下日益复杂多变的社会、经济生活对行政管理的需要，以弥补传统行政法的不足。

3. 有一些行政指导行为有具体的法律依据，但多数行政指导行为则是基于法律原则以及行政组织法上的职能规定作出的，有的则是直接根据国家政策而适时灵活地作出的。

4. 行政指导行为不具有强制力，行政相对人可自主决定接受或配合与否，因而不直接产生行政法律后果，这使它明显区别于行政立法、行政命令、行政强制、行政裁决等行为。

（二）行政指导的特征

1. 行政指导是行政主体的社会管理行为，是一种外部行为。只有具有行政主体资格的行政机关和法律法规授权的组织才能实施行政指导行为。行政指导是行政主体对行政相对人作出的行为，行政机关内部虽也存在指导关系，如上下级业务部门的业务指导，但行政指导不同于行政组织系统内部上下级行政机关之间基于行政隶属关系、监督关系而产生的指导、监督等内部行为。

2. 行政指导适用的范围极其广泛，其方法多种多样。法律对行政指导具体方法没有作出明确的羁束性规定，而是由行政主体根据法定的职责任务和管辖事务的范围灵活采取具体的指导方法，如引导、劝告、建议、协商、示范、制定导向性政策、发布官方信息等。

3. 行政指导属于"积极行政"的范畴，符合积极行政的法治原则，是对传统的"消极行政"和传统上的依法行政原则的必要的补充。传统行政主要是"消极行政"，政府扮演"守夜人"的警察角色，对社会生活尤其是经济活动很少主动干预。在现代市场经济条件下，社会经济生活日趋复杂化和多样化，政府为了平衡社会整体利益和个人利益，兼顾公平与效率，注重降低社会成本和增进社会福利，消极行政已不能满足客观需要。这就要求行政主体从实现一定行政目的，特别是从社会经济发展的目的出发，实施积极的行动，包括采取行政指导方式，补充单纯法律强制手段的不足。行政指导行为是在不违背法律原则和精神的前提下，为实现一定的行政目的而作出的，符合积极行政的法治原则，是对传统上依法行政原则的一种必要补充。

4. 行政指导是行政主体单方面的意思表示，属于单方行为。行政主体实施行政指导的目的在于取得行政相对人的同意与协助，实现其所期望的行政目标，其意志实现的方式既区别于行政合同那样双方意思达成一致才告成立的双方行为，也区别于行政命令那种以法律后果的威慑强制相对人采取某种行为，行政指导行为不直接引起相对人必须履行某一相应行为的义务。

5. 行政指导是一种不具有法律强制力的行为。与具有强制力的行政命令行为不同，行政指导主要以指导、劝告、建议、鼓励等柔性、非强制性的方式进行，并辅以利益诱导机制，向特定行政相对人施加作用和影响，以促使其为一定行为或不为一定行为，从而达到一定的行政目的。行政指导由行政主体作出后，相对人如不服从，通常不适用行政处罚或行政强制执行等处理手段。

二、行政指导的作用

1. 补充和替代作用。我国现阶段经济和社会生活迅速发展和变化，难免会出现立法跟不上、存在"法律空白"的现象，为补充法律手段之不足，行政机关有必要及时灵活地采取行政指导措施调整有关事项。即使在某些已有具体法律规定的场合，如采用法律强制手段尚不必要或可能效果较差，可以采取行政指导措施来替代法律手段进行调整，以更为有效地实现行政目标。

2. 引导和促进作用。由于行政机关在掌握知识、信息、政策等方面的优越性，其实施行政指导能有效地引导行政相对人进行有关行为的正确选择，从而有利于促进社会经济与科技的健康发展。特别是在我国向市场经济体制转轨的过程中，行政指导更具有一种导向和促进作用，能够合理引导、影响行政相对人的行为选择，保障社会主义市场经济顺利进行。

3. 协调和疏导作用。社会生活的多元主体之间的利益冲突和矛盾是难免的，为避免这种利益冲突和矛盾对正常社会经济秩序的干扰和破坏，需要通过各种途径和手段对其进行协调，而行政指导正是一种灵活有效的协调手段。

由于行政指导的非强制性和自主抉择性，使其在缓解和平衡各种利益主体间的矛盾和冲突中具有特别有效的作用。尤其是对于社会经济组织之间的冲突，更需要通过行政指导进行协调和斡旋。此外，对于某些一时发生隔阂、阻碍的社会关系，也需要采取行政指导及时地予以疏通和调停。

4. 预防和抑制作用。在现实生活中，某些社会组织和个人往往存在一种为增加自身利益而不惜损害社会利益的倾向。对此需要通过某种外在影响力加以适当抑制。在损害社会利益的行为尚处于萌芽状态时，最宜采用行政指导这种非强制性的积极行政方式进行调整。实践证明，行政指导对于可能发生的妨害社会经济秩序和社会公益的行为，可以起到防患于未然的作用；对于刚萌芽的妨害行为，则可以起到防微杜渐的抑制作用。

三、行政指导的内容与形式

（一）行政指导的内容

我国行政指导的内容主要有：

1. 指导、引导、辅导。由行政机关给予行政相对人以具体的指示教导、指点带领、指导帮助，使其自愿按符合行政目标的方向去作出行为和发展。

2. 劝告、劝导、规劝。行政机关通过讲道理，启发、开导行政相对人，劝其改正错误或接受意见，包括在特殊情况下以郑重、规范的方式加以劝告。

3. 告诫、劝诫、提醒。行政机关以恳切而严厉的态度劝告、提醒行政相对人改正缺点错误，避免将来再犯类似错误，或把行政相对人没有想到或想不到的问题和事项提出来，促使其加以注意和警惕，避免不必要的错误和损失。

4. 建议、意见、主张。行政机关根据社会管理需要和实现行政目标的要求，向行政相对人提出建议，供其选择、采纳，或面向社会公开发表自己的意见和主张，听凭行政相对人接受、采纳。

5. 商讨、协商、沟通。行政机关为了社会公益而与行政相对人商量、讨论、交换意见，以便取得一致意见，从而解决某些较大、较复杂的问题，求得行政相对人对行政机关某些活动的理解和主动配合。

6. 赞成（或反对）、表彰、提倡。行政机关针对行政相对人的某种言行，公开表明赞同与否的态度，或对本行政区域内出现的好人好事公开赞扬，提出其优点，鼓励大家学习和实践，从而形成一种官方导向。

7. 示范、推广、宣传。行政机关作出或选择某种可供学习的具体典范，向行政相对人说明讲解，使其相信并自愿照着去做，以榜样的力量来扩大某种事物推行的范围或起作用的范围及其效果。

8. 鼓励、勉励、奖励。行政机关采取精神的或物质的手段，来激发鼓励行政相对人自愿按照符合社会公益、有利于实现行政目的，同时也符合相对人的长远、总体利益的方向去努力。

9. 调解、协调、斡旋。行政机关主动或根据行政相对人的要求采取某些措施来协调争执双方的关系，劝说发生争执的行政相对人各方消除误解、作出让步、达成妥协，从而化解纠纷、达成共识，促进社会稳定与协调发展。

10. 指导性计划、规划。市场经济并不一概排斥行政计划，特别是指导性计划的作用不可替代和忽视。指导性计划、规划，是广义行政指导的重要内容和主要方式。

11. 导向性政策。行政机关为促进经济与社会发展，专门发布某项行政政策，如产业政策、财政政策、货币政策等，在一定时期内实施于本行政区域，通过利益诱导机制来影响行政相对人的行为。

12. 发布官方信息。现代社会是信息社会，及时、准确、系统的信息对于行政相对人来说至关重要。由具有信息收集、整理和运用等方面优势的行政机关发布官方信息，提供优质的信息服务，这无疑有利于正确引导行政相对人的行为选择，保证经济与社会生活的健康运行。

（二）行政指导的分类

1. 以有无法律根据为标准，分为有法律根据的行政指导和无法律根据的行政指导。前者是指法律、法规、规章明文规定的行政指导，后者是指没有法律明文规定的行政指导。前者如《全民所有制工业企业法》第56条规定，政府要指导企业制定发展规划；《全民所有制工业企业转换经营机制条例》第43条规定，政府要利用经济杠杆和价格政策引导企业行为，运用产业政策引导企业组织结构调整。无法律依据的行政指导在实践中则更为普遍，例如，行政机关通过召开会议，发布座谈纪要或者公布某种信息情报；对相对人直接提出某种建议、劝告，引导相对人的行为符合行政机关的某种行政意图；等等。

2. 行政指导以其指导层次为标准，分为宏观行政指导和个别行政指导。前者指行政机关对不特定的行业和相对人进行的行政指导，如1989年3月15日《国务院关于当前产业政策要点的决定》和1994年4月国务院发布的《90年代国家产业政策纲要》，就属于对我国整个国民经济产业结构进行调整的宏观指导；后者指针对特定的行业、地区和相对人进行的行政指导，如某行政机关针对某企业经营不善或不良行为，在尚未达到违法或违法情节极为轻微的情况下对其给予劝告或警告等。再如，由于志愿填报不当，2002年湖北省有近200名600分以上考生面临第一批本科院校录取落选。为保护这些高分考生，湖北省招生办公室在第一批录取结束前，通过主动与有关高校联系，逐个与考生打电话，建议专业调剂。[1]这些劝告、警告或者建议都是一种针对特定相对人的行政指导，属于个别指导，因为接受指导的考生和企业都是特定的。

3. 行政指导以其作用的性质为标准，分为促进性指导和限制性指导。前者指行政机关通过采取鼓励性措施等方式，促进行政相对人积极作为而进行的指导。后者指行政机关以限制行政相对人的行为为目的而进行的指导。例如，国务院颁布的《指导外商投资方向目录》，明确了外商投资的项目种类，尤其具体规定了鼓励类、限制类和禁止类的范围。

4. 行政指导以行业或部门管理领域为标准，分为教育、科技、商业、对外贸易等若干类别。如国家教委1991年发布的《教育督导暂行规定》，1993年国务院同意国家教委发布的《关于加快改革和积极发展普通高等教育的意见的通知》等，均属

第八章

---

[1] 佚名："省招办连打两天电话'挽救'近二百名高分考生"，载《长江日报》2002年8月20日。

于教育行政指导。

5. 行政指导以其功能为标准，分为管制型行政指导、调整性行政指导、促进性行政指导。管制性行政指导是指对于妨害秩序或公益的行为加以预防或抑制。调整性行政指导是指相对人相互之间发生争执，自行协商不成时，行政主体出面调停以达成妥协。促进性行政指导是指行政主体为了促使行政相对人的行为合法化而给予的行政指导。

四、行政指导的原则

1. 合法原则。合法原则总的要求是行政指导行为不得违反法治的基本精神原则和具体规范，不得违反基本法理。具体来说合法原则有四个层次的要求：①任何层次的行政行为规范如果已就行政指导作出具体规定，则应从其规定而实施行政指导行为；②如无此种具体规定，行政机关可按行政组织法的一般规定，在其职能、职责或管辖事务范围内实施行政指导行为；③如无此种一般规定，行政机关可依据宪法和有关法律对该行政机关及该领域事务作出符合最一般规定或立法目的、立法精神的行政指导行为；④实施行政指导行为不得违背一些基本的法理，如比例原则、诚信原则等，同时必须具有正当性和可信度。

2. 自愿原则。自愿原则要求行政机关实施行政指导行为时，不能像采取行政命令行为那样不考虑行政相对人的意愿，而是必须充分尊重行政相对人的自主权利，只能采取指导、劝告、建议、说服、调停、沟通等非强制方式，通过行政相对人自愿同意或协力去达到行政目的。也即行政相对人接受行政指导与否听凭其自愿，由其自主决定是否为一定作为或不作为。

3. 公开原则。从一些国家的行政实务来看，由于行政指导在操作中因缺乏透明度和带有某种隐秘性而产生不公正、变相强制性等诸多弊端，所以坚持公开原则，增加指导行为的透明度，是非常重要的。必须采取有效措施增强行政指导行为的公开性和透明度，包括向受指导方明示此项行政指导的目的、内容及负责指导者，在对相对人提出要求时应采取书面形式等，这是实现行政指导法治化的重要前提条件。

五、行政指导的法律控制

对行政指导的法律控制，实际上可以归纳为三个问题，即行政指导的法律依据、行政指导的程序控制、行政指导的法律救济。

（一）行政指导的法律依据

从法治行政的要求看，一切行政行为均要有法律的授权，这是由行政权的特征所决定的，也是法律保留和法律优先原则的具体体现。应该说，对行政指导这种行政行为，只要有组织法上的依据即可，而不必强求一定要有具体行为法上的依据，也即以组织法为其最后的保留领域，如果对行政指导仍坚持传统的法律保留原则，那么就失去了其存在的理由。行政机关只要在组织法规定的职权和所管辖的事务范围内，均有权采用行政指导的方法进行有关事项的管理。"行政指导的作用不仅从行政指导的相对人来判断，而且也应该从与此有关的国民各种权利自由与宪法价值序列关系及行政目的等方面进行判断。"[1]行政指导是行政自由裁量权的一种表现，它可以根据行政权对宪政下的行政权价值作出机动权较大的自由判断，最终为达到行政目的服务。但是，任何行政指导，即使不是针对特定相对人的行政指导，也不允许超越组织法所规定的范围而随心所欲地进行。因为"一切行政活动不得与法律相抵触，行政指导也必须合法化。因此不允许行政指导超越有关行政机关组织法规定的权限"。[2]行政组织法的法律依据控制了行政指导的合目的性。另外，除有组织法的依据外，行政指导还必须符合法律规定的一般原则，也即行政指导还要受一般法律原则的拘束。

（二）行政指导的程序控制

由于行政指导的广泛性、灵活性、隐秘性等特性，以及以组织法为其最后的保留原则，使得对行政指导的法律程序控制具有了特别重要的意义。

行政指导的程序规则从总体上来讲适用行政程序的一般程序规则。具体来说，抽象行政指导适用诸如行政立法等抽象行政行为的一般程序规则，具体行政指导适用具体行政行为的一般程序规则。但由于行政指导的特殊性，在适用一般行政行为程序规则时，又不可机械从事，这特别表现在具体行政指导方面。一般地说，对于那些带有规制、抑制、纠正性质的具体行政指导，其具体程序大致包括：采用书面形式、指导内容及过程公开、说明实施指导的理由依据、提供给不服从指导者在被公布姓名之前陈述意见的机会等。对于那些带有授益、助成、诱导、预防性质的行政指导，诸如公民生活、学习、消费、就业等的指导，在行政程序方面的要求则可以相对宽松。

（三）行政指导的法律救济

对行政指导的救济一般可以通过承认错误、赔礼道歉、责令履行、补偿损失等方式来进行，至于能否提起行政复议或行政诉讼则要具体分析。如果行政指导是纯指导性的，即当事人完全出于自愿而作出响应的，由此而造成损害，不能提起行政复议或行政诉讼。如果认为行政指导不当，可以提出申诉。如果因错误行政指导而造成严重损失，则可提出补偿，其程序与一般补偿程序相同。但如果行政指导实际上是强制性的，就可看成是具体行政行为，可以申请复议或提起行政诉讼，谋求司法救济。

〔1〕〔日〕室井力主编：《日本现代行政法》，吴微译，中国政法大学出版社1995年版，第154页。
〔2〕〔日〕室井力主编：《日本现代行政法》，吴微译，中国政法大学出版社1995年版，第155页。

第九章

行政程序

第一节　行政程序概述

一、行政程序的概念

《辞海》将程序定义为："按时间先后或依次安排的工作步骤。"[1]在法律理论中，我们所了解的程序有专门的含义，它是法律意义上的程序即法律程序。程序是法理念不可或缺的要素，可以说没有程序就没有法，公正的法治秩序是正义的基本要求，而法治取决于一定形式的正当过程，正当过程又主要通过程序来体现。从法学角度来看，法律程序一般是人们遵循法定的时限和时序并按照法定的方式和关系进行法律行为，在这个意义上，法律程序有三个特点：①法律程序是针对特定的行为而作出要求的。②法律程序是由时间要求和空间要求构成的，换言之，法律程序是以法定时间和法定空间方式作为基本要素的。③法律程序具有一定的形式。

行政程序是由行政行为的方式、步骤、形式、时限和顺序构成的行政行为的过程，同时也是确保这一过程现实化的各种措施和手段在时间和空间上的存续和展开。理解行政程序应该注意如下方面：①行政程序主要是指行政主体实施行政行为的程序，行政相对方往往处于受支配的和被动的地位，因而行政程序更多地适用于行政主体。②行政程序是行政行为所包含的一定程序要素，对于正式的行政行为，这些程序要素主要是过程、步骤、方式、形式、时限、顺序。对于某些非正式的行政行为，可能只具备其中的部分要素。③行政程序是预先设定的。④行政程序是对行政职权的限制，也是公民参与行政活动的程序。

二、行政程序的分类

为了能够对行政程序作进一步的分析，行政程序依据不同的标准可以进行不同的分类，对行政程序的种类进行科学的划分，有助于行政主体实施行政行为，也有

---

[1]　辞海编辑委员会编：《辞海》（缩印本），上海辞书出版社1980年版，第1752页。

助于行政相对方及时有效地保护自己的合法权益。

（一）内部行政程序和外部行政程序

这是根据行政程序适用的范围所作的分类。所谓内部行政程序，是指行政主体内部行政事务的运作程序。凡是基于上下级行政机关的领导监督关系或对等行政机关的制约协调关系而发生的程序都属于内部行政程序。如内部行政机构的设置、撤销、变更等程序，上下级部门间的审批程序、工作汇报程序，机关之间的监督程序、考核程序等。内部行政程序一般不直接影响相对人的权利义务。所谓外部行政程序，是指行政主体在对外实施行政管理行为时所应遵循的程序，如行政许可的程序，行政处罚的程序等。外部行政程序一般与相对人的权利、义务密切相关。研究行政程序主要是研究外部行政程序，外部行政程序是行政程序法理论研究的核心所在。

（二）具体行政程序和抽象行政程序

这是根据行政行为的性质所作的分类。具体行政程序是指行政主体实施行政许可、行政处罚、行政裁决等具体行政行为过程中所应该遵循的程序。具体行政程序具有相对的具体性和前溯性，针对特定的人或事而采取的，在时限上一般只对既往事件发生效力。因此，如果具体行政程序违法，对行政相对人的合法权益产生的影响是直接的。

抽象行政程序是指行政主体在立法及制定其他规范性文件过程中所应该遵循的程序。抽象行政程序具有普遍性和后及性的特点，是针对某类人或事普遍适用的，且在时限上一般只面向未来发生效力。因此，如果抽象行政程序违法，不会直接对行政相对人的合法权益产生影响。

（三）事前行政程序和事后行政程序

这是按照行政程序适用的时间不同所作的分类。所谓事前行政程序，是指行政行为或其他管理行为实施前或实施过程中应遵循的程序，如行政处理决定过程中的调查程序，行政立法过程中的征求意见程序等。所谓事后程序，是指行政行为或其他管理行为实施后，为保障其行为的合法性与正当性而适用的程序，如行政系统内部监督程序，给予行政救济的行政复议程序等。无论是事前程序还是事后程序，其目的都在于保障相对人的合法权益，监督控制行政权力。

（四）强制性行政程序和任意性行政程序

这是按照行政主体在作出行政行为的过程中法律对程序是否有明确规定和要求为标准所作的分类。所谓强制性程序，是指行政主体必须严格遵守的程序，一般由法律、法规明确加以规定。行政主体实施行政行为时，违反强制性程序会导致该行为的被撤销。行政管理中与相对人权利义务密切相关，或产生重大影响的行为，如作出某项重大决定，须采用强制性行政程序。所谓任意性程序，是指行政机关在进行管理时，享有一定的自由度，可以选择适用的程序，任意性程序有的由法律规定，有的因为管理需要，而由行政机关采用。任意性程序的存在是由行政管理的多样性，富于变动性所决定的。对于任意性程序来说，主要存在是否合理的问题。区分强制性程序与任意性程序的目的在于认识它们各自的适用范围，进一步加强对行政权力的监督和控制。同样值得指出的是，这种程序的划分并不是绝对的，根据管理的需要和效率、民主的要求，两种程序可以相互转换。

三、行政程序的法律价值[1]

从各国行政程序立法的社会历史背景和规定的内容分析，行政程序基本法律价值在于以下几点：

（一）扩大公民参政权行使的途径

传统的公民参政途径和程序已经无法满足公民日益增强的权利主体意识的需要，随着民主宪政思想的深入人心，公民要求更多地参与到国家的各项管理活动中，直接表达自己的意志。行政程序可以让公民越过自己的代表直接介入行政权的行使过程，不仅使公民能够有效地监督行政行为的行使，而且使公民可以及时保护本人的合法权益，如行政立法程序中的听证制度保证了公民直接参与行政立法。

（二）保护相对人的程序权益

传统的行政法学理论将行政法的基本功能立足于对行政相对人实体权益的保护上，而对行政相对人的程序权益却关注甚少。任何法律实体权利如没有相应的法律程序权益予以保障，则立法赋予再多的法律实体权利也是没有任何意义的。行政程序不仅规定了各种事后救济手段和程序，如行政申诉和行政复议等，而且在事前和事中也设置了种种程序保障，如听证程序、辩护程序等。行政相对人通过这一系列的程序可以参与行政行为，了解行政信息，表达自己的意志，从而使自己的实体权益得到充分的保障和救济。

（三）提高行政效率

也许有人认为，行政程序只会给行政主体行使行政职权增加过多的步骤、方式，从而妨碍提高行政效率，这种观点不尽全面、合理。实际上，从各国规定的行政程序法的实践看，为行政主体行使行政职权而设置的行政程序，不仅可以保障行政目的的实现，而且有利于减少怠于行政现象，从而提高行政效率。

（四）监督行政主体依法行使职权

行政程序本身所具有的可控制行政行为的功能，决定了行政程序具有监督行政主体依法行使职权的作用。在行政程序中，行政主体依法行使行政职权体现在行政主体应给予行政相对人同等、充分的机会来陈述理由和要求，明确告知相关程序及其程序终结后的法律后果上面。同时，行政主体不得基于不正当的动机来解释有关

第九章

---

〔1〕　行政程序的外在工具主义价值，即保障实体法实现的价值无疑得到普遍认识，传统观点认为程序的启动一般都以实现实体法的内容为目的。程序法则是如何实现实体法内容的手段性法律规范。通过对法治的实践分析，程序还有独立于实体法的内在价值。

行政程序的模糊概念，从而达到偏袒一方行政相对人或本人的利益。因此，各国都将听证、告知、回避等法律制度列为行政程序法不可缺少的内容，旨在监督行政主体依法行政。

第二节　行政程序的基本原则

一、程序公开原则

程序公开原则是指用以规范行政权的行政程序，除涉及国家机密、商业秘密或者个人隐私外，应该一律向行政相对人和社会公开。行政相对人因此可以通过参与行政程序维护自己的合法权益，社会民众因此可以通过公开的行政程序，监督行政主体依法实施行政行为。

行政公开原则的要求主要有下述三项：

（一）行使行政行为的依据公开

如果作出行政行为的依据是抽象的，必须事先以法定形式向社会公布。如果作出行政行为的依据是具体的，必须在作出决定以前将该依据以法定形式告知相关的行政相对人。我国《行政处罚法》第31条已有这方面的规定。

（二）行使行政职权的过程公开

行政职权行使过程中的公开一般包括行政资讯的公开以及听证程序的建立两个方面。行政主体进行执法行为，对相对人的权益会产生一定的影响，其执法行为的标准、条件、程序和手续都应当公开。在作出影响相对人权益的决定前，应该召开听证会，由其表达意见、提供证据，行政主体对有关问题的质疑或者有关情况应当予以说明、解释。

（三）行政决定公开

行政主体在作出行政决定之后，应当将决定的内容以法定的形式向相关人及社会公开，使相对人在不服行政决定时能及时行使行政救济权。没有公开的行政决定不能产生法律效力，不具有执行力。

二、程序公正、公平原则

程序公正、公平是指行政主体行使行政权应当公正、公平，尤其是公正、公平地行使行政自由裁量权。行政主体公正、公平地行使行政权力，对于行政主体来说，是树立行政权威的源泉；对于行政相对人和社会来说，是信任行政权的基础，也是行政权具有执行力量的保证。

程序公正、公平原则应该包括如下内容：

（一）行政程序立法应当赋予行政相对人应有的行政程序权利

由于行政相对人在行政实体法律关系中处于劣势的法律地位，要确保行政相对人能够依法维护自身的合法权益，监督行政主体依法实施行政行为，在行政程序法律关系中必须为行政相对人确立相应的权利，同时为行政主体设置相应的行政程序义务，以确保程序公正、公平原则在行政程序立法时得以体现。

（二）行政主体所选择的行政程序必须符合客观情况，具有可行性

当法律规定行政主体具有行政程序自由裁量权时，行政主体必须充分考虑所选择的行政程序是否具有可行性。缺乏可行性的行政程序，既不能确保行政主体公正、公平地行使行政权力，也不能使行政相对人维护自身的合法权益。

（三）行政主体所选择的行政程序必须符合规律或者常规，具有科学性

客观规律和常规体现了人们对客观事物的认同性。在行政程序的选择上，如果行政主体违背这种认同性，不仅难以达到行使行政权力的目的，而且可能会引发社会的不满情绪，增加行政主体管理社会事务的难度。因此，行政主体必须受程序公正、公平原则约束，所作出的行政行为才会为社会接受，从而获得社会力量的支持，达到行使行政权的目的。

（四）行政主体所选择的行政程序必须符合社会公共道德，具有合理性

人们的许多行为在接受法律规范的同时，也受着社会公共道德的约束，所以，行政主体的行政行为必须充分体现社会公共道德所蕴含的公平内容和尽可能体现社会绝大部分人的利益和要求。

（五）行政主体所选择的行政程序必须符合社会一般公正心态，具有正当性

行政主体必须在公正心态支配下实施行政行为，不考虑相关的因素或考虑了不相关的因素，都是缺乏行政公正性的表现。

三、参与原则

行政参与原则是指行政主体在实施行政行为过程中，除法律有特别规定外，行政相对人应该有权参与行政过程，并有权对行政行为发表意见，而且有权要求行政主体对所发表的意见予以重视的原则。行政参与原则是现代民主参与理论发达的产物，许多国家和地区将行政参与原则以法律的形式确定下来，成为行政程序法的基本原则之一。

参与原则的内容集中体现在行政相对人的行政程序上的权利，主要有以下几项权利：

（一）参与听证权

参与听证权是指行政主体做出影响行政相对人合法权益的行政行为之前，行政相对一方有参与到行政行为的程序中表达自己意见的权利。这是参与原则的核心，因此，凡是有行政程序法的国家，都在法律上规定了相对一方的参与听证权利。

（二）陈述权、申辩权

当行政行为涉及行政相对人的权益时，行政相对人有权陈述事实，提出理由和证据，为自己行为的合法性进行辩解。我国《行政处罚法》第32条规定，当事人有

权进行陈述和申辩。行政机关必须充分听取当事人的意见，对当事人提出的事实、理由和证据，应当进行复核；当事人提出的事实、理由或者证据成立的，行政机关应当采纳。第41条还规定，行政机关拒绝听取当事人陈述、申辩的，行政处罚决定不能成立，除非当事人放弃陈述或申辩权。此外，第42条第6项规定，举行听证时，调查人员提出违法的事实、证据和行政处罚的建议，当事人进行申辩和质证。

四、效率原则

效率原则是行政程序时间性的体现，是指为了保障行政活动的高效率，行政程序的整体及其各个环节应当有时间上的限制以及在不损害行政目的的前提下使行政程序简便易行。效率原则主要包含以下几项制度：

（一）时效制度

时效制度即行政主体进行行政活动必须遵守法定的时间限制，超过法定时限的，就构成违法的一种法律制度。

（二）代理制度

代理制度即行政程序关系主体不履行或者无法履行法定义务时，依法由他人代而为之的一种法律制度。

（三）不停止执行制度

除法律规定的情形外，行政相对人因不服行政决定而提起申诉后，行政决定必须执行。

（四）简易程序制度

就是指在特殊情况下对普通程序进行简化的制度，如行政处罚法中的简易程序就是效率原则的充分体现。当然，简易程序是在保障行政相对人权益的前提下，在特殊的情况下才可以简化普通程序。

第三节　行政程序的基本制度

一、听证制度

听证制度是行政主体在作出影响行政相对人合法权益的决定前，由行政主体告知决定理由和听证权利，行政相对人随之向行政主体表达意见、提供证据，以及行政主体听取意见、接纳其证据的程序所构成的一种法律制度。

行政程序法中听证制度的法哲学基础，一般认为是英美普通法中的自然公正原则（rules of natural justice）。自然公正原则是英国皇家法院对下级法院和行政机关行使监督权时，要求它们公正行使权力的原则。它不仅支配行政机关和法院的活动，而且适用于一切行使权力的人或团体，包括行政裁判所和某些社会团体，它是一个最低限度的公正原则，因其适用范围很广，所以称为自然公正原则。[1]自然公正原则在适用上有很大的灵活性，其具体内容随情况变化而不同。但在英国普通法上，它总包括公正程序的两项根本规则：①一个人不能在自己的案件中做法官；②人们的抗辩必须被公正地听取。[2]上述第二项程序规则直接构成了现代行政听证制度的法理基础。美国著名行政法学家施瓦茨教授认为："英国行政法中的听证权基于'自然公正'的概念。""最低限度'听取对方意见'这一格言是自然公正的根本要求。""公正将要求一个或许会收到行政决定不利影响的人有机会在决定作出以前代表自己的利益为导致一个有利的结果而作出陈述，或者在决定作出以后为了促成改变这一决定而作出陈述，或两者兼而有之。"[3]

世界各国行政程序法之间有关听证制度的内容虽然存在客观的差异性，但其基本的内容却有相同性。一般认为，行政程序法的听证制度的基本内容主要包括：

（一）告知和通知

告知是行政机关在做出决定前将决定的事实和法律理由依法定形式告知给利害关系人。通知是行政机关将有关听证的事项在法定期限内通告利害关系人，以使利害关系人有充分的时间准备参加听证。告知和通知在行政程序中发挥着行政机关与行政相对人之间的沟通作用，是听证中不可缺少的程序，对行政相对人的听证权起着重要的保障作用。

（二）公开听证

听证必须公开，让社会民众有机会了解行政机关的行政决定作出的过程，从而监督行政机关依法行政。但听证如涉及国家秘密、商业秘密和个人隐私的，听证可以不公开进行。

（三）委托代理

行政相对人并不一定都能自如地运用法律维护自己的合法权益，因此，应当允许其获得必要的法律帮助。在听证中，行政相对人可以委托代理人参加听证，以维护自己的合法权益。

（四）对抗辩论

对抗辩论是由行政机关提出决定的事实和法律依据，行政相对人对此提出质疑和反诘，从而使案件事实更趋真实可靠，行政决定更趋于公正、合理。

（五）制作笔录

听证过程必须以记录的形式保存下来，在正式听证的情况下行政机关必须以笔录作为作出行政决定的唯一依据。

---

〔1〕 王名扬：《英国行政法》，中国政法大学出版社1987年版，第151页。

〔2〕 ［英］威廉·韦德：《行政法》，徐炳等译，中国大百科全书出版社1997年版，第95页。

〔3〕 ［美］博纳德·施瓦茨："韦德所著《行政法》第七版与最近英国行政法的发展"，王敏译，载《中外法学》1997年第3期。

听证作为一项程序制度，包括适用范围、主持人、参加人、操作规则、听证记录等若干方面。关于听证的适用范围，各国法律一般均有限制性规定。如我国《行政处罚法》规定，除责令停产停业、吊销许可证或者执照、较大数额罚款之外的行政处罚，不适用听证程序。

听证主持人是指负责主持听证的人员。一般由作出行政决定的行政机关指派具有相对独立的本机关人员担任此职。如我国《行政许可法》规定，行政机关应当指定审查该行政许可申请的工作人员以外的人员为听证主持人，申请人、利害关系人认为主持人与该行政许可事项有直接利害关系的，有权申请回避。

听证参加人包括当事人及其代理人、案件调查人员、证人、鉴定人员和翻译人员。我国行政处罚的听证当事人是指被事先告知将受行政处罚以及与行政处罚有利害关系的其他人；行政许可中的听证当事人是指许可申请人和其他利害关系人。我国《行政许可法》规定，行政许可直接涉及申请人和他人重大利益关系的，行政机关在作出决定前，应该告知申请人、利害关系人享有要求听证的权利；申请人、利害关系人在被告知听证权利之日起 5 日内提出听证申请的，行政机关应该在 20 日内组织听证。申请人、利害关系人不承担行政机关组织听证的费用。

正式听证的操作规则一般包括听证权的告知、听证要求的提出、听证的准备、听证的举行等程序环节。我国《行政许可法》规定，行政机关应当于举行听证的 7 日前将举行听证的时间、地点通知申请人、利害关系人，必要时予以公告；听证应该公开举行；举行听证时，审查该行政许可申请的工作人员应当提供审查意见的证据、理由，申请人、利害关系人可以提出证据，并进行申辩和质证；听证应当制作笔录，听证笔录应该交听证参加人确认无误后签字或者盖章。

关于听证笔录的运用，从各国行政程序法关于听证制度的规定来看，都对听证笔录对行政机关最终决定的约束力作了规定，但这种约束力的程度是不一的，有两种做法：①美国的案卷排他性原则，即行政机关的决定必须根据听证案卷作出，否则，行政裁决无效。②联邦德国、韩国、日本、瑞士等国家规定听证笔录对行政决定的作出有一定的约束力，但行政决定不是必须以听证笔录为根据。以上两种做法虽然程度不同，但均认为听证笔录是作出行政决定的基础和参照。我国《行政处罚法》第 43 条规定："听证结束后，行政机关依照本法第 38 条的规定，作出决定。"显然，听证笔录不是作出处罚决定的依据。这样的规定削弱了听证会的实际效果，使听证会难免流于形式。值得欣慰的是，《行政许可法》在其听证程序中确立了"听证笔录排他性"规则，第 48 条第 2 款明确规定："行政机关应当根据听证笔录，作出行政许可决定。"《行政许可法》的这一规定使得相对方在行政机关作出对自己不利的决定时能够有效地参与该决定的作出，避免了听证会"听而不证""走过场"等现象，对完善我国行政程序中的听证制度具有重大意义。

听证制度是现代行政程序法的核心，对于行政程序的公开、公正和公平起到重要的保障作用，其法律价值主要在于：①监督行政机关依法行使职权，为行政机关

第九章

作出公正的决定提供程序保障。听证使行政活动处于公众监督之下，行政机关作出有关决定必须指明事实根据、法律根据、说明理由。这样可以避免行政机关随意作出决定。②保护当事人的合法权益免受非法侵害。听证的本质在于给有关当事人提供机会发表意见、陈述情况、当面质证。当事人可以充分利用这些程序权利对抗行政机关的非法侵害，维护自己的合法权益。③听证有利于提高公民的法律意识。听证的过程，实质上也是一个很好的法制教育过程，在听证过程中，有关当事人、旁听人员能更好地了解有关法律、行政机关活动的方式，对为何要承担相应法律责任、如何承担法律责任等都能起到较好的宣传教育作用。

二、行政回避制度

回避制度最初就是产生于司法程序中，它是指"法官在某个案件中拒绝行使审判权的一种特权和义务。由于法官与某一方当事人存在亲属关系或因事件的结果可能产生与其有关的金钱或其他利益，他可能被怀疑带有某种偏见，因而不能参加该案的审理"。[1] 行政回避制度的理念来源于英国的自然公正法则所派生的一条重要的规则就是："任何人都不得在与自己有关的案件中担任法官。"[2]

行政程序法中的回避制度是指行政主体在行使职权过程中，相应事项与本人有利害关系或者其他关系可能影响公正处理的，为保证实体处理结果和程序进展的公平性，依法终止其职务的行使并由他人代理的一种程序法律制度。

回避制度的法律价值正在于确保行政程序的公正性，保证行政程序公正性原则得到具体落实。行政公正性可以树立利益冲突的双方当事人寻求行政程序来解决行政争议的信心，客观上也有助于保障行政管理活动的顺利进行，有助于产生社会稳定发展的积极力量。因此，建立回避这一法律制度是人们对法律公正的期待结果。

我国目前的行政法律规范如《行政处罚法》第37条、《行政许可法》第48条、《公务员法》第68~72条、《人民警察法》第45条等都规定有回避制度。但从总体来看，有关回避的条件、申请、步骤、后果等问题在不同的行政程序规则中还不够统一，实际操作性不强，监督实施不力。这些问题应考虑在制定统一的行政程序法时予以解决。

三、说明理由制度

说明理由制度是指行政主体在作出对行政相对人合法权益产生不利影响的行政

〔1〕 ［英］戴维·M. 沃克主编：《牛津法律大辞典》，北京社会与科技发展研究所组织翻译，光明日报出版社1989年版，第247页。

〔2〕 ［英］彼得·斯坦、约翰·香德：《西方社会的法律价值》，王献平译，中国人民公安大学出版社1990年版，第97页。

行为时，除法律有特别规定外，必须向行政相对人说明其作出该行政行为的事实根据、法律依据以及进行自由裁量时所考虑的政策、公益等因素。说明理由制度的内容及其规则主要为：

1. 说明行政行为的合法性理由。由于支撑行政行为合法性的事实根据和法律依据是行政行为的合法性理由。行政主体只有在获得了符合法律规定的事实根据和法律依据之后，才能作出行政行为。当这一行政行为对行政相对人的合法权益产生不利影响时，除法律有特别规定外，行政主体必须将这一行为的合法性理由告诉行政相对人，以接受行政相对人对这一行政行为的合法性的批判。

2. 说明行政行为的正当性理由。由于支撑行政行为自由裁量的事实根据和法律依据是行政行为的正当性理由。为防止行政自由裁量权的滥用，防止行政行为的自由裁量仅仅依赖于行政官员的主观臆断和个人的好恶与偏见，防止自由裁量权质变为专横的、不可捉摸的权力，行政主体应当说明行政行为的正当性理由。

四、信息公开制度

2007 年发布的《政府信息公开条例》以及其他法律、法规和规章有关政府信息公开的规定，构筑了我国政府信息公开制度。信息公开制度是指行政机关主动或依相对人的申请，公开或通过某种方式使相对人知晓有关行政活动的情况及有关信息资料的制度。行政公开制度是现代民主国家的一项必备制度，内容十分广泛，主要包括法律公开、情报资料公开、行政决定公开、程序公开、公务员的相关情况公开，具体来说，就是指如下方面的制度：

（一）行使行政权的依据公开

每个行政机关都应使公众知晓其办公地点及各个机构的职权范围、活动程序和方法，使公众有机会、有条件了解行政机关制定的行政法规、规章、政策及普遍适用的解释等。行政机关不得以任何方式强迫公众服从尚未公布或应该公布而未公布的行政法规或规章，也不得使任何人因尚未公布的政府文件而受不利影响。

（二）行政资讯公开

行政机关应任何公民的申请，必须迅速向其提供与其权益有关的档案材料，允许其查阅和复制，除非这种材料属于法律规定保密或涉及商业秘密、他人隐私。行政机关不适当地向相对人封锁行政信息，则要承担相应的法律责任。相对人可就封锁信息一事提起行政诉讼。

（三）决定或决策过程公开

正式听证结束后，行政机关要作出决定。根据各国对听证规定的不同，有国家听证主持人只负责听证工作，为行政决定提供证据支持，并不参与行政决定的过程；而有国家法律规定听证主持人有权提出行政决定的建议或意见，甚至是初步决定。但不论是哪种形式，通过听证行政机关所作出的决定以及整个决策过程都应该向行政相对人公开。

第九章

（四）行政决定结果公开

行政决定具有强制力和确定力，会直接影响公民的权利。公民对行政决定能够进行直接的查阅，一方面在行政决定侵犯其权益时，其可及时提出自己的异议或直接提起行政复议或行政诉讼，以维护自己的权益；另一方面，由于行政决定的作出，会改变现有的法律事实，公民对它进行了解，有利于公民按照该行政决定安排和调整自己的生活。当然，行政决定公开，还可以增加行政本身的透明度，获得相对人的支持和理解，使行政目的顺利得到实现。我国法律已开始注重这方面的制度建设，如《行政许可法》第40条规定："行政机关作出的准予行政许可决定，应当予以公开，公众有权查阅。"

五、表明身份制度

表明身份制度是指行政机关或其工作人员在进行行政行为之前，要向相对人出示证明、身份证或授权书，以证明自己享有进行某种行政行为的职权或资格的程序制度。表明身份制度适用于具体行政行为，而一般不适用于制定规范性文件的行为。因为具体行政行为中，相对一方当事人是具体明确的，作出行政行为的行政机关或工作人员有表明身份的明确对象。在时间顺序上，表明身份一般在行政程序之首。这一制度体现了行政程序的公开原则，它通过行政行为人自觉公开身份的方式，使相对一方当事人免受不法侵害。

六、时效制度

时效制度是指行政行为的全过程或其各个阶段受到法定时间限制的程序制度，是行政程序效率原则的具体体现。这一制度适用于行政机关，也适用于行政相对人。这一制度对于保障行政行为及时作出，避免因行政行为的拖延耽搁造成对相对人权益的损害，稳定行政管理秩序和社会秩序具有重要意义。

时效制度的主要内容包括时效制度的期限。行政主体实施行政行为，特别是涉及相对人权益的行为，法律、法规要对之确定明确的限制。如行政主体实施行政许可行为，法律、法规要规定其申请的时限、审查的期限、决定送达的期限等。如《行政处罚法》第29条规定，行政机关追究行政相对人违法的时效为2年；第37条规定，对调查检查中登记保存的证据作出处理决定的期限为7日等。对于相对人行政许可的申请，行政机关逾期不作决定，相对人可以以行政机关违反法定程序或不履行法定职责为由申请行政复议或提起行政诉讼。

我们认为，随着行政时效制度价值目标的转变，在行政时效观上必须有一系列变革，并充分贯穿于行政时效法律制度之中。首先，行政时效制度的设立应当确保实现公平。其次，行政时效制度要确保实现双方的效率。行政时效要从过去着重追求秩序行政中的效率，转变为重点追求行政主体服务行政中的效率，要从过去只要求行政相对人服从、满足行政主体要求的效率，转变为重点要求行政主体及时作为的效率。最后，行政时效制度要平等地适用于行政主体与行政相对人。[1]

七、案卷制度

行政案卷制度是指行政机关实施行政活动的过程要制作案卷，作出决定应以案卷作为根据，而不能在案卷以外，如以当事人所未知悉的和未论证的事实作为根据。这个原则又称之为"案卷排他性原则"。行政机关作出任何决定必须以事实为根据，而事实的存在要有证据证明，这就要求行政机关询问必须要有笔录，听证要有记录，以书面方式形成案卷。行政机关不能在听证以外接纳证据，行政机关也不能利用其职务的秘密调查报告作为证据，因为这些材料没有记载在案卷之中，为当事人所不知，也没有经过当事人的质证，以此作为依据作出决定是违背公正原则的。由此看来，行政案卷制度能够防止行政主体恣意行使行政职权，有助于说服行政相对人接受行政行为，提高行政相对人对行政行为的可接受程度，便利司法审查和法制监督。

八、行政应急制度

行政应急制度是指在某些紧急状态下，行政主体为了确保公众安全和社会稳定，可以对紧急事态进行灵活变通的处理，即使这些处理省略或超越了法律的程序性规定，也依然产生法律效力。许多国家的法律都规定有这一制度，如《日本行政程序法》规定："为了公益，因必须紧急作出不利益处分，而难以履行前款规定的意见陈述程序时，可不适用前款规定"；"行政厅在作出不利益处分的同时，应向相对人说明有关处分的理由。但存在不明示理由也须作处分的紧急情况时，不在此限。"行政应急制度只是特殊情况下的一种行政程序制度，并不具有一般普适性，似乎并不应当划入行政程序基本制度的范畴。但是，2003 年我国爆发非典型肺炎使我们有理由对这一制度给予必要的关注。在对非典疫情进行防控的过程当中，我国政府事实上运用了这一制度。国务院 2003 年 5 月 9 日公布的《突发公共卫生事件应急条例》可以看作对这一问题反思的结果。我们应以此为契机，加强对行政应急制度的研究，为尔后的相关立法和制度建设做好理论上的准备。[2]

第九章

───────────

[1]　参见方世荣、戚建刚："论行政时效制度"，载《中国法学》2002 年第 2 期。

[2]　关保英主编：《行政法与行政诉讼法》，中国政法大学出版社 2007 年版，第 371 页。

第 十 章
监督行政制度

第一节　监督行政制度概述

一、监督行政制度的含义

监督行政制度也称行政系统监督，是指在行政组织系统内部进行的自上而下解决行政纠纷的监督检查制度，以及设立专门的监督行政机关对行政机关及其公务人员进行的解决行政纠纷监督检查制度。一方面，从监督对象和监督客体角度来看，主要是对行政主体及其执法人员所实施的行政活动进行的监督检查；另一方面，从监督主体及其监督权限的归属领域来看，也是由行政主体运用行政职权进行的监督检查。

我们已经普遍认识到行政权力需要监督。因为，行政权力具有作用领域广泛、活动方式积极、多样等特征，对社会活动有着较多的干预，对行政相对人的权利富于"侵略性"。需要解决的问题，就在于行政主体是否具有监督职能，行政权力是否包含监督内容，特别是在行政系统中，是否需要和存在行政权力对行政权力的监督。对此，我们认为，赋予行政权监督职能并实行行政系统自我监控，不仅是现实存在的，而且也是必要的和可行的。一方面，"权力制约权力"是行政系统监督形成的基础，也使得行政权力系统形成自我监控成为一种必然。尽管"权力制约"理论使得行政权与其他国家权力（立法权、司法权等）相互之间形成了制约与监督机制，然而，在庞大的国家行政组织系统中，由于一定领域、对象、内容及具体职能等方面的差异性，按照级别、地域、职能等形成了职权与职责的划分并严格遵循着职权法定和不得超越权限的法律原则，这也就使得行政权力系统内部必然也存在着一定的相互制约与监督机制。这也是权力体系内部相互制约的需要。同时，基于行政权力系统中具有的上下隶属关系及其所包含的强制性、命令性、权威性、效率性和行政的专业性、特殊性，使得监督行政制度也表现出了其他外部监督（如立法监督、司法监督）所不具有的特定效果及作用的特点。另一方面，行政系统中监督权力的内容、方式及监督行政法律制度的形成，使得行政系统监督不仅存在，而且可行。一般而言，当我们将行政机关运用行政权力对行政相对人是否遵守法律规范或者行政行为设定的义务实施监督检查时，可以将其看作是行政执法权的组成部分。进而推之，也许有人会将监督行政权力看作行政指挥、领导、组织权力的组成部分。但是，"监督不是指挥、领导、组织、执行、服务活动本身，而是这些活动的必要的延伸"〔1〕。一方面，尽管行政权力中的监督权会与一般管理权、指挥权与领导权在目的、功能上具有相同或相近之处，如置于事前的行政许可与行政许可之后的监督检查，还有置于事前的上级行政机关对下级行政机关有关决定的审批与上级行政机关对下级行政机关已经生效决定或者规定的备案审查，都是为了促进相对人的特定行为符合法定要求和遵守法定义务，或者为了保证上级领导机关领导权的统一性不会被下级行政机关所破坏或者违背。但就监督权与其他权力行使的阶段、内容等来看，应属于不同方式的行政权力，而不能因其目的与方向上的一致化以及国务院制定的，就认其属于同一权力方式。另一方面，在有关法律制度之中，监督行政权力已具有了其监督权力所应有的法定内容与方式，如《中华人民共和国行政许可法》第 60 条、第 69 条均规定了监督行政权力行使的阶段、内容与方式，再如《中华人民共和国审计法》《中华人民共和国行政监察法》以及国务院制定的《信访条例》等均集中规定了监督行政的相应实施机关和监督行政权力行使的条件、内容、方式及程序等。

按照权力制约原理，监督行政机制应当存在并渗透于行政系统的每个环节和每个层次之间，既包括上下级行政机关相互之间的监督关系，也包括平行行政机关之间的监督关系，还包括行政机关与公务员相互之间的监督关系。但作为一种法律程序意义上的监督，无论在行政法学理论中，还是在现实行政法律制度中，监督行政只是指法定监督行政机关依法基于一定内容与方式的监督权力对行政活动实施监督检查而形成的监督行政关系及监督行为。也就是说，这种监督行政关系包含着法定的主体、客体与内容等要素，并因一定的法律事实而产生、变更和消灭。因而，本章所述的监督行政，主要是指基于领导或者业务指导关系而形成的上级行政机关对下级行政机关进行的层级监督关系和基于专门监督职权与职责而形成的监察、审计、行政信访等专门监督关系。

二、监督行政的特点

监督行政具有下列特点：

1. 监督行政属于行政内部监督。监督行政的实质是行政权力对行政权力的监督。一方面，从监督对象看，它是针对行政机关行使行政权力实施行政管理活动本身所实施的监督；另一方面，从监督主体看，它是来自于行政机关运用行政权力进行的监督。正如前面所说，监督行政是按照行政权力设定、配置与行使的机制及其要求在行政组织系统内设立的一种自我监控体系。这不仅是行政系统政令畅通、协调一致的一种保障，而且也是行政权的重要组成部分。

---

〔1〕　汤唯、孙季萍：《法律监督论纲》，北京大学出版社 2001 年版，第 333 页。

2. 监督行政具有完全性。它既能监督外部行政行为，也能监督内部行政行为；既能监督抽象行政行为，也能监督具体行政行为；既能监督与处理行政行为的合法性问题，也能监督与处理行政行为的合理性问题；既能监督行政机关，也能监督国家公务员以及行政机关任命或委派的其他人员；既能因公民、法人或者其他组织的检举、揭发、投诉、申请而实施监督，也能依据职权进行检查而实施监督；既可以采用责令被监督行政机关改正违法或不当行政行为的方式进行监督，也可采用直接处理方式进行监督。监督行政的上述特征，使得监督行政具有了其他监督行政的机制与模式所不具有的优势，因而也不能完全被其他监督行政的机制与模式所取代。

3. 监督行政具有效率性。行政职能较之于其他国家职能的不同特点之一，就是果断、灵活、简便、迅速而具有很高的效率性。监督行政的效率性，主要通过监督行政权力基于行政隶属关系所具有的命令性与服从性、监督措施及方式的多样性与灵活性以及监督程序上的简便与迅速、监督成本的廉价等来实现。

三、监督行政的主要类型

（一）行政机关上下级之间的层级监督

上级行政机关对下级行政机关进行的层级监督是基于上下级行政机关之间隶属关系而构成的一种纵向监督关系。无论在各上下级人民政府之间，还是在县以上各级人民政府与其所属的职能工作部门之间，都主要是依赖行政隶属关系而在上下级行政机关之间建立了严密的行政组织体制，形成统一和完整的国家行政职能体系，保障了行政组织机构之间的协调、一致，并与其他国家职能系统相对应。因而，这种纵向的层级监督体制及其监督关系是监督行政体系中最基本也是最广泛的监督类型。

（二）专设监督机关的专门监督

专设监督机关的专门监督是指在行政组织系统内设立的专职监督机关对行政机关及其工作人员实施的监督，主要是指监察机关的监察监督和审计机关的审计监督。由于监察机关、审计机关属于同级人民政府的职能工作部门，因而这种监督最初也属于职能监督。但随着其监督职责的强化及监督权能的专门化和业务化，逐步形成了以上下级专门监督机关之间为主要业务领导关系的相对独立组织体系和监督机制，以保障能够"专司监督职能"，[1]因而形成了专门监督。

专职监督机关的"专职"性，表现为两点：①实施监督检查是其全部职责内容，即具有监督检查的职业性。也就是说，从其组织机构的组建与存在到其职权内容的赋予及其行为活动方式，都是围绕着监督检查功能而设立。②监督检查职能的专业性。专门监督在职能上已具有一定程度的专业技术性内涵，无论从其监督对象及其监督领域，还是监督职责内容和职权方式，以及监督检查的措施及其实施程序，

---

〔1〕　汤唯、孙季萍：《法律监督论纲》，北京大学出版社 2001 年版，第 337 页。

都包含并体现着一定的专门化特点。这在《行政监察法》和《审计法》中都有明显反映。

四、监督行政的法律体系

监督行政的法律体系是指有关调整与规定监督行政关系的各个法律规范所构成的一个整体，也是监督行政赖以存在与实施的法律依据。对于监督行政法律体系，可以从法律法规规定的基本内容与表现形式两方面进行考察与认识。从监督行政法律体系的构成要素及其形成过程来看，监督行政法律体系的基本内容主要包含了以下几点：

1. 监督主体。监督行政主体只能是依法承担着监督职责和享有监督职权的行政组织机构及其相应工作人员。根据宪法、行政机关组织法以及相关法律规范的规定，监督行政主体一般主要有上级行政机关（包括上级人民政府和上级职能主管机关）、专门监督机关及行政机关内设的专门监督机构和在监督职位上取得监督职务身份的行政工作人员（如监察人员、审计人员、警务督察人员）。

2. 监督对象。监督对象包含着行政主体和行政公务人员两大类。

3. 监督客体。监督客体具有较大的广泛性，包括监督对象行使职权和履行职责的行为以及与其职权职责或者职务身份相联系的行为。

4. 监督原则与权能。监督原则是监督主体实施监督活动的基本准则，也是指导、统帅监督行政法律制度中各个具体制度与条款的设定及其协调一致的基本准则。如《行政监察法》中就规定了"实事求是，重证据、重调查研究"等原则，《审计法》中规定了"依照法律规定的职权和程序，进行审计监督""依照法律规定独立行使审计监督权，不受其他行政机关、社会团体和个人干涉"等原则。监督权能是监督行政机关在职责范围内对监督对象的行为依法拥有的"进行评价、控制、督促、处理的权力"。[1]监督行政主体的权能会因为其与监督对象之间的关系以及所监督的领域与客体的不同而有所不同。

5. 监督体制与监督程序。监督行政体制基本上是按照行政机关系统的组织制度而建立，接受上级监督行政机关领导，对下级行政机关按照隶属关系与管理权限进行监督。但基于监督职能的性质及其特殊性，在专门监督机关体制中，《行政监察法》《审计法》等相关监督法律制度均规定，专门监督机关对本级人民政府和上一级专门监督机关负责并报告工作，但监督业务应以上级专门监督机关领导为主。监督程序包括了监督行政机关实施监督检查活动时应当遵循的法定步骤、行使监督权力的方式与条件、监督对象在监督程序中的权利与义务以及监督机关实施个案监督检查所应遵守的顺序、期限等。

根据监督行政法律规范的法律文件来源及其表现形式，监督行政法律体系包括

---

[1] 汤唯、孙季萍：《法律监督论纲》，北京大学出版社 2001 年版，第 344 页。

了宪法、法律法规和规章。按照其内容与表现形式之间的位阶及效力关系，可以分为以下几方面：

1. 宪法。作为根本大法，宪法中的相关规定既是监督行政法律制度的制定依据，又直接规定着监督行政体制及其基本权限与方式。首先，宪法规定了行政管理体制中上级行政机关对下级行政机关的监督体制及监督权限和方式。其次，宪法规定了行政系统内设立专门监督行政制度，如行政监察、审计等。

2. 一般法律法规文件。在有关规定行政管理活动的法律、法规及规章中，也相应地规定了监督行政职权职责内容及要求。如《行政处罚法》第54条第1款规定："行政机关应当建立健全对行政处罚的监督制度。县级以上人民政府应当加强对行政处罚的监督检查。"再如《行政许可法》第60条规定："上级行政机关应当加强对下级行政机关实施行政许可的监督检查，及时纠正行政许可实施中的违法行为。"国务院发布的《安全生产许可证条例》第16条规定："监察机关依照《中华人民共和国行政监察法》的规定，对安全生产许可证颁发管理机关及其工作人员履行本条例规定的职责实施监察。"此外，还有大量法律、法规和规章规定了对行政机关和行政机关工作人员实施行政管理和行政执法活动，按照管理权限由有权行政机关（包括行政监察机关、审计机关）进行监督检查并依法追究其对违法行为所应承担的法律责任。

3. 专门法律法规文件。这指专门规定监督行政活动的法律、法规和规章。在法律层面，如《行政监察法》《审计法》；在行政法规层面，如《审计法实施条例》《信访条例》；在地方性法规层面，如《吉林省行政执法条例》；在部门规章层面，如监察部《监察机关调查处理政纪案件办法》；在地方政府规章层面，如《辽宁省行政执法监督规定》。

第二节　行政层级监督

一、行政层级监督概述

行政层级监督是指上级行政机关基于行政隶属关系对下级行政机关实施的监督，既包含着县级以上各级人民政府对其所属各工作部门和下级人民政府的监督，也包含着上级行政业务主管部门对下级相关业务工作部门的监督。这是监督行政中最基本的监督机制和监督关系。同其他监督形式相比较，行政机关的层级监督具有下列特点：

1. 广泛性和全面性。上级行政机关基于隶属关系和领导权，在县级以上各级人民政府对下级行政机关实施的监督中，其监督范围的广泛性几乎达到了极致，既能够对所属各工作部门的一般行政工作进行监督，也能够对其行政执法活动进行监督，并且还能够对下级人民政府的所有行政工作与行政管理活动进行监督。

2. 主动性、直接性和及时性。由于上级行政机关对下级行政机关拥有领导权或者业务指导权，使得上级行政机关对下级行政机关的行政工作和行政执法活动情况通过一定方式或方法进行检查、了解并提出相应要求或者作出一定处理，均成为理应具有的权限内容。同时，在上下级行政机关之间存在的命令与服从关系以及行政组织运作原则，也使得这种上下级监督从程序启动到对问题的查处和纠正，具有简便、果断、迅速的特点。

3. 监督方式多，见效快。上级行政机关对下级行政机关的监督检查方式灵活多样。由于上下级行政机关之间存在着严格的组织纪律原则和服从执行的体制约束，因而上级行政机关的监督检查及其处理结果和要求，一般也都能够得到尽快贯彻和落实。

应当说，行政机关的层级监督所具有的上述特点和优势，能够使得其在行政法制监督体系中占有十分重要的地位并发挥着巨大作用。然而，也正是由于上下级行政机关之间的隶属关系及其内部组织系统因素，导致了上级行政机关对下级行政机关存在的某些问题或错误，有时不能客观面对并得到应有地处理，也致使行政系统以外的人因顾虑"官官相护"而对其公正性产生怀疑。因此，在行政层级监督中，明确并理顺和依法规范监督体制、权限及其程序等问题是十分必要的。

二、行政层级监督的体制与权限

（一）县级以上各级人民政府实施的监督

县级以上人民政府按照领导体制对其所属工作部门和下级人民政府实施监督。在对下级人民政府的监督中，既对其行政执法工作进行监督（如对下级人民政府有关批准土地使用权的监督），也对其行政组织工作和管理工作进行监督（如对下级人民政府有关发展经济的决议、命令实施的监督），但主要表现为对下级人民政府行政组织工作和管理工作及其决策、决定、命令、执行等行为的监督。同时，还应当包含着县级以上各级地方人民政府对其派出机关的监督。在对所属各工作部门的监督中，尽管也包含着对其行政组织工作和管理工作的监督，但应当主要是对各工作部门实施行政执法行为及其职能管理工作的监督。应当指出，国务院对各个职能工作部门的监督范围是全面的，其有权对所有职能工作部门及其职能管理工作进行监督（既包括公安、城建、国土资源等实行双重领导体制的职能机关，也包括海关、铁路、金融等实行垂直领导的职能机关），而地方县级以上各级人民政府只能对其所属的各个工作部门实施监督，但对于垂直领导系统中设在地方的职能工作部门是无权进行监督的。

（二）上级主管部门实施的监督

上级主管部门实施的监督包括上级人民政府主管工作部门对下级人民政府相应工作部门的监督和实行垂直领导体制的上级职能机关对下级职能机关的监督。前者如上级人民政府的水行政主管部门对下级人民政府的水行政主管部门实施的监督，而后者如上级海关机关对下级海关机关实施的监督以及在地方行政管理体制中实行垂直领导关系的上级职能主管机关对下级职能主管机关（如工商管理机关、技术监督管理机关等）所实施的监督。

三、行政层级监督的制度及其措施

根据有关法律、法规和规章及其他规范性文件的规定，我国行政机关的层级监督基本包括了下列监督制度及其措施：

1. 备案审查制度。其具体包括规章备案审查制度、规范性文件备案审查制度和重大具体行政执法行为备案审查制度。根据《立法法》《规章制定程序条例》和《法规规章备案条例》的规定以及国务院发布的《全面推进依法行政实施纲要》的要求，规章和规范性文件应当报送上级行政机关备案审查。

2. 行政执法监督检查制度。上级人民政府对下级人民政府、上级行政职能执法机关对下级行政职能执法机关和县级以上各级人民政府对所属行政职能执法机关在行政管理工作中执行法律、法规和规章的行为及其活动实施监督，以督促和保障对行政机关抽象行政行为和具体行政行为的合法性和适当性。

3. 行政执法情况统计制度。这是在行政管理实践中所建立和实施的一种监督检查制度，通过对行政执法情况和信息从多角度、多层次进行统计和分析，能够使政府从宏观上掌握执法情况，了解行政执法中带倾向性、普遍性的问题，以便对行政执法工作进行有效的指导和规范。

4. 行政执法主体资格审查制度。按照依法行政的基本要求和相关法律制度（如行政处罚法律制度）规定的基本条件，近年来，县级以上人民政府对所属工作部门的执法人员和上级行政职能执法机关对所属职能系统执法人员的执法资格与条件以及执法证件的印制和发放等加强管理与监督检查，以保证行政执法主体资格和执法程序的合法性和正当性。

5. 信访制度。信访制度始于建国初期，各级国家行政机关通过处理来信、接待来访，倾听人民群众意见、建议和要求，接受人民群众监督，具有简便、灵活、广泛和直接的特点。在肯定信访制度实施多年来所起到的重要作用并总结所取得的经验基础上，针对新形势下信访工作所面临的任务及所存在的问题，国务院制定的《信访条例》，使得信访制度又跨上了法制化、规范化的新台阶。

6. 行政复议制度。1999 年 10 月 1 日施行的《行政复议法》，从法律制度上进一步完善了行政系统中救济制度对公民、法人和其他组织权益的保护，同时也在救济制度中进一步完善了行政机关内部自我纠正错误的监督机制。

此外，行政机关的层级监督还有专案调查与处理、依法行政联席会议制度、执法投诉、请示报告等监督方式或制度。

第三节　行政监察

一、行政监察概述

监察作为一种国家职能活动，具有察看并督促、纠察、纠举、弹劾、处理等含义。[1]在我国现行法律规范或者法律制度中，将"监察"一词置于与行政活动相关的领域及情形中，有两种不同的功能方向：①用于行政管理与行政执法领域，主要指行政主体及其执法人员对行政相对人守法与履行法定义务情况的检查与处理，如土地监察、煤矿安全监察等；②用于监督行政活动领域，指在行政系统内部由专门监察机关对其他行政机关及其公务员执行法律法规和遵守行政纪律情况的检查、调查与处理或提出处理建议的监督制度，即行政监察制度。

我们认为，监察制度作为一种监督制度模式，将其性质与功能定位于对担负着公共权力与公共事务职能的组织机构及其人员的监控、督促与纠举、处理，以保障公共权力与公共财产、资源及事务在行使、利用或分配、管理过程中的合法性与正当性。

根据《行政监察法》的规定，行政监察是国家监察机关对国家行政机关、国家公务员和国家行政机关任命的其他人员执行法律、法规、政策和决定、命令、纪律情况进行监督、检查、纠举和惩戒的法律制度。行政监察是监督行政的一种方式，是行政系统内的一种自身监督，具有如下特征：

1. 行政监察是行政系统内的一种专门监督制度。行政监察是由国家在行政机关系统内以职能工作部门形式设立的一种专门履行监察职能的机关，专门从事监察活动。

2. 行政监察对国家行政机关、国家公务员和国家行政机关任命的其他人员的违法违纪行为实施全面监督。

3. 行政监察以多种形式及措施对国家行政机关和国家公务员实施监督。

二、行政监察的体制

行政监察体制是指行政监察工作的组织制度。根据《行政监察法》第7～14条的规定，行政监察职权由行政监察机关和监察人员具体行使。我国在国务院和县级以上地方各级人民政府设立监察工作部门并配备相应监察人员。

（一）行政监察机关

根据《行政监察法》第7条的规定，行政监察机关作为政府内部专司综合性监督行政检查工作的职能部门，设置于国务院和县级以上地方各级人民政府内，负责

---

[1]　高潮、彭勃主编：《行政监察概论》，中国政法大学出版社1990年版，第2页。

对国家行政机关、国家公务员以及国家行政机关任命的其他人员执行国家法律、法规、政策和决定、命令的情况以及违法违纪行为进行监督检查。

行政监察的行政性特点使得行政监察机关的领导体制，必须考虑并与我国现行的行政管理体制相适应，即在行政组织体制上按照横向划分若干部门，各部门地位平等，基于所管业务自成体系。因此，监察机关作为各级政府职能部门，接受所在政府机关的领导，得到地方政府行政负责人的有力支持，并能够提供开展监察工作的必要的人员配备、物质条件及其他工作协助的保障。但是，由于监察机关承担着对本级政府各工作部门和下级政府的监督检查职责，若不考虑如何保证其在现行行政管理体制中所具有的相对独立性，则将会因体制上的掣肘变成阻力，再加之地方保护等因素的干扰，难以很好履行监察职能和开展监察工作。

根据《行政监察法》第 8 条的规定，县级以上各级人民政府监察机关根据工作需要，经本级人民政府批准，可以向政府所属部门派出监察机构或者监察人员。派出监察机构或者监察人员对派出的监察机关负责并报告工作。据此可以看出：①在派出方向上，强调了监察机关所在的本级人民政府的各部门；②在程序上，强调了应经本级人民政府同意；③在组织关系上，强调了派出的监察机构及监察人员是监察机关的组成部分，代表监察机关履行职能，贯彻监察机关的指示、决议和规定，向监察机关负责并报告工作；④在案件管辖上，监察机关负责对派驻部门领导人员违法违纪案件的查处工作，派出监察机构负责派驻部门各职能机构及其工作人员违法违纪案件的查处工作。

（二）行政监察人员

行政监察人员是指依法在行政监察机关或者派出监察机构的监察职位上从事行政监察业务工作的国家公务员。行政监察人员作为行政监察机关的重要构成要素，代表行政监察机关履行监察职能，同时也与监察机关之间存在着行政监察职务上的权利义务关系。

三、行政监察的对象及其职责与权限

（一）行政监察的对象

行政监察对象是指行政监察机关实施监督检查所针对的组织机构、人员及其行为。根据我国《行政监察法》的规定，行政监察对象在范围上表现为两大方面：一是机关人员范围；二是行为范围。

根据《行政监察法》的规定，作为监察对象的机关与人员范围（也有的称为监察对象的本体或主体范围），[1]以各级监察机关的监察对象为基点，包括了三个方面：①本级人民政府各部门及其公务员；②本级人民政府及各部门任命或者委派的其他人员；③下一级人民政府及其领导人员。所谓行政机关任命的其他人员，主要

---

〔1〕 高潮、彭勃主编：《行政监察概论》，中国政法大学出版社 1989 年版，第 93 页。

是指由中央和地方各级人民政府及其部门以直接任命或者委派形式批准在企业、事业单位中从事公务的人员。

作为行政监察对象的行为范围，《行政监察法》在有关监察对象的条款中并未做出直接明确的规定。但就行政监察的目的与功能而言，最根本的问题是对有关行使行政权力的行为和活动的监察监督。结合《行政监察法》中有关行政监察机关职责与权限的规定，应当说行政监察对象包含了行政行为范围。如果说行政机关及其国家公务员是行政监察的静态对象范围，则行政活动及其相关行为就是行政监察的动态对象范围。只有静态对象与动态对象的结合，才能真正把握一个完整的行政监察对象及其范围。

（二）行政监察机关的职责

行政监察机关的职责是指行政监察机关依照法律、法规和政策的规定，为实现国家赋予的监察职能所应承担的具体责任或者任务。[1]监察机关的职责与行政监察对象有着密切联系，即均指向了行政机关及其国家公务员和行政机关任命的其他人员执法的行为和职务行为。但二者之间又存在着明显区别，其侧重点不同：行政监察对象所解决的是行政监察作用的范围与领域，即针对哪些人的哪些行为实施监督检查；而行政监察机关职责所解决的是行政监察的内容问题，即对行政监察对象的什么问题进行监督检查。根据《行政监察法》的规定，行政监察机关主要有以下几方面的职责：

1. 检查行政执法情况。从行政机关的性质与地位来看，这里的行政执法既包括行政机关在行政执行中的执法情况，也包括行政机关在行政决策中的执法情况。

2. 受理对行政监察对象违反行政纪律行为的控告、检举。控告、检举是宪法赋予公民及其他社会成员对国家机关及其工作人员进行监督和维护公共利益、保护自己合法权益的一项基本权利。

3. 受理不服行政处分的申诉及法律、行政法规规定的其他由监察机关受理的申诉。属于行政监察机关职责范围内应当予以受理的申诉有两种：①国家公务员和国家行政机关任命的其他人员不服主管行政机关给予行政处分决定的申诉；②法律、行政法规规定的其他由监察机关受理的申诉。

除上述职责外，行政监察机关还履行由法律、行政法规规定的其他职责。

（三）行政监察机关的权限

根据《行政监察法》的规定，行政监察机关的权限是指其在法定范围内为履行监察职责所能够享有的监察职权及其能行使监察权的措施或方法。监察机关的监察权限表现为履行监察职责所拥有的能够在法定范围内实施一定的检查、调查、列席会议、提出建议及作出处理决定等项权力，表现为行使监察权过程中所能够采用的一系列相应措施或方法。

---

〔1〕　马原、孙秀君主编：《行政监察法及配套规定新释新解》，人民法院出版社2003年版，第199页。

1. 检查权。检查权是监察机关对行政机关遵守和执行法律、法规和人民政府的决定、命令的情况及其存在问题进行检查与了解的权力。监察机关进行的检查可分为一般检查和专项检查。一般检查是指监察机关通过定期或者不定期地采取列席会议、召集会议、听取工作汇报、实地检查、调查、审查文件和资料等方法，对监察对象遵守和执行法律、法规和人民政府的决定、命令的情况进行全面性、综合性的了解与检查。专项检查是指监察机关根据本级人民政府或者上级监察机关的决定，或者根据本地区、本部门工作的需要，在一定时期内组织力量对行政机关特定的具体工作事项进行的集中检查。[1]

2. 调查权。调查权是《行政监察法》赋予监察机关对监察对象的违法违纪行为立案调查的权力。调查权与检查权一样，是监察机关享有的一项重要权力，也是行政监察权中的一项基本权力。调查权与检查权有着紧密的联系以及功能上的互补性。调查权的行使是建立在检查权行使的基础上，即在监察范围内广泛地开展检查之后，对于检查中所发现的违法违纪问题，需要进一步查明事实和收集证明材料时，才有针对性地进行调查和行使调查权。然而，正是因为行使调查权所具有的针对性、特定性和个案性，才使得调查权在行使的对象范围、程序条件及具体措施等方面存在着一定的区别。一般来说，调查权行使的对象范围较小是指具有违法违纪行为的行政机关和人员，而且是在已经立案的前提下并严格按照调查程序进行的，必要时可以依法采取相应的特定强制措施来实施调查活动。

3. 请求协助权。监察机关行使请求协助权的基本条件是：监察机关办理行政违纪案件过程中，对于所涉及的资料或者某些情况，由于其自身条件所限而无法获取或者执行公务，但该资料或情况又属于办理行政违纪案件所需要；被请求的有关行政机关具备依法进行协助的法定条件或因素，如具有协助从事特定公务行为的职权及其相应措施，或者掌控着某些与案件有关的文书、资料、信息等。在协助过程中，被请求协助的行政机关，也可能是通过行使相应法定职权方式来实施协助行为的。但就监察机关依法行使请求协助权而言，被请求协助机关进行协助本身是一种法定义务，其若违反或者不履行法定义务，是要被依法追究法律责任的。根据《行政监察法》的规定，公安、审计、税务、海关、工商行政管理等机关具有法定的协助义务。

4. 列席有关会议权。根据《行政监察法》的规定，监察机关的领导人员可以列席本级人民政府的有关会议，监察人员可以列席被监察部门召开的与监察事项有关的会议。一般来讲，可以将列席有关会议视为监察机关行使监察权的一种具体措施与方法。[2]

---

〔1〕 中华人民共和国监察部政策法规司编写：《〈中华人民共和国行政监察条例〉释义》，中国政法大学出版社 1991 年版，第 40 ~ 41 页。

〔2〕 彭武文、赵世义、秦前红主编：《中国行政监察学》，中国人事出版社 1992 年版，第 217、289 页。

5. 监察建议权。监察建议权是监察机关在检查和调查的基础上就发现并确认的法定监察事项向有关机关提出一定的处理意见的权力。监察建议是监察机关行使监察建议权的具体表现，依法具有一定的法律约束力，有关机关无正当理由的，应当予以采纳而不得拒绝或者置之不理。

6. 监察决定权。监察决定权是指监察机关根据检查和调查的结果，依法在权限范围内就一定监察事项，对监察对象作出行政处分或其他处理决定的权力。监察决定是监察机关依照法定职权，在检查和调查的基础上，就一定的监察事项向监察对象作出的具有行政法律效力的行为。对于监察机关依法作出的监察决定，有关部门和人员应当执行。

四、行政监察程序

行政监察程序是指监察机关履行监察职责、行使监察职权所表现出来的整个监察活动的过程、步骤及方式的总和。

（一）检查程序

行政监察中的检查是指行政监察机关对监察对象在行政管理活动中执行法律、法规和政策、决定、命令等情况所进行的了解、督促活动。监察机关依法按照下列程序进行检查：

1. 立项。监察机关对其确定需要检查的事项应当依法作出进行检查的决定，明确实施检查项目的根据、目的、对象、范围、领域等。立项一经确定，只能对立项确定的事项进行检查。立项应当采取书面形式。对于确定需要检查的重要事项还应当报本级人民政府和上一级监察机关备案。

2. 制订检查方案并组织实施。检查方案是根据立项而制定的具体检查的方式、措施、步骤、期限、标准、目标及对被检查部门和有关人员的要求等。检查方案的制定，使检查活动更具有目的性、计划性和科学性，有利于达到检查的预期效果。检查方案制订之后，监察机关就要采取预先的检查方式与措施，对需要检查事项所涉及的问题进行了解，对有关文件资料调阅、查询，必要时听取被监察部门或者有关人员的陈述，弄清并掌握监察对象执行法律、法规和规章、决定、命令、政策等情况。

3. 提交检查情况报告。监察机关在对监察对象存在的问题检查结束后，应当向本级人民政府或者上级监察机关提出对监察对象检查情况的说明和处理意见或者建议的书面报告。本级人民政府或者上级监察机关收到检查情况报告后，应对检查情况报告进行审定并提出审定意见。

4. 作出监察决定或者提出监察建议。监察机关根据检查结果和本级人民政府或者上级监察机关的审定意见，视不同情况，对监察对象给予处理或者向有关部门提出监察建议。

（二）调查处理程序

行政监察中的调查处理是指监察机关对监察对象违反国家法律、法规以及违反行政纪律的行为，经过立案，对涉案情况与事实进行核查与收集证据，以确定监察对象是否有违法违纪行为，并在此基础上对案件本身进行程序性处理和对案件涉及的部门、人员和财物进行实体性处理的监察活动。监察机关依法按照下列程序进行调查处理：

1. 立案。监察机关对需要调查处理的事项经过彻底审查，认为有违反行政纪律的事实，需要追究行政纪律责任的，应当立案。

2. 调查。监察机关在立案之后，按照规定的权限和程序收集证据，查清案件事实。

3. 审理。监察机关对于经过调查终结并有证据证明违反行政纪律，需要给予行政处分或者作出其他处理的案件，应当进行审理。有关审理程序的设定应当是对行政监察机关内部职能分离制度的体现，以保证案件在事实认定、证据运用、法律规范适用和处理内容及方式上的正确和恰当，实现调查处理过程公平与公正，强化事中监控。

4. 作出监察决定或者提出监察建议。监察机关对经过审理的案件，将会面临下列几种处理方式：①针对行为人具有违法违纪事实，作出监察决定或者提出监察建议；②对违法违纪事实不存在，或者不需要以作出监察决定或提出监察建议方式处理的，撤销案件。

监察机关立案调查的案件，应当自立案之日起 6 个月内结案；因特殊原因需要延长办案期限的，可以适当延长，但最长不能超过 1 年，并应当报上一级监察机关备案。监察决定、监察建议应当以书面形式送达有关单位或者有关人员。有关单位和人员应当自收到监察决定或者监察建议之日起 30 日内将执行决定或者采纳监察建议的情况通报监察机关。

5. 救济。根据《行政监察法》的规定，对行政处分、监察决定和监察建议不服或者有异议的，分别按下列程序进行救济：

（1）对行政处分不服的救济：①申诉的提起。申诉人应当是受到行政处分的国家公务员和国家行政机关任命的其他人员。申诉期限为收到行政处分决定之日起 30 日内。②申诉的受理与复查。申诉的受理机关为监察机关，并对下列不服行政处分的案件进行管辖：不服本监察机关和本监察机关派出机构的行政处分案件；本级人民政府各部门的行政处分案件；下级人民政府的行政处分案件。监察机关应当自收到申诉之日起 30 日内作出复查决定。监察机关对受理的申诉，经复查认为原决定不适当的，可以建议原决定机关予以变更或者撤销，对属于自己职权范围内的行政处分决定，也可以直接作出变更或者撤销的决定。③申请复核。申诉人对监察机关的复查决定仍不服的，可以自收到复查决定之日起 30 日内向上一级监察机关申请复核。上一级监察机关应当自收到复核申请之日起 60 日内作出复核决定。复核决定为最终决定。在复查、复核期间，不停止原处分决定的执行。

（2）对监察决定不服的救济：①申请复审。复审申请人是受到监察决定处理的单位和国家行政机关工作人员及国家行政机关任命的其他人员，申请复审的期限为自收到监察决定之日起 30 日内。受理复审申请的机关是作出原监察决定的监察机关，并应当自收到复审申请之日起 30 日内作出复审决定。②申请复核。申请人对复审决定仍不服的，可以自收到复审决定之日起 30 日内向上一级监察机关申请复核，上一级监察机关自收到复审申请之日起 30 日内作出复核决定。复核决定为最终决定。上一级监察机关认为下一级监察机关的监察决定不适当的，可以责成下一级监察机关予以变更或者撤销，必要时也可以直接作出变更或者撤销的决定。在复审、复核期间，不停止原决定的执行。

（3）对监察建议的异议程序：①异议的提出与回复。有权对监察建议提出异议的人是收到监察建议的有关部门或单位，提出异议的期限为自收到监察建议之日起 30 日内。受理提出异议的机关是作出原监察建议的监察机关，并且其应当自收到异议之日起 30 日内予以回复。②裁决。异议提出人对回复仍有异议的，可以再一次向监察机关提出，由监察机关将此异议提请本级人民政府或者上一级监察机关进行裁决。本级人民政府或者上一级监察机关针对监察异议所作出的裁决即具有终局效力，有关单位不得再向监察机关提出异议。

第四节　审计监督

一、审计监督概述

审计是由专职机构和人员，对被审计单位的财政、财务收支及其他经济活动的真实性、合法性和效益性进行审查和评价的独立性经济监督活动。[1]

可以看出审计概念包含了以下几个要素：审计是由具有独立地位的第三者实施的经济监督活动；审计的对象是被审计单位的财政、财务收支及其他经济活动；审计的基本方式是审查与评价，即收集证据，查明事实，对照依据和标准，做出对会计资料及其所反映的财政、财务收支的真实性、合法性和效益性的判断。

根据《审计法》的规定，审计监督是指国家审计机关依法独立检查被审计单位的会计凭证、会计账簿、会计报表以及其他与财政收支、财务收支有关的资料和资产，监督财政收支、财务收支真实、合法和效益的行为。结合上述有关审计的论述，可以看出审计监督具有下列特征：

1. 审计监督性质的行政性。依法享有审计监督权和实施审计监督行为的主体是国家审计机关。

---

[1]　李凤鸣主编：《审计学原理》，中国审计出版社 2000 年版，第 2 页。

2. 审计监督机关的独立性。独立性是审计监督的最根本的特征。1977 年世界最高审计机关国际组织公布的《利马宣言——审计规则指南》中指出：审计机关"必须独立于被审计单位以外并不受外来影响，才能客观有效地完成任务"。[1]根据我国宪法和审计法规定，审计监督机关的独立性表现在：①审计机关是独立于被审计单位以外的专职机构和专职人员。②审计机关依照法律规定独立行使审计监督权，不受其他行政机关、社会团体和个人的干涉。审计人员依法执行职务，受法律保护。③审计机关履行职责所必需的经费，应当列入财政预算并由本级人民政府予以保证。这说明，审计监督对被审计单位而言，是一种外部审计，而非内部审计。

3. 审计监督对象的特定性。审计法规定，审计监督中的被审计单位包括国务院各部门和地方各级人民政府及其各工作部门、国有的金融机构和企事业单位，审计范围主要为财政收支、财务收支。

4. 审计监督内容的专业性与审计方式的技术性。审计监督的实质是一种经济监督活动，是对财政财务执法活动的监督检查，因而必然将以财会知识为理论基础，以审计、会计、财税、预算等方面的法律法规为依据实施审计监督。在审计监督的方式与方法上，主要运用审计查账的特殊方法，检查票据、账目、报表、文件、资料等，经过核对、比较、查询、验证、盘点、数据处理、账目调查等过程，具有一套完整、科学的技术方法与操作体系。

5. 审计监督的真实、合法和效益目标。根据《审计法实施条例》的规定，审计机关通过审计活动，监督被审计单位的财政收支的真实、合法和效益性。"真实"是指财政收支、财务收支及有关经济活动是否发生和真实存在，有关会计资料及其他有关资料对此是否有反映以及反映的是否符合客观实际，有无任意增加、减少、隐瞒等弄虚作假的情形。"合法"是指财政收支、财务收支及有关的经济活动是否遵守法律、法规和有关规章制度的规定。"效益"是指财政收支、财务收支及其有关的经济活动的经济效益和效果。

根据以上特征的分析，作为行政系统监督的审计监督，共包含了下列几个要素：①审计监督主体是国家行政机关；②审计监督对象是各级人民政府及其各部门的财政收支、财务收支及其有关的经济活动，是对行政管理中的物质活动或者与物质有关的行政活动的审查与监督；③审计监督是行政权力监督与经济监督的结合与统一，具有双重属性；④审计监督的职能就是"以事实为根据，以法律为准绳"，监督被审计单位财政收支、财务收支的真实性、合法性与效益性。

二、审计监督的体制

审计监督体制是指审计监督工作的组织制度，包括审计监督主体的设置、组成

---

〔1〕 李凤鸣主编：《审计学原理》，中国审计出版社 2000 年版，第 114 页。

及其组织体系。

（一）审计机关

根据《审计法》的规定，审计机关是指依法承担国家审计监督职能并独立履行审计监督职责和行使审计监督权限的专门机关。审计机关具有双重法律地位：①作为各级人民政府的组成部门，在本级政府行政首长领导下，对本级政府财政预算执行情况和其他财政收支情况进行审计监督和提出审计结果报告，并由本级政府每年向本级人民代表大会提出审计工作报告。②作为各级人民政府的职能工作部门，具有独立的法律地位，是依法具有独立拥有审计监督权的行政主体，以自己的名义实施审计监督行为，并对行为后果承担审计法律责任。

审计机关的具体设置为：国务院设立审计署，在国务院总理领导下，主管全国的审计工作。县级以上地方各级人民政府设立地方审计机关，在本级政府行政首长和上一级审计机关的领导下，按照分级负责的原则，负责本行政区域内的审计工作。地方审计机关实行双重领导体制，对本级人民政府和上一级审计机关负责并报告工作，审计业务以上级审计机关领导为主。地方各级审计机关正职和副职负责人的任免，应当事先征得上一级审计机关的意见。

由于我国各级审计机关的审计管辖范围是按照财政隶属关系来划分并实行分级负责的，因而《审计法》规定，审计机关根据需要，可以在审计管辖范围内设立审计派出机构。审计派出机构根据审计机关的授权，代表审计机关依法进行审计工作。

对于审计机关未派出审计派出机构的行政机关，可以设立内部审计机构和审计人员，在审计机关的指导与监督下，实行本单位的内部审计监督。由于这种内部审计机构和审计人员属于该行政机关的组成部分，在该行政机关领导下代表其实施审计监督行为，是一种自我监督，因而不属于审计机关的审计监督行为。

（二）审计人员

审计人员是审计机关组织体制中的重要构成要素之一，是指在审计机关中代表审计机关行使审计监督权、从事审计事务的人员。

《审计法》规定，审计人员应当具备与其从事的审计工作相适应的专业知识和业务能力。根据《审计法实施条例》的规定，审计人员应当符合两个资格条件：①审计人员是审计"公务员"，因而必须依法取得国家公务员资格。②审计人员应当具备与其从事的审计工作相应的专业知识和业务能力，而其标准和条件就是依法通过国家专业资格考试，取得任职资格。国家对审计人员实行专业技术资格制度，其中审计师资格和初级资格均要通过国家考试。对审计机关根据工作需要依法所聘请参加审计工作的人员，可以不要求其必须取得公务员资格，但对其依法应当具有与审计事项相关的专业知识的规定与要求，应理解为必须具备专业技术资格。若审计人员不符合法定资格条件与要求，可能会因此影响其所参与和实施的审计监督行为的法律效力。

三、审计机关的职责与权限

（一）审计机关的职责

审计机关的职责是指国家法律规定的审计机关应当承担的事项和完成的任务。

1. 职责范围。职责范围是指审计监督对象的范围，包括国务院各部门、地方各级人民政府及其各部门、国有的金融机构和企事业组织，以及法律、行政法规规定的其他单位。

对于行政机关工作人员是否属于审计监督的对象，《审计法》及《审计法实施条例》没有明确规定。若就审计中检查、处理等业务活动所直接作用和指向的对象而言，审计监督对象只能是针对一定的组织单位，不能将行政机关工作人员作为审计对象。但若从审计监督内容、行为效果和监督的目的性来看，应将行政机关工作人员包括在内。事实上，《审计法》第六章"法律责任"相关条款中规定"审计机关认为对直接负责的主管人员和其他直接责任人员依法应当给予处分的，应当提出给予处分的建议，被审计单位或者其上级机关、监察机关应当依法及时作出决定，并将结果书面通知审计机关"，也是对该问题很好的说明。另外，近几年来，逐步推行的对行政机关负责人实行的"离任审计"就是以行政机关工作人员为对象的审计监督制度。

同审计监督职责紧密相连的另一个问题，就是审计机关之间职责范围的划分与界定。《审计法》及《审计法实施条例》规定，审计机关根据被审计单位的财政、财务隶属关系，确定审计管辖范围；不能根据财政、财务隶属关系确定审计管辖范围的，根据国有资产监督管理关系，确定审计管辖范围；审计机关之间对审计管辖范围有争议的，由其共同的上级审计机关确定。同时还规定，上级审计机关可以将其审计管辖范围内的审计事项，授权下级审计机关进行审计；而对下级审计机关审计管辖范围内的重大审计事项，也可以由上级审计机关直接进行审计。

2. 职责内容。职责内容指上述审计监督范围内的财政收支、财物收支及其有关的经济活动，以及审计机关应当承担的其他审计工作任务。具体包括下列几方面：

（1）对财政收支的审计职责。这是审计机关的主要职责。审计机关依法对各级政府财政收支的真实、合法、效益进行审查、监督，具体包括对本级政府各部门和下级政府的预算执行情况和决算，以及预算外资金的管理与使用情况，进行审计监督。

（2）对财务收支的审计职责。这是审计机关的重要职责。对中央银行的财务收支，对国有金融机构的资产、负债、损益，对国家事业单位的财务收支，对国有企业的资产、负债、损益，对国家建设项目预算的执行情况和决算，对政府部门管理和政府委托社会团体管理的社会保障基金、社会捐款金以及其他有关基金、资金的财务收支，对国际组织和外国政府援助、贷款项目的财务收支，进行审计监督。

（3）对内部审计机构的业务指导与监督职责。审计机关对审计监督对象单位的内部审计机构，负有业务指导与监督职责。

（4）对社会审计组织的指导、监督与管理职责。

（5）法律、行政法规规定的应由审计机关审计的事项。

审计监督职责反映了审计监督的业务内容和特点，也是审计监督效果与作用的直接体现。

（二）审计机关的权限

审计机关的权限即审计监督权，是指国家法律赋予审计机关在审计监督过程中所拥有的资格和权能。根据《审计法》和《审计法实施条例》的规定，审计机关的权限具有两个基本特征：①属于监督行政权。一方面，该权限不是立法监督权，也不是司法监督权；另一方面，该权限不同于一般社会审计组织所享有的权利和内部审计机构所享有的权利，而是依法取得的行政职权，具有一定的强制、命令与支配能力，其审计监督行为会产生公定力、确定力、拘束力和执行力等法律效力。②只能由审计机关行使。审计监督权专属于审计机关，既保证了审计机关应有的独立地位及权威性，也明晰并理顺了审计机关与其他行政机关之间的审计与被审计、监督与被监督关系。审计监督权包括以下几项内容：

1. 监督监察权。审计机关对被审计机关反映财政收支、财务收支情况的有关经济活动的会计凭证、材料、资料及其过程有检查与了解权。审计机关有权要求被审计单位报送有关材料和资料，也有权直接查阅审计单位有关材料和资料。

2. 调查取证权。审计机关有权就审计事项向有关单位和个人进行调查并取得有关证明材料，有关单位和个人必须如实反映情况，提供有关证明材料。这里应当明确两点：①审计机关行使权力的对象不仅仅是被审计单位，还包括与审计事项有关联的其他单位及个人；②审计机关行使权力时可以采取调查、询问和提取证明材料等方式。

3. 行政强制措施权。审计机关针对被审计单位的违法行为，有权采取通知有关部门暂停拨付有关款项、暂停使用已拨付的款项、暂时封存有关账册等临时性强制措施。

4. 制止违法行为或建议制止、纠正违法行为权。针对被审计单位正在进行的违法行为，审计机关有权予以制止，或者建议有关部门采取相应制止或纠正措施。

5. 通报和公布审计结果权。审计机关有权就有关审计事项向政府有关部门通报审计结果，依照规定条件和方式向社会公布审计结果。

四、审计程序

审计程序是指审计机关和被审计单位双方在审计监督活动中应当遵循的步骤及其顺序、形式和期限等过程。审计工作是一项规范性很强的经济监督活动，是由许多存在着内在逻辑关系的工作所组成的活动过程。因此，遵循法定的程序规范，既是审计监督工作顺利进行的保证，也是依法审计原则的基本要求。根据《审计法》

对"审计程序"的专章规定，审计活动一般分为准备、实施、处理、执行、复议等阶段。

（一）审计准备阶段

审计监督的准备阶段是指实施审计监督检查前的准备工作。在此阶段，大概包括了这样几项内容：①建立审计工作目标。②委派审计人员组成审计组，进行具体分工，制定科学、具体、得当的审计工作方案，确定审计范围、方式、顺序及时间安排。③下达审计通知书。审计机关应当在实施审计3日前，向被审计单位送达审计通知书。被审计单位应当配合审计机关的工作，并提供必要的工作条件。

（二）审计实施阶段

这是审计监督活动的实质阶段，也是根据审计工作方案所确定的范围、重点和步骤，运用各种审计方法，收集充分、必要的审计证据，以取得证明材料，实现审计目标的过程。

审计实施阶段的主要任务是做好查证核实工作。在此过程中，审计人员既要运用和发挥审计专业技术方面的能力优势，做好有关会计单据、凭证及款物的收集、审查、判断与核实工作，在此基础上编写审计工作底稿；又要注意采取具体措施、实施行为方式及取得证明材料过程的合法性。

（三）审计处理阶段

审计处理阶段是在审计结果的基础上编写审计报告、制作审计意见书或者作出审计决定，对违法违纪行为进行处理的过程。这也是实现审计目的、完成审计任务的阶段，也叫审计的终结阶段。其主要步骤有：

1. 编写并提出审计报告。

2. 审定审计报告，进行审计处理。审计机关对审计报告进行复核、审定后，作出如下处理：①对没有违反国家规定的财政收支、财务收支的，应当对审计事项作出评价，出具审计意见书。②对有违反国家规定的财政收支、财务收支行为的，应当对审计事项作出评价，出具审计意见书。③对有违反国家规定的财政收支、财务收支行为，情节轻微的，应当予以指明并责令自行纠正；需要依法给予处理、处罚的，应当在法定职权范围内作出处理、处罚；认为应当由有关主管机关处理、处罚的，应当作出审计建议书，向有关主管机关提出处理、处罚意见。④对在审计中遇有损害国家利益和社会公共利益而处理、处罚依据又不明确的事项，应当向本级人民政府和上级审计机关报告。

3. 送达审计决定。审计机关作出审计决定后，应当依法送达被审计单位。对审计决定需要有关主管部门协助执行的，应当制发协助执行审计决定通知书。

（四）审计决定执行阶段

《审计法》第41条第2款规定，审计决定自送达之日起生效。《审计法实施条例》第42条规定："被审计单位应当按照审计机关规定的期限和要求执行审计决定。对应当上缴的款项，被审计单位应当按照财政管理体制和国家有关规定缴入国库或者财政专户。审计决定需要有关主管机关、单位协助执行的,审计机关应当书面提请协助执行。"

《审计法实施条例》第54条第2款规定:"被审计单位不执行审计决定的,审计机关应当责令限期执行;逾期仍不执行的,审计机关可以申请人民法院强制执行,建议有关主管机关、单位对直接负责的主管人员和其他直接责任人员给予处分。"审计机关可以依法采取两项措施:①先应责令限期执行;②经责令仍不执行,申请人民法院强制执行。

(五)审计行政纠纷解决阶段

《审计法实施条例》第52条第1款规定:"被审计单位对审计机关依照审计法第16条、第17条和本条例第15条规定进行审计监督作出的审计决定不服的,可以自审计决定送达之日起60日内,提请审计机关的本级人民政府裁决,本级人民政府的裁决为最终决定。"

《审计法实施条例》第53条第1款规定:"除本条例第52条规定的可以提请裁决的审计决定外,被审计单位对审计机关作出的其他审计决定不服的,可以依法申请行政复议或者提起行政诉讼。"

五、审计法律责任

(一)被审计单位的法律责任

1. 违反《审计法》的法律责任。根据《审计法》的规定,被审计单位违反《审计法》的行为主要有:拒绝或者拖延提供与审计事项有关的资料或者提供的资料不真实、不完整;拒绝、阻碍审计检查;转移、隐匿、篡改、毁弃雇工会计凭证、会计账簿、会计报告以及其他与财政支出或财务收支有关的资料;转移、隐匿违法取得的财产。对于前两类违法行为,由审计机关直接采取下列方式对被审计单位追究责任:可以通报批评,给予警告;拒不改正的,依法追究责任。对于后两类违法行为,审计机关在法定职权范围内有权予以制止,或者申请法院采取保全措施。

2. 违反国家规定的财政收支、财务收支行为的法律责任。对违反国家规定的财政收支行为,根据《审计法》第45条的规定,审计机关、人民政府或者有关主管部门在法定职权范围内,依照法律、行政法规的规定,区别情况作出如下处理:①责令限期缴纳应当上缴的款项;②责令限期退还被侵占的国有资产;③责令限期退还违法所得;④责令按照国家统一的会计制度的有关规定进行处理;⑤其他处理措施。根据《审计法》第46条的规定,审计机关、人民政府或者有关主管部门在法定职权范围内,依照法律、行政法规的规定,区别情况采取第45条规定的处理措施,并可以依法给予处罚。可以看出,由于财政收支是各级政府及其工作部门内部的活动,审计机关对其审计具有政府内部监督的性质,一般不宜直接给予行政处罚,只宜给予必要的经济处理。而财务收支具有非政府的性质,审计机关对其进行审计监督,除了予以必要的经济处理外,还可以依法给予行政处罚。

3. 财政收支、财务收支违反法律、行政法规的规定，构成犯罪的，依法追究刑事责任。

（二）被审计单位有关人员的法律责任

1. 违反《审计法》的法律责任。《审计法》第 44 条规定，被审计单位有转移、隐匿、篡改、毁弃会计凭证、会计账簿、财务会计报告以及其他与财政收支或者财务收支有关的资料的行为，或者有转移、隐匿违法取得的财产的行为，审计机关认为对直接负责的主管人员和其他直接责任人员依法应给予处分的，应当提出给予处分的建议，而被审计单位或者其上级机关、监察机关应当依法及时作出决定。

2. 违反国家规定的财政收支、财务收支行为的法律责任。《审计法》第 49 条规定，对被审计单位具有该两项违法行为直接负责的主管人员和其他直接责任人员，审计机关认为依法应当给予处分的，应当提出给予处分的建议，被审计单位或者其上级机关、监察机关应当依法及时作出决定。

3. 报复陷害审计人员，依法给予处分；构成犯罪的，追究刑事责任。

（三）审计人员的法律责任

《审计法》第 52 条规定，审计人员滥用职权、徇私舞弊、玩忽职守或者泄露所知悉的国家秘密、商业秘密的，依法给予处分；构成犯罪的，依法追究刑事责任。

第五节　行政信访制度

一、行政信访的概念与特征

行政信访是指公民、法人或者其他组织采用书信、电子邮件、传真、电话、走访等形式，向各级人民政府、县级以上人民政府工作部门反映情况，提出建议、意见或者投诉请求，依法由有关行政机关处理的活动。信访制度作为中国最基本的民意表达制度，从现象上看，体现了信访者和受理者之间的关系；从实质上看，体现了人民群众与国家和社会组织管理者之间的关系。行政信访工作是政府联系人民群众的桥梁和纽带，是维护和实现人民民主权利的重要途径。

行政信访具有如下几个特征：

1. 行政信访的主体具有多方性。行政信访是在信访人、信访受理人以及被访人等多方主体的参与下进行的。从行政信访法律关系参与者的角度来看，行政信访主体是指参与行政信访法律关系，依法享有行政信访权并承担相应义务的组织或个人。

2. 行政信访受案范围具有广泛性。行政信访的受案范围是指信访人可以向有关行政机关部门提起被访人行为的范围。在我国，行政复议和行政诉讼作为保护相对人合法权益的法律制度都有较为明确的受案范围。行政信访受案范围具有广泛性，首先表现在对信访人权利的救济上，基本涵盖了所有公共管理与公共服务领域。行政信访受案范围不仅包括违法行为，还包括合法行为。

第十章

3. 行政信访程序的非严格性。和其他法律制度，特别是诉讼制度相比较而言，信访制度在程序上具有灵活、随意、便利的特征，其没有时效、受理条件的规定，对信访的处理也没有规定一个固定的模式。

4. 行政信访效力的法定性。行政行为具有公定力、确定力、拘束力和执行力四种效力，由于信访决定是行政主体依法作出的行政行为，所以具有这四种效力的行政信访决定一旦作出并生效，只要没有充分的证据证明行政信访程序严重违法或结论错误，行政信访决定就不应被推翻。

二、行政信访与行政复议的联系与区别

行政信访与行政复议都是公民、法人或者其他组织为了维护自己的合法权益，向有关部门提出投诉或请求，由有关部门依法解决问题的制度；都是为了实现维护社会和谐统一、国家长治久安的共同目标而依法设定的；都是现阶段解决行政争议的主要途径。但他们之间既不能交叉，又不能互相包含，也不能互相代替，是依法设定的平行救济渠道。

依据现行法律、法规的规定，二者的主要区别在于：①申请主体不同。行政复议申请人必须是认为具体行政行为侵犯其合法权益的公民、法人或者其他组织；行政信访人的范围比较宽泛，既可以是行政管理相对人，也可以是与行政行为无关的人员。②受理范围不同。行政复议范围仅仅是对具体行政行为的审理，而对抽象行政行为只能是附带性审查；而信访事项的范围基本涵盖了所有公共管理与公共服务领域。③受理时限不同。提出行政复议申请的期限为知道或者应当知道具体行政行为之日起 60 日内，具有严格的时效规定；信访事项的时限未作具体规定，信访人对近期和远期的信访事项都可以提出信访。④办理程序不同。行政复议案件审理的程序由法律严格规定，分为申请、受理、审查、决定、履行等，实行一级复议制；办理信访案件的基本程序是受理、处理、复查、复核等对信访案件的办理，实行三级审查制度。⑤处理结果不同。行政复议的结论为维持、撤销、变更或者确认具体行政行为违法等结果；对行政信访事项处理意见不服的，信访人可以请求复查、复核，上级行政机关对该信访事项仍然可以继续处理。⑥救济途径不同。复议申请人在对行政复议决定作出后仍不服的，可以依法向人民法院提起行政诉讼；对信访机构作出的信访复核意见不服的，《信访条例》没有规定接续的救济途径。

三、行政信访的功能

作为一项法律制度，行政信访制度的存在有着一定的合理性，在现代民主语境中，发挥着许多功能，主要有以下三个方面：

1. 行政信访的存在给国家行政机关的权力行使提供了重要的信息来源。众所周知，上级国家行政机关由于各方面的因素不可能完全深入基层，只能间接地获取各种信息。而行政信访是通过公民直接向国家机关反映情况，其绕过了基层政府，确

第
十
章

保了信息的准确性，能够充分地表达民意，让上级国家机关真正地了解实践中存在的一些问题，并制定出相关的应对措施。

2. 行政信访作为群众监督的形式之一，不像国家机关监督那样具有强制性，但其仍然可以对国家机关的权力运行起着一定的约束和限制作用。对基层的国家行政机关而言，行政信访甚至是监督其权力行使的一种最为有效的手段。上级国家行政机关在监督基层机关的权力行使时，具有一定的间接性，其监督缺乏实效性，行政信访则恰恰可以弥补这一缺陷。

3. 由于普通民众存在"耻讼"心理，不习惯通过诉讼的方式来维护自己的合法权利，同时，我国已经建立的行政诉讼制度也很难为公民提供一张抵御公权力侵害的保护之网。[1]在中国这样一个行政主导的国家，司法独立性还相当的软弱，往往受到相应行政机关的干涉，所以，对基层的公民来说更愿意通过行政信访这种制度来实现权利救济。

四、行政信访的基本制度

(一) 登记制度

不论信访人选择何种信访形式，受理人都必须认真对待，认真做好登记工作。登记过程中，除了应将信访人的基本情况进行登记外，还要写出信访人反映的主要问题。

(二) 回避制度

行政信访回避制度是指信访人如果认为接访人或其他信访工作人员与本案有利害关系，有碍行政信访的顺利进行，可以提出申请，要求其回避；接访人或其他信访工作人员如果认为自己需要回避的，应当自行回避。

(三) 分级负责归口管理制度

分级负责归口管理制度是指根据行政信访人反映问题的性质和信访人所属单位等情况，以及各级国家机关、部门的职责权限，将信访案件分别转交有关机关处理的制度。实行分级负责归口管理，便于合理划分各机关、部门受理案件的负担，保证及时就地解决问题，便于行政信访人信访，减少越级信访和重复信访。

(四) 行政领导接待日制度

行政领导接待日制度是指由行政领导确定时间、地点接待信访人，及时、迅速处理信访案件的制度。由行政领导亲自接待信访人，处理信访人的来信，缩减了信访程序环节，便于案件及时迅速地解决，有利于领导干部直接倾听群众的呼声，亲自体察民意，保证决策的科学性。

(五) 回告制度

确立行政信访回告制度是"有信访，必有回应"的要求，也是监督有关机关及

---

〔1〕 方世荣、石佑启主编：《行政法与行政诉讼法》，北京大学出版社 2005 年版，第 317 页。

时正确处理信访案件的重要保证。行政信访回告制度包括向信访人回告和向有关机关回告两个方面的内容。向信访人回告通常由作出信访处理决定机关在信访案件处理期限内进行。对于上级机关转交的信访问题，承办机关应在一定期限内结案并将处理结果向相应机关回告。

五、行政信访的法律责任

行政信访既可能直接影响信访人的合法权益，也可能涉及国家和社会公共利益，行政机关不依法行政，就会损害信访人的合法权益和社会公共利益。而信访人不依法信访，不仅自身的合理诉求和合法权益得不到保障，还将破坏社会公共秩序，危害国家政治稳定。因此，《信访条例》明确规定了各类行政信访主体的法律责任。

（一）行政机关和信访机构的法律责任

行政信访机构在行政信访活动中违法或不当行使职权，应承担改正责任。这种改正责任主要针对以下情况：①负有受理信访事项职责的行政机关在受理信访事项过程中，有对收到的信访事项不按规定登记、对属于其法定职权范围的信访事项不予受理、未在规定期限内书面告知信访人是否受理信访事项的，由其上级行政机关责令改正。②对事项有权处理的行政机关在办理信访事项过程中，有推脱办理或未在法定期限内办结，以及对事实清楚，符合法定要求的投诉请求未予支持的，由其上级行政机关责令改正。③信访机构对收到的信访事项应当登记、转送、交办而未按规定登记、转送、交办，或者应当履行督办职责而未履行的，由其上级行政机关责令改正。

（二）行政信访机构工作人员的法律责任

行政信访机构工作人员在信访中承担行政处分责任的情形有：违反《信访条例》的规定，将信访人的检举、揭发材料或者有关情况透露、转给被检举、揭发的人员或者单位的；在处理信访事项过程中，作风粗暴，激化矛盾并造成严重后果的；负有受理信访事项职责的行政机关在受理信访事项过程中有对收到的信访事项不按规定登记的；对属于其法定职权范围的信访事项不予受理的；行政机关未在规定期限内书面告知信访人是否受理的；推诿、敷衍、拖延信访事项办理或者未在法定期限内办结信访事项的；对事实清楚，符合法律、法规、规章或者其他有关规定的投诉请求未予支持的。信访机构对收到的信访事项应当登记、转送、交办而未按规定登记、转送、交办，或者应当履行督办职责而未履行并造成严重后果的，对直接负责的主管人员和其他直接责任人员依法给予行政处分。超越或者滥用职权，侵害信访人合法权益的；行政机关应当作为而不作为，侵害信访人合法权益的；适用法律、法规错误或者违反法定程序，侵害信访人合法权益的；拒不执行有权处理的行政机关作出的支持信访请求意见的。打击报复信访人，构成犯罪的，依法追究刑事责任；尚不构成犯罪的，依法给予行政处分或者纪律处分。

（三）信访人的法律责任

信访人的法律责任是指信访人在行政信访活动中因违反《信访条例》《治安管理处罚法》以及《刑法》等法律规范的规定而应承担的法律后果，具体包括行政处罚（治安管理处罚）和刑事责任：①信访人违反《信访条例》的规定，经劝阻、批评和教育无效的，由公安机关予以警告、训诫或者制止；违反集会游行示威的法律、行政法规，或者构成违反治安管理行为的，由公安机关依法采取必要的现场处置措施、给予治安管理处罚；构成犯罪的，依法追究刑事责任。②信访人捏造歪曲事实、诬告陷害他人，构成犯罪的，依法追究刑事责任；尚不构成犯罪的，由公安机关依法给予治安管理处罚。

第十一章
行政违法与行政责任

第一节　行政违法

一、行政违法的概念

违法即行为人对法律规范的负向偏离，是法律规范所保护的社会秩序的一种失范状态。随着行政权力在整体国家政权架构中的地位凸显，行政违法的危害性与破坏力与日俱增，如何在制度上进行遏制行政违法，成为理论与实务关注的焦点。而且，对其含义的清晰厘定亦不仅有助于执法者对其行为的性质与后果进行理性预期，并能够在相当程度上为法院对行政行为合法性审查提供明确的标准。

行政违法并非各国通用的法学与法律概念。在英国，与行政违法大致对应的用语是"越权"，而在法国行政违法则以越权之诉的理由出现。即便使用行政违法的概念，域外对其内涵与外延的认知也并非一致。从较为宽泛的意义上讲，行政违法即行政法律关系的当事人违反行政法律规范的行为，但是如果考虑到行政法独特的价值取向与功能定位，狭义上的行政违法更易为人接受，这也是本章分析行政违法的基本立场。

行政违法是指行政主体及其行政公务人员违反行政法律规范尚未构成犯罪的应当承担行政责任行为。这一概念包括以下几层含义：

1. 行政违法是行政主体的违法，与民事违法和刑事违法不同，行政违法是行政主体在行政法上的违法行为。任何组织和个人只有当他们以行政法主体身份或以行政法主体名义出现时，他们的违法才能构成行政违法。如果他们以民事主体的身份出现，构成的可能是民事违法，以刑事主体的身份出现，构成的可能是刑事违法。行政主体的违法有的是通过行政组织直接表现于外部，但在绝大多数场合都是通过行政公务人员进行的，不过由于行政主体与行政公务人员之间存在职权行使的委托代理关系，行政公务人员的行为在法律后果的承担上归属于其所在的行政主体。

2. 行政违法是违反行政法律规范尚未构成犯罪的行为。首先，行政违法不是观念或者意识。作为行为，它有作为与不作为，抽象行政行为与具体行政行为，实体性行为与抽象性行为，外部行为与内部行为等多重存在形态。其次，行政违法具有违法性，它违反了行政法律法规，侵害了受行政法保护的行政关系，行政违法不同于违宪行为、犯罪行为、民事违法行为等。最后，行政违法在性质上属于一般违法，其社会危害性较小，尚未达到犯罪的程度。

3. 行政违法是依法必须承担行政责任的行为。任何违法行为都应当受到法律制裁，都应当承担行政责任，这是法律秩序安定性的基本要求，也是维护公共利益的必然结局。行政违法是违反行政法律规范并依照法律规定应当承担行政责任的行为，行政责任是行政违法的法律后果。

二、行政违法的构成要件

行政违法构成是指构成行政违法必须具备的一切主观和客观条件的总和，它是确认行政违法行为从而追究其行政责任的根据，具体包括：

1. 主体要件。行政违法的主体要件是违法行为者必须为行政主体及行政公务人员。违法必然是一定主体的违法，主体是行为的载体，离开主体无所谓行为违法。对行政违法而言，基于行政行为的实施者是行政主体及行政公务人员，行政违法的主体也是行政主体及行政公务人员。非行政主体及行政公务人员的行为不构成行政违法。

2. 主观要件。行政违法的主观要件是指行政违法主体主观上有过错，包括故意和过失。故意是指明知自己行为的社会危害性而希望或放任其发生的主观心理状态。凡故意违反行政法律规范的，都应当依法承担行政责任。过失是指应当预见自己行为的社会危害性，由于疏忽大意没有预见或虽然预见但轻信能够避免的主观心理状态。过失违反行政法律规范，并且造成危害后果的，也应当依法承担行政责任。故意和过失是行政违法主体承担行政责任的主观要件。所以，如果行为在客观上违反了行政法律规范，但不是出于故意和过失，而是不可抗拒或不能预见的原因引起的，不能认为是行政违法而追究行政责任。

3. 客观要件。行政违法的客观要件是指构成行政违法的客观事实情况，包括行为及其后果等。行为是行政违法客观要件最重要的内容。行为包括积极的作为和消极的不作为。作为行政违法客观要件的行为必须具有一定社会危害性。所以不具有社会危害性的行为，如正当防卫行为、紧急避险行为不构成行政违法。当然，行为具有社会危害性并不意味着必须产生一定的危害结果，危害结果只是某些行政违法必须具备的要件。在某些情况下，行政违法的确定并不取决于其是否具有直接的危害结果，而只要有违反行政法律规范的过错行为就足够了。而且就危害结果而言，也存在有形与无形、直接与间接、单一与复合等多种形态。

4. 客体要件。行政违法的客体要件是指行政违法侵害了受行政法律规范保护的行政关系。任何违法行为都是对法律所保护的社会关系的保护，行政违法侵害了合法行政关系。行政行为只有在客观上侵害了合法的行政关系，破坏了正常的行政管理秩序，才构成行政违法。行政违法的客体要件不同于行政违法的侵害对象，后者指的是行政违法直接影响或者侵害的人、物。大多数行政违法既有侵害对象也有侵害客体，但对于某些行政违法而言，可能并不直接侵犯特定相对人的特定权利，却侵害了行政法所保护的社会秩序，对于此类行为，仅有侵害的客体却并无侵害的对象。

三、行政违法的分类

对于行政违法，可以从不同角度作不同的分类。正确的判断与认定行政违法，有助于预防和制止行政违法行为。根据不同标准，可以对行政违法进行以下不同的分类。

1. 根据违法的内容，行政违法可以分为实体行政违法和程序行政违法。实体行政违法是指不具备行政行为实质要件的行政违法，如主体不合格、内容不合法、超越职权、滥用职权等，实体行政违法实质是对行政法律规范所规定和保护的实体权利义务的违背，实体行政违法表现为行政失职、行政越权、滥用职权及依据错误等；程序行政违法则是不具备行政行为形式要件的行政违法，如行为的作出不符合法定程序、行为的表现形式不符合法律规定的要求等，其实质是对程序行政法律规范确定的权利义务的违背，具体表现为法定步骤的省略或者颠倒，时限的超过等。

行政行为既有实体的一面也有程序的一面，行政违法在两方面都可能出现瑕疵，产生违法的情形，而且也可能出现行政行为在实体违法与程序违法上竞合的现象。这种区分的意义在于：首先，从法律效力看，实体违法一般属无效行为，从该行为发生之时即没有法律效力，而程序违法一般属可撤销行为，它经有效补救可转化为有效行为；其次，从法律后果看，实质违法所引起的法律后果主要是承担惩罚性行政责任（如行政处罚、行政处分），而形式违法所引起的法律后果主要是承担补救性行政责任（如撤销违法）。

2. 根据违法的范围，行政违法可以分为内部行政违法与外部行政违法。内部行政违法是指行政主体在内部机构设置、人员安排与事务管理等领域发生的行政违法行为。例如，行政机关对其公务员违法进行行政处分，就属于内部行政违法；外部行政违法是指行政主体行使职权，对社会公共事务进行管理的过程中出现的违法行为。例如，税务机关违法征税、公安机关违法对行政相对人进行行政拘留。

内部行政违法与外部行政违法在救济手段上是有区别的：内部违法一般仅限于行政救济，不受司法审查；而外部违法不仅可借助于行政救济，还可借助于司法救济。随着法治进程的推进，内部行政违法进入司法救济的可能性、必要性都在增加。

3. 根据违法的形式，行政违法可以分为作为行政违法与不作为行政违法。作为行政违法是指行政主体及其公务人员主动实施的违反行政法律规范的行为，表现为积极地作出行政法律规范所禁止的行为，如税务机关违法征收税款；不作为行政违法指的是行政主体及其行政公务人员不履行行政法律规范所规定的作为义务的行为，例如，工商机关对企业申请营业执照既不受理也不拒绝的行为。

作为违法与不作为违法均是行政法律的规范对象，都会构成对公共利益或者行政相对人合法权益的损害，都应当承担相应的法律责任。但在法制实践中，人们往往忽视不作为行政违法，致使公共利益的保护出现漏洞。

4. 抽象行政行为违法与具体行政行为违法。抽象行政行为违法是指行政机关制定行政法律、规章与其他规范性文件的行为违法，例如，超越权限出台规范性文件、程序违法、内容与上位规范抵触等。具体行政行为是指行政主体在实施具体行政行为时不符合法定的规则与原则，包括超越职权、滥用职权、不履行法定职责、事实认定不清、法律适用错误等。

两种违法行为在我国的救济途径是不同的，对于抽象行政行为的违法，公民、法人、其他组织不能向人民法院提出行政诉讼，只能由权力机关和有权的行政机关（作出行政行为的机关及其上级行政机关）予以撤销或者宣布无效。具体行政行为的违法，属于行政复议受理范围与行政诉讼受案范围的，行政相对方不服可以申请行政复议或者提出行政诉讼，由行政复议机关或者人民法院在其权限内进行强度不同的审查。

第二节　行政责任

一、行政责任的概念与特征

（一）行政责任的概念

行政责任是指行政主体及行政公务人员由于不履行法定职责从而应当依法承担的法律后果。

（二）行政责任的特征

行政法上的行政责任具有以下特征：

1. 行政责任是一种法律责任。作为一种否定性的法律后果，行政责任既不同于代议制政治下基于授权关系所产生的政治责任也不同于基于社会道义或者组织内部纪律而产生的道德责任和纪律责任，它是由法律规范预先设定，以法律规范所规定的职责为基础，并且由法定主体按照特定方式（例如行政诉讼、行政复议）进行追究。当然，违反不同性质的法律规范所包含的义务从而产生的法律责任的性质也是不同的，行政法律责任是以行政法律职责和义务为基础的，是与违宪责任、民事责任、刑事责任相并列，具有独立性的法律责任类型。

2. 行政责任是行政机关及行政公务人员承担的法律责任。我们必须承认，在行政管理过程中，作为行使职权者的行政机关和作为被管理的相对人都承担特定的义务，在行政机关一方，它必须在行使职权和履行职责的过程中依法活动、合理活动，而在行政相对方一方，承担着遵守行政法律规范，服从和协助行政管理活动的义务，无论何方，只要违背法定义务，都会出现法律责任问题。然而更应该看到，行政机关与行政相对方法律责任的实现的方式和范围是不同的。行政相对方法律责任的承担是在行政机关行政管理过程中行使行政职权的过程中存在和实现的，由行政机关负责认定，当然，这种认定不具有最终效力，甚至可以通过司法程序被推翻，但由行政机关进行的对于相对人法律责任的判断和追究是行政活动的基本现象之一。相比起来，行政机关的法律责任，必须通过特殊的法律途径由特定的机关来实现。行政权是行政法的理论基点，是"行政法一切特殊性的根源"，这决定了行政法的理论中心在于对行政权的规范和控制，我们所说的行政责任仅仅从行政机关及行政公务人员一方出发。

3. 行政责任是一种法律制度。行政责任的认定、归结和追究不仅是法治理念的反映，更是国家法律生活中的一个具体的制度体系。"在国家整体制度内部，行政机关和行政官员的行政行为受到以法律为主要形式的明令或原则规定，并在现实的政治法律过程中与其他国家机关及其官员发生相互制约的关系"[1]，当行政机关及行政公务人员行使行政职权过程中出现违法或不当行为之时，其行为的具体内容会因责任制度的存在受到阻滞，而这种内在的机制，首先来自国家政治法律制度的"一套相互影响的程序"，任何赋有法定职责的国家机关对行政责任的存在都不能视而不见，否则要承担因为怠于履行职责而产生的新的法律责任。

二、行政责任和相关概念的关系

此处主要涉及行政责任与其他法律责任的关系：

（一）行政责任与违宪责任

1. 违反的法律规范不同。违宪责任是特定的主体违反宪法规范所应承担的法律责任；而行政责任是行政主体及行政公务人员违反行政法律规范所应承担的法律责任。

2. 责任形式不同。违宪责任主要有撤销和罢免两种责任形式；行政责任的形式则有多种，如通报批评、赔偿损失。

3. 追究机关不同。违宪责任是由全国人民代表大会及其常委会和地方各级人民代表大会及其常委会加以追究；行政责任的追究除权力机关外，人民法院、行政机关也有权追究。

4. 违宪责任之追究与行政责任之追究所适用的程序也是不一样的。

（二）行政责任与民事责任

1. 违反的法律规范不同。前者是在行政法律关系中因违反行政法律规范而引起的责任；后者是在民事法律关系中因违反民事法律规范而引起的责任。

2. 责任形式不同。前者之责任形式既有补救性的，如返还原物、恢复原状，也有惩罚性的，如通报批评；后者之责任形式仅为补救性的，如赔偿损失、赔礼道歉。

---

〔1〕　张国庆主编：《行政管理学概论》，北京大学出版社 2000 年版，第 499 页。

3. 追究责任的机关不同。前者之追究机关包括权力机关、行政机关和人民法院；后者之追究机关主要是人民法院。

4. 追究责任的程序不同。前者的责任追究程序因为追究机关不同而不统一；后者则适用民事诉讼法加以追究。

（三）行政责任与刑事责任

1. 性质不同。行政责任追究的是一般行政违法（包括部分行政不当）行为的责任；而刑事责任追究的是刑事犯罪行为的责任。

2. 违反的法律规范不同。行政责任是违反行政法律规范而引起的法律后果；刑事责任是违反刑事法律规范所引起的法律后果。

3. 追究机关不同。行政责任的追究机关包括人民法院、行政机关和权力机关；刑事责任的追究机关仅限于人民法院。

4. 责任形式、追究程序不同。行政责任的责任形式和追究程序由各个单行的行政法律、法规以及行政诉讼法、行政复议法等具体规定；刑事责任的责任形式和追究程序分别由刑法和刑事诉讼法加以规定。

三、行政责任的分类

1. 根据功能和目的，可以将行政责任分为惩罚性行政责任和补偿性行政责任。惩罚性行政责任是指对于违反行政法律，构成行政违法或者行政不当的行政主体及行政公务人员，责令其向国家和社会承担一定的义务，从而达到教育、惩罚与预防作用的法律责任形态，典型的惩罚性行政责任即对于行政公务人员的行政处分和行政追偿。补救性法律责任是指对于违反行政法律规范的责任主体，责令其对于损害后果予以挽救和弥补，以恢复遭到破坏的行政法律秩序的法律责任形式。例如，判令行政主体履行法定职责、国家赔偿相对人的损失等。

由于行政主体是代表国家行使行政权力，它所承担的行政责任实质上是一种国家责任，因此在其所承担的行政责任上以补偿性责任为主，而对于行政公务人员而言，他和行政主体之间构成的是内部的行政职务法律关系，行政机关可以依据法律赋予的管理权限追究惩罚性法律责任或者补救性法律责任。

2. 根据内容，可以将行政责任划分为财产性行政责任和非财产性行政责任。财产性法律责任是指由行政主体或者行政公务人员以一定数量的有形财产或者金钱作为承担行政责任的方式。例如，行政主体对于非法的罚没财物所进行的依据相关决定向相对方返还，对于受到损坏的财产进行修理、重做或者更换。非财产性责任则以不带有财产内容的其他方式为责任的承担。例如，赔礼道歉、恢复名誉、消除影响等。

3. 根据范围，可以将行政责任划分为内部行政责任和外部行政责任。内部行政责任由行政主体在机关或者组织内部追究和落实责任，由处于内部行政法律关系中的行政主体和行政公务人员承担，外部行政责任则由外部行政主体承担，二者追究的法律依据和主体均不同，内部行政责任由行政机关根据内部行政法律规范进行责任的确认和执行，例如，行政机关对公务员的行政处分；外部行政责任由国家机关根据外部行政法律规范归结具体的责任，例如，法院判决行政机关依法履行职责。内部行政责任受法律调控的力度较弱，行政主体有相当的自由裁量权，因此产生的纠纷一般不允许通过司法途径加以解决，而是在行政系统内部化解。外部行政责任受到法律约束的力度较强，通过司法途径解决行政责任时，利害关系人有上诉、申诉的权利。

此外，也存在其他对行政责任的划分方法。例如，根据承担责任的主体，可以将行政责任分为行政主体的责任和行政公务人员的责任；根据确认并追究责任的主体，可以将行政责任分为权力机关确认的行政责任、行政机关确认的责任和司法机关确认的责任。

第三节 行政责任的构成与追究

一、行政责任的构成

行政责任的构成要件指的是认定和判断行政责任时必须具备的标准、条件和因素的总和。行政责任是行政主体及其工作人员因违反行政法律义务而承担的一种法律上的否定评价，也会不可避免的产生不利的法律后果。因此责任的追究与承担应该是一种十分严肃的法律行为，在一定的制度框架内运行。行政责任的运行的起点就是确定行为人是否应该承担行政责任，它是保障行政责任被合法追究的前提。在此，我们需要发现或者总结出一个明确的、统一的衡量标准，不能凭借主观臆想随意定论，否则将构成对违法者极大的不公，甚至损害制度的合法性和公信力。

我国行政法学界对于行政责任的构成要件到底包括哪些要件并无统一的认识。理论上有所谓主体、行为、结果和法律规定的四要件说，行为、结果、因果关系的三要件说等。我们认为，行政责任的构成要件应当包括以下几项：

（一）行政违法是行政责任产生的前提

行政主体及其工作人员必须依照法律规定行使行政职权和履行职责，一旦这些主体在行使行政权的过程中不履行或者不正确履行法定的职责或者在客观上违反了法律上的确定义务，即构成行政违法或者行政不当，在此种情况下行为主体就要承担相应的行政责任。对合法、适当的行政行为，一般而言行政主体无行政责任可言。只有当行政行为出现违法或不当的情形时，行政行为的作出者才需要承担行政责任。

一般而言，没有行政违法就没有行政责任，行政违法是因，而行政责任则是果。行政责任的实质就是通过法律裁判的手段对行政主体及其工作人员违反法定权利义务的行政行为所给予的一种否定性评价和谴责，并通过让责任主体承担相应的带有否定性结果的强制义务，来使被破坏了的法定权利义务状态得以恢复，不符合法律要求的行政行为得以矫正，由该行为而引起的利益矛盾和价值冲突得到合法的解决。从我国目前的法律规定来看，行政责任大多是基于行政违法行为而设定的，所以，行政违法是行政责任的重要构成要件。至于有些学者提及的行政不当，从目前我国的法律规定来看，并不都必然引起法律责任，其追究责任的范围比较窄。和行政违法相比，只有部分行政不当是追究行政责任的前提条件，是否追究取决于不当的程度和立法者的态度。

需要注意的是，不管是行政违法还是行政不当都是对行政法律义务的违反，那么行政法律义务来源于何处？①法律的直接规定。法律规范就其内容可以分为义务性规则、授权性规则和权义复合规则。义务性规则以命令或者禁止的方式对行为的方式进行了明确限制，行政机关及行政公务人员不得随意违反和变更；授权性规则允许行为人在行为与否、如何行为之间做出选择，但这种选择必须具有正当性、平衡性和情理性。[1]权义复合规则大多体现为职权规范和组织规则，间接体现了行政主体的义务。②其他规范性文件的规定。其他规范性文件无权为相对人设定义务，但不能排除行政主体根据自身需要在规范性文件中为自己设定义务，只要这种设定符合法律或者法律精神，不侵害公共利益，有利于相对方权益实现，就应该予以承认。③先行行为。行政主体的先行行为如果致使相对人的合法权益处于受损害的状态，行政主体就负有采取措施防止结果发生的义务。例如，公安机关处理行政案件要求某公民作证引起的保护其人身和财产安全不受损失的义务。④行政合同、行政指导及行政计划等特殊行政活动所产生的义务，例如，按照农产品种植合同，政府负有的提供符合技术指标的农产品义务等。从以上情况看，有些义务虽非法律直接规定，却被法律认可和允许，可视为法定义务的延伸。

（二）行政责任的主体是行政主体及行政公务人员

具有法律上的权利能力和责任能力是行为人承担法律责任的条件之一。行政责任的承担也必须要求具有行政权利能力和行政行为能力。在行政法学上，只有依法享有行政职权、履行行政职责，能够以自己的名义实施行政权的主体，才具有对违法行政和不当行政承担责任的能力。从行政权的本质看，行政权归属于国家，因而行政责任的承担者只能是国家。但是，国家是一个抽象的政治实体，其行政权的运用只能依靠行政主体。故违法行政、不当行政的行政责任主体首先是行政主体。而行政主体的行政权，要依靠具体的自然人即行政公务人员来具体实施。后者依法取得行使行政权的职务，就应履行相应的义务，否则就应该承担法律责任。[2]

---

〔1〕 正当性、平衡性、情理性是胡建淼教授对行政合理性原则基本内容的界定，实际上行政合理性原则所约束的就是行政主体基于授权性规则而为的裁量行为。参见胡建淼：《行政法学》，法律出版社2005年版，第66~67页。

〔2〕 罗豪才、湛中乐主编：《行政法学》，北京大学出版社2006年版，第336页。

（三）行为人具有主观上的过错

从法理学上讲，责任的构成要件一般都需要具有过错要件。无过错就不能也无须承担责任。当然，对不同的违法主体、不同的违法行为，过错的要求是不同的。一般来说，要承担责任，必须要具有过错，这是行为主体所承担的是一种过错责任。[1]过错反映的是违法者主观上的一种可以归责的心理状态：实施某种行为时，心理上没有达到应该达到的注意程度。具体表现为故意和过失两种形式：故意就是行为人预见到损害后果的发生并希望或放任该结果发生的心理状态，例如，公安机关警察在明知相对方没有违反《治安管理处罚法》的行为时，出于泄私愤、报私仇的目的，对其进行违法拘留，肆意侵犯相对人的人身权，故意有直接故意和间接故意之分，这种划分一般情况下并不影响行政责任的承担；"行为人丧失他应有的预见性，叫作过失"，[2]它表现为行为人因为疏忽或轻信未达到应有的注意程度的一种不正常或不良的心理状态，例如，结婚登记机关工作人员没有认真核查相对人的身份，以致出现冒名顶替领取结婚证的后果。从程度上，过失可以分为重大过失、一般过失和轻微过失等三种情形，过失的程度差异会影响到损害后果的承担与否。

在个别情况下，即使无过错也要承担责任，即无过错或者无过失责任，这种情形下，无论行为人有无过错，只要法律规定应当承担行政责任的，行为人就应当对其行为所产生的损害承担行政责任，或者说，行为人的主观过错对行政责任的构成和承担不产生影响，责任追究者无须就行为人的过错进行举证，行为人也不得以其没有过错为由主张免责或减责。

在法国赔偿制度中，既有前述基于过错的行政责任，也有无过错的行政责任。原则上，行政主体只对公务过错所产生的损害负赔偿责任，对于没有过错的行为所产生的损害，不负赔偿责任。在公务过错的认定问题上，行政法院的判例将其总结为公务的实施不良、不执行公务、公务的延迟实施等三种形式。考虑到严格贯彻过

---

〔1〕 有人认为，行政领域的违法行为，只要符合法律规范所规定的外部形式，一般不再过问行为人的主观因素，即可视为主观有过错，法律另有规定的除外。并认为"这是行政法的一个特点，或者将其理解为不以主观过错为要件"。参见罗豪才、湛中乐主编：《行政法学》，北京大学出版社2006年版，第335页。我们认为，通常情况下，主观过错应当是追究行政责任的前提，正如德国耶林所言，"不是损害而是过错使侵害者负有赔偿义务"，过错是违法者承担责任的基础，行政法的特点在于只要发生违法或者不当行为，责任追究者无须主动证明行为人主观过错的有无，过错的有无由违法或者不当行为所产生的状态进行推定，但是不能因此就否认过错作为责任要件的地位，因为推定过错只是判断有无过错的一种方法，只要违法者能够证明自己没有过错，一般情况下，也就无须承担行政责任，这恰恰说明，过错是行政责任的充足条件。而在德国，"具体案件中只要有证据证明行政机关实施违法行为时的客观注意没有达到必要的认真水平就足够了"，过错有无仍然由责任追究者承担，不过证明要求较低而已。参见〔德〕哈特穆特·毛雷尔：《行政法学总论》，高家伟译，法律出版社2000年版，第631页。

〔2〕 谢邦宇、李静堂：《民事责任》，法律出版社1991年版，转引自张新宝：《中国侵权行为法》，中国社会科学出版社1998年版，第132页。

错责任必然导致的极大不公和高科技产生的众多危险，行政法院可以根据公平和正义的感觉或者公共利益的需要，判决行政主体负担行政责任，当然，这是一种例外和补充的责任。[1]

（四）行政责任的确认应该由行政法律规范所规定。

行政责任必须经过国家法律的规定才能产生。没有法律规范的规定，即便发生损害性后果，也不能产生行政责任问题。行政责任是一项法律制度，其性质、内容、范围、条件、种类、限制、确认、程序、执行由法律所同意和规定，它是一种由法律产生并依照法律展开的机制，缺乏法律规范，即使行政主体及行政公务人员在事实上违法、不当甚至侵权，但由于没有法律的规定，行政责任无从谈起，至多只是一种道义责任。"法律规定是确立和确保行政责任的物质机制，也是追究行政责任的基本依据"。[2]

二、行政责任的确认机关

行政责任的确认机关是指哪些机关有权采取什么措施追究行政主体及行政公务人员的行政责任。根据我国现行法律的规定，下列机关有权追究行政责任：

在我国，有权确认和归结行政责任的国家机关包括权力机关、行政机关和司法机关。

（一）权力机关

权力机关即从中央到地方的各级人民代表大会及其常务委员会。根据我国宪政体制，行政机关由权力机关产生，对权力机关负责，受权力机关监督。权力机关和行政机关的从属关系构成了权力机关在其权限范围内全面追究行政机关行政责任的基础，根据《宪法》和《立法法》的相关规定，权力机关追究行政机关的行政责任主要是通过依法撤销行政机关不合法行政法规、规章、行政决定和命令及其他规范性文件等方式实现。

罢免属于宪法责任的形式之一，权力机关不能直接追究行政公务人员的行政责任。[3]

（二）行政机关

行政机关依法对行政违法或者行政不当主体追究行政责任，是行政主体及行政公务人员被追究行政责任的主要法律途径，它所反映的是行政系统内部的自我监督，同时也适应行政机关之间的行政组织法律关系。行政机关追究行政责任，具有以下特点：①追究责任的对象具有全面性，即无论是行政主体还是行政公务人员，无论是具体行政行为还是抽象行政行为，无论是行政违法还是行政不当，行政机关都有

---

[1] 王名扬：《法国行政法》，中国政法大学出版社1988年版，第723~730页。

[2] 张国庆主编：《行政管理学概论》，北京大学出版社2000年版，第504页。

[3] 胡建淼：《行政法学》，法律出版社2005年版，第467页

权实施责任的追究；②追究责任具体形式具有多样性，凡责任主体有能力承担并且应该承担的责任形式，行政机关都有权适用；③追究责任渠道具有广泛性，行政机关是一个综合的整体，内部有纵向的层级和横向的分工，不仅做出行政行为的行政机关本身依法可以承担行政责任，得到法律授权的其他行政机关也能够成为行政责任的追究者。

行政机关追究行政责任的情形有三种：①行政主体的上级主管机关通过监督检查方式发现行政主体有行政违法或行政不当行为，通过以撤销、改变等形式，强制违法行政主体承担行政责任；②行政机关通过行政复议和行政监察等制度，决定行政主体承担一定的法律责任；③行政主体通过自我执法监督检查发现行政违法或者不当，自行或者由有过错的行政公务人员承担行政责任。

（三）人民法院

在我国，司法机关主要指各级人民法院，根据法律规定，它享有监督行政主体依法行政的职权，并且在一定的条件下有权以裁判的方式直接追究有关行政主体的行政责任。但是，人民法院追究行政主体及其行政公务人员的行政责任的责任范围和责任形式都是不全面的。

人民法院通过行政诉讼追究行政责任具有四个明显的特征：①以具体行政行为的违法为范围限度，对抽象行政行为无权实施责任追究，并且对具体行政行为的不当只是在例外情况下才有权实施责任确认和追究；②人民法院追究行政责任具有消极性和被动性，"不告不理"，如果相对方和利害关系人不起诉，人民法院不能主动开启司法审查程序追究有关行政主体的行政责任；③人民法院追究行政责任具有补救性，即只限于对相对人受侵害的合法权益予以补救，不能追究惩罚性行政责任；④人民法院追究行政责任具有有限性，仅限于追究行政主体的行政责任，不能直接追究行政机关工作人员的行政责任，后者属于内部行政的范围。

三、行政责任的免除

行政责任的免除，简称"免责"，是指行政行为人虽然事实上违反了行政法律规范，并且具备承担行政责任的条件，但是由于某些主客观的条件或者理由，可被免除行政责任，即不承担行政责任。

在我国的法律规定和法律实践中，行政责任免除的条件和情形可以分为：

1. 时效免责。即行为人在行政违法或者行政不当行为发生一定期限后不再承担强制性行政责任。例如，行政相对人和利害关系人应当在法定的期间内提出行政诉讼，否则就不能要求人民法院确认和追究行政主体的法律责任。当然这不能排除其他机关对行政责任的确认和追究。

2. 不诉免责。通过司法机关进行的行政责任追究是一种消极和被动的确认方式，如果行政相对人和利害关系人没有提出行政诉讼的申请，司法机关不会主动依职权追究行政责任，因为不申请司法救济，即意味着放弃了请求权，可由司法机关追究的行政责任因此而免除。

3. 实际表现免责。如果行为人的行政违法或者行政不当行为情节轻微、经过批评教育后改正的，可以免予承担行政责任。[1]

4. 人道主义免责。权利是以义务人的实际履行为前提的，如果义务人缺乏履行责任的能力，有权机关可以出于人道主义的理由免除义务人本应承担的责任。例如，按照法律规定，行政机关向相对人赔偿因为违法行为产生的损失以后，对于故意或者有重大过失的公务员享有赔偿金额的追偿权。但在现实中，如果这种追偿可能导致公务员处于无家可归、毫无生计的状态，有权机关应当适当的减轻或者免除赔偿责任。

四、不承担行政责任的情形

不承担行政责任又称为"无责任"或者"不负责任"，它不同于"免责"，是指行为人虽然在事实上或形式上违反了行政法律规范，但是因其不具备法律上应负责任的条件，故没有责任，即不承担责任。不承担行政责任的情形，实际上就是阻却行政主体及行政公务人员承担行政责任的环境因素，这些因素包括：

1. 不可抗力。不可抗力即不能预见、不能避免也不能克服的特殊事件，可以分为基于自然原因的不可抗力（地震、台风、海啸等），基于社会原因的不可抗力（战争、武装冲突等），这些情况可能使得行政主体及行政公务人员履行法定职责极为困难或者已经没有可能，行政责任不应因为外界的不可控因素而存在。

2. 意外事件。意外事件是指非因行为人的故意或过失而偶然发生的事故，如突然发生的火灾、停电、房屋的倒塌，如果因此造成行政主体及行政公务人员履行法定义务不能，不构成确认行政责任的根据。

3. 紧急避险。紧急避险是为了本人或者第三人的人身和财产安全或者公共利益避免正在发生的、实际存在的危险而不得已加害于他人人身或财产的损害行为。具体到行政法学上，如果行政主体及行政公务人员面临两种需要即时履行的法定义务，任何一个不立即履行都会发生相对人合法权益或者公共利益的损害而行政主体又没有其他办法同时履行，行政主体及行政公务人员必须做出判断，放弃对较小的合法权益在法定期限内所应提供之法律保护。此时，不应该因为紧急情况下的选择而让行政公务人员承担惩罚性行政责任。

4. 行政相对方的承诺。在特定情形下，如果行政主体及行政公务人员征得行政相对方的同意而违反法定义务，则不构成行政责任。考虑到行政行为的公益性，对相对方的同意必须给予严格的限定：①相对方的承诺必须处于明确而且真实的意思表示，默示不得视为承诺，因为欺诈、胁迫和误解或者行政相对方没有辨认和控制

---

〔1〕《行政机关公务员处分条例》第 14 条第 2 款规定："行政机关公务员违纪行为情节轻微，经过批评教育后改正的，可以免予处分。"

能力所做的承诺都不是有效的不承担行政责任的理由；②行政主体及行政公务人员主观上必须出于善意，不得利用相对方的承诺，逃避法定义务的履行；③行政相对方所做的承诺不得违反公共利益或者追求危害社会的目的，不能以满足非法的条件作为给予承诺的条件。

5. 行政相对方或第三人的过错。行政相对方或第三人的过错可以成为不承担行政责任的理由，也就是说如果行政相对方的损害完全是"咎由自取"，或者因为第三人而发生，行政主体及行政公务人员可以因此不承担行政责任。例如，公民故意诱使行政主体实施违法行为而造成损害，或者为了某些目的，故意对自己的人身健康和财产进行损害，再或者行政行为可能或已经造成损害后果，行政相对方故意不对损害的发生和扩大加以阻止，致使损害扩大，当这些情况出现的时候，行政主体及行政公务人员的责任因为行政相对方的过错而不承担或者不全部承担责任。当然，如果是部分不承担，就应该根据双方对损害发生的作用力差异或大小，确定具体的不承担比例。

6. 无明确的法律依据。按照行政责任的构成要件理论，行政责任的成立需要明确的法律依据，如果不存在对于某种行政违法和行政不当行为进行追究的法律依据或者法律依据的效力存在瑕疵，此时行政责任不能成立，国家机关不能对行政违法和行政不当进行法律责任的归结。

第四节　行政责任的承担方式

一、行政主体承担行政责任的方式

（一）行政主体行政责任的特点

国家是抽象的政治实体，其享有的各项权力必须在一定的组织机构中实现，行政主体就是代表国家整体实施行政管理，享有行政权力，并且有独立法律人格的行政组织形态。国家和行政主体之间是一种委托代理关系，因此，行政活动虽然是由行政主体推动的提供公共服务、进行经济和社会事务管制的行为体系，但是在此过程中，由于行为违法或者行为不当所产生法律责任，追根溯源应该由国家来承担。然而责任的追究要求存在明确具体的责任主体，因此形式上的行政责任其实是由行政主体作为承担者的。

行政主体所承担的行政责任具有以下几个特点：

1. 责任形式的有限性。行政主体是社会组织的一种特殊形态，它不同于自然人和一般法人，所承担的责任形式具有有限性。例如，开除、记过、罚款、责令停产停业等责任类型对其不具有适用的可能性。

2. 承担责任原因的限定性。行政主体只承担在行使职权、履行职责或者与此密切相关的活动中所引发的责任，如果它以普通的机关法人身份参加民事活动，承担的仅仅是民事责任。

3. 责任性质的补救性。毫无疑问，在行政管理的过程中，行政主体的行为由行政公务人员具体作出，因此表面上看，对相对方的合法权益产生损害的是行政公务人员的行为。但是，行政公务人员只不过是行政主体的代表，行政法律关系的双方首先是行政主体和行政相对方，因为行政公务人员的行为所引起的行政责任应该由行政主体承担，对相对方的损害给予积极的补救。至于行政公务人员的责任，则由行政主体以彼此之间存在的内部行政法律关系进行追究。行政公务人员向相对方承担法律责任既不符合行政法律关系原理，也不利于相对方合法权益的维护。

（二）行政主体承担行政责任的具体形式

1. 撤销违法的行政行为。行政行为具有确定力、拘束力和执行力，一旦作出，即具有法律效力。撤销违法的行政行为，作为一种消除或控制违法或不当行政行为造成的危害的补救性措施，是一种重要的行政责任形式。值得注意的是所撤销的既可以是具体行政行为，也可以是抽象行政行为。

2. 履行职责。在行政法上，行政职权就是行政职责，行政主体及行政公务人员应该履行职责而不履行职责，又不存在不能履行的情况下，即构成行政不作为或者行政失职。有权的国家机关确认其构成行政不作为以后，并要求其履行应该履行的义务。这种责任形式既可以由相对方提出申请，也可以由人民法院依法判令或者行政机关的决定确立。

3. 纠正行政行为。这是不当行政行为所引起的行政责任。例如，《行政诉讼法》第 77 条第 1 款规定，"行政处罚明显不当，或者其他行政行为涉及对款额的确定、认定确有错误的，人民法院可以判决变更"，行政机关对于人民法院所作的变更必须接受。

4. 停止违法行为。对于持续性的违法行为，如果行政相对方提出控告时侵害仍在继续，违法行政责任的追究机关有权责令停止违法行为。

5. 赔偿损失。行政主体及行政公务人员违法行使行政职权的行为侵犯公民、法人或者其他组织合法权益造成损害的，行政主体应该依法赔偿，承担财产上的补救责任。

6. 返还权益、恢复原状。如果行政主体的行为，剥夺了相对人对于财产的占有和其他权益，或者变更了财产的原有状态，置相对人于不利境地，在确定行政主体的行为依法应该承担法律责任之后，行政主体必须采取措施返还权益、恢复原状。这种责任形式存在的前提是原财物存在或者虽遭破坏但能够恢复、返还和恢复成本较小又不影响公务。

7. 通报批评。通报批评是权力机关、上级行政机关或者行政监察机关对于做出违法或不当的行政行为的行政主体进行精神和名誉制裁的行政责任形式，通常以书面方式做出，通过报刊、文件向社会公布。

8. 赔礼道歉、承认错误。行政主体的违法行为或者不当行为造成相对方损害时，行政主体应该进行积极的精神方面的补救措施，赔礼道歉、承认错误。这种方式一般由行政主体的主要负责人或者负责人的代表以及直接责任人出面，以书面或者口头的方式传达。

9. 恢复名誉、消除影响。当行政主体的违法或者不当行为对行政相对方产生名誉损害，造成不良影响时，行政主体应该采取积极措施，及时地为相对人恢复名誉、消除影响，这种责任方式可以单独使用，也可以与其他责任方式并存。具体的方式和方法的选择可以结合名誉受损的程度和不良影响的扩散范围确定。

二、行政公务人员承担行政责任的方式

（一）行政公务人员行政责任的特点

行政公务人员的行政责任是指行政公务人员对其违法行为或不当行为承担的法律后果。如前所述，从法理上讲，行政公务人员不可能因其违法行为对行政相对人承担法律责任，因为二者之间并无直接的法律关系存在，行政公务人员是行政主体的代表，不是以自己的名义做出行政行为并承担因此发生的法律后果，从这个意义上讲，出现违法行政行为以后，首当其冲的责任主体是行政主体，只有确定前者应负行政责任以后，才能按照法律程序展开对行政公务人员法律责任的追究。

行政公务人员所承担的行政责任具有以下几个特点：

1. 引起行政责任的原因是行政公务人员违法行使职权的职务行为。行政公务人员具有多重身份，当其以普通公民身份参与民事活动发生违法侵权，应该承担民事责任。而职务行为是指基于公务员的资格与身份，以实现法律规范所包含与确定的义务状态为目的的行为，这种行为既包括行为本身的过程，也包括与职务行为紧密相关的其他行为，只要出现违法情形，就应承担相应的责任。

2. 行政公务人员的行政责任一般不针对行政相对人，是行政主体最终向国家承担的。行政公务人员承担责任的基础是行政职务关系，而此种法律关系的双方主体是行政机关和行政公务人员，在执行行政职务的过程中出现违法情形，破坏的也是行政职务关系的良性状态，因此追究其法律责任实际上是对这种法律关系的良性状态的恢复，其法律责任的承担指向的是行政主体。

3. 行政公务人员就违法行政承担法律责任需要主观上具有严重的错误，表现为故意或者重大的过失。只有轻微过失的违法行为，由行政主体承担责任，对公务员个人批评教育即可。

4. 行政公务人员的责任主要依赖于行政内部法律监督制度确认和追究。行政职务关系属于内部行政范畴，以此为基础进行的行政责任的确认和追究，也需要在内部的监督体制中展开，保证行政管理的效率和稳定。

（二）行政公务人员承担行政责任的具体形式

行政公务人员的行政责任主要是惩戒性的，表现为对于公务员身份、资格、职

务行为的限制和剥夺，主要的形式有以下几种：

1. 通报批评。这是对行政公务人员精神上的惩戒性行政责任形式，是有权机关针对违法行为情节轻微的行政公务人员实施的。

2. 赔礼道歉、承认错误。这是行政公务人员的行政责任被确定后，由有权机关责令其向受害人承认错误、表达歉意的责任形式。

3. 行政处分。行政处分是行政机关对于有违法行为的行政公务员所施行的制裁措施，包括警告、记过、记大过、降级、撤职、开除六种。目前适用行政处分的法律依据主要是《公务员法》《行政监察法》《行政机关公务员处分条例》等。

4. 赔偿损失。因为违法行为产生的赔偿责任由行政主体向行政相对方承担，行政机关在根据求偿权向有故意的或者重大过失的公务员追偿已赔偿款项的全部或一部分，可以认为这是对特定公务员所施加的经济制裁。

5. 违法所得的没收、追缴或者退赔。行政公务人员违反行政法律规范所取得的财产属于违法收入，行政监察机关及其他有权机关依法对违法收入和财物实行没收、追缴或者责令退赔。

第十二章

行政复议

第一节　行政复议概述

一、行政复议的概念与特征

行政复议，是指公民、法人或其他组织认为行政主体的行政行为侵犯其合法权益，依法向行政复议机关提出复查该行为的申请，行政复议机关依照法定程序对被申请的行为进行合法性、适当性审查，并作出行政复议决定的一种法律制度。它具有如下特征：

1. 行政复议的目的是防止和纠正违法或不当的具体行政行为。《行政复议法》第 1 条明确规定了行政复议以具体行政行为为审查对象，以行政行为的合法性和适当性为审查标准。

2. 行政复议是一种依申请的行政行为。这区别于上级行政机关主动对下级行政机关的领导、监督行为。

3. 行政复议的标的主要是具体行政行为。对于抽象行政行为，如果属行政立法范畴，不能提起行政复议。如果行政相对人认为行政立法以外的其他抽象行政行为违法，可以在对相应具体行政行为申请复议时一并申请复议，或者通过申诉等其他法律监督途径解决。

4. 行政复议是对行政行为的一种法律救济机制。行政复议是以行政纠纷的存在和行政相对人的申请为前提的，是借鉴司法程序中的受理、审查和决定程序建立起来、解决纠纷的制度，是一种针对行政行为的法律救济机制。

5. 行政复议所处理的争议是行政争议。行政复议不解决民事争议，如果行政机关实施解决民事争议的具体行政行为，这种行为不是行政复议，而是行政调解或者行政裁决。

6. 行政复议具有监督行政行为和对相对人合法权利进行救济的双重属性。

二、行政复议的原则

行政复议的原则，是指贯穿于行政复议全过程，对行政复议具有普遍意义的基本准则。行政复议的原则不但可以用来解释行政复议条文的具体含义，而且在《行政复议法》对某些具体问题缺乏明确规定时，可以依据原则体现的精神来加以处理和解决。

（一）全面审查原则

全面审查原则是指行政复议机关对申请复议的具体行政行为的合法性与适当性及有关抽象行政行为的合法性进行全面审查，具体包括下列内容：

1. 行政复议既对具体行政行为进行审查，也对有关的抽象行政行为进行审查。根据《行政复议法》第7条的规定，行政复议机关不仅可以对具体行政行为进行审查，而且可以根据公民、法人和其他组织的申请，对具体行政行为所依据的有关规范性文件一并进行审查。

2. 行政复议机关对具体行政行为是否合法进行审查。只有在确认了具体行政行为合法以后，才能进一步审查具体行政行为是否适当；只有解决了具体行政行为是否合法的问题，才能确定行政机关是否应承担法律责任以及承担什么样的法律责任。

3. 行政复议机关对有关的抽象行政行为是否合法进行审查。行政复议机关对有关的抽象行政行为是否合法进行审查，主要是指行政复议机关对具体行政行为所依据的规章以外的规范性文件是否合法进行审查。行政复议机关对具体行政行为所依据的规范性文件的合法性进行审查，主要是看规范性文件的制定有无法律、法规等依据，行政机关是否在自己的职权范围内制定规范性文件，规范性文件在内容上是否与其上位法律规范相冲突或相抵触。

4. 行政复议机关对具体行政行为是否适当进行审查。适当性审查，又称合理性审查，是指行政复议机关在对具体行政行为进行合法性审查的基础上，进一步审查具体行政行为的适当性，看具体行政行为的内容是否客观适度、公正合理，有无畸轻畸重、显失公正的情形存在。"合理"或"适当"主要是基于行政自由裁量权的存在与扩大而提出的，是对行政自由裁量权行使的基本要求。

实行这一原则的理论基础在于，行政复议在性质上不同于法院依据法律授权对行政机关的司法监督，而是上级行政机关对下级行政机关的执法活动实行的职权监督。这种监督基于行政系统内上下级层级领导和权属关系而产生，因而在理论上其监督范围可以包括被监督对象执法活动的一切方面，不受任何限制。在复议活动中，复议机关审查具体行政行为是否合法主要有三个标准：一是看行政机关作出的具体行政行为是否是属于该机关的法定权限；二是看行政机关作出的具体行政行为是否遵守法律法规的规定；三是看作出的具体行政行为是否符合法定程序。审查具体行政行为是否适当，主要是看行政机关在法定权限范围内或法定幅度内作出的具体行政行为是否客观公正、恰如其分。[1]

总之，行政复议机关既要审查具体行政行为，又要审查有关的抽象行政行为；

[1]　应松年主编：《行政法学新论》，中国方正出版社2004年版，第315页。

既要审查具体行政行为的合法性，又要审查具体行政行为的适当性；既应对具体行政行为的事实进行审查，又应对具体行政行为的法律依据进行审查；要对有关的抽象行政行为的合法性及具体行政行为的合法性和适当性进行全面审查。

（二）合法、公正、公开、及时、便民原则

《行政复议法》第4条规定："行政复议机关履行行政复议职责，应当遵循合法、公正、公开、及时、便民的原则，坚持有错必纠，保障法律、法规的正确实施。"根据这一规定，行政复议包括以下原则：

1. 合法原则。合法原则是依法行政原则、行政合法性原则在行政复议活动中的体现和重申。它是指参与行政复议法律关系的各类主体的所有活动均应依法进行。其中行政复议机关是行政复议决定的作出者，对它的合法性要求是最根本的。具体体现在：

（1）主体合法。行政复议机关必须是享有行政复议权的行政主体；复议申请人必须是被申请的具体行政行为所指向的相对人；被申请人必须是作出被申请的具体行政行为的行政机关或者法律、法规授权的组织。

（2）依据合法。行政复议机关在审理行政复议案件时所依据的法律、法规和规章以及其他规范性文件都必须是现实有效的。无论是行政复议的受理、审查还是作出行政复议决定，都应当有事实和法律依据，即依据法律、行政法规、地方性法规、规章及上级行政机关依法制定和发布的不与上位法相冲突的决定、命令，做到证据确凿充分，事实清楚。

（3）程序合法。行政复议过程本身就是一种行政程序行为，为保证行政复议的公正，行政复议机关在受理行政复议申请、审查具体行政行为以及作出行政复议决定等各个环节，都应按照法律规定的程序和期限进行，保护行政相对人的程序性权利，这样才能保证行政复议决定的合法有效。

（4）决定内容合法。《行政复议法》对行政复议决定的种类以及适用的条件进行了明确的规定，任何行政复议机关的行政复议决定的内容都必须符合法律的有关规定。

2. 公正原则。公正原则是指行政复议机关主持行政复议活动，作出行政复议决定，应当以事实为根据，以法律为准绳，公正地对待行政复议各方当事人，平等地适用法律，不能偏听偏信，偏袒一方，特别是不能偏袒被申请人。因为被申请人就是行政复议机关的下级机关或所属机关，有时甚至是其本身。具体而言：

（1）行政复议机关尤其要维护申请人的合法权益，应告知申请人依法享有的权利。因为在行政活动中，相对人处于被支配的地位，在复议过程中，应突出对弱者权利的保护。

（2）要给申请人和被申请人同等的陈述理由和质证的机会。

（3）行政复议机关作出的行政复议决定应合法。行政复议机关要始终将自己作为一个中立的裁判者，一视同仁地对待双方提供的事实证据，依法裁判。

（4）行政复议机关作出的复议决定不仅应合法，还应合理。公正原则要求行政复议机关合理行使自由裁量权，合理审查具体行政行为的适当性，公正裁断。

值得注意的是，行政复议决定的公正性很大程度上依赖于行政程序的公正，因此，行政复议机关应当严格遵循法定程序，特别是要保证行政相对人在复议中的各项权利，才能真正做到行政复议决定的公正。

3. 公开原则。公开原则是指行政复议活动应当公开进行，复议案件的受理、调查、审理、决定等一切环节，都应该尽可能向当事人、公众及社会舆论公开，使社会各界了解行政复议活动的基本情况，避免因"暗箱操作"而可能导致的不合理，甚至腐败现象。

公开原则是依靠一系列制度来保证的，如表明身份制度、告知制度、说明理由制度、咨询制度和公告制度等。这些制度主要在行政复议机关进行复议活动的过程中体现出来。

（1）行政复议过程应公开。它要求行政复议机关尽可能听取申请人、被申请人和第三人的意见，让他们更多地介入行政复议程序。《行政复议法》第22条规定："行政复议原则上采取书面审查的办法，但是申请人提出要求或者行政复议机关负责法制工作的机构认为有必要时，可以向有关组织和人员调查情况，听取申请人、被申请人和第三人的意见。"这是行政复议过程公开的一个具体体现。

（2）行政资讯公开。〔1〕《行政复议法》第23条第2款规定："申请人、第三人可以查阅被申请人提出的书面答复、作出具体行政行为的证据、依据和其他有关材料，除涉及国家秘密、商业秘密或者个人隐私外，行政复议机关不得拒绝。"这也是情报公开制度的体现。

（3）行政复议决定应公开。行政复议决定应当送达有关当事人、社会公众依法有权了解复议的结果等。

4. 及时原则。及时原则是指行政复议机关应当在法律规定的期间内，尽快完成复议案件的审查，并作出相应的决定。行政复议作为行政系统内部的层级监督，要求其在合法的前提下尽快地解决问题。〔2〕这一方面是行政效率对复议工作的要求，防止复议机关拖延不办，或久拖不决；另一方面也是为了能对违法或不当具体行政行为所带来的后果及时予以补救，以保护行政相对人的合法权益。

（1）及时受理。《行政复议法》第17条规定，复议机关应当在收到复议申请后5日内进行审查，决定是否予以受理。

（2）及时审查。复议机关按法律的规定，在受理之日起7日内，及时向被申请人发送申请材料，被申请人也应在法律规定的收到申请书副本或申请笔录复印件之

---

〔1〕　姜明安主编：《行政法与行政诉讼法》，北京大学、高等教育出版社1999年版，第282～283页。另参见胡建淼主编：《行政法学》，复旦大学出版社2003年版，第349页。

〔2〕　杨海坤主编：《中国行政法基础理论》，中国人事出版社2000年版，第378页。

日起 10 日内及时提交相关材料，以便于复议机关及时审查。

（3）及时作出复议决定。《行政复议法》第 31 条规定，原则上复议机关应当自受理复议申请之日起 60 日内作出行政复议决定。

实践中，方便复议申请人参加复议和便于复议机关行使复议权是一对既相统一又会时常发生矛盾的关系，在两者发生矛盾时，复议活动则应优先考虑方便复议申请人，而不是行政复议机关。[1]

5. 便民原则。便民原则是指行政复议机关在行政复议程序中应当尽可能地为行政复议当事人，尤其是为申请人提供必要的便利，使其不因行政复议活动而增加过大的负担，最大限度地节省他们所耗费的时间、精力和费用，行政复议机关不得以各种手段和方法，阻止或干预相对人提出行政复议的权利，从而确保当事人参加行政复议的目的实现。这一原则主要体现在：

（1）有关行政复议的规定应当尽可能考虑为申请人提供复议的便利条件。如实行"一级复议制度"减少上一级行政机关管辖行政复议案件的规定，不向申请人收取行政复议费用等。

（2）行政复议机关应当在法定范围内为当事人提供进行复议活动的便利条件。如对不能提供书面申请的相对人，允许以口头方式向行政复议机关提出复议申请，受理行政复议的机关的工作人员应当予以记录，再由申请人签名或者盖章，作为行政相对人正式提出申请的材料；对县级以上地方各级人民政府工作部门的具体行政行为不服的，由申请人选择，可以向该部门的本级人民政府申请行政复议，也可以向上一级主管部门申请行政复议等。

三、行政复议的基本制度

行政复议基本制度是行政复议基本原则的具体体现，表现在行政复议过程中，适用于行政复议的不同方面。可以说，行政复议基本原则要通过行政复议基本制度来体现，了解和把握行政复议基本制度对于充分发挥行政复议的作用是至关重要的。根据《行政复议法》的规定，行政复议基本制度有如下几项：

（一）一级复议制度

一级复议制度，是指公民、法人或者其他组织对行政机关作出的具体行政行为不服，向复议机关申请复议，复议机关审理并作出复议决定之后，申请人仍不服复议决定，但不得再向有关行政机关再次申请复议，只能向人民法院提起行政诉讼的法律制度。即行政复议案件经行政复议机关一次审理并作出决定之后，行政复议程序即告终结，申请人即使不服，也不得再次向有关行政复议机关申请复议的一种法律制度。

一级复议制度是我国行政复议最基本的制度，一般的行政争议都是适用一级复议制度，一级复议制度可以提高解决行政纠纷的效率。

（二）书面复议为主、直接审理为辅的制度

书面复议制度，是指行政复议机关一般无须召集申请人和被申请人组成复议庭进行审查，不需要通知当事人、证人，不需要经过辩论，不需要当面询问案情和质证各方面的证据，复议机关只对申请人的申请和被申请人提交的答辩，以及有关被申请人作出具体行政行为的规范性文件和证据进行非公开的审查，并在此基础上作出行政复议决定的制度。

根据《行政复议法》第22条的规定，行政复议原则上采取书面审查的办法，但是申请人提出要求或行政复议机关负责法制工作的机构认为必要时，可以向有关组织和人员调查情况，听取申请人、被申请人和第三人的意见。可见，行政复议案件的审理以书面审理为主，以直接审理为辅。所谓直接审理，是指复议机关除了审查案卷材料外，还通知申请人、被申请人、第三人及有关人员到复议机关，就有关问题进行调查以听取各方意见，并作出复议决定的审理方式。

书面复议制度可以提高解决行政争议的效率，也可以降低解决行政争议的成本，此制度设计的理由在于，基于复议机关和被申请人之间的上下级关系，复议机关对被申请人作出的具体行政行为涉及的行政事务比较熟悉，有能力作出合法、适当的复议决定。但其也存在着不公正的隐患。

（三）复议不停止具体行政行为执行制度

复议不停止执行制度，是指具体行政行为不因相对人申请行政复议而停止执行的制度。其理论基础在于行政行为一经作出即具有公定力、确定力、拘束力、执行力，这是为了保证国家行政管理的连续性和有效性。行政权力是一种公共权力，其行使是为了维护公共利益，当相对人对公共权力的行使产生异议时，即私权利与公权力发生冲突时，应优先使公权力得到实现。

复议不停止执行制度也有例外的规定，《行政复议法》第21条中规定，下列几种情况可以先停止执行：

1. 被申请人认为需要停止执行的。被申请人是具体行政行为的作出者，当该行政争议进入复议程序后，可能由于被申请人已经意识到具体行政行为有违法或不当的情形；或者有些具体行政行为暂时停止执行并不影响行政机关行使职权的连续性。所以被申请人可以申请停止执行。

2. 行政复议机关认为需要停止执行的。复议机关是审查具体行政行为是否合法、适当的主体。如果他认为该具体行政行为停止执行并不影响正常的行政管理秩序，为了避免给相对人造成不必要的损失，可以自行决定停止执行。

3. 申请人申请停止执行，复议机关同意的。申请人在提出复议申请时或者在复议案件审理过程中，提出停止执行具体行政行为的请求，经复议机关审查认为其要求合理，如果不停止执行可能会给申请人造成难以弥补的损失，并且停止执行不危害社会公共利益的，可以决定停止执行。

4. 法律规定停止执行的。例如根据《治安管理处罚法》第107、108 条的相关规定，被决定给予拘留的人或者他的家属能够找到担保人或者按照规定交纳保证金的，在申请复议或提起诉讼期间，行政拘留的处罚决定暂缓执行。

（四）复议不适用调解的制度

我国现行行政复议制度确立了不适用调解原则。行政复议不适用调解，是指行政复议机关审理行政争议案件时，只能依法对被申请复议的具体行政行为的合法性、适当性进行审查并作出裁判，合法的予以维持，违法的予以撤销，不当的予以变更，不能进行调解，更不得以调解方式结案。

认为行政复议不适用调解原则的立论根据在于，适用调解的前提是纠纷双方当事人可以自由处分自己的权利，而在行政争议当中，一方当事人是私权利的享有者，而另一方当事人则是公权力的享有者。公权力的享有人不能对自己享有的公权力进行处分，即使基于公权力的行使产生了争议，公权力的享有者也不能通过转让、放弃部分公权力或全部公权力的方式来解决。因此，行政复议不适用调解。[1] 而且行政复议的特点决定其不适用调解。行政复议主要是复议机关对所争议的具体行政行为的合法性和合理性进行审查。如果允许调解，即意味着对具体行政行为的合法性和合理性可以进行调解；可以变不法为合法，或反之，也可变不合理为合理。显然，这是拿法律作交易，有损法律的严肃性，也有悖于行政复议的宗旨。但是，行政复议不适用调解，并不意味着行政复议排除任何调解活动。根据《行政复议法》第29条及修正后的《行政诉讼法》相关规定的精神，复议机关审查、办理行政赔偿案件，应允许调解。

目前随着理论与实践的推进，不调解理论有待于进一步的修正和完善。行政复议完全可以适用调解的方式进行审理，但必须在法律的范围内进行，这主要基于以下考虑：行政机关虽然不能任意放弃其固有的行政职权，但并不等于行政机关在所有的职权中只有一种行为选择，其实，行政机关具有大量的自由裁量权。自由裁量权的存在，是行政复议调解制度存在的根本理由；从可接受性的角度考虑，经过调解的纠纷，更易于当事人接受，有利于彻底解决纠纷。当然，调解制度的引入，并不是否定了法治原则的适用，行政复议机关的复议调解活动必须在法律规定的范围内进行。

第二节　行政复议的范围

行政复议的范围又称行政复议的受案范围，决定的是行政复议制度解决行政争议功能的界限。

---

[1]　方世荣主编：《行政法原理与实务》，中国政法大学出版社2002年版，第141页。

一、对具体行政行为的受案范围规定

（一）概括范围

《行政复议法》第2条明确规定："公民、法人或者其他组织认为具体行政行为侵犯其合法权益，向行政机关提出行政复议申请，行政机关受理行政复议申请、作出行政复议决定，适用本法。"依据该规定可见，"具体行政行为"和"侵犯合法权益"这两项一起构成了确定一个行为是否构成行政复议案件的基本标准，该法条事实上成了对行政复议受案范围的概括性法条规定，也即凡是公民、法人或者其他组织所享有的法定权利，只要行政机关实施了违法具体行政行为，而且这些行为侵犯了公民、法人或者其他组织的合法权益，又不属于行政复议排除事项的，均可以成为行政复议的对象，受侵犯的公民、法人或者其他组织均可以提起行复议申请。

（二）可以申请复议的具体行政行为范围

根据《行政复议法》第6条的规定，公民、法人和其他组织对下列具体行政行为不服可以依法申请复议，复议机关应当受理：

1. 对行政机关作出的行政处罚决定不服的。行政处罚决定包括警告、罚款、没收违法所得、没收非法财物、责令停产停业、暂扣或者吊销许可证或执照、行政拘留等。相对人对行政机关作出的行政处罚决定不服，可以申请复议。

2. 对行政机关作出的行政强制措施决定不服的。比如限制人身自由或者查封、扣押、冻结财产等行政强制措施。公安机关、国家安全机关、海关、税务机关、工商行政管理部门、进出口检验以及技术质量监督机关、行政监察机关等行政机关有权对财产查封、扣押、冻结、变卖。限制人身自由的强制措施是指公安机关、国家安全机关、海关以及其他有关行政机关按照法律授予的职权对相对人的人身自由所采取的强制措施。如当场盘问、检查、留置、强行带离现场、拘留等。当事人对上述有关行政机关限制其人身自由或侵犯其财产的强制措施，认为有错误，侵犯其合法权益的，可以申请行政复议。

3. 对行政机关作出的有关许可证、执照、资质证、资格证等证书颁发、变更、中止、撤销的决定，有关审批、登记等是否办理的决定不服的。实践中存在各种名目的证书，这类证书通常是相对人从事某种职业的前提条件。

4. 对行政机关作出的关于确认土地、矿藏、水流、森林、山岭、草原、荒地、滩涂、海域等自然资源的所有权或者使用权的决定不服的。这类案件简称为行政确权案件。确权行为是行政机关对当事人之间就财产所有权或使用权的归属发生的争议予以确认的行为。

5. 认为行政机关侵犯合法经营自主权的。经营自主权是公民、法人或者其他组织依法享有的自主支配和使用其人力、财力和物力以及在产、供、销环节中自主决定不受干涉的权利。实践中，行政机关侵犯经营自主权的形式有多种，如强制变更企业名称、改变企业性质，强制企业合并、转让知识产权等。行政机关对这类权利的侵犯将直接影响到相对人的财产权，因此可以提起行政复议。

6. 认为行政机关变更或者废止农业承包合同侵犯其合法权益的。这类案件简称为农业承包合同案件。

7. 行政机关违法要求履行义务的。相对人的义务必须由法律事先规定。如果行政机关在法律规定之外要求相对人履行义务就属于违法行政。如乱摊派、乱收费、违法集资、违法征收财物等。

8. 有关行政许可案件的。行政相对人认为自己符合法定条件，向行政机关申请许可证执照、资质证、资格证等证书或者申请行政机关审批、登记有关事项的，行政机关拒绝办理或者不予答复。

9. 不履行法定职责案件。即认为行政机关不履行保护人身权、财产权、受教育权等法定职责的。

10. 申请行政机关依法发放抚恤金、社会保险金或者最低生活保障费，行政机关没有依法发放的案件。这类案件简称为行政给付案件。

11. 认为行政机关的其他具体行政行为侵犯其合法权益的案件。这是一条概括性的规定。它表明，只要相对人认为某个具体行政行为侵犯了其合法权益，都可以申请行政复议，而不仅仅局限于上面列举的 10 种具体行政行为。其他具体行政行为不论是作为还是不作为，只要侵犯相对人的人身、财产权益以及其他法律所保护的权益的，行政相对人都可以申请行政复议。这是因为，具体行政行为多种多样，而《行政复议法》不可能将所有可能侵害相对人合法权益的具体行政行为都一一列举出来，而只能在列举规定之后，再作出概括性的规定予以补充。这一规定还表明，我国行政复议的受案范围是开放型的，它不仅包括现阶段法律、法规规定的可以申请复议的行政案件，而且包括将来制定的法律、法规规定的可以申请复议的行政案件。

（三）行政复议不予受理的事项范围

《行政复议法》除了规定复议机关受理的行政案件以外，还规定了复议机关不予受理的事项。根据《行政复议法》第 8 条的规定：“不服行政机关作出的行政处分或者其他人事处理决定的，依照有关法律、行政法规的规定提出申诉。不服行政机关对民事纠纷作出的调解或者其他处理，依法申请仲裁或者向人民法院提起诉讼。”具体来说，复议机关不予受理的事项范围包括：

1. 行政处分或者其他人事处理决定，即内部行政行为。[1] 这里的“行政处分”，

---

[1] 《行政复议法》没有将内部行政行为纳入行政复议范围，公务员合法权益受到侵犯时不能得到及时、有效的救济。实际上，保护公务员的合法权益和保护普通公民的合法权益一样，两者都应该有充分的救济途径和救济手段。国家公务员虽然可以通过行政申诉来维护自己的合法权益，但申诉与行政复议的功能不可同日而语，后者的救济更加有效。《行政复议法》将对公务员合法权益的救济排除在行政复议之外，这是我国行政复议制度的一大缺陷。

是指国家行政机关对工作人员违反行政法义务的行为给予的惩戒。根据《公务员法》的规定，行政处分的种类有：警告、记过、记大过、降级、撤职、开除。这里的"其他人事处理决定"，是指行政机关对特定公务员实施的，对该公务员的权利义务产生影响的单方、要式人事行政行为。

2. 行政机关对民事纠纷作出的调解或者其他处理决定，即居间裁决行为。行政机关对相对人之间的民事纠纷的调解或者处理等行为，是由行政机关以第三方的身份，居中调解或处理民事纠纷，对双方当事人的约束力取决于其自愿接受。这与行政机关实施的行政处罚、行政强制、行政许可等行为，在性质上是完全不同的。

另外，国防、外交等国家行为不受行政权的监督，不能对其进行行政复议，这是国际上的一个惯例，我国自然也是如此。

二、可附带申请复议的部分抽象行政行为

《行政复议法》第7条规定："公民、法人或者其他组织认为行政机关的具体行政行为所依据的下列规定不合法，在对具体行政行为申请行政复议时，可以一并向行政复议机关提出对该规定的审查申请：①国务院部门的规定；②县级以上地方各级人民政府及其工作部门的规定；③乡、镇人民政府的规定。前款所列规定不含国务院部、委员会规章和地方人民政府规章。规章的审查依照法律、行政法规办理。"

对于该法条的理解，我们认为应该主要把握四个方面：

1. 它已经突破了传统的复议范围只限于具体行政行为的界限，将部分抽象行政行为，即规章以下的其他规范性文件，即上述三类规定不合法的，可以对其进行复议；

2. 附带性。即行政相对人不能直接对上述抽象行政行为申请复议，行政相对人要对上述抽象行政行为申请复议，必须有一定的具体行政行为存在，并且该具体行政行为的执法依据是该上述的抽象行政行为所囊括的类型，并且只有在对该具体行政行为提起复议的同时一并提起，才能对作为其执法依据的上述抽象行政行为进行复议，即其附带性。

3. 行政法规和规章此类抽象行政行为不能对其进行行政复议。从学理上讲，行政机关的抽象行政行为包括行政机关制定和发布的行政法规、规章以及其他具有普遍约束力的决定、命令。相对人对抽象行政行为中的行政法规、规章不服的，可以向有关国家机关提出，由有关国家机关依照法律、行政法规的相关规定处理。

4. 上述三类规定不合法至少包括了三层含义：①规范性文件规定的内容与国家宪法、法律、行政法规、地方性法规的明文规定相抵触；②虽然法律、行政法规、地方性法规未作具体的条文规定，但其基本原则是明确的，而规范性文件的规定与这些基本原则不一致；③规范性文件的制定机关超越其职权范围，制定了内容上不属于该机关职权范围的文件。

第三节　行政复议机关及其管辖

一、行政复议机关

行政复议机关，是指依照法律的规定，有权受理行政复议申请，审查被申请的行政行为的合法性和适当性并作出复议决定的行政机关。根据《行政复议法》的规定，按照复议机关同原来作出行政行为的行政机关之间的关系，复议机关主要有如下几种：

1. 作出被申请行政行为的行政机关的上一级行政机关。《行政复议法》第12条规定，对县级以上地方各级人民政府工作部门的具体行政行为不服的，申请人可以选择向上一级主管部门申请行政复议；对海关、金融、国税、外汇管理等实行垂直领导的行政机关和国家安全机关的具体行政行为不服，向上一级主管部门申请行政复议。《行政复议法》第13条规定，对地方各级人民政府的具体行政行为不服的，向上一级地方人民政府申请行政复议。

2. 作出被申请行政行为的行政机关所属的人民政府。《行政复议法》第12条规定，对县级以上地方各级人民政府工作部门的具体行政行为不服，申请人可以选择向该部门的本级地方人民政府申请行政复议。《行政复议法》第13条规定，对省、自治区人民政府依法设立的派出机关所属的县级地方人民政府的具体行政行为不服，向该派出机关申请行政复议。

3. 最初作出具体行政行为的行政机关本身为复议机关。《行政复议法》第14条规定，对国务院各部门或者省、自治区、直辖市人民政府的具体行政行为不服的，向作出该具体行政行为的国务院部门或者省、自治区、直辖市人民政府申请行政复议。根据法律规定，国务院有权监督其各部门和省、自治区、直辖市人民政府。按照向上一级行政机关申请复议的原则，国务院理应受理这类复议申请，但由于国务院事务繁忙，是最高国家行政机关，主要是制定方针政策的，应当从全局上处理行政事务，不宜也难以处理大量的具体行政事务，故而相对人对国务院部门和省、自治区、直辖市人民政府的具体行政行为不服的，由这些机关本身复议。但《行政复议法》第14条也规定，国务院对此类复议有最终裁决权，以作为相对人对复议决定不服提起行政诉讼之外的另一个选择。

除以上三大种类之外，《行政复议法》第15条还规定了五种特殊情况下复议机关的确定问题，包括对派出机关、对派出机构、对被授权组织、对两个或者两个以上行政机关共同作出的具体行政行为、对被撤销的行政机关在撤销前作出的具体行政行为不服，相对人向哪一个行政机关申请复议的情形。

第十二章

二、行政复议机构

行政复议机构是享有行政复议权的行政机关内部设立的一种专门负责复议案件受理、审查和裁决工作的办事机构。行政复议机构是一个内部工作机构，不是行政主体。

上下级行政复议机关的行政复议机构之间没有领导和监督关系，他们各自对所属的行政复议机关负责。根据《行政复议法》第3条的规定，行政复议机关负责法制工作的机构为行政复议机构，具体办理行政复议事项。

根据《行政复议法》的规定，行政复议机构的职责有：

（一）受理行政复议申请

根据《行政复议法》的规定，对于公民、法人或者其他组织的复议申请，复议机关在接到之后要审查其是否符合法律、法规的规定，是否有管辖权，并在5日内决定是否受理。

（二）向有关组织和人员调查取证，查阅文件和资料

向有关组织和人员调查取证，查阅文件和资料，是《行政复议法》赋予复议机构的一项重要权力，也是保证行政复议充分发挥作用的关键之一。

（三）审查被申请行政复议的具体行政行为是否合法与适当，拟订行政复议决定

审查具体行政行为是否合法与适当，是行政复议机构的工作原则。复议机构对具体行政行为进行合法性审查，就是审查作出具体行政行为的主体是否合法，具体行政行为是否依据法律并符合法律规定。复议机构审查具体行政行为是否适当，就是审查具体行政行为是否客观、适度、公正，是否符合理性。拟订复议决定书是复议机构对复议案件审理结束后的一项记录其结论或决定的法律文书，是复议决定的文字表达形式，要符合一定的格式和内容要求。

（四）处理和转送有关的审查申请

依照《行政复议法》第7条的规定，公民、法人和其他组织有权对具体行政行为所依据的规章以下的规范性文件提出复议请求，复议机关也有权对被申请的具体行政行为适用的规章以下规范性文件的合法性进行审查。其中，有权处理的，依法处理，无权处理的，按照《行政复议法》的有关规定由复议机构转送有权机关处理。

（五）对行政机关违反本法规定的行为依照规定的权限和程序提出处理建议

这里的行政机关主要是指行政复议机关的下级行政机关，也包括政府所属部门及复议机关内部的有关机构。对违反《行政复议法》及其他有关法律、法规的行政机关及其工作人员，依照《行政复议法》第六章的有关规定，复议机构有权提出行政处分建议，或提出要求有关机关履行法定职责或履行行政复议决定的建议或处理意见。

（六）办理因不服行政复议决定提起行政诉讼的应诉事项

行政复议机关作出行政复议决定后，如果行政复议申请人不服，可以依法向人

民法院提起行政诉讼。

（七）法律、法规规定的其他职责

复议机构除行使上述职权外，还应履行其他职责，如协调所属下级复议机构的复议工作；监督、检查所属下级复议机构的工作情况；向复议机关提出改进和加强行政复议及相关工作的建议和意见；培训复议工作人员；等等。

三、行政复议管辖

行政复议管辖，是指法律规定的不同行政复议机关之间受理复议案件的权限和分工，即解决一个具体的行政复议申请到底由哪一个行政复议机关受理的问题。确定行政复议管辖，需要考虑如何能最大限度地方便行政相对人提起行政复议，除了要考虑行政争议的不同性质、现行行政管理的体制，还要考虑到各行政机关承受复议工作量的均衡等因素。

行政复议的管辖依据不同的标准可以得出不同的分类：①根据行政争议标的性质划分，可以把行政复议分为一般管辖和特殊管辖；②根据行政复议机关与原作出具体行政行为机关的关系，可以分为隶属管辖和同级管辖；③从行政机关与复议申请人的不同角度，可分为共同管辖与选择管辖；④从管辖的灵活性原则来看，可分为指定管辖和移送管辖等。具体而言：

（一）一般管辖

行政复议申请的一般管辖是指在通常情况下不服行政机关具体行政行为时提起的复议申请的管辖方式，主要包括：

1. 对县级以上地方各级人民政府工作部门作出的具体行政行为不服时的复议。根据《行政复议法》第12条的规定，由申请人选择，可以由该部门的本级人民政府或其上一级主管部门管辖。[1] 在我国现行的行政体制下，根据工作的划分、职能的区别，政府设立各个工作部门、职能部门，且各职能部门是普遍设置且上下对口的。如国务院有公安部，省有公安厅，市、县有公安局，县公安局既是县政府的工作部门，本县行政区域内的治安事务要由其管理，要受县政府领导，同时又要受市公安局的业务领导。

2. 对海关、金融、国税、外汇管理等实行垂直领导的行政机关和国家安全机关的具体行政行为不服的，由上一级主管部门管辖，即实行部门对部门的管辖方式。

3. 对地方各级人民政府的具体行政行为不服的，由上一级地方人民政府管辖。

---

〔1〕　日常中又被称为专属性条条管辖。条条管辖在实践中暴露出一定的弊端，会影响复议决定的公正性；由于上级主管部门往往在异地，不利于便民目标的实现；在选择性条条管辖情况下，由于大部分上下级部门之间不存在直接的领导关系，导致这种管辖缺乏行政组织法基础，也使复议决定的执行力大为减弱，很难得到最终实现；也导致复议管辖权更加分散等问题。参见刘恒、陆艳："我国行政复议条条管辖之缺陷分析"，载《法学研究》2004年第2期。

4. 对国务院部门或者省、自治区、直辖市人民政府的具体行政行为不服的，直接向作出该具体行政行为的国务院部门或者省、自治区、直辖市人民政府申请复议。

5. 对省、自治区人民政府依法设立的派出机关所属的县级地方人民政府的具体行政行为不服的，由该派出机关管辖。

（二）特殊管辖

行政复议申请的特殊管辖是指除一般管辖之外的特殊的管辖情形，包括以下几种：

1. 对县级以上地方人民政府依法设立的派出机关作出的具体行政行为不服申请复议的，由设立该派出机关的人民政府管辖。派出机关是根据法律授权而设立的行政机关。根据《地方组织法》的有关规定，省、自治区、县、自治县、市辖区、不设区的市的人民政府在经上级政府的批准后，依法可以设立相应的派出机关。

2. 对人民政府的工作部门依法设立的派出机构根据法律、法规或规章规定，以自己名义作出的具体行政行为不服申请复议的，由设立该派出机构的部门或者该部门的本级人民政府管辖。

3. 对两个或两个以上行政机关以共同名义作出的具体行政行为不服申请复议的，由它们共同的上一级行政机关管辖。如果作出具体行政行为的两个或两个以上行政主体都是省级人民政府或国务院主管部门，则仍应由原行政主体管辖。

4. 对法律、法规授权的组织作出的具体行政行为不服申请复议的，由直接主管该组织的地方人民政府、地方人民政府的工作部门或者国务院部门管辖。

5. 对被撤销的行政机关在被撤销前作出的具体行政行为不服申请复议的，由继续行使其职权的行政机关的上一级行政机关管辖。

（三）转送管辖

为了方便相对人申请行政复议，根据《行政复议法》第18条及相关规定，有上述特殊管辖所列情形之一的，申请人也可以向具体行政行为发生地的县级地方人民政府提出行政复议申请，该县级地方人民政府对不属于自己受理的行政复议申请，应在7日内按法律规定的程序转送到其他行政复议机关，并告知申请人。

第四节　行政复议参加人

行政复议参加人是指与被申请的具体行政行为有利害关系而参加行政复议的当事人以及与复议当事人法律地位相类似的人。行政复议当事人通常是申请人与被申请人，在有些案件中还存在第三人。除了当事人以外，行政复议参加人还包括复议代理人。以下，主要讨论行政复议中当事人的法律问题。

一、行政复议的申请人

行政复议的申请人是指认为具体行政行为侵犯其合法权益，依法以自己的名义向复议机关提出申请，要求对该具体行政行为进行审查并作出复议决定的公民、法人或者其他组织。

（一）申请人的法律特征

1. 申请人必须是行政相对人，包括公民、法人和其他组织以及外国人与无国籍人。

2. 申请人是认为被具体行政行为侵犯了合法权益的相对人。

3. 申请人必须是以自己的名义申请复议的公民、法人或者其他组织。如果以他人的名义申请行政复议，则是复议代理人。

4. 申请人必须有申请行政复议的行为。

（二）申请人的资格转移

一般情况下，具体行政行为的相对人本人就是行政复议申请人，但是在特定情况下，行政复议申请人的资格会发生转移。根据《行政复议法》第 10 条的规定，行政复议申请人除了具体行政行为的相对人本人以外，还包括以下几种：

1. 有权申请行政复议的公民死亡的，其近亲属可以申请行政复议。近亲属包括配偶、父母、子女、兄弟姐妹、祖父母、外祖父母、孙子女、外孙子女。

2. 有权申请行政复议的法人或者其他组织终止的，承受其权利的法人或者其他组织可以申请行政复议。法人或者其他组织终止主要是指法人或者其他组织发生消灭、合并、分立等情况。

3. 有权申请行政复议的公民为无民事行为能力人或者限制民事行为能力人的，其法定代理人可以代为申请复议。

（三）复议申请人的权利和义务

行政复议申请人在复议过程中，享有以下权利：

1. 提出复议申请的权利。行政复议的申请权只能由公民、法人或其他组织来行使，在某一具体的行政法律关系中处于管理地位的行政机关没有复议申请权。申请人在申请行政复议的同时还可以一并提出行政赔偿请求。

2. 撤回复议申请的权利。在行政复议决定作出前，申请人可以在说明理由的前提下要求撤回复议申请。复议申请一经撤回，复议终止。

3. 委托复议代理人的权利。《行政复议法》规定，复议申请人可以委托代理人代为申请复议和参加复议活动。

4. 要求回避的权利。如果申请人认为复议案件的审理人员与本案有利害关系，可能影响行政复议的公正性时，可以要求有关人员回避。是否回避，由行政首长决定。

5. 查阅有关资料及提供证据的权利。经行政机关许可，申请人可以查阅与案件有关的材料，但涉及国家机密或个人隐私的除外。

6. 要求强制执行的权利。行政复议决定生效后，如果被申请人拒不执行复议决定的，申请人有权要求强制执行。

7. 提起行政诉讼的权利。只要行政复议决定不是终局的，申请人对行政复议决定不服，都可以提起行政诉讼。

行政复议申请人的义务为：

1. 依法行使复议权利的义务。申请人必须依照法定的条件和程序行使复议权利，不得滥用。

2. 服从复议机关管理的义务。申请人不得拒绝、阻碍复议人员执行公务，不得妨碍行政复议活动的顺利进行。

3. 履行具体行政行为的义务。在行政复议期间，除依《行政复议法》的规定裁定中止具体行政行为的执行外，申请人有义务履行具体行政行为的内容。

4. 执行复议决定的义务。对已经生效的复议决定，申请人应当主动履行。

二、行政复议的被申请人

行政复议的被申请人是指其具体行政行为被行政复议的申请人指控违法侵犯其合法权益，并由行政复议机关通知参加行政复议的行政主体，包括行政机关和被授权组织。

（一）被申请人的法律特征

1. 被申请人必须是行政主体。

2. 被申请人必须实施了具体行政行为。没有实施具体行政行为的行政主体不能作为被申请人。

3. 被申请人只能是作出受申请人指控的具体行政行为并由行政复议机关通知参加行政复议的行政主体。

（二）被申请人的种类

根据《行政复议法》的规定，被申请人主要有以下几种情况：

1. 申请人对行政机关作出的具体行政行为不服，直接申请复议的，该行政机关是被申请人。

2. 对县级以上地方人民政府依法设立的派出机关作出的具体行政行为不服申请复议的，该派出机关是行政复议被申请人。

3. 两个或两个以上行政机关以共同名义作出同一具体行政行为的，共同作出具体行政行为的行政机关是被申请人。

4. 经上级机关批准而作出具体行政行为的，被申请人是在行政处理决定书上署名盖章的机关。

5. 被授权组织作出的具体行政行为引起行政复议，该组织是被申请人。根据2000 年发布的《最高人民法院关于执行〈中华人民共和国行政诉讼法〉若干问题的解释》（以下简称《执行解释》）及修订后的新《行政诉讼法》的规定，法律、法规或规章都可以授权行政机关内设机构、派出机构或其他组织实施相关的行政行为。

6. 行政机关委托的组织作出的具体行政行为引起行政复议的，委托的行政机关是被申请人。

7. 作出具体行政行为的行政机关被撤销的，继续行使其职权的行政机关是被申请人。对此，有三种情况：①作出具体行政行为的行政机关被合并的，被申请人是合并后的行政机关；②作出具体行政行为的行政机关被分解的，被申请人是分解后的相应行政机关；③作出具体行政行为的行政机关被解散的，被申请人是解散它的上级行政机关或者有权机关指定的其他行政机关。

（三）复议被申请人的权利和义务

被申请人的权利主要有：

1. 答辩和反驳的权利。被申请人无权提起行政复议申请，但可以针对复议申请进行答辩、反驳。

2. 决定是否停止具体行政行为执行的权利。一般情况下，在行政复议期间，具体行政行为不停止执行，但在特殊情况下或依申请人的申请，被申请人有权决定其具体行政行为是否停止执行。

3. 申请强制执行的权利或者依法强制执行的权利。

被申请人的义务主要有：

1. 参加复议活动，接受审查的义务。作为具体行政行为的实施者，被申请人有义务接受复议机关对其具体行政行为的全面审查。

2. 举证的义务。被申请人对自己作出的具体行政行为承担全部的举证责任，即应当提供作出该具体行政行为的事实根据和法律依据。

3. 履行复议决定的义务。

三、行政复议第三人

行政复议中的第三人是指同申请复议的具体行政行为有利害关系，通过申请或复议机关通知，参加复议的公民、法人或者其他组织。

（一）行政复议第三人的法律特征

1. 第三人同申请复议的具体行政行为有利害关系。也就是说，该具体行政行为涉及第三人的权利和义务，行政复议决定会影响第三人的利益。这种利害关系必须是直接的，即具体行政行为和行政复议决定会直接影响到第三人的权益，如果不让其参加行政复议程序，听取第三人的意见，将会产生不公平的结果。

2. 第三人是以自己的名义，并且是为了维护自己的合法权益而参加复议。第三人既不依附于申请人，也不依附于被申请人，享有与申请人基本相同的复议权利，具有独立的法律地位。对复议决定不服，可以以原告资格依法提起行政诉讼。

3. 第三人参加行政复议的时间，是在行政复议程序开始后、终结前，经过行政复议机关批准参加复议的。在复议尚未开始，或者已经结束后，不存在第三人参加复议的情况。

（二）行政复议第三人的种类

在行政复议实践中，可能出现第三人的情况有：

1. 行政处罚案件中，违法行为实施人和受害人任何一方不服行政处罚决定，申请行政复议，另外一方可以作为第三人参加行政复议；如果存在多个被处罚人，部分被处罚人不服处罚决定，申请行政复议，其他被处罚人可以作为第三人参加行政复议。

2. 在食品卫生、药品管理等行政处罚复议案件中，同申请人所受的具体行政行为的处罚有利害关系的另一方相对人。如药监部门因某药店出售劣质药品，对其进行处罚。该药店不服申请复议，称所售药品是从某生产厂家购进，而该厂有产品检验合格证。这种情况下，如果行政复议机关维持药监部门的处罚决定，就意味着生产厂家的药品不合格。因此，该生产厂家可以作为第三人参加复议。

3. 在行政裁决、行政确权案件中，被裁决、被确权的民事纠纷的一方当事人不服裁决、确权决定，提起行政复议申请，另一方当事人可以作为第三人参加行政复议。如土地确权案件中，某市政府确认某土地的使用权为甲所有，乙不服并申请复议，要求撤销市政府的确权决定。这时甲与复议结果有直接的利害关系，可以作为第三人参加复议。类似的还有在强制性补偿裁决、赔偿裁决中，也有第三人参加复议的情况。

4. 两个或两个以上行政机关基于同一事实，针对同一相对人作出互相矛盾的几个具体行政行为。相对人对其中一个具体行政行为不服，申请复议。其他行政机关可以作为第三人申请参加复议。如甲机关批准公民可以为一定行为，而乙机关则作出撤销该公民这一资格或因此而处罚该公民的决定。

5. 行政机关因越权处罚被申请复议时，被越权的行政机关作为第三人参加复议。行政机关超越权限作出具体行政行为，被越权的行政机关必然与该行为之间有利害关系，因而被越权的行政机关可作为第三人参加复议。

6. 与行政机关共同署名作出处理决定的非行政机关组织。该组织不是行政主体，却与行政主体共同署名作出行政行为，其不能成为被申请人，可以作为第三人参加复议。

7. 其他与被申请的具体行政行为有利害关系的行政相对人。

第五节　行政复议程序

行政复议程序是指申请人向复议机关申请行政复议至复议机关作出复议决定的各项步骤、方式、顺序和时限的总和。根据《行政复议法》的规定，行政复议程序大体上经过申请程序、受理程序、审理程序与决定程序四个阶段。

一、申请程序

（一）申请复议的条件

复议申请是指相对人认为行政主体的具体行政行为侵犯其合法权益，向复议机关提出的要求撤销或变更行政行为的请求。行政复议是依申请的行政行为，没有相对人的申请，便不可能启动。所以复议申请是行政复议程序的开始。

1. 申请人和被申请人适格。申请人是那些认为自身的合法权益受到行政主体某一具体行政行为侵害的相对人。作出具体行政行为的行政机关是被申请人。

2. 有具体的复议请求和事实根据。申请人须向复议机关提出明确的复议请求，复议请求是申请人申请复议所要达到的目的。它主要有四种情况：一是请求撤销违法的具体行政行为；二是请求变更不适当的具体行政行为；三是请求责令被申请人限期履行职责；四是请求确认具体行政行为违法或责令被申请人赔偿损失。此外，还要提供能够证明自己的复议请求的事实根据，任何复议请求都必须以一定的事实根据为基础，否则，不可能得到复议机关的支持。

3. 属于复议机关管辖和受理范围。一个具体的行政争议发生后，有权受理的复议机关是由法律明文规定的，所以申请人应向法定的复议机关提出申请。复议机关对不属于自己管辖的复议案件应当告知申请人向有管辖权的复议机关提出申请。

4. 法律、法规规定的其他条件，主要包括复议申请在法定期限之内提出，如果复议申请超过申请期限，又无正当理由申请延长期限，复议机关不予受理；且不属于重复申请，对复议机关已经处理过的行政复议案件或者正在审理的行政复议案件，申请人不能再就同一请求、同一理由向行政复议机关另行申请复议；未向人民法院提起行政诉讼，行政相对人已经向人民法院起诉的，不得再向行政复议机关申请复议。

（二）申请复议的期限

《行政复议法》第9条规定，公民、法人或者其他组织认为具体行政行为侵犯其合法权益，可以自知道该具体行政行为之日起60日内提出行政复议申请；但是法律规定的申请期限超过60日的除外。因不可抗力或者其他正当理由耽误法定期限的，申请期限自障碍消除之日起继续计算。可见，申请复议的一般期限是60日，如果法律（只限于全国人大及其常委会制定的法律）、法规规定了比60日短的复议期限，应当以60日为准；反之，如果法律规定了比60日长的复议期限，则适用该特别规定，以便更好地保护行政相对人的权利。

二、受理程序

即行政复议机关对已收到的复议申请决定是否立案和处理。根据《行政复议法》第17条、第18条和第20条的规定，复议机关收到复议申请后，可作如下处理：

1. 行政复议机关收到行政复议申请后应当在5日内进行审查，决定是否受理，经过审查：

（1）对符合申请复议条件，且没有向人民法院提起诉讼的，应当依法决定受理。

（2）对不符合《行政复议法》规定的行政复议申请，决定不予受理，并将决定及理由书面告知申请人。

（3）对于符合申请复议的法定条件但不属于该机关管辖的，行政复议机关应当告知申请人向有权机关提出申请。

如果行政机关在 5 日内没有作出不予受理的决定，也没有告知申请人向有权受理的行政复议机关提出申请，那么，无论行政复议机关是否作出受理决定，行政复议申请自行政复议机关负责法制工作的机构收到之日起即为受理。这一规定是针对现实中行政复议机关久拖不决也没有明确表示，致使行政相对人长期等待的现象。将收到之日视为受理之日，有利于计算行政复议期限是否届满。如果法律、法规规定行政复议必须前置于行政诉讼的，行政复议机关决定不予受理或者受理后超过行政复议期限（《行政复议法》第 31 条规定一般为自受理申请之日起 60 日）不作答复的，公民、法人或其他组织可以自收到不予受理决定书之日起或行政复议期满之日起 15 日内，依法向人民法院提起行政诉讼。

2. 相对人依法提出行政复议申请，复议机关无正当理由不予受理的，上级行政机关应当责令其受理，必要时上级行政机关也可以直接受理。

3. 县级地方人民政府对于申请人依具体行政行为发生地原则而提出的复议申请，应当自接受复议申请之日起 7 日内，转送有权处理的复议机关并告知申请人。

4. 对于内容有欠缺的复议申请，发还并告知申请人欠缺事项，限期补正。

行政复议机关负责法制工作的机构是行政复议的受理机构。一般情况下，行政复议机关收到公民、法人或者其他组织的行政复议书面或口头申请后，都要交由复议机构审查。复议机构经过审查，提出是否受理的处理意见，填写行政复议申请立案审批表，报行政机关法定代表人决定。

三、审理程序

行政复议审理是指行政复议机关对受理的行政争议案件进行全面的、实质性的审查的活动，是行政复议程序的核心，包括以下几个方面：

（一）审理前的准备

审理前的准备，包括确定行政复议人员、送达法律文书、调查收集证据等。《行政复议法》第 23 条规定，行政复议机关负责法制工作的机构应当自行政复议申请受理之日起 7 日内，将行政复议申请书副本或者行政复议申请笔录复印件发送被申请人。被申请人应当自收到申请书副本或者申请笔录复印件之日起 10 日内，提出书面答复，并提交当初作出具体行政行为的证据、依据和其他有关资料。除涉及国家秘密、商业秘密或者个人隐私外，行政复议机关不得拒绝，申请人、第三人有权查阅被申请人提出的书面答复、作出具体行政行为的证据、依据和其他有关材料。

（二）审理方式

原则上，行政复议机关采用书面审理的办法对复议申请进行审查。书面审理是指行政复议机关通过审查和行政复议申请有关的书面材料而作出复议决定。书面材料包括申请人的书面申请或口头申请的笔录；被申请人的书面答复和关于作出具体行政行为的内容、证据、法律依据等。这种审理方式较为简便，具有较高的效率，符合对行政效率的要求。同时为了更有效地保护申请人的权利，针对现实情况，《行政复议法》还规定，当申请人提出要求或者行政复议机关负责法制工作的机构认为必要时，可以向有关的组织和人员调查情况，听取申请人、被申请人和第三人的意见，它适用于那些只靠书面审查难以查明真实情况的复议案件。

（三）被申请人承担主要举证责任

举证责任是指承担该责任的当事人必须对自己的主张举出主要的事实根据，以支持自己的请求，否则将承担败诉后果的法定义务。依据《行政复议法》第 23 条、第 24 条、第 28 条的规定，行政复议的举证责任主要由被申请人承担。所以，复议机关以被申请人当时作出具体行政行为时的事实依据、法律依据为审查对象。

行政行为的作出应遵循"先取证，后裁决"的规则，且在复议过程中，被申请人不得自行向申请人和其他有关组织或者个人收集证据，即禁止被申请人事后收集证据规则。

（四）审理依据

行政复议机关审理复议案件，以法律、行政法规、地方性法规、规章以及上级行政机关依法制定和发布的具有普遍约束力的决定、命令为依据。

（五）审理期限

根据《行政复议法》第 31 条的规定，行政复议审理期限有以下几种情况：

1. 通常行政复议机关应当自受理复议申请之日起 60 日内作出行政复议决定。

2. 如果某个单行的法律中规定的行政复议期限少于 60 日，则应该依据具体法律的个别规定。

3. 情况复杂，不能在规定期限内作出行政复议决定的，经行政复议机关的负责人批准，可以适当延长，并告知申请人和被申请人，延长的期限最多不超过 30 日。

复议机关不受理复议申请或者在法定期间内不作复议决定，当事人可以因对原具体行政行为不服，以作出原具体行政行为的行政机关为被告提起诉讼；也可以因对复议机关不作为不服，以复议机关为被告提起诉讼。

四、行政复议决定

行政复议决定是指行政复议机关在查明案件事实的基础上，在法定期限内根据事实和行政法规范，对所争议的具体行政行为作出的具有法律效力的判断与处理。根据《行政复议法》第 28 条的规定，行政复议决定包括下列种类：

（一）维持决定

维持决定，是指行政复议机关作出维持被申请复议的具体行政行为的决定。适用维持决定的具体行政行为必须同时具备以下条件：

1. 认定事实清楚，证据确凿。该条件要求被申请人提供的事实证据足以证明具体行政行为的合法性和适当性。

2. 适用法律依据正确。行政机关实施的具体行政行为正确地适用了相关的法律规范，具体包括三层含义：一是作出具体行政行为的依据可以是法律、法规、规章以及合法有效的其他规范性文件；二是这些依据本身是合法有效的；三是具体行政行为适用法律、法规及其他行政规范性文件是正确的，没有适用不该适用的规范，也没有应该适用的规范未予适用。

3. 符合法定程序。符合法定程序要求行政机关作出的具体行政行为必须是根据法律、法规规定的方式、步骤、形式和时限进行的，没有违反法定程序的情形，具体包括：一是符合法定的方式，如表明执法身份等；二是符合法定形式，如书面形式、制作笔录等；三是符合法定手续，如通知、送达等；四是符合法定步骤，如先行告知等；五是符合法定时限，如讯问查证的时限不超过 24 小时等。

4. 内容适当。要求具体行政行为的内容客观、适度，能够为一般人所认同。这是对具体行政行为合理性的要求。

（二）限期履行决定

限期履行决定，是指行政复议机关责令被申请人在一定期限内履行法定职责的决定。适用于被申请人拒不履行法定职责或者拖延履行法定职责的情况。

一般情况下，公民、法人或者其他组织申请行政机关履行法定职责，行政机关在接到申请之日起 60 日内应当履行。法律、法规、规章和其他规范性文件另有规定的，从其规定。紧急情况下，请求行政机关履行保护人身权、财产权法定职责的，不受以上规定的限制。

（三）撤销决定

撤销决定，是指复议机关经过对被申请复议的具体行政行为的审查，认为有下列情形之一的，依法作出的决定：

1. 主要事实不清、证据不足的。应当全部撤销、部分撤销并可以在撤销后责令被申请人在一定期限内重新作出行政行为。另外，根据《行政复议法》第 28 条第 4 项的规定，被申请人自收到申请书副本或申请笔录复印件之日起 10 日内不提出书面答复、提交当初作出具体行政行为的证据、依据或其他有关材料的，视为该具体行政行为没有证据、依据，复议机关可以决定撤销该具体行政行为。

2. 适用依据错误的。被申请人作出的具体行政行为适用了不应该适用的法律依据或者没有适用应该适用的法律依据，表现为适用法律依据的文件错误；适用法律依据的条款错误；适用法律依据的对象错误；适用法律依据的概念错误等。

3. 违反法定程序的。法定程序是作出行政行为时所必须遵循的步骤、方式。违反法定程序同样构成撤销行政行为的理由。

4. 超越职权或者滥用职权的。超越职权是指行政主体在实施行政行为时，超越了法律、法规赋予的职权范围，或者逾越了法律、法规规定的权限。其可以是：

（1）此行政机关超越职权，行使了彼行政机关的职权。例如，根据有关法律、法规，吊销违法企业的营业执照属于工商行政管理机关的权限，公安机关在进行管理时吊销其营业执照即属越权。

（2）下级行政机关行使了上级行政机关的权限。例如，根据土地管理法的规定，农村居民使用耕地建造住宅，须经县级人民政府批准，乡级人民政府如果批准农民在耕地上建房，即属越权。

（3）此地域行政机关行使了彼地域行政机关的职权。例如，陕西省的税务机关处理发生在山西省的税务案件。

（4）行政主体的行政行为超越了法定权限范围，行使了法律、法规没有赋予的权限。例如，超越处罚幅度等。

滥用职权是指行政主体在法定的职权范围内不正当地行使职权时发生的法律错误，即行政主体作出的具体行政行为虽然在其法定的职权范围内，但是权力的行使不正当，不符合法律、法规赋予这种权利的目的。例如，考虑了不应当考虑的因素或者未考虑应当考虑的因素；反复无常；恣意；畸轻畸重；以权谋私；等等。

5. 具体行政行为明显不当的。具体行政行为明显不当是指具有通常认知标准的人均认为行政行为不合理、不适当。这类行为主要发生在自由裁量领域，基于行政事务的复杂性，行政机关享有广泛的自由裁量权。但自由裁量权并非任意裁量权，自由裁量权同样不能滥用。

（四）变更决定

变更决定，是指行政复议机关经过审查，认定被申请人作出的具体行政行为部分内容错误或违法，而直接改变被申请人所作具体行政行为内容的复议决定，也就是用复议决定代替被申请人作出的具体行政行为的决定。变更决定主要适用于具体行政行为部分违法且可以通过内容改变而达到正确、合法目的的情形。

除被申请人不履行行政复议过程中的法定义务的情形外，变更决定的适用条件与撤销决定相同。变更决定作出之后，被变更的具体行政行为即告废止，如果是部分变更，则该被变更部分废止。

（五）确认决定

确认决定，是指复议机关经过审查，确认被申请复议的具体行政行为违法或者合法的复议决定。它只是确认一定的行政法律关系存在或不存在。准确地说，确认决定仅具有宣示的性质，而不具有其他复议决定的强制执行效力。

确认决定主要适用于既无法维持又无法撤销、变更的一些行政行为，这一种复议决定，有利于行政相对人提起行政赔偿救济，也有利于行政复议与行政诉讼制度的衔接。

（六）重作决定

重作决定，是指复议机关经过审查，认定被申请人所作的具体行政行为违法，在作出撤销决定或者确认违法决定的同时，责令被申请人在一定期限内重新作出具体行政行为的复议决定。

（七）赔偿决定

赔偿决定，是指复议机关经过审查，认为被申请人的具体行政行为侵犯申请人合法权益造成损害，而作出的由被申请人予以赔偿的复议决定。

（八）对于三类规定的处理决定方式

行政复议机关或者其他有处理权的行政机关经过对《行政复议法》第 7 条中三类"规定"的合法性审查，可以根据具体情况，分别作出撤销、修改、废止或者确认其合法等处理结论。处理结论应以书面方式作出，载入行政复议决定书中，并告知复议各方当事人。

五、行政复议决定的执行

行政复议决定的执行，是指行政复议机关实现复议决定效力的活动。根据《行政复议法》第 32 条、第 33 条的规定，行政复议决定的执行方式可以是：

（一）被申请人履行行政复议决定

行政复议决定书一经送达给被申请人，即发生法律效力，对被申请人具有法律约束力，被申请人应当履行行政复议决定。被申请人不履行或者无正当理由拖延履行行政复议决定的，行政复议机关或者有关上级行政机关应当责令其限期履行。

（二）申请人履行行政复议决定

1. 对于最终裁决的行政复议决定，申请人应当履行行政复议决定。

2. 对于不是最终裁决的行政复议决定，申请人对复议决定不服的，可以依法向人民法院提起行政诉讼。

3. 如果申请人不履行最终裁决的行政复议决定，或者对于非终局的复议决定，在法定期限内不起诉，也不履行行政复议决定，那么按以下规定分别处理：

（1）维持具体行政行为的行政复议决定，由最初作出具体行政行为的行政机关依法强制执行，或者申请人民法院强制执行。

（2）变更具体行政行为的行政复议决定，由行政复议机关依法强制执行，或者申请人民法院强制执行。

第十三章

行政赔偿

第一节　行政赔偿概述

一、行政赔偿的概念与特征

行政赔偿是指国家行政机关及其工作人员违法行使职权，侵犯公民、法人和其他组织的合法权益并造成损害，由国家承担赔偿责任的制度。其主要具有以下特点：

1. 行政赔偿是国家赔偿责任的组成部分，国家赔偿责任在我国主要包括两大部分：一部分是行政赔偿；另一部分是刑事赔偿，又称司法赔偿。国家作为行政赔偿的责任主体，首先在于行政机关及其工作人员是代表国家，以国家的名义实施行政管理，因而无论是合法的行为还是违法的行为，其法律后果都归属于国家，违法侵权造成的损害当然要由国家承担赔偿责任；其次在于行政赔偿的费用来自于国库，由经费的支付体现国家的责任。

2. 行政赔偿中具体履行赔偿义务的机关为致害的行政机关或法律、法规授权的组织。受行政机关委托的组织或个人在行使受委托的行政权力时侵犯他人合法权益造成损害的，委托的行政机关为赔偿义务机关。

3. 行政赔偿中的侵权行为主体是行政机关及其工作人员。这是行政赔偿区别于其他赔偿的主要标志。民事赔偿是平等的民事主体之间因民事侵权行为造成的赔偿，而同属于国家赔偿的司法赔偿则是行使司法职能的国家机关及其工作人员的侵权行为造成的。

4. 行政赔偿是因行政机关及其工作人员违法行使职权的行为引起的赔偿。

5. 行政赔偿范围是特定的。根据《国家赔偿法》《行政诉讼法》和最高人民法院相关司法解释的规定，行政赔偿的范围分为三类：一是具体行政行为造成的损害，如违法行政处罚行为、违法采取行政强制措施、行政不作为等造成的损害；二是事实行为，即行政机关工作人员行使行政职权时，以殴打等暴力行为或违法使用武器警械造成的损害；三是不履行法定行政职责的赔偿责任，如公安机关不履行法定行政职责造成行政相对人权益损害的。

二、行政赔偿的归责原则

行政赔偿的归责原则，是指国家承担行政赔偿责任的依据和标准，即法律所确认的责任主体承担法律责任的价值判断标准。它所要解决的是国家在什么情况下对公民、法人或者其他组织的损害承担赔偿责任的问题。目前，关于行政赔偿的归责原则主要有以下几种：①过错责任原则，即国家行政机关及其工作人员执行职务过程中造成的损害，只有在有故意或过失的情况下，国家才承担赔偿责任，如果无过错，国家不予赔偿；②无过错责任原则（或危险责任原则），即不以过错为责任的构成要件，无论国家行政机关及其工作人员有无过错，国家都要对其执行职务造成的损害负责赔偿；③违法责任原则，即只要国家行政机关及其工作人员违法行使职权并造成损害，无论有无过错，国家都必须负责赔偿。此外，理论界还提出了"违法与明显不当原则""公平原则""违法与过错原则"等。

我国修改前的《国家赔偿法》第 2 条规定："国家机关和国家机关工作人员违法行使职权侵犯公民、法人和其他组织的合法权益造成损害的，受害人有依照本法取得国家赔偿的权利。"该条规定确定了当时我国的行政赔偿归责原则是违法责任原则。该原则因为其单一，避免了过错原则在主观认定方面的困难，在实践中便于操作，曾为当时的法律所确认并推动了当时社会的发展。但随着社会的进一步发展，一元归责原则的弊端开始出现并得到了充分的暴露，诚如学者所言，从一定的意义上讲，单纯地使用违法责任原则也存在刻板、简单化的弊端。总体来说，可以概括为以下几点：

1. 理论上对"违法"的广义解释在实践中却被转化为狭义的"违法"，这造成了一些应当属于国家赔偿范围的，却以此逃脱了国家赔偿，不利于受害人权益的保护。

2. 广义"违法"的解释在中国没有制度与传统基础，仅是一种理论上可贵的努力，实际上可操作性不强。

3. 狭义违法归责不能完全包括国家机关及其工作人员有过错下的责任问题，不符合一般的侵权责任原理。

4. 一元化的归责原则不能够适应国家职权行为实际范围的需要。

5. 违法归责原则是会造成侧重于对国家行政机关行为的法律评价上，而忽视了对公民、法人或其他组织是否受到损失以及这种损失是否应当由其自己承担的考虑和关注，在出发点上就不符合《国家赔偿法》的权利救济与保障的本质。

综上，我们可以看出，单一的违法归责原则，在实践中难以存活与适用。

修正后的《国家赔偿法》第 2 条第 1 款明确规定："国家机关和国家机关工作人员行使职权，有本法规定的侵犯公民、法人和其他组织合法权益的情形，造成损害的，受害人有依照本法取得国家赔偿的权利。"上述修改去掉了原法条中的"违法"二字，使得国家赔偿的归责原则不再是过去的违法原则，而是多元归责原则。

归责原则多元化是因为法中蕴含的价值之间发生冲突不可避免。《国家赔偿法》涉及国家、国家机关以及公民、法人、其他组织这些不同的价值主体，各个价值主体所认同的价值准则必然会不同，这种不同必然会引起国家赔偿的基本价值准则的冲突。国家赔偿的归责原则也应当是法律所追求的各种不同价值取向相互碰撞与妥协后的产物，而这种妥协也就决定了在归责原则的模式上不可能采用只体现一种价值判断的单一归责模式。

三、行政赔偿责任的构成要件

行政赔偿的归责原则只确立了国家承担行政赔偿责任的主要依据和标准，单凭此标准是无法全面地判断出行政机关实施的行为是否构成侵权赔偿责任的。"这就需要有较之于归责原则更加具体和明确的责任构成要件。"〔1〕所谓行政赔偿的构成要件，是指行政机关代表国家承担赔偿责任所应具备的前提条件或者要素。根据《行政诉讼法》和《国家赔偿法》的规定，行政赔偿的构成要件包括侵权行为主体、侵权行为、损害事实和因果关系四个方面。

1. 侵权行为主体。侵权行为的主体只能是国家行政机关及其工作人员、法律法规授权的组织及其工作人员、行政机关委托的组织或个人。

2. 侵权行为。侵权行为是指上述侵权行为主体在行使行政职权的过程中所实施的违法行为，包括违法的具体行政行为和事实行为。国家行政机关工作人员从事与职权无关的民事活动，或因个人行为造成的损害，国家不承担赔偿责任；因国有企业、事业单位对外的生产经营行为造成损害的，国家也不负责赔偿；因道路、桥梁等公有设施致害的，国家也不承担行政赔偿责任。

3. 损害事实。行政赔偿的主要功能是对损害的补救，如果仅仅有行政侵权行为，而没有损害事实的存在，则谈不上行政赔偿。且损害必须是现实已经产生或必然产生、确实存在的，不是想象的、主观臆造的。并且赔偿的必须是对合法权益的损害，非法利益不受法律保护，对于非法所得利益，对其没收。

根据修正前的《国家赔偿法》的规定，构成行政赔偿责任的损害仅限于对人身权和财产权造成的损害，对公民其他权益的侵害，国家不予赔偿。但修正后的《国家赔偿法》除了上述权益规定外，还对此作了补充，修改后的《国家赔偿法》第35条明确规定："有本法第3条或者第17条规定情形之一，致人精神损害的，应当在侵权行为影响的范围内，为受害人消除影响，恢复名誉，赔礼道歉；造成严重后果的，应当支付相应的精神损害抚慰金。"该条确认了精神损害的国家赔偿责任，可谓是修改后的国家赔偿法的一大亮点。

4. 因果关系。即行政侵权行为与损害事实之间存在因果关系。在行政赔偿中，受害人的损害结果有时是某一种违法行为造成的，有时则是多种违法行为造成的，

〔1〕 王利明：《侵权行为法归责原则研究》，中国政法大学出版社1992年版，第353页。

损害结果有时是单一的，有时则是多重的。不管是一因多果还是多因一果或者是多因多果，只要损害事实是行政机关及其工作人员违法行使职权的行为导致的，国家就会承担全部或部分的行政赔偿责任。在侵权行为法中，因果关系是争议最大的问题之一。有条件说、原因说、相当因果关系说等理论。在行政法学界一般认为行政赔偿的因果关系是相当因果关系。

第二节　行政赔偿范围

行政赔偿范围，是指国家对行政机关及其工作人员在行使行政职权时，侵犯公民、法人和其他组织合法权益造成的损害给予赔偿的范围。《国家赔偿法》采取概括和列举、排除和肯定、行为和权利相结合的方式规定了国家赔偿的范围。

一、概括范围

《国家赔偿法》第2条第1款规定："国家机关和国家机关工作人员行使职权，有本法规定的侵犯公民、法人和其他组织的合法权益的情形，造成损害的，受害人有依照本法取得国家赔偿的权利。"该条相比修改前的法条，取消了"违法"行使职权的规定，但其也明确了"有本法规定的"和"侵犯合法权益并造成损害"这两个要素，而它们构成了可以获得行政赔偿的概括性要件。

二、侵犯人身权的行政赔偿

人身权是指那些与公民的人身不可分的权利，包括人格权和身份权。从《国家赔偿法》第3条的规定来看，纳入行政赔偿范围的人身权损害，主要是指人身自由权损害和生命健康权损害。

（一）人身自由权损害赔偿

根据《国家赔偿法》的规定，纳入行政赔偿范围的人身自由权损害包括以下几类：

1. 违法行政拘留。行政机关违反法律规定的权限、程序，或在证据不足、事实不清的情况下拘留公民的，属于违法行政拘留，主要包括以下几种情形：①处罚机关违法；②适用对象或事项错误；③拘留程序违法；④拘留期限违法。

2. 违法采取限制公民人身自由的行政强制措施。

3. 非法拘禁。非法拘禁是指行政机关及其工作人员在执行职务时，无权限或有权限但严重越权，以拘禁或者其他强制方法非法剥夺公民人身自由的行为。

4. 以其他方法非法剥夺公民人身自由的行为。除上述三种行为以外，实践中还存在行政机关或工作人员以其他方法非法剥夺公民人身自由的行为，如某些乡政府或工作人员私设公堂、私设牢房，用拘留或变相拘留的手段，非法剥夺不交售公粮、违反计划生育以及因发生经济纠纷、邻里纠纷等当事人的自由，或用办学习班不让回家等手段剥夺公民人身自由，由此造成侵害后果的，国家应当承担赔偿责任。[1]"以其他方法非法剥夺公民人身自由的行为"这是一种弹性的规定。

（二）生命健康权损害赔偿

根据《国家赔偿法》的规定，纳入行政赔偿范围的生命健康权损害包括以下几类：

1. 以殴打、虐待等行为或者唆使、放纵他人以殴打、虐待等行为造成公民身体伤害或者死亡的。此项是修正后的《国家赔偿法》第3条第3项的规定，1994年《国家赔偿法》第3条第3项规定："以殴打等暴力行为或者唆使他人以殴打等暴力行为造成公民身体伤害或死亡的"。对比可知，修改体现在"虐待"行为的增加和"放纵"方式的增加，同时删除了对行为"暴力"性质的限制。

2. 违法使用武器、警械造成公民身体伤害或死亡的。在使用武器、警械时如果出现以下情况，即属于违法使用武器、警械：①在不该使用武器、警械的场所或时机使用了武器、警械；②使用武器、警械的种类错误；③使用武器、警械不符合法定程序；④使用武器、警械超过必要限度等。行政机关工作人员在违法使用武器、警械时造成公民身体伤害或者死亡的，国家应当对此承担损害赔偿责任。

3. 造成公民身体伤害或者死亡的其他违法行为。这是一项概括性规定。除上述行为以外，凡行政机关及其工作人员行使职权时的其他违法行为造成公民身体伤害或者死亡的，也应当承担赔偿责任。

三、侵犯财产权的行政赔偿

财产权是指公民、法人和其他组织对财产的占有、使用、收益和处分的权利，是权利主体对财产的实际控制、利用和收取财产所产生的某种利益。财产权作为一项独立的人权形式和宪法所规定的基本权利，是个人自由的基石，对公民的生存和发展至关重要。

根据我国《国家赔偿法》第4条的规定，行政机关及其工作人员在行使职权时有下列侵犯财产权情形之一的，国家应当承担赔偿责任：

（一）违法实施罚款、吊销许可证和执照、责令停产停业、没收财物等行政处罚

行政处罚是指特定的行政机关或法律法规授权组织、行政委托组织依法对违反行政管理秩序但尚未构成犯罪的个人或者组织予以制裁的行政行为。[2]行政处罚中涉及公民、法人和其他组织财产权的处罚种类包括罚款、吊销许可证和执照、责令停产停业、没收财物等。实践中，涉及财产权的违法行政处罚的表现形式有：处罚主体不合法；超越权限；处罚对象错误；处罚内容错误；处罚程序违法等。凡行政

机关及其工作人员有上述违法行政处罚行为，造成公民、法人或其他组织财产损害的，国家应当给予行政赔偿。

（二）违法对财产采取查封、扣押、冻结等行政强制措施

涉及行政相对人财产权的行政强制措施有查封、扣押、冻结等。由于对财产采取行政强制措施，直接影响到公民、法人或其他组织的财产权益，因此，法律严格规定了实施行政强制措施的条件和程序，行政机关及其工作人员必须依法实施。违法的财产强制措施主要表现形式有：①实施主体不合法；②强制措施的对象错误；③强制措施的程序违法；④疏于对财产的妥善保管等。违法对财产采取强制措施造成损害的，国家要承担行政赔偿责任。

（三）违法征收、征用财产的

此项是本法在修订中加以调整的一项，即将"违反国家规定征收财物、摊派费用的"修改为"违法征收、征用财产的"。对此我们作如下理解：

1. 将"违反国家规定"修改为"违法"。相对而言，"国家规定"的内涵较为广泛抽象，而且在 1994 年制定《国家赔偿法》的时候，当时的征收制度主要依赖于各种政策和命令的调整，在法律层面缺乏系统规定。但随着社会的发展，根据 2004 年《宪法修正案》的规定，国家为了公共利益的需要，可以依照法律规定对公民的私有财产实行征收或者征用并给予补偿。从而在宪法层面明确了我国的私有财产征收制度。2007 年颁布的《物权法》第 42 条也对征收制度进行了原则性的规定。我国征收法律体系逐步得以建立。因此，将"违反国家规定"修改为"违法"已经具备了现实基础。

2. 取消"摊派费用"的表述。摊派费用是以法律法规规定以外的方式要求公民提供财力的行为，是对公民合法私有财产的违法侵占，摊派费用本质上属于违法征收的一种形式，严格说来其不是一个专业的法律用语。

3. 增加"征用财产"的规定。征用是指行政机关为了公共利益的需要，依照法律规定强制取得原属于公民、法人或者其他组织的财产的使用权的行为。相比征收，两者均具有公益性、强制性的共性，但是征收是无偿取得财产所有权的行为，如税务征税，但征用却仅是取得财产使用权，并且还要对其使用行为给予相对人符合当时市场价格的使用补偿费。另外，征用一般用于紧急情况，征收的适用则不以紧急情况为前提。

4. 违法征收、征用财产的具体表现形式：①没有法定征收征用权的行政机关违法征收征用；②行政机关在没有法律依据的情况下向相对人征收、征用财产；③行政机关未依据法律、法规规定的标准、方式、期限、对象、程序、限额进行征收、征用；④行政机关未按照法定目的向相对人征收、征用财产。如行政机关为了本机关利益或某些私人利益而向相对人征收、征用财产，即属于违法征收、征用。

（四）造成财产损害的其他违法行为

这是对财产权损害赔偿的概括性规定，属于兜底条款。它是指除上述列举的行

为以外，其他造成公民、法人和其他组织财产损害的违法行为，主要包括行政检查行为、行政裁决行为、行政命令行为、行政奖励行为、侵犯企业经营自主权的行为等，以及与行政机关及其工作人员行使职权有关的，造成公民、法人和其他组织财产权损害的事实行为。凡是行政相对人的财产权受到上述行为违法侵害并造成实际损失的，相对人均可请求行政赔偿。

四、国家不承担行政赔偿责任的情形

根据《国家赔偿法》第5条的规定，国家不承担行政赔偿责任的情形主要有：

（一）行政机关工作人员实施的与行使职权无关的个人行为

行政机关工作人员的行为包括职务行为和个人行为。国家只对职务行为造成的损害承担行政赔偿责任，对于那些与行使职权无关的个人行为造成的损害，不承担赔偿责任。

（二）因公民、法人和其他组织自己的行为致使损害发生

行政机关及其工作人员在行使职权时造成公民、法人或其他组织损害的原因很多，如果该损害完全是因受害人自己的行为造成的，则应当免除国家的行政赔偿责任。国家对受害人自己的行为造成的损害不予赔偿必须具备两个条件：一是受害人有故意，其故意行为是导致行政机关实施侵权行为的主要或全部原因。那种因行政机关工作人员的刑讯逼供或诱供被迫作虚伪陈述致使损害发生的，国家应当负责赔偿。二是损害由受害人自己的行为所致。

当然，一个损害结果的发生常常不止一个原因，如果损害结果发生的原因既有受害人自己的行为，又有行政机关及其工作人员的违法行为，应当在分清责任的基础上确定行政机关应当承担的赔偿责任。如果部分损害是行政机关或工作人员所致，部分损害由受害人自己行为所致，则国家应当给予部分赔偿。

（三）法律规定的其他情形

这是对国家不承担行政赔偿责任的概括性规定。目前，该法律条款缺乏明确解释。有学者认为，法律规定不承担行政赔偿的事由主要包括：不可抗力、正当防卫、紧急避险、第三人的过错等。

值得指出的是，此处所说"法律"，应作狭义的理解，仅指全国人民代表大会及其常务委员会通过的法律，法规和规章均不包括在内。

第三节　行政赔偿请求人与赔偿义务机关

一、行政赔偿请求人

（一）行政赔偿请求人的概念

行政赔偿请求人，是指那些认为自己合法权益受到行政主体违法行政行为侵害，

依法有权请求国家给予行政赔偿的公民、法人和其他组织。这一概念包括以下几层含义：

1. 行政赔偿请求人只能是作为行政相对人的公民、法人和其他组织，而不是行使行政职权的行政机关及其工作人员。

2. 行政赔偿请求人是其合法权益受到违法行政行为侵害并造成实际损害的公民、法人和其他组织。违法行政行为发生在行政过程中，或者由违法的具体行政行为引起，或者由违法的事实行为引起。凡因其他侵权行为如民事侵权、司法侵权等致害的人都不是行政赔偿请求人。

3. 行政赔偿请求人必须是以自己的名义请求赔偿的公民、法人和其他组织。不是以自己的名义提出赔偿请求而是代表他人或以他人名义请求行政赔偿的，不是赔偿请求人，至多只能是赔偿请求人的代理人。

（二）行政赔偿请求人的范围

根据《国家赔偿法》第6条的规定，行政赔偿请求人包括以下几类：

1. 受害的公民、法人和其他组织。外国公民和无国籍人在中国境内受到行政机关及其工作人员行使职权行为的侵害的，也可以成为赔偿请求人。但我国对外国人、外国企业和组织的所属国家实行对等原则。法人，是指依法成立，有必要财产和经费，有自己的名称、组织机构和场所，能独立承担民事责任的组织，包括企业法人、事业法人及社团法人等。其他组织是指公民、法人以外的组织，即不具备法人条件，没有取得法人资格的社会组织和经济组织。

2. 受害的公民死亡的，其继承人和其他有扶养关系的亲属可以成为赔偿请求人。在通常情况下，受害的公民本人是行政赔偿的请求人，但当受害的公民死亡时，行政赔偿请求人的资格就要转移给其继承人和其他有扶养关系的亲属。

3. 受害的法人或者其他组织终止的，其权利承受人有权要求赔偿。

二、行政赔偿义务机关

（一）行政赔偿义务机关的概念

行政赔偿义务机关，是指代表国家接受赔偿请求、履行具体赔偿义务、支付赔偿费用、参加赔偿诉讼程序的机关。简单地说，行政赔偿义务机关就是具体履行行政赔偿义务的组织。《国家赔偿法》第2条第2款规定："本法规定的赔偿义务机关，应当依照本法及时履行赔偿义务。"这一修改体现出立法机关侧重点的变化，即强调《国家赔偿法》规定的赔偿义务机关应当及时履行赔偿义务，试图改变实践中许多国家机关拖延履行国家赔偿义务的现状，确保公民、法人或者其他组织的合法权益能够及时得到保护。

（二）行政赔偿义务机关的范围

根据《国家赔偿法》第7条、第8条的规定，行政赔偿义务机关可以分为以下几种情形：

1. 行政机关为赔偿义务机关。《国家赔偿法》第 7 条第 1 款规定："行政机关及其工作人员行使行政职权侵犯公民、法人和其他组织的合法权益造成损害的，该行政机关为赔偿义务机关。"根据这一规定，在没有特别情况下，哪一个行政机关及其工作人员作出致害行为，该行政机关就是赔偿义务机关。

2. 共同行政赔偿义务机关。根据《国家赔偿法》第 7 条第 2 款的规定，两个以上行政机关共同实施违法行政行为造成损害的，应该由两个以上行政机关为共同赔偿义务机关，承担连带赔偿责任。所谓共同行使职权，是指两个以上的行政机关共同签署或署名行使职权。共同行使职权在我国行政管理活动中经常发生，主要有两种情形：一是横向的行政机关之间共同行使职权，即同级各行政机关共同行使职权。如工商、公安、出版等行政机关联合执法，对某一书店违法经营进行处罚，如果他们是共同签署、联合行使职权，一旦发生赔偿，他们就是共同赔偿义务机关。但如果虽曾协商，但却以一个行政机关的名义作出决定，则赔偿义务机关只能是该行政机关。二是纵向的行政机关之间共同行使职权，如上下级行政机关之间共同行使职权。应当指出的是，如果下级行政机关经请示上级行政机关后作出决定，而实施行为时是以下级行政机关自己的名义进行的，则赔偿义务机关只能是下级行政机关，即谁最后出面签署决定，谁就是赔偿义务机关。如果请示上级后上下级行政机关共同签署，则为共同赔偿义务机关，负连带责任。

3. 法律、法规授权的组织为赔偿义务机关。法律、法规授权的组织在行使被授予的行政职权时，侵犯公民、法人和其他组织合法权益造成损害的，该被授权组织为赔偿义务机关。我国除各级人民政府及所属职能部门行使行政权力外，还有一部分由法律、法规授权的具有公共事务管理职能的企事业单位也行使行政职权。如动植物检疫所、县级以上卫生防疫站等。这些组织因为法律、法规授权而获得行政主体资格，他们能以自己的名义行使行政职权，并承担其行为的法律后果。因而，当其违法行使职权致相对人损害时，由其自身作为行政赔偿义务机关。

需要说明的是，最高人民法院在《执行解释》中将法律、法规授权的组织扩大到规章授权的组织这一级，规章授权的组织可以直接作为行政诉讼的被告。[1]因此，当规章授权的组织侵犯相对人合法权益时，该被授权的组织为行政赔偿义务机关。

4. 委托机关为赔偿义务机关。行政机关出于工作需要，有时依照法律、法规和规章的规定，或在法律没有规定的情况下，将自己的职权委托给其他组织或个人去行使，这就产生了行政委托。如税务机关委托某个单位或组织代扣代缴税款等。在行政委托中，受委托的组织或者个人以委托行政机关的名义对外活动，其行为的后果归属于委托的行政机关。因此，当受委托的组织或个人违法行使职权引起赔偿责任时，应由委托的行政机关承担法律责任，充当赔偿义务机关。当行政机关赔偿损失后，赔偿义务机关有权责令有故意或者重大过失的受委托的组织或者个人承担部

第十三章

---

〔1〕　参见最高人民法院《执行解释》第 20、21 条的规定。

分或者全部赔偿费用。

5. 致害机关被撤销后的赔偿义务机关。我国行政机关的设立、合并与撤销，相当频繁，这就有可能难以保证受害人赔偿请求权的实现，使赔偿请求人找不到赔偿义务机关。为此，《国家赔偿法》第7条第5款规定，行政机关实施侵权行为给他人造成损害后又被撤销的，一般由继续行使其职权的行政机关为赔偿义务机关。如果没有继续行使其职权的行政机关，撤销该赔偿义务机关的行政机关为赔偿义务机关。行政赔偿义务机关被撤销一般有两种情形：一是受害人提出赔偿请求，赔偿义务机关尚未作出最终裁决时，该赔偿义务机关被撤销；二是受害人已向法院提起行政赔偿诉讼后，赔偿义务机关被撤销。第一种情形下，由继续行使其职权的行政机关为赔偿义务机关；第二种情形则涉及变更赔偿诉讼被告问题，受害人应以赔偿义务机关被撤销后继续行使其职权的行政机关为赔偿诉讼被告，如果没有继续行使其职权的行政机关，则应以撤销赔偿义务机关的行政机关为赔偿诉讼被告。

6. 经行政复议后的赔偿义务机关。《国家赔偿法》第8条规定："经复议机关复议的，最初造成侵权行为的行政机关为赔偿义务机关，但复议机关的复议决定加重损害的，复议机关对加重的部分履行赔偿义务。"所谓加重损害，是指行政复议机关所作出的行政复议决定使原行政具体行政行为对相对人造成的权益损害程度进一步加深或者使相对人遭受新的权益损害。2007年通过的《行政复议法实施条例》第51条规定："行政复议机关在申请人的行政复议请求范围内，不得作出对申请人更为不利的行政复议决定。"这条规定在我国行政复议领域确立了禁止不利变更原则，从而使行政复议加重相对人权益损害的情况有所减少。但是，由于禁止不利变更原则的适用对象是行政复议申请人，因此，在某些情况下行政复议机关的复议决定仍有可能加重对相对人的损害。例如，公安机关对实施殴打的某甲作出罚款的行政处罚，受害人某乙不服，向上级公安机关提起行政复议，上级公安机关认为原处罚行为明显不当，从而将某甲的处罚种类变更为行政拘留5日。此时某甲所受损害即因为该复议决定而加重。

依据法条的明确规定，我们认为，经过行政复议的行政赔偿案件，其赔偿义务机关的确定主要分为两种情形：①行政复议机关的复议决定没有改变或是减轻了原行政侵权行为对受害人的损害程度。在这种情况下，由最初造成侵权行为的行政机关作为赔偿义务机关。②行政复议机关的复议决定加重了原行政侵权行为对受害人的损害程度。在这种情况下，对于损害加重的部分，由复议机关作为赔偿义务机关履行行政赔偿义务；对于没有加重的损害部分，仍由最初造成侵权行为的行政机关作为赔偿义务机关。要注意的是，复议机关与最初造成侵权行为的行政机关并不是共同赔偿义务机关，二者不负连带责任，而是各自对自身行为所造成的损害承担赔偿责任。

第四节 行政赔偿程序

一、行政赔偿程序概述

行政赔偿程序，是指行政赔偿请求人向行政赔偿义务机关请求行政赔偿，行政赔偿义务机关对赔偿请求进行审查并作出处理，以及通过人民法院解决行政赔偿争议的步骤、方式、顺序和时限的总称。

《国家赔偿法》第 9 条第 2 款规定："赔偿请求人要求赔偿，应当先向赔偿义务机关提出，也可以在申请行政复议或者提起行政诉讼时一并提出。"《国家赔偿法》取消了"确认程序"，即公民在申请国家赔偿时必须要先进行程序上的先行确认行政机关行政行为违法的程序，只有在确认行为违法后，才能进入国家赔偿程序。实践中，有的赔偿义务机关以各种理由不确认或对确认申请拖延不办，确认程序成为老百姓申请赔偿过程中一个很高的"门槛"，成为"与虎谋皮"的程序，是申请国家赔偿时很难跨越的"鬼门关"，确认程序的取消无疑具有重大的实践意义。

根据上述规定，我们认为我国行政赔偿分为两种途径：一种是"单独提起"，即单独就赔偿问题向行政机关或人民法院提出；另一种是"一并提起"，即在行政复议、行政诉讼中一并提起。"单独提起"是指赔偿请求人就赔偿问题直接向赔偿义务机关提请赔偿，其必须遵循"赔偿义务机关先行处理程序"规则，未经先行处理程序直接向人民法院提起诉讼的，人民法院不予受理，以保证在司法救济之前行政机关有自我纠正的机会。"一并提起"是指赔偿请求人在申请行政复议或行政诉讼的同时，一并提出赔偿的请求。一并提起赔偿请求在申请行政复议时提出，按行政复议程序进行，在行政诉讼时一并提出赔偿请求的，按行政诉讼程序进行。

二、行政赔偿义务机关的先行处理程序

先行处理原则的主要含义是：赔偿请求人向法院提起赔偿诉讼前，一般要经过赔偿义务机关先行处理，或与赔偿义务机关先行协商，若不能达成协议或请求人对行政处理决定不服的，或赔偿义务机关逾期不处理，还可以向法院起诉。先行处理犹如一张过滤网，将行政机关能够自行解决的赔偿限制在行政程序，而不进入司法程序。

赔偿义务机关先行处理程序的主要内容为：

1. 请求赔偿的条件。①请求人必须具有赔偿请求权。②赔偿请求人受到的损害与违法职务行为之间确有因果关系。③请求必须在法定期限内提出。《国家赔偿法》规定，请求赔偿的时效为 2 年。④赔偿请求属于《国家赔偿法》规定的赔偿范围。

2. 请求赔偿的形式。赔偿请求人提起赔偿请求应当采取书面形式，即递交赔偿申请书，根据《国家赔偿法》第 12 条第 1 款的规定，申请书应包括以下内容：①受

害人的姓名、性别、年龄、工作单位和住所，法人或者其他组织的名称、住所和法定代表人或者主要负责人的姓名、职务。②具体的要求、事实根据和理由。赔偿申请书必须写明请求赔偿的具体要求，如请求赔偿的金额是多少，是否恢复原状或是否返还财产等。根据《国家赔偿法》第 11 条的规定："赔偿请求人根据受到的不同损害，可以同时提出数项赔偿要求。"另外申请书还应写明损害行为发生的事实经过和受害人遭受损害的事实以及对其所受损害程度提出赔偿要求的说明。③申请的年、月、日。此外，申请人还应该提供有关的附件及证据，如医疗证明、证人、照片等。行政赔偿请求人书写申请书确有困难的，可以委托他人代书，最后由本人签名或盖章，也可以口头申请，由行政赔偿义务机关记入笔录，该笔录与正式申请书的效力相同。

另外，《国家赔偿法》对第 12 条还补充了两款，作为该条的第 3 款和第 4 款。

第 3 款规定"赔偿请求人不是受害人本人的，应当说明与受害人的关系，并提供相应证明"。该条事实上是赔偿请求人身份说明义务的规定。

第 4 款规定"赔偿请求人当面递交申请书的，赔偿义务机关应当当场出具加盖本行政机关专用印章并注明收讫日期的书面凭证。申请材料不齐全的，赔偿义务机关应当当场或者在 5 日内一次性告知赔偿请求人需要补正的全部内容"。此款增加了对赔偿义务机关行为的限制，以避免赔偿请求人提出赔偿请求后，赔偿义务机关不作任何处理，而使赔偿事宜无法开展。根据该款，赔偿义务机关对赔偿申请书的处理方式和程序，主要分为两种情况：①当场处理程序。即材料齐全的话，当场出具加盖本行政机关专用印章并注明收讫日期的书面凭证；这对于监督行政机关具有重要意义，因为《国家赔偿法》规定赔偿义务机关应当自收到赔偿申请书之日起 2 个月内作出是否赔偿的决定，否则赔偿请求人即可在期间届满之日起 3 个月内提起行政诉讼。②补正材料的程序。即如果材料不齐全，赔偿义务机关应当当场或者在 5 日内一次性告知赔偿请求人需要补正的全部内容。

现行《国家赔偿法》将原法条的第 13 条修改成为现行法条的第 13 条和第 14 条。这两条是《国家赔偿法》修改的重要内容，它注重对请求人的权利保护，较大程度上完善了国家赔偿程序，是修法的亮点之一。

《国家赔偿法》第 13 条规定："赔偿义务机关应当自收到申请之日起 2 个月内，作出是否赔偿的决定。赔偿义务机关作出赔偿决定，应当充分听取赔偿请求人的意见，并可以与赔偿请求人就赔偿方式、赔偿项目和赔偿数额依照本法第 4 章的规定进行协商。赔偿义务机关决定赔偿的，应当制作赔偿决定书，并自作出决定之日起 10 日内送达赔偿请求人。赔偿义务机关决定不予赔偿的，应当自作出决定之日起 10 日内书面通知赔偿请求人，并说明不予赔偿的理由。"该条明确了国家赔偿的协商程序、听取赔偿请求人意见程序、赔偿决定的送达程序和告知理由程序，加大了对行政赔偿义务机关的规范力度，使行政赔偿程序更加严密。协商即由赔偿请求人向赔偿义务机关提出赔偿申请，由双方互相协商，达成赔偿协议，解决赔偿问题；如果协商不成，再由赔偿请求人向法院提起赔偿之诉，或者由赔偿义务机关作出赔偿决定。协商的内容可以是赔偿方式、赔偿项目和赔偿数额等，为使协商更加有效和明确，在协商进行时，双方的发言和陈述，所用的证据材料和理由等等，都应当进行记录。本条规定了赔偿义务机关作出赔偿决定"应当充分听取赔偿请求人的意见"，但对于以什么样的方式听取意见，并不明确，只是在听取程度上作了描述，即要求"充分听取"，可以说，听取的方式是很多的，如进行座谈、访谈、接受书面意见、调查、论证会等，但真正能够达到"充分听取"程度的方式，应以听证会的方式为优。送达是指依据法定的方式将法律文书送交当事人或参加人的行为，此处指赔偿决定书或不予赔偿决定书的送达。送达的期限应该"自作出决定之日起10日内"，这要求赔偿义务机关提高处理赔偿事务的效率，加大了对赔偿请求人诉权在时间上的保障力度。在行政法上，说明理由制度是指行政主体在作出对行政相对人合法权益产生不利影响的行政行为时，除法律有特别规定外，必须向行政相对人说明该行政行为的事实依据、法律依据以及进行自由裁量时所考虑的政策、公益等因素。它是公民的知情权在国家赔偿制度中的具体体现。

《国家赔偿法》第14条规定："赔偿义务机关在规定期限内未作出是否赔偿的决定，赔偿请求人可以自期限届满之日起3个月内，向人民法院提起诉讼。赔偿请求人对赔偿的方式、项目、数额有异议的，或者赔偿义务机关作出不予赔偿决定的，赔偿请求人可以自赔偿义务机关作出赔偿或者不予赔偿决定之日起3个月内，向人民法院提起诉讼。"其主要增加了诉讼的事由。

三、行政赔偿的行政复议程序

《行政复议法》第29条规定："申请人在申请行政复议时可以一并提出行政赔偿请求，行政复议机关对符合国家赔偿法的有关规定应当给予赔偿的，在决定撤销、变更具体行政行为或者确认具体行政行为违法时，应当同时决定被申请人依法给予赔偿。申请人在申请行政复议时没有提出行政赔偿请求的，行政复议机关在依法决定撤销或者变更罚款，撤销违法集资、没收财物、征收财物、摊派费用以及对财产的查封、扣押、冻结等具体行政行为时，应当同时责令被申请人返还财产，解除对财产的查封、扣押、冻结措施，或者赔偿相应的价款。"该条的规定与《国家赔偿法》第9条的规定是相衔接的，都规定了行政复议程序的适用前提是赔偿请求人"一并提出赔偿要求"，在满足此条件的情况下，在适用行政复议程序时与其他行政复议案件在程序上没有区别。申请人申请复议递交申请书，在申请复议的理由和要求中一并提出赔偿要求，并写明侵权行为与损害结果之间的因果关系、损害程度、具体赔偿要求等，行政复议的被申请人是赔偿义务机关。

在行政复议中一并提起赔偿请求的受理和审理适用行政复议程序。根据《行政复议法》规定的行政复议程序，行政复议机关在处理赔偿问题时，可以适用调解，以调解书的形式解决赔偿争议，也可以作出赔偿的复议决定。行政复议机关在撤销被诉具体行政行为的同时，应当作出赔偿决定。复议机关应当在收到复议申请之日起 60 日内作出复议决定，申请人对复议机关作出的包括赔偿裁决在内的复议决定不服，可以在收到决定书之日起 15 日内向人民法院提起行政诉讼，如果行政复议机关拒绝受理或者逾期不复议，申请人也可以直接向人民法院提起行政诉讼。

四、行政赔偿诉讼

行政赔偿诉讼是人民法院根据赔偿请求人的诉讼请求，依照行政诉讼程序和国家赔偿的基本制度和原则裁判赔偿争议的活动。行政赔偿诉讼和行政诉讼的区别是：

1. 在当事人的身份上。行政诉讼的原告不一定是行政赔偿诉讼的原告，如果起诉人只请求撤销某一行为或确认其行为违法，而不要求赔偿，则该行政诉讼原告不能成为赔偿诉讼原告；且行政赔偿诉讼的原告不仅限于具体行政行为针对的公民、法人或其他组织，还包括受到具体行政行为或其他职务行为影响的利害关系人。

2. 在举证责任的分担上，行政赔偿诉讼不完全采取"被告负举证责任"的原则，依照《国家赔偿法》第 15 条第 1 款的规定，赔偿请求人和赔偿义务机关对自己提出的主张，应当提供证据。

3. 从审理形式看，《行政诉讼法》第 60 条第 1 款规定："人民法院审理行政案件，不适用调解。但是，行政赔偿、补偿以及行政机关行使法律、法规规定的自由裁量权的案件可以调解。"可见，能否调解也是二者区别之处。

总的来看，尽管行政赔偿诉讼在某些方面与行政诉讼不一致，但其他方面如管辖、审判组织和执行等，则与行政诉讼基本相同。人民法院审理行政赔偿案件，原则上适用《国家赔偿法》和《最高人民法院关于审理行政赔偿案件若干问题的规定》的程序裁判行政赔偿争议，在与上述规定不抵触的情况下，适用《行政诉讼法》规定的程序，《行政诉讼法》没有规定的，还可以参照适用相应的民事诉讼程序。

五、行政赔偿的时效

时效是指法律规定的某种事实状态经过法定时间而产生一定法律后果的法律制度。《国家赔偿法》第 39 条对于行政赔偿的时效作了明文规定："赔偿请求人请求国家赔偿的时效为 2 年，自其知道或者应当知道国家机关及其工作人员行使职权时的行为侵犯其人身权、财产权之日起计算，但被羁押等限制人身自由期间不计算在内。在申请行政复议或者提起行政诉讼时一并提出赔偿请求的，适用行政复议法、行政诉讼法有关时效的规定。赔偿请求人在赔偿请求时效的最后 6 个月内，因不可抗力或者其他障碍不能行使请求权的，时效中止。从中止时效的原因消除之日起，赔偿请求时效期间继续计算。"

根据该条，行政赔偿请求时效的起算点自赔偿请求人知道或者应当知道国家机关及其工作人员行使职权时的行为侵犯其人身权、财产权之日起计算。"知道"指权利人主观上知道自己权利被侵害的事实，"应当知道"则是一种法律的推定，指基于客观之情事及一般民众、法人根据其智识经验应尽的注意义务，权利人应当知悉其权利被侵害的事实，但因其自身过失而未知情，在该情形下，法律推定其知道权利受到侵害。一般而言，行政行为是否侵犯了自己的合法权益，相对人是比较清楚的，该标准注重了主观标准与客观标准的统一，也是实践中比较好确定和操作的标准。该条规定，"赔偿请求人请求国家赔偿的时效为 2 年"。这个 2 年时效是行使国家赔偿请求权的时效，对于单独提起的赔偿请求，2 年时效实际上是请求处理的时效，如果请求人在 2 年内不行使请求权请求赔偿义务机关处理，他就丧失了请求权。同时因为"在申请行政复议或者提起行政诉讼时一并提出赔偿请求的，适用《行政复议法》《行政诉讼法》有关时效的规定"，可以得知该时效也只适用于单独提起国家赔偿请求不服后的诉讼。在该 2 年时效的计算上，"被羁押等限制人身自由期间不计算在内"，并且该时效可以在"最后 6 个月内，因不可抗力或者其他障碍不能行使请求权的，时效中止"，"从中止时效的原因消除之日起，赔偿请求时效期间继续计算。"

第五节　行政赔偿方式及其计算标准

一、行政赔偿方式概述

行政赔偿方式，是指国家对行政机关及其工作人员的职务侵权行为承担赔偿责任的各种形式。从世界各国关于行政赔偿方式的规定来看，主要为金钱赔偿和恢复原状两种。

《国家赔偿法》第 32 条规定："国家赔偿以支付赔偿金为主要方式。能够返还财产或者恢复原状的，予以返还财产或者恢复原状。"根据这一规定，我国行政赔偿的方式有三种：即支付赔偿金、返还财产和恢复原状。从法条精神来看，赔偿立法亦采用以金钱赔偿为主，以返还财产和恢复原状为辅的赔偿机制。

1. 支付赔偿金，又称为金钱赔偿，是指以货币形式支付赔偿金额，补偿受害人所受损失的一种赔偿方式。这种赔偿方式，省时省力，可以使受害人的赔偿请求迅速得到满足，也便于行政机关正常开展工作。

2. 返还财产是行政机关将违法占有或控制的财产返还给受害人的赔偿方式。返还财产只适用于财产损害，如返还罚款、没收的财物，返还扣押、查封、冻结的财产，返还违法征收征用的财产等。返还财产在内容上表现为返还原物和孳息物。原物既可以是特定物，也可以是种类物。

3. 恢复原状是指赔偿义务机关对受害人受损害的财产进行修复，使之恢复到受损害前的形状和性能的赔偿方式。能够恢复原状的，应恢复原状后方可返还。

二、行政赔偿的计算标准

行政赔偿标准，是指国家支付赔偿金赔偿行政侵权受害人损失时所适用的标准。根据《国家赔偿法》的规定，行政赔偿的具体计算标准如下：

（一）人身权损害赔偿的计算标准

人身权的损害包括侵犯公民人身自由权和侵犯公民生命健康权两类，其损害赔偿计算标准分别为：

1. 人身自由权损害赔偿的计算标准。对侵犯公民人身自由权的赔偿标准，《国家赔偿法》第33条规定："侵犯公民人身自由的，每日赔偿金按照国家上年度职工日平均工资计算。"这里所规定的"上年度"，应当指赔偿义务机关、复议机关或者人民法院赔偿委员会作出赔偿决定时的上年度；复议机关或者人民法院赔偿委员会决定维持原赔偿决定的，按作出原赔偿决定时的上年度执行。

2. 生命健康权损害赔偿的计算标准（包括生命权和健康权两部分）。按照《国家赔偿法》第34条的规定，侵犯公民生命健康权的赔偿按照下列标准计算：

（1）造成身体伤害的，应当支付医疗费、护理费，以及赔偿因误工减少的收入。减少的收入每日的赔偿金按照国家上年度职工日平均工资计算，最高额为国家上年度职工年平均工资的5倍。

医疗费是受害人身体受到损害后为恢复健康进行治疗所支出的费用，不仅包括已经支出的费用，还包括目前虽未支出，但是将来要发生的费用，例如治疗后遗症的费用。我国《国家赔偿法》并未规定医疗费的项目构成，一般认为可以参照民事赔偿的标准进行。

关于护理费，是修改后新增加的项目。护理费是指受害人因遭受人身损害，生活无法自理，需要他人护理而支出的费用。护理费数额是按照护理人员的花费确定的，包括护理人员的收入状况、护理人数、护理期限等。

因误工减少的收入，指受害人因受伤后不能正常工作或劳动而损失的收入。误工时间根据受害人接受治疗的医疗机构出具的证明确定。没有休假证明自行休假的，不作误工日计算。受害人因伤残持续误工的，误工时间可以计算至定残日前一天。定残日是指伤残鉴定机构对受害人的残疾程度或残疾等级出具鉴定意见之日。至于定残日之后因完全或部分丧失劳动能力而导致的预期收入损失，应当以残疾赔偿金的方式予以赔偿，不属于误工减少的收入。误工期每日的赔偿金按照国家上年度职工的日平均工资计算，最高额为国家上年度职工年平均工资的5倍。

（2）造成部分或者全部丧失劳动能力的，应当支付医疗费、护理费、残疾生活辅助具费、康复费等因残疾而增加的必要支出和继续治疗所必需的费用，以及残疾赔偿金。残疾赔偿金根据丧失劳动能力的程度，按照国家规定的伤残等级确定，最高不超过国家上年度职工年平均工资的20倍。造成全部丧失劳动能力的，对其扶养的无劳动能力的人，还应当支付生活费。

　　修改后的《国家赔偿法》增加了"残疾生活辅助具费、康复费等因残疾而增加的必要支出和继续治疗所必需的费用"。对此我们作如下的理解：

　　残疾生活辅助具费，是指因伤致残的受害人为补偿其遭受创伤的肢体器官功能、辅助其实现生活自理或者从事生产劳动而购买、配制的生活辅助器具所需费用。如肢残者用的支辅器，假肢及其零部件；视力残疾者使用的盲杖、导盲镜；听力残疾者使用的助听器等。

　　康复费，即受害人为恢复因国家侵权行为而减损的器官功能进行的各种康复治疗所支出的费用。一般认为，此处的康复费包括为使受害人遭受损害的器官功能重新恢复而进行的训练，包括物理疗法、语言治疗以及作业疗法中的"功能训练"所支付的费用。

　　继续治疗费，是指损伤经治疗后体征固定而遗留功能障碍确需再次治疗或伤情尚未恢复需二次治疗所需要的费用。遗留功能障碍包括：组织、器官缺损、坏死需要进行修补、再造或移植，损伤导致容貌和体形发生显著的改变，肌腱、神经损伤需要二期修复等。

　　关于残疾赔偿金是修改前后的《国家赔偿法》都予以肯定的，但对于其具体的计算方式则发生了变化。修改前的规定为"残疾赔偿金根据丧失劳动能力的程度确定，部分丧失劳动能力的最高额为国家上年度职工年平均工资的 10 倍，全部丧失劳动能力的为国家上年度职工年平均工资的 20 倍"，修改后的规定是"按照国家规定的伤残等级确定，最高不超过国家上年度职工年平均工资的 20 倍"。即其已经不再区分部分丧失劳动能力和全部丧失劳动能力，而是根据确定的伤残等级确定赔偿额度。另外在赔偿上，作最高限额的规定，主要是考虑到丧失劳动能力受害人在实际损失上，随其年龄、收入、未来发展不同而不同，严格的根据这些因素进行逐一认定会产生极大的工作量，也由于不能统一标准，无法保证实践中真正实现这种实质上的公平。为了比较简便，同时也照顾到大多数情况下对公平合理的要求，《国家赔偿法》规定了以年度职工年平均工资为计算基准不超过 20 倍的最高赔偿限额。

　　造成全部丧失劳动能力的，对其扶养的无劳动能力的人，还应当支付生活费。生活费的发放标准，参照当地最低生活保障标准执行。被扶养人是未成年人的，生活费给付至 18 周岁止；其他无劳动能力的人，生活费给付至死亡时止。修改后的《国家赔偿法》将生活费的计算标准作了修改，即由以前的"参照当地民政部门有关生活救济的规定办理"修改为了"参照当地最低生活保障标准执行"，更加规范严格。

　　（3）造成公民死亡的，应当支付死亡赔偿金、丧葬费，总额为国家上年度职工年平均工资的 20 倍。对死者生前扶养的无劳动能力的人，还应当支付生活费。生活费的支付对象、时间以及支付标准与致残损害赔偿相同，此处不再赘述。

　　（二）财产权损害赔偿的计算标准

　　根据《国家赔偿法》第 36 条的规定，财产权损害赔偿的计算标准如下：

第十三章

1. 对违法取得的财物予以返还。即对于行政机关违法罚款、没收和违法征收征用的财物，违法查封、扣押、冻结的财产，都适用返还财产。返还的财产包括金钱和其他财物。

2. 应当返还的财产损坏的，能够恢复原状的予以恢复原状。

3. 不能返还财产或财产损害不能恢复原状的，支付赔偿金，具体包括：①造成财产损坏的，不能恢复原状的按照损害程度给付相应的赔偿金；②应当返还的财产灭失的，给付相应的赔偿金；③财产已经拍卖或者变卖的，给付拍卖或者变卖所得的价款；变卖的价款明显低于财产价值的，应当支付相应的赔偿金。

4. 吊销许可证和执照，责令停产停业的，赔偿停产停业期间必要的经常性的费用开支。所谓必要的经常性费用开支，是指企业、商店、公民等停产停业期间用于维持其生存的基本开支，如各种税费、水电费、仓储保管费、房屋租金、职工基本工资等。至于停产停业期间损失的实际利益和可得利润，国家目前尚不予赔偿。

5. 该条的第 7 项规定，返还执行的罚款或者罚金、追缴或者没收的金钱，解除冻结的存款或者汇款的，应当支付银行同期存款利息；此项是修改后的《国家赔偿法》新增加的一项，对利息的支付无疑增强了对相对人财产权益的保护力度。

6. 对财产权造成其他损害的，按照直接损失给予赔偿。此为该条第 8 项的规定，即对于财产的间接损失，不在国家赔偿的范围内。《国家赔偿法》仍显保守。

三、行政赔偿费用

行政赔偿费用是国家用以支付给赔偿请求人的金钱。根据我国 1995 年发布的《国家赔偿费用管理办法》（现已失效）第 6 条和第 7 条等相关规定，我国的国家赔偿费用支付制度，采用的是由赔偿义务机关先从本单位预算经费和留归本单位使用的资金中支付，支付后再向同级财政机关申请核拨。这一规定在实践中暴露出极为严重的问题：一是赔偿义务机关先行支付赔偿费用以后，向同级财政机关申请核拨，存在诸多的障碍和极为漫长的过程，先行赔付的赔偿义务机关在很多情况下不能得到财政部门的核拨经费，最终成了赔偿义务机关自己负担。二是在很多单位的预算经费和留归本单位使用的经费项目中，并没有国家赔偿费用这一块儿，赔偿义务机关自行负担不仅缺乏财政经费的支持，更是构成违法的挪用经费行为。三是因为财政体制的改革等原因，赔偿义务机关直接掌握和自行支配的资金已经相当有限，赔偿义务机关先行垫付实际上存在较大的困难，特别在一些罚没收入较少的部门，根本就没有可供垫付的资金。四是赔偿义务机关先行赔付后向财政部门申请核拨，意味着"露丑"和对自身违法行为的公开承认，赔偿义务机关的社会评价会降低，机关负责人的个人前途也可能因此受到影响。

回应上述不足，《国家赔偿法》第 37 条对此作出规定。该条第 1 款规定："赔偿费用列入各级财政预算"；该条第 4 款规定："赔偿费用预算与支付管理的具体办法由国务院规定。"

　　不限于此，在前述基础上，法条增加了两款，即第 2 款："赔偿请求人凭生效的判决书、复议决定书、赔偿决定书或者调解书，向赔偿义务机关申请支付赔偿金"；第 3 款："赔偿义务机关应当自收到支付赔偿金申请之日起 7 日内，依照预算管理权限向有关的财政部门提出支付申请。财政部门应当自收到支付申请之日起 15 日内支付赔偿金。"根据上述两款规定，我们可以看出，《国家赔偿法》废除了赔偿义务机关先行支付的程序，明确规定赔偿请求人凭生效法律文书，就可向赔偿义务机关申请支付赔偿金；而且赔偿义务机关在收到支付赔偿金申请以后，不是先行垫付，而是在 7 日内直接依照预算管理权限向有关的财政部门提出支付申请，克服由于赔偿义务机关与财政部门在核拨经费上的不一致可能产生的拒赔、缓赔等现象；并且财政部门应当自收到支付申请之日起 15 日内支付赔偿金，在期限上的明确规定也对赔付效率的提高起到了保障作用。

第十三章

第十四章　行政诉讼概述

第一节　行政诉讼与行政诉讼法

一、行政诉讼的概念与特征

（一）行政诉讼的概念

对于行政诉讼的概念，人们基于不同的法律文化及法治实践在不同的法律体系中有不同的表述，称谓有所不同，内涵也有区别。如在英美法系国家多被称为"司法审查"，指法院应相对人的申请，审查裁判行政机关的行政行为是否违宪和违法的诉讼活动；在大陆法系各国多被称为"行政诉讼"，指公民等一方对行政机关的违法侵权行为，请求专门的行政法院通过审判程序给予救济的手段。在我国，在不同的学者间也有分歧，观点也不甚一致。如一些学者将其归结为以诉讼的方式解决行政争议的制度的总称等。各种表述及其内涵虽有一定差异，但对行政诉讼的特征的把握却有着近乎一致的观点，即认为行政诉讼是由法院运用司法权监督行政机关依法行使行政权并保护公民一方的合法权益的诉讼，是解决行政争议案件的司法活动。

根据我国现行行政诉讼法律制度的规定，行政诉讼是指公民、法人或者其他组织不服行政机关的行政行为，依法向人民法院起诉，请求人民法院对被诉行政行为进行合法性审查，人民法院依法对该起诉和相关行政争议进行审查并作出裁判的活动与过程。

就此概念而言，行政诉讼包括以下几层含义：

1. 行政诉讼是解决行政争议的一种诉讼活动。人类在社会生活中由于种种原因时常发生各种社会冲突或纠纷，为保持社会稳定，促进社会发展，在长期的社会实践中，人类通过理性设计行为规则，并依各主体理性地遵从这些规则来消除、减少、引导、化解冲突或纠纷，形成了多种解决冲突或纠纷的方式，而且起到了一定的积极的社会效果，如自决、和解、仲裁、调解以及诉讼等。其中"诉讼"是指国家专门机关在诉讼参与人参加的情况下，依据法定的权限和程序，解决具体案件，保护当事人合法权益的活动过程或程序。提起诉讼意味着对国家意志及法律权威的接受与服从。作为一种"公力救济"方式，诉讼也是一种最有效的，也是最终的纠纷解决手段。当代世界许多国家都建立起了由民事诉讼、刑事诉讼和行政诉讼三大基本诉讼制度构建起来（有的国家还有宪法诉讼）的法律制度体系，以此解决来自不同社会生活领域不同类型的法律纠纷。

行政诉讼解决的纠纷是行政纠纷，也称行政争议。行政争议是指在行政管理过程中，作为行政主体的国家行政机关、法律、法规授权的组织因行使行政职权与公民、法人或者其他组织之间发生的争议。行政争议可以根据行政行为的性质或以对方当事人的地位为标准分为不同种类。根据特定国家的历史条件和行政诉讼受案范围制度，只有特定种类的行政争议才与行政诉讼相联系。例如日本的行政案件诉讼规定为四种：抗告诉讼、当事人诉讼、民众诉讼和机关诉讼，前两种是以保护公民个人权益为目的主观诉讼，后两种诉讼是以维护客观的法秩序为目的的客观诉讼。主观诉讼是法律上的争讼，属于法院管辖，而客观诉讼不属于法律上的争讼，只有法律上的特别规定，才可以进行的特殊诉讼形态。在法国，行政诉讼是当事人不服行政机关行为的一种救济手段，而且每一个行政案件都提出了一个国家活动是否侵犯了个人主观权利的问题，也就是说，每一个行政案件都涉及对国家或个人权利的认可，因此必然会导致对某一方的谴责。这就是迪克洛克（Ducrocq）提出自然行政法概念时所说的那段话的含义所在："行政案件必然由技术意义上的行政行为而引发，而且，基于这种行政行为而提出的权利主张必须基于某种权利受到侵犯、而不是某种利益受到侵犯的事实。"[1]

按照我国《行政诉讼法》的规定，行政诉讼所要处理的行政争议仅限于具有国家行政职权的机关或者组织及其工作人员行使职权，作出行政行为，引起公民、法人或者其他组织合法权益受到影响而发生的争议。但因受案范围的限制，对在一定范围内的行政行为法院不予受理，如公民、法人或者其他组织对国防、外交等国家行为不服，对行政法规、规章或者行政机关制定、发布的具有普遍约束力的决定、命令不服等引起争议而向法院提起行政诉讼，因行政机关对行政机关工作人员的奖惩、任免等决定不服，或者不服法律规定由行政机关最终裁决的行政行为与行政机关发生行政争议，向法院寻求救济，法院不予受理。

2. 行政诉讼是法院运用国家审判权来监督行政机关依法行使职权和履行职责，以保护公民、法人或者其他组织的合法权益不受行政机关违法行政行为侵害的一种司法活动。行政诉讼的根本目的是通过公正、及时审理行政案件，解决行政争议，防范或纠正行政机关违法行政行为造成的侵害，有效保护公民、法人或者其他组织合法权益。通过国家审判机关对行政机关行政活动的监督，更有效地约束行政权力，这也是行政诉讼制度自建立以来一直承担着的"控权"职能的体现。

3. 行政诉讼是公民、法人或者其他组织主观上认为其合法权益受到行政职权的侵犯，而向人民法院提起诉讼，寻求法律保护。至于其合法权益是否受到行政行为

〔1〕 ［法］狄骥：《公法的变迁》，郑戈译，中国法制出版社 2010 年版，第 137 页。

的侵犯，原告是否胜诉，须由人民法院通过法定程序，依据事实和法律进行审查，作出裁判。行政权具有单方面性、效力先定性及强制性等特征。从理论上讲，对于行政相对人违反法律规范，破坏行政管理秩序的行为，行政机关完全可以依其行政职权对行政相对人进行制裁，无须通过其他国家机关保护其行政权力。但行政机关行使职权进行行政管理过程中不可避免地会出现违法侵犯相对人合法权益的情形，对于这种情形，相对人无法直接对抗，也无力通过自己的行为改变该行政行为已经确定了的法律关系状态，而一个法治社会更不能允许行政相对人通过"私力救济"解决行政纠纷，只能寻求另外一个国家机关行使其权力，履行职责，来改变或者消灭该行政行为所确定的法律关系状态。所以，当公民、法人或其他组织的合法权益受到行政职权的侵犯时，行政诉讼就成为当事人寻求法律保护的重要途径。

4. 人民法院的行政诉讼活动不仅包括对行政争议的审查裁判，也包括对行政诉讼原告起诉的程序性审查、决定、裁定等诉讼活动，即便是人民法院拒绝受理或对原告的起诉裁定不立案，原告与人民法院之间也已经发生了行政诉讼关系，仍然涉及对行政诉讼法的适用。

（二）行政诉讼的特征

行政诉讼与民事诉讼、刑事诉讼一样，都是在人民法院主持下进行的司法活动，都具有一套法定的程序或运作过程，都是由"三方组合"形成的三元结构模式，但是行政诉讼较之于民事诉讼、刑事诉讼而言仍能体现以下几个特征：

1. 行政诉讼是由人民法院处理行政争议（纠纷）的一种司法活动。解决行政争议（纠纷）可以通过当事人申诉、信访、行政复议、行政调解等其他方式解决，甚至还可以通过舆论监督的方式解决，但是经过这些方式处理后，该纠纷仍然有可能继续存在，甚至还会继续发酵，进而引发其他社会矛盾。诉讼是一种强制性解决纠纷的手段，诉讼过程建立在一套公开、严密的程序基础上，该程序由多个动态环节和多种静态制度组成，并由训练有素的法官指挥、主导着整个诉讼活动的进行。当法院按照法定诉讼程序，经过严格审理，作出裁判，可以从法律上最终解决纠纷。即一旦法院的裁判生效，当事人不得就同一事实及理由再生争议，从而使当事人法律上的权利义务关系得以确定，社会趋于稳定状态，此正所谓司法最终裁决原则的意义。

2. 行政诉讼俗称"民告官"，诉讼中原告与被告身份恒定。原告通常只能是作为行政相对人的自然人、法人或其他社会组织，包括以民事主体的机关法人身份提起行政诉讼的国家机关；被告只能是具有国家行政职权的行政机关或法律、法规、规章授权的组织，在行政诉讼中被告不得提起反诉。按照我国《行政诉讼法》的规定，法院还承担着对非诉行政执行案件的审理。非诉讼行政执行案件是指行政机关作出行政行为后，相对人在法定期限内既不自觉履行该行政行为所确定的义务，也没有依法申请行政复议或提起行政诉讼，而行政机关自己没有强制执行权，无法实现行政行为的内容，按照法律规定依法申请法院强制执行。从形式上看，在这种案件中行政机关把相对人告到法院，似乎成了"官告民"，但是，非诉行政执行案件不是行政诉讼，虽然法院最终作出裁判也需对行政行为本身进行合法性审查，但是最终执行的行政行为没有经过行政诉讼的审判程序。因此，这种案件的存在并没有改变行政诉讼原告、被告身份恒定的特征。

3. 行政诉讼兼具解决争议纠纷、救济权利和监督行政权的合法运行三种功能。诉讼最基本的功能是解决当事人之间的纠纷，行政诉讼也不例外。人民法院通过公正、及时地对行政纠纷进行审理并作出裁判，解决行政机关与相对人之间因行政行为而产生的争议，从而维护正常的社会秩序。与其他诉讼制度，尤其是与民事诉讼制度相比较，行政诉讼还具有保护公民、法人和其他组织的合法权益，监督行政机关依法行使职权的功能。民事诉讼解决的纠纷是平等民事主体间的人身权或财产权纠纷，法院在审理民事案件时应当给予纠纷双方当事人以平等的保护，不存在对某一方当事人的权益进行特别保护的问题，法院也没有对某一方当事人的民事活动进行监督的功能。但是，由于行政诉讼要解决的纠纷来源于行政管理过程，引起纠纷的双方当事人的地位是不对等的。按照依法行政的原则，行政机关在行政执法过程中应当严格按照法定职权、法定程序行使职权，依法定职责作出行政管理行为。至于该行政行为的作出是否影响了行政相对人的合法权益、是否符合依法行政的要求，需由行政相对人向人民法院起诉，经人民法院通过行政诉讼作出的裁判来评价。人民法院通过审理行政案件，为在行政管理过程中处于劣势、合法权益容易受到违法行政行为损害的公民、法人或者其他社会组织提供权利救济。同时这种审查、裁判活动显然也是对行政机关权力行使的一种监督。

4. 行政诉讼中人民法院的审判权是有限的。一般而言，人民法院在审理诉讼案件时应当享有完整的审判权，可以通过判决界定诉讼双方当事人实体法上的权利义务。如刑事诉讼，人民法院通过审判来断定被告人有罪或无罪、罪行大或小、是否要负刑事责任以及负什么内容的刑事责任。在民事诉讼中，人民法院通过审判要具体确定纠纷当事人之间是否存在实体民事法律关系。如果存在，该民事法律关系的内容是什么、是否继续对当事人具有约束力等。行政诉讼则不然，按照《行政诉讼法》第6条和第二章的规定，人民法院审理行政案件，对被诉行政行为是否合法进行审查并作出裁判。一般而言，不能就行政行为所构造的实体法律关系的内容通过判决予以界定。人民法院不受理法律明确规定的排除事项。

二、行政诉讼法的概念与渊源

（一）行政诉讼法的概念

行政诉讼是指在人民法院主持下，在当事人、诉讼代理人和其他诉讼参与人的共同参与下处理行政纠纷的诉讼活动，而行政诉讼法则是规范行政诉讼活动的法律规范的总和，包括人民法院、当事人、诉讼代理人、其他诉讼参与人以及对行政诉讼活动实行法律监督的人民检察院进行诉讼活动的行为准则。

　　行政诉讼法调整的对象是行政诉讼关系。世界各国在调整行政诉讼关系方面的法律制度不尽相同。英国和美国的共同点是由普通法院审理行政案件，但也略有不同。美国对政府活动的司法审查规则包括：有关对政府活动进行司法审查的专门法律规则以及法院在对政府活动进行审查没有相应法律规定时适用的民事诉讼程序法律规则。英国对政府活动进行司法审查的规则主要是普通法的越权无效原则。大陆法系国家则大多设立专门的行政法院或行政法庭受理行政案件，诉讼规则可以由成文法规定，也可以由判例形成。在法国，有一套与普通法院体系基本对立、结构相对完整的行政法院体系，依其管辖权范围，行政法院可以分为普通行政法院和专门行政法院，前者对各类行政案件享有普遍的管辖权，后者只就某类或者某几类特殊性质的行政争议享有管辖权，如审计法院、各种职业纪律委员会等。此外，法院还专门设立了权限争诉法庭，以解决两个法院体系之间偶尔发生的管辖权冲突。法国的行政诉讼法主要就是规定行政法院诉讼程序的法规，包括行政法院自身的判例法。德国的行政法院是德国统一的司法制度的一部分，有独立的行政诉讼的成文规则。德国调整行政诉讼活动的法律规范系统是联邦的《行政法院法》[1]，此法全面确立了德国行政法院体制及行政诉讼体制，并成为德国行政诉讼法的重要表现形式。1976 年，德国又制定了行政程序法，为对行政行为的司法审查提供了更为明确而规范的标准。

　　根据大陆法系及英美法系国家的行政诉讼法律制度的规定，行政诉讼法的概念包括以下几个方面的含义：①行政诉讼法以行政诉讼法律关系为调整对象；②行政诉讼法是设定行政诉讼主体诉讼权利和诉讼义务的法律规范；③行政诉讼法是调整行政诉讼关系的所有法律规范的系统；④行政诉讼法是一个重要的诉讼法律部门。

　　当然，对于行政诉讼法的概念可以有狭义和广义两种理解。狭义的行政诉讼法也称形式意义上的行政诉讼法，特指具有专门、完整法律形式的行政诉讼法法典。广义的行政诉讼法也称实质意义的行政诉讼法，指不论何种形式的、一切在内容上属于规定行政诉讼问题的法律规范。两者在范围上差别很大，具体所指要注意特定的语境。

　　（二）行政诉讼法的渊源

　　行政诉讼法的渊源是指其来源，引申为表现形式。在我国，狭义的行政诉讼法仅指《中华人民共和国行政诉讼法》，该法于 1989 年 4 月 4 日由第七届全国人大第二次会议通过、1990 年 10 月 1 日开始实施，2014 年 11 月 1 日第十二届全国人民代表大会常务委员会第十一次会议对此部法律进行第一次修订，2015 年 5 月 1 日开始实施新的《行政诉讼法》。该法是我国专门形式的行政诉讼法法典，它完整系统地规定了我国行政诉讼活动各方面的基本问题，确定了我国行政诉讼制度的基本框架和法律体系。

---

〔1〕　该法由德意志联邦共和国联邦议会于 1960 年 1 月制定和公布，最近一次修改是 1993 年 8 月。

广义的行政诉讼法在范围上包括：

1. 《宪法》中的有关行政诉讼的法律规定。《宪法》作为一国的根本大法，是国家活动的最高原则，所以，也是包括行政诉讼法在内的其他法律制度的立法依据。《宪法》中对人民法院行使的审判权和人民检察院行使的检察权的规定，对公民受到国家机关及其工作人员违法失职行为侵害时行使申诉权、控告权和请求赔偿权的规定，都是进行行政诉讼立法和司法时起指导作用的法律规范，属于广义行政诉讼法中具有原则性、指导意义的组织部分。

2. 行政诉讼法法典，即《中华人民共和国行政诉讼法》。该法典确定了我国行政诉讼制度的基本框架，是行政诉讼法的重要表现形式。

3. 国家司法机关组织法中的有关行政诉讼的法律规范。如《人民法院组织法》中有关审判原则、组织形式、具体审判制度和程序等方面的基本规定；《人民检察院组织法》中有关审判监督的方法、程序的基本规定，都是行政诉讼法的渊源。

4. 《民事诉讼法》中可以适用于行政诉讼活动的部分法律规范。我国的行政诉讼源自民事诉讼。在专门的《行政诉讼法》制定之前，适用的是《民事诉讼法》。行政诉讼法典在制定时为了避免条文的烦琐，对行政诉讼与民事诉讼完全相同的一些程序问题予以简略，如开庭审理程序、送达制度等。对这些环节，《行政诉讼法》第101条明确规定，本法没有规定的，适用《中华人民共和国民事诉讼法》的相关规定。所以，这些法律规范也是行政诉讼法律规范，属于行政诉讼法的组成部分。2013年1月1日，新修改的《民事诉讼法》开始实施，其中一些新的规定对行政诉讼法律制度也必然产生影响。

5. 其他法律以及行政法规、自治条例和单行条例中有关行政诉讼的法律规范。《行政诉讼法》中有关"法律另有规定的除外"或"法律、法规另有规定的除外"的表述，体现出其他法律对行政诉讼问题作出规定，是行政诉讼法在法律渊源方面不同于其他诉讼法的重要特点，这些法律规范是广义行政诉讼法的重要组成部分。事实上，我国有大量单行的法律，这些法律规范中也包含许多涉及行政诉讼的规定。这些单行法律中的规定不仅是行政诉讼法的渊源，并且大多数还是行政诉讼法的特别法，在与《行政诉讼法》规定不一致时，应当优先适用。[1] 同理，国务院制定的各种行政法规在不与宪法、法律相抵触的情况下，其内容中有关调整行政诉讼法律关系的规范也是行政诉讼法的渊源。另外，我国民族区域自治地方权力机关制定颁布的自治条例和单行条例中调整自治地方行政诉讼关系的规范，也是行政诉讼法的组成部分，其法律层级大致相当于地方性法规。

6. 正式有效的法律解释。正式有效的法律解释是有权的国家机关针对行政诉讼问题所作的法律解释，主要包括国家权力机关对行政诉讼法规范所作的立法解释、

---

〔1〕　单行法律的规定不一定都属于特别法的范畴。简单地说，只有《行政诉讼法》准用的单行法律就《行政诉讼法》已经规定的内容作出了不同规定，该单行法律才成为《行政诉讼法》的特别法。

国家最高审判机关和最高检察机关对有关行政诉讼的司法解释。这些解释都具有法律效力和普遍约束力，所以，也是行政诉讼法的法律渊源或表现形式。

最高人民法院就行政诉讼作过的重要司法解释对规范行政诉讼活动有着十分重要的作用和意义，这些司法解释是我们学习与运用行政诉讼法的重要法律依据。其中有些司法解释比较系统，如《关于适用〈中华人民共和国行政诉讼法〉若干问题的解释》（2015年4月20日最高人民法院审判委员会第1648次会议通过，以下简称《适用解释》）、《关于人民法院登记立案若干问题的规定》（2015年5月1日施行）、《关于执行〈中华人民共和国行政诉讼法〉若干问题的解释》（2000年3月10日施行）、《关于行政诉讼证据若干问题的规定》（2002年10月1日施行）、《关于审理专利纠纷案件适用法律问题的若干规定》（2001年7月1日施行，2013年、2015年两次修正）、《关于审理商标案件有关管辖和法律适用范围问题的解释》（2002年1月21日施行）、《关于审理国际贸易行政案件若干问题的规定》（2002年10月1日施行）、《关于审理反补贴行政案件应用法律若干问题的规定》（2003年1月1日施行）、《关于审理反倾销行政案件应用法律若干问题的规定》（2003年1月1日施行）、《关于行政案件管辖若干问题的规定》（2008年2月1日施行）、《关于行政诉讼撤诉若干问题的规定》（2008年2月1日施行）、《关于审理行政许可案件若干问题的规定》（2010年1月4日施行）、《关于审理房屋登记案件若干问题的规定》（2010年11月18日施行）、《关于审理政府信息公开行政案件若干问题的规定》（2011年8月13日施行）、《关于审理涉及农村集体土地行政案件若干问题的规定》（2011年9月5日施行）等。也有对比较具体问题的司法解释，如《关于公安机关不履行法定行政职责是否承担行政赔偿责任问题的批复》（2001年7月22日施行）、《关于海关行政处罚案件诉讼管辖问题的解释》（2002年2月7日施行）、《关于行政机关工作人员执行职务致人伤亡构成犯罪的赔偿诉讼程序问题的批复》（2002年8月30日施行）等。

7. 国际条约中的规定。我国行政诉讼法规定有涉外行政诉讼制度，在适用法律方面，我们坚持主权原则和对等原则相统一。在国际交往活动中，我国加入的或与其他国家缔结的国际条约属于我国广义的行政诉讼法的特别组成部分，而且作为特别法优先适用。

三、行政诉讼法的立法宗旨

我国《行政诉讼法》第1条规定："为保证人民法院公正、及时审理行政案件，解决行政争议，保护公民、法人和其他组织的合法权益，监督行政机关依法行使职权，根据宪法，制定本法。"据此，我国行政诉讼法的立法宗旨包括三个方面内容：

（一）保证人民法院公正、及时审理行政案件

行政诉讼是"官—民"之间因行政行为而发生行政争议，由人民法院主持解决争议的司法活动，人民法院在行政诉讼中处于核心地位，是诉讼活动的组织者、指

挥者和裁判者，对于行政案件的公正处理具有决定性作用。《行政诉讼法》和其他行政诉讼法律规范为保证人民法院公正、及时审理行政案件，维护社会公正，提供了一套严格、科学的工作规程，新修订的《行政诉讼法》在总结25年司法实践经验的基础上，又增添了新的内容。如新修订的《行政诉讼法》完善了行政诉讼法的立法宗旨，进一步强化了行政诉讼的核心原则、丰富了行政诉讼的管辖规则、扩大了当事人的适格条件、严格了审判程序规则，又增添了简易审判程序等，规定了一系列保证人民法院公正、及时行使审判权的制度，如立案登记制度、裁判制度、缺席判决制度、撤诉制度等，还规定了保障行政案件得到及时审判的各种时限制度。这些规定体现了效率和公正的统一、程序公正与实体公正的统一，保证了人民法院能够及时公正地解决行政纠纷。既保护行政相对人权利，又维护了国家的行政管理秩序。

（二）解决行政争议

从本质上讲，行政诉讼是一种解决行政争议的制度，行政诉讼法明确地将解决行政争议确定为该法的立法宗旨，不仅体现了认识上的回归本位，也突出了人民法院的职责定位。虽然在诉讼中，人民法院对行政行为的合法性进行审查并作出裁判，但任何一个行政案件都与原告的合法权益相关，只有针对争议本身，针对原告的具体诉求，才能在制度上进一步起到保障公民合法权益的作用，使得与行政行为合法与否相关的问题一并审理，进而彻底解决行政争议。

（三）保护公民、法人或者其他组织的合法权益

行政诉讼制度的最根本目的是保护公民、法人和其他组织的合法权益，这是我国行政诉讼法立法宗旨中最主要的内容。

我国《宪法》规定，人民是国家的主人，人民享有广泛的权利，国家则具有保障人民这些权利得以充分实现的职责。行政机关作为公共利益和公共秩序的维护者、管理者，享有广泛的行政职权并被要求依据法律行使职权，进行社会管理与治理。公民、法人或者其他社会组织作为被管理者或曰参与治理者，虽然法律赋予了他们广泛的权利，但是其权利很容易受到来自诸如行政机关的公权力侵害，而且受损害的公民、法人和其他组织却难以凭借自己的力量与之抗衡。为此，有必要建立专门的行政诉讼制度为权益受侵害者提供一种司法公力救济，通过司法权来保护他们的合法权益，并对行政机关依法行使职权进行监督。由此可见，保护公民、法人和其他组织的合法权益作为行政诉讼法的立法宗旨，充分体现我国的国家本质以及司法为民的法治精神。

（四）监督行政机关依法行使职权

监督行政机关依法行使职权同样是行政诉讼法的立法宗旨的重要内容，也是司法权审查行政权的一个必然结果。行政权作为国家公权力和一种，在理论上和实践中都有国家强制力为后盾可保障其内容实现，而且在实施过程中可先行推定行政行为的有效性，所以，其本身自带权威，正因为如此，行政权强势凸现，且极易扩张

或使相对方权益受重创。而行政诉讼制度通过公民、法人和其他组织对行政机关的违法行政行为起诉以及人民法院对行政行为的司法审查，对于违法的行政行为予以撤销或者变更，对于不尽职尽责的不作为，判令其履行职责，对于违法行为造成损害的判令赔偿等，起到监督行政机关履行职责、督促其依法行政的目的。

第二节　行政诉讼法律关系

一、行政诉讼法律关系的概念及特征

（一）行政诉讼法律关系的概念

行政诉讼法律关系是指在行政诉讼活动中，人民法院和一切诉讼参与人为了公正及时地解决行政案件，依据《行政诉讼法》的规定而形成的相互之间的诉讼上的权利、义务关系。行政诉讼法律关系依法律要求渐次进行，并在行政诉讼过程中不断变化，最后，以人民法院的裁判行为并向当事人宣布且生效而致终结。行政诉讼法律关系的这一概念包括以下几层含义：

1. 行政诉讼法律关系是由行政诉讼法调整的、在行政诉讼过程中形成的一种法律关系。行政诉讼法律关系直接由行政诉讼法规范予以确定，是行政诉讼法律规范对行政诉讼中人民法院与一切诉讼参与人之间诉讼法律地位的确立和具体实现。这里的行政诉讼法规范指广义的行政诉讼法概念，不仅包括《行政诉讼法》法典，还包括其他涉及行政诉讼程序的法律规定和司法解释。

2. 行政诉讼法律关系是以有关行政诉讼各方之间程序性权利义务为内容的一种法律关系。行政诉讼过程由一系列的阶段组成，包括起诉与受理、审理、审判监督、执行等环节，各个阶段都由一些程序性规则构成。法律明确规定了行政诉讼主体及其他各方在各阶段中的权利、义务，如《行政诉讼法》第51～53条对法院立案时可能出现的情况予以设定并明确规定了原告的权利及人民法院的职责和义务。《行政诉讼法》第51条第1款、第2款规定："人民法院在接到起诉状时对符合本法规定的起诉条件的，应当登记立案。对当场不能判定是否符合本法规定的起诉条件的，应当接收起诉状，出具注明收到日期的书面凭证，并在7日内决定是否立案。不符合起诉条件的，作出不予立案的裁定。裁定书应当载明不予立案的理由。原告对裁定不服的，可以提起上诉。"第4款规定："对于不接收起诉状、接收起诉状后不出具书面凭证，以及不一次性告知当事人需要补正的起诉状内容的，当事人可以向上级人民法院投诉，上级人民法院应当责令改正，并对直接负责的主管人员和其他直接责任人员依法给予处分。"第52条规定：人民法院既不立案，又不作出不予立案裁定的，当事人可以向上一级人民法院起诉。上一级人民法院认为符合起诉条件的，应当立案、审理，也可以指定其他下级人民法院立案、审理。第67条规定："人民法院应当在立案之日起5日内，将起诉状副本发送被告。被告应当在收到起诉状副本之日起 15 日内向人民法院提交作出行政行为的证据和所依据的规范性文件，并提出答辩状。人民法院应当在收到答辩状之日起 5 日内，将答辩状副本发送原告。被告不提出答辩状的，不影响人民法院审理。"这表明，行政相对人依据法律向人民法院提起行政诉讼，人民法院通过审查决定立案后，即与原、被告之间产生了程序性法律关系，同时，各行政诉讼主体必须受到法律规定的程序性规则约束。

行政诉讼主体及其他有关方之间的权利义务是一种程序性权利义务，其发生、变更和消灭以行政诉讼法规定的程序性行为、活动或事件的发生为充分必要条件，无须以行政实体法关系的存在为前提和基础。对当事人之间是否存在行政实体法关系、存在什么样的行政实体法关系，应通过行政诉讼活动由人民法院予以认定。

3. 行政诉讼法律关系是人民法院与一切诉讼参与人之间的诉讼权利、义务关系，它明确了人民法院与原告、被告、第三人、诉讼代理人以及证人、鉴定人、翻译人等一切诉讼参与人之间应有的诉讼权利和义务，使他们能在行政诉讼中相互正确地行使权利和履行义务，保证行政诉讼活动的正常进行。

（二）行政诉讼法律关系的特征

行政诉讼法律关系有如下几个特征：

1. 行政诉讼法律关系是人民法院同一切行政诉讼参与人之间构成的关系，其中，人民法院始终处于主导核心地位，是案件的受理者、裁判者和诉讼的指挥者，任何行政诉讼参与人参与进行行政诉讼都必须同人民法院发生行政诉讼法律关系，必须在人民法院的准许和组织指挥下进行活动，并服从人民法院的裁判。

2. 行政诉讼法律关系是由多重关系共同组成的对立统一体，它并非仅指某一对主体之间的关系，而是以及时公正解决行政争议为共同目的的多重关系的组合，多重关系中有主要关系和次要关系之分。人民法院与原告、被告等诉讼当事人之间的法律关系是整个行政诉讼法律关系的枢纽，属于主要关系；人民法院与证人、鉴定人、翻译人员等之间的诉讼法律关系依附于人民法院与诉讼当事人之间的法律关系，属于次要关系。另外，诉讼参与人之间的关系也受行政诉讼法律规范调整，也属于一种行政诉讼法律关系。

3. 行政诉讼法律关系中双方当事人诉讼权利和诉讼义务平等。行政诉讼双方当事人在行政管理过程中的法律地位是不平等的，但在行政诉讼过程中，他们的诉讼地位是平等的。双方当事人都有权要求人民法院依法进行审判，以保护自己在行政法上的合法权益，人民法院在查明事实、适用法律方面对双方当事人而言也是平等的。不能因行政法实体上的地位不平等而对任何一方当事人诉讼权利进行限制，也不允许任何一方当事人享有任何诉讼上的特权。

二、行政诉讼法律关系的构成

行政诉讼法律关系与其他法律关系一样，由主体、内容和客体三个要素构成。

（一）行政诉讼法律关系的主体

行政诉讼法律关系主体是指根据行政诉讼法的规定，享有诉讼权利并承担诉讼义务的组织和个人，包括以下几类：

1. 人民法院。人民法院是行政诉讼法律关系必不可少的主体。离开人民法院，任何行政诉讼法律关系都不能形成。人民法院是行使国家审判权的机关，在行政诉讼中拥有指挥权、审理权和裁判权，它的行为对于诉讼程序的发生、变更或消灭起着决定性作用。

2. 诉讼参加人。行政诉讼参加人是指行政诉讼当事人以及与当事人诉讼地位相同的人，包括原告、被告、共同诉讼人、第三人和诉讼代理人等。诉讼参加人虽然诉讼地位相同，但各自的诉讼权利和义务并不完全相同，其中，诉讼当事人是为了自己的利益参与诉讼活动，与人民法院对案件所作出的处理结果有利害关系，有的诉讼参加人（如诉讼代理人）则与诉讼结果并没有直接的利害关系。

3. 其他诉讼参与人。其他诉讼参与人是指参与行政诉讼过程的证人、鉴定人、勘验人和翻译人员等。他们参与行政诉讼不是为了自身的利益，同案件也没有直接利害关系，其作用只是协助人民法院和当事人查明案件的事实真相，为人民法院公正及时审判案件提供帮助。

（二）行政诉讼法律关系的内容

行政诉讼法律关系的内容是指行政诉讼法律关系主体依行政诉讼法的规定而享有的诉讼权利和诉讼义务。在行政诉讼法律关系中，各主体均具有自己特定的诉讼权利与诉讼义务，且在诉讼的不同阶段内容有所差别。

1. 人民法院在行政诉讼过程中享有的权利和承担的义务。人民法院在行政诉讼过程中享有的权利主要有：案件受理权、行政诉讼的组织指挥权、调查取证权、审理权、裁判权、排除诉讼障碍的强制权、对案件结果的强制执行权等，其中审理权与裁判权是重心。人民法院承担的诉讼义务主要是：维护国家法律的尊严，依法公正、及时地审理行政案件并公正地作出裁判，依法保护行政诉讼参加人和其他诉讼参与人充分行使诉讼权利，并接受法律监督。

2. 行政诉讼参加人的诉讼权利与诉讼义务。诉讼参加人基于各自不同的诉讼地位有不同的诉讼权利和诉讼义务。他们相同的诉讼权利有：辩论权、上诉权、回避权、查阅并申请补正庭审笔录的权利以及申诉权，等等。相同的诉讼义务有：依法行使自己的诉讼权利而不得滥用的义务、依法提供证据的义务、遵守诉讼秩序服从审判人员指挥的义务、按规定缴纳诉讼费用的义务、自觉履行人民法院发生法律效力的判决、裁定的义务，等等。他们也有各自不同的权利、义务，如原告有起诉和撤诉的权利、被告有在行政诉讼中改变原行政行为的权利，被告有对被诉行政行为举证的义务，等等。

3. 其他诉讼参与人的诉讼权利与诉讼义务。证人、鉴定人、翻译人员作为行政诉讼法律关系主体也有自己法定的诉讼权利和义务。如他们有义务依法作证、依法鉴定、依法勘验、如实提供鉴定意见和勘验笔录等。当然，他们承担上述法律义务的同时也享有人身受国家法律保护的权利。

（三）行政诉讼法律关系的客体

行政诉讼法律关系的客体是指行政诉讼法律关系主体的诉讼权利、义务所指向的对象。主要包括下列两种情况：

1. 人民法院与诉讼当事人之间的诉讼权利和义务所指向的对象是查明案件事实真相和解决当事人之间的行政实体和程序法律关系争议。

诉讼主体进行诉讼活动，行使或履行其诉讼权利义务，首先就要查明案件事实。在行政诉讼过程中，诉讼当事人有权要求法院查明案情、公正审判，以维护自己的合法权益，也有义务向法院提供事实和证据，以支持其诉讼请求。其次，行政诉讼当事人之间的行政实体和程序法律关系的争议集中表现为对行政机关行政行为的争议，确定该行政行为是否合法就成为法院解决行政案件的核心内容，双方当事人所争议的行政行为就是行政诉讼法律关系的客体。为解决当事人之间的争议，人民法院依法行使审判权，有权要求起诉人提供其符合起诉条件的相应的证据材料，有权要求被告提供其作出被诉行政行为的全部证据和依据，并组织当事人在法庭上对证据进行质证等。也有义务公正审理案件，依法调取证据，正确运用证据，准确适用法律，以确定行政行为的合法性和是否满足原告的实体权利请求，及时公正地化解行政纠纷。

2. 人民法院与证人、鉴定人、勘验人、翻译人员等其他诉讼参与人的诉讼权利、义务关系所指向的对象只是查明案件的事实真相。在诉讼过程中，法院有权要求证人据实陈述，有权要求鉴定人、勘验人作出科学鉴定，提供真实的勘验笔录，也有权要求翻译人员准确地进行语言翻译，诉讼参与人有义务予以配合，但他们行使权利和履行义务的目的均在于查明案件的事实真相。因为证人、鉴定人、勘验人和翻译人员等与诉讼当事人之间并无行政实体和行政程序法律关系的争议，他们参与诉讼，行使其诉讼权利和履行其诉讼义务，只是协助人民法院查明案件的事实。

三、行政诉讼法律关系的产生、变更和消灭

行政诉讼法律关系的产生、变更和消灭以行政诉讼法律规范为依据，并由一定的行政诉讼法律事实所引起。诉讼上的法律事实包括法律事件和法律行为。

（一）法律事件

法律事件是指不以人的意志为转移的客观现象和情况。依行政诉讼法规定，法律事件一旦发生，便可能引起行政诉讼法律关系的产生、变更和消灭。如有权起诉的公民死亡，就可能引起原告与人民法院之间行政诉讼法律关系的变更或消灭。按照《行政诉讼法》第 25 条第 2 款的规定，有权提起诉讼的公民死亡，其近亲属可以提起诉讼。死者近亲属若提起诉讼，则导致新的行政诉讼法律关系产生，死者与被告、其他诉讼参与人、法院之间的原行政诉讼法律关系随即消灭。这里，"死亡"

就是一个法律事件。再如，最高人民法院《执行解释》第51条第1款规定了人民法院应当裁定中止诉讼的情形，其中"死亡""丧失诉讼能力""不可抗力"等都属于法律事件，都可能导致行政诉讼法律关系发生变化。

（二）法律行为

法律行为是指人们实施的、能够产生法律效果的活动。法律行为是引起行政诉讼法律关系产生、变更或消灭的主要法律事实。依据行政诉讼法的规定，能够引起行政诉讼法律关系发生、变更或消灭的行为包括作为和不作为。如公民、法人或其他组织的起诉行为和人民法院的受理行为就引起人民法院与原告之间行政诉讼法律关系的产生，原告改变诉讼请求、撤诉的行为和人民法院准许撤诉的行为，就引起行政诉讼法律关系的变更或消灭。当事人在法定期间内的上诉行为可以启动二审程序，当事人在法定期限内申诉还有可能引起审判监督程序，从而导致行政诉讼法律关系发生新的变化。

行政诉讼法律关系的产生是指行政诉讼主体及相互之间的诉讼权利、义务的形成。通常有两种情况：①由诉讼参加人和其他诉讼参与人的诉讼行为同人民法院的诉讼行为相结合而产生行政诉讼法律关系。如公民、法人或其他组织的起诉行为与人民法院的受理行为相结合而产生原告同人民法院之间的行政诉讼法律关系。②由人民法院的诉讼行为而产生诉讼法律关系。如人民法院将行政机关列为被告并通知其应诉，从而产生被告同人民法院之间的行政诉讼法律关系。

行政诉讼法律关系的变更是指行政诉讼法律关系的主体、内容和客体在诉讼过程中有所变化。如案件因管辖法院改变，原法院不再对该案件具有管辖权，新的法院就成为行政诉讼法律关系的主体。人民法院依法减免当事人的诉讼费用，就使当事人的义务发生改变，即行政诉讼法律关系的内容发生改变。原告诉讼请求改变，致使行政诉讼法律关系的对象发生变化，即行政诉讼法律关系的客体发生变化。

行政诉讼法律关系的消灭是指主体的消失或主体之间诉讼权利义务的终止而使行政诉讼法律关系不复存在。如作为原告的公民死亡，又无近亲属继续诉讼，从而使原告与人民法院之间的行政诉讼法律关系消灭。证人履行完作证义务，从而与人民法院之间的行政诉讼法律关系消灭等。

第三节　行政诉讼法的基本原则

行政诉讼法的基本原则是指由宪法和法律规定的，反映行政诉讼基本特点，对行政诉讼具有普遍指导意义，集中体现行政诉讼的客观规律和法律精神实质的基本准则。任何一个法律都有自己的基本原则。基本原则是对这个法律部门具有普遍指导意义的基本准则，它体现了该法律部门的核心和精髓，能够指导立法和司法实践。我国《宪法》第41条关于公民的申诉、控告、检举权利，以及公民权利被侵犯而受到损害时有权取得赔偿的规定，是我国建立行政诉讼制度的基本依据。我国行政诉讼法的立法宗旨是确定行政诉讼基本原则和指导思想。健全社会主义民主政治，建设社会主义法治国家，适应行政管理的特点和需要，考虑行政诉讼的规律和要求，保证人民法院公正及时地审理行政诉讼案件，保护公民、法人和其他组织的合法权益，监督行政机关合法行使职权是确定行政诉讼基本原则的出发点。行政诉讼中的一切诉讼活动，都必须与基本原则相符。

行政诉讼法的基本原则包括两类：一类是与民事诉讼、刑事诉讼共有的原则，也被称为一般原则；另一类是行政诉讼法特有的原则，即合法性审查原则。

一、与民事诉讼、刑事诉讼共有的原则

（一）人民法院依法独立行使行政审判权原则

《行政诉讼法》第4条第1款规定："人民法院依法对行政案件独立行使审判权，不受行政机关、社会团体和个人的干涉。"这一原则在《宪法》和《人民法院组织法》中都有规定，它反映了司法诉讼的特点和要求，有助于保障人民法院客观、公正地行使职权，是适用于刑事诉讼、民事诉讼和行政诉讼的共有原则，在行政诉讼中则具有更加特别的意义。因为在行政诉讼中，被告始终是行政机关，要实现行政诉讼保障公民、法人和其他组织合法权益、监督行政机关依法行政的立法宗旨，必须处理好审判权与行政权的关系。而无论是从这两种权力的关系历史还是从我国现实中行政权对审判权的实际影响来看，人民法院如果没有足够的权威和独立性，就难以发挥其在行政审判中应有的作用。所以，司法独立也是我国目前以至将来很长一段时期内司法制度改革的一项重要任务。

人民法院依法独立行使行政审判权原则包括以下几个方面的内容：

1. 只有人民法院才有权对行政案件进行审判。审判权是国家权力的重要组成部分，是国家通过诉讼形式，审理各种纠纷、案件并对案件作出裁判的权力。按照我国宪法关于人民法院依照法律独立行使审判权的规定，行政案件的审判权只能由人民法院行使，人民法院依法独立审判，无论是中国公民、法人、其他组织还是外国公民、无国籍人和外国法人、其他组织，只要在我国进行行政诉讼活动，都必须由我国人民法院行使对案件的审判权，都必须服从人民法院的审判，执行人民法院发生法律效力的判决和裁定。这是国家主权原则的体现。依照我国《行政诉讼法》及相关司法解释的规定，人民法院设立行政审判庭，审理行政案件。专门人民法院、人民法庭不审理行政案件，也不审查和执行行政机关申请执行其行政行为的案件。

2. 人民法院依法独立审判既是指人民法院作为一个整体独立行使审判权，也是指具体审理案件的合议庭和法官的独立。在我国的诉讼法理论和审判实践中，也有观点认为，独立审判仅仅是指人民法院作为一个整体的独立，而不是指审判案件的法官个人的独立，也不是指合议庭的独立。我们认为，独立审判的实质是通过审判独立以达至司法公正。虽然我们长期以来一直强调人民法院作为一个整体的独立，但任何一个案件都不是由作为一个整体的人民法院去审理的，因为一个抽象的机构

无法进行审判，法院是法官的集合，审判权的实际行使者必然是个体的法官。从理论上讲，法院独立也并不排除法官独立，我国宪法和其他法律中均没有直接否定法官独立的规定。所以，法院独立与法官独立绝非非此即彼，而是密切相关，两者有各自作用的领域，且法院独立的体制保障法官独立的实现。随着近些年来几轮司法体制改革的进展，法院的外部环境和内部管理制度都在进行着调整，人们的法治理念在进步，法律规则也在更新，如法官责任追究制、法官员额制等已经实行，在很大程度上也强化了法官的自主空间。随着法官素质的提高，具体审理案件的合议庭和法官的独立也自然成为人民法院依法独立审判的重要内容。当然，由于法治建设中还存在着许多妨碍司法独立的因素，所以保障人民法院独立审判权还会有许多问题要解决。

3. 人民法院依法独立审判行政案件是指每一个法庭在审理行政案件时是独立的。我国法院分为最高人民法院、高级人民法院、中级人民法院和基层人民法院四级。按照《宪法》和《人民法院组织法》的规定，我国的上下级法院之间的关系是审级监督关系而不是领导关系。也就是说，在具体案件的审判中，各人民法院的审判权应当是各自独立、互不干预。每个人民法院对自己所作出的裁判负责，上级人民法院不能就某一具体案件要求下级人民法院按照自己的意见进行审理和裁判，即使下级人民法院的裁判有错误，也只能通过法定程序予以纠正。

4. 人民法院独立行使行政审判权与接受权力机关和法律监督机关的监督并不矛盾。我国《宪法》规定，各级人民法院受同级人民代表大会及其常务委员会的监督，向其负责并报告工作。因此，各级人民法院必须接受同级人民代表大会及其常务委员会的监督和检查。根据《行政诉讼法》第11条的规定，人民法院的行政审判活动还要受人民检察院的法律监督。但是，任何监督制约都只是保证被监督者依法公正地行使行政审判权，而不是代替人民法院行使行政审判权。

（二）以事实为根据，以法律为准绳原则

《行政诉讼法》第5条规定："人民法院审理行政案件，以事实为根据，以法律为准绳。"按照这一原则的要求，人民法院在审理行政诉讼案件过程中要忠于事实，忠于法律。查明案件事实真相，依照法律规定作出公正裁判是人民法院的基本职责。

所谓"以事实为依据"，是指人民法院依照法定程序，审查认定行政机关据以作出行政行为的事实是否符合客观情况，证据是否充分确实，以充分的客观事实作为适用法律的基础。所谓"以法律为准绳"，是指人民法院以法律、法规为依据，以规章为参照，查明行政行为适用法律是否正确，判断行政行为是否合法，而不能凭审判案件的法官的主观认识来判定行政行为是否合法。

以事实为根据，以法律为准绳，是人民法院审理各类案件都必须遵循的原则，但在行政诉讼过程中有其自身的特点。行政诉讼的客体是行政机关的行政行为，行政行为是行政机关工作人员在行政管理过程中依照自己的法定职权，根据事实并适用法律作出的，因此，人民法院对行政行为的审查，实际上是对行政机关工作人员认定事实和适用法律的审查，是第二次审查。在法律适用上，《行政诉讼法》第 63 条明确规定，人民法院审理行政案件，以法律、行政法规、地方性法规为依据。地方性法规适用于本行政区域内发生的行政案件。人民法院审理民族自治地方的行政案件，并以该民族自治地方的自治条例和单行条例为依据。人民法院审理行政案件，参照规章。由于规章本身不是法律，人民法院需要参照规章时，对合法的规章予以适用，对不合法的规章不予适用，这与以法律为准绳的原则要求并不矛盾。此外，人民法院在审理行政案件时，针对原告要求一并附带审查的规范性文件，如果认为该规范性文件不合法，不作为认定行政行为合法的依据，同时还应当向制定机关提出处理建议。

以事实为根据，以法律为准绳的原则，从法律上肯定了行政审判既是事实审，也是法律审。人民法院只有在查明事实的基础上才能正确适用法律，作出公正裁判。

（三）当事人法律地位平等原则

行政诉讼当事人诉讼法律地位平等，是《行政诉讼法》第 8 条规定的一项基本原则。行政机关与公民、法人或其他组织在行政实体和程序法律关系中是管理者与被管理者的关系，行政机关单方面的意思表示决定着大多数行政法律关系的产生、变更和消灭，并且还有其他许多法定特权。但是，当双方发生行政争议依法进入行政诉讼程序后，作为被告的行政机关和作为原告的公民、法人或其他组织，都是行政诉讼法律关系的当事人，在行政诉讼中的法律地位是平等的。即行政机关和公民、法人或其他组织在行政法律关系中的管理者和被管理者关系在此时已经转化为平等的诉讼法律关系。这也是法律面前人人平等的法治理念的具体体现。行政诉讼中当事人法律地位平等原则具体包含以下三点内容：

1. 行政诉讼双方当事人都是行政诉讼法律关系的主体。这意味着双方当事人处于相同的法律地位，都要受到人民法院裁判的约束。

2. 双方当事人的诉讼权利义务由法律规定，彼此适应，诉讼地位平等，但不完全对等。行政诉讼的特点决定了当事人权利、义务的差异性。如只有公民、法人和其他组织享有起诉权，而行政机关既无起诉权，在诉讼过程中也没有反诉权，只有按期应诉并承担举证责任的义务。《行政诉讼法》作了这样的规定并不意味着行政机关的诉讼地位低于原告，相反，正是这种制度安排，更真切地反映了行政诉讼的特殊性规则。

3. 人民法院应一视同仁地对待当事人双方，切实保障当事人能够平等地行使权利，为当事人行使诉讼权利创造必要的条件，提供方便。更为重要的是，当事人法律地位平等原则要求人民法院在适用法律上对双方当事人一律平等，不能因人而异，更不能因国家行政机关在社会生活中的特殊地位而异。当事人在诉讼中的法律地位的平等是宪法中有关法律面前人人平等原则的引申，没有法律适用上的平等，就没有公正的诉讼。

（四）使用本民族语言文字原则

我国是一个统一的多民族国家，各民族不分大小，一律平等。在行政诉讼中，允许当事人用本民族语言文字进行诉讼，这是各民族平等的具体表现，也是实现各民族平等的重要法律保证。根据《行政诉讼法》第 9 条第 1 款的规定，各民族公民都有用本民族语言、文字进行行政诉讼的权利。

使用本民族语言文字原则包括三个方面的内容：

1. 使用本民族语言文字进行行政诉讼是各民族公民法定的权利，任何一个民族的公民，无论在什么时间、地点进行行政诉讼活动，都有权使用本民族的语言文字。任何人都无权以任何理由反对和限制他们这一权利的行使。

2. 人民法院在少数民族聚居地或者多民族共同居住地审理行政案件和发布法律文书时，应当以当地民族通用的语言文字进行审理和发布判决、裁定等法律文书。

3. 对不通晓当地民族通用语言文字的诉讼参与人，人民法院有义务为他们提供翻译以保护他们的诉讼权利，保证他们顺利地进行各种诉讼活动。如果人民法院在行政诉讼中违背该原则进行审理，可能引起裁判无效的后果。上级人民法院在第二审或者审判监督程序中可以此为理由依法定程序撤销原裁判，发回原审法院重审。

（五）辩论原则

《行政诉讼法》第 10 条规定："当事人在行政诉讼中有权进行辩论。"所谓辩论原则是指在人民法院主持下，当事人为维护自己的合法权益，向人民法院提出诉讼请求或者反驳对方的诉讼请求，并且出示有关证据以及对在法庭上出示的证据和有关法律适用的问题进行质证、论辩的基本制度。辩论原则既是双方当事人诉讼地位平等的体现，也是社会主义民主在行政诉讼中的体现。

辩论原则贯穿在行政诉讼的全部过程中。法庭辩论是当事人行使辩论权的主要阶段。当然，当事人在法庭辩论以外同样可以行使辩论权。辩论的方式可以是言辞辩论，也可以以书面方式进行。一般而言，在法庭辩论阶段，多采用言辞辩论方式，而在诉讼的其他阶段多采用书面方式。

在诉讼实践中，人民法院为了既保障当事人充分地行使辩论权，又使辩论紧紧围绕案件涉及的实质性问题有序地进行，可以对当事人双方的辩论进行引导和指挥，但要注意不能因此妨碍当事人辩论权的正当行使。

（六）合议、回避、公开审判、两审终审原则

1. 合议原则。人民法院审理行政案件实行合议制。合议制是合议原则的具体体现，它要求人民法院审理行政案件一律组织合议庭进行审理。合议原则也是人民法院在行政审判工作中实行民主集中制原则的具体体现。通过合议庭组成人员间的相互制约和监督，可以在一定程度上避免因法官个人的错误、偏见甚至违法行为导致错误裁判，维护司法公正。

根据《人民法院组织法》和《行政诉讼法》的有关规定，第一审行政案件由审判员或者审判员和陪审员组成合议庭；第二审行政案件由审判员组成合议庭。合议

庭成员必须是 3 人以上的单数，并由人民法院院长指派 1 名审判员担任审判长。人民法院院长或者审判庭庭长参加合议庭时是当然的审判长。

2. 回避原则。回避是指在行政诉讼过程中，遇有法律规定的情形，审判人员及其他有关人员不再参加案件的审理或承担与案件有关的任务。回避制度是法律赋予当事人的一项重要的诉讼权利。实行回避制度的意义在于：①保证人民法院公正审理案件；②维护当事人的信任感；③保障行政诉讼客观公正地顺利进行。

回避分自行回避和申请回避两种情况。自行回避是指审判人员、书记员、勘验人、鉴定人和翻译人员在审理案件或执行有关任务时，遇有法律规定的情形，自己主动提出不参加该案件的审理或免除相关任务。申请回避是指诉讼当事人或其诉讼代理人认为上述人员是本案当事人的近亲属，或与本案有利害关系或与本案当事人有其他关系，可能影响案件的公正审理，提出申请要求他们回避诉讼活动。按照法律规定，当事人提出回避申请应当在案件开始审理时提出，如果回避事由是在案件开始审理后才知道的，也可以在法庭辩论终结前提出。

回避的对象不同，决定回避的审批权限及程序也不同。院长担任审判长时的回避由审判委员会决定；审判人员的回避由院长决定；其他人员的回避由审判长决定。人民法院对当事人提出的回避申请应当在 3 日内作出决定并向当事人宣布，当事人对人民法院的决定不服的，可以在接到决定时申请复议一次，复议期间该决定仍然有效，被申请回避的人员不停止参加案件的诉讼活动。

3. 公开审判原则。公开审判是指人民法院在行政案件的审理和宣布判决时，除涉及国家秘密、个人隐私及法律规定的特殊情况外，一律公开进行。公开审判是原则，不公开审判是例外。公开审判是保证人民法院能依法正确、公正审理案件，接受社会监督的重要制度。

公开一方面是向人民群众公开，除合议庭评议需秘密进行外，整个庭审过程都允许公民旁听；另一方面是对社会公开，允许大众媒体的记者采访报道，将案情及审案情况公布于众。根据《行政诉讼法》第 65 条的规定，人民法院应当公开发生法律效力的判决书、裁定书，供公众查阅，但涉及国家秘密、商业秘密和个人隐私的内容除外。人民法院裁判文书网为公众查阅相关信息提供了便利，也成为体现公开审判原则的一个重要方式。

4. 两审终审原则。两审终审是指一个行政案件在经过两级人民法院审理后，即告终局。根据这一原则，案件经过第一审人民法院审理后，如果当事人对法院作出的裁判不服，在法律规定的期限内有权依法向上一级人民法院提出上诉。第二审人民法院对上诉案件进行审理作出的判决裁定是终审的裁判，当事人必须执行，不得再次起诉或者上诉。

最高人民法院是国家最高审判机关，它作出的第一审行政案件的判决、裁定为终审的判决、裁定。

（七）人民检察院对行政诉讼实行法律监督原则

按照《宪法》和《人民检察院组织法》的规定，人民检察院是我国的法律监督机关，对法律的实施有权进行法律监督。根据《行政诉讼法》第 11 条的规定，人民检察院有权对行政诉讼实行法律监督。人民检察院对行政诉讼实施法律监督，对于保证行政审判权的公正行使，保护公民、法人或者其他组织的合法权益，监督行政机关依法行使职权，维护国家法制统一具有重要意义。当然，检察监督的重点与核心是人民法院审判权的行使是否合法。依照《行政诉讼法》第 93 条的规定，人民检察院监督人民法院行政审判的主要形式是依法行使抗诉权。即人民检察院对于人民法院已经生效的判决、裁定，发现其违反法律、法规，确有错误的，按照审判监督程序依法向人民法院提出抗诉，由人民法院按照再审程序重新审理案件。

二、行政诉讼法的特有原则

修改前的《行政诉讼法》在 25 年的实践应用过程中，对推进中国法治社会，提高人民的法治意识，保护公民的合法权益，监督行政机关合法行使职权等方面的作用都是十分显著的，但是所显现的问题也是很突出的。为此，立法机关顺应时代的发展和人民群众的需求，总结经验，并结合司法实践，对相关内容进行了调整，在立法宗旨和基本原则方面做了进一步完善，从而使得行政诉讼法的特有原则具有了鲜明的时代内容，并成为推进法治政府建设、法治国家建设和法治社会建设的重要组成部分。

在行政诉讼法特有原则方面确立了以下内容：

（一）保障公民、法人和其他组织的起诉权利原则

《行政诉讼法》第 3 条第 1 款、第 2 款规定，人民法院应当保障公民、法人和其他组织的起诉权利，对应当受理的行政案件依法受理。行政机关及其工作人员不得干预、阻碍人民法院受理行政案件。

在我国《行政诉讼法》实施的 25 年实践中，由于种种原因，长期以来各人民法院都存在着"立案难、审理难、执行难"的问题，其中最突出的是立案难，法院的受理率偏低属于普遍现象，即使进入诉讼程序的案件，也有相当数量和比例以不予受理、驳回起诉、协调解决等方式处理，从而导致大量行政纠纷进入信访渠道。在有些地方，法律在人们心中失去了应有的力量，人们对通过诉讼解决行政纠纷已不抱希望，形成了"信访不信法"的局面。针对这种严峻形势，同时为维护行政诉讼制度的权威性，立法者们在修法过程中着意将保护诉权从制度层面上升为行政诉讼法的基本原则。这一规定包括几个方面的内容：

1. 人民法院应当保障公民、法人或其他组织的起诉权利。人民法院作为国家设立的裁判机关，受理起诉，审理并作出公正裁判，保障公民、法人和其他组织的合法权益是其法定职责，任何个人或组织都不得阻挠。公民、法人或其他组织依法向法院提起行政诉讼也是他们向国家寻求权利救济的重要渠道。起诉权利更是法律赋

予公民、法人或其他组织的一项基本权利，切实保障此项权利的实现是行政诉讼法特有的内容，也是法治社会的一个重要指标和环节。

为此，《行政诉讼法》作了一系列的调整和设计，如延长起诉期限为 6 个月；允许口头起诉；对于起诉要件不符合法律规定或诉状中所列的当事人或诉讼请求等存在瑕疵的，允许补正，法院应当履行指导和释明义务；当事人如果认为存在不接收起诉状等情形，可以向上级法院投诉；等等。此外，法律还强化立案程序约束，要求法院不得无视或随意对受理条件做限制性规定，不得给立案设置障碍；若作出裁定不预立案的，应当载明理由；等等。

2. 禁止行政机关及其工作人员干预、阻碍行政案件的受理。由于体制等原因，行政诉讼时常受到来自行政机关及其工作人员的干预，行政机关的干扰和阻碍使得当事人的起诉权经常无法得到保障。随着司法体制改革的进一步深化，尤其是十八届三中全会决定推进省级以下人民法院实行人、财、物垂直管理，人民法院较以往有了较多的独立空间，干扰法院办案的影响因素有所减少，但并没有完全消除，为保障起诉权的正常行使，在建造抗干扰环境，提升抗干扰能力方面，我们还需加强制度建设。

（二）行政机关负责人出庭应诉原则

《行政诉讼法》第 3 条第 3 款规定："被诉行政机关负责人应当出庭应诉。不能出庭的，应当委托行政机关相应的工作人员出庭。"这一制度之目的在于促进行政纠纷的实质化解，及时发现行政执法中的问题，提高行政机关依法行政水平和法治意识。

自《行政诉讼法》实施以来，行政机关负责人出庭应诉并不多见，"百姓告官不见官"倒是常态，群众反映强烈。为此，2000 年起，一些地方政府将行政首长在行政诉讼中出庭应诉作为任务考核的一项重要内容和干部任免、提拔的一项重要依据，对化解行政纠纷起到了一定促进作用。为了进一步加大依法行政的力度，2004 年 3 月国务院发布《全面推进依法行政实施纲要》，鼓励、倡导行政机关负责人出庭应诉，2010 年 10 月国务院发布《关于加强法治政府建设的意见》（现已失效），再次倡导，直至 2014 年修改《行政诉讼法》后将之上升为法律，成为一项强制性的要求。实践证明，让行政机关负责人出庭应诉，利于树立司法权威，也利于查清事实真相和实质性解决纠纷。同时便于行政机关了解和掌握在行政执法中存在的问题与不足，针对问题作出改进措施，减少以后类似或相关违法行政案件的发生。

根据《适用解释》第 5 条的规定，《行政诉讼法》第 3 条第 3 款规定的"行政机关负责人"，包括行政机关的正职和副职负责人。行政机关负责人出庭应诉的，可以另行委托 1 至 2 名诉讼代理人。

（三）合法性审查原则

《行政诉讼法》第 6 条规定："人民法院审理行政案件，对行政行为是否合法进行审查"。这一规定确立了我国行政诉讼法的特有原则——合法性审查原则。该原则的含义应该是，人民法院审理行政案件原则上仅对行政行为的合法性进行审查并作出裁判，在例外的情况下并不排除对行政行为的合理性进行审查。合法性审查是对人民法院行使司法审查权的限制，表明人民法院在行政审判中的审判权是不完整的。

合法性审查原则具有以下三个方面的意义：

1. 合法性审查原则明确了人民法院在行政审判中的权限范围，划清了司法权与行政权的作用领域，确立了它作为行政审判基本原则的地位。

2. 合法性审查原则确认了公民、法人和其他组织因行政机关的行政行为违法而受到损害时，有依法获得司法救济的权利。

3. 合法性审查原则符合行政法对行政行为的基本要求，它是使行政权的存在、运用必须依据法律，符合法律要求，不与法律抵触，从而使《行政诉讼法》与《行政法》紧密联系起来，使客观评价行政机关的行政行为是否合法有了理论上和法律上的可能。

现代行政事务越来越专业化、复杂化早已成为一种共识，行政法的发展所呈现出的新特征对于审理行政案件的法官也提出了高要求。法院的法官在审理行政案件时应当依据法律、法规的规定，并依据对法治精神的理解，对行政过程中所发生的行政纠纷进行判断、选择和处理，这也是现代法治国家建立行政诉讼制度并确立对行政行为进行合法性审查这一基本原则的原因。此外，由于行政事务的复杂性以及行政环境的易变性，有些行政权力的行使者被依法赋予在一定范围或幅度内拥有自由裁量权，但是合法性审查并不排斥在某些情况下对行政行为的合理性进行审查，何况我国行政立法越来越精细化，对行政权力的合理性要求也通过各种规则达到了规范化。所以，对行政行为进行合理性、适当性审查与行政法治的内在要求相一致，同时也是提升人民法院解决行政纠纷能力的重要手段。而且这样能更有效地发挥司法权对行政权的监督、控制功能，达到公平、公正、合法、合理解决行政纠纷的目标。

合法性审查原则作为一项基本原则在整部行政诉讼法中起着统率全局的功能，同时在具体的法律条文中也有所体现。

一方面，《行政诉讼法》第 2 条第 2 款明确界定了行政行为包括法律、法规、规章授权的组织作出的行政行为，拓宽了"行政行为"的主体范围，实际上也加大了人民法院对行政行为进行合法性审查的范围；另一方面，《行政诉讼法》确立了合法性审查的标准和依据。根据《行政诉讼法》第 63 条的规定，人民法院审理行政案件，以法律和行政法规、地方性法规为依据。地方性法规适用于本行政区域内发生的行政案件。人民法院审理民族自治地方的行政案件，以该民族自治地方的自治条例和单行条例为依据。人民法院审理行政案件，参照规章。由于行政权与司法权都属于国家权力，依照国家职能分工和法律规定，它们都有各自的活动领域和权力运行规则。人民法院行使司法审判权，对行政行为的合法性进行审查时除了依据法律、法规外，不可避免地要涉及对作为行政行为依据的各类行政规范性文件是否合法的鉴别和评价，但依据与参照有着质的不同。所谓"依据"，即可直接适用，所谓"参照"，即不可直接适用，但实际上赋予了人民法院在一定程度上判断规章是否合法的审查监督权，即合法的规章予以参照，不合法的规章则不予参照。

根据《行政诉讼法》第70条的规定，行政行为存在下列情形之一的，人民法院判决撤销或者部分撤销，并可以判决被告重新作出行政行为：①主要证据不足；②适用法律、法规错误；③违反法定程序；④超越职权；⑤滥用职权；⑥明显不当。根据第74条的规定，可以根据行政行为所呈现的不同情形，人民法院判决确认违法，但不撤销行政行为；或者不需要撤销或者判决履行。根据第77条的规定，行政处罚明显不当，或者其他行政行为涉及对款额的确定、认定确有错误的，人民法院可以判决变更。

由此可见，行政机关虽在行政活动中依法享有一定的自由裁量权，但并不意味着行政机关就可以"权力任性"。行政行为的作出必须符合法律、法规的规定和要求，必须与法律的精神和目标的相一致。换句话说，合法性审查原则内含了合理性审查原则，两者并不矛盾。

第
十
四
章

第十五章
行政诉讼的管辖

第一节　行政诉讼管辖概述

一、行政诉讼管辖的概念和特征

行政诉讼的管辖，是指各级人民法院之间以及同级不同地域的人民法院之间在受理第一审行政案件上的权限分工。在诉讼中之所以存在管辖问题，是由于我国的法院系统是一个由为数众多的法院组成的金字塔体系。从纵向上看，我国的法院由四级组成，自上而下分别是最高人民法院、高级人民法院、中级人民法院和基层人民法院。基层人民法院还下设人民法庭，但是人民法庭不是一级独立的审判组织，而是基层人民法院的派出机构。从横向上看，只有最高人民法院是唯一的，其他各级人民法院都有若干个，越往基层，数量越大，因此，当出现一个案件时，首先要确定这个案件应当由哪个人民法院管辖，只有管辖法院确定了，诉讼活动才能开始，可见，管辖是诉讼中的首要问题之一。正确确定管辖法院，也是人民法院作出合法有效裁判的前提条件，如果一个法院审理了自己没有管辖权的案件，即使法院作出了裁判，它也不具有合法性，应当通过法定程序撤销该裁判。对于公民、法人和其他组织而言，管辖也具有重要意义，它要解决当事人向哪个法院起诉的问题，当事人只有向有管辖权的人民法院起诉，他的实体权利和诉讼利益才能得以维护。

具体而言，管辖具有以下几个特征：

（一）行政诉讼中的管辖解决的是法院之间的分工

行政诉讼中的管辖的适用对象仅仅是作为审判机关的法院。我国的其他国家机关在行使职权时也存在管辖问题，例如，行政机关在实施行政处罚或者进行行政复议时，应当首先确定行政机关之间的管辖权划分，这里的管辖权是分别由《行政处罚法》和《行政复议法》确定的。但是，行政诉讼中的管辖是确定法院在审理行政案件时的分工，它由《行政诉讼法》确定。

（二）管辖既要解决普通法院和专门法院之间的分工，还要解决普通法院内部的分工

我国在普通人民法院之外还设有专门人民法院，如海事法院、军事法院等。根

据《执行解释》第6条的规定，专门人民法院、人民法庭不审理行政案件，也不审查和执行行政机关申请执行其具体行政行为的案件。因此，行政诉讼中的管辖实际上只是解决普通人民法院内部不同级别以及同级不同地域的法院之间的管辖权限划分问题。

（三）它解决的是法院在受理行政案件时的权限划分

法院受理的案件有刑事、民事和行政三种，每种案件都有相应的管辖规则，这些管辖规则存在于不同的诉讼法之中。行政案件的管辖规则由《行政诉讼法》确立，反之，《行政诉讼法》的管辖规则只适用于行政案件，而不适用于刑事和民事案件。

（四）它解决的是法院受理第一审案件时的权限划分

我国实行两审终审的诉讼制度，因此，行政案件有第一审案件和第二审案件之分。但是，只有第一审案件才存在管辖问题，第二审案件是由第一审法院的上级法院来受理的，所以不存在管辖的问题。

二、确定行政诉讼管辖的原则

在制定行政诉讼管辖规则之前，首先要确定划分管辖的原则。有了正确的管辖原则，才能实现行政诉讼的目标，保障法院公正及时地审理行政案件，保护当事人的合法权益。我们认为，划分行政诉讼的管辖应当从以下几个原则出发：

（一）便于当事人参加行政诉讼原则

管辖既要便于原告参加诉讼，又要便于被告参加诉讼。要便于当事人参加诉讼，需考虑以下三个因素：①地域因素，使当事人能够就近参加诉讼；②经济因素，尽量将当事人的经济负担降到最低；③时间因素，要节约当事人的时间。当然，便于当事人参加诉讼是一个综合性的问题，其实质是便于当事人依法行使诉讼权利以保护其合法利益。这里既有地域因素，又有时间因素；既有经济因素，又有行为因素；既有事实因素，又有法律因素。

（二）便于人民法院公正、有效、及时地行使审判权原则

法院是审判权的执掌者，是行政争议的裁决者，在诉讼中处于特殊的地位，起着关键性的作用，因此，既要便于当事人参加诉讼，又要便于人民法院公正、有效、及时地行使审判权。

确定管辖规则，首先应当有利于法院"公正"审判，公正是司法的命脉，是一切司法制度设计的基础。管辖权的划分要符合公正原则，就要便于法院正确地调查取证、认定案件事实，也要便于法院独立行使审判权，正确地适用法律，作出合法准确的判决。例如，行政诉讼法规定，基层人民法院管辖第一审行政案件，这一规定就包含了就地、就近的因素，便于法院的调查取证和认定事实；再如，海关处理的案件由于具有较强的专业性和技术性，行政诉讼法规定由中级人民法院管辖，这是因为从整体上看，中级人民法院具有较高的素质，有利于实现司法的公正性。

"有效"行使审判权是该项原则的第二层含义。没有有效性，公正也就失去了意义。有效行使审判权，就是要求法院的审判活动能够发挥应有的作用，而不能打折扣，甚至无所作为。行政诉讼是一种"民告官"的诉讼，有效行使审判权对于行政诉讼更具有针对性，行政诉讼的管辖权划分，应当根据当事人、诉讼标的物和法院辖区的关系来划分，而不能从行政机关这个"官"的地位出发，否则，就很难使法院在审判中保持公正。由于行政机关是行政诉讼中的被告，行政诉讼中影响审判的公正性和有效性的主要因素就是地方保护主义和行政干预，因此，在确定管辖规则时必须充分考虑如何排除这些因素。在现有的体制下，通过改变管辖法院，提高案件的审级，是排除干预、保证司法公正的一个有效途径。

合理地划分管辖权，还要有利于人民法院"及时"地行使审判权。及时就是指人民法院应当在尽可能短的时间里完成审判活动，提高审判效率。公正是司法的首要价值，但是，没有效率的公正会使公正的价值大大缩水。有一句司法格言讲道："迟到的公正就是不公正"。提高司法效率有多种途径，合理确定管辖规则也是其中之一。例如，根据行政诉讼法的规定，绝大多数行政案件是由基层法院受理的，这是由于基层法院为数众多，而且最接近当事人和案件发生地，基层法院便于接触当事人，便于调查取证，有利于及时行使审判权。公正和效率是一对难以调和的矛盾，一个案件由级别较高的法院来审理有利于实现公正，但会降低效率，由基层法院来审理有利于提高效率，但公正性会降低，立法者只能在二者间作出折中性的选择。

（三）均衡人民法院之间负担的原则

划分管辖权要考虑到各级人民法院之间合理的分工，不能使有的法院负担过重，有的法院负担过轻。如果一个法院负担重，则不利于它公正、及时地处理案件。另外，不同级别的法院任务和职责不同，基层法院的任务是审理第一审案件，中级和高级法院的主要任务则是审理重大复杂的第一审案件和第二审案件，最高人民法院的核心任务是指导全国各级法院的审判工作，管辖的划分应当有利于各级法院完成自己的任务。均衡法院之间负担原则还要考虑到各级人民法院的数量，我国的最高人民法院只有 1 个，高级人民法院有 31 个，中级人民法院有 220 余个，基层人民法院则有 2400 余个，显然，主要的管辖法院应当是基层法院，只有少数重大、复杂的案件才由上级人民法院管辖。在确定级别管辖时，也不能规定得太死，而要适应司法中的具体情况，因此，《行政诉讼法》规定，上级法院有权审理下级法院管辖的第一审行政案件，也可以把自己管辖的一审行政案件交给下级法院审理，下级法院也可以提请上级法院审理由自己管辖的案件。这一规定体现了管辖确定中的原则性和灵活性相结合的原则。

三、管辖的分类

由于确定管辖的标准不同，就产生了多种多样的管辖类型。研究管辖的种类，有助于我们进一步深化对管辖的理解。常见的管辖种类有：法定管辖和裁定管辖；

级别管辖和地域管辖；共同管辖和单一管辖等。

（一）法定管辖和裁定管辖

这种分类的标准是确定管辖的依据，这里的依据有法律的规定和法院的裁定两种。法定管辖是指以法律的规定为直接依据确定的管辖，这是管辖的主要确定方式。例如，《行政诉讼法》第 14～17 条所确定的级别管辖和第 18～20 条所确定的地域管辖均为法定管辖。裁定管辖是指以法院的裁定为直接依据确定的管辖，这是法定管辖的补充形式，是法院行使司法自由裁量权的表现。例如，人民法院依据《行政诉讼法》第 22～24 条所确定的管辖均为裁定管辖。无论是法定管辖还是裁定管辖，应当说都有法律上的依据，只是在最终确定管辖法院时，前者的直接依据是法律的明确规定，如被告所在地；后者则要凭借法院依法作出的裁定行为，如移送或指定行为。

这种分类的意义是：要明确管辖的主要确定方式是法定管辖，在有法律明确规定的情况下，人民法院和当事人应当不折不扣地执行法律的规定；裁定管辖是一种例外或补充形式，只有法律赋予法院以裁定权的时候，法院才能依法作出裁定，确定具体的管辖法院。法定管辖可以依法被法院的裁定改变，例如，依据《行政诉讼法》的规定，某一案件应当由被告所在地的法院来管辖，但是，由于特定的原因，享有管辖权的法院无法行使管辖权，上级法院指定另外一个法院来管辖。但是，裁定管辖不能被法定管辖所调整，所以，法院的裁定行为具有最终效力。

（二）级别管辖与地域管辖

这种分类的标准是在横向还是纵向上确定管辖法院。所谓纵向，是指划分不同级别的法院之间的管辖权，横向则是指划分同级不同地域的法院之间的管辖权。任何一个案件的管辖，最终都是要通过这一纵一横的划分，最终确定管辖法院，因此，这种分类具有很强的实用性。

级别管辖是指在不同级别的法院之间对管辖权的划分。如前所述，我国的普通人民法院系统是一个金字塔形状的结构，从纵向上看，这个"金字塔"由四层组成，因此，在确定管辖法院时，首先需要确定由哪一级法院来管辖。确定级别管辖的方式有两种：概括式和列举式。概括式是用一个抽象的标准来确定管辖法院的级别，如《行政诉讼法》第 15～17 条规定中级、高级和最高人民法院分别管辖本辖区内的"重大、复杂的第一审行政案件"。列举式是指使用逐一列举的方式来确定管辖法院的方式，如《行政诉讼法》第 15 条规定，中级人民法院管辖海关处理的案件。

需要注意的是，《行政诉讼法》关于级别管辖的规定，充分体现了原则性与灵活性相结合的原则，即案件在不同级别的法院之间的调整与确定，除了通过法律上的羁束性的规定确定一些案件在级别上的恒定管辖法院以外，还根据不同级别的法院在工作性质上的差别形成案件在不同级别法院之间的均衡负担。并且，还可以通过裁定管辖的方式予以调整和补充，这在其他管辖形式中是不多见的。

地域管辖是指一个行政案件在确定其管辖法院的级别后，还要确定它应当由哪个地方的法院受理的问题。在我国金字塔形的法院体系中，除了最高人民法院只有一个外，其余各级法院均有若干个，因此，只有确定地域管辖，才能最终确定管辖的法院。地域管辖的确定方式也有概括式和列举式两种，例如，《行政诉讼法》第18条规定，行政案件原则上由被告所在地法院管辖，就属于概括式；第19、20条规定的对限制人身自由的强制措施不服的案件和因不动产纠纷产生的案件的管辖就属于列举式。由于确定的方式不同，就会出现逻辑上的交叉与矛盾，为了避免在案件管辖上的不确定性和争议，也就应运而生出了一般地域管辖和特殊地域管辖两种地域管辖方式。

（三）共同管辖与单一管辖

这种分类的依据是对同一个案件享有管辖权的法院是否是唯一的。原则上讲，法律在设定管辖时应当尽量做到明确具体，一案一管。但是，司法实践中遇到的情况是纷繁复杂的，有时就会出现两个或两个以上的法院对同一个案件都有管辖权的情况，这就是共同管辖。这时原告就有了选择的空间，他有权在有管辖权的法院之间进行选择，他的选择最终确定了该案件的管辖法院。而单一管辖就是根据法律的规定，一个案件只有一个法院享有管辖权，这时当事人就没有选择的余地。

第二节　行政诉讼的级别管辖

一、基层人民法院的管辖

《行政诉讼法》第14条规定："基层人民法院管辖第一审行政案件。"这是一个概括性的条款，结合有关级别管辖的其他条款，其含义应当是：除了法律明确规定应当由上级人民法院管辖的案件以外的所有行政案件，都由基层人民法院管辖。换言之，在一般情况下，行政案件是由基层人民法院管辖的。

理解这一规定需要把握两点：①基层人民法院对行政案件享有一般管辖权，上级人民法院只是在法律有明确规定的情况下才享有对第一审行政案件的管辖权。对于上级人民法院的管辖权范围，无论是法院还是当事人都应准确把握，而不能任意扩大或者缩小。②基层人民法院对于应当由自己管辖的案件，必须受理，不得推诿，上级人民法院也不得随意干预。当然，这一规定在具体运用中还要考虑到确定管辖的一般原则，如有利于法院排除行政干预、独立行使审判权原则，法院之间均衡负担原则等。

我国法律关于级别管辖的基本思路就是把大多数行政案件交由基层法院管辖，基层法院要作为行政审判的第一战线。这样规定的主要依据有两点：①符合基层法院的性质和任务，基层法院是我国审判机关中最低一级的单位，主要任务就是审理一审案件；②基层法院数量多、布点广，最接近当事人和案发地，由基层法院受理一审行政案件，便于当事人参加诉讼，节约其费用开支，也便于人民法院调查取证，有利于对群众开展法制教育。

二、中级人民法院的管辖

《行政诉讼法》第15条规定，中级人民法院管辖下列第一审行政案件：①对国务院各部门或县级以上地方政府所作的行政行为提起诉讼的案件；②海关处理的案件；③本辖区内重大、复杂的案件；④其他法律规定由中级人民法院管辖的案件。

下面我们主要对前三类案件进行解释。

（一）对国务院各部门或县级以上地方政府所作的行政行为提起诉讼的案件

这类案件的被告是级别较高的行政机关，往往具有影响广泛、政策性较强、涉及面大的特点，因此应当慎重对待，交由业务素质较高的中级人民法院管辖。另外，这些案件的被告具有较大的行政干预能力，提高审级有利于排除行政干预。

（二）海关处理的案件

海关处理的案件，是指海关处理的公民、法人和其他组织违反海关监管制度的案件，包括海关的检查、处罚和强制等案件。海关是在一国的边境上设立的专门监督进出关境的人与物的行政机关，目前，在我国的沿海和内地的大中城市都设有海关。将海关处理的案件规定为由中级人民法院管辖，主要是考虑到：①海关工作的专业性强，并且需要实行高度的统一性；②海关一般设立在全国的大、中城市，其职权范围大多和中级人民法院的辖区相吻合；③海关工作往往具有涉外性，要求法官具有较高的业务素质，以切实保障案件的审判质量。

（三）本辖区内的重大、复杂的案件

对于这类案件，最高人民法院《执行解释》第8条和《最高人民法院关于行政案件管辖若干问题的规定》（以下简称《管辖规定》）第1条的解释大体相似：有下列情形之一的，属于《行政诉讼法》第14条第3项规定的"本辖区内的重大、复杂的案件"：①被告为县级以上人民政府，但以县级人民政府名义办理不动产物权登记的案件除外；②社会影响重大的共同诉讼、集团诉讼案件；③重大涉外或者涉及香港特别行政区、澳门特别行政区、台湾地区的案件；④其他重大、复杂案件。

上述第一种案件，由于可能发生被告的行政干预，致使基层法院不能独立公正地行使审判权，所以，将它的管辖级别提高，以排除非法干预。上述第二、三种案件，由于影响重大，或者具有涉外或涉港、澳、台因素，为了确保审判的质量，将它交由中级人民法院管辖。第四种的规定是一个兜底条款，在司法实践中往往会遇见多种多样的难度较大的案件，也应当交由中级人民法院管辖。

除最高人民法院《执行解释》和《管辖规定》以外，最高人民法院还有一些司法解释也规定了中级人民法院管辖的行政案件。这些解释是：

1. 《最高人民法院关于审理行政赔偿案件若干问题的规定》第9条规定：中级人民法院管辖下列第一审行政赔偿案件：

（1）被告为海关、专利管理机关的。

（2）被告为国务院各部门或者县级以上地方人民政府的。

（3）本辖区内其他重大影响和复杂的行政赔偿案件。

2.《最高人民法院关于审理国际贸易行政案件若干问题的规定》第5条规定，第一审国际贸易行政案件由具有管辖权的中级以上人民法院管辖。

3.《最高人民法院关于审理反倾销行政案件应用法律若干问题的规定》第5条规定，第一审反倾销行政案件由下列人民法院管辖：

（1）被告所在地高级人民法院指定的中级人民法院。

（2）被告所在地的高级人民法院。

4.《最高人民法院关于审理反补贴行政案件应用法律若干问题的规定》第5条规定，第一审反补贴行政案件由下列人民法院管辖：

（1）被告所在地高级人民法院指定的中级人民法院。

（2）被告所在地高级人民法院。

5.《最高人民法院关于审理商标案件有关管辖和法律适用范围问题的解释》第1条第1款规定，"不服国务院工商行政管理部门商标评审委员会（以下简称商标评审委员会）作出的复审决定或者裁定的案件"由北京市高级人民法院根据最高人民法院的授权确定其辖区内有关中级人民法院管辖。

三、高级人民法院的管辖

《行政诉讼法》第16条规定："高级人民法院管辖本辖区内重大、复杂的第一审行政案件。"在高级人民法院的全部辖区内相对为重大、复杂的行政案件为数极少，大多案件是被放置于基层和中级人民法院管辖，这是由高级人民法院的性质和任务决定的。高级人民法院的主要任务是对基层和中级人民法院的审判活动进行监督和指导，并负责审理不服各中级人民法院的一审裁判而提起上诉的行政案件，因此，它只负责管辖本辖区内的重大、复杂的第一审行政案件，它对第一审案件的管辖只是其全部任务中的一部分。前文中提到的关于国际贸易、反倾销、反补贴的行政案件，最高人民法院通过司法解释规定其管辖级别既可以是中级人民法院，还可以是高级人民法院，就是考虑到这类案件影响重大或高度复杂。

四、最高人民法院的管辖

《行政诉讼法》第17条规定："最高人民法院管辖全国范围内重大、复杂的第一审行政案件。"最高人民法院是我国的最高审判机关，其主要任务是对全国各级各类法院的审判工作进行监督和指导，并且，针对审判实践中遇到的操作性问题，依据相关法律作出司法解释，还审理不服高级人民法院的一审裁判而提起上诉的行政案件，因此，它只管辖为数极少的全国范围内的重大、复杂的第一审行政案件。

在上述的中级、高级、最高人民法院的管辖案件中，都有一个标准，就是"本辖区内重大、复杂的第一审案件"，这里的重大、复杂的界定标准是什么？界定权属于谁？《行政诉讼法》并没有规定，最高人民法院的《执行解释》只解释了中级人民法院管辖的"重大、复杂的案件"，而且，这一解释中又包含了"其他重大、复杂的案件"，之后的《管辖规定》中也只是再次确认了这一解释，没有再具体释明。事实上，"重大、复杂"一词具有极强的灵活性，的确难以作出一个完美的解释，但是，有权界定一个案件是否重大、复杂的主体应当是明确的，从《行政诉讼法》的规定来看，这个界定权的主体只能是各中级、高级和最高人民法院，在实践中，上下级法院之间可能出现争议，比如，中级人民法院认为一个案件是自己辖区内的重大、复杂案件，但是，高级人民法院却认为这是在它的辖区内重大、复杂的案件，或者正好相反，出现这类争议时，二者应当协商解决，协商不成的，以上级法院的意见为准。针对这种问题，《管辖规定》第2条规定，当事人以案件重大复杂为由或者认为有管辖权的基层人民法院不宜行使管辖权，直接向中级人民法院起诉，中级人民法院应该根据不同情况在7日内分别作出以下处理：①指定本辖区其他基层人民法院管辖；②决定自己审理；③书面告知当事人向有管辖权的基层人民法院起诉。

　　另外，各级法院在确定一个案件是否重大、复杂时，应当综合考虑以下几个因素：①案件影响的广度与深度；②案件所涉及的人数与社会关系的多少；③案件本身的难度，包括事实方面的难度与法律上的难度；④所受到的各方面干预的程度等。

第三节　行政诉讼的地域管辖

　　一个案件，在确定其级别管辖后，还需确定其地域管辖，才能最终确定有管辖权的法院。地域管辖可分为一般地域管辖、特殊地域管辖和共同管辖三种。

一、一般地域管辖

　　一般地域管辖，顾名思义，是地域管辖的一般规则，只有在法律明确规定的情况下，才适用特殊地域管辖的规则。按照《行政诉讼法》的规定，一般地域管辖，是以当事人的所在地为标准来确定管辖的，这里的当事人是指被告一方。

　　我国《行政诉讼法》第18条规定了一般地域管辖的基本原则："行政案件由最初作出行政行为的行政机关所在地人民法院管辖。经复议的案件，也可以由复议机关所在地人民法院管辖。经最高人民法院批准，高级人民法院可以根据审判工作的实际情况，确定若干人民法院跨行政区域管辖行政案件。"

　　可见，一般地域管辖的基本原则是原告就被告，即原告应当向被告所在地的人民法院起诉。这样规定的主要原因是：①遵循便于当事人参加诉讼的原则。在大多数情况下，原告和被告居住在同一个法院的辖区内，由该辖区的人民法院管辖，有利于双方当事人参加诉讼。②便于法院的审判工作，主要是便于法院通知当事人，调查取证和最终的执行活动。③适应了法规、规章以及其他规范性文件的地域性的特点。占法律体系主体部分的地方性法规、规章和规范性文件，都具有在本地域内有效的特点，无论他们是行政诉讼的依据还是参照规范，都是被告行政机关的执法依据，由被告行政机关所在地的法院管辖，能够保证行政机关的执法依据与法院的审判依据的一致性，避免因区域的不同而出现法律规范之间的冲突。④实行原告就被告原则，还能使原告严肃认真地对待自己的诉权，防止其滥诉。

行政诉讼法之所以用"最初"作出行政行为的行政机关所在地的表述方式，是考虑到了行政复议。行政复议制度是法定的行政机关依法对具体行政行为的合法性和适当性进行审查的制度，经过复议的，复议机关有可能维持、改变和撤销原具体行政行为。按照《行政诉讼法》第18条的规定，"经复议的案件，也可以由复议机关所在地的人民法院管辖"，"也可以"一词表明，在经过复议的情况下，既可以由最初作出具体行政行为的行政机关所在地的人民法院管辖，又可以由复议机关所在地的人民法院管辖，这时实际上就形成了共同管辖。

在我国，法院系统可分为地方各级人民法院、专门人民法院和最高人民法院三种。其中，与百姓生活息息相关、承担各类案件的主体是地方各级人民法院，依据行政区划分为省、市、县三级，其机构设置、隶属关系地方化色彩明显。随着经济社会发展，地方法院受理的民商事案件、行政诉讼案件日益增多，跨行政区划的当事人越来越多，涉案金额越来越大，许多案情重大、复杂。有的地方党政机关或领导干部利用职权和关系插手案件处理，导致诉讼出现"主客场"、程序"空转"、案件查办受阻停滞等司法不公现象。这不仅严重影响依法保障相关当事人的合法权益，也妨碍了法院依法独立公正行使职权，有损司法公信力。为解决这一突出问题，必须优化司法职权配置，对法院的设置进行必要的调整和完善。

为此，党的十八届四中全会提出了探索设立跨行政区划的人民法院的重要举措。具体来说，就是着眼于排除地方保护主义对审判的干扰，设立跨行政区划的人民法院，办理跨地区案件，以保证司法的公正和权威，推动构建普通案件在行政区划法院审理、特殊案件在跨行政区划法院审理的诉讼格局。这项改革通过改造现有铁路运输法院，充实审判人员来逐步实现，必将有利于保障法院依法独立公正行使职权，有利于保障人民群众在每一个司法案件中感受到公平正义。

二、特殊地域管辖

特殊地域管辖是指在特定的情况下，依据诉讼客体所在地来确定管辖法院的方式。一般地域管辖是针对普遍的情况，所以采用概括式，特殊地域管辖是针对特定的情况，所以采用列举式。在有特殊地域管辖的规定时，该规定优先适用。《行政诉讼法》第19、20条之规定就是特殊地域管辖，具体分两种情况：

（一）不服限制人身自由的行政行为提起诉讼的

《行政诉讼法》第19条规定："对限制人身自由的行政强制措施不服提起的诉讼，由被告所在地或者原告所在地人民法院管辖。"

　　什么是"限制人身自由的强制措施"？在行政法学理论中，有三种行政行为含有限制人身自由的内容，即行政处罚行为、行政强制行为和其他限制人身自由的事实行为。限制人身自由的行政处罚措施是行政机关对于违反行政法律规范的人所处的短期限制其人身自由的一种处罚措施，也是最严厉的行政处罚措施，常见的就是行政拘留。行政强制措施是指行政机关为了维护行政管理秩序，保护公民的人身和财产免受侵害而对正在实施侵害行为的人和处于危险状态的人所采取的措施，以及为了迫使有某种义务而拒不履行义务的相对人履行义务所采取的措施。前者又叫作即时强制措施，如强制扣留、强制治疗、强制约束醉酒的人直到酒醒为止等；后者又叫作行政强制执行措施，如强制义务人纳税、强制受到行政拘留处罚人的接受拘留等。上述行政处罚措施和行政强制措施都是行政机关依法采取的措施，而事实行为则是行政机关在没有法律依据的情况下所作出的行为，如非法拘禁等。这些行为的区别是明显的，但是，我们应当看到，这些区别仅仅是行政法学在理论上对具体行政行为进行分类时所作的区别，这三种行为都包括了强制性限制公民人身自由的情形。那么，《行政诉讼法》第19条所讲的"限制人身自由的强制措施"是包括了上述全部行为，还是仅指其中的行政强制行为？从行政诉讼法的立法目的来看，它应当包括行政机关采取的各种侵犯公民人身自由的措施，既包括行政强制执行措施，也包括行政处罚措施，既包括事实行为，也包括法律行为。这样说的理由是：①将限制人身自由的行政处罚行为和事实行为排除在第19条规定以外，不利于保护原告的合法权益，不符合行政诉讼法的立法宗旨；②在我国的行政立法实践中，并没有完全以行政法理论上的术语作为立法术语，因而我们不能完全以理论上的术语去套用立法术语。法律作为对社会关系进行调节的规范，应当使用高度概括性的语言，而"限制人身自由的行政强制措施"一词正具有这一特点，它能够将上述三种行政行为全部囊括进来。

　　对于限制人身自由的强制措施，法律之所以规定为特殊地域管辖，而不适用一般地域管辖，是为了更好地保护原告一方的合法权益，使得原告一方能够在本人所在地提起行政诉。因为一般地域管辖原则规定行政诉讼由被告所在地法院管辖，对于限制人身自由的案件，这一规定无法保障原告的人身安全，原告一方就无法正常参加诉讼。当然，这类案件，并非一律由原告所在地法院管辖，《行政诉讼法》规定，这类案件"由被告所在地或者原告所在地法院管辖"，"或者"一词表明两地的法院都有管辖权，所以它属于共同管辖的情形，这时，原告一方有权选择其中之一作为管辖法院。

　　原告所在地包括原告的户籍所在地、经常所在地和被限制人身自由地。行政机关基于同一事实既对人身又对财产实施行政处罚或者采取行政强制措施的，被限制人身自由的公民、被扣押或者没收财产的公民、法人或者其他组织对上述行为均不服的，既可以向被告所在地的人民法院提起诉讼，也可以向原告所在地的人民法院提起诉讼，受诉人民法院可以一并管辖。

第十五章

（二）因不动产提起的诉讼

《行政诉讼法》第 20 条规定："因不动产提起的行政诉讼，由不动产所在地人民法院管辖。"这是第二种实行特殊地域管辖的情况。不动产是指不能够移动或者移动后就会改变或破坏其价值的财产，常见的不动产有土地和土地上的附着物，附着物又包括人工和自然的两种，如建筑物、道路、矿藏、山林、河流、草原等。其次，什么是"因"不动产提起的行政诉讼？我们认为，它是指诉讼的内容包含了当事人的不动产的物权或者债权，也就是说，具体行政行为与原告一方的不动产的物权和债权存在直接的利害关系，而不是指具体行政行为涉及不动产因素，如责令企业停产停业、查封生产假冒伪劣产品的厂房等。总的来讲，不动产行政案件有这样几种：①因不动产的所有权和使用权发生纠纷而提起诉讼的案件，如不服行政机关对房屋登记而起诉的案件。2010 年 11 月 5 日最高人民法院公布的《关于审理房屋登记案件若干问题的规定》第 7 条规定"房屋登记行政案件由房屋所在地人民法院管辖"。②不服行政机关作出的拆除或改建建筑物的决定而起诉的案件。③因不动产受到污染提起的案件，如不服因污染农田或水流而受到处罚而起诉的案件。总之，争议的内容应当包含不动产的物权或债权。

因不动产提起的诉讼由不动产所在的法院来管辖，是管辖立法中的一个惯例。不动产案件适用不动产所在地的法律、由不动产所在地的法院管辖的制度广泛地存在于各国的诉讼实践以及国际民事诉讼之中，其渊源可以追溯到古罗马法之中，这一制度有其内在的合理性，它便于法院的调查取证和勘察测量，也便于法院就地执行。

三、共同管辖

共同管辖是指依照法律的规定，两个以上的人民法院对同一行政案件都有管辖权的情形。它是在一般地域管辖和特殊地域管辖的基础上派生出来的一种管辖形态，无论是按照一般地域管辖还是特殊地域管辖的规则，都可能产生共同管辖。根据《行政诉讼法》的规定，在以下几种情况下会出现共同管辖：

1. 被诉具体行政行为经过行政复议，既可以由最初作出具体行政行为的行政机关所在地的法院管辖，也可以由复议机关所在地的法院管辖。

2. 被告为两个以上的行政机关，且不属于同一个法院的辖区。

3. 对限制人身自由的强制措施不服提起的行政诉讼案件，既可以由原告所在地法院管辖，也可以由被告所在地法院管辖。

4. 因不动产提起的案件，如果该不动产横跨两个或两个以上法院的辖区，则这些法院都有管辖权。

出现共同管辖时，在法律上，各法院都有管辖权，但是，它们不可能共同行使管辖权，只能由其中的一个来实际管辖，即这个管辖法院只能是它们之中的某一个，而不能是其他的法院。如何最终确定管辖法院呢？《行政诉讼法》第 21 条规定：

第十五章

"两个以上人民法院都有管辖权的案件，原告可以选择其中一个人民法院提起诉讼。原告向两个以上有管辖权的人民法院提起诉讼的，由最先立案的人民法院管辖。"从上述规定可以看出，出现共同管辖的情形时，最终的管辖法院是由原告来选择的。

第四节　裁定管辖与管辖权异议

一、裁定管辖

尽管法律对管辖作了级别上的和地域上的划分，但是，有时仍然会出现一些不确定的情况，这时就必须通过法院的裁定来确定管辖，这就是裁定管辖，它又分为三种类型：移送管辖、指定管辖和管辖权的转移。

（一）移送管辖

移送管辖是指人民法院在受理了行政案件以后，发现本院对案件没有管辖权，该案应当由其他法院管辖，因而将案件移交给有管辖权的人民法院管辖的制度。《行政诉讼法》第22条规定："人民法院发现受理的案件不属于本院管辖的，应当移送有管辖权的人民法院，受移送的人民法院应当受理。受移送的人民法院认为受移送的案件按照规定不属于本院管辖的，应当报请上级人民法院指定管辖，不得再自行移送。"

移送管辖有以下特点：

1. 法院已经受理了一个行政案件。即已经立案，而尚未作出判决。如果法院只是接到原告的起诉状，在审查中发现该案不属于自己的管辖权范围，则不发生移送的问题，而应作出不予受理决定，告知原告向有管辖权的人民法院起诉。如果法院已经作出了一审判决，也不发生移送管辖的问题，而是要通过二审程序或审判监督程序予以纠正。

2. 受理的法院发现自己没有管辖权。如果是受理法院发现别的法院同时也有管辖权，也不存在移送的问题，除非是别的法院也收到了原告的起诉，而且能够确认它收到诉状在先。

3. 受理的法院必须将案件移送给有管辖权的法院。移送管辖制度的目的在于纠正违法和错误，无论出于什么原因，只要受理法院认定自己没有管辖权，就必须将案件移送给有管辖权的法院。

4. 受移送的法院不得再移送。为了保证案件得以及时地处理，保护当事人的合法权益，法律禁止受移送的法院将案件再次移送。如果受移送的法院确实认为该案不属于自己的管辖范围，它应当报二者的共同上级法院裁定。

5. 移送管辖既可以发生在同级人民法院之间，也可以发生在不同级别的法院之间；既可以发生在同一地域内的上下级之间，也可以发生在不同地域的上下级之间。例如，基层法院受理了海关处理的案件，就应当移送给中级人民法院。

6. 移送案件应当作出裁定。

（二）指定管辖

指定管辖是指上级人民法院以指令的方式，将案件交由下级人民法院管辖的制度。

《行政诉讼法》第 23 条规定了指定管辖的两种情况。

1. 有管辖权的人民法院由于特殊原因不能行使管辖权的，由上级人民法院指定管辖。在这种情况下，管辖权的归属本来是明确的，但是由于特殊原因，有管辖权的人民法院不能行使管辖权。这种特殊原因可分为自然原因和人为原因两种，前者如发生自然灾害，后者如原告一方为本院工作人员，或者法院自己以一个普通法人的身份提起行政诉讼。在民事诉讼中，有时原告一方将法院作为一个普通法人起诉，这时法院就成为被告，但是在行政诉讼中，由于被告必须是行使行政权的主体，法院不可能作为被告，当然，法院还有可能成为行政诉讼的第三人，按照自己不能作为自己案件的法官这一基本程序原理，法院应当将案件报送上级人民法院，上级法院可以自己行使管辖权，也可以指定另外一个法院管辖该案。

2. 人民法院对管辖权发生争议，由争议双方协商解决。协商不成的，报它们的共同上级法院指定管辖。在司法实践中，法院之间就管辖权产生的争议不外乎两种类型：①两个以上的人民法院都认为自己对某一案件拥有管辖权，这种争议我们称之为积极争议；②两个以上的人民法院都认为自己对案件没有管辖权，这种争议是消极争议。发生争议时，双方首先应当协商解决，协商不成时，报它们共同的上级法院裁定。

（三）管辖权的转移

管辖权的转移是指基于上级法院的同意或决定，下级法院将本由自己管辖的行政案件交给上级人民法院审理，或者是上级人民法院将本由自己管辖的行政案件交由下级法院审理，从而最终决定案件管辖法院的制度。

管辖权的转移与移送管辖的区别是很明显的：①发生管辖权转移的前提是：一个案件的管辖权是明确无误的，对于某一个案件，一个法院本来是有管辖权的，但是出于特殊原因，它将案件连同管辖权一并移交于另外一个法院，后者由此取得了管辖权。简言之，对移出法院来说，管辖权的转移是一个从有到无的过程，即案件由本来有管辖权的法院转移给没有管辖权的法院，转移的内容既包括案件，又包括案件的管辖权，移出法院由此失去了案件的管辖权，而受转移的法院则由此取得管辖权。但是，移送管辖是本来没有管辖权的法院将已受理的案件交给有管辖权的法院，因此，它是一个从无到有的过程。②管辖权的转移发生在上下级法院之间，是一种纵向的移动；而移送管辖多发生在同级法院之间，通常是一种横向的移动。

《行政诉讼法》第 24 条分为 2 款分别规定了管辖权转移的两种情况，其中，第 1 款规定："上级人民法院有权审理下级人民法院管辖的第一审行政案件。"第 2 款规定："下级人民法院对其管辖的第一审行政案件，认为需要由上级人民法院审理或者指定管辖的，可以报请上级人民法院决定。"可见，第 1 款实际上只包括了一种情况：上级人民法院提审本由下级法院管辖的案件，决定权在上级法院手中，下级法院应当服从上级法院的决定。第 2 款规定的是下级法院主动将案件报请上级法院审理的情况，这里的最终决定权也属于上级法院，下级法院只有请求权。

关于管辖权转移的理由，行政诉讼法并没有规定，只是规定上级法院"有权""可以"决定转移或者是下级法院"认为需要"时，应当报经上级法院同意。从实践中看，发生管辖权转移的原因主要包括三个方面：①案情复杂，专业性强，难度大，下级法院无法胜任审判工作；②行政干预严重，或者由于下级法院自身的问题，致使案件难以公正、及时地得以审理；③一方法院负担过重，将管辖权转移有利于均衡上下级之间的负担。

二、行政诉讼的管辖权异议

（一）管辖权异议的概念

管辖权异议，是指在人民法院受理了行政案件之后，案件的当事人由于认为该法院对案件没有管辖权而提出异议，表示不服该法院的管辖行为，并主张变更管辖的意见。

这一概念有以下几层含义：

1. 异议的内容是对受理法院的管辖行为有不同的意见。异议，就是不同的、相左的观点看法。异议的对象是受理法院的管辖行为，异议人认为受理法院对该案没有管辖权，主张由别的法院管辖该案。同时，对指定管辖有异议的，不适用管辖权异议的规定。

2. 异议人必须是该案的当事人以及他们的代理人。其他诉讼参与人和案外人无权提出异议。常见的管辖权异议是由被告一方提出的，因为诉讼的产生是基于原告的起诉行为，如果原告认为某一法院对该案没有管辖权，它就不会向该法院起诉。但是，由原告一方提出管辖异议的可能性也是存在的，因为并非全部诉讼都是由原告起诉的法院来受理的，比如，在移送管辖、指定管辖等情形中，受理法院取得管辖权是基于法院的裁定，原告一方可能对法院的裁定不服而提出管辖异议。第三人由于具有当事人的地位，也有权提出管辖异议，法定代理人和指定代理人由于行使和当事人完全相同的诉讼权利，也应当成为管辖权异议的主体，而委托代理人要行使管辖异议权，则应取得被代理人的同意，它只能行使被代理人委托的权限。

3. 关于管辖权异议的程序，最高人民法院在《执行解释》第 10 条第 1 款规定："当事人提出管辖异议，应当在接到人民法院应诉通知之日起 10 日内以书面形式提出。"

这一条款规定了管辖权异议的两个程序性条件：①时间条件，异议必须在一审程序中提出，而且应当在收到人民法院应诉通知书之日起 10 日内提出，逾期提出的为无效异议，人民法院不予审查；②形式要件，异议必须以书面的形式提出。

另外，在行政诉讼中还有一个受案范围的问题。当事人如果认为人民法院受理了不属于法定受案范围内的案件，是否有权提出异议呢？对于法院来讲，受案范围实际上是一个主管权的问题，主管权与管辖权关系密切，法院的主管权是管辖权的前提，而管辖权又是主管权的落实。对于主管权的异议有两种：①当事人认为法院应当受理某一案件而法院不予受理或驳回起诉；②认为法院受理了本来是不能够受理的案件。对于前一种情况，法律规定当事人有权上诉一次，但是，上诉还是不同于异议，上诉是向上级法院提出的，异议是向原审法院提出的。所以，在行政诉讼法中，尚找不到这种异议的依据，但是，从维护当事人的合法权益和法治的角度看，应当允许当事人对此提出异议，这也符合行政诉讼法的基本精神。

（二）对管辖权异议的处理

最高人民法院在《执行解释》第 10 条第 2 款规定了对于管辖权异议的处理："对当事人提出的管辖异议，人民法院应当进行审查。异议成立的，裁定将案件移送有管辖权的人民法院；异议不成立的，裁定驳回。"

这一规定包括以下几方面含义：

1. 受理法院应当及时对异议进行审查。实践中，有些法院拒不审查，甚至不接受当事人提交的有关异议的书面申请，或者明知自己没有管辖权，却出于自身利益，故意不向有管辖权的法院移送，这些都属于严重的程序违法，当事人有权向上级法院反映情况，或者提起上诉，上级法院应当根据具体情况，依法作出相应的裁决，如果案件确有必要移送的，应当通知下级法院及时移送；下级法院拒不移送的，上级法院应当径行作出实体判决；当下级法院作出实体判决当事人不服的提起上诉时，上级法院应当以程序违法为由，撤销下级法院的判决，并将案件移送给有管辖权的法院。

2. 受理法院应当在对案件的实体问题进行审理之前审查当事人提出的异议，即先审查异议，后审理案件。

3. 受理法院审查后，要对当事人的异议作出裁定。异议成立的，裁定将案件移送有管辖权的法院；异议不能成立的，裁定驳回当事人的异议。

4. 当事人对法院的裁定不服的，有权在收到裁定书之日起 10 日内向上级人民法院上诉。二审法院应当在法定期限内对上诉进行审查，并作出最终裁定。当事人必须按照二审法院的裁定确定的管辖法院参加诉讼，否则视为自动撤诉或者拒不到庭。对于当事人对主管权所提出的异议，人民法院也应当按照上述办法处理。

第十六章
行政诉讼受案范围

第一节　行政诉讼受案范围概述

一、行政诉讼受案范围概述

（一）受案范围的概念

行政诉讼的受案范围，是指人民法院依法受理并审理行政案件的范围，即确定人民法院与其他国家机关之间在解决行政案件上的分工。对人民法院而言，是对行政机关的哪些行政行为拥有司法审查权。对公民、法人或者其他组织而言，则是针对哪些行政争议可以向人民法院控告行政机关。行政诉讼受案范围解决的是人民法院与其他的国家机关之间处理行政争议的权限分工问题。

第一，行政诉讼的受案范围划定了一个人民法院受理行政案件的范围，这就意味着并非全部的行政案件都由人民法院来处理解决。这与所有的刑事案件、所有的民事案件都由法院来行使审判权的完全主管是不同的。行政案件是指公民、法人或其他组织在行政管理活动中与国家行政机关发生行政争议，向有关国家机关提出申诉或者向人民法院提起诉讼，有关国家机关或者人民法院立案的事件，因而行政案件并不仅仅指人民法院立案受理的案件，行政案件还包括其他国家机关接受申诉或控告并自行处理的案件。行政活动多种多样，公民、法人或者其他组织与行政机关之间发生的行政争议也就数量众多、内容复杂、范围广泛，人民法院不可能受理并审理所有的行政争议。

第二，公民、法人或者其他组织就人民法院主管范围内的行政案件可以提起诉讼，这就意味着非法院主管范围内的行政案件由其他的国家机关处理解决。大量的行政案件都由人民法院处理解决既不现实，也不利于国家的行政管理和公民、法人、其他组织合法权益的保护，于是法律还设定了行政争议由行政机关和权力机关解决的途径，其中行政机关以行政复议、仲裁以及其他救济程序来解决行政争议，个别情况下，行政复议甚至可以是解决行政争议的最终途径，行政诉讼受案范围进一步明确了人民法院与国家机关之间处理行政争议的权限分工。

第三，行政诉讼的受案范围明确的是人民法院受理行政案件的范围，这就划分出了人民法院内部审判庭的权限分工。行政案件与民事案件、刑事案件是不同的,我国人民法院专设行政审判庭审理行政案件。

第四,人民法院是依照法律的明确规定来确定受理行政案件的范围的,这里的"法律"是广义的,主要是行政诉讼法,还包括其他的法律、法规。

(二)受案范围的法律意义

受案范围法律制度有两个重要意义:

第一,行政诉讼的受案范围划定了人民法院受理的行政案件,明确了人民法院行政审判权对行政权力的监督范围。

行政审判解决行政纠纷,但并非所有的行政纠纷都可以通过行政诉讼途径解决。这与所有刑事案件都应当经过人民法院的审判,所有的民事案件都可以由法院来行使审判权不同。人民法院对行政案件的主管是不完全主管。

第二,行政诉讼受案范围划定了公民、法人或者其他组织可以提起诉讼的纠纷案件,明确了人民法院行政审判权对公民、法人或者其他组织合法权益予以救济的范围。

行政诉讼是法治社会保障公民权利的重要制度,这项法律制度对公民权利的保护程度如何,首先取决于法院都在哪些情况下动用行政审判权,对受到损害的公民权利给予救济。尽管纳入受案范围不一定得到有效救济,但不属于受案范围,肯定无法得到司法救济。

二、确定受案范围的因素、标准

(一)确定受案范围的因素

行政诉讼受案范围的确定是制定行政诉讼法的关键所在,也是建立行政审判制度的核心问题。各国法律制度确定的行政诉讼受案范围大小、宽窄有差异,不同国家受案范围的确定是考量了诸多因素的结果,诸如国家的政治体制、经济体制、国家机关间的权力结构、法律体系以及法律传统、法律观念、民主法制建设程度、公民行政法律意识等。我国行政诉讼法规定的受案范围,同样也是在立法当时综合各种因素的结果,主要有六点考虑:[1]

1. 专门的行政诉讼制度建立之前,我们已经有实际的行政诉讼。按照1982年《民事诉讼法(试行)》第3条第2款的规定,我们也有审理程序。行政诉讼法的受案范围应当是在这个基础上的适当扩大。

2. 由于人民法院缺乏审理行政诉讼案件的经验,审判人员、组织机构还不具备

---

[1] 这六种说法主要见诸王汉斌在第七届全国人大第二次会议上所作的"关于《中华人民共和国行政诉讼法(草案)》的说明",许多行政诉讼的教材、著作也有提及,如黄杰主编:《行政诉讼法讲座》,中国人民公安大学出版社1989年版,第31页;马原主编:《中国行政诉讼法教程》,人民法院出版社1992年版,第51~52页。

大量受理行政案件的能力，一些法院不敢受理当事人起诉的现象比较严重，因此不能盲目扩大行政诉讼受案范围，否则会欲速不达。

3. 老百姓的民主意识、权利保护意识还比较低，有不习惯、不适应的问题。因此，规定较宽泛的受案范围没有意义。

4. 涉及行政纠纷的法律还不健全。在行政诉讼中，法院要对被诉行为实行合法性审查，但在案件审理时由于缺乏判断被诉行为合法性的依据，因此，即使规定了较大的受案范围，判决也很难作出，这不利于行政诉讼制度的发展。

5. 有些纠纷已经有了解决的机制，如人事方面有《公务员法》和《行政监察法》的规定，抽象行政行为有《宪法》《国务院组织法》以及《地方组织法》等有关规定，没有必要再通过行政诉讼审理解决，以免造成解纷资源的浪费。

6. 受案范围涉及审判权与行政权的关系，过宽的受案范围可能会导致法院干涉行政管理，甚至代替行政机关行使行政权力，影响行政机关的正常管理和行政效率，不利于社会稳定。这些因素尽管在当时或许有其合理性及选择的现实性。但在今天看来，已经不能适应我国民主法治建设和行政诉讼制度发展的需要，应予调整。

结合我国的政治、经济、文化等方面的实际状况，我国在规定行政诉讼受案范围时应着重处理好以下几个因素：

1. 正确处理司法权与行政权的关系。并非所有的行政争议都由人民法院处理，这已是十分明确的，但如何对人民法院与行政机关受理行政案件进行合理分工呢？这就必须正确处理审判权与行政权的关系，将需要通过诉讼程序保障公民、法人和其他组织合法权益的纳入行政诉讼的受案范围中；将不宜由人民法院处理的行政案件，划由行政机关处理，充分发挥行政机关在处理解决行政案件上的作用和长处，人民法院不要对行政机关在法律、法规规定范围内的行政处理行为进行干预，不要代替行政机关行使行政权力，要让其能通过行政复议、行政监察中的申诉制度等方式解决一部分行政案件，使人民法院和行政机关对各自的受案范围有一个合理的分工。

2. 保护公民、法人或者其他组织的合法权益。行政诉讼制度的根本任务就在于当公民、法人或者其他组织的合法权益受到行政机关行政行为的侵犯时，为其提供切实有效的救济。人民法院受理行政案件的范围宽窄，直接关系到公民、法人或者其他组织的合法权益是否能够得到充分的保障。确定受案范围必须考虑到充分保护公民、法人或者其他组织的合法权益。我国行政诉讼法将涉及公民、法人或者其他组织的人身权益、财产权益等重大权益的行政案件都纳入了行政诉讼的范围。

3. 基于我国国情，需从实际出发，逐步扩大受案范围。受案范围的确定还必须考虑到我国行政诉讼制度发展的实际情况和人们对行政诉讼制度的认识水平。我国行政诉讼制度起步较晚，有关法律规定还不够完善，无论广大群众，还是行政机关、人民法院都有一个观念更新，逐步适应的过程，基于此，行政诉讼的受案范围在建立之初不宜规定过宽，而需要在不断发展提高、总结经验的过程中逐步扩大，以利于行政诉讼制度的推行。根据《行政诉讼法》的立法原意，人民法院司法审查范围在条件成熟时，必将逐步扩大受案范围。事实上，《行政诉讼法》实施多年以来，行政诉讼受案范围已在实际扩大，行政诉讼案件已从几种发展到五十多种。

（二）确定受案范围的标准

根据我国规定行政诉讼受案范围的原则，结合《行政诉讼法》，我国行政诉讼受案范围的确定标准如下：

1. 行政行为标准。行政行为标准是指人民法院只受理因行政行为引起的争议案件。这一标准规定在《行政诉讼法》第 2 条中。确定此项标准的理由有：一是行政行为经常地、直接地影响公民、法人或者其他组织的权益，大多数的行政争议由行政行为引起；二是根据我国《宪法》和《地方组织法》的规定，对抽象行政行为的监督职责主要由各级国家权力机关以及各级人民政府承担；三是我国的行政诉讼制度仍处在初级阶段，受案范围不宜过宽。

1989 年《行政诉讼法》采用了"具体行政行为"的概念。具体行政行为原为行政法学上的一个术语，与抽象行政行为相对应。行政诉讼立法对具体行政行为概念的采用，使其具有了重要的实践意义。但具体行政行为标准作为确定行政诉讼受案范围的最基本标准，也最容易引起歧义。界定具体行政行为是一个难题，《行政诉讼法》中多处使用具体行政行为，但都没有明确其含义。最高人民法院在 1991 年的《关于贯彻执行〈中华人民共和国行政诉讼法〉若干问题的意见（试行）的通知》的第 1 条对具体行政行为作了界定，但受到了来自各方面的很多批评。1999 年最高人民法院在新的司法解释中就没有再对具体行政行为进行概念界定，而是从不同角度对可诉性行政行为进行了规定。这次《行政诉讼法》修订时，用"行政行为"代替了"具体行政行为"。

行政行为是行政机关以及法律法规、规章授权的组织行使行政职权，所产生的具有法律意义和法律后果的行为。这一界定包括了以下三个方面：

（1）行政行为的主体是具有行政职权的机关、组织及其工作人员。《执行解释》没有采用"行政主体资格"这一的纯学理概念，也没有采用"行政机关和法律法规授权的组织"，这主要是因为在实施行政行为的过程中，有些机关、机构或组织并不具有行政主体资格，尤其是行政机关内部机构所作出的行政行为，当事人不服提起行政诉讼时，法院以"主体不适格"为由不予受理。该项规定将规章授权的组织也纳入了可诉性行政行为主体范围之内，更有利于真正地、确实地保障当事人的诉权。主体要件的关键是看是否具有行政职权。

（2）行政行为必须是与行使行政职权有关的行为。这项规定排除了民事行为，因为民事行为与行使行政职权无关；包括了行政事实行为，因为行政事实行为与行使行政职权有关，它照应了国家赔偿法实际使用的行政法学界所称的广义的行政行为概念，既包括行政法律行为，也包括行政事实行为，根据《国家赔偿法》的规定，只要侵权行为与行使行政职权有关，该行为就属于国家赔偿的范围。行政行为中不论单方行为还是双方行为，作为行为还是不作为行为，都属于可诉性行政行为。

（3）可诉性行政行为是一种已经产生了实际影响的行为。这是一判断标准，是对"必须产生法律效果"的否定，只要这种影响是必然要发生的、不可避免的，也属于实际影响之列。这种实际影响意味着行政行为已经对行政管理相对人和利害关系人的权利义务产生影响，具有了拘束力。

2. 合法权益标准。合法权益标准是指人民法院受理的行政案件是因公民、法人或其他组织认为自身的人身权、财产权等合法权益受到侵犯而引起争议的案件。这一标准规定在《行政诉讼法》第12条第1款，尤其是该条第1款的第12项中。

人身权、财产权是公民、法人或者其他组织合法权益当中最根本、最重要、最广泛的两项基本权利，行政诉讼制度必须首先加以保护。在行政法中，人身权、财产权的外延比民法中的人身权、财产权要宽，而人身权、财产权的内涵与民法中的同类概念基本相同。所谓人身权，是指与自然人的人身和法人或者其他组织不可分离的无直接财产内容的权利。人身权包括人格权和身份权。所谓财产权，是指以财产为客体的权利。财产权包括物权（包括所有权、使用权、国有企业财产经营权、承包经营权、抵押权、质权、留置权、相邻权）、知识产权（著作权、专利权、商标权、发明权以及其他科技成果权）和债权。

但合法权益并不局限于人身权、财产权，还包括政治权利、教育权、劳动权、信息权、环境权等权利。合法权益除包括权利外，还包括各种利益。因此合法权益标准远远大于1989年《行政诉讼法》所确定的人身权、财产权标准。合法权益标准是对行政行为标准的限制，《行政诉讼法》确定的合法权益标准是对涉及人身权、财产权以及其他合法权益引起争议的案件的一个强调。

三、行政诉讼受案范围的模式、方式

（一）确定行政诉讼受案范围的基本模式

主要以制定法明确规定行政诉讼的受案范围。这是指在制定法国家的行政诉讼制度上，只有法律明确规定的行政案件才属于法院的受案范围。一般大陆法系国家采取这种方式，但法国例外。采用这种方式的国家大都制定行政诉讼法典，来明确规定具体的受案事项。以制定法规定行政诉讼受案范围的又分为以下三种方式：

1. 概括式规定。概括式规定是指由统一的行政诉讼法典对法院的受案范围作出原则性的概括规定。通常规定为：相对人一方认为行政机关的违法或不当行政行为侵犯其合法权益时，有权向法院提起行政诉讼。概括式规定确定的受案范围标准简单、全面、包容性强，且比较原则，不易于发生遗漏。因为概括式规定是对受案范围的概括，而不是对不受案范围的概括，所以其受案范围非常宽泛，标志着一国行政诉讼制度的发达状况。

2. 列举式规定。列举式规定有肯定的列举和否定的列举两种方式。肯定的列举是指行政诉讼法或其他法律、法规对于法院能受理哪些行政案件，一一具体加以列

举，被列举的行政案件属于受案范围，未加列举的，法院不得受理；否定的列举也称排除式，是指法律对不属于行政诉讼受案范围的事项，即法院不能受理的事项，一一具体加以列举，凡被列举的事项都不属于行政诉讼受案范围，而未作排除列举的则都在行政诉讼的受案范围之内。列举式规定的特点是受案范围具体、明了，受案与否界限分明，易于掌握，但这种方式难以穷尽，以至于发生遗漏，不利于扩大受案范围，保护公民的合法权益。显然，列举式规定是以不受理为原则，以受理为例外，其结果就是受案范围比较狭小，往往是行政诉讼制度不发达的特征之一。世界各国立法的总趋势是废止列举式规定，向概括式规定过渡。

3. 混合式规定。其又称结合式规定，即采取列举与概括相结合的方式规定行政诉讼受案范围。这种方式兼有概括式规定和列举式规定两种方式的长处，避免各自的不足，相互弥补，能把灵活性和原则性结合起来。

（二）行政诉讼法划定行政诉讼范围的方法

我国《行政诉讼法》规定的受案范围模式采取的是混合式规定，即采用概括式和列举式相结合，再加上排除性规定的方式，用专章规定行政诉讼的受案范围。亦即《行政诉讼法》第2条和第二章受案范围中采用结合式规定来确定我国的行政诉讼范围。首先，《行政诉讼法》在第2条作了概括性规定："公民、法人或者其他组织认为行政机关和行政机关工作人员的行政行为侵犯其合法权益，有权依照本法向人民法院提起诉讼"。然后，第二章第12条第1款前11项以肯定列举的方式列出属于行政诉讼受理的11种行政案件，同时在第12项作了概括式规定："认为行政机关侵犯其他人身权、财产权等合法权益的"，在该条第2款又作了法律列举："人民法院受理法律、法规规定可以提起诉讼的其他行政案件"。最后《行政诉讼法》第13条对四种不受理事项作了排除性规定，即否定式列举规定。此外，还应当注意到《执行解释》中对行政诉讼受案范围的更具体的概括与列举规定。我国行政诉讼法对受案范围采取这种确立方式较为适合我国的实际情况。

第二节　行政诉讼的肯定范围

肯定范围是指人民法院受理行政案件的范围，即行政诉讼法或其他法律、法规对于人民法院能受理哪些行政案件，有明确的规定，被明确规定的行政案件就属于人民法院的受案范围。我国行政诉讼的肯定范围由行政诉讼法和其他法律、法规具体规定。

一、行政诉讼法所列举的十一项行政行为的界定

《行政诉讼法》第12条第1款规定对以下11项行政行为不服，可以提起行政诉讼。

（一）行政处罚行为

《行政诉讼法》第 12 条第 1 款第 1 项规定，对拘留、罚款、吊销许可证和执照、责令停产停业、没收非法财物、罚款、警告等行政处罚不服的行政案件，属于人民法院的受案范围。这里的"等"应当包括所有的行政处罚行为，即不但包括行政处罚法所规定的处罚种类，而且也包括法律、法规、规章所规定的其他行政处罚。只要行政机关作出的行政处罚行为侵犯公民、法人或者其他组织的合法权益，该公民、法人或者其他组织不服的，都应该在行政诉讼的受案范围之内。

行政处罚是主管行政机关或者法律法规授权的组织对违反行政法律规范的公民、法人或者其他组织依法给予的一种行政制裁。行政诉讼法之所以将不服行政处罚案件作为受案范围，是因为行政处罚是行政机关在行政管理活动中，处理违反行政管理法律规范行为的最常用的手段之一，容易发生适用不当和滥施处罚的问题，由此引起的行政争议比较多，在行政案件中所占的比例比较大，行政处罚的决定内容直接关系到公民、法人或其他组织的合法权益，将这类行为作为行政诉讼的受案范围，并通过对行政处罚行为合法性和合理性的全面审查，就可以切实保护公民、法人和其他组织的合法权益，防止行政机关滥施处罚。

（二）行政强制行为

《行政诉讼法》第 12 条第 1 款第 2 项规定，对限制人身自由或者对财产的查封、扣押、冻结等行政强制措施和行政强制执行不服的行政案件，属于人民法院的受案范围。

行政强制措施是法定的主管行政机关为了实现行政目的，对公民、法人或者其他组织的人身自由或财产进行强行限制或者强迫时所采用的各种强制方法。行政强制执行是指行政机关或行政机关申请人民法院，对不履行生效行政决定的公民、法人或其他组织，强迫其履行义务的行为。依照《行政强制法》第 9 条的规定，行政强制措施的种类包括：限制公民人身自由；查封场所、设施或者财物；扣押财物；冻结存款、汇款；其他行政强制措施。根据《行政强制法》第 12 条的规定，行政强制执行方式包括：加处罚款或滞纳金；划拨存款、汇款；拍卖或者依法处理查封、扣押的场所、设施或者财物；排除妨碍、恢复原状；代履行；其他行政强制执行方式。因为行政强制是以国家的强制力为后盾，对公民、法人或其他组织的人身、财产进行强行限制，来强迫其服从的，涉及的是宪法赋予的最基本的权利，因此，必须严格依法实施，违法侵权的，相对人就可以依法提起行政诉讼。

行政强制是为了实现一定的行政目的，即为了预防或制止违法行为、危险状态的发生和发展，或者为了保全证据、确保行政案件查处工作的顺利进行；为了迫使拒不履行行政法义务的相对人履行义务或达到与履行义务相同的状态，从而维护正常的行政秩序、社会秩序。无论何种行政强制行为，只要采取的行政强制方式或手段违法，侵犯了公民、法人或其他组织的合法权益，公民、法人或其他组织就都可以提起行政诉讼。

第十六章

（三）行政许可行为

《行政诉讼法》第 12 条第 1 款第 3 项规定，申请行政许可，行政机关拒绝颁发或者不予答复的，或者对行政机关作出的有关行政许可的其他决定不服的，有权向人民法院提起行政诉讼。根据《行政许可法》的规定，该法所规范的行政许可是指行政机关根据公民、法人或者其他组织的申请，经依法审查，准予其从事特定活动的行为。有关行政机关对其他机关或者对其直接管理的事业单位的人事、财务、外事等事项的审批，不属于行政许可法的调整范围。这里的许可证和执照是国家行政许可制度的主要表现形式。许可证和执照是行政机关根据公民、法人或其他组织的申请，赋予其从事某种职业、进行某种活动的权利能力或法律资格的凭证。

在行政管理中，行政许可的范围十分宽泛，许可证和执照的具体表现形式多样。凡在实质内容上属于需行政机关许可而享有一定人身权利与财产权利的各种证照、文件等凭证，都在此范围之内。那么，即使有些证照、文件等在名称上不称为许可证和执照，但实质上却具有准许性质的，都同样属于许可证和执照的范围。如行政机关颁发的机动车驾照、营业执照以及各种资质证书等。

行政许可既是行政机关的职权，也是行政机关的职责和义务，对于符合法定许可条件的申请，行政机关应当履行颁发许可证、执照等凭证的职责，如果拒绝许可，就剥夺、限制了公民、法人或其他组织应当享有的合法权益，而许可证和执照与人身权利和自由以及财产权利又是有着直接关系的。因此，行政机关如果不予颁发许可证和执照等有关证照，也就剥夺和限制了公民、法人或其他组织享有的一定人身权利和财产权利，是侵犯公民、法人或者其他组织人身权和财产权的一种表现。《行政诉讼法》规定，对公民、法人、其他组织认为符合法定条件，申请行政机关颁发许可证和执照，行政机关拒绝或者不予答复不服的行政案件，属于人民法院的受案范围。这里许可申请中的"法定条件"，应做广义的理解，即法律、法规、规章所规定的条件。

这种案件形成的条件有三个：首先是公民、法人或者其他组织已向有证照颁发权的行政机关提出过要求颁发证照的申请。因为颁发证照是一种依申请的行政行为，从法定程序上讲，必须先有申请的提出。其次，公民、法人或其他组织认为自己符合取得许可证或者执照的法定条件。最后，行政机关对公民、法人或其他组织要求颁发有关证照的申请拒绝或不予答复。拒绝颁发是对申请的否定答复，是积极的行为，明确表示不同意或者不予办理；不予答复则是消极的不作为，是行政机关对申请不理睬，予以推诿或无故拖延不办等。无论是拒绝颁发还是不予答复，都影响了申请人的权益，公民、法人或其他组织都可以提起行政诉讼。

（四）行政确权案件

《行政诉讼法》第 12 条第 1 款第 4 项规定，对行政机关作出的关于确认土地、矿藏、水流、森林、山岭、草原、荒地、滩涂、海域等自然资源的所有权或者使用权的决定不服的，有权向人民法院提起诉讼。本项是 2014 年修订新增加的内容。

根据土地管理法、水法、森林法、矿产资源法、草原法、渔业法等法律的规定，县级以上各级人民政府对土地、矿藏、水流、森林、草原、滩涂、荒地、海域等自然资源的所有权或者使用权予以确认和核发相关证书。此类确权决定属于行政裁决，依法属于行政诉讼受案范围。

但依照《行政复议法》第30条的规定，公民、法人或者其他组织认为行政机关的具体行政行为侵犯其已经依法取得的土地、矿藏、水流、森林、山岭、草原、荒地、滩涂、海域等自然资源的所有权或者使用权的，应当先申请行政复议；对行政复议决定不服的，可以依法向人民法院提起行政诉讼。根据国务院或者省、自治区、直辖市人民政府对行政区划的勘定、调整或者征用土地的决定，省、自治区、直辖市人民政府确认土地、矿藏、水流、森林、山岭、草原、荒地、滩涂、海域等自然资源的所有权或者使用权的行政复议决定为最终裁决，不得再向人民法院提起行政诉讼。

（五）行政征收、征用及其补偿决定

《行政诉讼法》第12条第1款第5项规定，对征收、征用决定及其补偿决定不服的，有权向人民法院提起行政诉讼。本项是2014年修订新增加的内容。

行政征收是指基于公共利益的考虑，依法将公民、法人或者其他组织的财物收归国有的行政行为。行政征用，是指行政机关基于公共利益的需要，依法强制使用公民、法人或者其他组织的财物或者劳务的行政行为。《宪法》第13条第3款规定，"国家为了公共利益的需要，可以依照法律规定对公民的私有财产实行征收或者征用并给予补偿"。一方面，公民的私有财产不受侵犯，国家负有尊重的义务，不得随意侵犯，同时国家还负有积极保护的义务。另一方面，私有财产具有特定的社会义务，其保护要受公共利益的限制。宪法条款要由具体的法律、法规来落实、执行。《国有土地上房屋征收与补偿条例》第14条规定，被征收人对市、县级人民政府作出的房屋征收决定不服的，可以依法申请行政复议，也可以依法提起行政诉讼。该法第26条第3款规定，被征收人对补偿决定不服的，可以依法申请行政复议，也可以依法提起行政诉讼。

（六）不履行保护人身权、财产权法定职责的行为

保护公民、法人或其他组织的人身权、财产权是行政机关的法定职责。当公民、法人或其他组织的人身权、财产权受到了不法威胁或者不法侵害，申请行政机关予以保护，而有法定职责的行政机关拒绝给予保护或者不予答复，即不履行其法定职责，而使相对人受到人身或财产方面的损害，负有法定职责的行政机关的这种行为就是放纵违法行为的严重失职行为。因而，《行政诉讼法》规定，人民法院受理公民、法人或其他组织因申请行政机关履行保护人身权、财产权的法定职责，行政机关拒绝履行或者不予答复而提起的行政诉讼。

这种案件形成的条件有：①原告的人身权、财产权正在或者已经受到了侵害或者有受到侵害的可能性；②该行政机关必须负有保护某项人身权、财产权的法定职

责；③行政机关拒绝履行保护职责或者对保护申请不予答复，无论是拒绝还是不予答复，都是不履行职责的不作为行为。

行政机关不履行保护人身权、财产权的法定职责给公民、法人或其他组织造成的后果有两种：一种是影响其权益的实现；另一种是对其权益造成实际损害。对此，相对人如果认为行政机关继续履行职责仍有必要，可以提起行政诉讼；如果实际损害已经造成，行政机关继续履行职责已无意义，相对人可以提出行政赔偿请求。

（七）侵犯法定经营自主权、农村土地承包权、农村土地经营权的行为

《行政诉讼法》第 12 条第 1 款第 7 项规定，公民、法人或者其他组织认为行政机关的行政行为侵犯法律规定的经营自主权或者农村土地承包经营权、农村土地经营权的，有权向人民法院提起行政诉讼。

法定的经营自主权，是指经营者依照法律、法规、规章的有关规定，享有的自主调配和使用人力、物力和财力的权利，以及在产、供、销各环节上的自主决定权。行政诉讼法对受案范围作这一规定，正是法律适应市场经济的要求，也是有效控制政府随意干预企业经营自主权的最佳途径。行政诉讼法中的经营自主权，是特指法律明确规定的公民、法人或者其他组织享有的经营自主权。这里的"法律"是一个广义的概念。这里的经营者，即享有经营自主权的主体，包括公民、各类企业、实行企业管理的事业单位、个体经营户、农村承包经营户以及其他经济组织等。经营自主权的内容十分广泛，各种不同性质的经营者，依法享有的经营自主权的内容范围各有不同，如非国有企业与国有企业相比，其法定经营自主权的范围更为广泛，特别是私营企业，在经营活动中对其财产享有完全的处分权、收益权。总之，经营者凡认为行政机关侵犯其法定经营自主权范围内的各种权利的，都可以提起行政诉讼。

农村土地承包权，是指农村集体经济组织的成员或者其他承包经营人依照法律规定对其承包的土地享有自主经营、流转、收益的权利，属于物权的范畴。《物权法》第 125 条规定，土地承包经营人依法对其承包经营的耕地、林地、草原等享有占有、使用和收益的权利，有权从事种植业、林业、畜牧业等农业生产。当行政机关侵犯承包人对承包的耕地、林地、草原等占有、使用和收益的权利时，均属于行政诉讼受案范围。侵犯农村承包权的方式表现为乡镇人民政府或县级以上各级人民政府相关职能部门干预农村土地承包，变更、解除承包合同，或者强迫、阻碍承包方进行土地承包经营权流转等形式。

农村土地经营权是从农村土地承包权中分离出来的，是指承包农户将其承包的土地流转出去，由其他组织或个人来经营，其他组织或个人因而取得土地经营权。土地经营权是通过合同方式取得的，属于债权。为了提高土地资源的利用率，国家鼓励土地承包经营权的流转，只有给予诉权上的保护，才能使得农村土地更好地得到流通。

（八）滥用权力排除或限制竞争的

《行政诉讼法》第12条第1款第8项规定，认为行政机关滥用行政权力排除或者限制竞争的，有权向人民法院提起行政诉讼。本项是2014年修订新增加的内容。

公平竞争权是指经营者在市场经营过程中，依照相关法律所享有的要求其他经营者及相关主体进行公平竞争，以保障和实现经营者合法竞争利益的权利。公平竞争权逐渐成为市场主体的一项重要经济权利，不仅经营者不得破坏公平竞争，行政机关更应当促进公平竞争而不得随意破坏。行政机关滥用行政权力排除或限制竞争的行为也就是行政垄断。

排除或限制竞争的行政行为主要表现为：①限制外地商品在本地销售或销售外地商品须搭售本地商品；②只能销售指定企业的商品；③要求必须购买指定商品；④不允许外地商品来本地销售；⑤限制本地区的信息、原材料、技术、人员流向外地；⑥以设定歧视性资质要求、评审标准或不依法发布信息来限制竞争；⑦其他滥用行政权力限制公平竞争权的行为。

（九）违法集资、摊派费用或者违法要求履行义务的行为

我国法律对公民应尽的义务作了明确的规定，如纳税义务、服兵役义务、提供劳务的义务等，公民、法人或其他组织必须依法履行其义务，行政机关在行政管理中也有权要求其履行义务，但应当严格依法进行，除法定义务外，行政机关不得违法要求公民、法人或其他组织履行法外义务，否则，就是违法要求履行义务，就是对其合法权益的侵害，行政机关要求公民、法人或其他组织履行的义务通常包括财产上的义务和行为上的义务，财产上的义务指要求给付一定的财物或款项，如集资、摊派费用、交纳费用、交付实物等；行为上的义务指要求作出或不作出一定的行为，要求作出一定的行为如要求服兵役、强迫劳役等，要求不作出一定的行为如不得自销某种产品、不得进入某一地域等。这些义务都涉及公民、法人或其他组织的人身权和财产权。

行政机关违法要求履行义务的行为具体表现为：①法律、法规没有设定义务，但行政机关自行制定规范性文件来设置义务并要求履行，甚至无任何依据要求相对人履行义务，如乱收费、滥摊派等；②公民、法人或其他组织已依法履行了应有的义务，但行政机关仍重复要求履行该义务；③行政机关超出法律规定的种类、幅度和方式要求履行义务；④违反法定程序要求履行义务。

（十）行政给付行为

《行政诉讼法》第12条第1款第10项规定，没有依法支付抚恤金、最低生活保障待遇或者社会保险待遇的行为属于受案范围。该条体现了"给付行政""生存照顾"是现代行政任务的新理念。

抚恤金是国家规定对特定人员为慰抚和保障其生活而发放的专项费用。抚恤金是宪法赋予公民获得物质帮助权的具体体现，行政机关依法发放抚恤金是一种行政救助行为，抚恤金的享有者依法获得抚恤，是公民受社会保障的法定权利，也是一

种荣誉权利，更是一种财产权利，它涉及公民的人身权和财产权，负有发放抚恤金职责的行政机关没有依法发放，不仅是一种失职行为，而且也是对公民人身权和财产权的侵犯。随着国家在社会保障事业方面的进一步发展，公民不仅享有获得抚恤金的权利，还有获得最低生活保障待遇、工伤保险待遇等其他各项社会保障的权利。最低生活保障是国家对共同生活的家庭成员人均收入低于当地最低生活标准，而且符合当地最低生活保障家庭财产状况规定的家庭为维持其基本生活需要所支付的社会救济金。社会保险待遇是指公民在失业、年老、疾病、生育、工伤等事项发生时，向社会保险经办机构申请发放的社会保险待遇。

对没有依法支付抚恤金、最低生活保障待遇或者社会保险待遇的行为提起诉讼应注意：①该项抚恤金、最低生活保障待遇、社会保险待遇必须是法律、法规、规章明确规定发放的；②代表国家发放抚恤金、最低生活保障待遇、社会保险待遇的是依法具有发放职责的行政机关，如民政部门等，企事业单位发放抚恤金的行为不属于行政诉讼的范围；③"没有依法支付"是指拒绝发给或未依法定的范围、对象、标准、数额、时限等发给。

《行政诉讼法》规定，人民法院受理公民认为行政机关没有依法发给抚恤金、最低生活保障待遇或者社会保险待遇的案件。对于这一范围应作广义的理解，即凡属涉及公民人身权和财产权而应由行政机关发给的福利金、救济金、奖励金、社会保险金、最低生活保障费等这些物质帮助与荣誉的，有法律、法规规定的，就都应该在此范围之内，这是公民依法享有的法定权利，而不是行政机关的某种恩赐，公民因此而提起的诉讼均属此类案件。

（十一）行政协议

《行政诉讼法》第 12 条第 1 款第 11 项规定不依法履行、未按照约定履行或者违法变更、解除政府特许经营协议、土地房屋征收补偿协议等协议的，属于行政诉讼受案范围。本项是此次修改新增加的内容。

行政协议即行政合同、行政契约，是指行政机关为实现特定的行政管理目标与相对人经过协商一致所达成的协议。行政协议既具有行政性，也具有契约性，属于一种双方行政行为。在行政协议签订和履行期间，行政机关享有一定的优益权。行政机关可以根据行政管理目的需要，单方面改变、解除协议。现实生活中较为常见的行政协议包括：国有土地使用权出让合同、行政征收征用补偿合同、特许经营合同、公共工程承包合同。

行政协议包括一系列行为，包括行政协议的要约、签订、履行、解除、无效、违约责任、补偿与赔偿责任等。该条对行政协议采取了不完全列举方式，给行政审判留下了较大的操作空间。除了所列举的政府特许经营协议、土地房屋征收补偿协议之外，只要从形式上和内容上具备行政协议的要件的都属于本项所规定的行政诉讼受案范围。

二、侵犯其他人身权、财产权等合法权益的行政案件

《行政诉讼法》第 12 条第 1 款第 12 项规定，公民、法人或者其他组织认为行政机关侵犯其他人身权、财产权的行政案件，属于人民法院的受案范围。这是一项概括性规定，属于兜底条款。

这类案件是指除上述案件之外其他涉及人身权、财产权等合法权益的行政案件。合法权益除人身权、财产权之外，还包括劳动权、信息权、教育权、环境权等权益。由于列举难以做到全面完整，《行政诉讼法》就对受案范围涉及人身权、财产权和其他合法权益的行政案件作了这样总的概括，其目的是防止上述案件列举的不足而作出的补充，这就使涉及公民、法人或其他组织合法权益的行政案件全部纳入了行政诉讼的受案范围。对此类案件应当注意以下三个方面：

1. 它是上述各种案件之外的涉及人身权、财产权和其他合法权益的案件。作为概括性规定，它比上述 11 种案件中的任何一种在内容上都要更加广泛。

2. 它可以是由行政机关的其他任何行政行为所引起的行政案件。即除上述 11 种所列举的行政行为之外，其他各种行政行为，诸如行政命令、行政确认、行政救助、行政奖励、行政征收、行政裁决、行政监督检查等，凡是公民、法人或其他组织认为其人身权、财产权和其他合法权益受到行政机关这些行政行为侵犯的，就都属于这一类案件，都可以提起行政诉讼。

3. 这类案件所涉及的人身权、财产权和其他合法权益的范围非常广泛，其外延比民法中的要宽。

为适应中国加入世贸组织后的新局势，为依法公正审判，最高人民法院出台了一系列司法解释。这同样也是大大扩展了行政诉讼的受案范围。

2002 年 8 月 27 日，最高人民法院审判委员会第 1239 次会议通过了《最高人民法院关于审理国际贸易行政案件若干问题的规定》（法释〔2002〕27 号），该《规定》第 1 条规定："下列案件属于本规定所称国际贸易行政案件：①有关国际货物贸易的行政案件；②有关国际服务贸易的行政案件；③与国际贸易有关的知识产权行政案件；④其他国际贸易行政案件。"第 3 条规定："自然人、法人或者其他组织认为中华人民共和国具有国家行政职权的机关和组织及其工作人员（以下统称行政机关）有关国际贸易的具体行政行为侵犯其合法权益的，可以依照行政诉讼法以及其他有关法律、法规的规定，向人民法院提起行政诉讼。"

2002 年 9 月 11 日，最高人民法院审判委员会第 1242 次会议通过了《最高人民法院关于审理反补贴行政案件应用法律若干问题的规定》（法释〔2002〕36 号），该《规定》第 1 条明确规定："人民法院依法受理对下列反补贴行政行为提起的行政诉讼：①有关补贴及补贴金额、损害及损害程度的终裁决定；②有关是否征收反补贴税以及追溯征收的决定；③有关保留、修改或者取消反补贴税以及承诺的复审决定；④依照法律、行政法规规定可以起诉的其他反补贴行政行为。"

第十六章

　　2002 年 9 月 11 日，最高人民法院审判委员会第 1242 次会议通过了《最高人民法院关于审理反倾销行政案件应用法律若干问题的规定》（法释〔2002〕35 号）。该《规定》第 1 条明确规定："人民法院依法受理对下列反倾销行政行为提起的行政诉讼：①有关倾销及倾销幅度、损害及损害程度的终裁决定；②有关是否征收反倾销税的决定以及追溯征收、退税、对新出口经营者征税的决定；③有关保留、修改或者取消反倾销税以及价格承诺的复审决定；④依照法律、行政法规规定可以起诉的其他反倾销行政行为。"

　　2011 年 7 月 29 日，最高人民法院审判委员会第 1505 次会议通过了《关于审理政府信息公开行政案件若干问题的规定》（法释〔2011〕17 号）。该《规定》第 1 条规定，公民、法人或者其他组织认为下列政府信息公开工作中的具体行政行为侵犯其合法权益，依法提起行政诉讼的，人民法院应当受理：①向行政机关申请获取政府信息，行政机关拒绝提供或者逾期不予答复的；②认为行政机关提供的政府信息不符合其在申请中要求的内容或者法律、法规规定的适当形式的；③认为行政机关主动公开或者依他人申请公开政府信息侵犯其商业秘密、个人隐私的；④认为行政机关提供的与其自身相关的政府信息记录不准确，要求该行政机关予以更正，该行政机关拒绝更正、逾期不予答复或者不予转送有权机关处理的；⑤认为行政机关在政府信息公开工作中的其他具体行政行为侵犯其合法权益的。

三、法律、法规规定的其他行政案件

　　《行政诉讼法》第 12 条第 2 款规定，人民法院还受理法律、法规规定可以提起诉讼的其他行政案件。这是对我国行政诉讼受案范围在内容列举之后，以其他法律、法规的规定进行的法律列举式的完整补充。依此规定，对于《行政诉讼法》未列举出的，而其他法律、法规规定可以提起行政诉讼的案件，都被纳入到行政诉讼的受案范围。

　　第一，这里的法律、法规是指除《行政诉讼法》之外的其他各种法律、行政法规、地方性法规以及自治条例和单行条例，既包括《行政诉讼法》制定施行以前就颁布并仍然有效的，也包括《行政诉讼法》制定施行以后所颁布的，还包括将来可能会制定颁布的。

　　第二，这些法律、法规所规定的其他可以起诉的行政案件，是《行政诉讼法》未予以列举的行政案件，即属于《行政诉讼法》列举的八种案件之外的。

　　第三，这些行政案件不限于只涉及公民、法人或者其他组织的人身权、财产权方面，而可以是各种各样的合法权益，可以包括政治权利和自由、劳动权、文化权、受教育权、休息权等，只要法律、法规有所规定，就都可以提起行政诉讼。例如，田永依据《教育法》诉北京科技大学拒绝颁发毕业证、学位证侵犯其受教育权的行政诉讼案[1]。

---

〔1〕　见《中华人民共和国最高人民法院公报》1999 年第 4 期，第 139 页。

《行政诉讼法》的这一规定具有两方面的意义：一是确认了《行政诉讼法》实施以前颁布的单行法律、法规已规定可以向人民法院提起行政诉讼的，仍然有效。二是为今后进一步扩大行政诉讼受案范围留下余地。随着行政诉讼制度的不断发展与完善，广大公民、法人或其他组织目前暂未纳入行政诉讼补救范围的一些合法权益，以及今后将扩展享有的各种合法权益，都要逐步归入行政诉讼的受案范围，这样扩大行政诉讼受案范围的方式之一就是制定单行的法律、法规。

第三节 行政诉讼的否定范围

否定范围是指人民法院不受理的，即排除行政诉讼的事项范围。我国《行政诉讼法》和其他法律规范，对于人民法院不作为行政案件受理的争议事项，有明确的规定，被明确规定的事项就不属于人民法院的受案范围。我国行政诉讼的否定范围也由《行政诉讼法》和其他法律规范明确规定。

一、国家行为

根据《行政诉讼法》第13条第1项的规定，人民法院不受理公民、法人或者其他组织对"国防、外交等国家行为"提起的诉讼。《执行解释》第2条对国家行为界定为："国家行为，是指国务院、中央军事委员会、国防部、外交部等根据宪法和法律的授权，以国家的名义实施的有关国防和外交事务的行为，以及经宪法和法律授权的国家机关宣布紧急状态、实施戒严和总动员等行为"。

国家行为就是指有权代表国家的特定国家机关，根据宪法和法律的授权，以国家的名义实施的，关系国家主权或重大国家利益的有关国防、外交等事务的行为。国家行为具有这样几个特征：其一，国家行为的主体是宪法、法律授权的特定的国家机关，包括国家主席、中央军事委员会、国务院、国防部、外交部等。其二，国家行为是行使国家主权的行为，是一种政治性的行为。其三，国家行为是特定国家机关代表国家，以国家名义实施的，因而国家行为的后果也由国家来承担政治性的责任。其四，国家行为涉及国家整体利益和民族根本利益，即使国家行为影响到个别或局部的公民、法人其他组织的个体利益，这一个体利益也必须服从国家整体利益和民族的根本利益。

国家行为包括以下几类：

1. 国防行为。即为保障国家安全、领土完整和全民族利益，抵御外来侵略、颠覆所进行的活动。如对外宣战、媾和、实施战争动员令、设立军事禁区、进行军事演习、战略武器实验等。

2. 外交行为。即为实现国家的对外政策而进行的国家间的交往活动。如签订国际条约和协定、建交、断交、对外国政府的承认、有关国家领土的合并与割让、国家间的对等措施、对外贸易的重大决策等。

第十六章

3. 其他涉及国家整体利益的重大行为。其包括宣布戒严、宣布紧急状态、重大救灾、国家重大建设项目、重要行政区划变动等。

国家行为的主体主要是国家行政机关，但又不以行政机关为限，它还包括其他国家机关，如中央军事委员会等，其他的国家机关所为的国家行为显然不是行政行为，那么，国家行政机关所为的行政行为与国家行政机关作为主体所为的国家行为的区别是什么呢？

第一，行政机关为行政行为是行使其行政职权，不需要其他特别授权；而行政机关为国家行为则必须经过宪法、法律的特别授权。因而可以作出行政行为的行政机关范围非常广泛，所有的行政机关都可以为之，而可以作出国家行为的行政机关则是特定的，主要指国务院、国防部、外交部等。没有经过特别授权的国家行政机关无权作出国家行为。

第二，行政行为是针对特定对象处理具体行政管理事务的行为，而国家行为则是有关国家主权、国家安全、国家重大利益的行为，处理的是"国家大事"。因此，行政行为是司法审查的对象，国家行为则由于其特殊地位，它不受一般法律规则的支配，在世界各国都把行政机关所为的国家行为排除在司法审查之外，即法院无权审查行政机关所为的国家行为。因此，行政行为与国家行为造成的公民、法人或其他组织的合法权益的损害，救济途径是不同的。

第三，国家行为包括国防行为和外交行为，但并非所有的国防行为和外交行为都是国家行为，即有的国防行为、外交行为不是国家行为，而是行政行为。因为国防、外交是两个内容丰富的概念，诸如关于武装力量建设的行政机关征集兵役，关系军人权益的抚恤金发放，关系出入他国国境的出国护照颁发等都应属于国防、外交范畴，但是，征集兵役、抚恤金发放、出国护照颁发等却不属于国家行为，而是行政机关的行政行为，是受司法审查管辖的。因为这些行为不是直接关系国家的整体重大利益，而是直接涉及特定个人利益的。

国家行为不能被提起行政诉讼，是世界各国的通例。之所以不纳入行政诉讼范围，主要基于以下理由：一是国家行为涉及国家整体利益和人民的根本利益，影响到国家的荣誉、尊严，不能因个人权益受损，而导致国家行为无效。二是国家行为以国家基本政策为依据，以国际政治的形势为转移，法院很难做出判断。三是国家行为的失误通常只由有关领导人承担政治责任，而政治责任的承担只能通过立法机关或议会决定，法院无权作出判断。

二、抽象行政行为

《行政诉讼法》第13条第2项规定，人民法院不受理公民、法人或者其他组织对"行政法规、规章或者行政机关制定、发布的具有普遍约束力的决定、命令"提起的诉讼。《执行解释》第3条更是进一步解释，"具有普遍约束力的决定、命令"，是指行政机关针对不特定对象发布的能反复适用的行政规范性文件。

行政法规、规章或者行政机关制定、发布的具有普遍约束力的决定、命令，在行政法学理论上概称为抽象行政行为。"行政法规、规章""具有普遍约束力的决定、命令"实际上应为抽象行政行为的行为结果，囿于习惯，这里仍将其称为抽象行政行为。上述解释表明，抽象行政行为与具体行政行为的区别表现在四个方面：①对象的特定或不特定，抽象行政行为针对不特定的人或不特定的事项，而具体行政行为的对象是特定人或特定事项；②抽象行政行为针对将来要发生的事项，具体行政行为针对已发生的事项；③抽象行政行为是一种规范，具有假设推定及普遍适用性，而具体行政行为是一种处理决定，具有现实、确定及具体、特定适用性；④对抽象行政行为可反复适用，而对具体行政行为只适用一次，不具有反复适用的效力。

行政诉讼法将抽象行政行为规定在不可诉的范围之内，主要原因在于：一是考虑我国行政诉讼起步阶段的实际情况，法院有逐步适应和承受能力的问题。二是行政诉讼受案范围不宜规定的太宽，而应逐步扩大，以利于行政诉讼制度的推行。三是根据宪法、组织法和立法法的规定，对行政法规、规章和具有普遍约束力的决定、命令的监督权、撤销权属于国家与地方权力机关、上级与本级行政机关。

对于《行政诉讼法》规定的这一排除事项，应当注意人民法院对之受理与人民法院对之审查的区别。相对人对抽象行政行为不能提起行政诉讼，并不意味着法院对抽象行政行为没有审查权。相对人不能提起行政诉讼与法院不能审查是两个不同的概念。按照《行政诉讼法》第 13 条第 2 项的规定，人民法院不受理对行政法规、规章或者行政机关制定、发布的具有普遍约束力的决定、命令提起的行政诉讼，而按照《行政诉讼法》第 53 条有关"参照规章"的规定，人民法院在决定是否将规章作为裁判依据之前，必须对规章的合法性进行审查；尽管这种审查权仅仅表现为是否引用。

按照《行政复议法》第 7 条第 1 款的规定，复议机关对行政"规定"即"具有普遍约束力的决定、命令"有审查权，如果相对人对复议决定不服，起诉到法院，人民法院必须对该"规定"和行政行为均进行审查。可见，人民法院虽不能受理对规章和具有普遍约束力的决定、命令提起的行政诉讼，但却可以对其进行审查，而审查的结果是只能对规章和具有普遍约束力的决定、命令的合法性进行认定，却不能对其宣告维持、撤销或者变更。

世界许多国家都把抽象行政行为作为司法审查的对象，相对人可以直接对抽象行政行为提起行政诉讼。在我国，将抽象行政行为纳入行政诉讼的受案范围，是行政诉讼制度发展的必然趋势。

三、部分内部行政行为

《行政诉讼法》第 13 条第 3 项规定，人民法院不受理公民、法人或者其他组织对"行政机关对行政机关工作人员的奖惩、任免等决定"提起的诉讼；《执行解释》第 4 条规定："'对行政机关工作人员的奖惩、任免等决定'，是指行政机关作出的涉及该行政机关公务员权利义务的决定。"

这里奖惩是行政机关依照法定职权对其工作人员实施的奖励和惩戒，任免是行政机关依照法定职权任命或解除其工作人员职务的活动。行政机关对行政机关工作人员的奖惩、任免等决定，是行政机关的内部人事管理行为，属于内部行政行为的一种。由此导致的行政纠纷，按照有关法律、法规的规定，由行政机关系统内的人事部门和监察部门处理解决，人民法院不予干预。

行政诉讼法颁布后，学界对该规定"奖惩、任免等决定"中的"等"究竟是"等内等"还是"等外等"存在争议。最高人民法院的《执行解释》表明这里的"等"是"等外等"，即这里的内部行政行为应该不仅仅指奖惩、任免决定，只要是行政机关作出的、涉及该行政机关公务员权利义务的，就都应在此范围内，如公务员的福利待遇、辞退辞职等。由于《公务员法》的出台，大大拓展了公务员的范围，这里所讲的公务员仅仅指的是在各级行政机关中履行公职、被纳入行政编制、由国家财政支付其工资福利的除工勤人员之外的工作人员。

四、终局行政行为

《行政诉讼法》第13条第4项规定，人民法院不受理公民、法人或者其他组织对"法律规定由行政机关最终裁决的具体行政行为"提起行政诉讼。根据《执行解释》第5条的规定，"'法律规定由行政机关最终裁决的具体行政行为'中的'法律'，是指全国人民代表大会及其常务委员会制定、通过的规范性文件"。由此可见，其他法律规范规定的行政诉讼受案范围的否定范围，是指国家最高权力机关通过的法律所规定的，由行政机关最终裁决的，或者说复议终局的行政行为。

法律规定由行政机关最终裁决的行政行为，一经作出，就具有法律效力，相对人不得再提起行政诉讼，因而，"最终裁决"是对司法监督的排除，只有国家最高权力机关才有权设定由行政复议最终裁决的具体行政行为，法规和规章都无权作出这种规定。《行政诉讼法》颁布以前，不少法规、规章也规定行政机关的最终裁决权，这等于行政机关可以自己决定自己的哪些行为可以不接受司法审查，这是违背法治原则的，行政机关自己无权以任何形式限制公民、法人或者其他组织提起行政诉讼的权利，《行政诉讼法》生效施行之后，法规、规章作此规定的，就不再有效，相对人提起行政诉讼的，人民法院应当依法受理。

由行政行为引起的行政争议，其中一个解决途径就是行政复议，对于少数行政复议案件，国家最高权力机关通过法律授予行政机关最终裁决权，人民法院就不再进行司法审查。

目前，法律设定"最终裁决"的方式，有以下两种：

1. 相对人只有申请行政复议的权利，而无提起行政诉讼的权利，行政复议决定为最终裁决，不得向人民法院起诉。现行法律采用这种方式的有《行政复议法》等。《行政复议法》第30条第2款规定："根据国务院或者省、自治区、直辖市人民政府对行政区划的勘定、调整或者征用土地的决定，省、自治区、直辖市人民政府确认土地、矿藏、水流、森林、山岭、草原、荒地、滩涂、海域等自然资源的所有权或者使用权的行政复议决定为最终裁决。"2000 年 8 月修改的《专利法》，已将原规定"最终裁决"修改为 3 个月内起诉；2002 年 10 月修改的《商标法》，已将原规定"最终裁决"修改为 30 日内起诉。

2. 明确规定相对人有选择申请行政复议和提起行政诉讼的权利，但是一旦选择了申请行政复议，复议决定为最终裁决，不得再向人民法院起诉。

现行法律采用这种方式的有以下三部法律：《中华人民共和国公民出境入境管理法》第 15 条规定："受公安机关拘留处罚的公民对处罚不服有，在接到通知之日起 15 天内，可以向上一级公安机关提出申诉，由上一级公安机关作出最后的裁决，也可以直接向当地人民法院提起行政诉讼。"《中华人民共和国外国人入境出境管理法》第 29 条第 2 款规定："受公安机关罚款或拘留处罚的外国人，对处罚不服的，在接到通知之日起 15 天内，可以向上一级公安机关提出申诉，由上一级公安机关作出最后的裁决，也可以直接向当地人民法院提起行政诉讼。"《行政复议法》第 14 条规定："对国务院部门或者省、自治区、直辖市人民政府的具体行政行为不服的，向作出该具体行政行为的国务院部门或者省、自治区、直辖市人民政府申请行政复议。对行政复议决定不服的，可以向人民法院提起行政诉讼；也可以向国务院申请裁决，国务院依照本法的规定作出最终裁决。"

五、刑事司法行为

《执行解释》第 1 条第 2 款第 2 项规定，人民法院不受理行政相对人对"公安、国家安全等机关依照刑事诉讼法的明确授权实施的行为"提起的诉讼。

公安机关、国家安全机关、监狱管理机关是双重职能机关，它们既有行政管理职权，又有刑事诉讼法规定的刑事司法职权，而且，我国《刑事诉讼法》明确规定了由检察机关对这些机关的刑事司法行为进行法律监督。如何区分它们的刑事司法行为与行政行为，是界定这类不可诉行为的关键问题。区分刑事司法行为与行政行为的标准应该有行为目的、行为形式、行为机构、法律授权等。理解这一规定必须注意以下几点：①刑事司法行为的主体仅局限于公安机关、国家安全机关以及监狱管理机关等特定的国家行政机关。②刑事司法行为必须是刑事诉讼法明确规定的行为，如刑事侦查、刑事拘传、拘留、取保候审、监视居住、逮捕，这些行为因其明确授权而不具有可诉性。③仅仅局限于刑事诉讼法授权，不包括其他法律授权的行为。至于有些刑事侦查措施中采取的查封、扣押、冻结等措施，在其行政管理过程中也可作为行政强制措施来使用，二者的区分，就应该结合是否符合刑事诉讼法授权的目的来考察了。

之所以把公安、国家安全等机关的刑事司法行为排除在行政诉讼受案范围之外，基于如下考虑：①人们已经习惯把公安、国家安全等行政机关在刑事活动中的行为，作为刑事司法行为看待；②此类刑事司法行为已受检察机关的监督；③违法的刑事司法行为造成相对方损害的，相对方可以依照国家赔偿法获得救济。[1]

六、行政调解行为以及行政仲裁行为

《执行解释》第1条第2款第3项规定，人民法院不受理行政相对人对"调解行为以及法律规定的仲裁行为"提起的诉讼。

行政调解行为是指行政机关居间调解平等主体之间民事纠纷的行为。调解行为也是行政机关实施行政管理的一种重要手段。行政机关居间进行民事调解的一项重要原则，就是当事人自愿原则，行政机关必须尊重当事人意志，不得强迫当事人接受调解协议。因而当事人之间达成的民事调解协议，不是行政机关行使公权力的结果，行政机关在其中只起主持、说服、斡旋、劝告的作用。行政机关的民事调解行为不是一种行政行为，调解协议对行政机关本身和当事人都不具有必然的拘束力。因此，调解行为的性质就决定了行政机关的民事调解行为的不可诉性。

行政仲裁制度是法律规定的机构以中立者的身份对当事人之间的民事纠纷，依照一定的程序作出具有法律拘束力的判定的法律制度。根据一般法理，仲裁具有最终的法律效力。对行政机关的仲裁裁决处理不服，就不能再提起行政诉讼，依法只可以以民事案件起诉，这时仲裁裁决的法律效力便自行消灭。如《劳动法》第83条规定："劳动争议当事人对仲裁裁决不服的，可以自收到仲裁裁决书之日起15日内向人民法院提起诉讼。一方当事人在法定期限内不起诉又不履行仲裁裁决的，另一方当事人可以申请人民法院强制执行。"因此，《执行解释》规定，对行政机关的仲裁行为也不得提起行政诉讼。

应当注意的是，这里的"法律"是狭义的，仅仅指全国人民代表大会及其常委会制定、通过的规范性文件。仲裁行为必须是法律规定的仲裁，法规、规章规定的仲裁行为不具有这样的效力。因为，根据《立法法》第8条的规定，"下列事项只能制定法律：……⑨诉讼和仲裁制度"，仲裁行为属于国家最高权力机关的立法范围，只能由法律规定。

七、行政指导行为

《执行解释》第1条第2款第4项规定，人民法院不受理行政相对人对"不具有强制力的行政指导行为"提起的诉讼。

行政指导行为是行政机关运用非强制性手段，以相对人自愿为前提而达到行政目的的行为。行政主体就其职权范围之内，采用建议、劝告、说服等手段，取得相对人的同意或认可，而自觉为一定行为或不为一定行为，从而实现行政目的的活动。

---

[1] 参见最高人民法院行政审判庭编：《关于执行〈中华人民共和国行政诉讼法〉若干问题的解释释义》，中国城市出版社2000年版，第6页。

行政指导行为的一个最重要的特征就是对相对人不具有法律约束力。相对人可以遵守，也可以不遵守，行政机关不得强迫相对人服从行政指导。因此，行政指导对相对人不直接产生法律后果，即不直接导致相对人的权利义务的变化。"不具有强制力的行政指导行为"容易让人误解行政指导分为具有强制力和不具有强制力两类。根据《执行解释》的规定，行政指导行为因其没有强制力而不具有可诉性。

但是实践中一些利用公权力进行的行政指导，如以断绝信贷、撤销许可证为后盾，事实上带有胁迫、强制的性质，那么，这样的指导行为因实际上具有强制力，就仍属可诉行为。

八、重复处理行为

《执行解释》第 1 条第 2 款第 5 项规定，人民法院不受理行政相对人对"驳回当事人对行政行为提起申诉的重复处理行为"提起的诉讼。

重复处理行为是指行政机关在原有行政行为的基础之上所作的行政行为，相对人或者其他利害关系人对已经确定的行政行为提出申诉，有关行政机关维持了原行政行为，并驳回了当事人的申诉的行为。这种行为是对已过申请复议或起诉期限的行政行为进行的维持，实际上并没有创设新的权利义务关系，没有对当事人的权利义务产生新的影响。但是，假如行政机关在当事人提出申诉之后，就已成立的法律关系给予变更或消灭，那就意味着创设了新的权利义务关系，这种行为就具有可诉性。

《执行解释》规定对重复处理行为不得提起行政诉讼，并限定为"驳回当事人对行政行为提起申诉的重复处理行为"，也就是说只有这一类的重复处理行为才不可诉。《执行解释》规定人民法院不受理对重复处理行为提起的行政诉讼是十分必要的，这是行政诉讼起诉期限规则的重要保证。如果不将此类行为排除出司法审查范围，意味着取消了行政诉讼法和行政复议法规定的期限。《执行解释》否定重复处理行为的可诉性，主要基于下列考虑：一是重复处理行为没有对当事人的权利义务产生影响，没有形成新的行政法律关系，故没有可诉的必要。二是如果对这种行为可以提起行政诉讼，必然导致事实上取消提起复议或诉讼的期限。让当事人通过申诉，随时把行政行为拖入行政复议或行政诉讼之中。三是除无效行政行为外，行政行为均有公定力、确定力和执行力，如果允许重复处理行为纳入行政诉讼的受案范围，就会增加行政法律关系的不稳定，减少当事人对行政行为的信任度，从而使行政行为永远处于不稳定状态。[1]

---

〔1〕　参见最高人民法院行政审判庭编：《关于执行〈中华人民共和国行政诉讼法〉若干问题的解释释义》，中国城市出版社 2000 年版，第 8～9 页；江必新：《中国行政诉讼制度之发展——行政诉讼司法解释解读》，金城出版社 2001 年版，第 62～64 页。

九、不产生实际影响的行为

《执行解释》第 1 条第 2 款第 6 项规定，人民法院不受理行政相对人对"对公民、法人或者其他组织权利义务不产生实际影响的行为"提起的诉讼。

这里"对公民、法人或者其他组织权利义务不产生实际影响的行为"主要指的是还没有成立的行政行为以及还在行政机关内部运作的行为等。对公民、法人或者其他组织权利义务尚未产生实际影响，相对人对其提起行政诉讼没有实际意义。"实际影响"意味着产生了拘束力，对其权利义务产生了影响，进一步说即造成了事实，因此，可以说，对公民、法人或者其他组织权利义务没有拘束力、没有造成实际事实的行为。在此情况下，法院不适宜过早介入到行政程序中。

第十六章

第十七章

行政诉讼参加人

第一节　行政诉讼参加人概述

一、行政诉讼参加人的概念与范围

行政诉讼参加人，是指参加行政诉讼的整个过程或主要阶段，并与争议的行政行为有利害关系的当事人以及与当事人诉讼地位相类似的诉讼代理人。

当事人包括原告、被告、共同诉讼人和第三人，代理人包括法定代理人、指定代理人和委托代理人。

诉讼参加人的资格问题往往是人民法院首先要解决的问题。研究诉讼参加人，有利于准确地确定他们的诉讼法律地位和权利义务，进而顺利地开展行政诉讼活动。

此外，还有一个概念叫诉讼参与人，其包括诉讼参加人以及为了查明案件真实情况而参与诉讼过程中的人，如证人、鉴定人、勘验人员或翻译人员等。

二、行政诉讼当事人

（一）行政诉讼当事人的概念

行政诉讼当事人是指与被诉行政行为有一定的利害关系，以自己的名义参加诉讼并受人民法院裁判拘束的个人或组织。

当事人作为一个法律概念，被行政诉讼法的诸多条款使用。当事人是诉讼参加人的核心，包括原告、被告、共同诉讼人和第三人，这仅是他们在第一审程序中的称谓。在第二审程序中他们被称为上诉人和被上诉人。在审判监督程序中，如果适用第一审程序，称原审原告、原审被告；如果适用第二审程序，则称原审上诉人和原审被上诉人；在执行程序中，称为执行申请人和被执行申请人。不同的称谓反映出他们不同的诉讼地位。出于方便起见，人们习惯于用第一审程序中的称谓来概括当事人的范围。

（二）当事人的特征

1. 当事人同被诉的行政行为有一定的利害关系。在行政诉讼中，原告是认为行政行为侵犯其合法权益，为了维护自身利益而向法院起诉的一方；被告是法院通知其参加诉讼的一方，被告参加诉讼是为了进一步维护自己权益，因为法院裁判的对象就是被告作出的行政行为，所以被告也必然同诉讼有利害关系；而根据《行政诉讼法》第 29 条第 1 款的规定，"公民、法人或者其他组织同被诉行政行为有利害关系但没有提起诉讼，或者同案件处理结果有利害关系的，可以作为第三人申请参加诉讼，或者由人民法院通知参加诉讼"，第三人和被诉行政行为也有利害关系。可见，原告、被告以及第三人和被诉行政行为均存在一定的利害关系。"同被诉的行政行为有利害关系"是当事人和诉讼代理人的根本区别，对于法院裁判中的权利义务及责任归属，承担者只是当事人而非诉讼代理人，诉讼代理人是不受法院裁判内容约束的。例如，某未成年人受到行政处罚，其父作为法定代理人向法院起诉处罚机关，如果法院维持该行政处罚，则未成年人要被剥夺某种权利（如被剥夺一定的财产），其父只是与行政行为的后果有关系（如替其子支付罚款），但他与行政行为本身没有直接的关系，因为法院裁决的是该未成年人与处罚机关间的权利义务关系，而不是未成年人之父与处罚机关之间的关系。

2. 当事人以自己的名义进行诉讼。原告是以自己的名义起诉，被告以自己的名义应诉，第三人也以自己的名义参加诉讼，所以他们均是诉讼当事人。诉讼代理人则不同，无论何种代理人，均以被代理人的名义，而不得以自己的名义参加诉讼。

3. 当事人是要受到人民法院裁判拘束的人。人民法院的裁判是针对当事人之间的权利及义务关系作出的，目的是解决当事人之间的纠纷。裁判生效后，就产生确定力、拘束力和执行力，当事人要受生效裁判的拘束，一般要自动履行裁判，否则人民法院可以采取强制措施。对于代理人和其他诉讼参与人则不存在这个问题。

（三）当事人的诉讼权利能力和诉讼行为能力

1. 行政诉讼权利能力。行政诉讼权利能力是指当事人能以自己的名义参加诉讼活动，行使行政诉讼权利和承担行政诉讼义务的资格。只有依法具有诉讼权利能力的人才能成为诉讼活动的主体。

诉讼权利能力同权利能力相关联。权利能力是指法律关系的主体按照实体法的规定以自己的名义行使权利的资格，只有依法取得权利能力，才能成为实体法上的权利主体。反之，没有权利能力，便不能享有实体法上的权利。

2. 行政诉讼行为能力。诉讼行为能力又称诉讼能力，是指能够通过自己的行为实现诉讼权利、履行诉讼义务的资格。这里强调的是，当事人"通过自己的行为"而不是依靠他人的行为来实现权利、履行义务。

所有的公民都具有诉讼权利能力，这是法律为保护他们的权益而赋予他们的；但并非他们都具有诉讼行为能力，因为诉讼行为能力不能由法律赋予，而取决于他们的实体法上的行为能力。对于没有诉讼能力的人，他们的诉讼活动必须由他们的法定代理人和指定代理人代为进行。因此，诉讼行为能力问题是法定代理人和指定代理人产生的基础。行政机关、法人和其他组织不同于公民，它们的诉讼行为能力和它们实体法上的行为能力一样，于组织成立时开始，于组织终止时结束。

由此可见，就公民而言，都有诉讼权利能力，但不一定有诉讼行为能力；就行政机关、法人和其他组织而言，在诉讼权利能力存在期间都有诉讼行为能力。

第二节　行政诉讼的原告

一、行政诉讼原告的概念与特征

《行政诉讼法》第25条第1款规定，"行政行为的相对人以及其他与行政行为有利害关系的公民、法人或者其他组织，有权提起诉讼"。在行政诉讼中，原告是主动发动诉讼，以使争议进入法院救济渠道的引发者，是行政诉讼中最为关键、最具有基础地位的两造之一，是诉讼参与人、诉讼参加人和当事人的属概念。行政诉讼原告具有以下几个方面的特征：

（一）原告以自己的名义向人民法院提起诉讼

原告是以自己的名义而非他人的名义起诉，这是与诉讼代理人以及为他人利益诉讼的主要区别。诉讼代理人参与诉讼的原因是为当事人提供法律帮助，其并非为了自己的利益；为他人利益的诉讼是指虽然没有诉的利益或者在与自己的利益非常间接的情况下提起的诉讼。我国不允许为他人的利益提起行政诉讼。[1]

（二）原告包括的范围有"行政相对人"和"其他与行政行为有利害关系"的公民、法人或其他组织

在现代民主法治社会，公民、法人和其他组织享有广泛的权益。行政活动过程不可避免地会使得一些受法律保护的权益受到行政执法人员的侵害。为了维护这些合法权益，法律赋予了他们诉权，可通过司法程序解决与行政机关之间的纠纷。一般而言，只有行政相对人才能成为原告，但在一些特定情况下，与行政行为有一定利害关系的人，因行政行为受到实质的不利影响的公民、法人或其他组织也可以成为原告，如行政处罚中的受害人、行政许可中的公平竞争权人等。

（三）原告是认为行政行为侵犯自己合法权益的人

对于某个行政行为，并非任何人都有资格作为原告起诉，只有与行政行为有利害关系，为了保护自己的合法权益的人，才可以作为原告提起诉讼。能否取得原告的资格，关键看他与被诉讼行政行为有无利害关系，这就是大多数国家采用的诉讼利益原则。如果一个人对某一行政行为不享有诉讼上的利益，他就不能取得原告资格。所谓诉讼上的利益，就是指原告能够从诉讼中获得的利益。这种利益在起诉时是主观的，公民、法人和其他组织只要自己主观上认为其合法权益受到行政行为的侵犯，就可以起诉，而不要求其权益客观上受到了侵犯，因为客观上是否受到侵犯，

---

〔1〕　梁凤云：《新行政诉讼法讲义》，人民法院出版社2015年版，第146页。

需要法院立案以后，经过审理才能认定。从某种意义上可以说，这是一种程序性的权利。这种程序性只需要原告负担原告资格初步的证明责任即可，至于是否真正属于实体法上的权益留待诉讼结束后才可以确定。要求确定原告资格时就必须弄清全部案件事实和相关法律，是不可能的，也是不科学的。[1]这种在起诉时的主观利益标准，也可称为"认为"标准，这种标准对于保障相对人的诉权意义重大，也充分反映了起诉阶段的特点。当然，"认为"有因果关系和事实上有因果关系有所不同，这种主观的可能性标准能否落实，最终应由法院在综合审查的基础上加以科学判断。

另外，由于行政诉讼有明确的受案范围，所以，这里的合法权益并非指原告所享有的一切权益，而是指受行政诉讼法保护的权益，而且侵权行为也限于法定的行政行为，对不属于受案范围规定的行政行为不服的，不能提起行政诉讼，而应通过其他途径解决。

（四）原告是主动参加诉讼的当事人

原告为了保护自己的合法权益而向人民法院起诉，因此他是主动参加诉讼的人，其主动性体现于起诉行为。被告是由人民法院通知而参加诉讼，因而具有被动性。没有原告的主动起诉，就不会产生行政诉讼，而被告无论是否应诉，都不会影响行政诉讼的成立。

二、行政诉讼原告的判定

行政法律关系纷繁复杂，不同的行政法律关系会产生不同的原告，为了能够更好地判断原告，下面我们结合最高法院的相关司法解释，对原告的类别逐一分析。

（一）作为行政行为直接对象的公民、法人和其他组织

这是最常见的原告，例如，行政处罚中的受处罚人、行政强制中的被强制人、行政许可中被拒绝的许可申请人等。

（二）不服行政复议机关复议决定的复议申请人

行政相对人不服行政行为，原则上有权选择行政复议或行政诉讼。若选择了行政复议，对复议机关的复议决定不服，还可以再提起行政诉讼。

（三）因行政不作为行为受到不利影响的人

行政机关应当作为而不作为，致使相对人的合法权益受到影响，相对人可以起诉行政机关。常见的行政不作为行为有拒不履行法定职责，未依法发给抚恤金，对许可申请不予答复等。

（四）行政机关裁决的民事纠纷的当事人

行政机关解决民事纠纷的方式有调解和裁决等。当行政机关行使行政权裁决民事纠纷时，纠纷的当事人就成为行政相对人。当事人如果不服行政裁决，应当以裁决机关为被告提起行政诉讼，而不应提起民事诉讼。因为如果人民法院通过民事诉

---

[1]　江必新：《行政诉讼法——疑难问题探讨》，北京师范学院出版社1991年版，第122页。

讼处理该民事纠纷，则有可能造成行政处理与司法处理并存的矛盾局面。相反，如果法院通过行政诉讼程序审查行政裁决并将民事纠纷作为行政附带民事案件处理，则可一举两得，有利于消除矛盾，顺利实现诉讼目的。行政机关通过调解方式处理民事纠纷，不服调解的当事人应当以民事诉讼原告身份向法院起诉，而不能起诉调解机关。

（五）被限制了人身自由的公民

《执行解释》第11条第2款规定："公民因被限制人身自由而不能提起诉讼的，其近亲属可依其口头或书面委托以该公民的名义提起诉讼。"可见，这种情况下，原告仍是被限制了人身自由的公民，其近亲属是他的委托代理人。

（六）被主管行政机关撤职的企业法定代表人

主管行政机关的撤职决定若侵犯了企业法定代表人的经营管理权，法定代表人本人可以起诉；若撤职决定同时也侵犯了企业职工的自我管理权，企业职工也应当有原告的资格。

（七）《执行解释》规定的几种特殊情况

1. 第13条规定："有下列情形之一的，公民、法人或者其他组织可以依法提起行政诉讼：①被诉的具体行政行为涉及其相邻权或者公平竞争权的；②与被诉的行政复议决定有法律上利害关系或者在复议程序中被追加为第三人的；③要求主管行政机关依法追加加害人法律责任的；④与撤销或者变更行政行为有法律上利害关系的。"

2. 第14条规定："合伙企业向人民法院提起诉讼的，应当以核准登记的字号为原告，由执行合伙企业事务的合伙人作诉讼代表人；其他合伙企业提起诉讼的，合伙人为共同原告。不具备法人资格的其他组织向人民法院提起诉讼的，由该组织的主要负责人作诉讼代表人；没有主要负责人的，可以由推选的负责人作诉讼代表人。同案原告为5人以上的，应当推选1至5名诉讼代表人参加诉讼；在指定期限未选定的，人民法院可依职权指定。"

3. 第15条规定："联营企业、中外合资或者合作企业的联营、合资、合作各方，认为联营、合资、合作企业权益或者自己一方合法权益受行政行为侵害的，均可以自己的名义提起诉讼。"

4. 第16条规定："农村土地承包人等土地使用权人对行政机关处分其使用的农村集体所有土地的行为不服，可以自己的名义提起诉讼。"

5. 第17条规定："非国有企业被行政机关注销、撤销、合并、强令兼并、出售、分立或者改变企业隶属关系的，该企业或者其法定代表人可以提起诉讼。"

6. 第18条规定："股份制企业的股东大会、股东代表大会、董事会等认为行政机关作出的行政行为侵犯企业经营自主权的，可以企业的名义提起诉讼。"

（八）其他司法解释规定的几种特殊情况

1. 《最高人民法院关于审理行政许可案件若干问题的规定》中的原告资格。根据该规定，下列情形的起诉人具有原告资格：

（1）公民、法人或者其他组织认为行政机关作出的行政许可决定以及相应的不作为，或者行政机关就行政许可的变更、延续、撤回、注销、撤销等事项作出的有关行政行为及其相应的不作为侵犯其合法权益，提起行政诉讼的。

（2）公民、法人或者其他组织认为行政机关未公开行政许可决定或者未提供行政许可监督检查记录侵犯其合法权益，提起行政诉讼的。

（3）行政机关受理行政许可申请后，在法定期限内不予答复，公民、法人或者其他组织向人民法院起诉的。

2. 《最高人民法院关于审理房屋登记案件若干问题的规定》中的原告资格。根据该规定，下列情形的起诉人具有原告资格：

（1）公民、法人或者其他组织对房屋登记机构的房屋登记行为以及与查询、复制登记资料等事项相关的行政行为或者相应的不作为不服，提起行政诉讼的。

（2）房屋登记机构为债务人办理房屋转移登记，债权人不服提起诉讼，符合下列情形之一的：①以房屋为标的物的债权已办理预告登记的；②债权人为抵押权人且房屋转让未经其同意的；③人民法院依债权人申请对房屋采取强制执行措施并已通知房屋登记机构的；④房屋登记机构工作人员与债务人恶意串通的。

3. 《最高人民法院关于审理政府信息公开行政案件若干问题的规定》中的原告资格。根据该规定，下列情形的起诉人具有原告资格：

（1）向行政机关申请获取政府信息，行政机关拒绝提供或者逾期不予答复的。

（2）认为行政机关提供的政府信息不符合其在申请中要求的内容或者法律、法规规定的适当形式的。

（3）认为行政机关主动公开或者依他人申请公开政府信息侵犯其商业秘密、个人隐私的。

（4）认为行政机关提供的与其自身相关的政府信息记录不准确，要求该行政机关予以更正，该行政机关拒绝更正、逾期不予答复或者不予转送有权机关处理的。

（5）认为行政机关在政府信息公开工作中的其他行政行为侵犯其合法权益的。

4. 《最高人民法院关于审理涉及农村集体土地行政案件若干问题的规定》中的原告资格。根据该规定，下列情形的起诉人具有原告资格：

（1）农村集体土地的权利人或者利害关系人（以下简称土地权利人）认为行政机关作出的涉及农村集体土地的行政行为侵犯其合法权益，提起诉讼的。

（2）村民委员会或者农村集体经济组织对涉及农村集体土地的行政行为不起诉的，过半数的村民以集体经济组织名义提起诉讼的；农村集体经济组织成员全部转为城镇居民后，对涉及农村集体土地的行政行为不服的，过半数的原集体经济组织成员提起诉讼的。

（3）土地使用权人或者实际使用人对行政机关作出涉及其使用或实际使用的集体土地的行政行为不服的，可以以自己的名义提起诉讼。

（4）土地权利人认为行政机关作出的行政处罚、行政强制措施等行政行为侵犯其依法享有的农村集体土地所有权或者使用权，直接向人民法院提起诉讼的。

（5）土地权属登记（包括土地权属证书）在生效裁判和仲裁裁决中作为定案证据，利害关系人对该登记行为提起诉讼的。

三、行政诉讼原告的诉讼权利和义务

（一）原告的主要诉讼权利

1. 起诉权。原告有权提起行政诉讼，发起行政诉讼法律关系。当然，行政诉讼法律关系的实际发生，还取决于人民法院的受理，但没有原告的起诉就不可能发生行政诉讼。

2. 委托诉讼代理人的权利。行政诉讼的原告有权委托律师、近亲属以及当事人所在社区、单位以及有关社会团体推荐的公民作为其诉讼代理人，代理其参加诉讼，实施有关诉讼行为。

3. 提供证据和申请保全证据的权利。原告在诉讼中，有权向人民法院提供证据，以支持自己的诉讼请求。在行政诉讼中，原则上原告不承担举证责任，但是他享有提供证据的权利。当他认为证据有可能丧失或者今后难以取得的情况下，他有权申请人民法院采取证据保全措施。

4. 申请回避权。在行政诉讼中，如果原告认为审判人员、书记员、翻译人、鉴定人、勘验人等与本案有利害关系，可能影响公正审判的，有权申请相应的人员回避。

5. 补充、变更诉讼请求权。原告在人民法院宣告判决或裁定前，有权申请增加诉讼请求，如原来只提出撤销行政行为的请求，后又补充要求赔偿因该行政行为给其造成的损失。或者是申请变更诉讼请求，如原来只是要求变更行政处罚，后改为请求撤销行政处罚。

6. 申请财产保全和先予执行的权利。原告在行政诉讼中认为可能由于被告的行为，或者其他原因使以后的判决不能执行或难以执行时，有权向人民法院申请财产保全。原告在起诉行政机关没有依法发放抚恤金的案件中，有权在法院尚未作出判决前，申请人民法院裁定行政机关先予执行。

7. 申请强制执行权。人民法院在作出生效判决、裁定后，如果被告拒绝履行，原告有权申请人民法院强制执行。

8. 申请撤诉权。原告在人民法院作出判决、裁定前，有权主动申请撤诉。或者在被告改变行政行为后，同意其改变而撤诉。

9. 上诉权。原告对人民法院作出的一审判决、裁定不服，有权依法向上级人民法院提起上诉，请求进行再次审理，作出二审裁判。

10. 申请查阅补正庭审笔录权。原告在开庭审理后，有权申请查阅庭审笔录，如发现错误或遗漏，有权申请补正。

与被告的权利相比，上列第 1、5、8 项权利为原告所独有。

（二）原告的主要诉讼义务

原告的诉讼义务主要有：

1. 依法行使诉权，不得滥用诉权。

2. 遵守诉讼规则，服从法院指挥。

3. 自觉履行人民法院作出的发生法律效力的判决、裁定。

四、行政诉讼原告资格的转移

为了进一步保护行政相对人的合法权益，监督行政机关依法行政，《行政诉讼法》规定了原告资格的转移。所谓原告资格的转移，就是指有权起诉的公民、法人和其他组织死亡或终止时，他的原告资格依法转移给特定的有利害关系的公民、法人或其他组织的制度。

《行政诉讼法》第 25 条第 2 款、第 3 款规定："有权提起诉讼的公民死亡，其近亲属可以提起诉讼。有权提起诉讼的法人或者其他组织终止，承受其权利的法人或者其他组织可以提起诉讼。"

根据上述规定，原告资格转移的情况可以分为以下几种：

（一）有原告资格的公民死亡，原告资格可转移给其近亲属

《执行解释》第 11 条对近亲属的范围作出了规定，近亲属包括：配偶、父母、子女、兄弟姐妹、祖父母、外祖父母、孙子女、外孙子女和其他具有抚养、赡养关系的亲属。需要注意的是，具有原告资格的公民死亡后，其近亲属若承受了原告资格，他们就成为新的原告，而不是死者的代理人。他们也可以拒绝承受原告资格，这时诉讼就会因缺少原告而终止。

（二）有原告资格的法人或者其他组织终止，原告资格可以转移给承受其权利的法人或其他组织

法人或者其他组织终止有多种原因，无论何种原因，只要有承受权利的组织，原告资格就可以转移为其享有。但是，以下情形不发生原告资格的转移问题：

1. 法人或其他组织被行政机关吊销许可证或执照，该法人或组织仍有权以自己的名义提起行政诉讼。

2. 法人或其他组织破产，在破产程序尚未终止时，破产企业仍有权就此前的行政行为提起行政诉讼。

3. 法人或其他组织被主管机关决定撤销，不服撤销决定的组织，可以自己的名义提起行政诉讼。

具有原告资格的公民、法人和其他组织在起诉前死亡或终止的，因转移而获得原告资格的人可以起诉。在起诉后死亡或终止的，人民法院应当中止诉讼，等待获得原告资格的人参加诉讼。如果没有原告资格的承受人或拒绝承受原告资格，人民法院应当裁定终结诉讼程序。

第三节　行政诉讼的被告

一、行政诉讼被告的概念与特点

被告是指被原告认为其行政行为侵犯了自己的合法权益而诉至法院，因而由法院通知其应诉的行政机关或者法律、法规、规章授权的组织。行政诉讼必须由适格的被告参加诉讼。适格的被告，就是指符合法定条件的被告。在一个行政行为作出后，如果有人起诉，就应当有人作为被告，但是，行政系统是一个庞大而复杂的组织，既有上下级的隶属关系，又有横向的协作关系，加之各地行政机关的设置并不统一，使得行政诉讼中被告的确定成为一个复杂的问题。被告的判定具有重要意义，它一方面关系着原告的起诉能否成立，能否为人民法院所接受；另一方面，关系到对行政机关的合法权益的保护和对违法行为的监督。《执行解释》第 23 条规定："原告所起诉的被告不适格，人民法院应当告知原告变更被告；原告不同意变更的，裁定驳回起诉。"

行政诉讼的被告有三个特征：

1. 被告只能是行政机关和法律、法规及规章授权的组织。也就是说，被告只能是行政主体。行政主体理论对于确定被告的资格至关重要。某个行政组织是否可以作被告，首先看它是否具有行政主体资格，不具有行政主体资格就不能具有行政诉讼被告资格。因为只有行政主体才享有行政权，才能以自己的名义作出行政行为，并独立承担相应的法律责任。行政诉讼的重要任务之一便是监督行政行为并追究相应的法律责任，只有行政主体才有独立承担责任的能力，因此，国家公务员、行政机关的法定代表人以及不独立享有行政权、不能以自己的名义作出行政行为的行政机构都不能成为行政诉讼的被告。反之，享有对外管理职权的行政机关以及法律、法规规章授权的组织由于具备行政主体资格，所以具有成为行政诉讼被告的资格。

行政主体按照其权限的来源可以分为两大类，即职权性主体与授权性主体。前者的权力来源于宪法和组织法，我们称之为"职权"，例如，国务院和地方各级人民政府及其职能部门按照《宪法》《国务院组织法》和《地方组织法》的有关规定享有的职权。后者的权力来源于宪法和组织法以外的法律，我们称之为"授权"，例如，高校按照《学位条例》的授权享有的颁发学位的权力。我们通常把行政诉讼的被告概括为作出行政行为的"行政机关和法律法规及规章授权的组织"，实际上就是指职权性的主体和授权性的主体。

2. 被告必须是作出行政行为的行政机关以及法律、法规或规章授权的组织。由于行政相对人认为行政主体的行政行为侵犯自己的合法权益而向人民法院起诉，所以行政相对人起诉的客体是行政行为。可见，行政行为的存在是行政诉讼产生的前提，行政相对人只能将作出行政行为的行政主体诉至法院，没有作出行政行为的行政主体不可能成为被告。

3. 被告必须是人民法院通知应诉的人。由于被告资格最终由法院确认，所以只有在法院确认被诉行政机关或法律、法规、规章授权的组织符合前述两个条件，并通知其应诉，该行政主体才能成为特定行政案件中的被告。

二、行政诉讼被告的判定

通常，我们可以依据被告的概念、条件来判断在一个特定案件中究竟由谁来充当被告。但是，司法实践中也存在一些复杂或者特殊的情况。为了有助于进一步准确判断被告，有必要针对不同情形中被告的具体判定给予说明。

（一）作出行政行为的行政机关或法律、法规及规章授权的主体

这类被告在行政诉讼中是最常见的，产生这类被告的情形主要是，相对人不服有关主体作出的行政行为，不经复议直接向法院起诉，这种情况下，以作出行政行为的行政机关或法律、法规及规章授权的主体为被告。

（二）行政行为经复议后的被告的判定

《行政诉讼法》第26条第2款规定："经复议的案件，复议机关决定维持原行政行为的，作出原行政行为的行政机关和复议机关是共同被告；复议机关改变原行政行为的，复议机关是被告。"鉴于现实中复议机关不能严格依法审查或公正裁决行政案件，不能及时撤销或纠正行政机关违法或不当的行政行为，流于形式的"维持会"并没有很好地发挥复议制度高效便捷并定纷止争的制度预设功能，修正后的《行政诉讼法》加大了复议机关的责任力度。

特别要强调的是，根据该条之规定，复议后的案件，如果复议机关维持了原行政行为，复议机关和原行政行为机关是成为共同被告，而非只有原行政机关作被告，这是一重大的修改。根据《适用解释》第6条第1款之规定："'复议机关决定维持原行政行为'，包括复议机关驳回复议申请或者复议请求的情形，但以复议申请不符合受理条件为由驳回的除外。"

另外，复议机关改变原行政行为的，意味着行政行为发生了变化，这时候的复议结果覆盖了原行政行为结果，由复议机关作被告。根据《适用解释》第6条第2款之规定，"'复议机关改变原行政行为'，是指复议机关改变原行政行为的处理结果"。与之形成对比的是，《执行解释》第7条规定，"改变原具体行政行为"，包括：①改变原具体行政行为所认定的主要事实和证据的；②改变原具体行政行为所适用的规范依据且对定性产生影响的；③撤销、部分撤销或者变更原具体行政行为处理结果的。从上述条款观之，《执行解释》中的"改变原具体行政行为"的范围是远远大于《适用解释》的范围的，而依据《适用解释》第27条之规定，"最高人民法院以前发布的司法解释与本解释不一致的，以本解释为准"。可见，《执行解释》的条款已经被《适用解释》的条款取代，即改变原具体行政行为，仅限于改变了原具体行政行为的处理结果。

第十七章

　　《执行解释》第22条规定："复议机关在法定期限内不作复议决定，当事人对原行政行为不服提起诉讼的，应当以作出原行政行为的行政机关为被告；当事人对复议机关不作为不服提起诉讼的，应当以复议机关为被告"。《行政诉讼法》第26条第3款规定："复议机关在法定期限内未作出复议决定，公民、法人或者其他组织起诉原行政行为的，作出原行政行为的行政机关是被告；起诉复议机关不作为的，复议机关是被告。"从上述两条款来看，"不作复议决定"被"未作出复议决定"取代，另就措辞上表达更为精略简洁，但其核心意思保持了一致，即行政相对人对于复议机关在法定的期限内未作出复议决定而提起诉讼的，有两种情况：①相对人不服原行政行为而起诉；②不服复议机关的不作为行为而提起诉讼。在第一种情况下，被告应当是作出原行政行为的行政机关，在第二种情况下，被告应当是复议机关。

　　（三）共同作出行政行为的行政机关

　　《行政诉讼法》第26条第4款规定，两个以上行政机关作出同一行政行为，共同作出行政行为的行政机关是共同被告。

　　（四）作出行政行为的派出机关

　　派出机关是依照地方人民政府组织法成立的由地方人民政府派出的行政机关，派出机关依法具备行政主体资格。因此，行政相对人不服其行政行为而起诉时，它们可以成为行政诉讼被告。

　　（五）法律、法规和规章授权的行政机构

　　行政机构是行政机关内设的或派出的组织，原则上不具有行政主体资格，也就不能成为被告。但是有些行政机构依法享有行政权，从而取得行政主体资格，能以自己的名义作出行政行为，相对人若不服起诉的，该行政机构就是被告。

　　（六）作出行政行为的法律、法规和规章授权的非行政组织

　　该组织依法享有行政权，能以自己的名义作出行政行为，并能独立承担相应的法律责任，具有行政主体资格，因此，当它作出的行政行为被起诉后，它就成为被告。

　　（七）个人或组织接受行政机关的委托作出行政行为的，由委托机关作被告

　　在行政委托关系中，受托人是以委托人的名义作出行政行为的，由此产生的后果也由委托人承担，该行政行为应当视为委托人的行为，因此委托人应当是被告。

　　（八）行政机关与其他国家机关、党派和社会团体等共同作出行政行为的，由行政机关作被告

　　行政诉讼的被告必须是具有行政职权的国家机关或者法律、法规、规章授权的组织，这里的非行政机关均不享有行政主体资格，当然不能成为行政诉讼的被告。

　　（九）经上级行政机关批准的行政行为，应当以对外发生法律效力的文书上署名的机关为被告

　　经过上级机关批准而作出行政行为的，如果行政行为以经过上级批准为其效力成立的法定程序，上级行政机关应当作为被告。如果批准程序仅是内部程序，批准

机关不作被告，仅由作出行政行为的下级机关作被告。但是，这两种批准在法律实践中往往混杂在一起，难以辨认。因此，谁在对外生效的法律文书上署名，谁就作被告。如果上、下级都署名的，他们作共同被告。

（十）行政机关不作为被起诉时的被告

行政机关不作为分两种情况，一种是具有法定职责的行政机关应当主动行使职权、履行职责，该机关没有作出相应行为；另一种情况是具有行政职权的行政机关需要相对人申请才可以作出相应的行为，相对人提出申请，被申请机关没有履行或者拖延履行法定职责。前者，应当以具有法定职责的行政机关为被告；后者应当以相对人向其提出申请的行政机关为被告。区别在于，后一种情况下，相对人提出申请，要求其作为的行政机关不一定是具有法定职责的行政机关。

（十一）《执行解释》规定的几种特殊情况

1.《执行解释》第20条共有3款，分别规定："行政机关组建并赋予行政管理职能但不具有独立承担法律责任能力的机构，以自己的名义作出行政行为，当事人不服提起诉讼的，应当以组建该机构的行政机关为被告。""行政机关的内设机构或者派出机构在没有法律、法规或者规章授权的情况下，以自己的名义作出行政行为，当事人不服提起诉讼的，应当以该行政机关为被告。""法律、法规或者规章授权行使行政职权的行政机关内设机构、派出机构或者其他组织，超出法定授权范围实施行政行为，当事人不服提起诉讼的，应当以实施该行为的机构或者组织为被告。"

2.《执行解释》第21条规定："行政机关在没有法律、法规或者规章规定的情况下，授权其内设机构、派出机构或者其他组织行使行政职权的，应当视为委托。当事人不服提起诉讼的，应当以该行政机关为被告。"

行政授权具有准确的含义，必须有明确的法律依据。但是，在行政管理实践中，有些行政机关滥用行政授权的概念。比如，一个县政府在它的文件里，就"授权"他人行使某种行政权，由于县政府的文件显然不是行政授权的法律依据，因此，这种授权只能当作行政委托来处理。

（十二）其他司法解释中对被告的确认

1.《最高人民法院关于审理行政许可案件若干问题的规定》中的被告。根据该规定，下列情形中的被告分别应当是：

（1）当事人不服行政许可决定提起诉讼的，以作出行政许可决定的机关为被告；行政许可依法须经上级行政机关批准，当事人对批准或者不批准行为不服一并提起诉讼的，以上级行政机关为共同被告；行政许可依法须经下级行政机关或者管理公共事务的组织初步审查并上报，当事人对不予初步审查或者不予上报不服提起诉讼的，以下级行政机关或者管理公共事务的组织为被告。

（2）行政机关依据《行政许可法》第26条第2款的规定统一办理行政许可的，当事人对行政许可行为不服提起诉讼，以对当事人作出具有实质影响的不利行为的机关为被告。

2. 《最高人民法院关于审理政府信息公开行政案件若干问题规定》中的被告。根据该规定，下列情形中的被告分别应当是：

（1）公民、法人或者其他组织对国务院部门、地方各级人民政府及县级以上地方人民政府部门依申请公开政府信息行政行为不服提起诉讼的，以作出答复的机关为被告；逾期未作出答复的，以受理申请的机关为被告。

（2）公民、法人或者其他组织对主动公开政府信息行政行为不服提起诉讼的，以公开该政府信息的机关为被告。

（3）公民、法人或者其他组织对法律、法规授权的具有管理公共事务职能的组织公开政府信息的行为不服提起诉讼的，以该组织为被告。

（4）有下列情形之一的，应当以在对外发生法律效力的文书上署名的机关为被告：①政府信息公开与否的答复依法报经有权机关批准的；②政府信息是否可以公开系由国家保密行政管理部门或者省、自治区、直辖市保密行政管理部门确定的；③行政机关在公开政府信息前与有关行政机关进行沟通、确认的。

3. 《最高人民法院关于审理涉及农村集体土地行政案件若干问题的规定》中的被告。根据该规定，土地权利人认为土地储备机构作出的行为侵犯其依法享有的农村集体土地所有权或使用权，向人民法院提起诉讼的，应当以土地储备机构所隶属的土地管理部门为被告。

三、行政诉讼被告的诉讼权利和义务

（一）被告的主要权利

1. 在诉讼过程中变更原行政行为的权力。

2. 强制执行法院判决、裁定权。对于原告拒绝履行人民法院已经发生法律效力的判决、裁定的，没有强制执行权的行政机关应当申请人民法院强制执行，享有强制执行权的行政机关自己就可以依法对原告采取强制执行措施。

3. 委托诉讼代理人的权利。

4. 提供证据和申请保全证据的权利。

5. 申请回避权。

6. 申请保全财产权。

7. 上诉权。

8. 申请查阅补正庭审笔录权。

以上权利的第1、2项为被告所特有的权利，其他各项权利与原告相同。

（二）被告的义务

被告除了负有原告所负的义务外，还负有以下特有义务：

1. 应诉的义务。

2. 提供作出行政行为的证据和所依据的规范性文件的义务。

3. 执行法院裁定停止被诉行政行为的执行的义务。

4. 先行给付的义务。

四、行政诉讼被告资格的承继

在行政诉讼中，被告的资格有时也会转移，主要情况就是被告被撤销，其被告资格转移给其他行政主体。行政诉讼被告资格之所以可以承继，是因为行政权的行使是一种国家公权力的运作，基于行政活动的连续性，不应因为行政机关组织发生变化而影响到当事人合法权益的保护和救济，可以说，被告资格转移制度有利于顺利地追究行政责任，保护原告的合法权益，并监督行政机关依法行使行政职权。

被告资格转移的情况有两种：①作为被告的行政机关被撤销；②法律、法规或规章授权的组织依法不再享有行政权。在现实中，表现为吸收式合并分立和新设式合并分立。无论哪一种情况，一般都有新的行政主体继续行使其职权。在实践中，有的机关被撤销后，其职权由原有的其他行政机关行使，有的是由新组建的行政机关行使，有的收归于人民政府，有的机关被撤销后，其职权随着机构改革和政府职能转变而不复存在，其事务转由社会组织自我管理。如果作为被告的行政机关被撤销后，其行政职权转由其他行政机关行使，则由该行政机关继受被告资格。被告资格的转移是由相关法律所规定的，不取决于承受者的主观意志。《行政诉讼法》第26条第6款规定："行政机关被撤销或者职权变更的，继续行使其职权的行政机关是被告。"

第四节　行政诉讼的第三人

一、行政诉讼第三人的概念和特征

《行政诉讼法》第29条第1款规定："公民、法人或者其他组织同被诉行政行为有利害关系但没有提起诉讼，或者同案件处理结果有利害关系的，可以作为第三人申请参加诉讼，或者由人民法院通知参加诉讼。"

根据上述之规定，可见，行政诉讼第三人具有以下特征：

1. 同被诉行政行为有利害关系但没有提起诉讼。所谓利害关系，是指被诉行政行为对公民、法人或其他组织的权利义务产生了不利影响，主要表现为权利的丧失或者减损以及义务的苛加等情况。如有关确认自然资源使用权或者所有权的案件中，行政机关将使用权或所有权确认给一方，事实上就相当于为另一方设定了不得妨碍和尊重的义务，另一方可以作为第三人参加诉讼。再如，市政府因扩建马路要拆除甲的房子，但甲的房子已经抵押给乙，乙是抵押权人，市政府拆除甲的房屋的决定不仅使甲丧失了房屋的所有权和居住权，也使得乙的抵押权归于消灭。乙与被诉行政行为之间具有了利害关系，乙可以作为第三人参加诉讼。

2. 同案件处理结果有利害关系。如甲乙二人互殴，公安机关处罚了甲，甲不服向法院起诉，这时候，法院应当通知乙作为第三人参加诉讼。因为虽然处罚决定没有给乙方设定义务，但是进入到诉讼程序后，如果行政行为的效力或者内容发生了变化，将会使其可能承担一定的不利后果，如果法院在审查中认为处罚显示公正或者事实不清，判决撤销原处罚决定并重新作出新的处罚决定时，法院的裁判事实上必然包含着对乙苛加一定责任的后果。

3. 第三人一般是在行政法律关系中处于行政相对人的地位。作为行政主体的行政机关，不能作为第三人参加诉讼，但行政机关和其他国家机关如果处于行政相对人的地位时，就可以在行政诉讼中作为第三人。少数情况下，作为行政主体的行政机关在特定的诉讼关系中也具有第三人资格，这样有利于行政诉讼目的的实现。如某市的经济技术开发区管委会批准某公司在区内建造一座宾馆，在施工中，市规划局认为该建筑违反城市规划，要求停止建设并拆除已建部分，该公司不服，对规划局提起行政诉讼。在诉讼中，法院将开发区管委会列为第三人通知其参加诉讼，法院的这种做法是有道理的，但行政诉讼法和有关的司法解释都未提供相应的法律依据。

4. 其参加诉讼的方式是主动申请参加，或者由法院通知被动参加到已经启动但尚未结束的行政诉讼进程中。公民、法人或者其他组织以及行政机关申请作为第三人参加诉讼的，如果人民法院确定其第三人身份，应当允许其参加诉讼。人民法院在案件审理中发现存在第三人时，应当及时通知其参加诉讼。

5. 第三人具有独立的诉讼地位，并在法定情形下享有上诉权。《行政诉讼法》第29条第2款规定："人民法院判决第三人承担义务或者减损第三人权益的，第三人有权依法提起上诉。"依据该条款，在法定情形下，即判决第三人承担义务或者判决使第三人权益受到重大限缩时，第三人还具有独立的上诉权。可见，第三人参加诉讼的目的是维护自己的合法权益。

二、行政诉讼第三人的判定

行政诉讼法和司法解释未明确列举第三人的种类，在司法实践中，行政诉讼第三人大致有以下几种：

（一）类似原告地位的第三人

1. 行政处罚中的受处罚人。行政机关对违法行为人作出行政处罚后，受处罚人未起诉，被受处罚人所侵犯的受害人起诉，在这种情况下，受处罚人可以作为第三人参加诉讼。

2. 被受处罚人侵害的受害人。行政机关对违法行为人处罚后，受处罚人不服行政处罚起诉的，被受处罚人侵害的人可以作为第三人参加诉讼。

3. 行政裁决的当事人。行政机关依职权裁决平等主体之间的权属纠纷或侵权赔偿纠纷，一方当事人不服行政裁决而起诉行政机关时，另一方当事人可以作为第三人参加诉讼。

4. 行政行为的直接相对人。行政机关作出某种行政行为，行政行为的直接相对人未起诉，但其他受到行政行为的不利影响的人提起诉讼，这时行政行为的直接相对人可作为第三人参加诉讼。如行政机关批准甲在某地上建房，但乙认为房屋建成会影响自己的交通、采光或排水，因而起诉批准机关，甲就成为该案的第三人。

5. 权益受到行政行为影响的人。行政机关作出某行政行为，既影响直接相对人的权益，又影响非直接相对人的权益，直接相对人不服行政行为向法院起诉的，非直接相对人就成为第三人。如行政机关撤销某人的厂长职务，按有关规定，行政机关任免企业法定代表人时应当征求企业职工代表大会的意见，但事实上该行政机关并未征求其意见，该厂长若不服撤职决定而起诉时，企业职工代表大会或企业职工就可以作为第三人参加诉讼。

6. 多相对人行为中的未起诉方。行政机关的同一行政行为涉及两个以上的利害关系人，其中一部分利害关系人对行政行为不服提起诉讼，人民法院应当通知没有提起诉讼的其他利害关系人作为第三人参加诉讼。例如，甲乙丙丁四人赌博，被公安机关抓获，每人被罚款 1000 元，甲乙二人不服，提起行政诉讼，则人民法院应当通知丙丁二人作为第三人参加诉讼。

7.《最高人民法院关于审理房屋登记案件若干问题的规定》中关于第三人的认定。该规定第 6 条明确：人民法院受理房屋登记行政案件后，应当通知没有起诉的下列利害关系人作为第三人参加行政诉讼：①房屋登记簿上载明的权利人；②被诉异议登记、更正登记、预告登记的权利人；③人民法院能够确认的其他利害关系人。

（二）类似于被告地位的第三人

1. 两个以上的行政机关共同作出行政行为，但原告只起诉其中的一部分，人民法院要求原告追加另外一部分为被告，但原告不同意的，人民法院应当通知其以第三人的身份参加诉讼。《执行解释》第 23 条规定："原告所起诉的被告不适格，人民法院应当告知原告变更被告；原告不同意变更的，裁定驳回起诉。应当追加被告而原告不同意追加的，人民法院应当通知其以第三人的身份参加诉讼。"

另外，《适用解释》第 7 条规定："复议机关决定维持原行政行为的，作出原行政行为的行政机关和复议机关是共同被告。原告只起诉作出原行政行为的行政机关或者复议机关的，人民法院应当告知原告追加被告。原告不同意追加的，人民法院应当将另一机关列为共同被告。"可见，在案件经复议的情形下，复议机关和作出原行政行为的行政机关之间是成立共同被告，而非被列为第三人，这是基于复议制度的特殊性而作出的特殊规定。

2. 两个以上的行政机关作出相互矛盾的行政行为，非被告的行政机关应以第三人的身份参加诉讼。例如，甲机关批准某人建房，但乙机关认为该建设行为违法，责令停止，此人不服并以乙机关为被告提起行政诉讼，则甲机关应当作为第三人参加诉讼。

三、行政诉讼第三人的诉讼权利和义务

在行政诉讼法律关系中，第三人具有当事人的地位，从而享有与原告或被告基本相同的权利义务。其中对第三人较为重要的权利是：对人民法院的一审判决不服，有权提起上诉。第三人应当依法参加诉讼活动，自觉履行法院的生效裁判为其确定的义务，否则可强制执行。

第五节　行政诉讼的共同诉讼人

一、行政诉讼的共同诉讼人

（一）共同诉讼的概念

通常情况下，行政诉讼只有一个原告和一个被告，但在某些情况下，行政诉讼的原告可能是两个以上的公民、法人或其他组织，被告也可能是两个以上的行政机关，有时甚至原告和被告都两人以上。这种一方或双方当事人为两人以上的诉讼，就是共同诉讼。共同诉讼的当事人，我们称之为共同诉讼人。原告为两人以上的，我们称之为共同原告；被告为两人以上的，我们称之为共同被告。

共同诉讼实际上是诉的主体的合并，即诉讼有几个原告或几个被告，或原告、被告均为多数，诉讼标的是"同一或同类行政行为"，人民法院为了便于审理将其合并。它与诉的客体的合并不同，诉的客体的合并是一个原告对一个被告的数个行政行为提起诉讼，人民法院将其合并审理。例如，原告请求法院判决被告的行政处罚行为以及对处罚的强制执行行为违法的行政诉讼，即属于诉的客体的合并。

设立共同诉讼制度的意义在于，人民法院可以通过共同诉讼的形式，一并解决相关的行政诉讼，从而简化诉讼程序，节省时间和费用，避免人民法院在同一事件上作出相互矛盾的判决。

（二）共同诉讼的分类

按照诉讼标的的不同性质，共同诉讼又可分为必要的共同诉讼和普通的共同诉讼。

1. 必要的共同诉讼，是指当事人一方或双方为两人以上，诉讼标的是同一行政行为的诉讼。必要的共同诉讼的特征在于诉讼标的的同一性，即行政案件因同一行政行为发生。同一行政行为是指一个或几个行政机关，针对一个或几个公民、法人或其他组织，基于一个意思表示实施的一个行政行为。在实践中，必要的共同诉讼有以下几种情形：

（1）两人以上共同违法，被行政机关在同一处罚决定中分别处罚，受处罚人均不服提起诉讼的。

（2）法人或其他组织违法受到处罚，该法人或组织的主要负责人同时受到处

罚，两者均不服处罚提起诉讼的。

（3）治安行政案件中，两个以上的受害人均不服公安机关对加害人的行政处罚而提起诉讼的。

（4）两个以上的行政机关针对同一行政相对人联合作出行政行为，相对人不服而提起诉讼的。

（5）治安行政案件中，被处罚人和受害人均不服公安机关的处罚决定而提起诉讼的。

（6）行政机关对民事纠纷作出裁决后，纠纷当事人均不服行政裁决，向法院起诉裁决机关的。

必要的共同诉讼中，共同诉讼人对行政行为有共同的权利和义务，其中任何一人不参加诉讼，争议的权利义务关系就难以确定。因此，对于必要的共同诉讼的当事人而言，如果其没有参加到已经发生的诉讼中的话，法院应及时追加其参加到诉讼中来。

2. 普通的共同诉讼，是指当事人一方或双方为两人以上，其诉讼标的是同类的行政行为，人民法院认为可以合并审理并经当事人同意的诉讼。所谓同类的行政行为，是指两个以上性质相同的行政行为，普通的共同诉讼，是一种可分之诉。这种诉讼能够合并审理一般需符合以下条件：①被诉行政行为属于同一种类；②由同一法院管辖；③属于同一诉讼程序，如果有的属于普通程序，有的属于简易程序，则不能作为共同诉讼审理；④人民法院认为可以合并审理，如果法院认为合并审理会影响诉讼效率，增加案件审理难度，则不能作为共同诉讼来审理；⑤须经当事人同意，如果当事人认为将其案件与他人案件合并审理会妨碍其诉讼权利的享有或有效行使，不同意合并审理，则人民法院不得强行将案件合并为共同诉讼案件来审理。

二、行政诉讼的集团诉讼

所谓集团诉讼，是指行政诉讼原告一方人数众多，由他们推选诉讼代表人参加的诉讼。在行政诉讼实践中，集团诉讼并不少见，如行政机关的违法收费行为、征地行为、拆迁行为、变更或终止土地承包行为等都会引发集团诉讼。集团诉讼的方式既能简化诉讼程序，节约当事人的人力、物力和司法资源，达到诉讼经济的目的，又能提高办案质量和效果，避免对同一或同类行政行为作出不一致的裁判。

集团诉讼是共同诉讼中的一种，但它与一般的共同诉讼又有区别：

1. 集团诉讼中的集团只能是原告一方，其人数从几十人到几百、几千不等，有的案件甚至达到上万人，作为被告一方的行政主体不可能多到成为一个集团的地步，而一般的共同诉讼是一方或者双方当事人为 2 人以上。《执行解释》第 14 条第 3 款明确规定："同案原告为 5 人以上，应当推选 1 至 5 名诉讼代表人参加诉讼；在指定期限内未选定的，人民法院可以依职权指定。"由该款观之，区分二者的界限是"5人以上"，即原告一方为 5 人以上的诉讼就是集团诉讼。

第十七章

2. 集团诉讼不要求众多的原告都参加诉讼，而是由他们推选 1～5 名诉讼代表人参加诉讼，即集团诉讼实行诉讼代表制，诉讼代表人代表所有的原告作出意思表示。一般而言，诉讼代表人应当具有以下条件：①与所代表的当事人有相同的利益；②具有诉讼行为能力；③乐于为集团的全体成员服务；④经过集团成员推选产生或者在指定期限内未选定的，人民法院可依职权指定。而在共同诉讼中，共同诉讼人都是该案的当事人，都参加诉讼。

3. 集团诉讼中诉讼代表人的诉讼行为的效力，除及于本人外，还及于集团中的每一个人。《行政诉讼法》第 28 条规定："当事人一方人数众多的共同诉讼，可以由当事人推选代表人进行诉讼。代表人的诉讼行为对其所代表的当事人发生效力，但代表人变更、放弃诉讼请求或者承认对方当事人的诉讼请求，应当经被代表的当事人同意。"

人民法院受理集团诉讼之后，如发现原告一方人数众多，起诉时人数尚未确定的，应当发出公告，通知权利人在指定的期限内到法院登记，裁判作出后，对登记的全体成员发生法律效力，未参加登记的人，后来又向法院起诉且没有超过诉讼时效的，直接适用该裁判。

诉讼代表人是一种独立的诉讼主体，其和诉讼代理人截然不同，两者的区别主要体现在：诉讼代表人是本案的当事人，与本案的诉讼标的有利害关系，其参加诉讼的目的，在主观维护自己利益的同时，客观也维护了其所代表的人的利益，因为其和诉讼标的有密切的利害关系，其会尽心尽责的履行代表职责，其参加诉讼是以自己的名义进行的。而诉讼代理人不是本案的当事人，与诉讼标的没有利害关系，以被代理人的名义参加诉讼，其参加诉讼的目的也只是维护被代理人的合法权益。

第六节　诉讼代理人

一、诉讼代理人的概念和特征

诉讼代理人是指根据行政诉讼法的规定或者当事人的授权，在代理权限内，以当事人的名义，代理当事人进行诉讼活动的人。

我国《行政诉讼法》规定诉讼代理人制度，有助于帮助当事人参加诉讼活动，保护其合法权益，有助于法院正确及时审理行政案件，顺利完成诉讼任务。诉讼代理人的一般特征是：

1. 以被代理人的名义而不是以自己的名义进行诉讼活动。

2. 参加诉讼的目的是维护被代理人的合法权益，而不是维护自己的权益。

3. 诉讼代理人在其代理权限内所实施的行为，其法律后果由被代理人承担，超越代理权所实施的行为是无效行为，其后果由代理人自己承担。

4. 只能代理争议的一方当事人，不能在同一诉讼中代理原告、被告双方。

5. 诉讼代理人必须具有诉讼行为能力。

二、诉讼代理人的种类

(一) 法定代理人

法定代理人是指根据法律取得代理权，代替无诉讼行为能力的公民进行诉讼的人。《行政诉讼法》第 30 条规定："没有诉讼行为能力的公民，由其法定代理人代为诉讼……"这里的"没有诉讼行为能力的公民"是指未成年人和不能辨认自己行为的精神病人。为了保护无诉讼行为能力的人的合法权益，《民法总则》为他们设置了监护人，未成年人的监护人可以由其父母、祖父母、外祖父母、兄、姐担任，其他愿意担任监护人的个人或组织经未成年人住所地的居民委员会或村民委员会或民政部门同意也可担任监护人。无行为能力或限制行为能力的精神病人的监护人由配偶、父母、成年子女、其他近亲属或关系密切的其他亲属、朋友经居民委员会或村民委员会同意的人担任。在进行诉讼活动时，监护人是被监护人的法定代理人。

(二) 指定代理人

指定代理人是指被人民法院指定代理无诉讼行为能力的当事人进行诉讼活动的人。指定代理人的代理权来源于人民法院的指定行为。《行政诉讼法》第 30 条规定："……法定代理人互相推诿代理责任的，由人民法院指定其中一人代为诉讼。"指定代理人与法定代理人有相同的权利义务，但当指定代理人代为处分被代理人的实体权利时，应受到人民法院的审查监督。指定代理人因当事人获得诉讼行为能力或案件审理终结而丧失其代理资格，人民法院也有权取消指定代理人的资格，另行指定其他人为指定代理人。

(三) 委托代理人

委托代理人指受当事人或其法定代理人的委托，代理被代理人进行诉讼活动的人。委托代理人同法定代理人、指定代理人有明显的区别，其代理权是基于当事人或其法定代理人的委托而产生，代理权限一般由代理人和被代理人商议确定，签订委托协议书，并将委托协议书递交人民法院，解除代理关系也应书面报告人民法院。《执行解释》第 25 条规定了当事人委托诉讼代理人的具体方式："当事人委托诉讼代理人，应当向人民法院提交由委托人签名或者盖章的授权委托书。委托书应当载明委托事项和具体权限。公民在特殊情况下无法书面委托的，也可以口头委托。口头委托的，人民法院应当核实并记录在卷；被诉机关或者其他有义务协助的机关拒绝人民法院向被限制人身自由的公民核实的，视为委托成立。当事人解除或者变更委托的，应当书面报告人民法院，由人民法院通知其他当事人。"

《行政诉讼法》第 31 条规定了委托代理制度，即"当事人、法定代理人，可以委托一至二人作为诉讼代理人。下列人员可以被委托为诉讼代理人：①律师、基层法律服务工作者；②当事人的近亲属或者工作人员；③当事人所在社区、单位以及有关社会团体推荐的公民"。能够成为委托代理人的仅限于上述明文规定的类型。其中，当事人所在社区主要指当事人所在的居委会和村委会；当事人所在单位指当事人的服务或供职处所；有关社会团体指对于当事人负有保护责任的特定团体，如消费者协会、妇联、工会、学联、特定的基金会、中国红十字会等。

另外，《行政诉讼法》第3条第3款规定：“被诉行政机关负责人应当出庭应诉。不能出庭的，应当委托行政机关相应的工作人员出庭。”《适用解释》第5条规定：“行政诉讼法第3条第3款规定的‘行政机关负责人’，包括行政机关的正职和副职负责人。行政机关负责人出庭应诉的，可以另行委托1至2名诉讼代理人。”这一规定不仅对于监督行政机关依法行政具有重要意义，对于保障作为原告的行政相对人的合法权益也有重要意义。“行政诉讼法实施20多年，平均每年审案近10万起，但很少有行政机关负责人出庭应诉的，绝大多数的情况是‘告官不见官’。由于行政机关负责人不出庭，他们不了解相对人合法权益被侵犯的实际情况，原告即使胜诉，往往也很难获得实际有效的救济。而且行政机关也难于吸取违法侵权的教训，在以后类似的行政行为中可能重蹈覆辙，仍然继续违法侵权。”[1]上述规定的进步性不言而喻。

《行政诉讼法》第32条规定了诉讼代理人的权利，即“代理诉讼的律师，有权按照规定查阅、复制本案有关材料，有权向有关组织和公民调查，收集与本案有关的证据。对涉及国家秘密、商业秘密和个人隐私的材料，应当依照法律规定保密。当事人和其他诉讼代理人有权按照规定查阅、复制本案庭审材料，但涉及国家秘密、商业秘密和个人隐私的内容除外”。该条较修正前发生了内容权限上的重大变化，主要体现在：①明确获取相关信息或者收集证据等是一项法定权利，是“有权”而非“可以”，非有法定的阻却事由，该项权利应予以尊重和保障。②增加了“复制”相关信息材料的权利，而非仅仅限于“查阅”。③代理律师和当事人以及其他诉讼代理人的权利是有区别的，律师查阅复制的是“本案有关材料”，即除了合议庭评议案件和审委会讨论案件的记录以外的其他卷内材料，都属有权之列，而当事人及其他诉讼代理人只能查阅复制“庭审材料”；并且律师还拥有调查取证权，而当事人及其他诉讼代理人是不享有此项权利的；另外，对于涉及国家秘密、商业秘密和个人隐私的信息材料，律师要保密，而当事人及其他诉讼代理人是无权查阅复制的。

---

〔1〕 姜明安：“改革和完善行政诉讼体制机制，加强人权司法保障”，载《国家行政学院学报》2015年第1期。

第十七章

第十八章
行政诉讼证据

第一节　行政证据与行政诉讼证据

一、行政证据

（一）行政证据的含义

行政证据是指行政机关在行政执法的时候所收集的作为作出行政行为依据的相关证明材料。依法行政的基本要求是行政机关在作出行政行为之前应当先行收集证据，然后依据法律作出行为。一旦该行为被起诉，则行政机关有在该行为作出之前收集的证据以证明自己的行为合法。《行政诉讼法》第34条第1款明确规定："被告对作出的行政行为负有举证责任，应当提供作出该行政行为的证据和所依据的规范性文件。"从《行政诉讼法》的规定来看，行政证据主要包括行政行为作出的事实依据以及法律依据，这些都构成行政证据。

（二）行政证据的特征

1. 行政证据产生于行政执法过程中。行政机关履行自己的职权、承担自己的职责的活动就是行政执法，而在各种行政执法过程中都会产生相应的证据，这些证据通常由行政机关收集。在依申请的行政行为中，提出申请的公民或法人提交给行政机关的资料也构成行政证据。

2. 行政证据产生有相关的程序规定。行政证据产生于行政机关的执法过程中，而法律规定行政机关执法的时候应当依据一定的程序实施，因此行政证据的产生也必需遵守这些程序的规定。如行政处罚法规定行政机关在调查或者进行检查时，执法人员不得少于两人，即就是说行政机关如在调查收集证据的时候执法人员如何少于两人的话则可能产生证据的合法性问题。

3. 行政证据一定的格式要求。如行政处罚法规定行政处罚决定书应当有预定格式并且编有号码。而且处罚决定书的内容应当载明当事人的违法行为、行政处罚依据、罚款数额、时间、地点以及行政机关名称，并由执法人员签名或者盖章。因此缺乏这些固定格式就无法成为行政执法中合法使用的证据。

4. 行政机关收集行政证据的原则。行政机关应当全面、客观、公正地调查，收集有关证据，不能够只收集有利于某一方的证据。行政机关的行为主要是为了公共利益的实现而不是某一方利益的实现，所以在收集证据的时候也需要从公共利益出发来考虑收集的全面性、客观性以及公正性。

5. 行政证据可以由行政机关强制取得。行政机关在收集行政证据时如果通过普通手段无法收集得到，依照法律、法规的规定，可以使用检查等强制性的手段取得行政证据。

6. 行政机关收集行政证据的时候有一定的程序要求。如《西安市行政程序规定》中规定，行政机关以偷拍、偷录、窃听等手段侵害他人合法权益取得的证据违反程序规定属于无效证据。如采取如公路监督检查的专用车辆，应当依照公路法的规定，设置统一的标志和示警灯。

（三）行政证据与行政诉讼证据

行政证据与行政诉讼证据有一定的区别，具体如下：

1. 两者产生的程序不同。前者产生于行政程序之中，而后者出现于司法程序中。行政证据产生于行政机关的执法程序中，而行政诉讼证据产生于行政诉讼程序中。因此行政证据主要用于支持行政机关能否作出行政行为，而行政诉讼证据主要用于支持行政审判中原告与被告能否胜诉。

2. 两者范围不同，存在交集。行政证据主要针对行政机关执法的时候收集的证据而言，因此范围比较大，内容比较杂乱，而行政诉讼证据主要是在行政诉讼中原被告双方提交到法院的证据以及法院自行收集的证据。因此行政证据与行政诉讼证据存在重合但又不完全相同。

3. 两者的审查依据各有侧重。行政机关在收集行政证据的时候主要依据相关行政实体法而收集与审查证据，如交通警察依据道路交通安全法收集相关的证据作出行政行为。而行政诉讼证据的审查主要由法院实施，法院依据行政诉讼法审查行政诉讼证据的合法性。当然由于考虑到行政诉讼的审查，行政机关也会在行政程序中收集证据的时候按照行政诉讼法的规定来收集证据。

行政证据与行政诉讼证据有一定的联系，具体如下：

1. 行政证据是行政诉讼证据的基础。行政诉讼被告在诉讼程序中几乎只能向法院提交行政程序中收集的证据，即行政证据。行政程序成为被告诉讼中提交证据的基础。原告起诉的目的在于推翻行政行为，因此原告提交的行政诉讼证据围绕着行政机关在行政程序中收集的行政证据的反证而展开。

2. 行政证据向行政诉讼证据的转化需要行政机关在行政诉讼中提交至法院，并且在法院的审查之后认可作为行政诉讼证据之后才能转化为行政诉讼证据。

3. 行政证据与行政诉讼证据的产生都需要经过一定的审查。对于行政证据来说，行政机关通常会审查证据是否可靠；证据是否有效和证据的重要性；证据是否明确；行政政策对证据的要求等方面。经过审查之后，行政机关才将证据纳入行政证据。在行政诉讼中法院也需要审查行政机关以及原告提交的证据，如原告或者第三人应当在开庭审理前或者人民法院指定的交换证据之日提供证据，在未经人民法院准许而逾期提供证据的，则该证据不能成为行政诉讼证据。

二、行政诉讼证据的概念

（一）行政诉讼证据的含义

行政诉讼证据是指行政诉讼主体在行政诉讼程序中用以证明行政诉讼案件事实情况的材料。我们可以从以下几个方面来理解行政诉讼证据。

1. 只有进入行政诉讼程序的证据材料才是行政诉讼证据。与案件事实有关的证明材料很多，但是不一定都能成为行政诉讼证据。如果行政程序中行政机关收集到的资料没有在行政诉讼程序中提供给人民法院，则不能成为行政诉讼证据。对于行政相对人来说，如果在行政程序中没有提出反对行政机关执法理由的一些证据，在行政诉讼中也不能作为行政诉讼证据提出。因此，行政诉讼证据与行政纠纷发生当时各方当事人所收集到的材料有一定的区别与联系。

2. 行政诉讼证据证明的对象，是发生纠纷的行政案件事实。行政案件形成于行政程序中，按照依法行政的要求，这些证据又可分为两个方面：①与被诉行政行为职权相关的证据，如行政主体是否具有职权、行政主体的权力是否有合法授权等；②与被诉行政行为作出的程序相关的证据，如处罚之前是否告知被处罚人相关权利，如重要的许可在作出之前是否告知利益相关人有权利申请听证等。

3. 行政诉讼证据材料所证明的事实是一种法律事实而不是客观事实。对于当事人来说试图通过行政诉讼证据来证明行政纠纷发生当时的事实情况，但是证据是经过质证等程序筛选之后才确定下来的一些材料，而不是客观事实发生所产生的所有材料，因此，证据所能够证明的事实仅仅是经过双方与法院参与质证之后才能认定的那些事实，这些事实是法律事实，即经过质证之后被法院认可的证据所能够证明的事实。这些事实所证明的事实只能是一种法律事实，即该事实与客观事实可能一致，也可能与客观事实不一致。

4. 人民法院以行政诉讼证据为依据作出裁判。法院裁判的依据不是客观真实的案件事实，而是法官运用证据规则认定了的证据能够证明的案件事实，即可定案证据证明的案件事实。行政诉讼证据证明的法律事实是法官作出裁判的依据。

（二）行政诉讼证据的特征

行政诉讼证据的独有特征，主要包括两个方面：

1. 行政诉讼证据主要来源于行政程序，并且它主要来自于行政案卷。行政诉讼主要审查被诉行政行为的合法性，因此从依法行政的角度来看，该合法性主要表现在行政行为作出的当时是否有一定的证据以及相应的依据。这就要求行政机关在作出相关行政行为的当时必需收集行为的依据，这些依据的固定方式体现为行政案卷的制作。当行政相对人不服起诉的时候，这些案卷材料就是行政诉讼证据的原型。

2. 现场笔录是行政诉讼证据中的独有形式。现场笔录是一种特殊的固定行政行为作出依据的现场情况的证据材料，在其他诉讼中没有此类证据。

三、行政诉讼证据的种类

（一）法定分类

1. 书证。所谓书证，是指以文字、符号、图案等所表达的某种思想或者含义来证明案件事实的书面材料。《最高人民法院关于行政诉讼证据若干问题的规定》（以下简称《行政诉讼证据规定》）第10条对当事人向人民法院提供书证提出了具体要求：①提供书证的原件，原本、正本和副本均属于书证的原件。提供原件确有困难的，可以提供与原件核对无误的复印机、照片、节录本。②提供由有关部门保管的书证原件的复制件、影印件或者抄录件的，应当注明出处，经该部门核对无异后加盖印章。③提供报表、图纸、会计账册、专业技术资料、科技文献等书证的，应当附有说明材料。④被告提供的被诉行政行为所依据的询问、陈述、谈话类笔录，应当有行政执法人员、被询问人、陈述人、谈话人签名或者盖章。如果法律、法规、司法解释和规章对书证的制作形式另有规定的，从其规定。

2. 物证。物证是指以其外形、性状、规格、质地等客观物品所具有的物理属性来说明案件事实。物证比较客观，因为物证是以其本身存在的物理表现来说明案件事实的，不易于受到人为因素的影响。但是物证通常情况下为间接证据，而且容易受外界环境的影响而损坏、灭失，甚至是被伪造。《行政诉讼证据规定》第11条规定了当事人提供物证的要求：①应当提供原物。如确有困难，可以提供与原物核对无误的复制件或者证明该物证的照片、录像等其他证据。②原物为数量较多的种类物的，可以提供其中的一部分。

3. 视听资料。视听资料是指运用科技手段重现案件原始声响、形象的录音、录像资料和电子储存资料以及其他科技设备所反映的资料，用来作为证明案件事实的证据资料。《行政诉讼证据规定》第12条规定了当事人提供视听资料的要求：①提供有关资料的原始载体。提供原始载体确有困难的，可以提供复制件。②注明制作方法、制作时间、制作人和证明对象等。③声音资料应当附有该声音内容的文字记录。

4. 电子数据。电子数据包括电子邮件、手机短信、电子签名、网上聊天记录、网络访问记录等以数字方式存在的信息。电子数据与书证有相同之处，都是以自身的信息来证明案件的事实，只是电子数据的存在方式是以电子的样态而已。

5. 证人证言。证人证言是指行政诉讼案件当事人以外的自然人，就所了解的案件事实依法向人民法院作出的口头或者书面的陈述。《行政诉讼证据规定》第13条对当事人提供证人证言规定了一般性的要求：①写明证人的姓名、年龄、性别、职业、住址等基本情况。②有证人的签名。不能签名的，应当以盖章等方式证明。③注明出具日期。④附有居民身份证复印件等证明证人身份的文件。

6. 当事人陈述。当事人陈述是指行政诉讼当事人在诉讼程序中就发生纠纷的行政案件事实所作的口头或者书面的说明，这些说明不包括当事人在行政程序中向行政机关就行政行为所作的说明。

7. 鉴定意见。鉴定意见是指接受委托或者聘请的鉴定人，运用自己的专门知识和技能，利用专门的仪器和设备，对案件中某些专门性问题所作出的技术性意见。《行政诉讼证据规定》第14条规定，被告向人民法院提供其在行政程序中采用的鉴定意见，应当符合以下要求：①应当载明委托人和委托鉴定的事项。法院委托作出的鉴定与当事人委托作出的鉴定在法院认定中的地位不同，因此需要载明委托人。而鉴定的事项与鉴定意见与案件之间的关联性具有重要关系。②委托人向鉴定部门提交的相关材料齐备。这有助于人民法院判断鉴定意见与相关材料之间的逻辑关系。③应当具有鉴定的依据和使用科学技术手段的说明。④应当具有鉴定部门和鉴定人鉴定资格的说明，并应有鉴定人的签名和鉴定部门的盖章。⑤鉴定意见如果是通过分析获得的，应当说明分析的过程。这类鉴定意见不仅仅是鉴定人通过科学手段获得的客观意见，而且包括鉴定人的主观判断。提供分析过程的说明，对法官和其他专家审查鉴定人主观判断是否正确十分必要。

8. 勘验笔录。勘验笔录是指行政机关工作人员或人民法院审判人员，对能够证明案件事实的案发现场或者难以当庭出示的物证，就地进行勘查、测量、检验后所作的记录。勘验笔录是一种反映物证和保全物证的方法，不具有分析、判断的因素。勘验笔录不仅仅是笔记形式，还有照相、绘图、录音、录像等形式，勘验笔录比较客观，具有很强的综合证明力。《行政诉讼证据规定》对人民法院勘验现场作出了一些具体的要求，该规定要求勘验人必须出示人民法院的证件，并邀请当地基层组织或者当事人所在单位派人参加。当事人或其成年亲属应当到场，拒不到场的，不影响勘验的进行，但应当在勘验笔录中说明情况。审判人员应当制作勘验笔录，记载勘验的时间、地点、勘验人、在场人、勘验的经过和结果，由勘验人、当事人、在场人签名。勘验现场时绘制的现场图，应当注明绘制的时间、方位、绘制人姓名和身份等内容。当事人对勘验结论有异议的，可以在举证期限内申请重新勘验，是否准许由人民法院决定。

9. 现场笔录。现场笔录是指行政机关在行政管理过程中对现场情况以及行政机关针对现场情况所作出的处理情况的书面记录。《行政诉讼证据规定》第15条规定，现场笔录应当具备以下要求：①必须由法定的制作主体制作。现场笔录的制作主体只能是法定的对某一事项有行政职权的行政执法人员。②现场笔录通常应当是当场制作，而不能是事后补作。③现场笔录应当载明时间、地点、事件的内容和过程。④现场笔录的制作应当符合法定程序，并有执法人员和当事人或者其他在场人的签名。当事人拒绝签名或者不能签名的，应当注明原因。有其他人在现场的，可由其他人签名。

（二）学理分类

对行政诉讼法规定的证据形式，根据学理上不同的标准，可以作不同的分类。

1. 本证和反证。所谓本证，是指能支持一方当事人主张的某种事实成立，并证明其主张的事实存在的证据。反证，也叫相反证据，是指能够证明对方当事人主张的事实不存在的证据。本证与反证的划分，是以证据支持自己或者不支持自己主张的角度进行的，因此无论是原告还是被告在提出证据的时候都需要注意主要提出本证，而不要提出自己主张的一些反证。

2. 直接证据和间接证据。这是根据证据对案件主要事实是以直接证明还是间接证明的方式起证明作用为标准所作的分类。直接证据，是指能直接证明案件主要事实的证据。间接证据，是指不能单独证明，而需要与其他证据结合起来才能证明案件主要事实的证据。

3. 原始证据和传来证据。这是根据证据的来源不同所作的划分。原始证据，指直接来源于案件事实或原始出处的证据。传来证据指不是直接来源于案件事实或原始出处，而是由原始证据派生出来或者在信息传递的中间环节中形成的证据，如经过复制、复印、传抄、转述等形成的证据就是传来证据。原始证据直接来源于案件事实，可靠性更强，因此，《行政诉讼证据规定》第63条第6项规定："原始证据优于传来证据。"但在原始证据不足的特殊情况下，利用多个传来证据也可以确认案件事实。

4. 言词证据和实物证据。这是根据证据的存在和表现形式的不同所作的分类。言词证据指以人的陈述为存在和表现形式的证据，如证人证言、当事人陈述、鉴定意见等。实物证据，是指以证据的物理存在形态为表现形式的证据。

第二节　举证责任与证明责任

一、行政诉讼举证责任的概念

举证责任是指法律规定由特定的当事人所承担的，提供证据证明特定法律事实成立的责任，若负有举证责任的一方不能证明特定的法律事实成立，将承担败诉或不利后果的法律制度。在证据法上设置举证责任制度的目的主要是解决当出现法律事实真伪不明状态时，法院应当如何确认事实并作出裁判，即将不利诉讼后果确定其最终归属问题。

证明责任是指诉讼中原告与被告双方对自己提出的主张提供证据证明的责任，如果自己提供的证据证明不了自己的主张，则自己的主张得不到法院的支持。如《行政诉讼证据规定》第6条规定："原告可以提供证明被诉具体行政行为违法的证据。原告提供的证据不成立的，不免除被告对被诉具体行政行为合法性的举证责任。"该规定明确地划分了举证责任与证明责任的区别。根据该条规定，原告可以主张被告的具体行政行为违法，但是当原告的证明责任无法实现，即提供的证据不成立的，此时只是原告的主张不成立。但是对于行政诉讼法所规定的被告的举证责任，即《行政诉讼证据规定》第1条所规定的"被告对作出的具体行政行为负有举证责任"，此时被告依然可能会因为自己的举证责任没有实现而在诉讼中败诉。

1. 行政诉讼承担举证责任的主体，是特定的当事人。在行政诉讼中，原告与被告都可能会依法对某些特定的法律事实承担举证责任，人民法院在行政诉讼中没有举证责任，具体说来，包括两个方面：

（1）《行政诉讼法》第34条规定："被告对作出的行政行为负有举证责任……"该条强调了被告的举证责任，因为行政诉讼是对行政行为进行合法性审查的诉讼，合法性审查依据的证据就应当由行政机关来提供。

（2）行政诉讼法没有排除原告的举证责任，原告在诉讼中对自己提出的一些主张也要承担相应的举证责任。原告对下列事项承担举证责任：证明起诉符合法定条件，但被告认为原告起诉超过起诉期限的除外；在起诉被告不作为的案件中，证明其提出申请的事实；在一并提起的行政赔偿诉讼中，证明因受被诉行为侵害而造成损失的事实；其他应当由原告承担举证责任的事项。

2. 有举证责任的当事人不能提供证据时，则法律后果是与该证据相关的事实无法证明从而得不到法院的认可；如果承担的是证明责任，则法律后果是当事人提出的事实得不到证明，但是有可能通过其他途径得到证实。

二、行政诉讼被告的举证责任

（一）被告承担举证责任的范围

根据我国行政诉讼法的规定，被告应当对以下事项负举证责任：

1. 与被诉行政行为合法性有关的事实。这些事实按照法律规定主要是提供据以作出被诉行政行为的全部证据，即被告作出行政行为的时候认定事实情况的一些行政证据。

被告的这一举证责任的根据是《行政诉讼法》第34条的规定，但该条中"所依据的规范性文件"却并不属于行政诉讼证据。《行政诉讼证据规定》第1条规定，行政诉讼中被告应当"提供据以作出被诉具体行政行为的全部证据和所依据的规范性文件。被告不提供或者无正当理由逾期提供证据的，视为被诉具体行政行为没有相应的证据"。该条区分了被告不提供证据和不提供所依据的规范性文件的法律后果，通过对"被告不提供证据的，视为被诉行政行为没有相应的证据"的规定，说明作出行政行为所依据的规范性文件没有纳入行政诉讼证据范畴。

2. 认为原告起诉超过起诉期限的有关事实。原告起诉时，并不需要证明其起诉符合法定的起诉期限，因为行政诉讼法规定提起诉讼应当符合下列条件：原告是行政行为的相对人以及其他与行政行为有利害关系的公民、法人或者其他组织；有明确的被告；有具体的诉讼请求和事实根据；属于人民法院受案范围和受诉人民法院管辖，符合这些条件人民法院就应当立案审理。而这些条件当中，法院并不审查原告的起诉是否超出起诉期限。但是基于诉讼的一般原理，被告有权以原告的诉讼超出期限为由进行抗辩。因此，《执行解释》第27条第1项、《行政诉讼证据规定》第4条第3款规定：被告就应当对原告起诉超过起诉期限的有关事实承担举证责任。

3. 与被诉行政行为合理性有关的事实。行政诉讼虽然主要是审查行政行为的合法性，但是行政法的基本原则，如比例原则、程序正当原则等在行政法中的地位日益重要，这些原则在一定程度上都对行政机关的行政行为的合理性提出了标准。因此，行政诉讼中法院日益重视对于行政行为的合理性审查。加之，《行政诉讼法》规定的"行政处罚明显不当，或者其他行政行为涉及对款额的确定、认定有错误的，人民法院可以判决变更"本来就是对行政处罚合理性的审查规定。

（二）被告承担举证责任的规则

1. 被告举证期限规则。行政诉讼中被告的举证期限要求相当严格，被告的举证期限规则：①被告举证期限为收到起诉状副本之日起15日内；②因不可抗力或者客观上不能控制的其他正当事由而需要逾期提供证据的，逾期提供证据的期限是正当事由消除后的10日内；③但是，必须向人民法院提出延期提供证据的书面申请，经人民法院准许后，才能逾期提供证据。

2. 被告补充证据的限制规则。《行政诉讼证据规定》第2条对此作了规定：①被告补充提供证据应当在一审程序中，并经人民法院准许；②被告可以补充提供证据的原因是原告或者第三人在行政诉讼程序中提出其在行政程序中没有提出的反驳理由或者证据。也就是说因为诉讼中原告提出了一些在产生纠纷的行政行为作出当时的行政程序中没有提出的抗辩理由，因而出现了一些在作出行政行为当初的行政证据中没有产生的证据。

3. 被告及其诉讼代理人收集证据规则：①被告在作出行政行为后不得自行收集证据；②被告在诉讼期间不得自行向原告和证人收集证据。而其诉讼代理人的权限源于被告的权限，因此诉讼代理人在诉讼期间也不得自行向原告、第三人和证人收集证据。

三、行政诉讼原告的举证责任

行政诉讼法明确规定被告对作出的行政行为负有举证责任，但却并不排除原告在被诉行政行为的合法性之外承担举证责任的情形，而且《执行解释》第27条也使用了原告举证责任的概念，这恰恰说明了行政诉讼中原告需要承担一定的举证责任。

（一）原告承担举证责任的范围

《执行解释》第27条规定原告对下列事项承担举证责任："①证明起诉符合法定条件，但被告认为原告起诉超过起诉期限的除外；②在起诉被告不作为的案件中，证明其提出申请的事实；③在一并提起的行政赔偿诉讼中，证明因受被诉行为侵害而造成损失的事实；④其他应当由原告承担举证责任的事项。"因此，原告就下列事项承担举证责任：

1. 符合法定条件。按照行政诉讼法的规定原告应当证明的法定条件是："原告

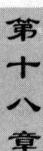

是认为行政行为侵犯其合法权益的公民、法人或者其他组织；有明确的被告；有具体的诉讼请求和事实根据；属于人民法院受案范围和受诉人民法院管辖。"被诉行政行为侵犯原告的合法权益应当理解为原告需要证明自己的法律上的利益受到被诉行政行为直接影响。

2. 证明行政行为的存在。原告起诉应当提供证据证明被诉行政行为的存在，否则，诉讼标的不存在的话，法院无法进行相应的诉讼程序。能够证明行政行为存在的证据主要有法律文书、罚没收据、收款收据等。对于行政机关作出行政行为时，没有制作或者没有送达法律文书的，《执行解释》第 40 条规定："……只要能证明具体行政行为存在，人民法院应当依法受理。"

但是，原告在两种情况之下不需要承担证明被诉行政行为存在的举证责任：一是被诉行政行为是被告应当依职权主动作出；二是原告起诉不作为案件中，因被告受理申请的登记制度不完备等正当事由不能提供相关证据材料并能够作出合理说明。

3. 行政赔偿诉讼中，证明因受被诉行为侵害而造成损失的事实。根据《行政诉讼法》和《国家赔偿法》的规定，原告可以单独提起行政赔偿诉讼，也可以一并提起行政赔偿诉讼。按照《行政诉讼证据规定》第 5 条的规定，在两种情形下行政赔偿诉讼原告要对因受被诉行政行为侵害而遭受损失的事实承担举证责任：一是原告需要证明自己的损失是因为被诉行政行为而产生的；二是原告需要证明自己受到损失的大小。

4. 其他应当由原告承担举证责任的事项。《执行解释》第 27 条第 4 项规定了其他应当由原告承担举证责任的事项，但《行政诉讼证据规定》却并没有此项规定。对此，有人认为原告仍有承担举证责任的其他情形。[1]我们认为，《执行解释》与《行政诉讼证据规定》同属最高人民法院的司法解释，而《行政诉讼证据规定》是新的司法解释。在新的规定中原告除上述承担举证责任的三个方面之外，没有应承担举证责任的其他法定情形。而《行政诉讼证据规定》第 79 条也明确了规定其他与该解释规定不一致的司法解释应当以该解释为准，因此，原告除了上述三个方面之外，别无其他举证责任的承担。

（二）原告举证期限规则

举证期限是指负有举证责任的当事人向人民法院提供证据材料的法律规定和法院指定的时间限制。超过这一时间提供证据的，人民法院将不予采纳，当事人将承担举证不能的法律后果。《行政诉讼证据规定》第 7 条对原告或者第三人的举证期限作了明确规定：

1. 原告或者第三人提供证据的时间为开庭审理前或者人民法院指定的证据交换之日。

---

[1] 甘文：《行政诉讼证据司法解释之评论——理由、观点与问题》，中国法制出版社 2003 年版，第 19~20 页。

2. 因正当事由而延期提供证据的，一般情况下，延期提供证据的期限延长至法庭调查。但延期提供证据，必须提出申请并经人民法院准许。

3. 在一审中因正当事由没有提供证据的，原告或者第三人可以在二审期间提供证据，即举证期限延长至二审。

四、原告与被告的证明责任

行政诉讼原告和被告在庭审中都承担着证明责任。在行政诉讼庭审中，原告和被告都都有义务对自己的主张提供证据，使法庭调查进行下去。此时原告与被告按照各自所提出的主张承担相应的证明责任，证明自己提出的主张，证明不了的时候承担其相关主张得不到法院支持的风险。

第三节　可定案证据

一、可定案证据

(一) 可定案证据

经过法庭质证之后，在证据的真实性、合法性、关联性以及认定程序上都没有问题的证据才能被法院用来认定案件的事实。这些证据就被称为可定案证据。反之在真实性、合法性以及关联性上存在问题，从而被人民法院依法排除的，则不是定案的根据，但仍然是证据，这被称为一般证据。

(二) 可定案证据的判定标准

行政诉讼可定案证据必须经过特定的程序才能认定为可定案证据，这些程序主要为在法庭上出示以及质证程序。没有经过庭审质证的证据，不能作为定案的依据。证据的出示程序即原被告双方在法庭上将自己掌握的证据让对方以及法院进行查看，此时对于原被告双方来说主要是研究对该出示证据的合法性、真实性以及关联性是否存在问题。法庭质证程序主要是经过证据出示之后，原被告双方提出对方证据存在的合法性、真实性以及关联性方面存在的质疑。当这些质疑成立的时候，法院将有问题的证据排除，而没有问题的证据则成为可定案证据。

依照《行政诉讼证据规定》，某一证据材料能够成为可定案行政诉讼证据，应该具有以下几个标准：

1. 合法性。合法性是指提交给法院行政诉讼程序中的证据应当符合法律规定的来源以及形式要求。行政诉讼证据主要由行政证据构成，因此行政机关在制作行政证据中是否合法就成了判断行政诉讼证据合法性的一个重要根据，即行政证据如果不合法，则在行政诉讼中也无法构成一个合法的证据。原则上以违反法律禁止性规定或者侵犯他人合法权益的方法取得的证据，不能作为认定案件事实的依据。根据《行政诉讼证据规定》第 55 条的规定，可定案行政诉讼证据的合法性包括了以下

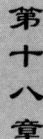

内容：

（1）证据形式必须符合法律规定。证据形式的合法性意味着证据的类型应当符合法律的规定。根据《行政诉讼法》第 33 条的规定，行政诉讼证据有九种类型，即书证、物证、视听资料、电子数据、证人证言、当事人的陈述、鉴定意见、勘验笔录及现场笔录。但证据形式随着社会的发展也会不断丰富。当今社会计算机和互联网迅速发展，其他法律、法规对行政执法领域中产生的行政证据形式上的一些新的规定，在行政诉讼证据上也应当给予确认。

（2）证据的形成必须符合法定要求。首先，如当事人向人民法院提供我国境外形成的证据，应当说明来源，经所在国公证机关证明，并经中华人民共和国驻该国使领馆审核认定证据，或者履行中华人民共和国与证据所在国订立的有关条约中规定的证明手续，如果当事人提供的境外证据没有履行上述手续，就属于证据的形式不符合法定要求。其次，证据如果源于行政程序，则该证据必须是被告在行政程序中作为具体行政程序依据的证据才可以。这就要求行政机关在行政程序中作出行政行为的时候必需收集大量的证据，在充分证据的基础上作出行政行为。最后，被告在行政程序中非法剥夺公民、法人或者其他组织依法享有的陈述、申辩或者听证权利所采用的证据也不能为法院所采用。另外，由于行政机关自身在行政诉讼程序中不得自行收集证据，因此《行政诉讼法》第 35 条规定在诉讼过程中，被告及其诉讼代理人不得自行向原告、第三人和证人收集证据。如果在这些程序中收集的证据则被视为证据的形成不合法。

2. 真实性。真实性是指证据本身不存在虚构的成分，证据的产生只是源于案件形成的过程，没有原被告为了诉讼的胜利而人为的制造因素。证据的真实性，是证据材料获得证据能力的本质要求，任何虚假的、不真实的证据材料，都不能作为定案的依据。证据反映的是客观存在的事实，而伪造的证据无法反映客观真实，只能反映一种虚构的事实。行政诉讼证据材料因来源不同，提供者的动机不同，以及受其他因素的影响，有些可能是真实的、客观的，有些可能是不客观的，有些甚至是虚假捏造的。这就要求对证据材料在形成的原因、发现时的客观环境、内容等方面进行全面的、严格的审查，从而使最能够反映案件事实真相的证据材料成为定案的依据。

3. 关联性。关联性又称相关性，是指证据材料与待证案件事实之间具有内在的联系，对待证案件事实起证明作用。证据材料只有对待证案件事实起证明作用，有关联性，才能作为定案证据，没有关联性、对认定案件事实没有意义的证据材料，不能作为定案的依据。证据的关联性一般涉及两方面：①证据材料与案件事实有无证明关系，这涉及证据材料应该被排除还是被采纳的问题。②证据材料与案件事实之间的关系程度，这涉及证据使用价值大小的问题，表现为直接关联性和间接关联性。有直接关联性的证据是直接证据，可以单独地证明案件事实；有间接关联性的证据是间接证据，它不能够单独证明案件事实，必须借助于其他证据并与其他证据结合起来才能对案件起证明作用。

二、行政诉讼证据的质证

所谓质证，是指在法庭审理的过程中，由诉讼当事人就法庭上所出示的证据采取询问、辨认、质疑说明、解释、辩驳等形式，进行对质核实，从而在证据的证明力等问题上对法官的内心确信产生影响的一种诉讼活动。质证实质上是按照对行政诉讼证据是否能够作为可定案证据的一个判断过程。

质证是行政诉讼证据审查的一个重要环节，对于法院查明案件事实进而作出公正裁判具有不可或缺的作用。《执行解释》第 31 条第 1 款规定："未经法庭质证的证据不能作为人民法院裁判的根据。"《行政诉讼证据规定》第 35 条规定："证据应当在法庭上出示，并经庭审质证。未经庭审质证的证据，不能作为定案的依据。"质证是证据规则的一个基本原则，不经质证的证据不得采信已是世界公认的诉讼法和证据法的基本原则。

（一）质证的主要规定

1. 质证的主体是原告、被告、第三人以及他们的代理人。由于案件各方当事人的利益诉求不同，尤其是原被告双方存在着冲突的利益诉求，因此利益不同的各方需要对自己不利的证据进行质疑反驳。

人民法院不是质证的主体。质证虽然是在法院主持下进行的，但法院参与行政诉讼不是为了哪一方的利益或者为了法院自身的利益，法院在诉讼中保持中立地位。质证时法官不得参与询问和辩论。

证人、鉴定人、勘验人也不是质证的主体。虽然证人、鉴定人、勘验人原则上应当出庭作证、接受询问，但是质证权是诉权的一个内容，为当事人享有，证人、鉴定人、勘验人不是当事人，当然没有质证权。并且，证人、鉴定人、勘验人出庭接受询问是法定义务而非权利，不能放弃，然而即使放弃，也不会对其自身直接产生有利或不利后果。因此，证人、鉴定人、勘验人也不是质证主体。

2. 质证的范围是当事人提交给人民法院的全部证据。这些证据除了在法庭确定的举证期限之内提交的证据之外，还包括法庭在质证过程中，准许当事人补充证据的，对补充的证据仍应进行质证。法庭对经过庭审质证的证据，除确有必要外，一般不再进行质证。

3. 质证的内容是指体现某种证据是否具有证据力的根据。它包括了证据有无证明效力的根据和证据证明效力大小的根据。

证据具有证明效力的根据就是证据具有关联性、合法性、真实性。法庭应当根据案件的具体情况，从以下方面审查证据的合法性：证据是否符合法定形式；证据的取得是否符合法律、法规、司法解释和规章的要求；是否有影响证据效力的其他违法情形。法庭应当根据案件的具体情况，从以下方面审查证据的真实性：证据形成的原因；发现证据时的客观环境；证据是否为原件、原物，复制件、复制品与原件、原物是否相符；提供证据的人或者证人与当事人是否具有利害关系；影响证据真实性的其他因素。

在确定证据具有证明效力之后，就应当就证据的证明效力大小的根据进行质证。证明效力大小，是指证据对案件事实的证明程度。只有具有可采性的证据，才谈得上证明力的问题，而证明力大小的根据，则在于每个证据与案件事实之间联系的密切程度，即与案件事实联系越紧密则该证据的证明力越大，反之则越小。

4. 质证的方式：①直接、言词。直接是指法官必须在法庭上亲自听取质证实况，从而形成对案件事实的内心确认；言词是指质证应以口头陈述的方式进行。这两个方式相互结合、密不可分，都要求诉讼主体要同时在场。《行政诉讼证据规定》第36条规定，被告无正当理由拒不到庭而需要依法缺席判决的，被告提供的证据不能作为定案的依据。②交叉询问。《行政诉讼证据规定》第39条规定，当事人及其代理人可以就证据问题相互发问，也可以向证人、鉴定人或者勘验人发问。询问应受的限制包括发问内容必须与案件事实有关联以及不得采用引诱、威胁、侮辱等不正当的语言和方式。

（二）质证的特殊规定

1. 无须质证的证据。《行政诉讼证据规定》第35条第2款规定："当事人在庭前证据交换中没有争议并记录在卷的证据，经审判人员在庭审中说明后，可以作为认定案件事实的依据。"这就是说，在当事人认可的情况下，庭前交换中双方没有争议，并且该不存在争议的状态已经被记录在交换证据的案卷中的时候，有关证据就无须再经质证即可作为认定案件事实的依据。这些证据经过审判人员在庭审中说明之后，就不再需要质证程序，以节省庭审时间。但是这些证据需要有法庭庭审笔录中明确记载双方无争议。

2. 被告无正当理由拒不到庭的证据。行政诉讼中的质证，主要是就被告提供的证据进行的，当被告缺席时，证据无法出示，质证也无法进行。无故缺席是对司法权威的挑战，对缺席方就应当严厉处置，因而，被告提供的证据不能作为定案的依据，但当事人在庭前交换证据中没有争议的证据除外。

3. 不公开质证的证据。根据《行政诉讼证据规定》第37条的规定，涉及国家秘密、商业秘密和个人隐私或者法律规定的其他应该保密的证据，不得在开庭时公开质证。这些证据不公开质证并不是说不质证，但是由于涉及国家秘密的证据的本身特殊性，目前还没有具体的操作细节。比如在质证过程中法官能否看到这些证据，如果看到了是否涉嫌国家秘密的泄露。进而，当事人双方能否看到这些证据，如果看到是否涉及泄密。如果涉及的话，那么原被告双方如何质证。这些目前并没有现成的规定。

4. 关于人民法院调取的证据。《行政诉讼证据规定》第38条规定了对法院调取的证据由法庭出示，并可就调取该证据的情况进行说明，听取当事人意见。因此，法院调取的证据不参与当事人的质证，当事人只能提出自己的意见，而该意见是否得到接受由法官决定。由人民法院调取的证据有两种情形，其质证方式是不同的：①对当事人申请法院调取的证据，因其是法院在特殊情况下替代当事人调取的证据，它与当事人调取的证据在性质上基本相同，故可采用一般的质证方式进行质证，当事人可就申请调取证据的必要性、条件、证明力等进行质证，但不应对法院调取的方式和手段提出质疑。②对人民法院依职权调取的证据，质证时由法庭出示，法庭应对调取证据的情况，如原因、方式、手段、证明对象等进行说明，当事人可对证据的证明力发表意见。当然，法庭出示证据并作出说明，并不等于质证，当事人的意见是否采取由法院决定。

（三）证人证言质证制度

1. 证人资格。证人资格解决的是哪些人可以作为和应当作为证人，哪些人不能作为证人的问题。证人资格，又称证人能力，是指证人应当具备的与出庭作证相适应的条件。

各国的证人资格制度虽然存在一定的区别，但其法律一般都不过多对证人资格予以限定，通常是从反面对证人资格限制一定条件。《行政诉讼证据规定》第41条从正面对证人资格作了规定，即凡是知道案件事实的人，都有出庭作证的义务。而第42条又从反面对证人资格作了限制规定，即不能正确表达意志的人不能成为证人。这样，知道案件事实的生理或精神上有缺陷的人、年幼的人能否成为证人，就取决于该人是否能够正确表达意志。

2. 特殊证人资格。凡是知道案件事实，并能正确表达意志的人就都具有证人资格，《行政诉讼证据规定》对三类特殊的证人资格作了规定：①行政执法人员作为证人出庭作证。第44条规定了原告或者第三人可以要求相关行政执法人员作为证人出庭作证的情形。②鉴定人出庭作证。第47条规定了鉴定人原则上应当出庭接受当事人询问的规则。③专业人员出庭作证。第48条规定了当事人申请出庭的专业人员可以就案件的专门性问题进行说明、接受询问或者对质。

3. 证人出庭。证人出庭作证是一项法定义务，是一个原则性的要求。证人证言只有当庭陈述，才能接受质证。

特殊情况下，证人可以不出庭而提交书面证言。《行政诉讼证据规定》第41条规定了五种免除证人出庭作证义务的情形：①在行政程序或者庭前证据交换中无异议的证人证言；②证人因年迈体弱或者行动不便无法出庭的；③证人因路途遥远、交通不便无法出庭的；④证人因自然灾害等不可抗力或者其他意外事件无法出庭的；⑤证人因其他特殊原因确实无法出庭的。

证人出庭作证应当符合的几个程序规定：①应当出示证明其身份的证件；②法庭应当告知诚实作证的法律义务和作伪证的法律责任；③出庭作证的证人不得旁听案件的审理；④法庭询问证人时，其他证人不得在场，但组织证人对质的除外。

为了保证证人能出庭接受质证，《行政诉讼证据规定》还规定了证人出庭合理费用的承担。第75条对证人出庭的经济保障作了明确规定，即证人、鉴定人因出庭

第十八章

作证或接受询问而支出的合理费用，由提供证人、鉴定人的一方当事人先行支付，由败诉一方当事人承担。

三、行政诉讼证据的审核认定

（一）行政诉讼证据审核认定的概念

人民法院对行政诉讼证据的审核认定，是指在人民法院法官的主持下，在诉讼参与人的参加下，运用证据规则，对行政诉讼双方当事人提供的证据或者法庭调取的各种证据进行审查判断，找出其与案件事实之间的客观联系，确认其证据能力和证明效力，从而就案件事实做出正确认定的司法活动。

1. 审核认定证据的主体是人民法院审理案件的法官，即合议庭成员，而不是人民法院，更不是其他诉讼参加人。因为只有法官才审理具体案件，对作出的裁判具体负责。

2. 审核认定证据的对象是经过质证的证据和无须质证的证据，而不是案件事实。除法律有特殊规定外，未在法庭上出示、质证的证据材料，不能作为定案的根据，也就无须审核认定。证明和确定案件事实则是审核认定证据的目的。

3. 审核认定证据的基本要求是通过审核认定证据证明案件事实，进一步说就是通过审核认定，确认证据证明的案件事实。证据证明的案件事实与客观真实的案件事实有根本的区别，但又并不矛盾，二者是辩证统一的关系。证据证明的案件事实是指法官运用证据认定的案件事实达到了程序法和实体法所要求的真实的程度，它不可能等于客观真实的案件事实，只能接近，毕竟诉讼证明属于事后证明，司法证明活动所应努力追求的是二者的一致。为了明确这一点，也为了改变人们的诉讼观念，《行政诉讼证据规定》第53条规定的"人民法院裁判行政案件，应当以证据证明的案件事实为依据"，在三大诉讼法中率先确立了行政诉讼证据审核认定证据的基本要求。

（二）认定证据是否具有证明效力

人民法院对证据的审核认定，首先应当审核认定的是证据是否具有可采性，即证据能力，或者说证据资格问题。

1. 审核认定证据的基本方式。法官审核认定证据大致应当经过这样三个环节，即确认证据已经过庭审质证；对证据进行逐一审查和综合审查；排除无关联的证据，确定证据与待证事实之间的证明关系。面对丰富的司法实践，法官如何进行审查认定证据，很大程度上取决于法官的自由裁量权。为了更好地规范这一权力，《行政诉讼证据规定》第54条确立了法官审核认定证据的基本方式：遵循法官的职业道德，运用逻辑推理和生活经验，全面、客观、公正地分析判断。

2. 证据的关联性认定。关联性是指证据材料与待证案件事实具有某种联系。行政诉讼案件的案件事实是什么？因为行政诉讼案件审查的是被诉行政行为的合法性问题，而不仅仅是审查双方当事人所争议的事实，所以行政诉讼的案件事实是指与被诉行政行为合法性有关的事实。与此有某种联系的证据材料，就具有关联性，反之，则不具有关联性。作为认定案件事实的证据，必须与案件事实具有关联性。因此，审查判断关联性，就成为认定证据是否具有证据能力的一项重要内容。但是，由于证据材料的复杂性，致使无法作出一个认定证据关联性的标准，而绝大多数直接证据的关联性较易判断，对具有间接关联性的间接证据的认定，则较困难，因此，在进行关联性审查时，必须采取综合分析的方式。

3. 证据的合法性认定，主要有以下几方面：

（1）证据合法性审查的范围。《行政诉讼证据规定》第 55 条的规定包括了三个方面：①证据是否符合法定形式；②证据的取得程序是否符合法律、法规、司法解释和规章的要求；③是否有影响证据效力的其他违法情形。

（2）非法证据的排除规则。《行政诉讼证据规定》第 57 条、第 58 条规定了应当排除的非法证据：①严重违反法定程序收集的证据材料；②以偷拍、偷录、窃听等手段获取并侵害他人合法权益的证据材料，如果以此手段获取证据，但没有侵犯他人合法权益的，就不在排除范围；③以利诱、欺诈、胁迫、暴力等不正当手段获取的证据材料；④无正当事由超出举证期限提供的证据材料；⑤域外或港澳台地区证据未办理法定证明手续的；⑥以违反法律禁止性规定或者侵犯他人合法权益的方法取得的证据。

（3）案卷外证据的排除规则。案卷外证据的排除规则是指行政机关在行政程序中形成的证据之外的证据，不能作为定案的根据。

对于被告而言，《行政诉讼证据规定》第 60 条规定了三种不能作为认定被诉行政行为合法根据的证据：①被告在诉讼中向法院提供的作出行政行为时没有收集或者没有记录的证据，即作出行政行为后自行收集的证据；②被告剥夺相对人特定的法定程序性权利的证据；③原告或者第三人在诉讼程序中提供的，被告在行政程序中未作为行政行为依据的证据。《行政诉讼法》第 61 条还规定了一种排除情形，即在复议程序中复议机关收集和补充的证据，及在复议程序中被告未向复议机关提交的证据，都不能作为维持原行政行为的根据。

对于原告来说，《行政诉讼证据规定》第 59 条也规定了应予排除的情形，即原告在行政程序中未向行政机关提供的证据，而此类证据必须是被告在行政程序中曾依照法定程序要求原告提供，原告依法应当提供却拒不提供，人民法院对此类证据一般不予采纳。

4. 证据的真实性认定。证据材料所反映的案件事实与客观真实的案件事实具有一致性，就说明了该证据具有真实性。该证据具有真实性，能再现客观真实的案件事实，是因为其和真实的案件事实都具有客观性，而且这种客观性不以人的意志为转移，并能被人的意识所认知。

（1）对单一证据进行真实性审核认定。根据《行政诉讼证据规定》第 56 条的规定，一般情况下，以下是影响证据真实性的主要方面：①证据形成的原因。证据的形成原因与其真实性往往具有重要的关系，它是通过分析证据形成的基本条件和不同特点，来判断证据的可信程度。②发现证据时的客观环境。发现证据时的客观环境是可能影响证据可靠性的客观因素，比如案件现场的光线、天气、距离、噪声等客观环境对证人感知的影响，就直接关系到证人证言的真实性。③证据是否为原件、原物，复制件、复制品与原件、原物是否相符。书证的原件、物证的原物属于原始证据；书证的复制件、物证的复制品属于传来证据，也叫派生证据。原始证据直接来源于案件事实，可靠性强；传来证据由原始证据派生出来，证明价值低于原始证据。核实证据首先应当先审查证据是否为原件、原物，目的是区分证据的证明力大小；其次是核对复制品、复制件与原件、原物是否相符，目的是辨别证据真伪。④提供证据的人或者证人与当事人是否具有利害关系。查明提供证据的人或者证人与当事人是何种关系，证据对当事人有利还是不利，证据有无明显的倾向性等，也能帮助判断证据的真实性。⑤影响证据真实性的其他因素。

（2）不真实证据的排除规则。根据《行政诉讼证据规定》第57条的规定，下列应当排除在真实性证据之外，不得作为定案的根据：①当事人拒不提供原件、原物，又无其他证据印证，且对方当事人不予认可的证据的复制件或者复制品。②经技术处理又无法辨明真伪的证据。③不能正确表达意志的证人提供的证言。④不具有合法性和真实性的其他证据。这里包括了其他法律和本司法解释其他条款明确规定应当排除在真实性之外的证据。如《行政诉讼证据规定》第46条规定的"证人根据其经历所作的判断、推测或者评论，不能作为定案的依据"。

（三）认定证据证明效力的大小

在确认了证据具有证据能力之后，就应当审核认定证据对案件事实的证明程度，即证据的证明效力大小问题。《行政诉讼证据规定》对证据的证明效力大小问题确定了两项基本规则。

1. 优势证据规则。优势证据规则源于英美法。优势证据规则是指法庭就数个证据证明同一事实并都具有证明力、不同证据证明了相反的事实主张的情况下，法官选择占优势的证据和最有说服力的证据作为认定案件事实的根据所遵循的规则。

《行政诉讼证据规定》第63条规定的证明同一事实的数个证据，其证明效力的优势证据规则是：①国家机关以及其他职能部门依职权制作的公文文书优于其他书证。②鉴定意见、现场笔录、勘验笔录、档案材料以及经过公证或者登记的书证优于其他书证、视听资料和证人证言。这是以证据出具、制作、保管、登记的主体具有特殊性来确定证据证明力的优势的，尤其是经过公证和登记的书证和物证都经过证据合法性和真实性审查的。鉴定意见、现场笔录、勘验笔录、档案材料以及经过公证或者登记的书证是特定种类书证，其证明力优于其他种类书证。③原件、原物优于复制件、复制品。这里应当注意《行政诉讼证据规定》第64条的规定："以有形载体固定或者显示的电子数据交换、电子邮件以及其他数据资料，其制作情况和真实性经对方当事人确认，或者以公证等其他有效方式予以证明的，与原件具有同等的证明效力。"④法定鉴定部门的鉴定意见优于其他鉴定部门的鉴定意见。⑤法庭主持勘验所制作的勘验笔录优于其他部门主持勘验所制作的勘验笔录。这是基于法院享有司法最终判断权的原则。⑥原始证据优于传来证据。⑦其他证人证言优于与当事人有亲属关系或者其他密切关系的证人提供的对该当事人不利的证言。这是从生活常理作出的推论。⑧出庭作证的证人证言优于未出庭作证的证人证言。这是因为证人出庭作证可以接受询问和质证，便于法庭查清事实，其证言可信程度高于书面证言。该项规定有利于防止证人随意出具证人证言。⑨数个种类不同、内容一致的证据优于一个孤立证据。这是因为数个种类不同、但内容一致的证据可以从多方面对案件待证事实起印证作用。

2. 补强证据规则。补强证据规则最初出现在刑事诉讼中，它是为了保护被告人的权利，防止案件事实的错误认定，要求公诉机关提供足以排除合理怀疑的证据，对某些证明力显然薄弱的证据，要求有其他证据予以证实才可以作为定案根据的规则。在行政诉讼中，借鉴刑事诉讼补强证据规则，规定了行政诉讼补强证据规则，即在某些证据不能单独作为认定案件事实的根据的情况下，结合其他证据补强其证明力，以作为定案证据的规则。

《行政诉讼证据规定》第71条限定了七种不能单独作为定案依据的证据：①未成年人所作的与其年龄和智力状况不相适应的证言；②与一方当事人有亲属关系或者其他密切关系的证人所作的对该当事人有利的证言，或者与一方当事人有不利关系的证人所作的对该当事人不利的证言；③应当出庭作证而无正当理由不出庭作证的证人证言；④难以识别是否经过修改的视听资料；⑤无法与原件、原物核对的复制件或者复制品；⑥经一方当事人或者他人改动，对方当事人不予认可的证据材料；⑦其他不能单独作为定案依据的证据材料。

（四）无须证据而认定的案件事实

在诉讼中，认定案件事实有两种方式：①通过证据进行认定；②无须证据而进行认定。在后一种情况下，就免除了运用证据证明案件事实的义务。可见，诉讼中运用证据是原则，无须证据是例外。无须证据的认定是为了提高诉讼效率，节约诉讼成本，保证诉讼的顺利进行。在我国行政诉讼中，无须证据即认定案件事实也包括了通常的三种情况：①当事人对事实的正式承认即自认；②法院对公认的或者无可争议的事实的司法认知；③对主张一方有利的事实的推定。

1. 自认规则。自认一般是指一方当事人对其他当事人所主张的对其不利的事实予以承认。自认规则是指自认的提出、审查、采信所应遵循的准则。诉讼上的自认是一种法律行为，因此，它能够作为一种证据或证据方法来使用。其产生的法律后果是免除对方当事人的举证责任，或者无需其他证据对自认事实加以证明。

《行政诉讼证据规定》第65～67条对我国行政诉讼证据的自认规则作了规定。

（1）当事人的自认必须是在庭审中所作出的，而不是在庭审外，更不是在诉讼外，如行政程序中作出的。

（2）自认的表示必须是明示的认可，当事人的默示认可不属于自认。这与民事诉讼中当事人默示认可具有法律效力是不同的。[1]

（3）自认的客体是事实，而不是事实的推断，或者权利的主张。作为自认客体的事实可以是当事人陈述的事实，也可以是其他证据所表明的事实。

（4）自认一般是一种对自己不利事实的承认，但依《行政诉讼证据规定》第65条的规定，当事人对利己的、不利己的事实的陈述，都可以构成行政诉讼的自认。

（5）自认的效力是有条件的。法院对当事人自认的事实可以认定，而不是应当认定。法院是否认定，还需要进行审查。有相反证据足以推翻当事人自认的、法律另有规定不可自认的、法院依职权确认的、自认受胁迫或重大误解的、自认与事实不符的、自认有恶意的等，法院就不能认定，自认就不能发生证据效力。

（6）除对委托代理人的代理权限有特别限制外，一般情况下，委托代理人的承认与当事人的承认具有同等的法律效力。因为代为承认案件事实是委托代理人代理行为最基本的代理权利。

（7）行政赔偿诉讼调解程序中当事人的自认不具有证据效力。因为行政赔偿诉讼是在已经确认被诉行政行为违法的前提下进行的，赔偿调解中不可避免地有妥协让步的情况。只有明确规定调解中的妥协让步不构成自认，才有利于达成调解协议。

2. 司法认知。司法认知是指法官在审判过程中对某些事实，可以无须证明就认为存在，作为判决的依据。任何一个国家，不论法律有无明文规定，都有司法认知的事项及存在的相应问题。

司法认知是证明特定案件事实的诉讼行为，经法官司法认知的事实，其法律上的真实性得到确认，当事人无须举证证明，法院也无须进一步调查和审查，除非一方当事人提出合理的反证，或者法院发现了新的事实。司法认知的目的是提高诉讼效率。

《行政诉讼证据规定》中规定了两项以司法认知来确认案件事实的情形：①众所周知的事实；②自然规律及定理。

由此可见，我国行政诉讼上的司法认知的特点是：①司法认知的事项具有客观性和公认性；②我国司法认知的对象是事实，而不包括法律；③对于自然规律及定理的直接认定，不允许当事人以相反的证据加以推翻。

3. 推定规则。推定是指根据法律规定，依据事实或者经验法则，从一个已知事实推论未知事实所得的结果的一种证据法则。推定作为一种技术性手段，最重要的意义在于，运用推定可以避免对于需要推定的事实因为无法获得合法的、适当的证据而使诉讼程序产生窘境，从而节约诉讼成本，提高审判效率。

《行政诉讼证据规定》第68条第3～5项规定了推定规则。按性质和依据来划分，可以将推定分为法律推定和事实推定。

第十八章

---

[1] 见《最高人民法院关于民事诉讼证据的若干规定》第8条的规定。

（1）法律推定。法律推定是指根据法律明文规定，从某一事实推定另一事实存在的一种证明法则。适用法律推定需要具备两个条件：①法律推定的任务就在于解决前提事实与推定事实之间的逻辑关系，因而适用法律推定的条件是首先必须确保前提事实的存在和真实。作为推定根据的前提事实，除了法院直接确认之外，都应由主张该事实的当事人予以证明，如果负举证责任的当事人没有提供证据，或者提供的证据不足以证明前提事实，推定就无法进行。可见，法律推定仅免除了推定有利方对推定事实的举证责任，而没有免除其对前提事实的举证责任。法院无法确定前提事实时，也不能确定推定事实。②由于推定事实是以无相反证据证明为条件而假定存在的，故适用推定还必须以无相反的证据推翻为条件。

对法律推定还可以按照是否需要前提事实为标准，再划分为直接推定和推论推定。直接推定是指不需要任何前提事实就假定某一事实存在的推定。如被告在收到起诉状副本之日起 15 日内，不提供或者无正当理由逾期提供证据、依据的，法院应当认定该行政行为没有证据。此时，行政机关的行为即使在先前的行政行为作出之时确实收集了证据，但是法院也需要认定其在诉讼程序中的行政诉讼违法，该违法为法定的违法，属于直接推定。法院在适用直接推定时，不要求因推定事实而处于有利地位的当事人一方证明任何事实。直接推定的功能在于确定举证责任首先由谁负担。因此直接推定并非真正的推定。而推论推定则是指建立在前提事实获得证明的基础上而进行的推定。如《行政诉讼证据规定》第 69 条规定："原告确有证据证明被告持有的证据对原告有利，被告无正当事由拒不提供的，可以推定原告的主张成立。"推论推定符合推定的本质特征，因而又被称为真正的法律上的推定。

（2）事实推定。事实推定是相对于法律推定而言的，指法律没有规定，但在司法实践中法庭可以根据日常生活经验法则证明另一事实是否存在的一种证明规则。事实推定区别于法律推定的明显标志，就在于无法律的明文规定，而是以人类的日常生活经验法则为基础。而人类的日常生活经验法则范围极为广泛，而且这种经验法则会随着时代的发展而变化，因此，事实推定不宜由法律作出规定。而且，法律只能对重要的事实作出规定，故法律推定较少，而事实推定较多。事实推定是对法律推定的必要补充。对于法律推定，司法者必须适用，而事实推定却可以裁量决定是否适用。

适用事实推定应当具备的条件有：①待证事实必须无直接证据加以证明，只能借助间接事实来证明；②前提事实必须已得到法律上的确认，如《行政诉讼证据规定》第 68 条规定的已经依法证明的事实和根据日常生活经验法则推定的事实，第 70 条规定的法院裁判和仲裁裁决认定的案件事实；③前提事实与推定事实之间须有必然的联系；④事实推定均属可反驳推定，对方当事人的反证是否成立直接影响着推定的成立。

第四节　证据的保全与调取

一、行政诉讼证据的保全

（一）证据保全的含义

行政诉讼证据保全，是指在行政诉讼程序中，对于证据在有可能灭失或者以后难以取得的情况下，人民法院根据当事人的申请或依职权采取措施加以确定和保护的制度。

可以申请行政诉讼证据保全的主体，包括了原告、被告、第三人和诉讼代理人，其中诉讼代理人又包括了法定代理人、委托代理人、指定代理人。除了这些当事人之外，在特定的条件之下，人民法院也可以主动地实施证据保全措施。人民法院实施行政诉讼证据保全的条件：①证据有可能灭失，如物品将腐烂、变质，证人因年高、疾病可能死亡等；②证据以后难以取得，如证人将长期居留国外等。如果不存在这样的条件，人民法院则应当按照一般的证据收集和保存方法来取得证据。

（二）证据保全的程序

1. 申请保全的期限。根据《行政诉讼证据规定》第 27 条的规定，当事人及其诉讼代理人向人民法院申请证据保全的，其申请应当在举证期限届满前提出。有正当事由的情况下，举证期限可以经人民法院准许而延长，因此，申请证据保全的期限也相应延长。

2. 申请保全的形式。当事人及其诉讼代理人向人民法院申请证据保全，应当以书面形式提出。书面形式的申请中应当载明的事项有：证据的名称和地点、保全的内容和范围、申请保全的理由等。

3. 申请保全的担保。当事人申请保全证据的，人民法院可以要求当事人提供相应的担保。即人民法院认为在保全的时候，可能会影响到被保全人的权利或者利益的时候，可以要求申请保全证据的当事人提供相应的担保：①提供担保的当事人包括了行政机关。②当事人提供担保并不是申请证据保全的必要条件，是否需要提供担保，由人民法院根据案件具体情况决定。如被申请保全的物品是营运中的车辆的，人民法院应要求当事人提供担保；如被申请保全的是证人证言，人民法院则可以不要求当事人提供担保。无论什么情况之下的证据保全，法院都可以要求当事人提供担保，如果当事人不提供担保则法院不实施证据保全。③要求当事人提供的担保应当是与其证据保全对象的价值相对等的担保物。

4. 证据保全的类型。证据保全可以发生在诉讼之前，也可以发生在诉讼之中，因此证据保全的形式分为诉中证据保全和诉前证据保全两种。诉前证据保全，是指在起诉之前当事人认为有关证据出现可能灭失或以后难以取得的情形，当事人在起诉前申请人民法院对有关证据采取措施加以确定和保护的活动。《行政诉讼证据规定》第 27 条第 3 款规定："法律、司法解释规定诉前保全证据的，依照其规定办理。"可见，关于诉前证据保全在《行政诉讼证据规定》中也没有专门进行规定，而是参照诉讼中证据保全规定以及单行法的具体规定来办理。

目前作出诉前证据保全规定的法律较少，如《商标法》第 66 条规定："为制止侵权行为，在证据可能灭失或者以后难以取得的情况下，商标注册人或者利害关系人可以依法在起诉前向人民法院申请保全证据。"最高人民法院 2001 年 6 月 7 日发布的《关于对诉前停止侵犯专利权行为适用法律问题的若干规定》第 16 条规定："人民法院执行诉前停止侵犯专利权行为的措施时，可以根据当事人的申请，参照民事诉讼法第 74 条的规定，同时进行证据保全。"

（三）证据保全措施的种类

《行政诉讼证据规定》第 28 条列举了以下九种证据保全措施：查封、扣押、拍照、录音、录像、复制、鉴定、勘验、制作询问笔录等保全措施。

人民法院保全证据时，可以要求当事人或者其诉讼代理人到场。

二、行政诉讼证据的调取

人民法院对行政诉讼证据的调取，是指人民法院为了核实当事人所提供证据的真实性、关联性和合法性，根据当事人的申请或者依职权采取的以调查手段收集证据的司法活动。

《行政诉讼法》第 40 条规定："人民法院有权向有关行政机关以及其他组织、公民调取证据。但是，不得为证明行政行为的合法性调取被告作出行政行为时未收集的证据。"这是人民法院调取证据权力的法律依据。

1. 人民法院调取证据的条件。人民法院不是任何情况之下都可以调取证据的，主要在两种情况之下需要调取证据：一是涉及国家利益、公共利益或者他人合法权益的事实认定的；二是涉及依职权追加当事人、中止诉讼、终结诉讼、回避等程序性事项的。

2. 人民法院调取证据的限制。人民法院不得为证明被诉行政行为的合法性，调取被告在作出行政行为时未收集的证据。

3. 原告或第三人申请人民法院调取证据的条件。原告以及第三人在以下情况出现的时候，可以申请法院调取相关证据：由国家有关部门保存而须由人民法院调取；涉及国家秘密、商业秘密、个人隐私；确因客观原因不能自行收集。

4. 人民法院调取证据在行政诉讼举证责任体系中只处于辅助地位，而居于核心地位的仍然是当事人举证。

5. 人民法院调取证据并不是举证责任或者证明责任的体现。法院在当事人的申请之后调取的证据属性归属于当事人举证的范畴，因此需要进行质证，如《行政诉讼证据规定》第 38 条规定："当事人申请人民法院调取的证据，由申请调取证据的当事人在庭审中出示，并由当事人质证。人民法院依职权调取的证据，由法庭出示，并可就调取该证据的情况进行说明，听取当事人意见。"可见人民法院自行调取的证据则不需要进行质证，由法院直接认定其证据的证明力。所以人民法院对证据的调取并不是法院对举证责任或证明责任的承担。

第十八章

第十九章
行政诉讼的起诉与受理

行政诉讼程序主要包括立案、审理、裁判和执行程序，行政诉讼的起诉与受理就是关于立案阶段的诉讼程序规定。行政诉讼的起诉与受理制度，一方面须要公平、公正地保护原告的起诉权利，另一方面，也要保证人民法院正常的工作效率和工作秩序。2014 年《行政诉讼法》修改的主旨之一就是要解决立案难的问题，因此，当下行政诉讼的起诉和受理制度更侧重保障原告起诉权利的实现。和民事诉讼法关于立案方面的程序规定相比，行政诉讼起诉和受理的程序规定无疑更为复杂，这不仅源于行政行为效力理论、民告官等特殊因素存在，还与行政法治仍处于发展的初级阶段有关。

第一节　行政诉讼的起诉

在行政诉讼中，起诉是指公民、法人或其他组织认为自己的合法权益受到行政主体所作出的行政行为或其他行为的侵害，而向人民法院提出诉讼请求，要求人民法院通过行使审判权，依法保护自己合法权益的诉讼行为。行政诉讼同样适用"不告不理"的诉讼原则，只有当公民、法人或其他组织依法起诉时，行政诉讼程序才能正式启动。起诉是原告的一项重要的诉讼活动，是行政诉讼程序开始的前提。原告单方面行使法律赋予的起诉权的行为，必须符合行政诉讼法所规定的起诉条件，法院才能立案受理。

根据法律的规定，起诉要能被人民法院立案受理并审理需要满足很多条件，如不能超出起诉期限，符合起诉程序等具体规定。这些条件都会最终影响到起诉能否被人民法院实际受理和审理。这可以称其为广义的关于起诉条件的理解，即所有能够影响公民、法人或其他组织有效行使起诉权的因素。狭义的起诉条件是指《行政诉讼法》第 49 条所规定的起诉条件，即公民、法人或其他组织起诉时必须满足的基本条件。

一、起诉应符合的基本条件

（一）原告必须是行政行为的相对人或其他与行政行为有利害关系的公民、法人或者其他组织

该条规定是有关行政诉讼原告资格的规定。根据《行政诉讼法》第 25 条的规

定，适格原告的范围包括行政行为的相对人和利害关系人。相对人和利害关系人之所以具有原告资格，是因为其有值得司法保护的利益所在。即这些主体与被诉的行为之间有利益上的牵连关系，当这些主体认为权益被侵犯，则具有向法院寻求司法救济的权利。行政诉讼的原告资格规定从一定程度上体现出行政诉讼法是一部权利救济法，其立法目的在于为权益可能受到行政行为侵犯的公民、法人或其他组织提供司法救济。为防止滥诉可能造成的资源浪费，那些合法权益不可能受到行政行为侵犯的公民、法人或其他组织是不能以自己的名义提起行政诉讼的。同样，那些不以自己权利救济为目的的起诉也不应被人民法院受理。需要注意的是，当适格原告死亡或终止时，会发生原告资格的转移和承受，其权利继受主体有权提起诉讼。《行政诉讼法》第 25 条第 2、3 款规定：有权提起诉讼的公民死亡，其近亲属可以提起诉讼。有权提起诉讼的法人或者其他组织终止，承受其权利的法人或者其他组织可以提起诉讼。法律规定了原告资格之所以发生转移和承受，是基于对权利继受主体的继受权益的保护。因此，笔者认为，当行政行为所涉权益属于特定身份的确认，而无直接财产价值时，就不应发生原告资格的转移和承受。例如，婚姻登记行为的相对人死亡，相对人的近亲属基于遗产分割对婚姻登记行为起诉，在相对人和其近亲属之间则不应发生原告资格的转移和承受，其近亲属不能以继受主体提起诉讼，尽管承认这种婚姻登记行为可能对近亲属继承的财产权益产生影响。

在行政诉讼司法实践过程中，判断原告是否适格具有十分重要的意义。行政诉讼法确立适格原告的标准是与行政行为有利害关系。而与行政行为之间有无利害关系在实践中争议很大。这主要是因为对何谓利害关系的认识和理解存在较大分歧。原告既然起诉，其当然是认为存在利害关系，其多是从事实上权益受损进行证明。而行政机关可能会从原告实际受损的事实中跳出来，积极主张这种实际受损是因为其他原因造成的，与行政行为之间无直接的因果关系，应通过提起民事诉讼等其他途径进行救济。

（二）有明确的被告

公民、法人或其他组织在提起行政诉讼时，必须明确指出控告哪个行政机关或者法律、法规、规章授权的组织。有明确的被告，这是民事诉讼、行政诉讼的共同要求。如果原告在起诉时不指明被告是谁，而是含混其词，人民法院就无法明确行政争议的双方当事人，审理活动就无从谈起，更谈不上解决行政争议。当然，起诉状所列被告不一定是真正的作出行政行为的主体，但起诉人必须表明被告是谁。公民、法人或其他组织在起诉状中未列明被告的名称、地址等主体身份信息，必须及时补正，才能符合法律的要求。至于在司法实践中错列被告或遗漏共同被告的情形，不属于对该条款的违反，应当按照法律的其他规定进行处理。

在起诉阶段，起诉状要列明被告，人民法院在受理时只作形式审查。因此，即使有明确的被告也并不意味着被告就适格。按照行政诉讼法的规定，一般是按照"谁行为，谁被告"的规则来确立被告，但由于行政行为的违法性、行政主体之间的职权分配等因素的存在，导致现实行政诉讼中的被告往往不是真正的行为主体。例如，对于经上级行政机关批准的行政行为，原告可能会将批准机关和实施机关作为共同被告起诉到法院，而事实上行政行为的作出主体只有一个，那么这种情形下，被告就应在实事求是的基础上，结合案情和相关司法解释规定，积极主张自己不是适格被告，从而达到比较好的诉讼效果。

（三）有具体的诉讼请求和事实根据

所谓诉讼请求，是当事人向人民法院提出的，希望获得司法保护的权利要求，是原告要求人民法院给予审判保护的具体内容。诉讼请求之所以要具体是由"不告不理"的诉讼原则决定的。法院依法受理后，审理和裁判活动皆是紧紧围绕诉讼请求展开的，诉讼请求不具体的话，法院的审理和裁判活动就失去方向，更难以为公民、法人或其他组织提供权利救济。行政主体行使职权的活动表现多样，其所适用的法律规定也很复杂。只有针对具体的诉讼请求，法院才能选择相应的法律规定对其涉及的行政行为进行合法性审查。否则，"胡子眉毛一把抓"不仅难以实现对相对人权益的救济，也难以实现司法对行政的法律监督。"具体的诉讼请求"要求起诉状有明确的针对性，即针对特定的被告，就特定的事（某一实际存在的行政行为等）提出特定的诉讼请求。司法实践中，公民、法人或其他组织与行政主体多次发生行政纠纷后起诉的，容易出现这种诉讼请求不明确的错误。如公民甲数年来多次向某行政机关申请履行法定职责未果，遂向法院提起行政诉讼，提交了其数次向行政机关申请的事实材料，要求法院确认该行政机关多年来的不作为违法。该案中诉讼请求不明确，法院难以确定到底针对哪一次申请的行政不作为进行审查。实际上，每一次申请所对应的行政不作为之诉的起诉期限以及所适用的法律规定情况可能存在不同，导致法院实际审理无从下手。

《适用解释》第2条对前述《行政诉讼法》第49条第3项规定的"有具体的诉讼请求"作出了明确分类：请求判决撤销或者变更行政行为；请求判决行政机关履行法定职责或者给付义务；请求判决确认行政行为违法；请求判决确认行政行为无效；请求判决行政机关予以赔偿或者补偿；请求解决行政协议争议；请求一并审查规章以下规范性文件；请求一并解决相关民事争议；其他诉讼请求。并规定了当事人未能正确表达诉讼请求的，人民法院应当予以释明。

所谓事实根据，是指公民、法人或其他组织向人民法院起诉时所依据的事实和根据，包括案件的案情事实和证据事实。案情事实是行政法律关系变动的事实及起诉人合法权益因此而受到损害（侵犯）的事实及与行政机关（对该行政法律关系）发生行政争议的事实。证据事实，是指证明这些案件事实客观存在的必要根据。缺少事实根据，就不可能证明起诉成立。法律上要求起诉人提供事实根据是为了证明行政争议是否存在，而不是要求起诉人提供证据证明行政行为违法，也不要求原告所提供的事实根据具有全面、真实的证明作用，只以能够证明因行政行为所发生的行政争议客观上存在为必要。"事实根据"是形式要件，不要求一定真实、全面和系统。起诉人的权益是否受到侵犯，属于立案后审理阶段要解决的问题。事实根据证明的主要内容表现为两个方面：一是行政行为的存在；二是行政行为对公民、法人或其他组织权益的侵犯。

在行政诉讼过程中，人民法院对起诉是否有具体的诉讼请求和事实根据仅作形式上的审查，至于这种请求和事实根据是否真实、能否成立那是需要进一步审理的问题。

（四）属于人民法院的受案范围和受诉人民法院管辖

所谓人民法院受案范围，是指人民法院受理行政案件的权限，又称主管范围。公民、法人或其他组织所诉之行政主体的行为必须属于人民法院主管范围，人民法院才能立案受理，否则，即使侵犯了公民、法人或其他组织的权益，也只能通过其他救济途径进行维权。司法对行政争议的救济存在例外，这是行政诉讼区别于民事诉讼的重要方面。行政诉讼法对人民法院受案范围作了比较细致明确的规定。受案范围是人民法院行政审判权作用的领域。受案范围与起诉权的有效行使具有直接的关系，受案范围决定了当事人权利保障的范围，当事人只能在人民法院的受案范围内才能有效地行使起诉权。

在行政诉讼过程中，由于施行的是立案登记制度，人民法院立案并不意味着行政争议就属于人民法院主管的案件范围。目前，对于《行政诉讼法》第12条肯定例举的行政争议属于受案范围争议不大。在实践中，主要是对一些特殊类型案件应否属于受案范围存在很大的讨论空间。要正确理解立案登记制度，只有属于人民法院受案范围的案件，人民法院才能依法受理、审理并作出判决。

所谓属于受诉人民法院管辖，是指当事人起诉的行政案件，既属于人民法院的受案范围，同时也依法属于接受起诉状的人民法院管辖。需要注意的是，这一起诉条件仅要求受诉法院依法具有管辖权，而不要求受诉法院享有排他的管辖权。因为在共同管辖的情况下，只要未发生受诉法院丧失对该案管辖权的情形，有管辖权的法院就可以受理。司法实践中，当公民、法人或其他组织向无管辖权的人民法院起诉时，法院应告知其向有管辖权的法院起诉，若法院已经错误受理，则应当按照移送管辖的程序规定移送给有管辖权的人民法院管辖。管辖更多的是解决人民法院的内部分工。

二、起诉应当符合的其他条件

公民、法人或其他组织向人民法院提起诉讼除了需要满足上述基本条件外，还必须要满足法律规定的其他条件。

（一）法律、法规规定属于行政复议前置的案件，必须先向行政机关申请复议，对复议决定不服再向人民法院起诉

行政复议是一种由行政机关解决行政争议的法律制度，是指公民、法人或者其他组织以行政行为侵犯其合法权益为由，依法请求作出该行为的上一级行政机关或

法律、法规规定机关对该行为进行审查，以保障其合法权益，受理复议申请的上一级行政机关或法律、法规规定的机关依照法定程序对该具体行政行为予以全面审查并作出决定的法律制度。行政复议的根本性质是行政行为，但和行政诉讼一样也属于法定救济途径。为合理配置和发挥行政复议和行政诉讼在公民权益救济方面的作用，不同部门行政法律规范对行政复议和行政诉讼的关系作出不同规定。不同类型行政案件，行政复议对公民向人民法院提起诉讼所产生的法律影响可能不尽相同。依据我国行政诉讼法以及一些单行行政法律的规定，行政复议与行政诉讼有下列三种关系：

1. 自由选择关系。所谓自由选择关系，是指公民、法人或其他组织既可以先申请行政复议，对行政复议决定不服的，再向人民法院起诉，也可以不经过行政复议程序直接向人民法院提起诉讼。即有无经过行政复议不影响公民、法人或其他组织向人民法院起诉。但需要注意的有两点：一是当公民、法人或其他组织先向人民法院提起诉讼，已经被法院受理的，就不能再向行政复议机关提出行政复议；二是当公民、法人或其他组织向行政复议机关提出复议申请，行政复议机关已经受理，公民、法人或其他组织同时又向人民法院提起诉讼的，人民法院不予受理。《行政诉讼法》第44条第1款规定："对属于人民法院受案范围的行政案件，公民、法人或者其他组织可以先向行政机关申请复议，对复议决定不服的，再向人民法院提起诉讼；也可以直接向人民法院提起诉讼。"行政诉讼法确立了处理行政复议和行政诉讼关系的一般原则，即法律、法规未作特别规定的情形下，都应适用行政诉讼法所规定的自由选择关系。

2. 行政复议前置关系。行政复议前置关系是指公民、法人或其他组织要想向人民法院提起行政诉讼，必须先经过行政复议，对行政复议决定不服的，才可以向人民法院提起行政诉讼。对于适用行政复议前置关系的行政案件，公民、法人或其他组织未经行政复议直接向人民法院提起行政诉讼的，人民法院不予受理。即行政复议的存在是起诉必要条件之一，行政复议是行政诉讼的前置程序。《行政诉讼法》第44条第2款规定："法律、法规规定应当先向行政机关申请复议，对复议决定不服再向人民法院提起诉讼的，依照法律、法规的规定。"即行政诉讼法在确立前述自由选择关系的基础上，承认法律、法规有权作出行政复议前置的例外规定。这些例外规定散见于其他单行行政法律法规中。

司法实践中，常见的适用行政复议前置的案件有：一是《行政复议法》所规定的侵犯已经取得的自然资源所有权或使用权的行政案件；二是《税收征收管理法》所规定的有关征税数额、方式等税务争议适用行政复议前置；三是《商标法》所规定的对商标局撤销注册商标的决定，向商标评审委员会申请复议，对复议决定不服，可以向人民法院起诉；四是《专利法》所规定的对专利行政部门驳回申请的决定，向专利复审委员会申请复议，对复议决定不服的可以向法院起诉。从行政复议前置程序的立法例可以看出，作为自由选择关系的例外规定，行政复议前置程序主要是针对那些行政专业性相对较强的行政争议。行政复议前置程序规定的理论基础旨在发挥行政机关在解决行政专业性较强的行政争议的积极作用，更有利于行政争议的高效解决，而不是对公民、法人行政诉权的约束和限制。

3. 排他性选择关系。排他性选择关系是指公民、法人或其他组织只能在行政复议与行政诉讼之间选择一种救济途径，如果选择了行政复议，则相应就丧失了行政诉讼的权利。和前述自由选择关系相比，这种选择是排他性的选择。和行政复议前置程序正好相反，行政复议的不存在是公民、法人或其他组织向人民法院提起行政诉讼的必要条件之一。排他性选择关系意味着公民、法人或其他组织一旦选择行政复议，行政复议决定则为终局裁决。根据行政诉讼法的规定，只有法律才有作出限制公民、法人或其他组织司法最终救济的权力。我国加入世界贸易组织以后，法律规定行政机关终局裁决的案件愈来愈少。这主要与此种排他性选择关系的理论基础薄弱有关。

（二）必须在法律规定的行政诉讼起诉期限内提起诉讼，不动产案件自行政行为作出之日起超过20年，其他案件自行政行为作出之日起超过5年提起诉讼的，人民法院不予受理

行政诉讼中，起诉期限是指法律所规定的公民、法人或其他组织提起诉讼的期限，是法院对公民、法人或其他组织行使司法救济权的保护期限。行政诉讼起诉期限与民事诉讼时效二者都属于时效制度，其共同的理论基础是保障法的安定性。二者的区别是超期的法律后果有所不同。在我国，民事诉讼时效是一个实体规定，立案阶段法院不主动审查，当被告以超出诉讼时效作为抗辩理由提出时，法院才介入审查，确属超期的，则驳回原告诉讼请求。即超出诉讼时效，原告丧失的是胜诉权。而在行政诉讼中的一般做法是，原告超出期限起诉的，立案阶段查实则裁定不予立案，审理阶段查实则裁定驳回起诉。即超出起诉期限，原告丧失的是诉权。权利保护都是有期限的。由此可见，行政诉讼起诉期限有着较之民事诉讼时效更为重要的意义。

行政诉讼的起诉期限，按照规定期限的法律不同以及适用范围的不同可以分为一般起诉期限和特殊起诉期限。

1. 一般起诉期限分别是15日和6个月。一般起诉期限是指如果没有法律特殊规定的话，一般行政诉讼的起诉都应当适用的期限。根据《行政诉讼法》第45条、第46条的规定，对于经过行政复议仍然不服的，公民、法人或其他组织自收到行政复议决定之日起15日内起诉，复议机关逾期不作复议决定的，从复议期满之日起15日；公民、法人或者其他组织直接向人民法院提起诉讼的，其起诉期限是自知道或者应当知道作出行政行为之日起6个月。法律另有规定的除外。

2. 特殊起诉期限由其他法律加以规定。所谓特殊起诉期限，是指根据单行法律所规定的期限，具有特别法的效力。如《邮政法》《统计法》规定的起诉期限为15日；《森林法》《海关法》《渔业法》规定的起诉期限为30日；《专利法》规定的起

诉期限为 3 个月。按照《行政诉讼法》第 45 条、第 46 条的规定，只有法律才能对一般起诉期限作例外规定，法规、行政规章都无权对一般期限作例外规定。特殊起诉期限与一般起诉期限的区别主要是期限长短和所依据的法律的不同。但无论是特殊起诉期限还是一般起诉期限，在起诉期限的计算方面却是统一的。

3. 起诉期限的起算点在司法实践中常常引发分歧。虽然起诉期限长短是既定的，但是起诉期限该如何计算又实际影响到公民、法人或其他组织起诉权的行使。起诉期限计算的核心问题是确立起算点。根据《行政诉讼法》第 45～47 条的规定，起诉期限有两种起算点。对于经过行政复议后提出行政诉讼的，起算点是从收到行政复议决定之日，复议机关不作为的，起算点是从行政复议期满之日。公民、法人或者其他组织直接向人民法院提起诉讼的，起诉点是知道或者应当知道作出行政行为之日，对于申请行政机关履行保护人身权、财产权的案件，行政机关不作为的，起算点是从行政机关接到申请之日起 2 个月期满之日，法律、法规对履行职责期限另有规定或紧急情况下请求保护的案件除外。

根据《执行解释》第 41 条的规定，起诉期限的起算点还与行政行为过程中行政机关教示义务的履行有关。若行政在作出具体行政行为时，未告知公民、法人或者其他组织诉权或者起诉期限的，起诉期限从公民、法人或其他组织知道或者应当知道诉权或者起诉期限之日起计算，但从知道或者应当知道具体行政行为内容之日起最长不得超过 2 年。因此，在实践中，只要行政行为没有告知诉权，则《行政诉讼法》关于起诉期限起算点的规定就形同虚设了，实际生效的是从知道或者应当知道具体行政行为内容之日起最长不得超过 2 年。所以，从行政诉讼司法实务来看，这一关于起诉期限的司法解释规定等于变相地要求行政主体在作出具体行政行为时负有告知诉权的义务。尽管这一规定并不一定符合执法的逻辑，但由于其规定的刚性，法院一般会作出对原告较为有利的理解。

4. 起诉期限的耽误分为法定耽误和酌定耽误两种情况。法定耽误是指，对于因不可抗力或者其他不属于其自身的原因耽误起诉期限的，被耽误的时间不计算在起诉期限内。即原告只要有这方面的证据，则起诉期限自然延长。如被行政拘留的人，拘留期间则应从起诉期限中自然扣除，不需要人民法院进行批准。酌定耽误是指，对于因法定耽误原因之外的原因造成期限耽误的，必须依法申请人民法院批准延长起诉期限。《行政诉讼法》第 48 条规定："公民、法人或者其他组织因不可抗力或者其他不属于其自身的原因耽误起诉期限的，被耽误的时间不计算在起诉期限内。公民、法人或者其他组织因前款规定以外的其他特殊情况耽误起诉期限的，在障碍消除后 10 日内，可以申请延长期限，是否准许由人民法院决定。"

5. 不动产案件的最长起诉期限为自行政行为作出之日起 20 年，其他案件为自行政行为作出之日起不超过 5 年。从前述起诉期限的计算中可以看出，期限长短是固定的，但起算点还是有很大弹性空间。这就可能导致时效制度的失效。为避免这种情形出现和保障法的安定性，时效制度中一般都有最长保护时效的制度。最长保护期限的起算点一般是比较既定和不存在争议的。在行政诉讼中，根据《行政诉讼法》第 46 条第 2 款的规定，不动产案件的最长起诉期限为自行政行为作出之日起 20 年，其他案件为自行政行为作出之日起不超过 5 年。即无论什么原因，超出最长起诉期限提起诉讼的，法院则不予受理。

（三）起诉一般需要递交起诉状，并按照被告人数提出副本，特殊情况下，可以口头起诉

起诉状在行政诉讼中具有非常重要的地位和意义。起诉状是人民法院审查起诉是否符合法定条件的重要方面，是决定是否受理的重要依据之一。起诉的主要法定条件基本上在起诉状中都有所体现。因此，人民法院对起诉的审查对象主要就是起诉状。起诉状能比较全面地反映公民、法人或其他组织的诉讼请求和事实理由，构成了整个诉讼的基础。它为被告的答辩界定了方向。起诉状也是人民法院进行审判的重要材料。我国《行政诉讼法》未对起诉状作具体规定，适用《民事诉讼法》的相关规定以及《行政诉讼法》规定的起诉条件。行政诉讼的起诉状应包括以下主要内容：第一部分是当事人的情况。原告的姓名、性别、年龄、民族、职业、工作单位和住所，法人或其他组织的名称、住所和法定代表人或主要负责人的姓名、职务；被告行政机关的名称、所在地、法定代表人的姓名、职务；有诉讼代理人的，还应写明代理人的姓名、所在单位、职业。第二部分是诉讼请求和所根据的事实和理由。证据和证据来源、证人姓名和住所。此外，起诉状还应写明接受起诉状的人民法院和具状的具体日期，并由原告签名或盖章。起诉状所载事项若有欠缺，接受起诉状的人民法院可要求限期补正。同时起诉状提交时应按被告人数提交起诉状副本。为了充分保障基层群众的起诉权利，《行政诉讼法》第 50 条第 2 款规定："书写起诉状确有困难的，可以口头起诉，由人民法院记入笔录，出具注明日期的书面凭证，并告知对方当事人。"

第二节　行政诉讼的受理

保障公民、法人和其他组织的诉权，才能切实保护公民、法人和其他组织的合法权益。《行政诉讼法》第 3 条规定，人民法院应当保障公民、法人和其他组织的起诉权利，对应当受理的行政案件依法受理。为了将保障诉权这一原则落到实处，《行政诉讼法》《适用解释》《立案登记规定》对立案阶段人民法院受理程序作出很多刚性的规范约束。

一、对符合法定起诉条件的案件，应当登记立案

所谓登记立案，是和过去的审查立案相对应的。审查立案是指人民法院接到起诉状后，在法定期限内进行审查并决定是否立案受理的制度，而登记立案是指人民

法院在接到起诉状时对符合行政诉讼法规定的起诉条件的，予以登记立案。和审查立案相比，登记立案仅对是否符合起诉条件作形式审查，不对原告所提交的材料进行实质性审查，所以不存在法定期限内进行审查的问题。《行政诉讼法》第 51 条第 1 款规定："人民法院在接到起诉状时对符合本法规定的起诉条件的，应当登记立案。"《适用解释》第 1 条规定：人民法院对符合起诉条件的案件应当立案，依法保障当事人行使诉讼权利。对当事人依法提起的诉讼，人民法院应当根据《行政诉讼法》第 51 条的规定，一律接收起诉状。能够判断符合起诉条件的，应当当场登记立案；当场不能判断是否符合起诉条件的，应当在接收起诉状后 7 日内决定是否立案；7 日内仍不能作出判断的，应当先予立案。《关于人民法院推行立案登记制改革的意见》规定行政诉讼案件登记立案的范围为：行政行为的相对人以及其他与行政行为有利害关系的公民、法人或者其他组织提起的行政诉讼，有明确的被告、具体的诉讼请求和事实根据，属于人民法院受案范围和受诉人民法院管辖的。此外，《关于人民法院推行立案登记制改革的意见》规定了不予登记立案的情形：违法起诉或者不符合法定起诉条件的；诉讼已经终结的；等等。

二、对当场不予登记立案情形规定了严格的程序规范

为了避免和预防人民法院滥用登记立案的权力，法律对于当场不能登记立案的其他情形作出严格的程序规范，确保有案必立，有诉必理的司法理念。①出具收到凭证。《行政诉讼法》第 51 条第 2 款规定：对当场不能判定是否符合本法规定的起诉条件的，应当接收起诉状，出具注明收到日期的书面凭证，并在 7 日内决定是否立案。不符合起诉条件的，作出不予立案的裁定。裁定书应当载明不予立案的理由。原告对裁定不服的，可以提起上诉。②一次性告知补正内容。《行政诉讼法》第 51 条第 3 款规定：起诉状内容有欠缺或者有其他错误的，应当给予指导和释明，并一次性告知当事人需要补正的内容。不得未经指导和释明即以起诉不符合条件为由不接受起诉状。③违反登记立案程序规定应承担法律责任。《行政诉讼法》第 51 条第 4 款规定：对于不接收起诉状、接受起诉状后不出具书面凭证，以及不一次性告知当事人需要补正的起诉状的内容的，当事人可以向上级人民法院投诉，上级人民法院应当责令改正，并对直接负责的主管人员和其他直接责任人员依法给予处分。④接收起诉状后法院不作为的，原告可以"飞跃"起诉。《行政诉讼法》第 52 条规定："人民法院既不立案，又不作出不予立案裁定的，当事人可以向上一级人民法院起诉。上一级人民法院认为符合起诉条件的，应当立案、审理，也可以指定其他下级人民法院立案、审理。"

在行政诉讼过程中，要对登记立案有一个正确的认识。登记立案的对象是符合法定起诉条件的案件，对于不符合起诉条件的案件，法院即使立案了，也并不代表人民法院就会对案件进行进一步的实体审理和判决。

三、立案后应当驳回起诉的情形

登记立案只是从程序上便于公民、法人或其他组织行使起诉权，解决立案难的问题，但并不意味着所有立案的案件法院就一定会做出实体审理和判决。对于立案后发现存在一些不符合起诉条件，不应由法院继续进行实体审理和判决的案件，应当裁定驳回起诉。《适用解释》第 3 条规定："有下列情形之一的，已经立案的，应当裁定驳回起诉：①不符合行政诉讼法第 49 条规定的；②超出法定起诉期限且无正当理由的；③错列被告且拒绝变更的；④未按照法律规定由法定代理人、指定代理人、代表人为诉讼行为的；⑤未按照法律、法规规定先向行政机关申请复议的；⑥重复起诉的；⑦撤回起诉后无正当理由再行起诉的；⑧行政行为对其合法权益明显不产生实际影响的；⑨诉讼标的已为生效裁判所羁束的；⑩不符合其他法定起诉条件的。"《执行解释》第 44 条规定：有下列情形之一的，应当裁定不予受理；已经受理的；裁定驳回起诉：①请求事项不属于行政审判权限范围的；②起诉人无原告诉讼主体资格的；③起诉人错列被告且拒绝变更的；④法律规定必须由法定或指定代理人、代表人为诉讼行为，未由法定或指定代理人、代表人为诉讼行为的；⑤由诉讼代理人代为起诉，其代理不符合法定要求的；⑥起诉超过法定期限且无正当理由的；⑦法律、法规规定行政复议为提起诉讼必经程序而未申请复议的；⑧起诉人重复起诉的；⑨已撤回起诉，无正当理由再行起诉的；⑩诉讼标的已为生效裁判所羁束的；⑪起诉不具备其他法定要件的。前款所列情形可以补正或者更正的，人民法院应当指定期间责令补正或者更正；在指定期间已经补正或者更正的，应当依法受理。

第二十章
行政诉讼的审理程序

第一节　行政诉讼一审程序

行政诉讼一审程序是指从人民法院立案到作出第一审裁判这一期间所遵循的诉讼程序。在行政诉讼中，一审程序是最基本、也是最重要的诉讼程序。它是所有行政诉讼的必经程序，是二审程序和审判监督程序的基础。

根据难易不同的案件所适用的规则的不同，行政诉讼一审程序分为普通程序和简易程序。首先，原则上，行政案件的审理适用普通程序，它是案件审理的一般性程序规则。其次，对于符合法定条件的案件，也可以适用简易程序审理，以提高诉讼效率。这两类程序中，《行政诉讼法》设专节详细规定了普通程序的审理规则，在此基础上，另设节规定了只适用于简易程序的特别规则。对于在简易程序一节中没有规定的其他诉讼程序，例如回避制度、审前准备程序等，适用普通程序的相关规定。

根据法律规定，在一审程序中，当事人可以申请一并解决相关民事争议。这时适用行民交叉案件一并审理程序。

一、行政诉讼一审的普通程序

（一）审理前的准备

审理前的准备是指人民法院为保证案件审理的顺利进行，在开庭审理之前依法所做的、必要的准备工作，是法院审理案件的必经程序。

根据《行政诉讼法》和相关司法解释的规定，审理前的准备主要包括以下内容：

1. 组成合议庭。合议庭是人民法院行使审判权、审理行政案件时所采用的基本组织形式。法院审理案件可采用多种组织形式，而根据《行政诉讼法》的规定，除简易程序外，审理行政案件原则上采取合议庭形式，一般不采取独任审判的方式。这是行政诉讼规则的特点之一。

《行政诉讼法》第4条第2款规定："人民法院设行政审判庭，审理行政案件。"第68条规定："人民法院审理行政案件，由审判员组成合议庭，或者由审判员、陪审员组成合议庭。合议庭的成员，应当是 3 人以上的单数。"根据该规定，合议庭的组成方式有两种，一种是单纯由审判员组成的合议庭，另一种是由审判员和人民陪审员组成的合议庭。人民法院可根据案件的实际情况，决定合议庭的组成方式。但不论采取何种形式，审判人员必须是 3 人以上的单数。

合议庭内设审判长一名，由人民法院院长或行政审判庭庭长指定合议庭中审判员一人担任。合议庭在审判长组织领导下活动，合议庭成员集体审理、共同评议。意见不一致时，按少数服从多数的原则表决。对少数人的不同意见，应如实记录在评议记录中。

2. 通知当事人应诉和发送诉讼文书。这一阶段的工作内容主要包括以下四项：

（1）通知被告应诉。人民法院应当在立案之日起 5 日内，将起诉状副本和应诉通知书发送被告，通知被告应诉及提交答辩状。送达应诉通知书时，法院应告知被告举证范围、举证期限、逾期提供证据的法律后果，并告知因正当事由不能按期提供证据时，应申请延期提供证据。

（2）被告提交答辩状。被告应当在收到起诉状副本之日起 15 日内，向法院提交作出行政行为的证据和所依据的规范性文件，并提出答辩状。被告因不可抗力或者客观上不能控制的其他正当事由，不能在法定期限内提供证据的，应当在收到起诉状副本之日起 15 日内，向人民法院提出延期提供证据的书面申请。人民法院准许延期提供的，被告应当在正当事由消除后 10 日内提供证据。逾期提供的，视为被诉行政行为没有相应的证据。[1] 被告不提出答辩状的，不影响人民法院的审理。

（3）发送答辩状副本。人民法院应当在收到答辩状之日起 5 日内，将答辩状副本发送原告。

（4）通知第三人参加诉讼，并比照上述规定、发送起诉状副本或答辩状副本。

3. 处理管辖异议。当事人对法院管辖有异议的，应当在接到人民法院应诉通知之日起 10 日内以书面形式提出。对当事人提出的管辖异议，人民法院应当进行审查。异议成立的，裁定将案件移送有管辖权的人民法院；异议不成立的，裁定驳回。

对指定管辖裁定有异议的，不适用管辖异议的规定。

4. 审查诉讼文书、调查收集证据。法院通过审查当事人提供的起诉状、答辩状和各种证据材料，了解原告的诉讼请求和理由，熟悉被告的答辩理由，全面掌握案情，并对当事人资格进行复核，根据情况变更或者追加当事人，决定或者通知第三人参加诉讼。

---

〔1〕《行政诉讼证据规定》第 1 条第 2 款规定的延期提交证据的申请期限和阻碍事由消除后提交证据的期限都是 10 日。由于新修订的行政诉讼法将被告提交证据的期限由 10 日延长至 15 日。根据新法的立法宗旨与本条之间的关联性，本书认为被告申请延期的期限以及阻碍事由消除后提交证据的期限应和一般情况下提交证据的期限一致，因此，最高法院的该条解释应该根据新的行政诉讼法的规定，以 15 日为申请延期提交证据和重新提交证据的期限。

　　法院在审查起诉材料的基础上，根据案情需要，有权依当事人的申请或则依职权，调查、收集证据；对案件涉及的专门性问题，决定是否需要鉴定、勘验现场。

　　法院可以依申请或者依职权，采取证据保全措施。当事人申请证据保全的，人民法院可以要求其提供相应的担保。

　　5. 审查是否需要停止执行、先予执行、财产保全。为提高救济的实效性，《行政诉讼法》规定了临时救济措施。法院可以根据案件具体情况，审查行政行为是否具有停止执行的条件，是否有先予执行和财产保全的情况存在，并依法作出相应的处理。

　　6. 审查其他内容。这主要是指根据案件具体情况，决定诉的分离与合并，确定开庭审理的时间、地点，决定是否公开审理等。

　　（二）开庭审理

　　开庭审理，是指在人民法院合议庭的主持下，在当事人和其他诉讼参与人的参加下，以被诉行政行为的合法性为核心，审查核实证据、查明案件事实，并依法作出裁判的诉讼活动。根据《行政诉讼法》的规定，所有第一审案件都应当开庭审理，不得进行书面审理。

　　开庭审理有公开审理与不公开审理两种方式。人民法院审理案件时，以公开审理为原则，不公开审理为例外。根据《行政诉讼法》第54条的规定，不公开审理的情形分为两种：一是法定不公开审理。这指的是人民法院审理行政案件，涉及国家秘密、个人隐私以及其他法律另有规定的，应不予公开审理。二是裁定不公开审理。这指的是人民法院审理行政案件，涉及商业秘密且当事人申请不公开审理的，法院有权根据案件情况，裁量决定是否公开审理。

　　开庭审理一般包括开庭准备、宣布开庭、法庭调查、法庭辩论、合议庭评议、宣读裁判等程序。

　　1. 开庭准备。

　　（1）通知、公告开庭。人民法院应在开庭前3日，传唤、通知当事人及诉讼参与人参加诉讼，告知其开庭的时间、地点等。案件公开审理的，应当在开庭前3日发布公告，内容包括：案由、当事人姓名或机关名称、开庭的时间和地点等。

　　（2）查明当事人等到庭情况、宣布法庭纪律。开庭前由书记员查明当事人以及其他诉讼参与人是否到庭，并报告合议庭。如有必须到庭的人员未到庭的，还应查明不到庭原因，由审判长根据不同情况，依法决定是否延期审理或者按撤诉处理。查明情况后，书记员应宣布法庭纪律。

　　2. 宣布开庭。开庭审理时，首先由审判长宣布开庭，宣布案由，依次核对当事人身份，宣布合议庭组成人员和书记员及本案鉴定人、勘验人、翻译人员名单，告知当事人诉讼权利和义务，告知申请回避权，询问当事人是否申请回避。

　　回避制度是司法审判公正性的重要体现。关于回避的事由和具体程序，《行政诉讼法》《民事诉讼法》以及相关司法解释都作出了明确规定。2011年，最高人民法院颁布实施的《最高人民法院关于审判人员在诉讼活动中执行回避制度若干问题的规定》，对回避制度作出了全面具体的规定。

（1）申请主体。回避分为自行回避和依申请回避。前者的申请主体是审判人员；后者的申请主体是当事人及其法定代理人。

（2）回避主体。回避主要针对审判人员，包括各级人民法院院长、副院长、审判委员会委员、庭长、副庭长、审判员和助理审判员，同时适用于书记员、翻译人员、鉴定人、勘验人。

（3）回避事由。根据性质的不同，回避事由分为两类：

第一，审判人员具有下列情形之一的，应当自行回避，当事人及其法定代理人有权以口头或者书面形式申请其回避：①是本案的当事人或者与当事人有近亲属关系的；②本人或者其近亲属与本案有利害关系的；③担任过本案的证人、翻译人员、鉴定人、勘验人、诉讼代理人、辩护人的；④与本案的诉讼代理人、辩护人有夫妻、父母、子女或者兄弟姐妹关系的；⑤与本案当事人之间存在其他利害关系，可能影响案件公正审理的。这里所称的近亲属，包括与审判人员有夫妻、直系血亲、三代以内旁系血亲及近姻亲关系的亲属。

第二，当事人及其法定代理人发现审判人员违反规定，具有下列情形之一的，有权申请其回避：①私下会见本案一方当事人及其诉讼代理人、辩护人的；②为本案当事人推荐、介绍诉讼代理人、辩护人，或者为律师、其他人员介绍办理该案件的；③索取、接受本案当事人及其受托人的财物、其他利益，或者要求当事人及其受托人报销费用的；④接受本案当事人及其受托人的宴请，或者参加由其支付费用的各项活动的；⑤向本案当事人及其受托人借款，借用交通工具、通信工具或者其他物品，或者索取、接受当事人及其受托人在购买商品、装修住房以及其他方面给予的好处的；⑥有其他不正当行为，可能影响案件公正审理的。

（4）申请的提出和审查。当事人申请回避，应在案件开始审理时提出，并说明理由；回避事由在案件开始审理后知道的，也可以在法庭辩论终结前提出。被申请回避的人员在人民法院作出是否回避的决定前，应当暂停参与本案的工作，但案件需要采取紧急措施的除外。人民法院对当事人提出的回避申请，应当在申请提出的3日内，以口头或者书面形式作出决定。申请人对决定不服的，可以在接到决定时申请复议一次。复议期间，被申请回避的人员，不停止参与本案的工作。人民法院对复议申请，应当在3日内作出复议决定，并通知复议申请人。

3. 法庭调查。法庭调查是审判人员在法庭上，在当事人和其他诉讼参与人的参加下，全面调查案件事实，审查判断各项证据的诉讼活动。法庭调查的核心环节是举证和质证，根据《行政诉讼证据规定》，证据应当在法庭上出示，并经庭审质证。未经庭审质证的证据，不能作为定案的依据。

法庭调查主要包括当事人陈述、证据的出示和质证两个环节。

（1）当事人陈述。当事人陈述按照如下顺序进行：①被告介绍行政行为；②原告宣读起诉状，讲明具体的诉讼请求和理由；③被告宣读答辩状，对原告的诉讼请求提出异议并说明理由；④第三人陈述。

（2）证据的出示和质证。关于行政诉讼中当事人出示证据的顺序，法律没有明确规定。基于行政诉讼中被告负主要举证责任的原则，一般首先由被告出示证据，原告进行质证；之后原告出示证据，被告进行质证。当事人申请人民法院调取的证据，由申请调取证据的当事人在庭审中出示，并由其他当事人质证。人民法院依职权调取的证据，由法庭出示，并可就调取该证据的情况进行说明，听取当事人意见。

有关证据的出示顺序，原则上按照证人与证人证言、书证、物证、视听资料和电子数据、鉴定意见、勘验笔录和现场笔录的顺序依次出示，接受质证。

法庭调查过程中，审判人员可以对当事人、证人、鉴定人发问，当事人经审判长许可，可以向证人、鉴定人发问，当事人也可以互相发问。

法庭调查结束前，审判长应当就法庭调查认定的事实和当事人争议的问题进行归纳总结。

4. 法庭辩论。法庭辩论是指在审判人员的主持下，当事人及其代理人结合法庭调查的事实情况，围绕法律适用问题陈述意见，进行辩驳的诉讼活动。法庭辩论是在法庭调查的基础上进行的，为了提高效率，合议庭可以归纳案件争议的焦点问题，要求当事人主要围绕焦点问题展开辩论。法庭辩论应按下列顺序进行：①原告及其诉讼代理人发言；②被告及其诉讼代理人发言；③第三人及诉讼代理人发言；④双方互相辩论。

当事人在法庭辩论中提出在法庭调查中没有提出的新的事实和证据的，审判长认为必要时，可以宣布暂停辩论，恢复法庭调查。待事实查清后，再继续法庭辩论。

辩论结束后，法庭告知当事人作最后陈述。

5. 合议庭评议。法庭辩论结束后，审判长宣布休庭，合议庭成员和书记员退出法庭进行案件评议。评议时，采取少数服从多数原则。书记员应当将合议庭成员的意见和理由如实记入笔录，并请合议庭成员核对后签字。合议庭评议后，根据多数意见作出裁判。合议庭不能形成多数意见或者认为案件重大、疑难的，应当报请庭长、院长讨论研究。院长认为需要提交审判委员会讨论决定的，由院长提交审判委员会讨论决定。合议庭应当根据审判委员会的决定制作裁判文书。

6. 宣读判决、裁定。无论公开审理或者不公开审理的案件，一律公开宣判。法院可以当庭宣判，也可以定期宣判。当庭宣判的，由审判长宣布继续开庭，当庭公开宣读案件的判决或裁定，并在 10 日内将判决书或裁定书发送当事人。定期宣判的，由审判长宣布休庭，择期公开宣判。具体宣判的时间和地点既可以当庭告知，也可以另行通知，宣判后应立即发给裁判文书。

宣告判决后，人民法院必须告知当事人有关的上诉事宜，包括上诉的权利、上诉期限和上诉法院。

7. 法庭笔录。庭审过程中，书记员应当将法庭审理的全部活动记入笔录，由审判人员和书记员签名。庭审结束后，书记员应当庭宣读法庭笔录，也可以告知当事人和其他诉讼参与人当庭或者在 5 日内阅读。当事人和其他诉讼参与人认为对自己的陈述记录有遗漏或者差错的，有权申请补正。如果不予补正，应当将申请记录在案。法庭笔录由当事人和其他诉讼参与人签名或者盖章。拒绝签名盖章的，记明情况附卷。

（三）审理期限

第一审行政案件的审理期限，是指法律对行政案件从立案之日起至裁判宣告之日止的期间要求。人民法院应当自立案之日起 6 个月内作出一审判决。鉴定、处理管辖争议或者异议、中止诉讼的时间不计算在内。有特殊情况需要延长的，应当直接报请高级人民法院批准。基层人民法院报请延长时，还应同时报中级人民法院备案。高级人民法院申请延长的，由最高人民法院批准。

二、简易程序

所谓简易程序，是和普通程序并存的、独立的审判程序。相对于普通程序，更突出效率性，程序更为简捷，一般适用于案情简单、当事人争议不大的案件。

（一）适用的审级

根据《行政诉讼法》第 82 条的规定，简易程序只适用于行政案件的一审程序，不适用于二审程序。另外，对于二审法院裁定发回原审法院重新审理的案件、按照审判监督程序再审的案件，虽然也适用一审程序规则，但是，基于这类案件明显的争议性特征，都不能适用简易程序。

（二）适用范围

根据《行政诉讼法》第 82 条的规定，简易程序适用于以下两种情形：

1. 法定情形。根据《行政诉讼法》的规定，适用简易程序要满足两个条件：

（1）法院认为案件事实清楚，权利义务关系明确，争议不大。

（2）审理的是下列三类案件之一：①被诉行政行为是依法当场作出的；②案件涉及款额 2000 元以下的；③属于政府信息公开案件的。

同时满足上述两个条件的，法院可以适用简易程序。

2. 基于当事人合意的情形。即使不符合上述条件，若当事人各方均同意适用简易程序，法院也可以适用简易程序。

（三）审判组织与审理程序

1. 审判组织。适用简易程序审理的案件，实行独任审判制。担任审判的必须是审判员，陪审员不能承担独任审判的职责。

2. 传唤当事人的方式。人民法院可以采取电话、传真、电子邮件、委托他人转达等简便方式传唤当事人。采取前述传唤方式的，如果没有证据证明或者未经当事人确认已经收到传唤内容的，不得按撤诉处理或者缺席审判。

3. 开庭审理。适用简易程序的案件，一般应当一次开庭并当庭宣判。法庭调查和辩论可以围绕主要争议问题进行，庭审环节可以适当简化或者合并。

4. 审理期限。适用简易程序审理的行政案件，应当在立案之日起 45 日内审结。

（四）简易程序向普通程序的转换

简易程序的适用以案情简单明了，当事人争议不大为前提。如果经过审理，发现案件并不满足这一条件的，应依法转换为普通程序。

1. 适用条件。法院在审理过程中，发现案件并不符合法定情形，或者当事人之间并未真正形成合意的，如遗漏了当事人的，应当以裁定的形式，将审理程序转为普通程序。

2. 转换的时限。这应在简易程序审理期限届满之前转换。

3. 审理程序转换后的审限。简易程序转换为普通程序后，对于如何计算审限，法律并未作出明确规定。为了防止利用程序转换规避审限，简易程序转为普通程序后，审理期限仍应以立案之日为起算标准，而不宜从转换之日起重新计算审期。

三、行民交叉案件一并审理程序

所谓行民交叉案件一并审理程序，是指人民法院在审理行政案件过程中，基于当事人的申请，一并审理与被诉行政行为相关的民事争议并做出裁判的诉讼程序。由于行政权的功能、特点和社会关系的交错性，行政权的行使往往起因于民事纠纷，有时则会由于行政决定的作出导致民事法律关系发生变动。在这种情况下，分别处理民事和行政纠纷，既容易造成诉累，也容易导致案件裁判的反复性和不一致性。因此，《行政诉讼法》专门规定了行民交叉案件的一并审理程序，以期一次性彻底解决争议，保障和提高司法救济的实效性。

（一）适用要件

根据《行政诉讼法》第 61 条的规定，适用行民交叉一并审理程序应符合以下要件：

1. 行政案件和民事案件之间存在内在的关联性。行政诉讼和民事诉讼属于不同性质的审判诉讼，要将这两者合并在一个审理程序中一并解决，应具有合并审理的必要性。这种必要性一般表现为两个案件之间具有内在的关联性，一并审理有助于纠纷的彻底解决。前者为因，后者为果。这种案件的关联性往往导致诉讼请求上的依存性。例如，规划部门向甲公司颁发了建设工程规划许可证。居民乙认为该建筑影响了其通行权，由此引发针对该规划许可的撤销之诉和针对甲公司的侵权之诉。而要救济居民乙的相邻权必须以撤销规划部门颁发的规划许可为前提。又如，由于房屋赠与合同无效导致的针对房产登记行为的撤销之诉。当事人要撤销对其不利的房产登记行为，必须首先确认民事赠与合同无效。在上述两个例子中，民事案件（及其诉讼请求）和行政案件（及其诉讼请求）都存在内在的关联性，具有合并审理的利益。

2. 适用范围限制为以行政许可、登记、征收、征用和行政机关对民事争议所作的裁决为诉讼对象的行政诉讼。具有关联性的行政争议和民事争议的范围实际上是非常广泛的，例如，企业超标排放污染物引发的行政处罚和民事赔偿。不过，根据关联程度的紧密性，现行法规定，只有在针对行政许可、登记、征收、征用和对民事争议的裁决所提起的行政诉讼中，才可以适用行民交叉案件一并审理程序。

3. 当事人向法院提出一并处理的申请。首先，行民交叉案件一并审理程序的启动须基于当事人的申请，当事人未申请的，法院不得自行决定将两个案件合并审理。

其次，申请的主体包括行政诉讼程序中的原告、被告和第三人。例如，房管部门错将甲所有的房屋登记在乙的名下，甲在以房管部门为被告提起行政诉讼的同时，如果以第三人乙为被告，向法院提起民事诉讼，请求法院一并处理时，具有第三人资格。

4. 一并审理请求是在行政诉讼一审过程中提出的。由于行民交叉案件一并审理程序是以行政诉讼为基础和主体的，因此，当事人申请一并审理必须在行政诉讼一审的过程中提出。《适用解释》第 17 条第 1 款规定："公民、法人或者其他组织请求一并审理行政诉讼法第 61 条规定的相关民事争议，应当在第一审开庭审理前提出；有正当理由的，也可以在法庭调查中提出。"当事人直至二审方提起民事诉讼，要求一并审理的，法院应告知当事人另行起诉。

（二）对当事人申请的审查

对于当事人提出的申请，人民法院应进行审查。符合法定条件的，决定一并审理。根据《适用解释》第 17 条第 2 款的规定，如果发现存在下列情形之一的，应作出不予准许一并审理民事争议的决定，并告知当事人可以依法通过其他渠道主张权利：

1. 法律规定应当由行政机关先行处理的。

2. 违反民事诉讼法专属管辖规定或者协议管辖约定的。

3. 已经申请仲裁或者提起民事诉讼的。

4. 其他不宜一并审理的民事争议。

对不予准许的决定，当事人可以申请复议一次。

（三）审理程序

1. 立案方式。根据《适用解释》第 18 条的规定，立案方式分为两种：

（1）一般情况下，人民法院在行政诉讼中一并审理相关民事争议的，民事争议应当单独立案，由同一审判组织审理。

（2）审理行政机关对民事争议所作裁决的案件，一并审理民事争议的，不另行立案。

2. 管辖和审判组织。原则上，受理行政案件的法院应对民事案件也应享有管辖权。由于一并审理的方式是行政附带民事诉讼，所以，两个案件由受理行政案件的行政审判庭负责，由行政审判庭所组织的同一个合议庭一并审理。

3. 审理规则。行政诉讼和民事诉讼各自适用行政诉讼规则和民事诉讼规则。虽然两类案件是由同一个审判庭审理的，但是，诉讼性质的差别决定了两个案件应分别适用各自的诉讼程序规则，特别是在民事诉讼中，要注意贯彻当事人意思自治原则和民事诉讼证据规则。

4. 裁判方式。首先，行民交叉案件采取分别裁判的原则。合议庭应分别针对行政案件和民事案件作出裁判。其次，如果当事人仅对行政裁判或者民事裁判不服提出上诉的，未上诉的裁判在上诉期满后即发生法律效力。第一审人民法院应当将全部案卷一并移送第二审人民法院，由行政审判庭审理。第二审人民法院发现未上诉的生效裁判确有错误的，应当按照审判监督程序再审。

四、对规范性文件的一并审查程序

按照行政诉讼受案范围的规定，当事人不能单独针对规范性文件提起诉讼。但是，由于规范性文件对行政行为的直接影响，因此，需要将这类文件纳入司法审查的范围。为此，此次修改法设立了对规范性文件的一并审查制度。

（一）审查对象

1. 层级性：对当事人产生普遍约束力的法律规范存在多种形式，而能够被纳入司法审查范围的，限制为国务院部门和地方人民政府及其部门制定的规范性文件，排除对行政立法以及国务院制定的规范性文件的审查。

2. 关联性：该规范性文件必须是被诉行政行为所适用的依据，二者之间不具有适用关系的，法院不予受理。

3. 作为性：这里的被诉行政行为仅限于作为性行政行为，行政不作为不被包括在内。

（二）一并审查申请的提起

1. 提起方式：一并提起，即只能在提起行政诉讼时，对于行政行为所依据的规范性文件一并提出审查申请。单独向法院提起规范性文件审查之诉的，法院不予受理。

2. 提起的时间：与申请一并审理民事争议的时间要求相同，都应在一审开庭审理之前提出。有正当理由的，可以在法庭调查中提出。

（三）审查方式

1. 审查的范围：作为附带性审查，行政行为的违法性和规范性文件条款的违法性之间应具有因果关系，即行政行为由于所适用的该规范性文件违法，而对当事人的合法权益造成侵害。因此，对规范性文件的附带性审查和对行政行为的审查范围完全不同，对前者应限制为行政行为所适用的具体条款，该规范性文件的其他规定的合法性，因缺乏案件上的关联性，不宜审查。进而，对该规范性文件整体的合法性以及该规范性文件的制定程序等均不予审查。

2. 审查的标准：作为下位法，规范性文件应根据上位法，在其职权范围内作出具体规定。因此，对规范性文件的审查主要集中在其是否违反了上位法的规定。审查的标准可以参照 2004 年《最高人民法院关于审理行政案件适用法律规范问题的座谈会纪要》第 2 条的规定。

（四）处理方式

1. 不予适用。法院经过审查，认为行政行为所依据的规范性文件不合法的，不作为认定行政行为合法的依据，并应在裁判理由中阐明。

2. 提出处理建议和抄送。针对该违法的规范性文件，审理法院应当向该文件的制定机关提出处理建议，并可以抄送制定机关的同级人民政府或者上一级行政机关。

五、对审判先决问题的处理

在行政诉讼中，人民法院认为行政案件的审理需要以民事诉讼的裁判为依据的，可以裁定中止行政诉讼。这种情况主要是针对行政诉讼中的先决问题。如果在行政诉讼审判过程中，对当事人民事权利义务的确定成为判断行政行为合法性等的前提条件，而当事人又未申请一并审理的，法官有权根据自己的判断，决定是否需要裁定中止行政诉讼或者继续审理。如果裁定中止行政诉讼的，民事诉讼的审理期间不计算在行政诉讼审限之内。

第二节　行政诉讼二审程序

第二审程序是指当事人不服未生效的一审判决或裁定，在法定期限内向一审人民法院的上一级法院提起上诉，请求上一级法院进行审判，上一级法院依法对该上诉案件进行审理所适用的程序。二审程序既有利于及时纠正一审裁判中的错误，保护当事人的合法权益，又能监督下级人民法院的审判工作，防止司法权滥用，保障法律适用的统一性。

我国法律规定，人民法院审理案件实行两审终审制。因此，除了最高人民法院所作出的第一审判决、裁定不能上诉外，当事人对地方各级人民法院所作出的一审裁判不服的，均可依法向其上一级人民法院提起上诉。

和第一审程序相比，行政诉讼第二审程序具有如下特点：①上诉是当事人的权利。只要当事人在法定期限内提起上诉，法院必须启动二审程序。②二审并非行政诉讼的必经审判程序。只有当事人不服一审判决、裁定，在法定期限内，以合法的形式提出上诉，才会引发第二审程序。否则，一审判决、裁定作为终局裁判生效，审理程序终结。③二审的审理对象是第一审裁判和被诉行政行为的合法性。一审程序中，法院和诉讼当事人等主要围绕被诉行政行为的合法性展开审查。而在二审程序中，法院应当对一审法院的裁判和被诉行政行为进行全面审查，这其中包括据以作出行政行为的所有证据、法律依据和程序以及一审法院作出裁判所依据的证据、事实、程序和法律依据等，不受上诉人上诉请求的限制。④二审所作出的判决、裁定，是终局裁判，一经宣告和送达即产生法律效力，当事人不得再提起上诉。

一、上诉的提起与受理

上诉是当事人不服地方各级人民法院未生效的一审判决或裁定，依法要求上一级人民法院进行审理，撤销或者变更原裁判的诉讼行为。

1. 上诉的提起。当事人提起上诉必须符合下列条件：

（1）主体条件。具有上诉人和被上诉人是上诉的法定要件之一。根据法律规定，上诉人和被上诉人必须是一审程序中的当事人。其中，上诉人是提起上诉的一方当事人，其他未上诉的当事人则是被上诉人。《行政诉讼法》第 85 条规定，所有行政诉讼当事人对一审人民法院的判决、裁定不服，都有权提出上诉。《执行解释》第 65 条规定，第一审人民法院作出判决和裁定后，当事人均提起上诉的，上诉各方均为上诉人。诉讼当事人中的一部分人提出上诉，没有上诉的对方当事人为被上诉人，其他当事人依原审诉讼地位列明。

（2）对象条件。上诉的对象是一审人民法院的判决或裁定。其中，对一审判决不服都可以上诉。对于裁定，只有法律允许上诉的，当事人才能上诉，根据《执行解释》第 63 条的规定，允许上诉的裁定包括不予受理的裁定、驳回起诉的裁定和管辖异议的裁定三种。对于其他的裁定，如中止诉讼、终结诉讼、准许撤诉、财产保全等，当事人可以依法申请复议，但不能上诉。

（3）上诉期限。上诉必须在法定期限内提起，超出上诉权限，当事人就丧失了上诉权。《行政诉讼法》第 85 条规定，当事人不服第一审判决的，上诉期限为 15日；当事人不服第一审裁定的，上诉期限为 10 日。上诉期限的计算，从第一审判决、裁定书送达当事人的第二天开始计算，送达之日不计算在内。[1]

在上诉期限内，当事人因不可抗力或者其他正当理由耽误期限的，在障碍消除后的 10 日内，可以申请顺延期限，是否准许，由人民法院决定。

（4）上诉方式。上诉应当以书面方式提出，当事人应当递交上诉状，内容包括上诉人的姓名或者名称，原审人民法院名称、案件的编号和案由，上诉的请求和理由。

（5）上诉途径。原则上，上诉应当向原审人民法院提出，并按照其他当事人或者诉讼代表人的人数提交上诉状副本，但也允许直接向二审法院提出。当事人直接向第二审人民法院上诉的，第二审人民法院应当在 5 日内将上诉状移交原审人民法院。

原审人民法院收到上诉状后，应当在 5 日内将上诉状副本送达其他当事人，对

---

[1]《民事诉讼法》第 82 条规定，期间以日计算的，期间开始之日，不计算在期间内。

方当事人应当在收到上诉状副本之日起 15 日内提出答辩状。[1]原审人民法院应当在收到答辩状之日起 5 日内将副本送达当事人。原审人民法院收到上诉状、答辩状，应当在 5 日内连同全部案卷和证据，报送第二审人民法院。已经预收诉讼费用的，一并报送。

2. 对上诉的审查. 这是指第二审人民法院收到上诉状后，依法对其上诉要件进行审查，决定是否立案并开始第二审程序的诉讼活动。

二审法院经过审查，认为不符合上述法定条件的，应当裁定驳回。

二、上诉案件的审理

第二审法院审理上诉案件，除《行政诉讼法》对第二审程序有特别规定外，均适用第一审审理程序。以下仅对二审程序中的一些特殊审理规则做一下说明。

1. 审判组织。第二审人民法院审理行政案件必须组成合议庭，不适用独任审判方式。合议庭成员必须均为审判员，陪审员不能作为合议庭成员参与上诉案件的审理。

2. 审理方式。行政诉讼二审以开庭审理为原则，书面审理为例外。

所谓书面审理，是指二审人民法院只对当事人提出的上诉状、上诉答辩状以及其他书面材料进行审理，并依之作出裁判，不需要诉讼参加人出席法庭，也不向社会公开的审理方式。书面审的核心是法律审，其适用条件是事实清楚。根据《行政诉讼法》第86条的规定，人民法院经过阅卷、调查和询问当事人，对没有提出新的事实、证据或者理由，合议庭认为不需要开庭审理的，也可以不开庭审理。

3. 审理对象。第二审人民法院审理上诉案件实行全面审原则，即应当对原审人民法院的判决、裁定和被诉行政行为进行全面审查，不受上诉人上诉请求的限制。该原则包括以下两个方面：①二审法院审理行政案件，既要对原审法院的裁判是否合法进行审查，又要对被诉行政行为的合法性进行审查。②二审法院审理行政案件时，应对被诉行政行为的合法性进行全面审查，不受上诉请求和当事人争议的限制。

4. 审理期限。《行政诉讼法》第88条规定，人民法院审理上诉案件，自收到上诉状之日起3个月内作出终审判决。有特殊情况需要延长的，由高级人民法院批准；高级人民法院审理上诉案件需要延长的，由最高人民法院批准。

---

[1]　关于被上诉人提交答辩状的期限，行政诉讼法未作规定。《执行解释》在第 10 条作出规定。由于新的行政诉讼法规定的一审被告提交答辩状的期限为 15 日，《民事诉讼法》第 167 条也规定被上诉人提交答辩状的期限为 15 日，因此，本书认为行政诉讼中被上诉人提交答辩状的期限应适用新的规定，以 15 日为宜。

第三节　审判监督程序

审判监督程序又称再审程序，是指人民法院对已经发生法律效力的判决、裁定或者调解书，发现违反法律、法规的规定，依法按照第一审普通程序或者第二审程序，对案件进行再次审理的程序。再审程序不构成一个审级，而是对两审终审制度的补充，是针对确实违法的生效判决、裁定的纠错制度。

和上诉不同，审判监督程序启动方式可分为三种，即当事人申请的再审、法院自行提起的再审、检察院抗诉或者检察建议引起的再审。[1]其中，当事人申请再审和检察院的检察建议并不会必然启动审判监督程序。

一、当事人申请再审

1. 申请再审的形式要件。

（1）申请再审的主体。根据《行政诉讼法》第 90 条的规定，具有申请再审权的主体是"当事人"。这里的当事人是指和生效裁判具有利害关系的当事人。具体包括一审的原告、被告；二审的上诉人、被上诉人；法院裁判承担义务或者减损权益的第三人。这里的"义务"和"权益"既包括行政法上的义务与权益，也包括民法上的义务与权益。

（2）申请审查的对象。申请再审所针对的对象是发生法律效力的判决、裁定或者调解书。其中，并非所有的裁定都能提起再审申请，对于不能上诉的裁定，当事人不具有申请再审权。

（3）申请期限。《行政诉讼法》对此没有明确规定。根据《民事诉讼法》和《适用解释》第 24 条的规定，当事人向上一级人民法院申请再审，应当在判决、裁定或者调解书发生法律效力后 6 个月内提出。

上述 6 个月的期限是原则性规定。如果存在特殊情况，当事人基于正当事由，超出上述期限才发现原审裁判确有错误的，可以不受上述 6 个月期限的限制。根据《适用解释》第 24 条的规定，"有下列情形之一的，自知道或者应当知道之日起 6 个月内提出：①有新的证据，足以推翻原判决、裁定的；②原判决、裁定认定事实的主要证据是伪造的；③据以作出原判决、裁定的法律文书被撤销或者变更的；④审判人员审理该案件时有贪污受贿、徇私舞弊、枉法裁判行为的"。

（4）与上诉审的程序衔接。对法院裁判的纠错制度以上诉审为原则、再审为例外。因此，当事人申请再审的，原则上应在穷尽上诉程序后方能提起。当事人对可

---

[1]　根据《民事诉讼法》第 227 条的规定，执行程序中的案外人也有申请再审的权利，但对于该案外人申请再审的程序未作进一步规定，具体制度尚不明确，因此，本章仅对当事人、法院、检察院三方启动的再审制度进行介绍。

以上诉的一审判决、裁定未提起上诉，而在其在发生法律效力后提出申诉的，应当说明未提出上诉的理由；没有正当理由的，不予受理。[1]

（5）管辖。当事人申请再审，应当向作出生效裁判的原审人民法院的上一级人民法院提出。当事人申请再审的，不影响生效判决、裁定的行政，被申请再审的判决、裁定不停止执行。

2. 申请再审的实质要件——符合再审事由。法院生效的裁判具有既判力，其对有争议的法律关系、行为效力等的判断具有最终效力，不论是当事人、行政机关还是法院自身，都不能提出与该裁判相矛盾、相抵触的主张。然而，为保障当事人获得实质上的公正裁判，我国又在两审终审之外，设置了再审程序。这一再审程序无疑是对裁判既判力的动摇，因此，对于再审事由就必须作出明确的限制和规定，以实现法院审判的公正性和权威性之间的平衡。

根据申请再审对象的不同，再审事由分为两种：

（1）对于生效的判决和裁定，根据《行政诉讼法》第91条的规定，当事人的申请符合下列情形之一的，人民法院应当再审：①不予立案或者驳回起诉确有错误的；②有新的证据，足以推翻原判决、裁定的；③原判决、裁定认定事实的主要证据不足、未经质证或者系伪造的；④原判决、裁定适用法律、法规确有错误的；⑤违反法律规定的诉讼程序，可能影响公正审判的；⑥原判决、裁定遗漏诉讼请求的；⑦据以作出原判决、裁定的法律文书被撤销或者变更的；⑧审判人员在审理该案件时有贪污受贿、徇私舞弊、枉法裁判行为的。

（2）对于生效的调解书，根据《民事诉讼法》第201条的规定，结合《行政诉讼法》第92条、第93条的规定，当事人对已经发生法律效力的调解书，提出证据证明调解违反自愿原则或者调解协议的内容违反法律的，可以申请再审。经人民法院审查属实的，应当再审。

只有法院经过审查，认为当事人的申请事由符合上述形式和实质要件的，才能启动再审程序。

3. 当事人申请再审的程序。

（1）递交申请再审的材料。当事人向法院申请再审的，应当提交下列材料：①申请再审状，应当载明当事人的基本情况、申请再审的事实与理由。②原一、二审判决书、裁定书、调解书等法律文书。③以有新的证据证明原裁判认定的事实确有错误为由申请再审的，应当同时附有证据目录、证人名单和主要证据复印件或者照片；需要人民法院调查取证的，应当附有证据线索。

申请再审不符合前款规定的，法院不予审查。[2]

---

〔1〕《最高人民法院、最高人民检察院关于对民事审判活动与行政诉讼实行法律监督的若干意见（试行）》第4条。

〔2〕《最高人民法院关于规范人民法院再审立案的若干意见（试行）》第5条。

（2）法院审查。对当事人再审申请的审查程序，《行政诉讼法》没有明确规定。根据《民事诉讼法》第203条、第204条的规定，对再审申请的审查程序，主要包括以下两方面：①法院应当自收到再审申请书之日起5日内，将再审申请书副本发送对方当事人。对方当事人应当自收到再审申请书副本之日起15日内提交书面意见；不提交书面意见的，不影响法院审查。法院可以要求申请人和对方当事人补充有关材料，询问有关事项。②法院应当自收到再审申请书之日起3个月内审查，符合法律规定的，裁定再审；不符合法律规定的，裁定驳回申请。

二、法院依职权启动的再审

基于"不告不理"原则，一般情况下，诉讼的启动只能基于当事人的申请。而我国立法机关为了赋予当事人更多的救济途径，还规定了基于法院的自我审查而启动的再审程序。

1. 法院提起再审的要件。法院提起再审，需满足下列条件之一：

（1）生效的判决、裁定存在《行政诉讼法》第91条规定的申请再审事由的。

（2）生效调解书，违反自愿原则或者调解协议的内容违反法律的。

2. 法院提起再审的程序。基于提起主体的不同，分为两种程序：

（1）各级法院院长对本院已经发生法律效力的判决、裁定、调解书，认为符合再审要件、需要再审的，应当提交审判委员会讨论决定。审判委员会对于是否启动再审程序享有决定权。

（2）最高人民法院对地方各级人民法院已经发生法律效力的判决、裁定、调解书，上级人民法院对下级人民法院已经发生法律效力的判决、裁定、调解书，认为符合再审要件的，有权提审或者指令下级人民法院再审。

三、检察院抗诉，提出检察建议

人民检察院作为国家的法律监督机关，有权对法院的审判活动进行监督。

1. 检察院抗诉的要件。和法院的权利救济功能不同，检察院的职责更多的在于保护国家利益和社会公益。因此，检察院提出抗诉应符合的要件和法院略有不同，主要有：

（1）针对生效的判决、裁定，发现存在《行政诉讼法》第91条规定的再审事由之一的。

（2）针对生效的调解书，发现调解书损害国家利益、社会公共利益的。对于调解书违反自愿原则，损害第三人利益的，应通过当事人申请再审或者法院提起再审的方式予以救济。

2. 检察院抗诉的程序。

（1）抗诉遵循"上一级抗诉"原则。由最高人民检察院对地方各级法院、上级人民检察院对下级法院的生效判决、裁定、调解书，向同级法院提出抗诉。

（2）地方各级人民检察院对同级人民法院已经发生法律效力的判决、裁定、调解书，发现符合抗诉条件的，也可以提请上级人民检察院向同级人民法院提出抗诉。

人民检察院提出抗诉的，法院应当再审，并在开庭审理时，通知人民检察院派员出庭。

3. 检察院提出检察建议。检察院发现同级法院生效判决、裁定、调解书有应予抗诉的情形之一的，可以向该法院提出检察建议，具体程序如下：

（1）提起再审监察建议。地方各级人民检察院发现生效判决、裁定、调解书有应予抗诉的情形之一的，经检察委员会决定，可以向同级法院提出再审检察建议。同时，报上级人民检察院备案。

（2）法院审查。法院收到再审检察建议后，应当在 3 个月内进行审查，并将审查结果书面回复检察机关。法院认为需要再审的，应当通知当事人。

（3）提请抗诉。人民检察院认为法院不予再审的决定不当的，应当提请上级人民检察院提出抗诉。

4. 当事人向检察院申请抗诉或者检察建议。根据《适用解释》第 25 条的规定，有下列情形之一的，当事人可以向人民检察院申请抗诉或者检察建议：

（1）人民法院驳回再审申请的。

（2）人民法院逾期未对再审申请作出裁定的。

（3）再审判决、裁定有明显错误的。

针对现实中当事人不断申请再审，导致纠纷久拖不决的情况，最高法院规定，人民法院基于抗诉或者检察建议作出再审判决、裁定后，当事人申请再审的，人民法院不予立案。

四、再审案件的审理

1. 中止执行。按照审判监督程序决定再审的案件，应当裁定中止原判决的执行。上级法院决定提审或者指令下级法院再审的，应当作出裁定，裁定应当写明中止原判决的执行；情况紧急的，可以将中止执行的裁定口头通知负责执行的法院或者作出生效判决、裁定的法院，但应当在口头通知后 10 日内发出裁定书。

2. 重新组成合议庭。法院审理再审案件，应当另行组成合议庭进行审理，原合议庭成员不得参加新组成的合议庭。

3. 分别适用一、二审程序。按照《执行解释》第 76 条的规定，法院按照审判监督程序再审的案件，发生法律效力的判决、裁定是由第一审法院作出的，按照第一程序审理，所作的判决、裁定，当事人可以上诉；发生法律效力的判决、裁定是由第二审法院作出的，按照第二审程序审理，所作的判决、裁定是发生法律效力的判决、裁定；上级法院按照审判监督程序提审的，按照第二审程序审理，所作的判决、裁定是发生法律效力的判决、裁定，当事人不得上诉。

法院对再审案件的宣判，同样应公开进行，可以采取两种方式，即自行宣判或者委托原审法院或者当事人所在地法院代为宣判。

第四节　行政诉讼审理程序中的若干重要制度

一、共同诉讼

诉是当事人因自己合法权益受到被诉行政行为的侵害，而申请法院给予司法救济的请求。原则上，法院审理案件实行一案一诉，但也存在诉的合并。所谓诉的合并，是指法院为了提高审判效率，将两个或者两个以上具有一定关联性的诉合并于一个诉讼程序进行审理和裁判的诉讼制度。诉的合并一般应满足三个条件：①数个诉之间存在关联性，一般表现为诉讼主体相同或者诉讼标的之间具体关联性；②受诉法院起码对其中一个诉具有管辖权；③被合并之诉可以适用同一审判程序。《行政诉讼法》所规定的共同诉讼就属于诉的合并的一种情形。

《行政诉讼法》第 27 条规定，当事人一方或者双方为二人以上，因同一行政行为发生的行政案件，或者因同类行政行为发生的行政案件、人民法院认为可以合并审理并经当事人同意的，为共同诉讼。

根据这一规定，我国的共同诉讼包括两种情况：

（一）必要的共同诉讼

这是针对当事人一方或者双方为二人以上，因同一行政行为发生的行政案件。例如，行政机关对加害人作出行政处罚，被处罚人和受害人均对该处罚行为不服并起诉的。又如，两个以上行政机关共同署名作出一个行政行为，当事人不服而提起诉讼的。行政诉讼法规定的复议决定维持了原行政行为的，也属于这种情形。

对于这一类案件，由于其诉讼标的是共同的，因此，法院必须将这些案件合并审理，不需征求共同诉讼人的意见。

（二）普通的共同诉讼

这是针对因同类行政行为发生的行政案件。例如，出租车司机先后数次在同一路段违反交通法规，交警分别开出数张罚单。该司机对这些罚单均不服而起诉的。甲公司名下的两栋房屋分别因违章建筑被勒令限期拆除。甲公司不服而提起诉讼的。

和必要的共同诉讼相比，这类案件并不必然导致共同诉讼。只有法院认为可以合并审理，且经当事人同意的，才能作为共同诉讼，进行合并审理。

二、撤诉与缺席判决

（一）撤诉

撤诉是指对于法院已经立案的案件，原告、上诉人、再审申请人（以下简称原告等）在法院宣告判决或者裁定之前，向法院表示撤回自己起诉（上诉、再审申请）的诉讼行为。撤诉是单纯的诉讼上的行为，原告等的实体权利不受撤诉行为的影响。

根据《行政诉讼法》的规定，撤诉分为申请撤诉和按撤诉处理两种情况。

1. 申请撤诉。申请撤诉是指在法院宣告判决或者裁定之前，原告等明确向法院申请撤回起诉的诉讼行为。它是原告等对自己诉权的一种积极处分，是一种单方行为。原告等申请撤诉后，能否准许，须经法院审查、裁定。这种制度设置既是为了确保原告等撤诉是基于真实的意思表示，防止因受行政机关胁迫而申请撤诉，也是为了防止被告为让原告撤诉而违法损害公共利益或者他人合法权益。

根据《行政诉讼法》第 62 条的规定，法院对行政案件宣告判决或者裁定前，原告申请撤诉的，或者被告改变其所作的行政行为，原告同意并申请撤诉的，是否准许，由法院裁定。

对于被告改变被诉行政行为，原告申请撤诉的，《最高人民法院关于行政诉讼撤诉若干问题的规定》第 2 条规定，法院应审查是否符合如下条件：

（1）申请撤诉是当事人真实意思表示。

（2）被告改变被诉行政行为，不违反法律、法规的禁止性规定，不超越或者放弃职权，不损害公共利益和他人合法权益。

（3）被告已经改变或者决定改变被诉行政行为，并书面告知法院。

（4）第三人无异议。符合上述条件的，法院应裁定准许撤诉。

对于原告基于被告改变被诉行政行为而申请撤诉的，经过审查，法院可以作出如下裁定：

（1）被告改变被诉行政行为，原告申请撤诉，有履行内容且履行完毕的，法院可以裁定准许撤诉；不能即时或者一次性履行的，法院可以裁定准许撤诉，也可以裁定中止审理。

（2）准许撤诉裁定可以载明被告改变被诉行政行为的主要内容及履行情况，并可以根据案件具体情况，在裁定理由中明确被诉行政行为或者原裁判全部或者部分不再执行。

（3）申请撤诉不符合法定条件，或者被告改变被诉行政行为后当事人不撤诉的，法院应当及时作出裁判。

2. 按照撤诉处理。按照撤诉处理是指原告等并未明确向法院申请撤回起诉或者上诉，法院基于其拒绝履行法定诉讼义务的行为，推定其自愿申请撤诉并按照撤诉处理的诉讼制度。按照撤诉处理不是基于当事人的意思表示，而是基于法律的明确规定。

根据《行政诉讼法》第 58 条和相关司法解释的规定，当原告等出现下列情况时，视为申请撤诉，法院可以按照撤诉处理：

（1）经人民法院传票传唤，无正当理由拒不到庭的。

（2）未经法庭许可中途退庭的。

（3）未按规定的期限预交案件受理费，又不提出缓交、减交、免交申请，或者提出申请未获批准的。

出现法定事由时，法院对是否按照撤诉处理具有裁量权。

3. 撤诉的法律后果。

（1）法院准许撤诉或者按撤诉处理后，诉讼程序即告终结，法院不再对案件进行审理。

（2）法院裁定准许原告撤诉后，原告等以同一事实和理由重新起诉的，法院不予受理。准予撤诉的裁定确有错误，原告申请再审的，法院应当通过审判监督程序撤销原准予撤诉的裁定，重新对案件进行审理。

（3）原告等因诉讼费预交问题被按撤诉处理后，在法定期限内再次起诉或者上诉，并依法解决诉讼费预交问题的，法院应予受理。

（二）缺席判决

缺席判决是和对席判决相对应的概念，是指人民法院在当事人无正当理由拒不到庭或者未经许可中途退庭的情况下，依法对案件进行审理后作出的裁判。

根据针对主体的不同，可以将缺席判决分为两种：

1. 针对被告的缺席判决。根据《行政诉讼法》第 58 条的规定，被告无正当理由拒不到庭，或者未经法庭许可中途退庭的，可以缺席判决。根据这一规定，被告如果有正当理由不能到庭，应事前向法院提出，申请延期。法院经审查同意的，应决定延期并通知当事人。法院经审查不同意延期的，应通知被告。被告接到决定仍不按时到庭的，法院可以缺席判决。

2. 针对原告的缺席判决。原告是诉讼的启动者，一般会积极参加诉讼活动，但有时也会出现例外，不依法参加诉讼。对于这种情况，《民事诉讼法》和《执行解释》分别规定了针对原告的缺席判决。根据这些规定，原告等申请撤诉，人民法院裁定不予准许的，原告等经传票传唤，无正当理由拒不到庭的，或者未经法庭许可而中途退庭的，人民法院可以缺席判决。

三、诉讼程序的延阻

（一）延期审理

延期审理指法院将已定的审理日期或正在进行的审理推延至另一日期再审理的制度。通知、公告开庭日期后，或者开庭审理期间，由于特殊情况，合议庭无法在原定审理期日进行审理的，应推迟审理期日。

对于延期审理的情况，《行政诉讼法》未作具体规定，参照《民事诉讼法》第 146 条的规定，有下列情形之一的，可以延期开庭审理：

1. 必须到庭的当事人和其他诉讼参与人有正当理由没有到庭的。

2. 当事人临时提出回避申请的。

3. 需要通知新的证人到庭，调取新的证据，重新鉴定、勘验，或者需要补充调查的。

4. 其他应当延期的情形。

（二）诉讼中止

诉讼中止，是指在诉讼进行过程中，由于发生某种特殊情况而暂时停止诉讼程序的一种法律制度。诉讼中止只是诉讼程序的暂时停止，中止的原因消除后，将重新恢复诉讼程序。中止之前已经作出的诉讼行为仍然有效，并对新进入到诉讼中的当事人具有约束力。

根据《执行解释》第 51 条的规定，行政诉讼中有下列情形之一的，中止诉讼：

1. 原告死亡，须等待其近亲属表明是否参加诉讼的。

2. 原告丧失诉讼行为能力，尚未确定法定代理人的。

3. 作为一方当事人的行政机关、法人或者其他组织终止，尚未确定权利义务承受人的。

4. 一方当事人因不可抗力的理由不能参加诉讼的。

5. 案件涉及法律适用问题，需要送请有权机关作出解释或者确认的。

6. 案件的审判须以相关民事、刑事或者其他行政案件的审理结果为依据，而相关案件尚未审结的。

7. 其他应当中止诉讼的情形。

（三）诉讼终结

诉讼终结，是指在诉讼程序因特殊情况的发生不能继续或者继续进行毫无意义的情况下，结束正在进行的诉讼程序的法律制度。

根据《执行解释》第 52 条的规定，行政诉讼中有下列情形之一的，终结诉讼：

1. 原告死亡，没有近亲属或者近亲属放弃诉讼权利的。

2. 作为原告的法人或者其他组织终止后，其权利义务的承受人放弃诉讼权利的。

3. 因原告死亡，须等待其近亲属表明是否参加诉讼，或者原告丧失诉讼行为能力、尚未确定法定代理人，或者因作为一方当事人的法人或者其他组织终止，尚未确定权利义务承受人，因这三种情况诉讼中止满 90 日仍无人继续诉讼的，但有特殊情况的除外。

终结诉讼的裁决自作出之日起生效，当事人不得上诉。

四、诉讼中的临时救济措施

为保障司法救济的实效性，诉讼过程中，法院可以采取临时救济措施，主要包括停止执行、先予执行和财产保全。

（一）停止执行

停止执行是行政诉讼所特有的临时救济措施。由于行政行为具有公定力，在有权机关以法定程序否定其效力前，行政行为被推定合法，具有确定力、拘束力和执行力。从这一点来看，即使在行政诉讼过程中，在法院撤销或者确认行政行为无效前，行政行为依然可以继续执行。然而，从救济的角度看，如果允许被诉行政行为继续执行，有可能会造成原告即使胜诉却无法挽回损失的不利局面。因此，对于诉讼期间，被诉行政行为是否停止执行属于政策考量问题，各国基于不同的利益权衡，规定并不相同。

我国《行政诉讼法》第 56 条规定："诉讼期间，不停止行政行为的执行。但有下列情形之一的，裁定停止行政行为的执行……"根据该规定，我国采取的是以"以不停止执行为原则，以停止执行为例外"的制度模式。除非出现法定情形，在行政诉讼期间，原则上不停止被诉行政行为的执行，其目的是维护行政效率、实现行政管理的连续性。

作为一种例外，在出现下列四种情况之一时，可以停止被诉行政行为的执行：

1. 被告认为需要停止执行的。被诉行政行为是被告依自身职权作出的行为，不论是变更该行为，还是自行停止执行，本属于行政机关的固有权限。行政机关可以基于裁量，决定暂时中止执行被诉行政行为，并将该决定告知原告，书面报告法院。

2. 原告或者利害关系人申请停止执行的。原告或者利害关系人有权申请停止执行，是否准许，需经过法院的审查。法院经审查认为被诉行政行为的执行会造成难以弥补的损失，并且停止执行不损害国家利益、社会公共利益的，可以裁定停止执行。

上述审查要件的设定要求法院在原告权益受损和公益受损之间进行权衡、考量。对于何为"难以弥补的损失"，一般要求是以金钱难以弥补、难以恢复原状的损失。但即使损失达到难以弥补的程度，如果停止执行会对公益造成损害，法院也不能决定停止执行。

3. 法院认为需要停止执行的。如果法院认为执行被诉行政行为会给国家利益、社会公共利益造成重大损害的，可以裁定停止执行。

4. 法律、法规规定停止执行的。法律、法规作出明文规定时，被诉行政行为依法应当停止执行。例如，《国有土地上房屋征收与补偿条例》第 28 条第 1 款规定："被征收人在法定期限内不申请行政复议或者不提起行政诉讼，在补偿决定规定的期限内又不搬迁的，由作出房屋征收决定的市、县级人民政府依法申请法院强制执行。"该条规定如果被征收人未提起诉讼，则行政机关可申请执行。这就意味着如果被征收人提起行政诉讼，原则上，应停止该征收决定的执行。

对于停止执行的行政行为能否再次启动执行，《执行解释》第 94 条规定，在诉讼过程中，被告或者行政行为确定的权利人申请法院强制执行被诉行政行为，法院不予执行，但不及时执行可能给国家利益、公共利益或者他人合法权益造成不可弥补的损失的，法院可以先予执行。

（二）先予执行

先予执行是相对于裁判生效后、对裁判的执行而言的。它是指在诉讼立案之后、裁判作出之前，法院根据当事人的申请，裁定一方当事人预先支付另一方当事人一定数额的金钱或者财物的法律制度。

先予执行是基于诉讼耗费时日的程序特点，为解决一方当事人生产、生活上的迫切需要而采取的一种临时救济措辞。在行政诉讼中，主要针对行政机关尚未作出但根据情况应当履行的行政给付行为。根据《行政诉讼法》第57条的规定，法院决定先予执行应符合下列条件：

1. 适用范围。先予执行仅适用于被诉行政机关没有依法支付抚恤金、最低生活保障金和工伤、医疗社会保险金的案件。这类案件的共同特点是直接关系到当事人的生存、健康权，且以金钱给付为内容。

2. 损害后果。这只限于执行将严重影响原告生活的，即必须具有临时救济的紧迫性、必要性。

3. 程序条件。这基于当事人的申请。

先予执行以裁定方式作出。当事人对先予执行裁定不服的，可以申请复议一次。复议期间不停止裁定的执行。

（三）财产保全

财产保全，是指法院根据当事人的申请或者依据职权，在必要时对一定财产采取特殊保护措施，以保证将来生效判决能够得以实现的物质保障性法律制度。

财产保全主要是为了防止一方当事人恶意处分财产，导致裁判后的执行困难。因此，在行政诉讼中，财产保全多针对原告或者第三人作出。《执行解释》第48条第1款规定，法院对于因当事人一方的行为或者其他原因，可能使行政行为或者法院生效裁判不能或者难以执行的案件，可以根据对方当事人的申请作出财产保全的裁定；当事人没有提出申请的，法院在必要时也可以依法采取财产保全措施。

五、行政诉讼不适用调解原则及其例外

调解是指在诉讼过程中，在法院的主持下，由双方当事人对争议的权益和法律关系通过自愿协商、互谅互让而达成协议，使纠纷得以解决的诉讼活动。调解必须具备两个条件：①当事人双方必须有实体处分权；②调解形成的结果，不能与法律和社会公共利益相抵触，不能损害他人的利益。基于行政权力的法定性，一般认为，行政机关没有随意处分职权的权利，因此原则上，行政诉讼不能适用调解。所谓不适用调解包括两项内容：一是审理方式不采用调解的方法；二是结案方式不采用调解书的形式，只能依法作出裁判。《行政诉讼法》第60条第1款明确规定："人民法院审理行政案件，不适用调解……"

然而，行政诉讼的审查对象具有多样性，调解所需要的处分性在某些行政领域是客观存在的。在这种情况下，允许当事人之间的调解既有利于案件的彻底解决，也有利于减轻各方诉累，提高诉讼效率。

根据《行政诉讼法》第60条第1款的但书规定，行政赔偿、补偿以及行政机关

行使法律、法规规定的自由裁量权的案件可以调解。同时，该条第 2 款规定，调解应当遵循自愿、合法原则，不得损害国家利益、社会公共利益和他人合法权益。根据这两款规定，行政诉讼适用调解遵循下列要求：

（一）属于可调解的范围

1. 行政赔偿案件。行政赔偿案件是由于行政机关及其工作人员违法行使职权，侵犯当事人合法权益，当事人向法院起诉要求赔偿的案件。对于行政赔偿案件的审理，一般分为两个步骤：一是审查被诉行政机关是否存在违法的应赔偿情形；二是审理如果存在法定的侵权行为，应如何确定赔偿方式、赔偿项目和赔偿数额。对于前一部分，原则上没有调解的空间，法院应根据事实、依据法律作出判断。而对于后一部分，审理的对象属于一种经济利益，不论是原告、还是被告，都具有处分的空间。《国家赔偿法》第 13 条规定，赔偿义务机关可以"与赔偿请求人就赔偿方式、赔偿项目和赔偿数额依照本法第四章的规定进行协商"。《最高人民法院关于审理行政赔偿案件若干问题的规定》第 30 条也规定："人民法院审理行政赔偿案件在坚持合法、自愿的前提下，可以就赔偿范围、赔偿方式和赔偿数额进行调解。调解成立的，应当制作行政赔偿调解书。"另外，由于《国家赔偿法》还规定了精神损害抚慰金，因此，不论是针对人身权、财产权损害的赔偿方式，还是针对精神损害的抚慰金，都可以适用调解。

2. 行政补偿案件。行政补偿是由于行政机关的合法行为导致当事人权益损失时，国家给予补偿的制度。其典型形态如行政征收、征用引发的补偿及其行政机关变更或者撤回生效的许可所引发的补偿。对于这类案件，当事人有权提起诉讼。对行政补偿案件的审理，我国尚无统一的法规范，主要散见于各单行法律法规中。而行政补偿案件的可调解性原理和调解范围与行政赔偿基本相同，对于补偿的方式、方法、数额，行政机关均可和当事人进行协商，并在法院主持下达成调解方案。

3. 行政机关行使法律、法规规定的自由裁量权的案件。行政裁量和行政羁束行为是根据行政机关行使职权时、受依据法拘束的程度，对行政行为做出的分类。其中的自由裁量行为，是行政机关在适用法律、作出决定和采取行动方面享有较大自由判断空间的行为。例如，对于案件是否符合法定要件的判断，对于是否作出行政行为的判断，对于以何种方式、作出何种内容的行政行为的判断等。自由裁量权源于立法授权，其依据是对行政专业性、技术性优势的承认。在法律授权范围内，行政机关有权在多个选项中进行选择，这也构成了调解的基础。

（二）遵循自愿、合法原则

1. 自愿原则。这是调解的基本原则，指的是调解的开始、调解的进行、调节内容的确定都必须以诉讼各方当事人的自愿为基础，赋予当事人自主选择权，不得强迫。如果一方当事人不同意以调解形式解决争议，法院、行政机关不得强迫当事人进行调解。如果当事人之间无法达成一致意见，法院、行政机关不得强行确定调解书的内容。

自愿原则一方面要求法院在调解过程中要适时进行解释，充分说明调解和诉讼各自的风险与负担，引导当事人理性选择。另一方面，也不排除法院在调解过程中的协调作用，法院可以在各方争执不下时，提出调解方案供当事人参考。

2. 合法原则。合法原则在行政诉讼的调解中具有特别重要的作用。由于依法行政原则的要求，行政机关所享有的裁量权和民事主体所享有的处分权具有根本区别。即使在裁量范围内，行政机关的选择仍然受到行政法基本原则、依据法的立法目的、行政目标等的制约。因此，法院在主持调解的过程中，要保证调解方案的选定符合行政合法性、合理性原则的要求，符合该项行政权启动的目的。

（三）不损害国家利益、社会公共利益和他人合法权益原则

作为公权力的行使，行政机关不同的裁量选择必然会对公益产生不同的影响。为了防止不当裁量导致的公益受损，即使双方当事人是基于自愿达成的调解协议，如果法院经过审查认为存在损害国家利益、社会公益或者他人合法权益的情况，也不能认可该协议的有效性。这其实也是合法原则下的一个具体要求。

六、行政诉讼强制措施

行政诉讼强制措施，是指法院在审理行政案件过程中，为保证审判过程和执行的顺利进行，依法对故意妨害行政诉讼活动的个人或者单位采取强制性排除手段，制止其继续妨害的法律制度。

（一）妨害行政诉讼的行为

妨害行政诉讼行为应具备以下三个构成要件：①形式上必须是在行政诉讼过程中实施了扰乱、危害行政诉讼的行为；②主观上具有妨害诉讼的故意；③结果上造成对行政诉讼正常秩序的妨害。

根据《行政诉讼法》第59条的规定，妨害行政诉讼的行为主要有如下七种：

1. 有义务协助调查、执行的人，对人民法院的协助调查决定、协助执行通知书，无故推拖、拒绝或者妨碍调查、执行的。

2. 伪造、隐藏、毁灭证据或者提供虚假证明材料，妨碍人民法院审理案件的。

3. 指使、贿买、胁迫他人作伪证或者威胁、阻止证人作证的。

4. 隐藏、转移、变卖、毁损已被查封、扣押、冻结的财产的。

5. 以欺骗、胁迫等非法手段使原告撤诉的。

6. 以暴力、威胁或者其他方法阻碍人民法院工作人员执行职务，或者以哄闹、冲击法庭等方法扰乱人民法院工作秩序的。

7. 对人民法院审判人员或者其他工作人员、诉讼参与人、协助调查和执行的人员恐吓、侮辱、诽谤、诬陷、殴打、围攻或者打击报复的。

（二）对妨害行政诉讼行为的强制措施

罚款、拘留须经人民法院院长批准。当事人不服的，可以向上一级人民法院申请复议一次。复议期间不停止执行。

（三）对妨害行政诉讼行为的强制措施

法院对于各种妨害行政诉讼行为，根据情节的轻重，分别适用不同的强制措施：

1. 训诫，即法院对妨害行政诉讼情节轻微者，进行批评、警告，指明其妨害行政诉讼的错误和违法事实，并责令其不许再犯的强制措施。

2. 责令具结悔过，即法院对妨害行政诉讼情节轻微者，责令其写出悔过书、并保证不再重犯的强制措施。

3. 罚款，即法院对妨害行政诉讼情节较为严重者，责令其在指定期间内交纳一定数额金钱的强制措施。罚款的最高限额为 10 000 元。

4. 拘留，即法院对妨害行政诉讼情节严重者，在一定期限内限制其人身自由的强制措施。拘留期限为 1～15 日。

严重妨害行政诉讼构成犯罪的，应依法追究其刑事责任。

人民法院对有妨害行政诉讼行为之一的单位，可以对其主要负责人或者直接责任人员依照前款规定予以罚款、拘留；构成犯罪的，依法追究刑事责任。

（四）强制措施的实施程序

1. 训诫、责令具结悔过由合议庭决定。

2. 罚款、拘留由合议庭提出，并经人民法院院长批准。当事人不服的，可以向上一级法院申请复议一次，复议期间不停止决定的执行。

七、司法建议

司法建议是法院行使审判权时，对于与案件有关的、但不属于法院审判权所能解决的问题，向有关方面提出的处理建议。司法建议不具有强制执行力，当事人不采纳司法建议的，不构成违法，但被建议机关应尊重司法机关的建议。

根据《行政诉讼法》的规定，司法建议适用于以下三种情况：

（一）针对规范性文件审查结果的司法建议

根据《行政诉讼法》的规定，原告在起诉时，可以申请对行政行为所依据的规范性文件一并审查。法院经过审理，如果认为该规范性文件不合法的，不仅不能将该文件作为认定行政行为合法的依据，还必须向制定机关提出司法建议，说明法院的审查结果，并提出相关的处理建议，以供行政机关参考。

（二）针对不依法参加诉讼的被告的司法建议

健全行政机关依法出庭应诉是提高司法权威性的必然要求。为此，《行政诉讼法》第 66 条第 2 款规定，被告经传票传唤无正当理由拒不到庭，或者未经法庭许可中途退庭的，法院不仅可以将被告拒不到庭或者中途退庭的情况予以公告，并可以向监察机关或者被告的上一级行政机关提出依法给予其主要负责人或者直接责任人员处分的司法建议。

（三）针对行政机关拒绝履行生效裁判的司法建议

尊重并执行法院生效裁判是实现司法实效性的基本要求。面对我国执行难的司法难题，《行政诉讼法》第 96 条规定了五种行政机关拒不执行情况下的强制措施。其中第 4 项规定，法院可以向监察机关或者义务行政机关的上一级行政机关提出司法建议。接受司法建议的机关，根据有关规定进行处理，并将处理情况告知人民法院。

以上是《行政诉讼法》明确规定的适用司法建议的情形。《最高人民法院关于当前形势下做好行政审判工作的若干意见》规定，要高度重视司法建议工作。对于个案审理中发现的行政执法方面存在的问题，及时向有关行政机关提出改进意见和建议。根据这些规定，行政诉讼中的司法建议主要是作为司法判决内容的补充以及法院执行生效的行政判决、裁定的一种手段，并对相关行政管理工作的完善与改革提供参考意见。在实践中，还存在通过司法建议，对难以通过司法途径获得救济的当事人争取法外救助的做法，以此推动相关矛盾和纠纷的解决。

第二十一章
行政诉讼的法律适用

第一节　行政诉讼法律适用概述

一、行政诉讼法律适用的概念

法律的贯彻实施有两种基本途径：一是对法律的遵守；二是对法律的适用。法律的遵守依赖主体的自觉，而法律的适用是指国家机关运用公权力将法律规范的要求付诸实施的过程。因此，三大诉讼中都存在法律适用问题。所谓行政诉讼的法律适用，是指在行政诉讼中，人民法院利用司法权力将行政法律规范具体运用于行政案件处理的过程，主要是依据行政法律规范对被诉具体行政行为是否合法进行审查判断的活动。与行政机关法律适用和民事诉讼、刑事诉讼法律适用活动相比，行政诉讼法律适用具有以下主要特征：

1. 适用的主体是人民法院，是法律规范的第二次适用，具有司法最终效力。与行政执法中行政机关的法律适用相比，行政诉讼法律适用的主体是人民法院，法律适用所依赖的权力是司法审判权力。被诉行政行为是行政主体适用行政法律规范的结果和表现形式。在行政诉讼阶段，由人民法院适用行政法律规范来对行政机关法律适用活动是否合法进行判定。从这个意义上来说，行政诉讼法律适用属于第二次法律适用，目的是审查和监督行政机关第一次法律适用是否合法。行政诉讼法律适用具有司法最终效力，对行政机关法律适用具有指导意义。

2. 适用的依据不同，法律适用予以解决的争议性质不同。与民事诉讼、刑事诉讼中法律适用活动相比，行政诉讼法律适用的依据主要是行政法律规范，而民事诉讼法律适用的依据主要是民事法律规范，刑事诉讼法律适用的依据是刑事法律规范。行政诉讼法律适用予以解决的是行政争议，而民事诉讼和刑事诉讼法律适用解决的是民事争议和刑事犯罪问题。依照《行政诉讼法》第6条、第69条、第70条等相关规定，行政诉讼法律适用的主要任务是解决被诉行政行为的合法性问题。

3. 法律适用的冲突相对较多，法律选择适用难度相对较大。与民事诉讼、刑事诉讼中法律适用活动相比，在行政诉讼中，由于行政法的法律渊源自身具有的广泛性和复杂性，客观上造成了行政诉讼法律适用冲突较多。由于民法渊源和刑法渊源都有统一的法典，而且在法律位阶上一般集中在法律层级上，所以民事诉讼和刑事诉讼法律适用活动中的法律冲突相对较少。而行政法渊源不仅没有统一的法典，而且法律渊源的层级跨度较大，从法律、行政法规、地方性法规到部门规章、地方规章甚至是一般规范性文件。因此，行政诉讼法律适用中法律冲突相对较多，如何正确地选择适用行政法律规范难度相对较大。这也是行政诉讼法学之所以对行政诉讼法律适用进行重点研究和介绍的重要背景和原因之一。

二、行政诉讼法律适用的一般规定

对于人民法院而言，无论是哪一种性质诉讼，其行使司法审判权的总的原则是以事实为根据、以法律为准绳。法律适用总的立场是依法裁判案件。《行政诉讼法》第63条规定，人民法院审理行政案件，以法律和行政法规、地方性法规为依据。地方性法规适用于本行政区域内发生的行政案件。人民法院审理民族自治地方的行政案件，并以该民族自治地方的自治条例和单行条例为依据。这一规定明确了法律、法规以及民族自治地方的自治条例和单行条例在行政诉讼的法律适用的地位。实质上，三大诉讼在法律、行政法规、地方性法规、自治条例和单行条例的适用依据上是一致的。

（一）法律

法律是指全国人民代表大会及其常务委员会按照立法程序所制定的，在全国范围内具有普遍约束力的法。行政法虽然没有统一的行政法典，但法律层级上的行政法律规范是大量存在的。如被称为行政法三部曲的《行政处罚法》《行政许可法》《行政强制法》就属于法律。法律在行政诉讼法律适用中具有重要的地位，一旦出现层级冲突，人民法院应当以法律为标准，对行政机关的法律适用活动是否合法进行司法审查。法律中法律保留条款是解决法律适用层级冲突的重要依据。

（二）行政法规

行政法规是指国务院根据宪法和法律，依据立法程序所制定出的法。行政法规在我国法律体系中的效力层级仅次于宪法和法律，高于其他法律规范，在全国范围内有效。在行政法律规范体系中，行政法规具有重要的地位。行政法规是行政机关行使职权，作出各种行政行为的最主要法律依据之一。当然也应当属于行政诉讼中人民法院审查被诉行政行为合法性的重要依据。

（三）地方性法规

按照《立法法》第72条的规定，地方性法规是指由省、自治区、直辖市的人民代表大会及其常务委员会，设区的市的人民代表大会及其常务委员会根据本行政区域的具体情况和实际需要，在立法权限范围内，按照立法程序制定的法。按照《行政诉讼法》的规定，人民法院审理行政案件，以地方性法规作为依据。地方性法规的效力具有地域性，只适用于本行政区域内发生的行政案件，超出地域界限，该地方性法规便失去了它对人民法院审理行政案件时的适用效力。行政诉讼法律适用中，当某一具体条款上位法的规定时，也是不能被适用的。

（四）自治条例、单行条例

自治条例、单行条例是民族自治地方的人民代表大会根据当地的政治、经济和文化的特点，依照法定权限所制定的法。《行政诉讼法》规定，人民法院审理民族自治地方的行政案件时，要以该民族自治地方的自治条例和单行条例为依据。需要注意，按照《立法法》第75条第2款的规定，自治条例和单行条例可以依照当地民族的特点，对法律和行政法规的规定作出变通规定，但不得违背法律或者行政法规的基本原则，不得对宪法和民族区域自治法的规定以及其他有关法律、行政法规专门就民族自治地方所作的规定作出变通规定。人民法院在审理发生在民族自治地方的行政案件时应当特别注意允许变通规定和不允许变通规定的区别适用问题。

（五）最高人民法院的司法解释

由于公共行政的广泛性和复杂性，法律在实施过程中，经常需要对如何具体理解和适用法律问题进行解释。在这方面，最高人民法院的司法解释起到了非常重要的作用，司法解释是最高人民法院就在审判过程中如何具体应用法律问题进行的解释，是对法律的进一步具体化。最高人民法院发布的重要的司法解释有：《最高人民关于执行〈中华人民共和国行政诉讼法〉若干问题的解释》《最高人民法院关于审理行政许可案件若干问题的规定》《最高人民法院关于审理政府信息公开行政案件若干问题的规定》《最高人民关于适用〈中华人民共和国行政诉讼法〉若干问题的解释》等一系列重要的解释。对于统一认识、指导新类型案件的处理具有不可替代的地位，对人民法院处理行政案件有着直接的影响。人民法院审理行政案件，适用最高人民法院司法解释的，应当在裁判文书中援引。

三、行政诉讼法律适用的特别规定

由于行政法渊源自身的广泛性、复杂性，以及行政案件处理中司法权和行政权的关系问题，行政诉讼法对法院在处理行政案件中的法律适用问题同时作出了一些特别规定。特别规定主要是解决规章和其他规范性文件如何适用的问题。

（一）规章的参照适用

《行政诉讼法》第63条第3款规定，人民法院审理行政案件，参照规章。规章又称行政规章，包括国务院部门规章和地方政府规章。《立法法》第80条规定，有权制定国务院部门规章的包括国务院各部、委员会、中国人民银行、审计署和具有行政管理职能的直属机构。《立法法》第82条规定，省、自治区、直辖市和设区的市和自治州的人民政府，可以制定地方政府规章。

行政诉讼法规定人民法院审理行政案件时参照规章，"参照"一词，在汉语语义中是介于参考和依照之间的一个动词，其确切含义并非简单地参考并依照，而是在参考、审视以后决定是否应该适用，它表明，行政规章总体上对人民法院审理行政案件没有必然的适用效力。人民法院认为行政规章符合法律、行政法规规定的，应当适用，反之则不适用。

人民法院审理行政案件参照规章，对不合法的规章有权拒绝适用。规章不能作为行政审判依据的理由有两点：一是违反自然公正原则。有权制定规章的行政机关也有权作出行政行为，如果以规章为审理依据，等于行政机关自己确立行政行为是否合法的标准，这不符合自然公正的原则。二是规章的立法质量不高。有权制定规章的行政机关，尤其是部门行政机关，职权交叉问题目前尚未彻底解决，规章之间相互超越职权的现象大量存在，影响了规章的效力。加上规章的制定程序目前尚不完善、不严格，致使规章带有明显的部门保护主义和地方保护主义倾向，相互之间、与法律法规之间经常发生冲突。

然而，从立法法层面来看，规章毕竟是法的组成部分。宪法和有关法律确立了规章的制定权，并限制在一定级别的行政机关，意味着国家对规章制定权的授予与控制是相当严格的。从实践角度来看，规章又是法律、法规的具体化，大量的行政行为同时依据法律、法规、规章作出。行政机关作出行政行为时，在大部分情况下，都直接依据规章。因此，人民法院审查具体行政行为的合法性时，完全撇开规章又是不现实的。

基于此，行政诉讼法规定，人民法院在审理行政案件时参照适用规章，即将对规章的具体适用留给法院根据具体情况判断。《执行解释》第62条第2款规定："人民法院审理行政案件，可以在裁判文书中引用合法有效的规章及其他规范性文件。"

人民法院参照适用规章时应首先对规章进行审查，以决定是否适用及如何适用。人民法院审查的结果是选择适用或者不适用规章。法院无权对规章本身的效力作出裁判。即使规章违法，人民法院也无权在其裁判中撤销其效力。

（二）其他规范性文件的适用

其他规范性文件是指行政机关作出的具有普遍约束力的规范性文件，排除行政机关的立法。其他规范性文件又称一般规范性文件，不是正式的法律渊源，对人民法院不具有法律规范意义上的约束力。但是，由于行政法治建设的阶段性和复杂性，其他规范性文件在某些行政管理领域依然具有重要的作用。因此，不具有法律规范意义上的约束力并不意味着人民法院在行政诉讼中可以无视其他规范性文件的存在，可以当然地排斥其他规范性文件的适用。

对于其他规范性文件的适用问题，人民法院应当在审查其是否符合相应的法律、行政法规、地方性法规、自治条例和单行条例、规章，是否与相应的法律、行政法规、地方性法规、自治条例和单行条例、规章矛盾、抵触的基础上，决定是否作为评价行政行为合法的依据。

《执行解释》第62条第2款规定："人民法院审理行政案件，可以在裁判文书中引用合法有效的规章及其他规范性文件。"最高人民法院在《关于审理行政案件适用法律规范问题的座谈会纪要》进一步规定，人民法院可以在裁判理由中对具体应用解释和其他规范性文件是否合法、有效、合理或适当进行评述。这些规定从一个侧面表明，行政诉讼审判实践中是有条件地适用其他规范性文件的。

第二节　法律适用冲突

一、法律适用冲突的概念和类型

行政诉讼的法律适用冲突，是指人民法院在审判行政案件的过程中发现，对被诉行政行为所针对的事项，有两个或者两个以上的法律规范作出了不同规定，人民法院适用不同的法律规定会产生不同裁判结果的情形。行政法渊源的特点之一是广泛性和复杂性。这就决定了在行政诉讼法律适用过程中经常出现法律冲突的问题。法律规范之间应该具有统一性、相互联系性和协调性，这只是一种可能和理想状态。在司法实践中，法律规范之间存在冲突是难以避免的，尤其是行政法律规范之间。就我国的行政诉讼而言，引起法律适用冲突的原因很多，主要是由于作为行政法渊源的法律表现形式多、立法的主体和效力多样，以及被诉行政行为所针对的事项比较复杂等因素造成的。行政诉讼中的法律冲突主要有以下几种类型：层级冲突、特别冲突和新旧冲突。

二、层级冲突及选择适用规则

效力等级高的是上位法，效力等级低的是下位法。层级冲突是指下位阶的法规范与上位阶的法规范对同一事项作出了不同规定，适用上下位阶的法规范会造成不同的甚至是相反的裁判结果。法的位阶是指法的效力等级。在不同位阶的法律规范发生冲突时，选择适用位阶高的法律规范是解决法律适用冲突的一般规则。《立法法》按照制定机关的不同，明确了不同法律规范的效力等级：①宪法具有最高的法律效力。宪法的这种最高效力等级地位在《宪法》序言和第 5 条有明确规定，《立法法》第 87 条对此作了重申，明确"宪法具有最高的法律效力，一切法律、行政法规、地方性法规、自治条例和单行条例、规章都不得同宪法相抵触"。②法律的效力高于行政法规、地方性法规、规章；《立法法》第 88 条第 1 款规定："法律的效力高于行政法规、地方性法规、规章。"③行政法规的效力高于地方性法规、规章。《立法法》第 88 条第 2 款规定："行政法规的效力高于地方性法规、规章。"④地方性法规的效力高于本级和下级地方政府的规章。《立法法》第 89 条第 1 款规定："地方性法规的效力高于本级和下级地方政府规章。"⑤上级政府规章的效力高于下级政府规章。《立法法》第 89 条第 2 款规定："省、自治区的人民政府制定的规章的效力高于本行政区域内的设区的市、自治州的人民政府制定的规章。"

最高人民法院《关于审理行政案件适用法律规范问题的座谈会纪要》中列举了司法实践中比较常见的下位法不符合上位法的诸多情形，包括：①下位法缩小或限制上位法规定的权利主体范围，或者违反上位法立法目的扩大上位法规定的权利主体范围；②下位法扩大行政主体或其职权范围；③下位法延长上位法规定的履行法定职责期限；④下位法以参照、准用等方式扩大或者限缩上位法规定的义务或者义务主体的范围、性质或者条件；⑤下位法增设或者限缩违反上位法规定的适用条件；⑥下位法扩大或者限缩上位法规定的给予行政处罚的行为、种类和幅度的范围；⑦下位法改变上位法已规定的违法行为的性质；⑧下位法超出上位法规定的强制措施的适用范围、种类和方式，以及增设或者限缩其适用条件；⑨法规、规章或者其他规范文件设定不符合行政许可法规定的行政许可，或者增设违反上位法的行政许可条件等。

在法律冲突的判定过程中，首先应当排除的就是层级冲突，因为层级冲突本身是一种违法冲突。在不构成层级冲突的情况下，再考虑是否构成其他类型法律冲突。

三、特别冲突及选择适用规则

一般法与特别法是一对理论上的概念。一般法是指有立法权的机关就一般事项所制定的法规范，调整某一领域一般的社会关系。如行政法三部曲的《行政处罚法》《行政许可法》和《行政强制法》就是调整行政处罚、行政许可和行政强制的一般法。而特别法是指有立法权的机关就某一领域中特定事项所制定的法规范。如果说一般法调整的社会关系是一个面的话，那么特别法调整的社会关系则是一个点。说某一部法律是特别法时，是参照某一般法而言的。如《治安管理处罚法》与《行政处罚法》之间，前者是特别法，后者是一般法。当一般法与特别法在法律适用中发生冲突时，应优先适用特别法。《立法法》第92条规定："同一机关制定的法律、行政法规、地方性法规、自治条例和单行条例、规章，特别规定与一般规定不一致的，适用特别规定……"一般法往往在立法中以"法律另有规定的除外"这一但书条款来表达这一选择适用规则。如《行政处罚法》第20条规定："行政处罚由违法行为发生地的县级以上地方人民政府具有行政处罚权的行政机关管辖。法律、行政法规另有规定的除外。"这意味着，行政处罚法虽然规定处罚由违法行为发生地的行政机关管辖，但只要法律、行政法规另有规定的，优先适用其他法律、行政法规的例外规定。需要注意的是，当一般法明确规定对特别法的优先适用有所限制或保留的，则应依照一般法的规定适用。如《行政复议法》和其他部门行政法律有关行政复议的规定之间是普通法和特别法的关系，《行政复议法》对于申请期限的特别法适用作出了限制，即特别规定中行政复议申请期限超过60日的，适用特别规定，否则依然是适用《行政复议法》有关行政复议申请期限为60日的规定。

和层级冲突法律适用选择规则"上位法优于下位法"相比，特别冲突法律选择适用规则更具有弹性。

四、新旧冲突及选择适用规则

根据立法的一般原则，调整同一领域问题的新法颁布以后，旧法就自然失去效

力，这样就不会存在新旧法律规范的冲突问题。新法优于旧法是在新、旧两个法律
规范都是现行有效的情况下处理其适用冲突的规则。如果旧法被明令废止，则不存
在与新法的适用冲突问题。

　　在立法实践中，往往有些领域在新法颁布后旧法并没有被废止的现象。旧法没
有被废止可能是因为立法工作的不完善，更多是因为旧法中的有些规范还需要继续
实施，但这种现象就造成了行政执法以及行政审判中适用旧法还是适用新法的矛盾。
如果适用主体各取所需，法律适用的混乱就不可避免。因此，行政诉讼法律适用中
新旧法律规范之间的适用冲突成为常见现象。

　　《立法法》第 92 条规定："同一机关制定的法律、行政法规、地方性法规、自
治条例和单行条例、规章，特别规定与一般规定不一致的，适用特别规定；新的规
定与旧的规定不一致的，适用新的规定。"该规定强调的前提是同一机关制定实际上
就排除了层级冲突的存在。在不存在层级冲突的情况下，特别法优于一般法，依然
不能解决的，则适用新法优于旧法。最高人民法院《关于审理行政案件适用法律规
范问题的座谈会纪要》规定，根据行政审判中的普遍认识和做法，行政相对人的行
为发生在新法施行以前，行政行为作出在新法施行以后，人民法院审查行政行为的
合法性时，实体问题适用旧法规定，程序问题适用新法规定，但下列情形除外：一
是法律、法规或规章另有规定的；二是适用新法对保护行政相对人的合法权益更为
有利的；三是按照具体行政行为的性质应当适用新法的实体规定的。

第二十二章
行政诉讼的裁判

第一节 行政诉讼判决

一、行政诉讼判决概述

（一）行政诉讼判决的概念和效力

判决是人民法院在案件审理终结时，就案件实体问题所作的处理决定，是人民法院代表国家行使司法审判权的集中体现和主要形式。行政诉讼判决就是指人民法院在审理行政案件终结时，就行政案件中的实体问题所作的处理决定。结合行政诉讼的审查对象一般是行政行为的合法性以及行政赔偿等相关行政争议，可将上述行政诉讼判决的概念进一步具体化。行政诉讼判决是指人民法院在审理行政案件终结时，就被诉行政行为的合法性以及行政赔偿等相关实体争议所作的处理决定。

行政诉讼判决在不同的诉讼审级程序中又具体地表现为行政诉讼一审判决、二审判决和再审判决。一审判决是指受理第一审行政案件的人民法院在审理行政案件终结时，就被诉行政行为的合法性以及行政赔偿等相关实体争议所作的处理决定。一审判决非终审判决，当事人在上诉期限内还可以上诉，所以又被称作初审判决。二审判决是指第二审人民法院在审理被上诉行政案件终结时，就被上诉一审判决以及所涉及的行政行为的合法性及其相关行政赔偿等争议性问题所作的处理决定。依据四级两审终审的审级制度，二审判决一经作出并依法送达后，立即生效，所以又被称作终审判决。最高人民法院审理的第一审行政案件所作的判决因无相应的上诉程序，所以也是属于终审判决的范畴。再审判决是指人民法院在对确有错误且已生效的判决的申诉案件重新审理终结时，就已生效判决中所涉实体问题所作的处理决定。再审判决的效力情况较为复杂一些，主要看再审所适用的具体程序。如果适用的是一审程序，其效力则相当于一审判决，反之则相当于二审判决。

与民事诉讼、刑事诉讼判决以及行政诉讼裁定、决定相比，行政诉讼判决具有以下特征：

1. 行政诉讼判决是人民法院审理行政案件终结时所适用的一种法律决定。这是与民事诉讼判决、刑事诉讼判决相比较而言的。民事诉讼判决是人民法院审理民事案件终结时所适用的一种法律决定。刑事诉讼判决是人法院审理刑事案件终结时所适用的一种法律决定。这是三大诉讼判决在解决案件性质上的不同，也是三大诉讼判决分类的主要标准，但三大诉讼有关判决的其他方面又是基本相同的。

2. 行政诉讼判决必定是在人民法院审理行政案件终结时所作的决定。此点是行政诉讼判决和裁定、决定在作出时间上的区别。行政诉讼裁定既有可能是在案件审理终结时作出的，也有可能是在诉讼程序或执行程序中作出的；而行政诉讼决定基本上是在诉讼中作出的。行政案件要经过一系列复杂的程序，这些程序的目的是为了使人民法院最终能够查明行政争议事实，就争议问题作出一个公正的决断。而一旦人民法院通过各种程序查明了案情，就应当运用国家审判权对争议问题作出一个处理决定，这个决定就是判决。因此，判决是人民法院在经过各种程序，查明案件事实后所作的终局处理决定。在案件的起诉、受理和审理阶段，均不得对案件进行判决。

3. 行政诉讼判决是人民法院就行政案件的实体问题所作的处理决定。具体言之，行政诉讼判决就是人民法院对被诉行政行为的合法性以及行政赔偿等相关行政实体争议所作的处理结论。在行政诉讼过程中，人民法院要解决的问题很多，其中有程序性问题，也有实体性问题。前者如是否受理起诉与上诉、是否中止诉讼等，对于该类问题，均不得以判决的方式来处理；后者如行政行为是否合法、行政处罚是否显失公正、行政协议应否履行等，对于该类实体问题才能以判决的方式作出处理。

总而言之，在行政诉讼程序中，行政诉讼判决是国家审判机关对行政活动进行法律监督的基本形式，是人民法院最终解决行政争议的基本手段，是人民法院行使司法监督权的重要体现。行政诉讼判决，常被简称为行政判决，具体承载行政判决内容的书面材料被称作行政判决书。

第一审行政判决书的内容包括：人民法院的名称、判决书的类别；原告的姓名（名称）、性别和其他身份情况以及诉讼代理人的相关情况，被告的名称、法定代表人的姓名职务以及诉讼代理人的相关情况；法庭组成人员的姓名；案由及其诉讼事实与理由；判决认定的事实、理由及法律适用；判决结果；上诉期限和上诉审理法院；判决宣告的日期。第二审行政判决书的内容包括：第二审人民法院的名称、判决书的类别；上诉人的姓名（名称）性别和其他人身情况、法定代表人的姓名、职务以及诉讼代理人的姓名、职务，被上诉人的姓名（名称）性别和人身情况、法定代表人的职务以及诉讼代理人的姓名与职务；法庭组成人员的姓名；上诉理由及事实；第一审人民法院认定的事实、理由及适用的法律；第二审人民法院认定的事实、理由及适用的法律；判决的结果；判决宣告的日期。再审判决书的内容随再审程序所适用的具体程序不同而不同，以第一审程序进行的再审则需要符合第一审判决书的内容；以第二审程序进行的再审则需要符合第二审判决书的内容。所有判决书均应由审判人员、书记员签名，并加盖人民法院印章方能生效。

行政诉讼判决依法一经宣告或送达当事人后，就会发生一定的法律效力。法律效力的内容具体表现如下：

1. 确定力。行政诉讼判决的确定力是指行政诉讼判决一经宣告或送达当事人后，对于人民法院来说，非经法定程序不得对判决进行任何改动。确定力是为了保障人民法院判决的稳定性和权威性。《行政诉讼法》第 90 条规定："当事人对已经发生法律效力的判决、裁定，认为确有错误的，可以向上一级人民法院申请再审，但判决、裁定不停止执行。"

2. 拘束力。行政诉讼判决的拘束力是指诉讼当事人必须依判决的内容为一定行为或者不为一定行为。人民法院的判决是代表国家行使审判权的结果，一经作出，就具备了法定效力。其法律依据是《行政诉讼法》第 94 条，即"当事人必须履行人民法院发生法律效力的判决、裁定、调解书"。

3. 执行力。行政诉讼判决的执行力是指当事人必须履行人民法院的判决，否则人民法院可以根据不同情况对拒不履行判决义务者采取强制执行的措施。《行政诉讼法》第 95 条规定："公民、法人或者其他组织拒绝履行判决、裁定、调解书的，行政机关或者第三人可以向第一审人民法院申请强制执行，或者由行政机关依法强制执行。"《行政诉讼法》第 96 条规定："行政机关拒绝履行判决、裁定、调解书的，第一审人民法院可以采取下列措施：①对应当归还的罚款或者应当给付的款额，通知银行从该行政机关的账户内划拨；②在规定期限内不履行的，从期满之日起，对该行政机关负责人按日处 50 元至 100 元的罚款；③将行政机关拒绝履行的情况予以公告；④向监察机关或者该行政机关的上一级行政机关提出司法建议。接受司法建议的机关，根据有关规定进行处理，并将处理情况告知人民法院；⑤拒不履行判决、裁定、调解书，社会影响恶劣的，可以对该行政机关直接负责的主管人员和其他直接责任人员予以拘留；情节严重，构成犯罪的，依法追究刑事责任。"

（二）主客观诉讼对判决内容的影响

根据判决内容与诉讼请求之间的关系不同，可以把行政诉讼分为主观之诉和客观之诉。所谓主观之诉，是指法院判决是为了呼应诉讼请求而作出的，而客观之诉并不以回应诉讼请求为唯一目的，还要考虑法律秩序维护等公共利益。行政诉讼制度若采取主观之诉的思路，则判决类型相对比较简单，从实体上来讲就是支持抑或是驳回诉讼请求。相反，若采取客观之诉的思路，则判决类型相对比较复杂，法律则需要明确判决类型及其适用条件。客观地来看，我国《行政诉讼法》采取的是主客观相结合的诉讼类型模式。在主要围绕回应诉讼请求的基本格局下，兼顾法律秩序维护等公共利益。在一审判决中，确立了以驳回诉讼请求、撤销判决、履行判决等多元化判决种类。

二、第一审判决及其适用

行政诉讼一审程序的任务不同于其他审级，是人民法院对行政案件的第一次全面审理，因此把好第一关是至关重要的。对于行政机关而言，要充分重视行政诉讼一审活动。尽管存在一审判决改判的可能性，但要想改变一审判决事实上很不乐观。因此，包括行政机关在内的所有当事人都不应对一审掉以轻心。从合法性审查来看，被诉的客体若是行政行为的话，那么审查结果只可能有两种，即合法或违法。按照此逻辑的话，一审判决只需要两种形式。但司法实践中合法或者违法的具体情况不尽一样，而且，还要考虑当事人的诉讼请求以及我国主客观相结合的诉讼类型，所以行政诉讼一审判决的形式就超过了两种。依据我国行政诉讼法以及最高人民法院相关解释，我国行政诉讼的一审判决有以下几种形式：

（一）驳回原告的诉讼请求

驳回原告的诉讼请求是指人民法院对被诉行政行为进行审查后，认为行政行为合乎法律规定，从而驳回原告请求撤销等诉讼请求的判决。对于大多数被诉行政行为来说，驳回原告的诉讼请求是法院对行政行为合法性肯定的主要方式。按照《行政诉讼法》第 69 条之规定，人民法院经过审理，认定行政行为证据确凿，适用法律、法规正确，符合法定程序的，或者原告申请被告履行法定职责或给付义务理由不成立的，人民法院驳回原告的诉讼请求。

1. 行政行为证据确凿。证据确凿是指行政行为在证据确实充分、事实清楚的基础上作出的。确实是对证据的真实性的要求，即证据必须真实可靠。充分是对证据总的证明力的要求，即证据必须能够充分证明被诉行政行为中所涉及的特定事实认定。

2. 适用法律、法规正确。适用法律法规正确是指行政诉讼的被告运用现行法律法规对所涉行政事务的处理符合法律法规所规定的适用条件和处理方式。我们知道，法律规范的构成要件简单地来看就是适用条件和处理方式，有的法理学书上称之为行为模式和法律责任。因此适用正确就是指符合这两个方面的要求。

3. 符合法定程序。行政行为必须依据法定程序作出。所以符合法定程序就是指行政诉讼的被告实施行政行为符合法律规定的方式、形式、步骤、时限等。一言概之，符合行政行为的法定操作流程。程序违法导致整个行为违法已成为现代法治国家的共识，也为包括中国在内的世界很多国家立法所采纳。

4. 原告申请被告履行法定职责或给付义务理由不成立。这种情况仅针对原告起诉行政机关不作为的案件。原告诉请理由成立的话，则法院会作出履行判决或确认违法判决，若理由不能成立，则驳回原告的诉讼请求。

（二）撤销判决

撤销判决是指人民法院经审查认定被诉行政行为违法，对其全部或部分予以撤销的判决。对于一些特定情况，人民法院在作出撤销行政行为的同时，还可以责令被告重新作出具体行政行为。根据行政诉讼法的规定，驳回原告诉讼请求判决是人民法院对合法的行政行为进行效力肯定的主要方式，撤销判决则是人民法院对违法的行政行为进行效力否定的主要方式。撤销判决不仅宣告被诉行政行为违法，而且要消除行政行为所具有的法律效力。与后文中确认违法判决相比，撤销判决具有确认违法和撤销法律效力的双重功能。这种判决既有可能是回应原告的诉讼请求，也可能是对原告诉讼请求的偏离（如原告提出确认诉讼请求），也可能原告没有提出相应诉讼请求（如是行政处罚案件的话，原告一般不会请求重新作出处罚决定）。

撤销判决在行政诉讼中占有非常重要的地位。从立法宗旨来看，保护公民、法人和其他组织的合法权益不受行政权力的侵犯始终是行政诉讼最重要的使命。原告在行政诉状中的核心要求应是请求人民法院对行政行为的合法与否进行认定，从而作出撤销判决，使得法律关系恢复到行政行为未作出的状态。从行政法治的高度来看，撤销判决是监督行政机关依法行政最重要的手段。对于行政机关违法的行政行为，人民法院通过撤销可以保证国家法治的统一和权威。

撤销判决和其他判决一样，有其适用的特定条件。依据《行政诉讼法》第70条的规定，有下列情形之一，人民法院判决撤销或部分撤销，并可以判决重新作出行政行为。

1. 主要证据不足。依照行政程序的基本逻辑，行政机关应当在证据确实充分、法律适用正确的基础上作出行政行为。因此，人民法院在审查被诉行政行为时，必然要审查行政机关所认定的事实是否在证据确实充分的基础上作出的。主要证据不足，是指证据质和量两个方面存在缺陷。质的要求是对证据真实性、合法性、相关性等的要求。量的要求是对证据证明力大小的要求，即证据的证明力是否足够强。如果证据的缺陷影响到行政行为的合法性，就可以认定主要证据不足。但是，如果存在证据缺陷，没有影响到行政行为的合法性，还达不到主要证据不足的程度，则不能适用撤销判决。

2. 适用法律法规错误。行政机关作出行政行为的过程实际上就是一个法律适用的过程。法律法规适用错误是指行政机关在运用法律法规处理具体问题时，错误地适用了不该适用或者是没有适用应当适用的法律法规及其条款，或者是在运用具体条款时，对法律规则的适用条件和处理方式运用不当。

3. 违反法定程序。违反法定程序是指行政机关没有按照法律所规定的形式、手续、步骤或时限作出行政行为的这种情形。例如，法律规定应采用书面形式，而行政机关却采用了口头形式；行政程序要求行政机关"先取证，后裁决"，而行政机关"先裁决，后取证"等。程序轻微违法，不损耗原告权益的，一般确认违法。所以，此处的违反法定程序一般不包括程序瑕疵。

4. 超越职权。行政机关的职权是由法律法规授予的，有权力就应当有制约。法律法规往往在赋予行政机关权力的同时，也规定了其行使权力的范围和幅度，这就是行政权限。超越职权就是指行政机关实施具体行政行为时超过了行政权限。如法律赋予一行政机关50元以下的罚款权，结果该行政机关给予某人100元的行政处罚，即超越了法律赋予职权的幅度。

5. 滥用职权。法律法规都是在一定的立法背景、立法宗旨下赋予行政机关特定行政职权，因此行政机关行使行政权不仅要符合法律规则的具体规定，还要符合法律的目的和精神。所以滥用职权是指行政机关在不违反法律规则具体规定的形式下，违背法律精神和目的而实施具体行政行为的情形。滥用职权是一种比较隐蔽的违法行为，其形式上的合法掩盖不了其实质上的违法。

6. 明显不当。以上五种情形，除了第一点是围绕事实问题的，其他项都是围绕法律规定所作出的判定。当法律规定出现立法空白时，行政机关所作出的行为尽管没有构成违法，却存在明显不当的行为。这种行为是对一般常理和公共秩序的突破，理应由人民法院撤销。例如，现行《行政处罚法》规定了简易程序、听证程序和一般程序，但对于发现违法行为后作出处罚的具体期限未作出明确规定，部门管理法律也没有具体规定的情况下，某部门发现一个违法行为3年后才作出行政处罚。这一案件尽管该部门未违反现行法律规定，但违反一般常理。如果3年是允许的，那么5年、10年也没有理由违反，显然不利于公共管理秩序的稳定有序。

撤销判决有三种具体形式：一是撤销整个行政行为。不管行政行为是否可分，如果人民法院认为行政行为整个违法的话，那么就会对行政行为的效力作完全的否定，使行政行为向前向后失去效力。二是撤销部分行政行为。有的行政行为具有可分性。那么当一部分违法而另一部分合法的情况下，法院则对合法的部分采取维持或确认合法有效的判决，而对违法的部分则可以判决撤销。所以涉及行政行为时，有可能既有维持判决又有撤销判决等。三是撤销并责令被告重新作出行政行为。人民法院在作出撤销判决的过程中，认为需要重新作出行政行为的，如发现原告或其他行政相对人确实有违法事实，应在判决撤销的同时责令行政机关重新作出合法决定。行政机关应根据法院的判决重新作出行政行为。《行政诉讼法》第71条规定："人民法院判决被告重新作出行政行为的，被告不得以同一的事实和理由作出与原行政行为基本相同的行政行为。"人民法院以违反法定程序为由，判决撤销被诉具体行政行为的，行政机关重新作出具体行政行为。

在行政诉讼活动过程中，撤销判决一般是原告所积极追求的胜诉结果。相反，行政行为被撤销也是行政诉被告所不愿意看到的。因此就要求行政机关在行政程序中，要严格执法，使得作出的行政行为能够达到证据确凿充分、法律法规适用正确、符合法定程序，不存在超越职权、滥用职权和明显不当的情形。在实际执法过程中，有些行政执法人员有时会感觉到委屈，觉得自己也公正执法了，但被法院撤销了。之所以会发生这种情况，很重要的一个原因可能是行政执法人员对合法性标准的理解与法官的认识有偏差。行政执法人员身在其中，往往不够客观理性。行政执法人员在执法过程中，可尝试换位思考，站在法官的角度上看待分析行政行为的合法性，这想必会是有益的。

（三）履行判决

所谓履行判决，是指人民法院经审查认定行政机关没有依法履行自己的法定职责的情况下，所作出的责令被告限期履行法定职责的判决。此类判决是针对行政机关不作为，且有必要继续履行的案件。依据《行政诉讼法》第72条的规定，其适用条件有以下两点：

1. 被告有法定职责，且相对人曾依法作出申请。行政机关的行政权既是一种权力，又是一种职责，当特定人需要其履行一定职责，而向特定行政机关申请时，该行政机关就有了特定的义务。因此，行政机关具有法定职责，相对人进行了申请是行政不作为成立的首要条件，也是人民法院作出履行判决的首要条件。当然在特定情形下，行政机关不需要当事人申请应当依职权主动而为的除外。如一伙人在某公安派出所院内殴打他人，派出所就有保护某人的法定义务，而无须当事人申请。

2. 行政机关不履行法定职责。当行政机关有履行职责的特定义务后，其应当积极地去作为。当行政机关无正当理由不履行时，就会对公民、法人和其他组织的合法权益造成一种消极的侵害。所以行政机关不履行法定职责是人民法院作出履行判决的主要条件。

（四）确认判决

所谓确认判决，是指人民法院审理行政案件终结时，认为被诉行政行为违法或无效所作出的确认判决，并不必然撤销行政行为的效力。如果被诉行政行为被人民法院认定为违法的话，大多数情况下作出的都是撤销判决。但当被诉行政行为出现一些特殊情形时，由于案件本身的特殊性或者人民法院行政审判权的局限或结合原告的诉讼请求而不适宜判决撤销的，就需要其他一些特殊判决。确认判决包括确认违法判决和确认无效判决。《行政诉讼法》第74条规定："行政行为有下列情形之一的，人民法院判决确认违法，但不撤销行政行为：①行政行为依法应当撤销，但撤销会给国家利益、社会公共利益造成重大损害的；②行政行为程序轻微违法，但对原告权利不产生实际影响的。行政行为有下列情形之一，不需要撤销或者判决履行的，人民法院判决确认违法：①行政行为违法，但不具有可撤销内容的；②被告改变原违法行政行为，原告仍要求确认原行政行为违法的；③被告不履行或者拖延履行法定职责，判决履行没有意义的。"《行政诉讼法》第75条规定：行政行为有实施主体不具有行政主体资格或者没有依据等重大且明显违法情形，原告申请确认行政行为无效的，人民法院判决确认无效。在统一的行政程序法未颁行前，该条实质上是确立无效行政行为的认定标准，对依法行政具有重要的指导作用。

（五）变更判决

变更判决是指人民法院审理特定的行政案件时，运用国家审判权直接变更被诉的行政行为所作的判决。对于变更判决需要特别注意的是，该判决的适用范围是非常有限的。依据行政合法性原则可知，人民法院只对被诉行政行为是否合法进行审查并宣告，不涉及行政权利义务的处理。否则，司法权就会干预行政权，就是代替行政权去作出一个行政决定，违反了权力分立的基本宪法构建。所以通常情况下，法院不能变更被诉行政行为。

但是对于一些行政行为有关数额明显不当或错误的案件，经由撤销，再重新作出行政行为，虽然程序正当，但救济显然不经济，故此，《行政诉讼法》第 77 条规定：行政处罚明显不当，或者其他行政行为涉及对款额的确定、认定确有错误的，人民法院可以判决变更。人民法院判决变更，不得加重原告的义务或者减损原告的权益。但利害关系人同为原告，且诉讼请求相反的除外。

（六）继续履行、采取补救措施或者赔偿（补偿）损失

行政诉讼法规定的主要是行政行为之诉的判决类型，对于已经依法纳入行政诉讼受案范围的行政协议而言，前述几种判决类型显然难以适用。根据行政协议的效力等情况，人民法院可以判决被告承担继续履行、采取补救措施、赔偿损失或补偿。《行政诉讼法》第 78 条规定：被告不依法履行、未按照约定履行或者违法变更、解除《行政诉讼法》第 12 条第 1 款第 11 项规定的协议的，人民法院判决被告承担继续履行、采取补救措施或者赔偿损失等责任。被告变更、解除《行政诉讼法》第 12 条第 1 款第 11 项规定的协议合法，但未依法给予补偿的，人民法院判决给予补偿。

法治政府就是诚信的政府。行政机关在签订和履行行政协议的过程中，不仅要遵守行政法律规范关于合法行政的规定，还需要遵守民法的诚实守信原则，遵守《合同法》的相关规定。这一点是由行政协议的行政性和民事性法律属性决定的。

（七）行政复议机关作为共同被告案件的判决

《行政诉讼法》第 26 条规定：经复议的案件，复议机关决定维持原行政行为的，作出原行政行为的行政机关和复议机关是共同被告。《行政诉讼法》第 79 条规定：复议机关与作出原行政行为的行政机关为共同被告的案件，人民法院应当对复议决定和原行政行为一并作出裁判。这就表明当行政复议机关作为共同被告的案件，人民法院不仅要对原告诉的行政行为进行审查判决，还需要对复议决定进行审查和判决。《适用解释》第 10 条规定：人民法院对原行政行为作出判决的同时，应当对复议决定一并作出相应判决。根据《适用解释》第 10 条第 2~4 款的规定，一并对行政复议决定作出判决的具体种类包括：撤销原行政行为一并撤销复议决定；履行判决一并撤销复议决定；驳回原告诉讼请求一并确认复议决定违法。

根据《适用解释》，行政复议机关维持行政决定也包括行政复议机关作出的驳回复议申请决定，除行政复议机关以不符合受理条件作出的驳回复议申请决定。在司法实践中，前述规定及其解释是否意味着行政复议维持决定本身不可单独被诉是有较大争议的：一种观点认为，行政复议机关作为行政机关，其作出的行政复议决定就是一个行政行为，应属于行政诉讼受案范围。另一种观点认为，行政复议作为行政救济的法定途径之一，行政复议机关所作出的行政复议决定只要没有实质上作出一个新的行政行为，都不应被诉。

三、二审裁判及其适用

二审裁判是指第二审人民法院运用第二审程序对行政案件所作的裁定和判决。行政诉讼第二审虽然也是上诉审，但与民事诉讼二审仅以一审判决或裁定为审理对

象不同。《执行解释》第 67 条规定，人民法院审理上诉案件，应当对原审人民法院的判决、裁定和被诉行政行为进行全面审查。因此，第二审裁判不仅要对行政诉讼当事人之间的行政争议所涉及的事实根据和法律依据作出结论，还要对第一审裁判的事实根据和法律依据作出结论。

我国行政诉讼二审裁定和判决有以下几种：

（一）判决或裁定驳回上诉，维持原判决、裁定

该类裁判是第二审人民法院认为第一审人民法院所认定的事实证据充分，法律、法规适用正确，从而对一审判决的合法性予以肯定并确认其法律效力的情况下所作的判决。依据《行政诉讼法》第 89 条的规定，该类裁判的适用条件是：认定事实清楚，即第一审判决所依据的事实有充分的证据可资证明；适用法律、法规正确，即第一审人民法院在事实认定清楚的基础上，严格按照法定程序，准确适用了法律法规。

（二）依法改判（裁定）、撤销或者变更

按照《行政诉讼法》第 89 条的规定，二审人民法院在两种情况下可作出改判（裁定）：原审判决、裁定认定事实错误或法律、法规适用错误的。

（三）裁定发回重审或查清改判

按照《行政诉讼法》第 89 条的规定，二审人民法院如果认为一审判决认定事实不清、证据不足，可以裁定撤销原判、发回重审。

（四）裁定发回原判决，发回重审

第一审判决遗漏了必须参加诉讼的当事人或者违法缺席判决的，第二审人民法院应当裁定撤销原审判决，发回重审。

在行政诉讼司法实践中，二审最常见的裁判包括以下三种：一是驳回上诉，维持原判，主要是针对当事人对一审实体判决不服，既有可能是原审原告上诉的案件，也可能是原审被告上诉的案件。二是撤销原判，发回重审。二审法院直接改判的案件并不多见。三是二审法院对一审不予受理的裁定进行上诉的案件，所作出的驳回上诉，维持原裁定。从二审法院最常见的裁判类型可见，双方当事人重视一审及其裁判是非常重要的。

四、行政诉讼的调解书

由于行政诉讼法的基本原则是对行政行为进行合法性审查，而行政诉讼被告对行政行为的合法性没有可以自由处分的可能，所以理论上一般认为行政诉讼活动不适用调解。这也是行政诉讼区别于民事诉讼的重要方面。但是对于行政诉讼中的一些特殊案件，如行政赔偿数额等问题依然存在处分的空间，所以，在行政诉讼过程中绝对排斥调解程序也是不符合实际的。《行政诉讼法》第 60 条规定，人民法院审理行政案件，不适用调解。但是，行政赔偿、补偿以及行政机关行使法律、法规规定的自由裁量权的案件可以调解。调解应当遵循自愿、合法原则，不得损害国家利

益、社会公共利益和他人合法权益。可见，调解书已经成为行政案件法定的结案方式之一。调解遵循自愿合法的原则，调解书一旦为双方所签收，则具有与判决同等的法律效力。

第二节　行政诉讼裁定和决定

一、行政诉讼裁定

行政诉讼裁定，是指人民法院在审理行政案件过程中或者在行政案件的执行过程中，就程序问题所作的处理。裁定针对程序问题，多数情形中，裁定针对的是纯粹的程序问题，如指定管辖。但有些情况下，裁定针对的虽然表面上是程序问题，却与当事人的实体权利密切相关，如驳回起诉。因为一旦被驳回起诉，当事人的实体权益肯定无法通过诉讼予以救济。判决是人民法院结案的主要方式，但有些裁定也包含着结案的意义，如诉讼终结的裁定、准予撤诉的裁定。

一般情况下，行政诉讼裁定一经作出立即发生法律效力。但不予立案、驳回起诉或管辖权异议这三种裁定的违法行使会影响到当事人诉权及其实体权益的保护，所以这三种裁定无论在民事诉讼中还是在行政诉讼中都允许上诉，而不是立即发生法律效力。

根据《执行解释》第63条的规定，行政诉讼裁定适用以下情形：不予受理；驳回起诉；管辖权异议；终结诉讼；中止诉讼；移送或指定管辖；诉讼期间停止具体行政行为的执行或者驳回停止执行的申请；财产保全；先予执行；准许或者不准许撤诉；补正裁判文书中笔误；中止或终结执行；提审、指令再审或者发回重审；准许或不准许执行行政机关的具体行政行为；其他需要裁定的事项。对上述前三种裁定，当事人不服的，可以上诉。由于修改后的行政诉讼法施行的是立案登记制度，不予受理裁定则为不予立案裁定所取代。

《适用解释》第3条规定：有下列情形之一，已经立案的，应当裁定驳回起诉：①不符合《行政诉讼法》第49条规定的；②超过法定起诉期限且无正当理由的；③错列被告且拒绝变更的；④未按照法律规定由法定代理人、指定代理人、代表人为诉讼行为的；⑤未按照法律、法规规定先向行政机关申请复议的；⑥重复起诉的；⑦撤回起诉后无正当理由再行起诉的；⑧行政行为对其合法权益明显不产生实际影响的；⑨诉讼标的已为生效裁判所羁束的；⑩不符合其他法定起诉条件的。

二、行政诉讼决定

行政诉讼决定是人民法院为了保证行政诉讼的顺利进行，就行政诉讼中的某些特定问题所作的处理。对于行政诉讼的判决或裁定，法律都规定了具体的适用对象，那么当出现一些判决裁定所不能容纳的特定情况时，人民法院就需要行政诉讼的决定来解决。把行政诉讼的决定和判决、裁定相比较，可以得出以下特征：

1. 决定所解决的问题，既不同于判决所解决的实体问题，也不同于裁定所解决的程序问题，而是解决诉讼过程中的一些特定问题。

2. 决定的功能旨在保证案件的正常审理和诉讼程序的正常进行。与判决相比较，相当于目的和手段的关系。

3. 决定不是对案件的审判行为，也不是对案件的裁定，当事人不能上诉。而当事人对行政诉讼判决和某些裁定不服都是可以上诉的，对于某些决定不服，当事人可以申请复议。所以行政诉讼决定一旦作出就立即生效。

行政诉讼中的决定无论其内容，一经向当事人宣布或者送达，即发生法律效力。依照法律规定当事人可以申请复议的，复议期间不停止决定的执行。凡未列入判决、裁定解决范围的特定问题，可以采用决定的方式解决。在司法实践中，决定主要有以下几种：

1. 有关回避事项的决定。当事人申请审判人员回避，依所申请回避的对象不同，由不同的组织或者人员作出是否回避的决定。院长担任审判长时的回避，由审判委员会决定；审判人员的回避，由院长决定；其他人员的回避，由审判长决定。

2. 有关妨害行政诉讼行为采取强制措施的决定。予以训诫、责令具结悔过的，通常由审判长当庭作出口头决定。予以罚款、拘留的，经院长批准，由合议庭作出书面决定。

3. 有关诉讼期限事项的决定。公民、法人或者其他组织因不可抗力或其他特殊事由耽误法定期限的，依法申请延长期限的，是否延长由人民法院决定。

4. 有关审判委员会对已生效的行政判决认为应当再审的决定。裁判发生法律效力后，发现违反法律法规认为需要再审的，由院长提交审判委员会讨论决定是否再审。审判委员会决定再审的，院长应依照决定作出再审的裁定。

5. 有关审判委员会对重大疑难行政案件的处理决定。合议庭审理的重大疑难案件，经评议后应报告院长，由院长提交审判委员会讨论作出决定，再由合议庭根据决定制作判决书。

6. 有关执行程序事项的决定。当行政机关拒绝履行裁判的，人民法院可以对其作出罚款等决定。

7. 其他需要决定的事项。决定的适用范围非常广泛，人民法院作为诉讼活动的组织者和指挥者，其在诉讼过程中的任何行为，都应当以某种法律形式表现出来，当在案件审理结束需要对当事人争议的实体问题表达意见时，用判决的形式；当在案件审理中，对程序或者与实体相关的程序问题表达意见时，用裁定的形式，裁定的适用范围，诉讼法通常作出明确规定；对于其余不能用判决或者裁定形式表示意见的问题，人民法院都用决定的形式。因此，上述决定的种类，只是诉讼中比较重要事项的决定适用，并不意味着决定仅仅适用这些事项。

第二十三章

行政诉讼的执行与非诉行政案件的执行

第一节　行政诉讼的执行

一、行政诉讼执行的概念、类型与特征

行政诉讼的执行，是指人民法院或者拥有强制执行权的行政机关对生效的行政裁判的法律文书，因义务人逾期拒不履行时，依法采取强制措施，使生效法律文书的内容得以实现的活动。《行政诉讼法》第 94 条规定："当事人必须履行人民法院发生法律效力的判决、裁定、调解书。"《执行解释》第 83 条规定："对发生法律效力的行政判决书、行政裁定书、行政赔偿判决书和行政赔偿调解书，负有义务的一方当事人拒绝履行的，对方当事人可以依法申请人民法院强制执行。"

行政诉讼的执行大体上分为两种类型：①公民、法人或者其他组织拒绝履行已经生效的判决、裁定、调解书的，不具有强制执行权的行政机关申请法院强制执行或依法拥有强制执行权的行政机关采取强制措施予以执行。②行政机关拒不履行已经生效的判决、裁定、调解书的，公民、法人或者其他组织申请法院强制执行。

行政诉讼执行有以下特征：

（一）执行主体是人民法院或依法拥有强制执行权的行政机关

行政诉讼的执行是指经过诉讼审理与裁判后对法院生效的裁判文书的执行，不是对未经行政诉讼程序的行政行为的执行。《行政诉讼法》第 95 条规定："公民、法人或者其他组织拒绝履行判决、裁定、调解书的，行政机关或者第三人可以向第一审人民法院申请强制执行，或者由行政机关依法强制执行。"第 96 条规定："行政机关拒绝履行判决、裁定、调解书的，第一审人民法院可以采取下列措施……"对生效裁判的执行，被执行人可能是作为行政诉讼原告的公民、法人或者其他组织，也可能是作为被告的行政机关。执行主体可能是人民法院，也可能是依法拥有强制执行权的行政机关，这是行政诉讼执行与民事诉讼执行的区别。《行政强制法》第 46 条明确规定，在法律没有规定行政机关强制执行的情况下，作出行政决定的行政机关只能申请人民法院强制执行。

（二）执行申请人或被申请执行人必有一方是行政机关

这是由行政案件的性质与行政法律关系的基础所决定的，是行政法律关系在诉讼执行中的集中反映。行政诉讼发生在行政机关与行政相对人之间，人民法院作出生效判决、裁定后，当事人不自觉履行的问题当然也就或者发生在原告身上，或者发生在被告身上。因此，作为被告的行政机关不履行生效的判决书、裁定书或调解书等时，就会成为被申请执行人。而当作为原告的行政相对人不履行生效的判决书、裁定书或调解书等时，行政机关如果拥有强制执行权，则不发生申请人民法院的问题，如果没有强制执行权，自然就会成为执行申请人。

（三）执行的根据是已经生效的司法裁判文书

就行政诉讼而言，这些生效的裁判文书包括行政判决书、行政裁定书、行政调解书等。这是行政诉讼执行与非诉行政案件执行最重要的区别，因为非诉行政案件执行的是行政决定。

（四）执行程序适用的是司法程序，而不是行政程序

也就是说，行政诉讼执行的程序是由行政诉讼和民事诉讼法律规范的，而不是由行政程序法律加以规范的。

（五）执行的目的是实现生效法律文书所确定的行政法律关系

执行本身并不具有重新调整或确认新义务的性质，从根本上讲，它不过是通过方法上的强制性实现义务人本应自动履行的义务。执行是以义务人在法定的期限内未自动履行义务为条件，是促使义务人履行义务或者直接实现义务内容的方式。鉴于此，所有的强制执行措施都以达到这个目的为限度，绝对不允许越出这个范围。作为行政诉讼制度的重要组成部分的执行制度，它有利于保障当事人合法权益的实现，维护法律的权威与尊严，是建设社会主义法治国家的一个重要内容。

二、行政诉讼执行的原则

（一）执行当事人地位平等原则

行政诉讼法的基本原则之一就是当事人的诉讼地位平等，这一原则反映在执行上，就是执行申请人与被申请执行人的诉讼法律地位平等。双方都应当受人民法院裁判的约束，都有义务自觉履行法院的生效裁判，对拒绝履行的都应当承担相应的法律后果。

从理论上讲，当事人地位平等原则不等于对公民、法人或者其他组织所规定的强制措施以及能够执行的财产范围与行政机关完全相同。因为行政机关是国家职能机关，是为社会管理服务的机关，它的财产是实施管理行为履行管理职责的条件保障，如果不加区别地对待，就会损害国家利益与公共利益，不利于社会的秩序与国家管理职能的正常运转。所以，行政诉讼法规定对行政机关所采取的强制措施与执行财产范围不同于作为非行政机关的公民、法人或组织。

（二）依法执行原则

强制执行以强迫、高压手段为特点，双方当事人不存在和解问题。在强制执行过程中不可避免地要涉及一些在常态法律秩序下不会采用的措施。因此，强制执行必须严格遵循法律，在组织、对象、程序、措施等各个方面都要严格依照法律规定进行。

（三）目的实现原则

强制执行的目的实现包括两方面要求：①行政诉讼执行应以完全实现被执行法律文书的内容为目的，当事人和法院应不折不扣地实现法律文书的内容，维护当事人的合法权益和裁判的权威性。②执行程度与范围以法律文书所确定为限，只要当事人完全履行了义务，强制执行就应当停止，或者执行一旦达到目的即告结束，不应当超范围、超程度执行。而且，选用的执行方法也应以达到此目的为限，遵守比例原则。

三、行政诉讼执行的条件、主体、对象、范围及管辖

（一）执行的条件

行政诉讼的执行条件，是指法律规定的发生问题，启动行政诉讼执行程序的条件。总结《行政诉讼法》和《执行解释》的有关规定，根据《最高人民法院关于人民法院执行工作若干问题的规定（试行）》（以下简称《执行规定》）第18条的规定，行政诉讼的执行条件如下：

1. 须有执行根据。作为执行依据的法律文书必须已经生效。根据《执行解释》第83条的规定，行政诉讼的执行根据为已经发生法律效力的行政判决书、行政裁定书、行政赔偿判决书、行政赔偿调解书等法律文书。

2. 须有可供执行的内容。并非所有的生效法律文书都有可供执行的内容，只有生效裁判明确规定了承担义务的当事人作为义务的才有执行的可能，否则不存在发生执行的问题。例如，人民法院对被诉的行政机关的不具有可供撤销内容的行政行为作出了确认违法判决，该判决就不存在强制执行的问题。再如，人民法院判决要求被告停止侵害行为，而在该判决之前，被告已停止了侵害行为，因此，该判决就已经没有执行的内容，也没有执行的必要。一般来讲，行政诉讼中作为可供执行内容的义务有：赔偿等给付义务；恢复原状；实施特定行为的义务，如拆除违章建筑、收缴财物、作出特定行政行为等。

3. 被执行人有能力履行而拒绝履行义务。执行和履行是相对应的概念。执行是一种强制性的行为，是依靠国家强制力迫使义务人履行义务或者达到与履行义务相同的状态；而履行则具有主动性，是当事人自动完成自己应承担的义务。我国诉讼执行制度以当事人自觉履行为原则，只有在当事人在规定的期限内不履行其义务时，才能申请人民法院强制执行。另一方面，当事人拒绝履行应当是其有能力履行，如果根本没有条件自己履行法定义务，强制执行也没有任何实际意义。应该注意，当

事人没有能力履行义务而不对其实施强制执行并没有免除其义务。

4. 申请当事人在法定期限以内提出了执行申请。当事人有依法申请的权利，而这种权利是要受到保护期限限制的。按照《执行解释》第84条的规定，申请人是公民的，申请执行生效的行政判决书、行政裁定书、行政赔偿判决书和行政赔偿调解书的期限为1年，申请人是行政机关、法人或者其他组织的为180日。而《行政强制法》第53条规定，没有强制执行权的行政机关可自期限届满之日起3个月向人民法院申请强制执行。《行政强制法》仅对没有强制执行权的行政机关申请人民法院强制执行的期限作出了规定，而没有对公民、法人或其他组织作为申请人的法定申请期限作出规定。因此可以理解为申请人是行政机关的，申请执行的期限为3个月；申请人是公民的，申请执行的期限为1年；申请人是法人或者其他组织的，申请执行的期限为180日。申请执行的期限从法律文书规定的履行期间最后1日起计算；法律文书中没有规定履行期限的，从该法律文书送达当事人之日起计算。逾期申请的，除有正当理由外，人民法院不予受理。

5. 向有管辖权的人民法院提出申请。无论据以执行的法律文书是通过哪一级审判发生法律效力的，当事人只能向第一审人民法院提出执行申请。如果第一审人民法院认为应由第二审人民法院执行时，可报第二审人民法院同意后，由第二审人民法院执行；第二审人民法院也可以决定由第一审人民法院执行。

（二）执行的主体

所谓执行的主体，是指行政执行案件形成的诉讼法律关系中权利义务的承担者。在由行政机关执行的时候，就是行政执行程序上的权利义务的承担者，该部分内容参见《行政强制法》第四章。执行的主体包括执行组织、执行当事人、执行参与人和执行异议人。

1. 执行组织。其又称执行机关，是指拥有行政诉讼执行权并主持执行过程的主体，包括人民法院和拥有强制执行权的行政机关。执行组织在执行程序上居于主导地位，主持整个执行过程，在法律上负责审查执行的申请，决定执行立案，决定选择执行措施，制订执行方案，组织执行活动的实施，并按规定收取执行费用，接受案外人的异议并进行审查，依法决定执行的中止、终结，并宣布执行完毕等。

由人民法院执行的部分，依据《执行解释》第85条的规定，执行主体是第一审人民法院。第一审人民法院认为情况特殊需要由第二审人民法院执行的，可以报请第二审人民法院执行；第二审人民法院可以决定由其执行，也可以决定由第一审人民法院执行。

拥有强制执行权的行政机关也可以成为执行主体。在行政法上，所有的行政机关都有一定的行政职权，但并非所有行政机关都拥有强制执行权。所以，能够成为执行组织的行政机关只能是依照法律具有强制权与强制手段、措施的行政机关。

2. 执行当事人。法院为执行主体时，执行当事人是指执行申请人与被申请执行人；行政机关为执行主体时，执行当事人是指执行人与被执行人。执行申请人与被申请执行人、执行人与被执行人，是行政诉讼第一审中的原告和被告，也就是行政管理中的管理者和被管理者。但需要注意，在人民法院作为执行主体时，一审中的原告或被告，都可能成为执行申请人，也可能成为被申请执行人，关键看行政裁判确定谁是权利人谁是义务人。在行政机关作为执行主体的情况下，没有执行申请人与被申请执行人，只有执行人与被执行人。作为原争议一方当事人的行政机关是执行人，同时又是执行机关。

3. 执行参与人。执行参与人是指除执行当事人以外的其他参与执行过程的国家机关、企业、社会组织或者个人。执行参与人参加执行程序的原因是他们对执行中涉及的财产转移、交付等承担相应的义务。

具体而言，执行参与人主要有以下三种：

（1）如果执行涉及被申请执行人的存款、劳动收入的，那么该存款或劳动收入所在的机构（如银行、信用社或工作单位等），就有义务协助执行主体执行这部分财产。这些机构就是执行参与人。

（2）如果执行涉及物件或票证等，那么掌握或保护这些物件、票证的单位或个人，有义务按通知内容交出这些物件、票证等。他们就是执行参与人。

（3）如果执行涉及财产手续登记或变更的，那么主管登记的机关或部门就有义务协助完成执行过程，从而成为执行参与人，如房产变卖执行中的房产管理机关等。

4. 执行异议人。执行异议人是指在执行过程中，当事人以外的对执行标的提出不同意见，主张全部或者部分权利的主体。根据《民事诉讼法》第 227 条的规定，"执行过程中，案外人对执行标的提出书面异议的，人民法院应当自收到书面异议之日起 15 日内审查，理由成立的，裁定中止对该标的的执行；理由不成立的，裁定驳回。案外人、当事人对裁定不服，认为原判决、裁定错误的，依照审判监督程序办理；与原判决、裁定无关的，可以自裁定送达之日起 15 日内向人民法院提起诉讼"。

可见，执行异议人的根本特征在于他就案件的执行标的向法院提出了自己的独立主张，主张自己的权利。对于执行异议人的理由成立的，法院在裁定中止执行后应当对执行标的作出调整，如把被申请执行人的执行标的调整为无权属争议的其他财产。执行标的不应当调整的而异议又成立的，通常是人民法院的生效裁判存在错误，应当按照审判监督程序对案件进行再审。

（三）执行对象

执行对象，是指执行根据所确定的，执行组织的执行行为所指向的客体。执行对象必须以执行根据（即生效的行政判决书、行政裁定书、行政赔偿判决书、行政赔偿调解书等）所确定的义务为基础。在法院作为执行组织的案件中，还必须是执行申请人在其执行申请中明确指明要求被申请执行人履行的义务为前提，执行申请人没有请求的内容，即使在生效裁判文书中存在，也不应成为执行的对象。执行对象与执行组织的义务存在密切联系，但并不等同。

行政诉讼的执行对象分三类：一类是物，既包括财物又包括其他物件，如缴纳税款、退还证件等。一类是行为，指为完成执行义务实施的特殊行为，这一行为本应由义务人自动履行，由于拒不履行而引起强制执行，其所执行的对象就是该特定行为，如强制服兵役等。一类是人身。在民事诉讼中不存在以人身作为执行对象的情形，人身作为执行对象只在行政诉讼和刑事诉讼中存在。并且，行政诉讼中人身作为执行对象只发生在行政诉讼原告作为被执行人的情形，例如一个公民被处以劳动教养，该公民起诉并经法院裁定暂时停止执行，在诉讼判决中该公民败诉，应收入劳动教养场所，而该公民又不自动前往，则由行政机关强制收押予以教养。可见，在一个具体的执行案件中，执行对象有时是特定的，不能以其他物体代替，如退还所扣车辆；有时是不特定的，如退还罚款、划拨款项等。

（四）执行范围

通过对执行对象采取强制的方法，可以实现生效裁判确定的义务，但不能为了实现这个目的，对所有涉及被执行人的执行对象任意地采取强制执行措施。强制执行的存在是为了维护公正、合理、稳定的社会秩序，当执行超过必要的限度时，反而会破坏公正、合理、稳定的社会秩序。因此，要遵循执行有限原则，即在执行时不得将被申请执行人财产以外的财产予以执行，这一有限性是由法官的司法自由裁量权来实现的。所谓执行范围，是指物、行为、人身成为执行对象的具体界限。它要解决哪些物是可以执行的对象，哪些必须给被执行人保留，对行为或人身的执行又应有何种限制。由于行为或者人身作为执行对象时都是特定的，因此，在理论与实践中，执行范围问题主要涉及的是作为执行对象的物。对此，有以下几项限制：

1. 只有属于被执行人本人所有的财产或物才能成为执行的对象，其他无论什么关系人的财产或物都不能被纳入执行的范围，即强制执行不能超出被执行人员应履行义务范围。通过民事法律关系使用或暂时持有财物不得被执行。如属于两人以上共有的财产，只能把其中属于被执行人所有的部分作为执行对象。但如果该财产属于不动产，不能将财产整体予以执行再返还其他所有人部分，而只能将被执行人所有的部分产权予以执行，因此，这时不能执行该不动产物本身。

2. 被执行人是公民的，应当保留被执行人及扶养家属的生活必需费用和生活必需品。

3. 被执行人如果是以生产劳动为主要谋生手段的，该被执行人赖以谋生的生产工具不能作为执行的范围。

4. 被执行人是法人或组织的，在法人或组织未宣告破产或被撤销的，其必要的生产、工作设备、厂房、用房等不能纳入执行范围。

5. 被执行人是行政机关的，除可供执行的款项以外，行政机关履行职责所必须的财物均不能纳入执行范围。即使是款项，仍必须保留给行政机关足够的履行职责的经费。

（五）执行管辖

《执行解释》第85条规定："发生法律效力的行政判决书、行政裁定书、行政

第二十三章

赔偿判决书和行政赔偿调解书，由第一审人民法院执行。第一审人民法院认为情况特殊需要由第二审人民法院执行的，可以报请第二审人民法院执行；第二审人民法院可以决定由其执行，也可以决定由第一审人民法院执行。"在特殊情况下，一审法院也可以委托外地法院执行。根据 2011 年 5 月 16 日施行的《最高人民法院关于委托执行若干问题的规定》，执行法院经调查发现被执行人在本辖区内已无财产可供执行，且在其他省、自治区、直辖市内有可供执行财产的，应当将案件委托异地的同级人民法院执行。执行案件中有三个以上被执行人或者三处以上被执行财产在本省、自治区、直辖市辖区以外，且分属不同异地的，执行法院根据案件具体情况，报经高级人民法院批准后可以异地执行。《民事诉讼法》第 226 条规定："人民法院自收到申请执行书之日起超过 6 个月未执行的，申请执行人可以向上一级人民法院申请执行。上一级人民法院经审查，可以责令原人民法院在一定期限内执行，也可以决定由本院执行或者指令其他人民法院执行。"

四、行政诉讼的执行措施

（一）执行措施概述

所谓执行措施，是指执行机关所采用的具体执行手段与方法。执行措施必须有法律的明确规定，不能由执行机关任意创造。

规定行政诉讼执行措施的主要有三类法律文件：①《行政诉讼法》，该法第 96 条规定了被执行人是行政机关时的执行措施；②《民事诉讼法》，该法第 245～255 条规定的执行措施在行政诉讼中适用于被执行人是公民、法人、其他组织的情形；③单行法律的规定，如《税收征收管理法》等法律都规定有强制手段。

（二）执行措施的种类及适用规则

行政诉讼执行措施，可以按不同标准分为不同种类，常用的是按照执行措施适用对象的不同，可以分为针对行政机关的执行措施与针对公民、法人或者其他组织的执行措施。

1. 对行政机关的执行措施。按照《行政诉讼法》第 96 条的规定，行政机关拒绝履行人民法院生效的判决、裁定、调解书的，第一审人民法院可以采取下列措施：

（1）对应当归还的罚款或者应当给付的款额，通知银行从该行政机关的账户内划拨。

（2）在规定期限内不履行的，从期满之日起，对该行政机关负责人按日处 50 元～100 元的罚款。

（3）将行政机关拒绝履行的情况予以公告。

（4）向监察机关或者该行政机关的上一级行政机关提出司法建议。接受司法建议的机关，根据有关规定进行处理，并将处理情况告知人民法院。

（5）拒不履行判决、裁定、调解书，社会影响恶劣的，可以对该行政机关直接负责的主管人员和其他直接责任人员予以拘留；情节严重，构成犯罪的，依法追究刑事责任。

2. 对公民、法人或者其他组织的执行措施。对公民、法人或者其他组织的执行措施种类较多。除了《民事诉讼法》规定的以外，单行法律中规定的执行措施几乎都是针对公民、法人或者其他组织的，主要有如下几项：

（1）冻结。这是指封存被执行人在金融储蓄机构等有关单位的账户，禁止其提取或转移一定数额的款项，是对被执行人的存款依法不准被执行人动用的一种措施。目的是促使被执行人履行义务。如果存款被冻结后被执行人仍不履行义务，冻结则为划拨、提取做好了准备。可见，冻结并不发生被执行人存款的所有权转移。

（2）划拨或者扣缴。这是指将被执行人的款项从存款机构账户内划出，并直接划入执行组织所指定账户的强制执行措施。

（3）扣留、提取。这是指对被执行人的劳动收入直接从发放或存放处扣留与提取的执行措施。如对公民所在工作单位发出协助执行通知书，从其工资中逐月扣除等。它适用于被执行人有合法收入的一种执行措施。这里的收入主要包括被执行人的工资、奖金、稿酬、农副业收入、股息或红利等。

（4）查封、扣押、拍卖、变卖和收购被执行人应当履行义务部分的财产。针对查封、扣押的执行措施，被执行人是公民的，应当通知被执行人或者他的成年家属到场；被执行人是法人或者其他组织的，应当通知其法定代表人或者主要负责人到场。拒不到场的，不影响执行。被执行人是公民的，其工作单位或者财产所在地的基层组织应当派人参加。《行政强制法》第46条第3款设定了一例外情形规定："没有行政强制执行权的行政机关应当申请人民法院强制执行。但是，当事人在法定期限内不申请行政复议或者提起行政诉讼，经催告仍不履行的，在实施行政管理过程中已经采取查封、扣押措施的行政机关，可以将查封、扣押的财产依法拍卖抵缴罚款。"该法之所以设定这一例外情形，主要是考虑到查封、扣押的时限要求。根据该法第25条的规定，查封、扣押的最长期限不得超过60日；同时根据该法第28条的规定，查封、扣押的期限已经届满的，行政机关应当及时解除查封、扣押的决定。因此，没有执行权的行政机关若需要申请法院强制执行，可能会出现行政机关因查封、扣押期限已经届满而不得不解除查封、扣押决定，但此时法院又尚未进入实际执行阶段，从而导致被查封、扣押的财物逃脱，所以才设定了上述例外情形。

（5）强制交付。这是指以强制方法实际交付特定物给执行申请人的措施。一般必须是特定物才有交付的必要。交付的形式可以是当事人双方当面交付，也可由执行组织转交。

（6）强行拆除。这是指对建筑物及其附属物的执行措施，用于对违章建筑的拆除。

（7）强制迁出房屋或者强制退出土地。这是指对人及物品违法占据建筑物或者其他场所，如工厂、农田、建筑工地等情形的强制措施，包括人及物品搬迁。

（8）强行销毁。这是指将被执行人拥有的违法的有形物品予以损毁，如盗版音像制品、侵犯专利权或侵犯商标权的产品等。

五、行政诉讼的执行程序

行政诉讼的执行程序，简称执行程序，是指在行政诉讼执行的全部过程中，迫使被执行人履行义务，实现其行政法律关系内容的法定阶段、过程与步骤。我国还没有关于行政机关为执行机关时统一的执行程序规定，有些单行法律规定的执行程序不尽完善。我们这里仅介绍人民法院为执行机关时法律规定的执行程序。

（一）执行提起

提起执行是执行程序发生的原因。执行是要式行为，必须依据法律规定的方式提起。在西方国家基于不同的执行体制，执行官在进行执行时必须先取得由法院签发的强制执行令状，方得开始执行。在我国，由于执行机构设在法院内部，故无须再由法院签发令状。按照《民事诉讼法》第236条、第240条的规定，行政诉讼执行程序的提起方式有两种：

1. 申请执行。申请是提起执行的主要方式。依据《执行解释》第83~88条的规定，对生效法律文书负有义务的一方当事人拒绝履行的，对方当事人可以依法申请人民法院强制执行。所有行政诉讼的执行均由第一审人民法院进行，因此，执行申请人只能向第一审人民法院提出。第一审法院如果认为案件情况特殊需要由第二审人民法院执行时，可报请第二审人民法院决定同意。公民提出申请执行的期限为1年，法人或者其他组织提出申请执行的期限为180天，行政机关提出申请执行的期限为3个月。申请执行的期限从法律文书规定的履行期间的最后1日起计算；法律文书中没有规定履行期限的，则以该文书生效之日起计算。逾期申请的，除有正当理由外，人民法院不予受理。依据《执行规定》第20~23条的规定，申请人须向第一审人民法院提交强制执行申请书，申请执行的生效法律文书副本及其他应当提交的证明材料、文件或证件，并预交执行费用。申请人应当提交的上述文件和证件中，强制执行申请书和生效法律文书副本是最核心的文件，它们是启动行政诉讼执行程序的必备文件。申请执行人可以委托代理人代为申请执行，应当向人民法院提交经委托人签字或者盖章的授权委托书，写明委托事项和代理人的权限。申请执行是当事人的一项重要诉讼权利，人民法院以及任何人、任何组织都不能干涉，也就是说，除法律特别规定的外，执行程序非依当事人的申请，不得启动。

2. 移送执行。移送执行，是指无须当事人申请，而由案件审判庭的审判人员直接将生效法律文书移交法院执行庭的执行人员进行执行的制度，是人民法院依职权的主动执行。它是启动执行程序的一种补充方式。目的仅在于保证案件审理的顺利进行和实现的方便、快捷，以及帮助弱者依法保护其合法权益。它只能适用于特殊类型的案件。《执行规定》第19条第2款规定："发生法律效力的具有给付赡养费、扶养费、抚育费内容的法律文书、民事制裁决定书，以及刑事附带民事判决、裁定、调解书，由审判庭移送执行机构执行。"可见，移送执行的范围应由法律明文规定，没有规定可以移送执行的，法院应当依当事人的申请执行。移送执行应由审判员填写移送执行书，说明执行的事项和应注意的问题，连同生效的法律文件一并移送立案庭立案。司法解释这里规定的移送执行情形都与行政诉讼无关，目前也没有其他关于行政诉讼中适用移送执行的范围规定。我们认为，参照《民事诉讼法》中适用移送执行的案件范围规定，在行政诉讼中，起诉行政机关没有依法发给抚恤金、社会保险金、最低生活保障费等案件，审理案件的行政审判庭可以将生效的具有这些给付内容的法律文书移送执行机构执行。其他行政诉讼案件原则上不应当适用移送执行制度。

由此，提及一项代为实现执行结果的委托执行制度。所谓委托执行，是指有执行管辖权的法院，因被执行人或者被执行人的财产在外地法院管辖范围内，在不便于直接执行的情况下，按照法律规定的条件和程序，将本院对特定生效法律文书所享有的执行权，以委托的方式转移给被执行人住所地或财产所在地法院的一项制度。委托执行体现了人民法院之间的相互协作关系，这种关系是统一的立法和司法制度下各司法管辖区域之间的互助关系，它是维护一国法律的统一实施为宗旨，因而具有较强的义务性或强制性。依据《民事诉讼法》第 229 条、《执行规定》第 111～123 条以及《最高人民法院关于委托执行若干问题的规定》[1]，执行法院经调查发现被执行人在本辖区内已无财产可供执行，且在其他省、自治区、直辖市内有可供执行财产的，应当将案件委托异地的同级人民法院执行。执行案件中有三个以上被执行人或者三处以上被执行财产在本省、自治区、直辖市辖区以外，且分属不同异地的，执行法院根据案件具体情况，报经高级人民法院批准后可以异地执行。被执行人或被执行的财产在本省、自治区、直辖市辖区内，需跨中级人民法院、基层人民法院辖区执行的案件，亦应以委托执行为主。

（二）审查立案

行政诉讼执行的审查立案，是指执行机构接到强制执行申请书和移送执行书后，在法定期限内，对有关文书、材料进行审查，对案情进行了解，并决定是否立案执行的制度。在委托执行中，受托法院不得拒绝执行，所以，对受托法院而言，不存在立案问题。但当受托法院发现据以执行的生效法律文书有瑕疵的，不得自行作出判断，而应当交由作出该生效法律文书的法院处理。

依据《执行规定》第 18 条的规定，行政诉讼执行审查立案的主要事项有：

1. 申请人资格是否适当，即申请执行人是否是生效法律文书确定的权利人或其继承人、权利承受人。

2. 申请或者移送执行的法律文书是否已经生效。

3. 申请执行人是否在法定期限内提出申请。

---

[1] 《最高人民法院关于委托执行若干问题的规定》于 2011 年 4 月 25 日由最高人民法院审判委员会第 1521 次会议通过，自 2011 年 5 月 16 日起施行。

4. 生效的法律文书是否具有给付内容。

5. 执行标的和被执行人是否明确。

6. 义务人是否在生效法律文书确定的期限内未履行义务。

7. 是否属于受申请执行的人民法院管辖。

8. 其他需要审查的事项。

人民法院的执行机构应当在接到强制执行申请书或者移送执行书之日起 7 日内完成审查，符合条件的，决定立案；不符合条件的，应当在 7 日内裁定不予受理。

（三）执行准备与实施

执行准备是执行进行必不可少的阶段，也是人民法院一项重要的执行职责。决定立案执行的，执行机构在实施具体执行措施之前，应当阅读案卷材料，全面了解案情，特别是要了解被执行义务人拒不履行义务的原因，是否有能力及其财产状况等情况，做好执行的准备工作。按照《执行规定》第 24 条的规定，人民法院受理执行案件后，应当在 3 日内通知被执行人在指定的期限内自动履行义务。被执行人未按判决、裁定和其他法律文书指定的期间履行给付金钱义务的，应当加倍支付迟延履行期间的利息。被执行人未按判决、裁定和其他法律文书指定的期间履行其他义务的，应当支付迟延履行金。同时，要制订强制执行的方案，决定所要采取的执行措施，确定执行的时间、地点，划分执行范围，明确执行对象，并办理好有关执行措施的批准手续，通知执行参与人以及有关人员到场。准备就绪进入执行的实现阶段，人民法院应当运用强制措施，保证实现法律文书所确定的义务内容，保护当事人的合法权益。

（四）执行阻却

执行阻却，是指在执行过程中，因发生法定事由，使执行不能继续或继续执行已无必要，因而执行程序中断的现象。《行政诉讼法》并没有就执行阻却作出规定，参照《民事诉讼法》第 231 条、第 256～258 条的规定，执行阻却主要体现在暂缓执行、执行中止和执行终结三种基本形式。[1]

1. 暂缓执行。暂缓执行也称延缓执行，是指强制执行程序启动后，被执行人向人民法院提供担保，并经申请执行人同意的，人民法院可以决定暂缓执行及暂缓执行的期限。被执行人逾期仍不履行的，人民法院有权执行被执行人的担保财产或者担保人的财产。这里的暂缓执行是作为执行担保法律效力的直接表现。

暂缓执行仅是暂时停止执行程序，而且附有较严格的条件限制，它不能改变原生效法律文书的内容，也并不重新确定当事人之间的权利义务关系。根据我国现有

---

〔1〕 有学者认为执行阻却包括执行异议、执行和解、执行担保、执行中止和执行终结五种情形；有学者认为执行阻却包括执行担保、执行和解、执行中止与执行终结四种情形；有学者认为执行阻却包括暂缓执行、执行中止及执行和解；有学者认为执行阻却包括执行中止、执行终结、暂缓执行三种情形。

立法、司法解释的规定以及执行实践的做法，暂缓执行应具备一定的条件：

（1）当事人或利害关系人向法院提出申请或人民法院依职权提出。

（2）必须有法律规定的事实和理由，依据《关于正确适用暂缓执行措施若干问题的规定》第 1 条的规定，执行程序开始后，除法定事由外，人民法院不得决定暂缓执行。

（3）当事人必须在指定的期限内提供相应的财产担保。

（4）暂缓执行有一定的期限。暂缓执行由执行法院或上级法院作出决定，并由该级法院的执行局制作暂缓执行决定书。决定书送达当事人后立即发生法律效力，它不存在复议和上诉的问题。暂缓执行期限届满后，人民法院应立即恢复执行。

2. 执行中止。执行中止，是指在行政诉讼的执行过程中，由于法定事由的出现，暂时中断执行，待事由消失后执行程序继续进行的制度。参照《民事诉讼法》第 256 条的规定，在行政诉讼中引起执行中止的法定事由应当包括：

（1）申请人表示可以延期执行的。

（2）案外人对执行标的提出确有理由的异议的。

（3）作为一方当事人的公民死亡，需要等待继承人继承权利或承担义务的。

（4）作为一方当事人的法人或者其他组织终止，尚未确定权利义务承受人的。

（5）人民法院认为应当中止执行的其他情形。

需要强调，中止执行的上述（3）、（4）两种情形是专门针对执行申请人是行政机关，被执行人为行政诉讼中的原告，执行根据是人民法院裁判维持行政行为效力的情况。在这两种情况下，如果公民死亡，或者法人、社会组织终止，需要确定权利义务承受者，但不能无限期等待，参照《执行解释》第 52 条第 2 款的规定，执行中止满 90 天仍然没有确定这两种情况下的权利承受人的，人民法院应当裁定执行终结。

3. 执行终结。执行终结，是指在行政诉讼的执行过程中，因法定事由出现，使执行已无必要或不可能继续进行，因而结束执行程序的制度。与执行中止不同，执行中止是暂时中断，待导致中止的事由消失后还要继续执行，而执行终结则是执行程序的结束，以后不再恢复或继续。执行终结也不同于执行完毕，执行完毕是指被执行法律文书的内容的实现而结束执行程序，执行终结的结束程序并不是由于义务的实现。参照《民事诉讼法》第 257 条的规定，在行政诉讼中引起执行终结的法定事由应当包括：

（1）申请人撤销执行申请的。

（2）据以执行的法律文书被依法撤销的。

（3）作为被执行人的公民死亡，无遗产可供执行，又无义务承担人的。

（4）追索赡养费、扶养费、抚育费案件的权利人死亡的。

（5）法院认为应当终结执行的其他情形。

按照《执行解释》第 63 条的规定，并参照《民事诉讼法》第 258 条的规定，终结执行的，法院应当作出终结执行裁定书。该裁定书一经送达当事人，立即生效。

（五）执行完毕

执行完毕，是指执行机关采取执行措施，实现执行根据确定的义务，完成执行任务从而结案。执行完毕是执行案件在内容和程序上的终结，当事人权利得以实现，执行案件结束。这就意味着据以执行的生效法律文书的内容得以全部实现，它是强制执行程序结束的最主要的方式。执行完毕前应结清执行交付的各种手续、费用等，从而告知程序完毕。如果执行确有错误，只有通过执行回转方式予以补救。

（六）执行回转

执行回转是一种事后弥补性的救济方式，是指在执行中或执行结束后，因法定事由而将已执行的对象恢复到执行前的状态，即回转。执行回转的本质是纠正错误的执行。按照《执行解释》第48条的规定，并参照《民事诉讼法》第233条、《执行规定》第109条的规定，行政诉讼中执行回转的事由包括：

1. 执行完毕后，据以执行的行政判决书、行政裁定书、行政赔偿判决书、行政赔偿调解书被人民法院按照审判监督程序撤销的。

2. 第一审法院作出的先行给付裁定已经执行完毕后，从而使得先行给付裁定失去合法基础与效力的。

3. 执行人员违法执行的。

第二节　非诉行政案件的执行

一、非诉行政案件执行的概念

非诉行政案件的执行是指行政机关作出具体行政案件后，公民、法人或者其他组织在法定期限内，既不向人民法院提起行政诉讼，又拒不履行已生效的行政行为所确定的义务时，行政机关或行政裁决行为确定的权利人向人民法院提出执行申请，由人民法院采取强制措施，使行政行为的内容得以实现的制度。《行政强制法》第53条规定，当事人在法定期限内不申请行政复议或者提起行政诉讼，又不履行行政决定的，没有行政强制执行权的行政机关可以自期限届满之日起3个月内，依照《行政强制》第五章申请人民法院强制执行的规定申请人民法院强制执行。

非诉行政案件的执行有四个特征：

1. 非诉行政案件的执行机关是人民法院而不是行政机关。

2. 非诉行政案件的执行根据是行政机关作出的已生效的行政行为。该行政行为没有进入行政诉讼程序，没有经过人民法院的裁判。

3. 非诉行政案件的执行申请人是行政机关或行政裁决行为确定的权利人，被执行人是公民、法人或者其他组织。

4. 非诉行政案件的执行前提是公民、法人或者其他组织在法定期限内，既不申请行政复议又不提起行政诉讼，且拒不履行具体行政案件所确定的义务。

二、非诉行政案件执行的权力根据与范围

（一）非诉行政案件执行的权力根据

非诉行政案件执行的权力根据，是指在何种情况下行政机关可以申请人民法院强制执行行政行为，在何种情况下行政机关不能申请人民法院强制执行行政行为的问题，即人民法院与行政机关对行政行为强制执行的分工。

结合《执行解释》第87条、《行政强制法》第53条的规定，人民法院行使对非诉行政案件的执行权包括以下三种情况：

1. 法律没有赋予行政机关强制执行权，行政机关申请人民法院强制执行的，人民法院应当依法受理。

2. 法律规定既可以由行政机关依法强制执行，也可以申请人民法院强制执行，行政机关申请人民法院强制执行的，人民法院可以依法受理。

3. 行政机关依照法律规定部分享有强制执行权的，行政机关对没有强制执行权部分申请人民法院强制执行，人民法院也应当依法受理。

（二）非诉行政案件执行的范围

非诉行政案件执行的范围是指哪些行政行为可以通过人民法院的非诉强制执行程序来实现其内容。这个问题类似于人民法院对行政诉讼案件的受案范围问题。

按照《行政诉讼法》第97条的规定，只要行政机关作出行政行为后，该行为所确定的承担义务的公民、法人或者其他组织在法定期限内既不自觉履行，又不申请行政复议或提起诉讼的，行政机关可以申请人民法院强制执行。可见，这条规定将执行的范围限于行政行为。然而，在司法实践中，这条规定由于过于笼统，往往存在着两类问题：①如何从司法实践的角度界定这里的行政行为？②是否所有的行政行为都可以执行，有没有例外？我们根据学术界的意见，以及司法实践中的具体情况，认为非诉行政案件执行的范围应当遵循以下三项具体限定：

1. 按照《行政诉讼法》第13条以及《执行解释》第1条第2款的规定，不允许提起行政诉讼的行为，人民法院不予执行。

2. 行政行为的内容不具体，或者没有可供执行内容的。

3. 其他不宜由法院执行的行为，如限制人身自由的行政行为。

三、非诉行政案件执行的管辖与期限

（一）非诉行政案件执行的管辖

非诉行政案件执行的管辖，是指上下级人民法院之间以及同级人民法院之间受理行政机关强制执行申请的权限分工。《执行解释》第89条规定，行政机关申请人民法院强制执行其行政行为的，由申请人所在地的基层人民法院受理；执行对象为

不动产的，由不动产所在地的基层人民法院受理。基层人民法院认为执行确有困难的，可以报请上级人民法院执行；上级人民法院可以决定由其执行，也可以决定由下级人民法院执行。《行政强制法》第54条规定："行政机关申请人民法院强制执行前，应当催告当事人履行义务。催告书送达10日后当事人仍未履行义务的，行政机关可以向所在地有管辖权的人民法院申请强制执行，执行对象是不动产的，向不动产所在地有管辖权的人民法院申请强制执行。"这里的不动产是指依自然性质或法律规定不可移动的土地、土地定着物、与土地尚未脱离的土地生成物、因自然或者人力添附于土地并且不能分离的其他物。据此，并参照《行政诉讼法》第三章、《行政强制法》第五章、《执行解释》第6条和第8条关于行政诉讼案件管辖制度的规定，我们认为，非诉行政执行案件的管辖包括八种情况：

1. 专门人民法院、人民法院的派出法庭不受理非诉行政执行案件。

2. 非诉行政执行案件原则上由执行申请人所在地的基层人民法院管辖。

3. 国务院各部门、省级人民政府申请执行的案件，专利、海关行政机关申请执行的案件，以及重大涉外或者重大涉港、澳、台的案件，中级人民法院辖区内重大复杂的案件，以及其他基层人民法院不适宜执行的案件由中级人民法院受理。

4. 执行对象为不动产的，由不动产所在地的基层人民法院管辖。这是由于不动产在执行过程中不能移动，为了便于人民法院事后的执行，避免法院异地执行带来的人力、物力、财力的浪费，所以规定涉及不动产的强制执行案件由不动产所在地人民法院受理。

5. 执行申请人申请人民法院强制执行行政行为，基层人民法院认为执行有困难的，可以报请上级人民法院受理。上级人民法院可以决定自己执行，也可以决定由下级人民法院执行。

6. 两个以上人民法院对案件都有管辖权的，执行申请人可以选择其中一个人民法院申请执行。执行申请人分别向两个以上有管辖权的人民法院申请强制执行的，由最先立案的人民法院管辖。两个以上人民法院对同一非诉执行案件同时立案的，报请其共同的上级人民法院指定管辖。

7. 人民法院对非诉行政执行案件的管辖权发生争议的，由争议的人民法院协商确定管辖，协商不成的，报共同的上一级人民法院指定管辖。

8. 人民法院发现所受理的非诉行政执行案件不属于本院管辖的，应当移送至有管辖权的人民法院处理，受移送的法院不得再自行移送。

（二）非诉行政案件执行的期限

根据《行政强制法》第53条和《执行解释》第88条、第90条的规定，非诉行政案件申请执行的期限分两种情况：

1. 行政机关申请执行其行政行为的，应当自被申请执行人的法定起诉期限届满之日起3个月内提出。逾期申请的，除有正当理由外，人民法院不予受理。

2. 行政机关根据法律的授权对平等主体之间民事争议作出裁决后，当事人在法定期限内既不申请复议或提起诉讼又不履行，作出裁决的行政机关在申请执行的期限内不申请执行的，生效行政裁决行为所确定的权利人或者其继承人、权利承受人申请人民法院强制执行的，应当在行政机关申请期限届满之日起90日内提出。

四、非诉行政案件的执行条件

非诉行政案件的执行以国家强制力为后盾，直接针对公民、法人或者其他组织权益，并影响到行政法治目标的实现，因而非诉行政案件执行的条件应当明确，以避免执行不当损害公民、法人或者其他组织的合法权益，或者影响行政效率。根据《行政诉讼法》第97条、《行政强制法》第55条以及《执行解释》第86条的规定，申请人民法院执行行政行为应当具备以下九个条件：

1. 行政行为依照法律规定可以或应由人民法院执行，即属于前述非诉行政案件执行的范围。

2. 行政行为已经生效并具有可执行内容。申请强制执行的行政行为必须已经生效，并具有可供执行的内容，如给付或作为义务。

3. 申请执行人是作出该行政行为的行政机关或者法律、法规、规章授权的组织，或者是行政裁决行为所确定的权利人、权利人的继承人、权利承受人。

4. 被执行申请人是该行政行为所确定的义务人。

5. 被执行申请人对行政行为在法定期限内既不申请行政复议，不提起行政诉讼，又不履行义务。

6. 行政行为确定的履行义务的期限已经届满，或者行政机关另行指定的履行义务的期限内已经届满。

7. 申请执行人在法定期限内提出申请。

8. 申请执行人向人民法院提出书面申请。

9. 受理执行申请的人民法院拥有管辖权。

五、非诉行政案件的执行程序

（一）申请与受理

非诉行政案件的执行始自行政机关或者行政裁决所确定的权利人、权利人的继承人或者权利承受人的申请。向人民法院提出申请是非诉行政案件执行开始的唯一方式，法院无权自行开始非诉行政案件的执行，这一点与行政诉讼的执行有所不同。按照《行政强制法》第55条、《执行解释》第91条的规定，依法申请人民法院强制执行行政行为的，应当提供以下申请材料：

1. 强制执行申请书。行政强制执行申请书属于格式文本，一般需要写明以下几方面内容：标题、申请人和被申请人、申请事项、事实和理由、附件、申请人签章。

2. 行政决定书及作出决定的事实、理由和依据，即证明被申请执行的行政行为合法的材料。行政决定书是指行政机关在行政管理的过程当中针对行政相对人的行为依法作出的行政处理的法律文书。

3. 当事人的意见及行政机关催告情况。当事人的意见是指行政相对人在行政决定过程中进行的陈述和辩解。行政机关的催告也是行政机关申请人民法院强制执行的必经程序。《行政强制法》第 53 条规定：行政机关申请人民法院强制执行前，应当催告当事人履行义务。催告当事人履行义务的时间是 10 日。

4. 申请强制执行标的情况。此处的执行标的一般分为动产和不动产。两者的区别目的主要是涉及人民法院管辖的问题。这里申请强制执行标的的情况主要包括标的名称、性质、现实状况以及目前所在的地点。

5. 法律、行政法规规定的其他材料。行政机关申请人民法院强制执行需要提交的材料除了上述四种类型外，其他法律、行政法规如果规定行政机关还需要提交其他材料，那么行政机关也应当提交给人民法院。如行政机关在作出行政决定前进行鉴定的，在申请人民法院强制执行时应当一并提交鉴定结论。

人民法院在接到申请人的申请后，应当进行审查以决定是否受理立案。《行政强制法》第 56 条规定，人民法院接到行政机关强制执行的申请，应当在 5 日内受理。行政机关对人民法院不予受理的裁定有异议的，可以在 15 日内向上一级人民法院申请复议。上一级人民法院应当自收到复议申请之日起 15 日内作出是否受理的裁定。

（二）非诉行政案件执行中的财产保全

执行中的财产保全通常是为了防止被执行人隐匿、转移财产，恶意逃避执行的财产处分行为，而由人民法院依法对被执行人的财产采取一种强制性的保护措施。《执行解释》第 92 条规定："行政机关或者行政行为确定的权利人申请人民法院强制执行前，有充分理由认为被执行人可能逃避执行的，可以申请人民法院采取财产保全措施。后者申请强制执行的，应当提供相应的财产担保。"

（三）人民法院对行政行为的合法性审查

根据《执行解释》第 93 条的规定，人民法院对非诉行政案件决定立案执行后，应当对被申请执行的行政行为进行合法性审查。这种审查既不同于是否受理执行申请的立案审查，也不同于行政诉讼程序中对被诉行政行为的合法性审查。是否受理执行申请的立案审查属于程序性审查，而这种审查是实质审查，既不开庭也没有严格的程序。

申请人民法院强制执行在人民法院立案受理之后就进入审查程序。审查程序包括审查的主体、内容、标准、期限、审查方式以及结论。根据《执行解释》第 93 条的规定，负责对被执行的行政行为的合法性进行审查的机构是行政审判庭，行政审判庭对被执行的行政行为进行审查实行合议制，由行政审判庭组成合议庭审查。经合议庭审查认定行政行为合法正确，人民法院应作出准予强制执行的裁定，否则，人民法院应当作出不予强制执行的裁定。该裁定应当送达申请人民法院强制执行的行政机关或者行政裁决行为的权利人，但不得上诉。上述内容可知，审查主体应当是人民法院行政审判庭组成的合议庭，审查内容是对行政行为是否合法进行的实质性审查，而非程序性审查。

关于人民法院对申请执行的行政行为审查的标准，《执行解释》第95条作出了相应的规定，被申请执行的行政行为有下列三种情形之一的，人民法院应当裁定不准予执行：

1. 明显缺乏事实根据的，如申请执行的行政机关没有提供认定事实的重要证据，或者其提供的证据不能证明所做行政行为所认定的事实等。

2. 明显缺乏法律依据的，如被申请执行的行政行为根本没有适用任何法律规范、行政行为所适用的法律规范明显与其针对事项没有关系、行政行为所适用的法律规范违反法律适用的一般原则等。

3. 其他明显违法并损害被执行人合法权益的，如明显滥用职权、行政处罚显失公正、重复处理行为等。

该规定也得到了《行政强制法》第58条的认可，根据该条的规定，对于具有前述情形的行政行为，在作出裁定前可以听取被执行人和行政机关的意见。由此可知，对于非诉行政案件的审查标准应当是被申请执行的行政行为是否"明显违法并损害被执行人合法权益"，即采用适度审查的标准。因为非诉行政案件执行的目的是以司法手段强化行政管理，保证行政权的完善统一，促使相对人自觉、及时、全面履行义务。为降低诉讼成本，客观上要求对非诉行政案件的执行采取适度审查的标准。此外，如果行政行为依法没有成立或者属于无效的行为时，人民法院亦应当裁定不准予执行。

关于审查方式和审查期限部分，《行政强制法》第57条也作出了明确规定，人民法院对行政机关强制执行的申请进行书面审查，对符合《行政强制法》第55条（即行政机关向人民法院申请强制执行时需提交的材料）规定，且行政决定具备法定执行效力的，除《行政强制法》第58条（作出裁定前可以听取被执行人和行政机关意见的情形）规定的情形外，人民法院应当自受理之日起7日内作出执行裁定。即需要有必要听取被执行人和行政机关意见的，不必受7日时间的限制。

（四）听取意见与作出执行裁定

《行政强制法》第58条规定，人民法院发现有下列情形之一的，在作出裁定前可以听取被执行人和行政机关的意见：①明显缺乏事实根据的；②明显缺乏法律、法规依据的；③其他明显违法并损害被执行人合法权益的。

人民法院应当自受理之日起30日内作出是否执行的裁定。裁定不予执行的，应当说明理由，并在5日内将不予执行的裁定送达行政机关。行政机关对人民法院不予执行的裁定有异议的，可以自收到裁定之日起15日内向上一级人民法院申请复议，上一级人民法院应当自收到复议申请之日起30日内作出是否执行的裁定。上述内容是关于人民法院在行政强制执行过程中听取意见和作出裁定的时限以及行政机关不服人民法院裁定时如何救济的规定。

（五）案件移交与通知履行

按照《执行解释》第93条的规定，人民法院的行政审判庭裁定准予执行的非诉行政案件需要采取强制执行措施的，行政审判庭应当将案件交由本院负责强制执行非诉行政案件的机构具体执行。

参照前述行政诉讼执行制度，负责执行非诉行政案件的机构，在强制执行前，应当再次书面通知被执行人，告诫被执行人履行义务，并附履行期限，促使被执行人自觉履行义务。如果被执行人逾期仍不履行义务的，则由执行机构实施强制执行。

《行政强制法》第59条规定了在特殊情况下人民法院可以依照行政机关的申请立即实施强制措施，即因情况紧急，为保障公共安全，行政机关可以申请人民法院立即执行。经人民法院院长批准，人民法院应当自作出执行裁定之日起5日内执行。立即执行类似于民事诉讼中的先予执行。行政强制立即执行的程序包括立即执行的申请程序和立即执行的裁定与执行程序。立即执行的申请由行政机关向人民法院以书面的形式提出，人民法院不能在没有行政机关提出申请的情况下依职权主动采取措施。人民法院在收到行政机关提交的立即执行申请后应当及时对申请的事项进行审查。审查的内容包括该申请立即执行的案件是否属于强制执行的范围和是否符合立即执行的条件。人民法院对符合立即执行条件的申请，应当及时作出立即执行的裁定。裁定送达后即发生法律效力。义务人应当依裁定履行义务，拒不履行的，人民法院可以采取强制执行措施。

（六）实施强制执行及费用承担

准备强制执行阶段，人民法院应当出具强制执行手续，填写强制执行的有关法律文书，通知有关单位、人员到场，制定强制执行方案等。非诉强制执行的具体措施以及实施方法与前述行政诉讼的相关内容相同，主要是要参照《民事诉讼法》及《最高人民法院关于适用〈中华人民共和国民事诉讼〉若干问题的意见》的有关规定执行，此处不再赘述。

关于申请人民法院强制执行费用如何承担部分，《行政强制法》第60条规定，行政机关申请人民法院强制执行，不缴纳申请费。强制执行的费用由被执行人承担。人民法院以划拨、拍卖方式强制执行的，可以在划拨、拍卖后将强制执行的费用扣除。依法拍卖财物，由人民法院委托拍卖机构依照《中华人民共和国拍卖法》的规定办理。划拨的存款、汇款以及拍卖和依法处理所得的款项应当上缴国库或者划入财政专户，不得以任何形式截留、私分或者变相私分。该条规定的费用主要包括两部分：一部分是申请人民法院强制执行时的费用；另一部分是人民法院裁定执行时强制执行所产生的费用。前一种申请费用行政机关不用缴纳；后一种费用由被执行人承担。

图书在版编目（CIP）数据

行政法与行政诉讼法教程/王周户主编. —2版. —北京：中国政法大学出版社，2017.7
ISBN 978-7-5620-7648-3

Ⅰ. ①行… Ⅱ. ①王… Ⅲ. ①行政法－中国－教材 ②行政诉讼法－中国－教材
Ⅳ. ①D922.1 ②D925.3

中国版本图书馆CIP数据核字(2017)第187926号

出 版 者　中国政法大学出版社
地　　址　北京市海淀区西土城路25号
邮　　箱　fadapress@163.com
网　　址　http://www.cuplpress.com（网络实名：中国政法大学出版社）
电　　话　010-58908435(第一编辑部) 58908334(邮购部)
承　　印　固安华明印业有限公司
开　　本　720mm×960mm　1/16
印　　张　27.00
字　　数　560千字
版　　次　2017年7月第2版
印　　次　2017年8月第1次印刷
印　　数　1～3000册
定　　价　59.00元